William Pereira Alves

Java para Web
Desenvolvimento de Aplicações

1ª Edição

érica | Saraiva

SOMOS EDUCAÇÃO | Editora Saraiva

Av. das Nações Unidas, 7221, 1º Andar, Setor B
Pinheiros – São Paulo – SP – CEP: 05425-902

SAC | 0800-0117875
De 2ª a 6ª, das 8h00 às 18h00
www.editorasaraiva.com.br/contato

DADOS INTERNACIONAIS DE CATALOGAÇÃO NA PUBLICAÇÃO (CIP)
ANGÉLICA ILACQUA CRB-8/7057

Alves, William Pereira
Java para Web : desenvolvimento de aplicações / William Pereira Alves. – São Paulo : Érica, 2015.
384 p.

Bibliografia.
ISBN 978-85-365-1486-4

1. Java (Linguagem de programação para computadores) 2. Internet 3. HTML (Linguagem de marcação de documento) I. Título

15-0864 CDD 005.133
CDU 004.43

Índices para catálogo sistemático:
1. Java - Linguagem de programação

Vice-presidente Claudio Lensing
Coordenadora editorial Rosiane Ap. Marinho Botelho
Editora de aquisições Rosana Ap. Alves dos Santos
Assistente de aquisições Mônica Gonçalves Dias
Editoras Silvia Campos Ferreira
Assistente editorial Paula Hercy Cardoso Craveiro
Editor de arte Kleber de Messas
Assistentes de produção Fabio Augusto Ramos
Katia Regina
Produção gráfica Sergio Luiz P. Lopes

1ª edição
2ª tiragem: 2018

Preparação Ricardo Franzin
Revisão Edmilson Carneiro
Capa Marcelo Brandão
Impressão e acabamento

CL 641187 CAE 572739

Fabricantes

Produto: **JDK (Java Development Kit), JSE (Java Standard Edition), JDBC (Java Database Connectivity) e MySQL**

Fabricante: Oracle Corporation

Endereço no Brasil – Escritório de São Paulo

Rua Dr. José Áureo Bustamante, 455 – Vila Cordeiro – São Paulo/SP – CEP: 04710-090

Telefone: (55) (11) 5189-1000

Site: http://www.oracle.com (inglês)
http://www.oracle.com/br (português)

Produto: **NetBeans**

Site: http://www.netbeans.org

Requisitos de Hardware e de Software

Hardware

- Microcomputador com processador Intel Core i3 e clock de 2,5 GHz ou superior.
- 2 GB de memória RAM (recomendável: 4 GB).
- 40 GB de espaço disponível em disco rígido.
- Mouse ou outro dispositivo de entrada.
- Placa de vídeo SuperVGA com capacidade de resolução de 1024 x 768 pixels.
- Monitor de 17 polegadas.
- Unidade de DVD/CD-ROM.
- Modem e acesso à Internet.

Software

- Sistema operacional Windows XP/7/8.
- Qualquer distribuição Linux.
- JDK e JSE versão 8.31, 32 ou 64 bits.
- MySQL 5.6.
- Driver MySQL Connector/J 5.1.
- NetBeans 8.

Agradecimentos

Desejo expressar minha enorme gratidão a todos da Editora Érica, por mais uma vez acreditarem no meu trabalho.

Aos meus professores e colegas do curso de Análise e Desenvolvimento de Sistemas das Faculdades Claretianas de São Paulo.

Sumário

Prefácio

Desde o primeiro contato que tive com a linguagem Java, em meados de 1999, minha admiração por ela foi aumentando gradativamente, sendo hoje uma das minhas principais opções como ferramenta de desenvolvimento.

Antes de conhecê-la, eu acreditava ser uma linguagem difícil de aprender, no entanto, essa mistificação foi desfeita em pouquíssimo tempo.

Java é uma linguagem moderna e ao mesmo tempo relativamente fácil, principalmente para quem já tem algum conhecimento de linguagem C ou C++. Ela é ideal para se aprender nas escolas por dois motivos principais: possui recursos impressionantes, que ajudam na estruturação de uma lógica bastante consistente; é gratuita, o que torna possível a qualquer instituição (pública ou privada) ter acesso às suas versões mais recentes sem precisar desembolsar nada. Esta última característica viabiliza inclusive sua utilização em casa, pelos alunos.

Além do desenvolvimento de aplicativos para uso em computadores desktops, as conhecidas aplicações *stand-alone*, Java também é muito empregada em projetos de aplicações web, utilizando o padrão MVC (*model-view-controller*). Outros tipos de aplicações em que podemos utilizar a linguagem Java são o desenvolvimento de jogos eletrônicos, aplicações de gestão comercial, programas de edição gráfica e, mais recentemente, softwares para dispositivos móveis, como smartphones e tablets.

Esta obra vem justamente demonstrar como desenvolver um projeto de aplicação em três camadas, no padrão MVC.

Este livro apresenta um material bastante didático, com uma parte introdutória sobre a linguagem Java, que explora diversos recursos da linguagem, como criação de classes, herança e polimorfismo. O projeto de aplicação web desenvolvido faz uso de banco de dados SQL e utiliza as técnicas mais comuns e altamente profissionais.

Prepare-se, meu caro amigo, pois agora se inicia uma viagem maravilhosa!

O autor

Sobre o autor

William Pereira Alves é analista de sistemas, formado em Análise e Desenvolvimento de Sistemas pelo Centro Universitário Claretiano de São Paulo, e autor de diversos livros da área de informática desde 1992, publicados pela Editora Érica. Conta com mais de 50 obras escritas, que abrangem principalmente as áreas de linguagens de programação (Delphi, C/C++, Java, Visual Basic), bancos de dados (Access), computação gráfica (CorelDRAW, Illustrator e Blender), desenvolvimento de sites (Dreamweaver, Flash e Fireworks) e de aplicações para Palm/Pocket PC.

Atuando na área de informática desde 1984, trabalhou na Cia. Energética de São Paulo (Cesp) e na Eletricidade e Serviços S.A. (Elektro) no desenvolvimento de sistemas aplicativos para os departamentos comercial e de suprimento de materiais, inclusive com a utilização de coletores de dados eletrônicos e leitura de códigos de barras.

Parte 1

Introdução às Linguagens HTML e Java

1

Linguagem HTML

Novos conhecimentos

Neste capítulo trataremos dos fundamentos e das características principais da linguagem HTML. Vamos estudar a estrutura de um documento HTML e o uso de linguagens complementares. Por fim, abordaremos o conceito de tags HTML e seu uso na formatação de documentos, aprenderemos a criar páginas HTML básicas e apresentaremos algumas das novidades da versão 5.

1.1 Conceitos da linguagem HTML

A linguagem HTML (sigla de *HyperText Markup Language* – Linguagem de Marcação de Hipertexto) é responsável pela criação de documentos para a web, comumente conhecidos como páginas. Sua origem remonta a uma linguagem mais antiga denominada SGML (*Standard Generalized Markup Language* – em tradução livre, Linguagem Padrão de Marcação Generalizada). Por meio dessa linguagem, o desenvolvedor pode especificar atributos para um texto (como fonte, tamanho, cor etc.) ou criar marcações que definam um vínculo com outro documento, que deve ser apresentado após o usuário ter clicado sobre a marcação. Esta é a ideia de hipertexto: vínculos entre diversos documentos criados a partir de marcações específicas.

A HTML não é uma linguagem de programação propriamente dita. Ela é mais bem classificada como uma linguagem de formatação de textos ou de definição da estrutura de um documento. Não gera um programa executável autônomo, como ocorre com as linguagens de programação tradicionais C++, Java e Pascal. Em vez disso, tem-se somente um arquivo em formato de texto, geralmente com a extensão .HTM ou .HTML, que é lido e interpretado por um software denominado navegador. Ele é o responsável por apresentar no monitor de vídeo aquilo que foi codificado no documento HTML.

Outro fator que distingue a HTML das outras linguagens é que ela não possui estruturas de controle e de repetição, assim como também não é possível, por meio dela, criar procedimentos e funções ou chamar rotinas internas do sistema operacional. Para obter esse tipo de recurso, é necessário recorrer a algumas extensões que a ela foram acrescentadas, como a linguagem JavaScript, por exemplo. Mas, mesmo nesses casos, há diversas limitações impostas como uma forma de segurança do sistema.

Algumas características da linguagem HTML podem ser destacadas:

- Independência de plataforma (hardware e software), o que torna possível a qualquer tipo de computador ler e interpretar o conteúdo de uma página escrita em HTML.
- Não é monopolizada por uma pessoa ou por uma empresa, seja privada ou estatal.
- Os arquivos resultantes são pequenos, vinculados entre si pelos hyperlinks definidos na estrutura dos documentos. O tamanho reduzido viabiliza a transmissão com velocidade aceitável, mesmo em meios de comunicação de baixa velocidade, como a conexão discada por linha telefônica comum.
- A linguagem foi desenvolvida para ser utilizada na web, e não para um equipamento/sistema operacional específico.
- Não necessita de um editor especial, já que é possível utilizar o Bloco de Notas, o WordPad ou qualquer outro programa de edição de texto capaz de gravar arquivos em um padrão de texto sem formatação, conhecido como "texto puro".

Nessa linguagem, em vez de instruções e comandos, existem elementos denominados *tags* ou marcadores, utilizados para ligar e desligar uma formatação que se deseja aplicar a um texto.

Um documento HTML divide-se em várias seções, e cada uma deve conter um tipo específico de informação. Basicamente, um documento HTML deve conter a seguinte estrutura:

- início do documento HTML;
- cabeçalho;
- título;
- corpo do documento;
- fim do documento HTML.

Existe um marcador para definir cada seção do documento. Traduzindo a estrutura anterior para a linguagem HTML, devemos ter o seguinte código:

```
<HTML>
 <HEAD>
  <TITLE>
  </TITLE>
 </HEAD>
 <BODY>
 </BODY>
</HTML>
```

1.2 Linguagens complementares

Em vista de algumas limitações inerentes à linguagem HTML, com o tempo surgiram outras linguagens que funcionam em conjunto com ela. Cada uma dessas linguagens tem fins específicos e recursos bastante diferenciados.

Por exemplo, a linguagem PHP é mais direcionada ao desenvolvimento de sites que acessam e manipulam bancos de dados. JavaScript e VBScript, por outro lado, são mais indicadas no tratamento de eventos gerados pelos navegadores, como o clique em um botão de formulário.

Por fim, a linguagem Java, que nada tem a ver com JavaScript, permite a criação de interfaces gráficas para uso dentro das páginas, como teclados virtuais, e o desenvolvimento de aplicações mais avançadas com acesso a bancos de dados.

Entre as linguagens mais utilizadas atualmente estão:

- **JavaScript:** desenvolvida pela Netscape e uma das mais utilizadas. Possui grande integração com o código HTML e permite a manipulação de eventos gerados pelos navegadores, como clique do mouse, acionamento de uma tecla, seleção de opções etc.
- **ASP/ASP.NET** (*Active Server Pages*)**:** na verdade, é uma tecnologia server side desenvolvida pela Microsoft. Pode utilizar tanto VBScript quanto JavaScript como linguagem de desenvolvimento. Para ser utilizada, é necessária a presença do servidor web IIS (Internet Information Service), também da Microsoft.
- **PHP (acrônimo de** *PHP is Hypertext Preprocessor*)**:** baseada na linguagem C++, muito fácil de aprender e com alto grau de integração com códigos escritos em HTML. Por ser multiplataforma, pode rodar em Windows, Linux e Macintosh, por meio do servidor web Apache. É uma linguagem orientada a objetos.
- **JSP** (*Java Server Pages*)**:** outra tecnologia server side, desenvolvida pela Sun (atualmente Oracle), que oferece recursos mais avançados, utilizando a linguagem Java.

1.3 Marcadores da linguagem HTML

Os marcadores (*tags*) são os comandos da linguagem HTML usados para a formatação do texto. Um marcador deve ser apresentado entre os sinais "<" e ">". A maioria dos marcadores funciona como uma chave do tipo liga e desliga. Isso quer dizer que um marcador é utilizado para indicar o início da formatação e, outro, para informar o seu término. Para este último, deve ser empregada uma barra ("/") antes do nome do marcador. Sendo assim, existem os marcadores <TITLE> e </TITLE> para definir o início e o fim de um título do documento, mas há também aqueles que possuem apenas uma forma, como é o caso do marcador <BR>.

A linguagem HTML não faz distinção entre letras maiúsculas e minúsculas, portanto, as expressões <TITLE>, <Title> ou <title> são reconhecidas como sendo a mesma *tag*. Durante nossos estudos, faremos uso das duas formas.

Voltando ao exemplo descrito anteriormente, nota-se que o marcador <HTML> está iniciando um documento HTML, enquanto </HTML> representa o seu fim. Da mesma forma, <BODY> indica o início da seção do corpo do documento e </BODY>, o fim. Esses marcadores não podem ser repetidos dentro de um mesmo documento HTML. Veja o diagrama da Figura 1.1.

Na seção cabeçalho do documento, definida pelos marcadores <HEAD> e </HEAD>, podem ser adicionadas algumas informações que não serão apresentadas pelo navegador, com exceção do texto entre os marcadores <TITLE> e </TITLE>. Quando for encontrado um texto entre eles, o navegador apresenta-o na barra de títulos.

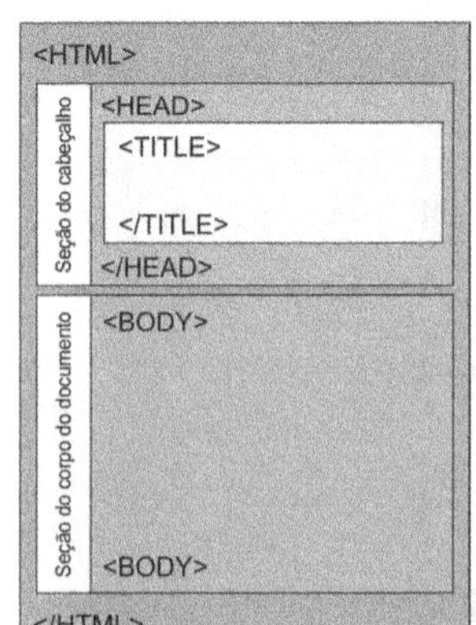

Figura 1.1 – Estrutura de um documento HTML.

No corpo do documento, delimitado pelos marcadores <BODY> e </BODY>, é possível inserir imagens, textos diversos, animações etc. Tudo que ele contiver será exibido pelo navegador.

Digite o seguinte código no **Bloco de Notas** e, depois, grave-o em um diretório do seu disco rígido com o nome "ex_html01.html":

```
<HTML>
<HEAD>
<TITLE>
Aqui está o título da minha página
</TITLE>
</HEAD>
<BODY>
<p>Esta é a primeira linha de texto da minha página</p>
<p>Esta é a segunda linha de texto da minha página</p>
</BODY>
</HTML>
```

Execute o Windows Explorer, dê um clique duplo no arquivo que acabou de ser criado e a tela do navegador padrão aparecerá. O navegador deve apresentar as duas linhas de texto que podem ser vistas na Figura 1.2.

No exemplo foi introduzido um novo par de marcadores (<P> e </P>), que são utilizados para forçar a quebra do texto em um novo parágrafo, visto que a linguagem HTML não reconhece o [ENTER] como o fim de uma linha ou de um parágrafo. Se o código tivesse sido digitado conforme mostrado na listagem seguinte, ter-se-ia o resultado da Figura 1.3.

```
<HTML>
<HEAD>
<TITLE>
Título da minha página
</TITLE>
</HEAD>
<BODY>
Esta é a primeira linha de texto da minha página
Esta é a segunda linha de texto da minha página
</BODY>
</HTML>
```

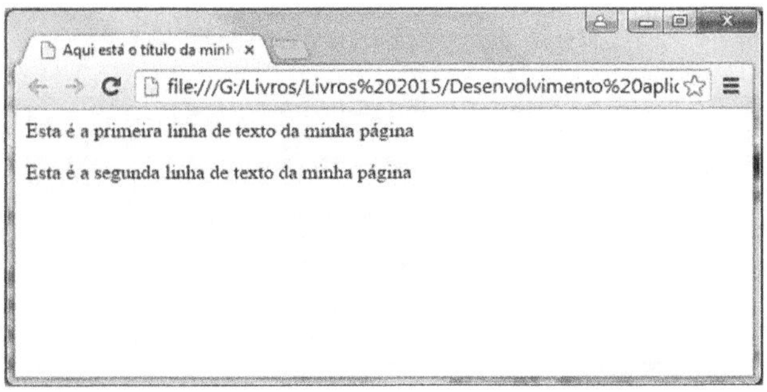

Figura 1.2 – Exemplo carregado no navegador.

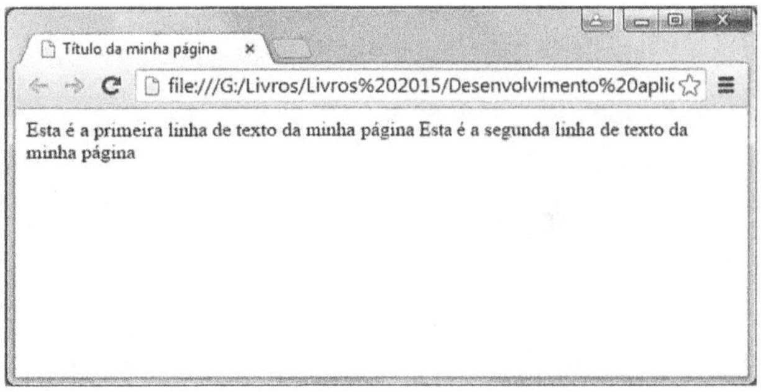

Figura 1.3 – Exemplo carregado no navegador.

Na primeira versão da especificação da linguagem HTML, somente havia sido definido o marcador <P> para indicar o fim de um parágrafo. Nas revisões posteriores ele foi modificado para indicar o início do parágrafo, enquanto foi acrescentado outro (o marcador </P>) para definir seu fim.

É importante lembrar que, se o usuário utilizar um navegador muito antigo, que suporte apenas as especificações de nível 1 da linguagem HTML, o emprego do marcador <P> no início do parágrafo pode fazer com que seja impressa uma linha em branco antes.

1.4 Cabeçalhos e títulos

Uma atenção especial deve ser dispensada aos títulos e cabeçalhos que podem ser adicionados às páginas. Isso é importante, pois permite ao usuário saber em que ponto do site ele se encontra ou de qual assunto a página trata.

Há um marcador especial, capaz de configurar o texto para apresentação em um formato de título. Ele configura o tamanho da fonte e o estilo negrito do texto. O tamanho é determinado por seis níveis, numerados de 1 a 6. Quanto maior o valor numérico do nível, menor o tamanho do caractere do texto. O código HTML seguinte descreve esses níveis:

```
<HTML>
<HEAD>
<TITLE>
Exemplo no. 3 - Configuração de Títulos
</TITLE>
</HEAD>
<BODY>
<p>A seguir temos os seis níveis de títulos/cabeçalhos</p>
<H1>Título formatado com nível 1</H1>
<H2>Título formatado com nível 2</H2>
<H3>Título formatado com nível 3</H3>
<H4>Título formatado com nível 4</H4>
<H5>Título formatado com nível 5</H5>
<H6>Título formatado com nível 6</H6>
</BODY>
</HTML>
```

A Figura 1.4 ilustra o resultado quando o documento é visualizado em um navegador.

Caso assim desejado, é possível centralizar um texto no documento, o que é muito útil em títulos. Para obter esse efeito, é necessária a utilização dos marcadores <CENTER> e </CENTER>. O exemplo seguinte demonstra seu uso; na Figura 1.5, encontra-se o resultado.

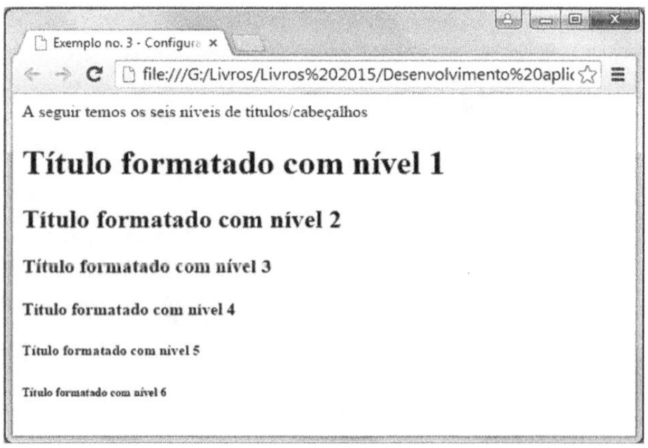

Figura 1.4 – Exemplos de títulos.

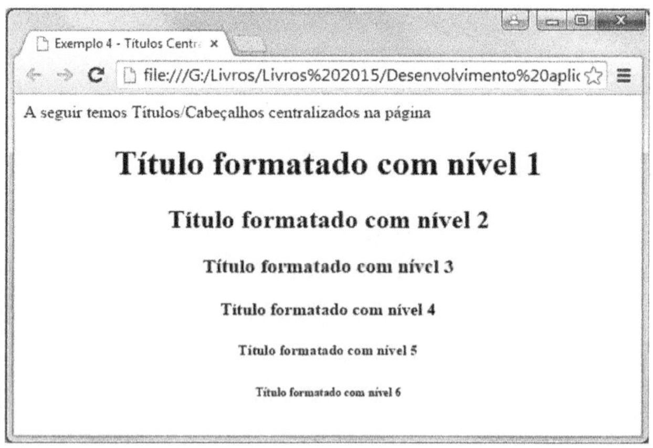

Figura 1.5 – Exemplo de títulos centralizados.

```
<HTML>
<HEAD>
<TITLE>Exemplo 4 - Títulos Centralizados</TITLE>
</HEAD>
<BODY>
<p>A seguir temos Títulos/Cabeçalhos centralizados na página</p>
<H1><CENTER>Título formatado com nível 1</CENTER></H1>
<H2><CENTER>Título formatado com nível 2</CENTER></H2>
```

```
<H3><CENTER>Título formatado com nível 3</CENTER></H3>
<H4><CENTER>Título formatado com nível 4</CENTER></H4>
<H5><CENTER>Título formatado com nível 5</CENTER></H5>
<H6><CENTER>Título formatado com nível 6</CENTER></H6>
</BODY>
</HTML>
```

Note, no exemplo, que tanto os marcadores quanto o texto a ser formatado podem estar na mesma linha.

Com esses conhecimentos é possível criar um exemplo mais completo. No caso, também se apresenta o uso do marcador
 (de BREAK). Digite no Bloco de Notas o seguinte código:

```
<HTML>
<HEAD>
<TITLE> Exemplo 5 - Um exemplo mais completo </TITLE>
</HEAD>
<BODY>
<H1><CENTER>Exemplo Mais Completo</CENTER></H1>
<H3>Este é um exemplo mais completo,<BR> que contém um novo marcador que permite <BR> a quebra de linhas de um parágrafo.</H3>
</BODY>
</HTML>
```

Ao abrir o arquivo HTML no navegador, uma tela similar à da Figura 1.6 deve ser apresentada. Apesar de termos o texto digitado em uma única linha, ela foi quebrada exatamente na posição em que se encontra o marcador <BR>. Outra característica que deve ser observada é que, diferentemente de <P>, <BR> não deixa uma linha em branco separando duas outras.

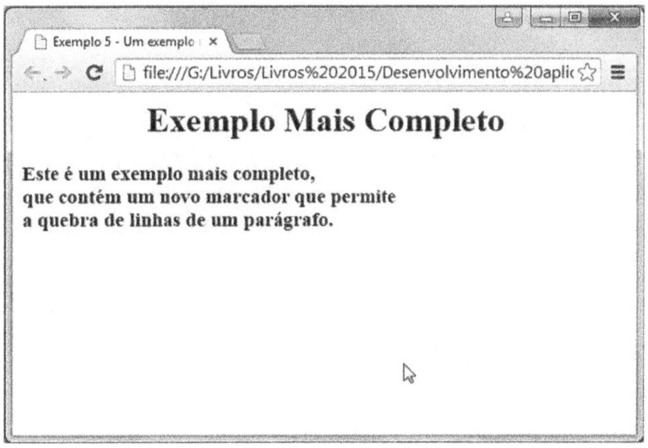

Figura 1.6 – Exemplo carregado no navegador.

1.5 Novidades do HTML5

No início de 2008, uma nova especificação da linguagem HTML, denominada HTML5, foi divulgada pelo W3C (*World Wide Web Consortium*), consórcio formado por diversas empresas, órgãos de governo e entidades independentes com o objetivo de desenvolver padrões de criação de documentos web.

Um dos objetivos que se procura alcançar com essa nova versão é a possibilidade de eliminação de *plug-ins* necessários aos navegadores para que conteúdos multimídia possam ser apresentados. Com os novos recursos, será até possível criar desenhos 2D ou mesmo animações completas diretamente no código. Também estão previstas entre as novidades *tags* específicas para execução de vídeo e áudio.

Entre os navegadores atualmente disponíveis, os que já possuem suporte ao HTML5 são o Firefox (acima da versão 4.0), o Opera (acima da versão 10) e o Chrome (todas as versões).

Para testar a compatibilidade do seu navegador com os novos recursos do HTML5, você pode acessar o endereço http://html5test.com (acesso em: ago. 2015), que efetua diversos testes e fornece um relatório informando sua classificação.

Vejamos rapidamente, então, o que muda com essa nova versão. A primeira novidade está relacionada à estrutura de um documento web. Até a versão HTML4, uma página web possuía uma estrutura formada por divisões, utilizando-se o marcador <DIV>. Para uma página que contivesse um cabeçalho, um corpo principal e uma área de rodapé, eram necessárias pelo menos três divisões com <DIV>. Já com o HTML5, o cabeçalho da página pode ser definido com a nova *tag* <HEADER>, assim como uma área de rodapé pode ser criada com <FOOTER>.

1.5.1 Canvas

O elemento **Canvas** é talvez a maior novidade apresentada pelo HTML5, pois ele permite que se construam elementos gráficos na página web utilizando comandos simples. Com ele podemos desenhar círculos, linhas, retângulos e outras formas geométricas.

Imagine esse elemento como uma tela de pintor. As dimensões dessa tela podem ser definidas no código ao se criar o elemento, da seguinte forma:

```
<canvas height="ALTURA" width="LARGURA">
</canvas>
```

Os valores para os parâmetros **height** e **width** são numéricos. Você pode atribuir um nome específico ao Canvas com o parâmetro **id**, como no exemplo:

```
<canvas id="canvas_1" height="ALTURA" width="LARGURA">
</canvas>
```

Depois de criado esse "espaço de desenho", devemos criar uma função JavaScript que acesse essa área e adicione os objetos gráficos por meio de comandos dessa linguagem. Vejamos um pequeno exemplo, que mostra um texto e desenha um círculo, um retângulo e uma linha. O código é o seguinte:

```
<!doctype html>
<html>
<head>
<title>
Utilização do Canvas em HTML5
</title>

<script>
window.onload = function Desenhar()
{
var Canvas = document.getElementById("canvas_1");
var Grafico = Canvas.getContext("2d");

// Um retângulo
Grafico.fillStyle = "red";
Grafico.fillRect(30,30,75,70);

// Uma linha reta
Grafico.beginPath();
Grafico.strokeStyle = "blue";
Grafico.moveTo(100, 205);
Grafico.lineTo(200, 125);
Grafico.closePath();
Grafico.stroke();

// Um círculo
Grafico.beginPath();
Grafico.arc(125, 300, 50, 0, Math.PI * 2, true);
Grafico.closePath();
Grafico.stroke();
}
```

```
</script>
</head>
<body>
<b>Utilização do elemento CANVAS para desenhar</b>
<canvas id="canvas_1" height="600" width="600">
</canvas>
</body>
</html>
```

Esse código define um objeto **canvas** com largura e altura ajustadas em 600 pixels. O código em JavaScript que efetivamente cria os elementos gráficos é invocado pelo evento **onload** do objeto **window**, que, no caso, representa a janela ativa do navegador. Em outras palavras, quando a página for carregada, a função **Desenhar()** é executada.

Essa função inicialmente declara duas variáveis. A primeira, denominada **Canvas**, faz referência ao próprio canvas definido pela *tag* <CANVAS>. Note que o nome desse objeto canvas é utilizado para se obter essa referência.

A segunda variável, de nome **Grafico**, é na verdade um objeto de contexto utilizado para a chamada aos métodos de criação dos elementos gráficos (linhas, arcos, retângulos etc.).

A Figura 1.7 mostra o resultado que se deve obter após esse arquivo HTML ser aberto em um navegador com suporte ao HTML5.

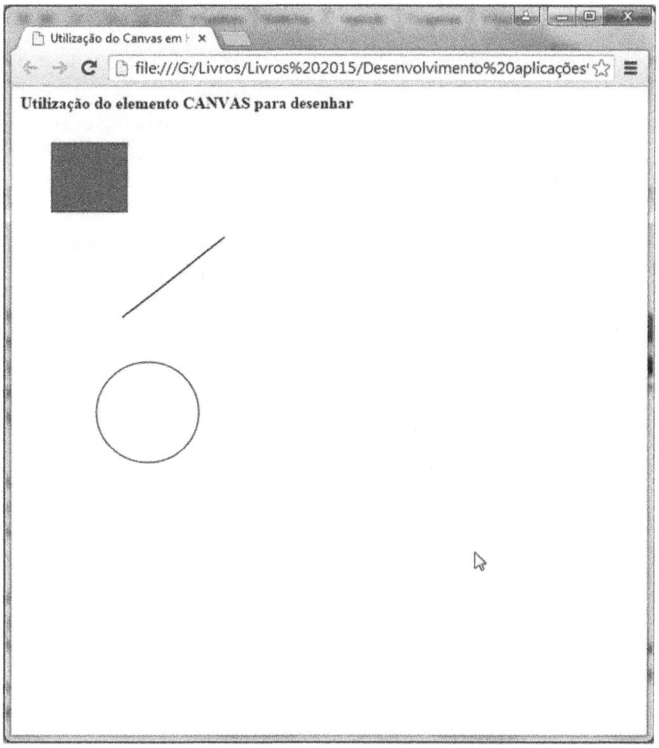

Figura 1.7 – Gráficos desenhados em HTML5.

1.5.2 Vídeos

Para execução de vídeos, temos uma nova *tag* denominada <VIDEO>. Nela podemos especificar alguns parâmetros, como execução automática ou repetição infinita.

Veja o código apresentado a seguir:

```
<!doctype html>
<html>
<head>
<title>
Exemplo de vídeo
</title>
</head>
<body>
<b>Exibição de vídeo em página web</b>
<br>
<video autoplay loop>
<source src="video.ogg" type="video/ogg">
</video>
</body>
</html>
```

A cláusula **AUTOPLAY** informa que o vídeo deve ser executado logo após seu carregamento, sem necessidade de o usuário clicar no botão de execução localizado na barra de controle. Já o parâmetro **LOOP** faz com que o vídeo seja repetido indefinidamente, ou seja, ele fica em *loop* infinito.

O nome do arquivo de vídeo é especificado por meio do parâmetro **SRC** da *tag* <SOURCE>. Ainda dentro dessa *tag* devemos também informar o formato de vídeo, por meio do parâmetro **TYPE**. Em nosso exemplo, o vídeo está no formato OGG Vorbis. Esse arquivo de vídeo se encontra no kit disponível para download no site da Editora Érica (www.editoraerica.com.br).

Veja na Figura 1.8 o vídeo carregado em um navegador.

Figura 1.8 – Vídeo executado em HTML5.

Recapitulando

Este capítulo apresentou os fundamentos da linguagem HTML, assim como a estrutura de um documento e os marcadores para formatação do seu conteúdo. Uma pequena introdução ao HTML5 também foi abordada.

Teste seus conhecimentos

1) Qual é a principal diferença entre a linguagem HTML e as outras?

2) O que são marcadores da linguagem HTML?

3) Qual marcador define que um arquivo é um documento HTML?

4) Como se centraliza um texto na página?

5) Qual é o principal objetivo a ser alcançado pela especificação HTML5?

6) Qual é a utilidade do objeto Canvas do HTML5?

7) Como podemos exibir vídeos em uma página escrita em HTML5?

8) Pesquise na internet sobre outras características e recursos que foram incorporados à linguagem HTML5.

9) Crie uma página que contenha um cabeçalho configurado com o nível 2 e centralizado. Adicione ainda um parágrafo abaixo desse título, com uma frase de sua escolha.

2

Textos e Listas

Novos conhecimentos

Neste capítulo vamos aprender como formatar textos, explorando recursos como a escolha da fonte de caracteres e a seleção do tipo de alinhamento. Adicionalmente, veremos como criar listas ordenadas e não ordenadas e listas de termos definidos pelo usuário.

2.1 Como alterar a aparência dos textos

Na linguagem HTML é perfeitamente possível formatar um texto, atribuindo-lhe uma aparência distinta dos demais. Há marcadores específicos que aplicam formatação padrão e outros que atribuem uma formatação personalizada, sendo possível escolher a fonte, o tamanho, a cor e o estilo dos caracteres. A Tabela 2.1 lista os marcadores de formatação padrão.

Tabela 2.1 – *Tags* de formatação de texto

Marcador	Descrição
<B>, </B>	Texto negritado
<BIG>, </BIG>	Texto grande
<EM>, </EM>	Texto enfatizado
<I>, </I>	Texto em itálico
<SMALL>, </SMALL>	Texto pequeno
<STRONG>, </STRONG>	Texto forte

Marcador	Descrição
_,	Texto subscrito
[,]	Texto sobrescrito
<INS>, </INS>	Texto inserido
<DEL>, </DEL>	Texto removido
<TT>, </TT>	Texto similar ao de máquina de escrever

Com o Bloco de Notas aberto, digite o código apresentado na listagem a seguir. Após gravá-lo, abra o arquivo em seu navegador preferido para ver o resultado de cada tipo de formatação, como mostra a Figura 2.1.

```
<HTML>
<HEAD>
<TITLE>Exemplo 8 - Formatação de Textos</TITLE>
</HEAD>
<BODY>
<H1><CENTER>FORMATAÇÃO DE TEXTOS</CENTER></H1>
<P>Texto sem formatação (normal)</P>
<P><B>Texto com formato negrito</B></P>
<P><BIG>Texto com formato grande</BIG></P>
<P><EM>Texto com formato enfatizado</EM></P>
<P><I>Texto com formato itálico</I></P>
<P><SMALL>Texto com formato pequeno</SMALL></P>
<P><STRONG>Texto com formato forte</STRONG></P>
<P>Exemplo de texto subscrito: H<SUB>2</SUB>O</P>
<P>Exemplo de texto sobrescrito: 2<SUP>5</SUP></P>
<P><INS>Texto sublinhado</INS></P>
<P><DEL>Texto riscado</DEL></P>
<P><TT>Texto tipo máquina de escrever</TT></P>
</BODY>
</HTML>
```

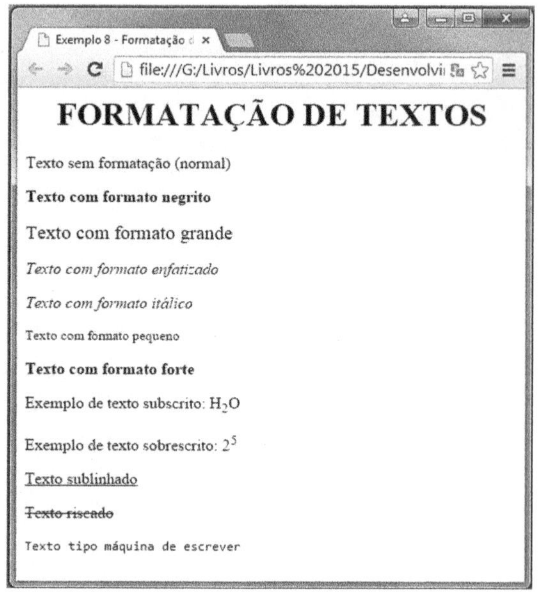

Figura 2.1 – Exemplos de formatação de texto.

Para criar uma formatação personalizada, você deve utilizar um marcador específico, denominado <FONT>, que possui três atributos: **FACE**, para definição da fonte de letra; **SIZE**, para especificação do tamanho do caractere; e **COLOR**, que permite atribuir uma cor ao texto. Quanto aos atributos **SIZE** e **COLOR**, valem algumas informações preliminares.

A linguagem HTML suporta sete tamanhos predefinidos de fonte, variando de 1 (a menor) até 7 (a maior). Para **COLOR** é preciso especificar uma combinação de três valores numéricos em formato hexadecimal. A combinação de valores é resultado da maneira como a linguagem trata as cores no formato RGB.

Suponha que se deseja configurar um texto para exibi-lo com a fonte de letras **Arial**, tamanho 3 e na cor azul. Para obter esse resultado, é necessário o código apresentado na seguinte listagem:

```
<HTML>
<HEAD>
<TITLE>Exemplo 9 - Formatação Personalizada de Textos</TITLE>
</HEAD>
<BODY>
<H1><CENTER>FORMATAÇÃO PERSONALIZADA DE TEXTOS</CENTER></H1>
<P><B><FONT FACE="ARIAL" SIZE=3 COLOR=#0000FF>Este texto está com formatação personalizada: letra
Arial, tamanho 3 e cor azul</FONT></B></P>
<P>Aqui o texto é normal, sem formatação</P>
</BODY>
</HTML>
```

O resultado pode ser visto na Figura 2.2.

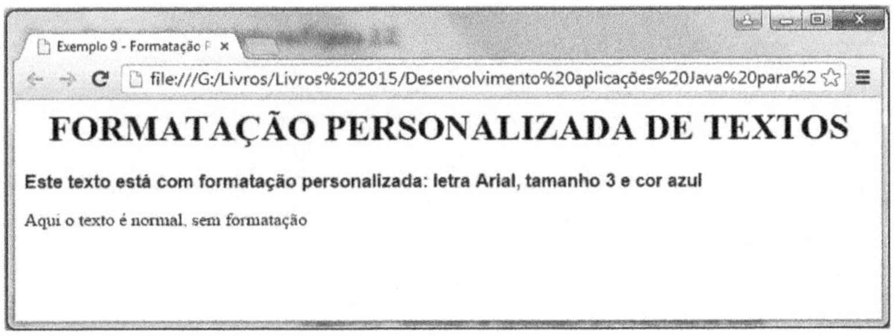

Figura 2.2 – Exemplo de formatação personalizada de texto.

Você provavelmente deve ter percebido que qualquer tentativa de criar um layout próprio em um documento HTML é completamente inútil. Por exemplo, suponha que haja necessidade de se criar uma pequena tabela com espaços em branco, conforme o código seguinte:

```
<HTML>
<HEAD>
<TITLE>Exemplo 10 - Layout personalizado de página</TITLE>
</HEAD>
<BODY>
<H2><CENTER>Layout Personalizado</CENTER></H2>
<P>Automóvel                      Cilindros      Cilindrada  Potência Torque     Velocidade
                                                                               máxima</P>
<P>Audi A3 sedan                  4 em linha     1,8 litro   180 cv   25,5 mkgf  235 km/h</P>
<P>BMW 328i                       4 em linha     2,0 litros  245 cv   35,7 mkgf  257 km/h</P>
<P>Mercedes SLS AMG               8 em V         6,2 litros  571 cv   66,3 mkgf  312 km/h</P>
<P>Porsche 911 Carrera S          6 horizontais  3,8 litros  400 cv   44,9 mkgf  302 km/h</P>
<P>Lamborghini Aventador LP700-4  12 em V        6,5 litros  700 cv   70,3 mkgf  350 km/h</P>
<P>McLaren MP4-12C                8 em V         3,8 litros  600 cv   61,2 mkgf  330 km/h</P>
</BODY>
</HTML>
```

Esse código HTML gera a tela da Figura 2.3, o que não é o esperado. Para forçar uma formatação criada com a utilização de espaços ou tabulações, devem ser empregados os marcadores <PRE> e </PRE>, conforme o seguinte código:

```
<HTML>
<HEAD>
<TITLE>Exemplo 11 - Layout personalizado de página</TITLE>
</HEAD>
<BODY>
<H2><CENTER>Layout Personalizado</CENTER></H2>
<PRE>
Automóvel                      Cilindros      Cilindrada  Potência  Torque     Velocidade máxima
Audi A3 sedan                  4 em linha     1,8 litro   180 cv    25,5 mkgf   235 km/h
BMW 328i                       4 em linha     2,0 litros  245 cv    35,7 mkgf   257 km/h
Mercedes SLS AMG               8 em V         6,2 litros  571 cv    66,3 mkgf   312 km/h
Porsche 911 Carrera S          6 horizontais  3,8 litros  400 cv    44,9 mkgf   302 km/h
Lamborghini Aventador LP700-4  12 em V        6,5 litros  700 cv    70,3 mkgf   350 km/h
McLaren MP4-12C                8 em V         3,8 litros  600 cv    61,2 mkgf   330 km/h
</PRE>
</BODY>
</HTML>
```

Agora o resultado está correto, como pode ser visto na Figura 2.4.

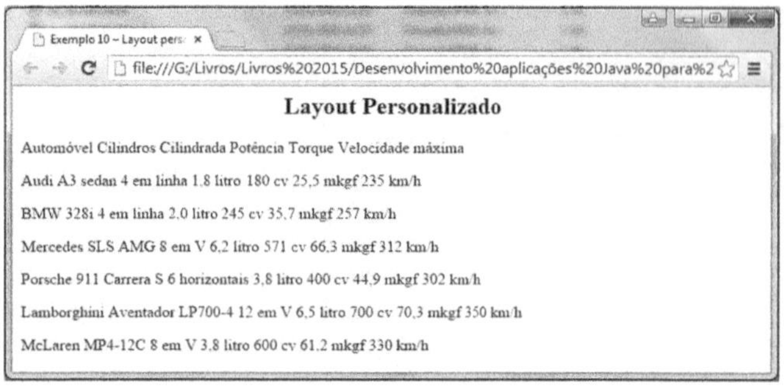

Figura 2.3 – Layout desconfigurado.

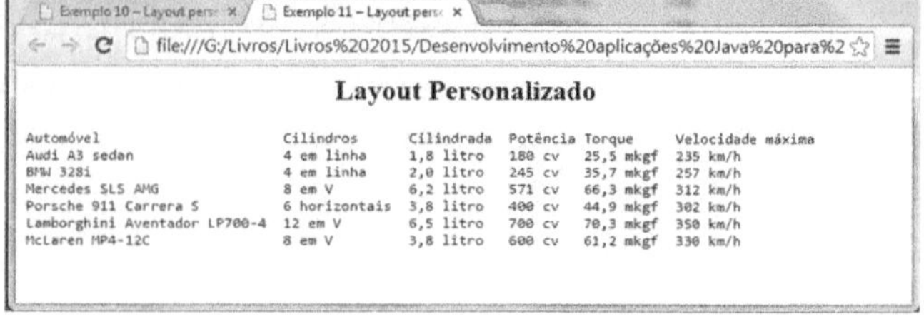

Figura 2.4 – Layout configurado.

2.2 Alinhamento de textos

Ao abordar a criação de títulos, no capítulo anterior, estudamos o uso dos marcadores <CENTER> e </CENTER> para centralizar um texto. Além desse par, existem também marcadores específicos para centralização ou alinhamento à direita e à esquerda. Para efetuar esses alinhamentos, é preciso empregar o atributo **ALIGN** acompanhado de um dos seguintes valores: "CENTER" para centralização, "RIGHT" para alinhamento à direita, "LEFT" para alinhamento à esquerda.

Crie um novo documento HTML no Bloco de Notas com o código apresentado a seguir. Depois de gravar o arquivo, abra-o no navegador. A tela resultante é ilustrada na Figura 2.5.

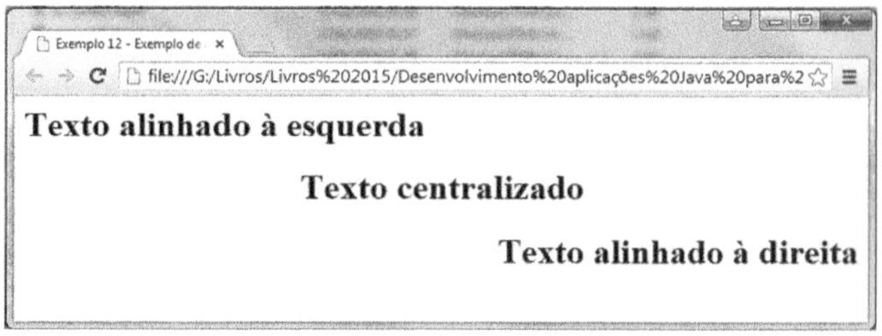

Figura 2.5 – Alinhamento de textos de títulos/cabeçalhos.

```
<HTML>
<HEAD>
<TITLE>Exemplo 12 - Exemplo de Alinhamento de Textos</TITLE>
</HEAD>
<BODY>
<H1 ALIGN = "LEFT">Texto alinhado à esquerda</H1>
<H1 ALIGN = "CENTER">Texto centralizado</H1>
<H1 ALIGN = "RIGHT">Texto alinhado à direita</H1>
</BODY>
</HTML>
```

Esse mesmo tipo de alinhamento pode ser aplicado a qualquer texto, e não apenas a títulos/cabeçalhos. Para isso é preciso utilizar o marcador <DIV>, seguido pelo atributo **ALIGN** e o valor referente ao alinhamento. O código a seguir mostra o emprego desse marcador:

```
<HTML>
<HEAD>
<TITLE>Exemplo 13 - Exemplo de Alinhamento de Textos</TITLE>
</HEAD>
<BODY>
<DIV ALIGN = "LEFT">HTML</DIV>
<DIV ALIGN = "LEFT">A linguagem da internet</DIV>
<DIV ALIGN = "CENTER">PHP</DIV>
<DIV ALIGN = "CENTER">A linguagem para aplicações web robustas </DIV>
<DIV ALIGN = "RIGHT">Dreamweaver</DIV>
```

```
<DIV ALIGN = "RIGHT">A melhor ferramenta para o web designer</DIV>
</BODY>
</HTML>
```

A Figura 2.6 apresenta o resultado a ser visto no navegador.

Existe ainda o par de marcadores <BLOCKQUOTE> e </BLOCKQUOTE> que aumenta a margem. Ele pode ser utilizado de forma acumulativa para a criação de margens maiores. A Figura 2.7 exibe a tela resultante do código apresentado em seguida:

```
<HTML>
<HEAD>
<TITLE>Exemplo 14 - Ajuste de margem com BLOCKQUOTE</TITLE>
</HEAD>
<BODY>
<P>Os textos apresentados a seguir tiveram a margem esquerda aumentada com o uso do marcador
BLOCKQUOTE</P>
<BLOCKQUOTE>
<P>HTML</P>
<P>A linguagem da internet</P>
<P>PHP</P>
<P>A linguagem para aplicações web robustas </P>
<P>Dreamweaver</P>
<P>A melhor ferramenta para o web designer</P></BLOCKQUOTE>
</BODY>
</HTML>
```

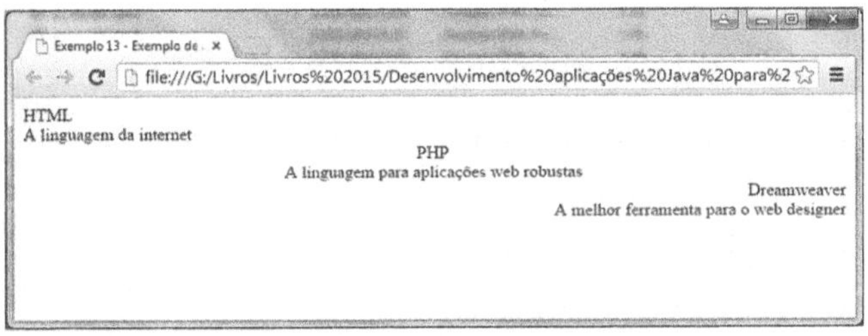

Figura 2.6 – Alinhamento de textos.

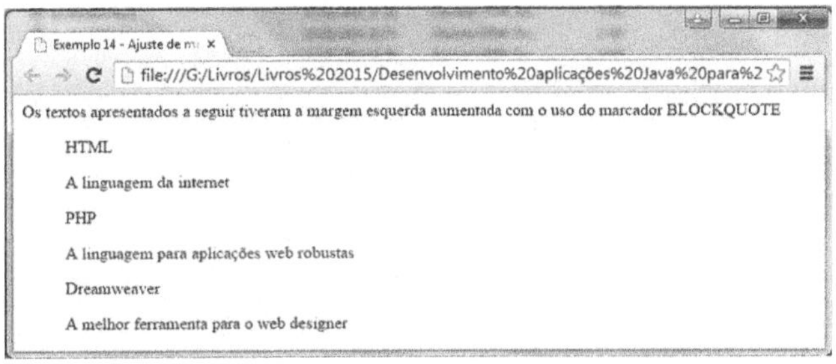

Figura 2.7 – Texto formatado com <BLOCKQUOTE>.

2.3 Criação de listas

Um recurso muito utilizado por web designers são as listas, tanto as ordenadas quanto as não ordenadas. As primeiras apresentam números à esquerda de cada item da lista, enquanto o segundo tipo apresenta símbolos gráficos, como pequenos retângulos ou círculos.

Para se criar uma lista ordenada são utilizados os marcadores <OL> e </OL>. Cada item deve ser precedido do marcador <LI>. O próximo exemplo cria uma lista com cinco itens:

```
<HTML>
<HEAD>
<TITLE>Exemplo 15 - Lista Ordenada</TITLE>
</HEAD>
<BODY>
<H2><CENTER>LISTA ORDENADA</CENTER></H2>
<OL>
<LI>Primeiro item da lista</LI>
<LI>Segundo item da lista</LI>
<LI>Terceiro item da lista</LI>
<LI>Quarto item da lista</LI>
<LI>Quinto item da lista</LI>
```

```
</OL>
</BODY>
</HTML>
```

A Figura 2.8 mostra o resultado que se deve obter após o arquivo desse código ser aberto no navegador.

É possível especificar o tipo de numeração e controlar sua execução, utilizando os atributos **TYPE** e **START**. O atributo **TYPE** pode aceitar os valores "a", "A", "i", "I" e "1". Por exemplo, para criar uma lista em que a numeração é dada por algarismos romanos, utiliza-se o código listado a seguir:

```
<HTML>
<HEAD>
<TITLE>Exemplo 16 - Lista Ordenada com Algarismos Romanos</TITLE>
</HEAD>
<BODY>
<H2><CENTER>LISTA ORDENADA COM ALGARISMOS ROMANOS</CENTER></H2>
<OL TYPE="I">
<LI>Primeiro item da lista</LI>
<LI>Segundo item da lista</LI>
<LI>Terceiro item da lista</LI>
<LI>Quarto item da lista</LI>
<LI>Quinto item da lista</LI>
</OL>
</BODY>
</HTML>
```

O resultado pode ser visualizado na Figura 2.9.

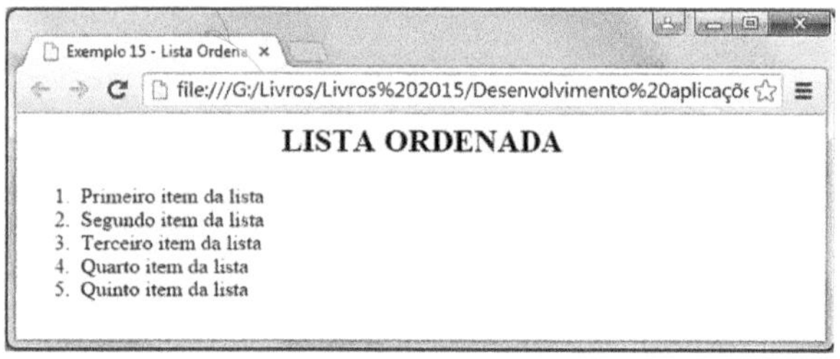

Figura 2.8 – Exemplo de lista ordenada.

Figura 2.9 – Exemplo de lista ordenada com numeração em algarismos romanos.

Para gerar uma lista não ordenada, são utilizados os marcadores <UL> e </UL>. Também é possível especificar o símbolo a ser apresentado pelos itens adicionando-se o atributo **TYPE** com um dos seguintes valores: "circle", "square" ou "disc". O código seguinte apresenta uma lista para cada um desses três tipos:

```
<HTML>
<HEAD>
<TITLE>Exemplo 17 - Lista Não Ordenada</TITLE>
</HEAD>
<BODY>
<H2><CENTER>LISTA NÃO ORDENADA</CENTER></H2>
<H3>Lista com quadrados</H3>
<UL TYPE="square">
<LI>Primeiro item da lista</LI>
<LI>Segundo item da lista</LI>
<LI>Terceiro item da lista</LI>
<LI>Quarto item da lista</LI>
<LI>Quinto item da lista</LI>
</UL>
<H3>Lista com círculos</H3>
<UL TYPE="circle">
<LI>Primeiro item da lista</LI>
```

```
<LI>Segundo item da lista</LI>
<LI>Terceiro item da lista</LI>
<LI>Quarto item da lista</LI>
<LI>Quinto item da lista</LI>
</UL>
<H3>Lista com discos</H3>
<UL TYPE="disc">
<LI>Primeiro item da lista</LI>
<LI>Segundo item da lista</LI>
<LI>Terceiro item da lista</LI>
<LI>Quarto item da lista</LI>
<LI>Quinto item da lista</LI>
</UL>
</BODY>
</HTML>
```

Após ter gravado o código, visualize-o no navegador. O resultado deve estar similar ao da Figura 2.10.

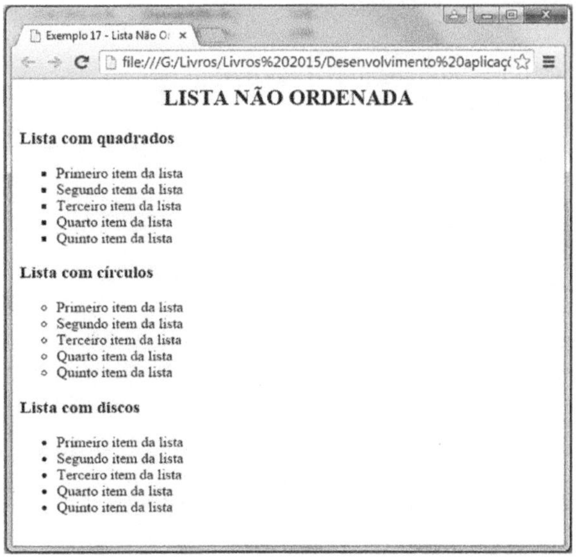

Figura 2.10 – Exemplo de lista não ordenada.

2.4 Listas definidas pelo usuário

Um recurso bastante interessante disponível na linguagem HTML é a criação de listas de definições, nas quais encontramos um "termo" e uma "definição", como nos verbetes de um dicionário.

Para criar uma lista de definições, devemos utilizar os marcadores <DL> e </DL>. Dentro do corpo definido por eles são colocados os termos, identificados pelo marcador <DT>, e as definições (marcador <DD>). Veja como exemplo o código listado a seguir:

```
<HTML>
<HEAD>
<TITLE>Exemplo 18 - Lista Definida Pelo Usuário</TITLE>
</HEAD>
<BODY>
<H2><CENTER>Palavras do Tupi-Guarani que empregamos em nosso dia a dia</CENTER></H2>
<DL>
<DT><I>Açaí:</I>
<DD>pequeno coco amarronzado
<DT><I>Arara:</I>
<DD>ave grande
<DT><I>Biboca:</I>
<DD>moradia humilde
<DT><I>Caboclo:</I>
<DD>procedente do branco, mestiço de branco com índio
<DT><I>Canoa:</I>
<DD>embarcação a remo, esculpida no tronco de uma árvore
<DT><I>Capenga:</I>
<DD>pessoa coxa, manca
<DT><I>Cuíca:</I>
<DD>espécie de rato grande com o rabo muito comprido
<DT><I>Iguaçu:</I>
<DD>água grande, lago grande, rio grande
<DT><I>Ipanema:</I>
<DD>lugar fedorento
<DT><I>Ipiranga:</I>
<DD>rio vermelho
<DT><I>Itajubá:</I>
<DD>pedra amarela
```

```
<DT><I>Itatiba:</I>
<DD>muita pedra, abundância de pedras
<DT><I>Jabaquara:</I>
<DD>rio do senhor do voo
<DT><I>Jururu:</I>
<DD>significa triste
<DT><I>Nhe:</I>
<DD>falar, fala, língua
<DT><I>Nhenhenhém:</I>
<DD>falação, falar muito, tagarelice
<DT><I>Pereba:</I>
<DD>pequena ferida
<DT><I>Pernambuco:</I>
<DD>mar com fendas, recifes
<DT><I>Piauí:</I>
<DD>Rio de piaus (tipo de peixe)
<DT><I>Pindaíba:</I>
<DD>anzol ruim, quando não se consegue pescar nada, pessoa em situação financeira difícil
<DT><I>Tijuca:</I>
<DD>lama, charco, pântano, atoleiro
<DT><I>Toró:</I>
<DD>chuva forte
<DT><I>Xará:</I>
<DD>tirado do meu nome, nome igual ao meu
</DL>
</BODY>
</HTML>
```

Ao se abrir o código em um navegador, deve surgir o texto mostrado pela Figura 2.11.

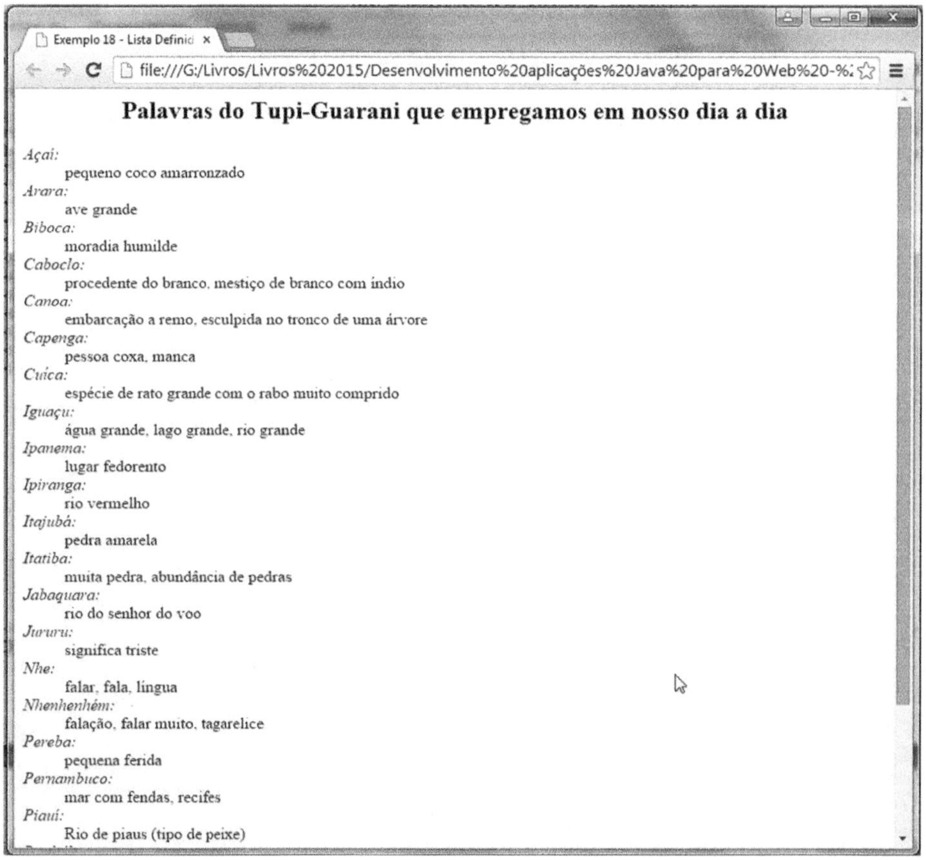

Figura 2.11 – Exemplo de lista definida pelo usuário.

Recapitulando

Este capítulo apresentou a formatação de textos, a especificação de fonte de caracteres, os tipos de alinhamento e a criação de listas ordenadas e não ordenadas.

Teste seus conhecimentos

1) Quais são os marcadores utilizados para a definição dos estilos de texto negrito e em itálico?

2) Qual é o par de marcadores usado para a especificação de atributos de caracteres (fonte de letras, tamanho, cor etc.)?

3) Descreva os tipos de listas disponíveis para documentos HTML.

4) Como se alinha um texto à direita e à esquerda?

5) Utilizando os marcadores de formatação de texto, crie um documento HTML que exiba a fórmula da glicose: $C_6H_{12}O_6$.

6) Crie uma lista ordenada numérica com as 15 músicas de que você mais gosta.

7) Pesquise na internet a diferença entre *tags* de estilo físico e de estilo lógico.

3

Inserção de Imagens e Vínculos Entre Páginas

Novos conhecimentos

Neste capítulo abordaremos alguns dos diversos aspectos visuais que podem ser adicionados a um documento HTML. Trataremos de inserção de imagens, do alinhamento de textos e imagens, do redimensionamento de imagens e da definição de imagens de fundo. Além disso, vamos aprender como criar vínculos entre páginas e como definir imagens cambiáveis.

3.1 Como inserir imagens

Há basicamente três formas de se apresentar uma imagem em uma página HTML. A primeira forma, abordada neste livro, faz com que a imagem seja carregada juntamente com a página. A segunda, possível por meio de uma rotina escrita em uma linguagem complementar apenas, como JavaScript, PHP ou Java, permite que a imagem seja carregada dinamicamente, isto é, a partir de um valor selecionado em uma lista, de um vínculo ou de um botão. A terceira é similar à segunda, sendo a imagem carregada a partir de um banco de dados.

Para inserir uma imagem em um documento HTML você deve utilizar o marcador <IMG>. Ele não tem um correspondente para indicar o seu fechamento; todavia, possui três importantes atributos, que permitem a especificação do arquivo de imagem, a apresentação de um texto alternativo no caso de a imagem não ser carregada e a definição do tipo de alinhamento da imagem em relação ao texto. Esses atributos denominam-se **SRC**, **ALT** e **ALIGN**, respectivamente.

Outros dois atributos de igual importância são **WIDTH** e **HEIGHT**, que possibilitam alterar a largura e a altura da imagem dentro da página. Embora isso seja útil, é recomendável que se redimensione a imagem com um aplicativo gráfico para manter as proporções corretas.

Digite no Bloco de Notas o código exibido a seguir. Grave-o, e depois dê um clique duplo no arquivo a partir do Windows Explorer para visualizar a tela da Figura 3.1.

```
<HTML>
<HEAD>
<TITLE>Exemplo 19 - Exemplo de Imagens</TITLE>
</HEAD>
<BODY>
<H2>Imagem estática</H2>
<IMG SRC="foto04.jpg">
<H2>Imagem animada</H2>
<IMG SRC="BandeiraBrasil.gif">
</BODY>
</HTML>
```

Figura 3.1 – Exemplo de imagens estática e animada.

Se o arquivo da imagem estiver em um diretório diferente daquele em que reside o documento HTML, é necessário passar o caminho completo. Por exemplo, se o arquivo HTML estiver no diretório "C:\meu_site" e as imagens correspondentes no diretório "C:\meu_site\imagens", deve-se especificar para o atributo SRC a expressão caractere "../imagens/foto04.jpg". Note que deve ser utilizada a barra de divisão ("/") e não a barra invertida ("\").

Agora, vamos criar outro exemplo incluindo os atributos **ALT** e **ALIGN**. O primeiro atributo pode conter um texto, que será apresentado caso a imagem não seja carregada, como acontece quando o respectivo arquivo não é encontrado. Digite o código descrito a seguir para descobrir como esses dois marcadores trabalham:

```
<HTML>
<HEAD>
<TITLE>Exemplo 20 - Segundo Exemplo de Imagens</TITLE>
</HEAD>
<BODY>
<P>A imagem abaixo contém um texto a ser apresentado quando o arquivo não for encontrado</P>
<IMG SRC="foto05a.jpg" ALT="A magnífica Foz do Iguaçu">
<P>A imagem ao lado está centralizada em relação a esse texto <IMG SRC="foto02.jpg" ALIGN="middle"></P>
</BODY>
</HTML>
```

A Figura 3.2 apresenta esse documento visualizado no navegador Chrome.

Figura 3.2 – Exemplo de documento HTML com vínculo a imagem inexistente.

O atributo **ALIGN** pode receber os valores "BOTTOM", "MIDDLE", "TOP", "LEFT" e "RIGHT". Cada um deles permite o alinhamento pela base da imagem, pelo meio em relação à altura da imagem, pelo topo, à esquerda ou à direita.

Agora, veja como utilizar os atributos **WIDTH** e **HEIGHT**. Digite o código HTML mostrado a seguir e, depois de salvar o arquivo, visualize-o no seu navegador. O resultado deve ser parecido com o mostrado pela Figura 3.3.

```
<HTML>
<HEAD>
<TITLE>Exemplo 21 - Terceiro Exemplo de Imagens</TITLE>
</HEAD>
<BODY>
<P>A imagem abaixo teve seu tamanho reduzido</P>
<IMG SRC="foto01.jpg" WIDTH=300 HEIGHT=200>
</BODY>
</HTML>
```

Como você pode ver, esses atributos permitem que as dimensões da imagem sejam ajustadas, independentemente do seu tamanho real. Um cuidado que deve ser tomado com relação a esses atributos diz respeito à proporção entre a altura (HEIGHT) e a largura (WIDTH). Se isso for desconsiderado, a imagem pode ficar distorcida, ficando, por exemplo, maior na largura do que na altura. Repare no exemplo da Figura 3.4, que é o resultado do código apresentado a seguir:

```
<HTML>
<HEAD>
<TITLE>Exemplo 22 - Quarto Exemplo de Imagens</TITLE>
</HEAD>
<BODY>
<P>A imagem abaixo teve seu tamanho alterado</P>
<IMG SRC="foto01.jpg" WIDTH=550 HEIGHT=180>
</BODY>
</HTML>
```

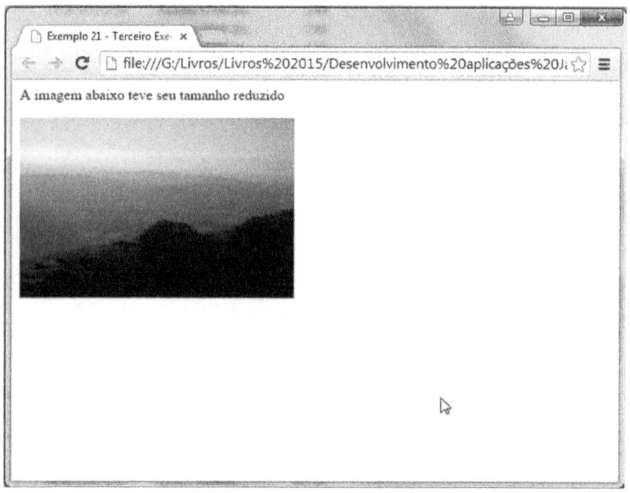

Figura 3.3 – Exemplo de imagem redimensionada.

Figura 3.4 – Exemplo de imagem com tamanho desproporcional.

Esse efeito indesejável pode ser evitado ao simplesmente diminuir-se a mesma quantidade de pixels dos valores originais da altura e da largura. Outra forma mais confiável e flexível é a especificação de um valor percentual no lugar de um valor absoluto em pixels. Por exemplo, para mostrar a imagem com 60% do tamanho original (tanto na largura quanto na altura), é preciso utilizar o seguinte código:

```
<IMG SRC="Atibaia.jpg" WIDTH=60% HEIGHT=60%>
```

Além da inserção de imagens nas páginas, também é possível atribuir uma imagem ao fundo todo, como se fosse um papel de parede. Esse recurso está disponível pelo atributo **BACKGROUND** do marcador <BODY>. Digite o código apresentado a seguir e visualize-o no navegador. O resultado deve ser parecido ao da Figura 3.5.

```
<HTML>
<HEAD>
<TITLE>Exemplo 23 - Exemplo de Imagem de
Fundo</TITLE>
</HEAD>
<BODY BACKGROUND="textura02.jpg">
<CENTER><FONT FACE="Helvetica" SIZE=5
COLOR=#FFFFF00><B>Esta página apresenta uma
imagem de fundo</B></FONT></CENTER>
</BODY>
</HTML>
```

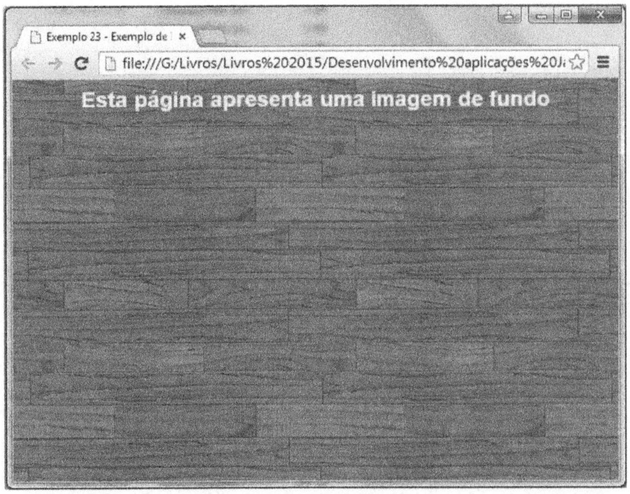

Figura 3.5 – Exemplo de uso de imagem no fundo da página.

3.2 Vínculos entre páginas

Vínculo (ou link) é a maneira como podem ser criadas ligações entre dois documentos HTML. Esse recurso permite que, ao se clicar no texto ou na imagem que representa o vínculo, o documento "filho" seja aberto. Para criar um vínculo, precisamos do nome do arquivo ou do seu endereço **URL**, bem como do texto ou da imagem que vai servir de ponto de definição do vínculo.

É possível criar vínculos de um documento para outro ou dentro do próprio documento, fazendo com que haja um salto de uma posição para outra. Os marcadores <A> e </A> são utilizados para a definição de um vínculo na mesma página.

O próximo exemplo utiliza textos na definição de vínculos. Com o Bloco de Notas aberto, digite os seguintes códigos, em arquivos separados:

Arquivo ex_html24.html

```
<HTML>
<HEAD>
<TITLE>Exemplo 24 - Exemplo de Vínculos</TITLE>
</HEAD>
<BODY>
<H2>Esta é a página principal do exemplo 24</H2>
<P>Para abrir a página ex_html24a.html clique <A HREF="ex_html24A.HTML">aqui</A> </P>
<P>Para abrir a página ex_html24b.html clique <A HREF="ex_html24B.HTML">aqui</A> </P>
</BODY>
</HTML>
```

Arquivo ex_html24a.html

```
<HTML>
<HEAD>
<TITLE>Exemplo 24A - Exemplo de Vínculos - Documento A</TITLE>
</HEAD>
<BODY>
<H2>Esta é a página ex_html24a.html</H2>
</BODY>
</HTML>
```

Arquivo ex_html24B.html

```
<HTML>
<HEAD>
<TITLE>Exemplo 24B - Exemplo de Vínculos - Documento B</TITLE>
</HEAD>
<BODY>
<H2>Esta é a página ex_html24b.html</H2>
</BODY>
</HTML>
```

A Figura 3.6 apresenta as diversas partes que compõem um vínculo.

À direita do atributo **HREF** se especifica o nome do arquivo (ou seu endereço URL) que deve ser aberto quando o usuário clicar no texto destacado na página, geralmente na cor azul. Esse texto é definido entre o sinal ">" e o marcador de fechamento </A>.

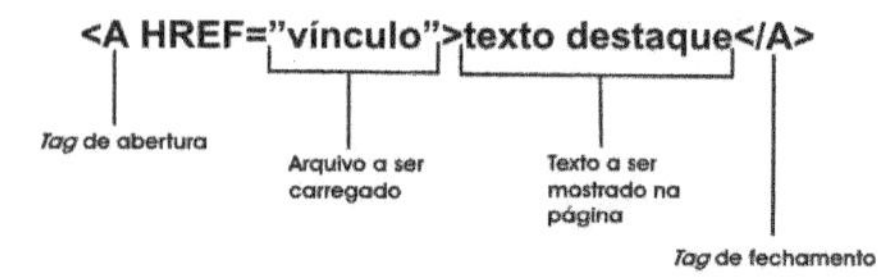

Figura 3.6 – Estrutura de um hyperlink.

Se o arquivo "ex_html24.html" for aberto no navegador, a tela da Figura 3.7 deve aparecer. Clique em um dos links para que a respectiva página seja aberta, conforme demonstra o exemplo da Figura 3.8.

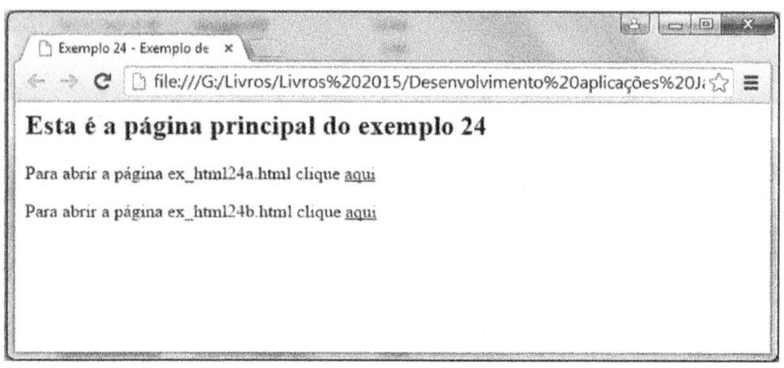

Figura 3.7 – Exemplo de página com vínculo.

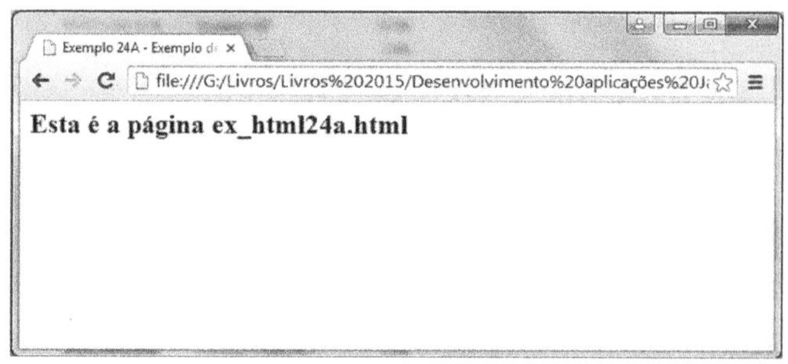

Figura 3.8 – Página vinculada aberta com um clique.

Acompanhe um exemplo que contém imagens como vínculos. Digite os seguintes códigos em arquivos individuais:

Arquivo ex_html25.html

```
<HTML>
<HEAD>
<TITLE>Exemplo 25 - Exemplo de Vínculos com Imagens</TITLE>
</HEAD>
<BODY>
<H2>Esta é a página principal do exemplo 25</H2>
<P>Clique nas imagens abaixo para saber o nome do lugar turístico</P>
<BR>
<P><A HREF="ex_html25a.html"><IMG SRC="foto03.jpg"></A></P>
<BR>
<P><A HREF="ex_html25b.html"><IMG SRC="foto04.jpg"></A></P>
</BODY>
</HTML>
```

Arquivo ex_html25a.html

```
<HTML>
<HEAD>
<TITLE>Exemplo 25a - Exemplo de Vínculos com Imagens</TITLE>
</HEAD>
<BODY>
<H2>Pedra Grande - Atibaia</H2>
</BODY>
</HTML>
```

Arquivo ex_html25b.HTML

```
<HTML>
<HEAD>
<TITLE>Exemplo 25b - Exemplo de Vínculos com
Imagens</TITLE>
</HEAD>
<BODY>
<H2>Cataratas da Foz do Iguaçu - Paraná</H2>
</BODY>
</HTML>
```

Note que, em vez de utilizar um texto para indicar o lugar do clique, o marcador <IMG> foi inserido para especificar um arquivo de imagem.

Ao abrir o arquivo no navegador, a tela da Figura 3.9 deve ser apresentada. Clicando em uma das imagens, a página correspondente é exibida.

Figura 3.9 – Página com links definidos por meio de imagem.

3.3 Imagens cambiáveis

Um recurso bastante interessante e que adiciona um aspecto profissional a um documento web é a imagem cambiável. Ela consiste, na verdade, em duas imagens, com pequenas diferenças entre si, como brilho ou efeito de sombra, que são trocadas quando o usuário posiciona o cursor sobre elas.

Adicionar esse recurso à pagina de forma manual, ou seja, sem utilizar um editor de páginas, é bastante complexo. Em primeiro lugar são necessárias duas imagens. A troca dessas imagens é efetuada por códigos escritos em JavaScript que detectam o posicionamento do cursor sobre a área em que se encontra a imagem para poder carregar a imagem correta naquela mesma posição.

O código a seguir apresenta o exemplo de utilização de imagem cambiável:

```
<html>
<head>
<title>Exemplo de imagem cambiável</title>
<script type="text/javascript">
function MM_swapImgRestore()
{
  var i,x,a=document.MM_sr;

  for(i=0;a&&i<a.length&&(x=a[i])&&x.oSrc;i++)
     x.src=x.oSrc;
}
function MM_preloadImages()
{
  var d=document;

  if(d.images)
  {
```

```
    if(!d.MM_p)
      d.MM_p=new Array();

    var i,j=d.MM_p.length,a=MM_preloadImages.arguments;

        for(i=0; i<a.length; i++)
        {
           if(a[i].indexOf("#")!=0)
           {
          d.MM_p[j]=new Image;
                 d.MM_p[j++].src=a[i];
           }
        }
  }
}

function MM_findObj(n, d)
{
  var p,i,x;

  if(!d)
    d=document;

  if((p=n.indexOf("?")) > 0 &&parent.frames.length)
  {
    d=parent.frames[n.substring(p+1)].document;
        n=n.substring(0,p);
  }

  if(!(x=d[n]) && d.all)
    x=d.all[n];

  for(i=0;!x&&i<d.forms.length;i++)
     x=d.forms[i][n];

  for(i=0;!x&&d.layers&&i<d.layers.length;i++)
     x=MM_findObj(n,d.layers[i].document);

  if(!x && d.getElementById)
    x=d.getElementById(n);

  return x;
}

function MM_swapImage()
{
  var i,j=0,x,a=MM_swapImage.arguments;

  document.MM_sr=new Array;

  for(i=0;i<(a.length-2);i+=3)
  {
     if((x=MM_findObj(a[i]))!=null)
         {
           document.MM_sr[j++]=x;

       if(!x.oSrc) x.oSrc=x.src;
         x.src=a[i+2];
         }
  }
}
</script>
</head>
```

```
<body onload="MM_preloadImages('produtos2.gif')">
<a href="#" onmouseout="MM_swapImgRestore()" onmouseover="MM_swapImage('Image1','','produtos2.
gif',1)"><img src="produtos1.gif" width="125" height="52" id="Image1" /></a>
</body>
</html>
```

As Figuras 3.10 e 3.11 exibem o resultado a ser obtido com esse código.

Figura 3.10 – Imagem com cursor fora da sua área.

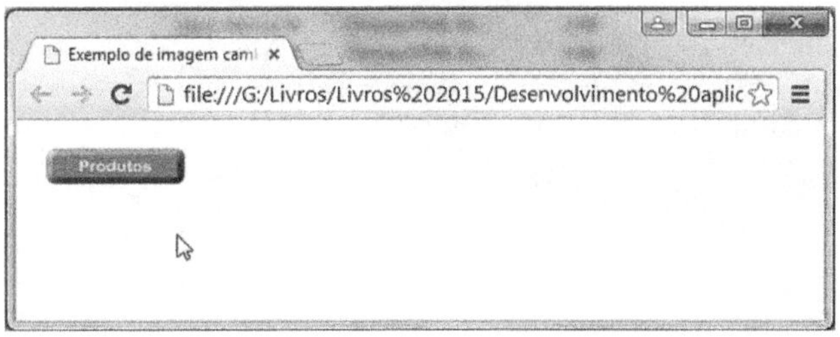

Figura 3.11 – Imagem com o cursor posicionado sobre ela.

Recapitulando

Neste capítulo você aprendeu a inserir imagens em documentos HTML, criar imagens intercambiáveis, aplicar uma imagem como fundo de página e adicionar vínculos a outras páginas HTML.

Teste seus conhecimentos

1) Quais são os atributos opcionais usados para a especificação das dimensões de uma imagem?
2) Qual é a melhor opção para reduzir o tamanho de uma imagem a ser mostrada no documento HTML?
3) Cite as opções para alinhamento da imagem em relação ao texto.
4) Como se atribui uma imagem ao fundo de uma página?
5) Como é possível definir um vínculo entre dois documentos?
6) Crie uma página HTML que contenha links para todos os exemplos desenvolvidos até agora.

4

Tabelas e Formulários

Novos conhecimentos

Neste capítulo vamos aprender como adicionar tabelas a documentos HTML e como configurar cabeçalhos e títulos de colunas. Também abordaremos a aplicação de cores e imagens de fundo, a criação de formulários de entrada de dados e a definição de ações para um determinado formulário. Por fim, esmiuçaremos o uso dos métodos GET e POST e veremos como criar botões personalizados.

4.1 Criação de tabelas

A linguagem HTML oferece marcadores para a criação de tabelas dentro de um documento web. O marcador <TABLE> determina o início de uma tabela e </TABLE> indica o seu fim. Entre esses dois marcadores podem ser definidas as linhas e as colunas que formam a tabela. É importante deixar claro que tabelas só devem ser utilizadas como forma de apresentação de informação em um layout organizado em linhas e colunas. Embora alguns ainda utilizem tabelas para definir o layout da página, este não é um método aceito profissionalmente. Nesse caso, as tabelas devem ser substituídas por divisões (*tag* <DIV>) e folhas de estilo (CSS).

Para criar as linhas da tabela, utilizamos os marcadores <TR> e </TR>. Já para definir as colunas dentro das linhas, devemos utilizar o par <TD> e </TD>.

A cada célula da tabela podem ser adicionados tanto textos quanto imagens. Além disso, diversas configurações estão disponíveis, como apresentação de bordas, aplicação de cor ao fundo das células, espaçamento etc.

A seguir apresentamos um exemplo de criação de tabela com quatro linhas e três colunas. Note que foi utilizado também o marcador <B> para aplicar o efeito negrito aos textos da primeira linha. Por outro lado, a segunda e a terceira colunas das últimas três linhas da tabela foram alinhadas à direita por meio do atributo **ALIGN**.

```
<HTML>
<HEAD>
<TITLE>Exemplo 27 - Utilização de tabelas</TITLE>
</HEAD>
<BODY>
<H2><CENTER>Utilização de tabelas para apresentação de informações</CENTER></H2>
<TABLE BORDER>
<TR><TD><B>Automóvel</B></TD><TD><B>Cilindros</B></TD><TD><B>Cilindrada</B></TD><TD><B>Potência</
B></TD><TD><B>Torque</B></TD><TD><B>Velocidade máxima</B></TD></TR>
<TR><TD>Audi A3 sedan</TD><TD>4 em linha</TD><TD>1,8 litro</TD><TD>180 cv</TD><TD>25,5 mkgf</
TD><TD>235 km/h</TD></TR>
<TR><TD>BMW 328i</TD><TD>4 em linha</TD><TD>2,0 litros</TD><TD>245 cv</TD><TD>35,7 mkgf</TD><TD>257
km/h</TD></TR>
<TR><TD>Mercedes SLS AMG</TD><TD>8 em V</TD><TD>6,2 litros</TD><TD>571 cv</TD><TD>66,3 mkgf</
TD><TD>312 km/h</TD></TR>
<TR><TD>Porsche 911 Carrera S</TD><TD>6 horizontais</TD><TD>3,8 litros</TD><TD>400 cv</TD><TD>44,9
mkgf</TD><TD>302 km/h</TD></TR>
<TR><TD>Lamborghini Aventador LP700-4</TD><TD>12 em V</TD><TD>6,5 litros</TD><TD>700 cv</TD><TD>70,3
mkgf</TD><TD>350 km/h</TD></TR>
<TR><TD>McLaren MP4-12C</TD><TD>8 em V</TD><TD>3,8 litros</TD><TD>600 cv</TD><TD>61,2 mkgf</
TD><TD>330 km/h</TD></TR>
</TABLE>
</BODY>
</HTML>
```

O resultado, após o documento ser aberto no navegador, é indicado na Figura 4.1.

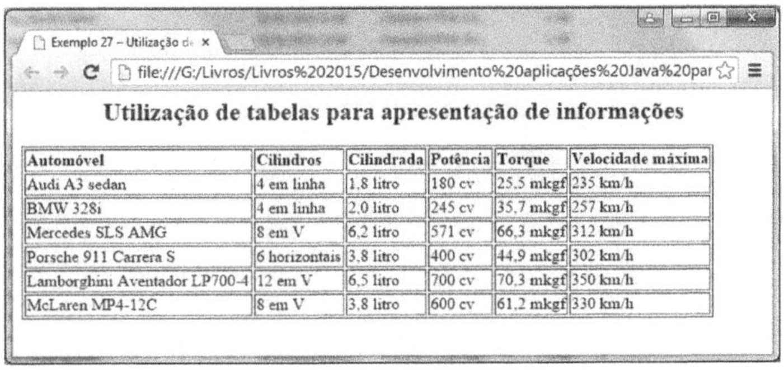

Automóvel	Cilindros	Cilindrada	Potência	Torque	Velocidade máxima
Audi A3 sedan	4 em linha	1,8 litro	180 cv	25,5 mkgf	235 km/h
BMW 328i	4 em linha	2,0 litro	245 cv	35,7 mkgf	257 km/h
Mercedes SLS AMG	8 em V	6,2 litro	571 cv	66,3 mkgf	312 km/h
Porsche 911 Carrera S	6 horizontais	3,8 litro	400 cv	44,9 mkgf	302 km/h
Lamborghini Aventador LP700-4	12 em V	6,5 litro	700 cv	70,3 mkgf	350 km/h
McLaren MP4-12C	8 em V	3,8 litro	600 cv	61,2 mkgf	330 km/h

Figura 4.1 – Exemplo de uma simples tabela.

4.2 Adição de cabeçalho e centralização da tabela

É possível adicionar um cabeçalho (muitas vezes, também denominado título) a uma tabela utilizando-se os marcadores <CAPTION> e </CAPTION>. São permitidas as mesmas configurações de fontes de letras estudadas anteriormente. Veja o exemplo seguinte:

```
<HTML>
<HEAD>
<TITLE>Exemplo 28 - Utilização de tabelas</TITLE>
</HEAD>
<BODY>
<H2><CENTER>Utilização de tabelas para apresentação de informações</CENTER></H2>
<TABLE BORDER>
<CAPTION><B><FONT FACE="TIMES NEW ROMAN" SIZE=4>CARROS ESPORTIVOS FAMOSOS</FONT></B></CAPTION>
<TR><TD><B>Automóvel</B></TD><TD><B>Cilindros</B></TD><TD><B>Cilindrada</B></TD><TD><B>Potência</
B></TD><TD><B>Torque</B></TD><TD><B>Velocidade máxima</B></TD></TR>
```

```
<TR><TD>Audi A3 sedan</TD><TD>4 em linha</TD><TD>1,8 litro</TD><TD>180 cv</TD><TD>25,5 mkgf</
TD><TD>235 km/h</TD></TR>
<TR><TD>BMW 328i</TD><TD>4 em linha</TD><TD>2,0 litros</TD><TD>245 cv</TD><TD>35,7 mkgf</TD><TD>257
km/h</TD></TR>
<TR><TD>Mercedes SLS AMG</TD><TD>8 em V</TD><TD>6,2 litros</TD><TD>571 cv</TD><TD>66,3 mkgf</
TD><TD>312 km/h</TD></TR>
<TR><TD>Porsche 911 Carrera S</TD><TD>6 horizontais</TD><TD>3,8 litros</TD><TD>400 cv</TD><TD>44,9
mkgf</TD><TD>302 km/h</TD></TR>
<TR><TD>Lamborghini Aventador LP700-4</TD><TD>12 em V</TD><TD>6,5 litros</TD><TD>700 cv</TD><TD>70,3
mkgf</TD><TD>350 km/h</TD></TR>
<TR><TD>McLaren MP4-12C</TD><TD>8 em V</TD><TD>3,8 litros</TD><TD>600 cv</TD><TD>61,2 mkgf</
TD><TD>330 km/h</TD></TR>
</TABLE>
</BODY>
</HTML>
```

O resultado pode ser visto na Figura 4.2.

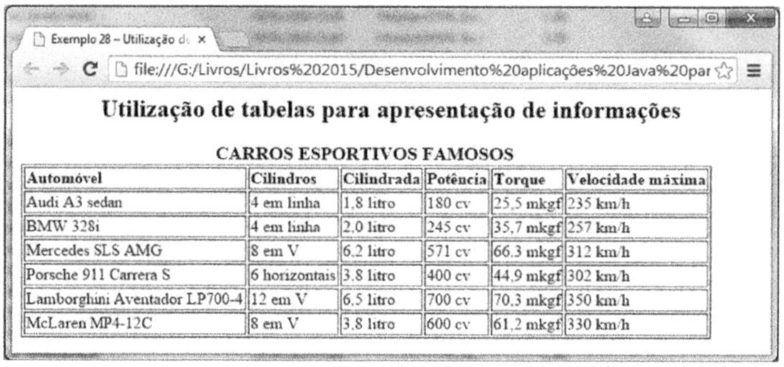

Figura 4.2 – Tabela com título.

Vamos utilizar o mesmo exemplo anterior, mas acrescentando um novo atributo (**ALIGN**) que permite alinhar a tabela na página. Observe o código listado a seguir:

```
<HTML>
<HEAD>
<TITLE>Exemplo 29 - Utilização de tabelas</TITLE>
</HEAD>
<BODY>
<H2><CENTER>Utilização de tabelas para apresentação de informações</CENTER></H2>
<TABLE BORDER ALIGN="CENTER">
<CAPTION><B><FONT FACE="TIMES NEW ROMAN" SIZE=4>CARROS ESPORTIVOS FAMOSOS</FONT></B></CAPTION>
<TR><TD><B>Automóvel</B></TD><TD><B>Cilindros</B></TD><TD><B>Cilindrada</B></TD><TD><B>Potência</
B></TD><TD><B>Torque</B></TD><TD><B>Velocidade máxima</B></TD></TR>
<TR><TD>Audi A3 sedan</TD><TD>4 em linha</TD><TD>1,8 litro</TD><TD>180 cv</TD><TD>25,5 mkgf</
TD><TD>235 km/h</TD></TR>
<TR><TD>BMW 328i</TD><TD>4 em linha</TD><TD>2,0 litros</TD><TD>245 cv</TD><TD>35,7 mkgf</TD><TD>257
km/h</TD></TR>
<TR><TD>Mercedes SLS AMG</TD><TD>8 em V</TD><TD>6,2 litros</TD><TD>571 cv</TD><TD>66,3 mkgf</
TD><TD>312 km/h</TD></TR>
<TR><TD>Porsche 911 Carrera S</TD><TD>6 horizontais</TD><TD>3,8 litros</TD><TD>400 cv</TD><TD>44,9
mkgf</TD><TD>302 km/h</TD></TR>
<TR><TD>Lamborghini Aventador LP700-4</TD><TD>12 em V</TD><TD>6,5 litros</TD><TD>700 cv</TD><TD>70,3
mkgf</TD><TD>350 km/h</TD></TR>
<TR><TD>McLaren MP4-12C</TD><TD>8 em V</TD><TD>3,8 litros</TD><TD>600 cv</TD><TD>61,2 mkgf</
TD><TD>330 km/h</TD></TR>
</TABLE>
</BODY>
</HTML>
```

Com esse novo atributo a tabela inteira é centralizada, como mostra a Figura 4.3.

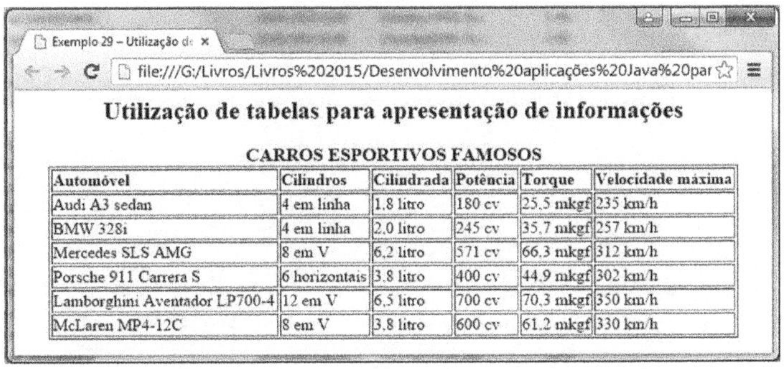

Exemplo 29 – Utilização de

file:///G:/Livros/Livros%202015/Desenvolvimento%20aplicações%20Java%20par

Utilização de tabelas para apresentação de informações

CARROS ESPORTIVOS FAMOSOS

Automóvel	Cilindros	Cilindrada	Potência	Torque	Velocidade máxima
Audi A3 sedan	4 em linha	1,8 litro	180 cv	25,5 mkgf	235 km/h
BMW 328i	4 em linha	2,0 litro	245 cv	35,7 mkgf	257 km/h
Mercedes SLS AMG	8 em V	6,2 litro	571 cv	66,3 mkgf	312 km/h
Porsche 911 Carrera S	6 horizontais	3,8 litro	400 cv	44,9 mkgf	302 km/h
Lamborghini Aventador LP700-4	12 em V	6,5 litro	700 cv	70,3 mkgf	350 km/h
McLaren MP4-12C	8 em V	3,8 litro	600 cv	61,2 mkgf	330 km/h

Figura 4.3 – Tabela centralizada na página.

4.3 Aplicação de cores e imagens

O primeiro assunto tratado neste tópico é a adição de cor ao fundo da tabela ou de uma célula específica. Para isso, precisamos usar o atributo **BGCOLOR**, seguido de um valor que represente a cor desejada.

Para colorir a tabela inteira, esse atributo deve vir após o marcador <TABLE>, como <TABLE BGCOLOR="BLUE">. Para atribuir uma cor a uma célula, ela deve seguir o marcador <TR> da seguinte forma: <TR BGCOLOR= "YELLOW">. Acompanhe um exemplo de utilização de cores:

```
<HTML>
<HEAD>
<TITLE>Exemplo 30 - Utilização de tabelas</TITLE>
</HEAD>
<BODY>
<H2><CENTER>Utilização de tabelas para apresentação de informações</CENTER></H2>
<TABLE BORDER ALIGN="CENTER" BGCOLOR="CYAN">
<CAPTION><B><FONT FACE="TIMES NEW ROMAN" SIZE=4>CARROS ESPORTIVOS FAMOSOS</FONT></B></CAPTION>
<TR><TD><B>Automóvel</B></TD><TD><B>Cilindros</B></TD><TD><B>Cilindrada</B></TD><TD><B>Potência</
B></TD><TD><B>Torque</B></TD><TD><B>Velocidade máxima</B></TD></TR>
<TR><TD>Audi A3 sedan</TD><TD>4 em linha</TD><TD>1,8 litro</TD><TD>180 cv</TD><TD>25,5 mkgf</
TD><TD>235 km/h</TD></TR>
<TR><TD>BMW 328i</TD><TD>4 em linha</TD><TD>2,0 litros</TD><TD>245 cv</TD><TD>35,7 mkgf</TD><TD>257
km/h</TD></TR>
<TR><TD>Mercedes SLS AMG</TD><TD>8 em V</TD><TD>6,2 litros</TD><TD>571 cv</TD><TD>66,3 mkgf</
TD><TD>312 km/h</TD></TR>
<TR><TD>Porsche 911 Carrera S</TD><TD>6 horizontais</TD><TD>3,8 litros</TD><TD>400 cv</TD><TD>44,9
mkgf</TD><TD>302 km/h</TD></TR>
<TR><TD>Lamborghini Aventador LP700-4</TD><TD>12 em V</TD><TD>6,5 litros</TD><TD>700 cv</TD><TD>70,3
mkgf</TD><TD>350 km/h</TD></TR>
<TR><TD>McLaren MP4-12C</TD><TD>8 em V</TD><TD>3,8 litros</TD><TD>600 cv</TD><TD>61,2 mkgf</
TD><TD>330 km/h</TD></TR>
</TABLE>
</BODY>
</HTML>
```

A Figura 4.4 apresenta a tela que deve ser vista no navegador.

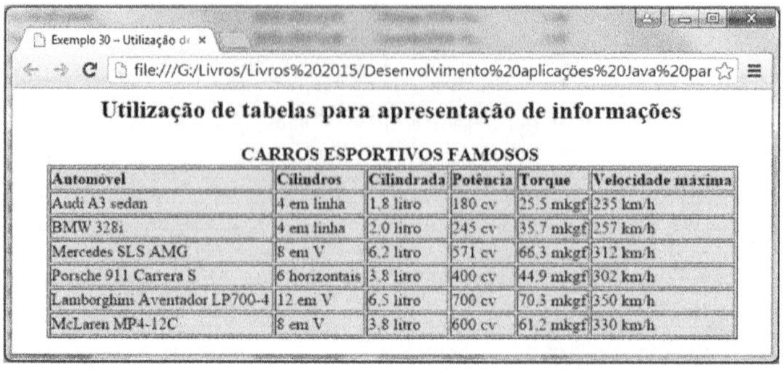

Figura 4.4 – Tabela com cores de fundo.

Vejamos agora como atribuir uma imagem ao fundo da tabela. Isso é possível com o uso do atributo **BACKGROUND**.

Podemos determinar uma imagem para a tabela como um todo ou apenas para uma determinada célula, da mesma forma que ocorre com a aplicação de cores. Digite o seguinte código, depois abra o arquivo no navegador. O resultado deve ser similar ao mostrado pela Figura 4.5.

```
<HTML>
<HEAD>
<TITLE>Exemplo 31 - Utilização de tabelas</TITLE>
</HEAD>
<BODY>
<H2><CENTER>Utilização de tabelas para apresentação de informações</CENTER></H2>
<TABLE BORDER ALIGN="CENTER" BACKGROUND="textura01.jpg">
<CAPTION><B><FONT FACE="TIMES NEW ROMAN" SIZE=4>CARROS ESPORTIVOS FAMOSOS</FONT></B></CAPTION>
<TR BACKGROUND="textura03.jpg"><TD><B>Automóvel</B></TD><TD><B>Cilindros</B></TD><TD><B>Cilindrada</
B></TD><TD><B>Potência</B></TD><TD><B>Torque</B></TD><TD><B>Velocidade máxima</B></TD></TR>
<TR BACKGROUND="textura03.jpg"><TD>Audi A3 sedan</TD><TD>4 em linha</TD><TD>1,8 litro</TD><TD>180
cv</TD><TD>25,5 mkgf</TD><TD>235 km/h</TD></TR>
<TR BACKGROUND="textura03.jpg"><TD>BMW 328i</TD><TD>4 em linha</TD><TD>2,0 litros</TD><TD>245 cv</
TD><TD>35,7 mkgf</TD><TD>257 km/h</TD></TR>
<TR BACKGROUND="textura03.jpg"><TD>Mercedes SLS AMG</TD><TD>8 em V</TD><TD>6,2 litros</TD><TD>571
cv</TD><TD>66,3 mkgf</TD><TD>312 km/h</TD></TR>
<TR BACKGROUND="textura03.jpg"><TD>Porsche 911 Carrera S</TD><TD>6 horizontais</TD><TD>3,8 litros</
TD><TD>400 cv</TD><TD>44,9 mkgf</TD><TD>302 km/h</TD></TR>
<TR BACKGROUND="textura03.jpg"><TD>Lamborghini Aventador LP700-4</TD><TD>12 em V</TD><TD>6,5
litros</TD><TD>700 cv</TD><TD>70,3 mkgf</TD><TD>350 km/h</TD></TR>
<TR BACKGROUND="textura03.jpg"><TD>McLaren MP4-12C</TD><TD>8 em V</TD><TD>3,8 litros</TD><TD>600
cv</TD><TD>61,2 mkgf</TD><TD>330 km/h</TD></TR>
</TABLE>
</BODY>
</HTML>
```

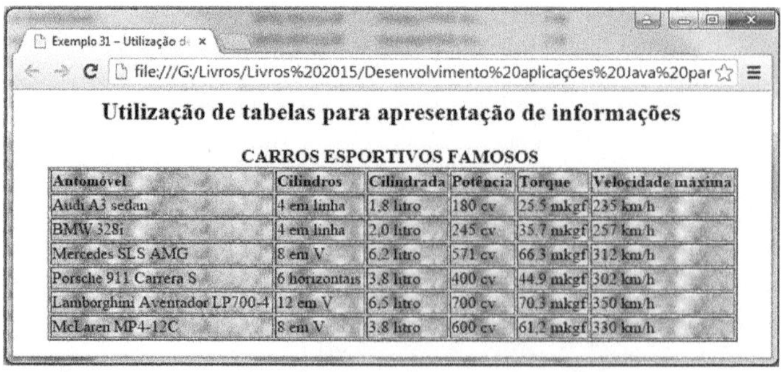

Figura 4.5 – Tabela com imagem de fundo.

4.4 Formulários

Formulários nada mais são do que documentos padrão HTML em que é possível inserir informações a partir do navegador de Internet. São muito utilizados em sites que precisam coletar dados do usuário, como no preenchimento de pedidos de compra ou de cadastro para recebimento de mala direta.

Os dados inseridos nos formulários podem ser gravados em um banco de dados ou enviados a um endereço de e-mail. Normalmente, os formulários possuem dois botões, um para "submeter" os dados digitados e outro para cancelar/limpar tudo. Um formulário pode conter campos para digitação, botões de opção, caixas de seleção e lista de opções.

Para criar um formulário, é preciso utilizar os marcadores <FORM> e </FORM>. É necessário especificar um nome para que seja possível identificar o formulário dentro dos códigos escritos em linguagens de *script*, como PHP, VBScript ou JavaScript, ou para o processamento por programas *server side*, como Java Server Pages (JSP). Isso é feito passando-se uma cadeia de caracteres ao atributo **NAME**. Veja um esboço de criação de formulário:

```
<FORM NAME = "cadastro_clientes">
.
.
.
</FORM>
```

Entre os dois marcadores encontram-se as instruções para a "montagem" do formulário, ou seja, a definição do seu layout.

Para adicionar um campo de digitação ao formulário, é preciso utilizar o marcador <INPUT>, o qual exige como atributos o tipo de campo de entrada e um nome para ele. Para caixas de digitação de dados, emprega-se o valor "text". Ainda é possível especificar um valor para o tamanho da caixa de entrada e para o número máximo de caracteres que será aceito. Para o primeiro, há o atributo **SIZE**, e para a segunda configuração, o atributo **MAXLENGHT**. Observe o pequeno exemplo a seguir:

```
<FORM NAME = "cadastro_clientes">
Digite os seguintes dados:<BR>
<BR>
Nome: <INPUT TYPE="text" NAME="fldNome"> <BR>
Sobrenome: <INPUT TYPE="text" NAME="fldSobreNome"> <BR>
Endereço: <INPUT TYPE="text" NAME="fldEndereco"> <BR>
Cidade: <INPUT TYPE="text" NAME="fldCidade"> <BR>
<INPUT TYPE="submit" VALUE="Confirma">
</FORM>
```

No exemplo, a última linha cria um botão no formulário com a legenda "Confirma".

O atributo mais importante do marcador <INPUT> é **TYPE**, pois ele permite que seja determinado o tipo de controle de entrada de dados. Os valores disponíveis para esse atributo são:

- **TEXT:** campo de entrada de texto livre em uma única linha.
- **HIDDEN:** campo oculto, utilizado no envio de dados de um formulário a outro.
- **PASSWORD:** campo de entrada de senha, no qual o texto digitado é escondido por asteriscos (*).
- **FILE:** campo de entrada de nome de arquivo, muito utilizado quando se deseja fazer o *upload* de um arquivo para o site.
- **CHECKBOX:** caixa de seleção de opções, utilizada em questões de múltipla escolha.
- **RADIO:** caixa de opção mutuamente exclusiva.
- **SUBMIT:** botão para envio dos dados do formulário.
- **RESET:** botão para limpar os campos do formulário.

- **BUTTON:** botão genérico, normalmente utilizado para a execução de rotinas escritas em linguagens de *script*, como PHP, JavaScript ou VBScript.
- **IMAGE:** botão com imagem.

Na próxima listagem é apresentado um código completo para a criação de um formulário com entrada de seis tipos de informações.

```
<HTML>
<HEAD>
<TITLE>Exemplo 32 - Formulário para Cadastro de Mala Direta</TITLE>
</HEAD>
<BODY>
<FORM NAME="cadastro_clientes">
<H2 ALIGN="CENTER">Formulário de Cadastro</H2>
<P>Nome completo: <INPUT NAME="txtNome" TYPE="text" SIZE=50 MAXLENGHT=50></P>
<P>Endereço: <INPUT NAME="txtEndereco" TYPE="text" SIZE=50 MAXLENGHT=50></P>
<P>Bairro: <INPUT NAME="txtBairro" TYPE="text" SIZE=30 MAXLENGHT=30></P>
<P>Cidade: <INPUT NAME="txtCidade" TYPE="text" SIZE=30 MAXLENGHT=30></P>
<P>Estado: <INPUT NAME="txtEstado" TYPE="text" SIZE=4 MAXLENGHT=2></P>
<P>CEP: <INPUT NAME="txtCEP" TYPE="text" SIZE=10 MAXLENGHT=9></P>
<P>
<INPUT NAME="btnLimpar" TYPE="reset" VALUE="Limpar">
<INPUT NAME="btnEnviar" TYPE="submit" VALUE="Enviar">
</P>
</FORM>
</BODY>
</HTML>
```

Veja na Figura 4.6 o formulário aberto.

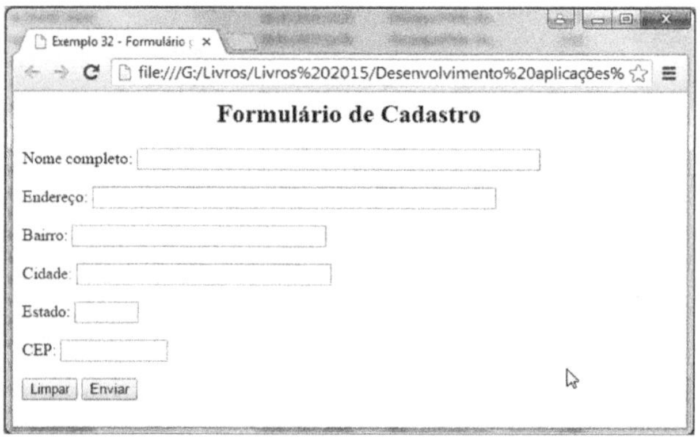

Figura 4.6 – Formulário de entrada de dados.

4.5 Como definir uma ação do formulário

De nada adianta o usuário digitar as informações pedidas no formulário se elas não forem enviadas para algum lugar, como um banco de dados ou caixa postal de correio eletrônico. Para efetuar esse envio, a *tag* <FORM> possui dois atributos, sendo um deles denominado **METHOD**, que pode ser configurado com um dos seguintes valores:

- **GET:** o envio dos dados do formulário ocorre pela própria URL da página, ou seja, eles são transmitidos junto com o endereço da página. O inconveniente desse método é que ele torna possível a visualização dessas informações na barra de endereços do navegador, algo nada confiável.
- **POST:** os dados são enviados de forma que não é possível ao usuário visualizá-los, ou seja, eles são transmitidos por meio de variáveis ocultas.

O segundo atributo permite que se determine a URL que deve receber os dados do formulário. Nessa URL pode-se especificar uma página que contém rotinas escritas em Java e que são responsáveis pelo tratamento das informações. Esse atributo denomina-se **ACTION**. Acompanhe o exemplo anterior modificado:

```
<HTML>
<HEAD>
<TITLE>Exemplo 33 - Formulário para Cadastro de Mala Direta</TITLE>
</HEAD>
<BODY>
<FORM NAME="cadastro_clientes" ACTION="cad_cliente.jsp" METHOD="POST">
<H2 ALIGN="CENTER">Formulário de Cadastro</H2>
<P>Nome completo: <INPUT NAME="txtNome" TYPE="text" SIZE=50 MAXLENGHT=50></P>
<P>Endereço: <INPUT NAME="txtEndereco" TYPE="text" SIZE=50 MAXLENGHT=50></P>
<P>Bairro: <INPUT NAME="txtBairro" TYPE="text" SIZE=30 MAXLENGHT=30></P>
<P>Cidade: <INPUT NAME="txtCidade" TYPE="text" SIZE=30 MAXLENGHT=30></P>
<P>Estado: <INPUT NAME="txtEstado" TYPE="text" SIZE=4 MAXLENGHT=2></P>
<P>CEP: <INPUT NAME="txtCEP" TYPE="text" SIZE=10 MAXLENGHT=9></P>
<P>
<INPUT NAME="btnLimpar" TYPE="reset" VALUE="Limpar">
<INPUT NAME="btnEnviar" TYPE="submit" VALUE="Enviar">
</P>
</FORM>
</BODY>
</HTML>
```

4.6 Como alterar um botão

Para que o formulário possa "entender" que o usuário deseja enviar os dados digitados, é preciso que um botão seja adicionado. Para isso utiliza-se o valor "SUBMIT" no atributo **TYPE** da *tag* <INPUT>. Isso faz com que seja mostrado um botão com a aparência padrão do sistema operacional ou do navegador.

Existe um recurso bastante interessante que torna possível a especificação de uma imagem qualquer para o botão. Esse recurso está disponível com o atributo **SRC** do tipo de objeto de entrada **IMAGE**. Veja o exemplo descrito a seguir:

```
<HTML>
<HEAD>
<TITLE>Exemplo 34 - Formulário para Cadastro de Mala Direta</TITLE>
</HEAD>
<BODY>
<FORM NAME="cadastro_clientes" ACTION="cad_cliente.jsp" METHOD="POST">
<H2 ALIGN="CENTER">Formulário de Cadastro</H2>
<P>Nome completo: <INPUT NAME="txtNome" TYPE="text" SIZE=50 MAXLENGHT=50></P>
<P>Endereço: <INPUT NAME="txtEndereco" TYPE="text" SIZE=50 MAXLENGHT=50></P>
<P>Bairro: <INPUT NAME="txtBairro" TYPE="text" SIZE=30 MAXLENGHT=30></P>
<P>Cidade: <INPUT NAME="txtCidade" TYPE="text" SIZE=30 MAXLENGHT=30></P>
<P>Estado: <INPUT NAME="txtEstado" TYPE="text" SIZE=4 MAXLENGHT=2></P>
<P>CEP: <INPUT NAME="txtCEP" TYPE="text" SIZE=10 MAXLENGHT=9></P>
<P>
<INPUT NAME="btnEnviar" TYPE="image" SRC="btn_enviar.jpg">
</P>
</FORM>
</BODY>
</HTML>
```

Após gravar esse código, abra-o no navegador. O resultado deve ser parecido com o exibido na Figura 4.7. A imagem do botão pode ser encontrada no material de arquivos disponível no site da Editora Érica.

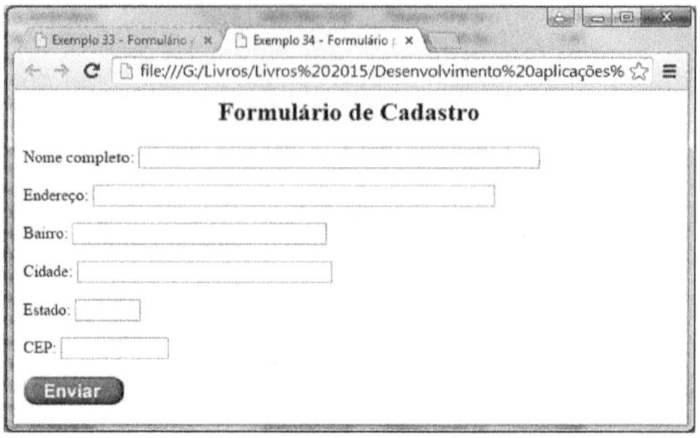

Figura 4.7 – Formulário com botão personalizado.

Recapitulando

Neste capítulo você aprendeu a criar tabelas e formulários, além de adicionar ações e botões de imagens a esses últimos.

Teste seus conhecimentos

1) Como se definem as linhas de uma tabela?
2) Como se definem as células/colunas de uma tabela?
3) Qual é o par de marcadores que permite a inserção de cabeçalho/título em uma tabela?
4) Para colorir uma linha da tabela, o atributo BGCOLOR deve seguir qual marcador?
5) Quais são os tipos de campos de entrada de dados disponíveis nos formulários?
6) Como se define o número máximo de caracteres de uma caixa de texto?
7) Cite a principal diferença entre os métodos GET e POST.
8) Procure na internet por imagens dos carros apresentados neste capítulo e salve-as em seu computador. Em seguida, altere o exemplo de página com tabela incluindo uma nova coluna com a imagem de cada carro.

5

Folhas de Estilo e Camadas

Novos conhecimentos

Este capítulo ensina a criação e o uso das folhas de estilos para se formatar documentos HTML. Nele é abordada ainda a utilização de camadas, assim como o controle de sobreposição delas.

5.1 Folhas de estilos

As folhas de estilos, popularmente conhecidas pela sigla CSS, do inglês *Cascading Style Sheets*, fazem parte de uma gama de recursos que foram adicionados à linguagem HTML para aprimorar o design das páginas web. Com elas, é possível definir características que podem ser aplicadas a diversos documentos HTML, sem a necessidade de repetir as configurações em cada um deles. A especificação da formatação de estilos deve estar inserida entre as *tags* <style> e </style>, ou com o uso do atributo **style**.

Por exemplo, você pode definir uma cor padrão a ser aplicada ao texto do título de todas as páginas do site. Quando, futuramente, for necessária uma alteração dessa cor, a mudança é aplicada automaticamente a todos os arquivos que estiverem vinculados à folha de estilo.

Podemos criar estilos em arquivos externos, com a extensão .CSS, ou embuti-los no próprio documento HTML, o que não é muito inteligente, se você pretende utilizar as configurações presentes na folha de estilo em várias páginas. Dessa forma, a formatação do conteúdo, ou seja, daquilo que deve ser exibido, é separada da formatação da aparência, que diz como devem ser apresentadas as informações.

Também é possível definir estilos individualmente, isto é, para cada linha de código HTML que contenha uma *tag* responsável pela exibição em tela, ou criar uma configuração central. Veja exemplos dessas duas técnicas nas listagens a seguir:

```
<html>
<body>
<p style="font-family: arial; font-size: 12px">Texto com fonte de letras Arial e tamanho configurado
em 12 pixels</p>
<p style="font-family: arial; font-size: 16px">Texto com fonte de letras Arial e tamanho configurado
em 16 pixels</p>
<p style="font-family: arial; font-size: 20px">Texto com fonte de letras Arial e tamanho configurado
em 20 pixels</p>
<p style="font-family: times new roman; font-size: 12px">Texto com fonte de letras Times New Roman e
tamanho configurado em 12 pixels</p>
<p style="font-family: times new roman; font-size: 16px">Texto com fonte de letras Times New Roman e
tamanho configurado em 16 pixels</p>
<p style="font-family: times new roman; font-size: 20px">Texto com fonte de letras Times New Roman e
tamanho configurado em 20 pixels</p>
</body>
</html>
```

```
<html>
<body>
<style type = "text/css">
h1 {font-family: times new roman;font-size 20px}
h2 {font-family: times new roman;font-size: 15px}
p {font-family: arial;font-size: 10px}
</style>
<h1>Texto formatado como Cabeçalho Nível 1</h1>
<h2>Texto formatado como Cabeçalho Nível 2</h2>
<p>Texto normal do tipo parágrafo</p>
</body>
</html>
```

Os resultados desses códigos podem ser vistos nas Figuras 5.1 e 5.2.

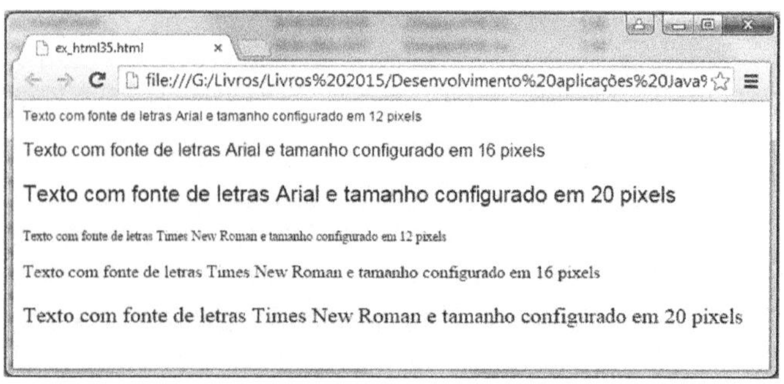

Figura 5.1 – Página com estilos em cada linha.

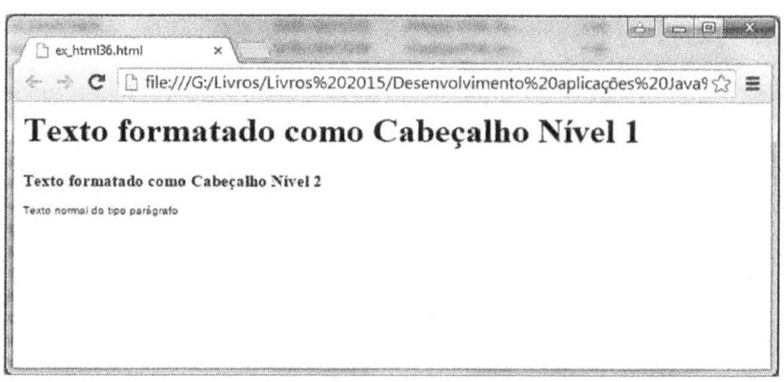

Figura 5.2 – Página com estilo central.

A criação de um estilo é efetuada mediante o uso de seletores, que possuem regras bem definidas. Cada seletor pode possuir um ou mais atributos seguidos da especificação de um valor, da seguinte forma:

```
selector {
atributo1:valor_atributo1;
atributo2:valor_atributo2;
atributo3:valor_atributo3;
atributo4:valor_atributo4;
.
.
.
atributon:valor_atributon
}
```

A regra principal a ser seguida é definir todo o conteúdo de formatação da folha de estilo entre as *tags* <head> e </head>, como mostra o seguinte exemplo:

```
<html>
<head>
<style type = "text/css">
h1 {font-family: times new roman;font-size 20px}
h2 {font-family: times new roman;font-size: 15px}
p {font-family: arial;font-size: 10px}
</style>
</head>
<body>
<h1>Texto formatado como Cabeçalho Nível 1</h1>
<h2>Texto formatado como Cabeçalho Nível 2</h2>
<p>Texto normal do tipo parágrafo</p>
</body>
</html>
```

No caso de um estilo em cascata que se encontra em um arquivo externo, o documento HTML que o utiliza deve conter uma *tag* <link> que referencie o arquivo com extensão .CSS. Veja a seguir uma folha de estilo codificada externamente:

```
h1 {font-family: times new roman;font-size 20px}
h2 {font-family: times new roman;font-size: 15px}
p {font-family: arial;font-size: 10px}
```

E o documento HTML que faz referência a ela:

```
<html>
<head>
<link rel="stylesheet" type="text/css" href="estilo_ex46.css" />
</head>
<body>
<h1>Texto formatado como Cabeçalho Nível 1</h1>
<h2>Texto formatado como Cabeçalho Nível 2</h2>
<p>Texto normal do tipo parágrafo</p>
</body>
</html>
```

Atualmente, existem três tipos de seletores, conforme descrição na Tabela 5.1.

Tabela 5.1 – Tipos de seletores

Tipo de seletor	Descrição
Tag	O nome atribuído ao seletor é igual ao nome de uma *tag* da linguagem HTML, como, por exemplo, h1 ou p.
Class	Com esse tipo é possível criar uma associação entre a formatação do estilo e uma *tag* da linguagem HTML. Sua definição exige que seja utilizado um ponto (.) antes do nome do seletor. Para utilizar o seletor, deve-se especificar a propriedade classe.
Id	Também permite a associação de formatações de estilo a uma *tag* da linguagem HTML. Normalmente, é empregado quando se deseja criar uma formatação relacionada à estrutura do documento HTML. Para especificar esse tipo, utilizamos o símbolo # antes do nome do seletor.

A seguir temos dois exemplos de códigos que fazem uso de seletores dos tipos **class** e **id**.

```
<html>
<head>
<style type = "text/css">
.formatoH1 {font-family: times new roman;font-size 20px}
```

```
.formatoH2 {font-family: times new roman;font-size: 15px}
.formatoParagrafo {font-family: arial;font-size: 10px}
</style>
</head>
<body>
<h1 class = "formatoH1">Texto formatado como Cabeçalho Nível 1</h1>
<h2 class = "formatoH2">Texto formatado como Cabeçalho Nível 2</h2>
<p class = "formatoParagrafo">Texto normal do tipo parágrafo</p>
</body>
</html>
```

```
<html>
<head>
<style type = "text/css">
#formatoH1 {font-family: times new roman;font-size 20px}
#.formatoH2 {font-family: times new roman;font-size: 15px}
#formatoParagrafo {font-family: arial;font-size: 10px}
</style>
</head>
<body>
<h1 id = "formatoH1">Texto formatado como Cabeçalho Nível 1</h1>
<h2 id = "formatoH2">Texto formatado como Cabeçalho Nível 2</h2>
<p id = "formatoParagrafo">Texto normal do tipo parágrafo</p>
</body>
</html>
```

Até aqui, vimos o uso de estilos em cascata para a formatação de textos, mas também é possível definir estilos para espaçamentos, margens, bordas e até planos de fundo da página. A formatação de plano de fundo possibilita a aplicação de uma cor ou de uma imagem ao fundo de um documento HTML. Veja a seguir um exemplo de código para a utilização desse recurso:

```
<html>
<head>
<style type="text/css">
body {
background-color: #00FFFF
}
h1 {
font-family: times new roman;
font-size: 30px;
background-color: #F0F0F0
}
h2 {
font-family: times new roman;
font-size: 20px;
background-color: #0F0F0F;
color: #7FFF00
}
p{
background-color:#0F7FF0;
}
</style>
</head>
<body>
<h1>Texto formatado como Cabeçalho Nível 1</h1>
<h2>Texto formatado como Cabeçalho Nível 2</h2>
<p>Texto normal do tipo parágrafo</p>
</body>
</html>
```

O resultado pode ser visto na Figura 5.3.

Figura 5.3 – Formatação de conteúdo da página com aplicação de cores.

A listagem a seguir contém o código anterior alterado para exibir uma imagem de fundo:

```
<html>
<head>
<style type="text/css">
body {
background-image: url("textura01.jpg");
}
h1 {
font-family: times new roman;
font-size: 30px;
background-color: #F0F0F0
}
h2 {
font-family: times new roman;
font-size: 20px;
background-color: #0F0F0F;
color: #7FFF00
}
p{
background-color:#0F7FF0;
}
</style>
</head>
<body>
<h1>Texto formatado como Cabeçalho Nível 1</h1>
<h2>Texto formatado como Cabeçalho Nível 2</h2>
<p>Texto normal do tipo parágrafo</p>
</body>
</html>
```

Já o resultado é apresentado na Figura 5.4.

Figura 5.4 – Formatação de conteúdo da página com imagem de fundo.

Podemos aplicar bordas a vários elementos de um documento HTML. O tipo de borda é definido pela propriedade **border-style**. Já a espessura pode ser configurada por meio do parâmetro **border-width**. Veja o exemplo de código a seguir:

```
<html>
<head>
<style type="text/css">
.bordatipo1 {
border-style: groove;
border-width: 10px;
border-color: #FF0000
}
.bordatipo2 {
border-style: dashed;
border-width: 8px;
border-color: #00FF00
}
.bordatipo3{
border-style: solid;
border-width: 8px;
border-color: #0000FF
}
</style>
</head>
<body>
<h1 class = "bordatipo1">Texto formatado como
Cabeçalho Nível 1</h1>
<h2 class = "bordatipo2">Texto formatado como
Cabeçalho Nível 2</h2>
<p class = "bordatipo3">Texto normal do tipo
parágrafo</p>
</body>
</html>
```

A Figura 5.5 exibe o resultado que deve ser obtido após a execução desse código no navegador.

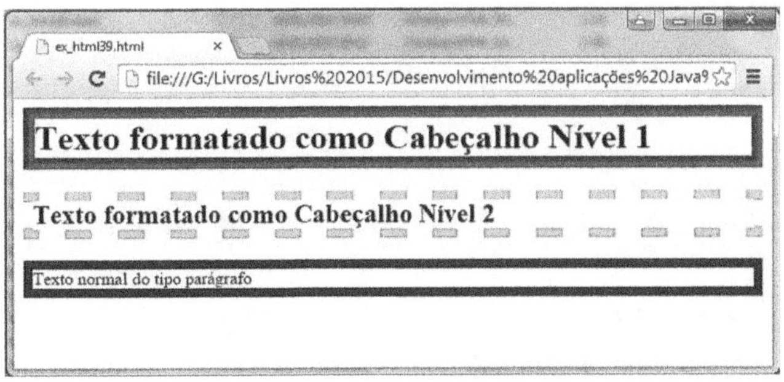

Figura 5.5 – Utilização de bordas.

5.2 Camadas

Para entendermos como funcionam as camadas, também conhecidas como **layers**, precisamos primeiro esmiuçar o conceito de posicionamento utilizado em CSS. A janela do navegador, na qual são exibidas as informações, é tratada como um sistema de coordenadas cartesianas, havendo linhas e colunas para posicionar os elementos livremente. Isso permite que um elemento seja inserido na posição exata dentro da página.

Em CSS temos dois tipos de posicionamento: o absoluto, no qual as coordenadas da linha (a partir do topo da página) e da coluna (a partir da extremidade esquerda da página) são especificadas explicitamente, e o relativo, o qual efetua um posicionamento a partir da última posição do elemento.

As duas listagens a seguir apresentam exemplos de códigos que efetuam esses dois tipos de posicionamento:

```
<html>
<head>
<style type="text/css">
.imagem1 {
position: absolute;
top: 150px;
left: 10px
}
.imagem2 {
position: absolute;
top: 50px;
left: 200px
}
.imagem3 {
position: absolute;
top: 200px;
left: 500px
}
</style>
</head>
<body>
<img class = "imagem1" src="foto01.jpg">
<img class = "imagem2" src="foto03.jpg">
<img class = "imagem3" src="foto05.jpg">
</body>
</html>
```

```
<html>
<head>
<style type="text/css">
.imagem1 {
position: relative;
top: 50px;
left: 50px
}
.imagem2 {
position: relative;
top: 10px;
left: 10px
}
.imagem3 {
position: relative;
top: 30px;
left: 100px
}
</style>
</head>
<body>
<img class = "imagem1" src="foto01.jpg">
<img class = "imagem2" src="foto03.jpg">
<img class = "imagem3" src="foto05.jpg">
</body>
</html>
```

Os resultados podem ser vistos nas Figuras 5.6 e 5.7.

Figura 5.6 – Posicionamento absoluto.

Figura 5.7 – Posicionamento relativo.

Isto posto, podemos agora verificar como utilizar as camadas. Além das coordenadas horizontal e vertical, em CSS também podemos especificar a posição em um eixo imaginário Z, que representa a ordem de empilhamento dos elementos.

Como você deve ter notado, as imagens aparecem sobrepostas nos dois exemplos anteriores. A ordem dessa sobreposição pode ser alterada por meio de um parâmetro denominado **z-index**, conforme exemplificado no código apresentado a seguir:

```
<html>
<head>
<style type="text/css">
.imagem1 {
position: absolute;
top: 150px;
left: 10px;
z-index: 2
}
.imagem2 {
position: absolute;
top: 50px;
left: 200px;
z-index: 3
}
.imagem3 {
position: absolute;
top: 200px;
left: 500px;
z-index: 1
}
</style>
</head>
<body>
<img class = "imagem1" src="foto01.jpg">
<img class = "imagem2" src="foto03.jpg">
<img class = "imagem3" src="foto05.jpg">
</body>
</html>
```

Figura 5.8 – Ordem de empilhamento reconfigurada.

Veja na Figura 5.8 como deve ficar a ordem de apresentação das imagens.

Esse recurso é muito interessante, pois permite posicionar textos sobre imagens, algo que não se pode fazer apenas com o uso de *tags* da linguagem HTML.

Recapitulando

Neste capítulo aprendemos a criar folhas de estilo CSS e como vinculá-las a páginas HTML. Também estudamos o uso de camadas e como reordená-las.

Teste seus conhecimentos

1) Descreva o que são folhas de estilo.
2) Quais são os tipos de seletor conhecidos?
3) Quais são os tipos de folha de estilo que podem ser criados?
4) Em que podem ser utilizadas as camadas?
5) Escolha alguns dos exemplos criados nos capítulos anteriores e crie folhas de estilo para eles. Depois, teste as alterações.

6

Apresentação da Linguagem Java

Novos conhecimentos

Neste capítulo vamos nos aprofundar em alguns dos fundamentos da linguagem Java. Faremos uma breve descrição do processo de compilação e execução de programas em ambiente Java. O conceito de máquina virtual Java será abordado, culminando em uma relação dos tipos de aplicativos que nela rodam e em uma descrição do chamado JRE (Java Runtime Environment).

6.1 O que é e como funciona a linguagem Java

Java é uma linguagem de programação. Inicialmente, foi considerada por muitos uma linguagem para uso na internet, graças ao fato de ter surgido em um momento em que a internet começava a se propagar mundialmente (e também por causa do seu vínculo com os navegadores HotJava e Netscape). Mas ela é mais do que isso. É uma linguagem para desenvolvimento de sistemas e aplicativos em geral, como programas de escritório, automação comercial, sistemas de gestão e até mesmo jogos. Só para se ter uma ideia do poder dessa linguagem, existe um software de modelagem 3D totalmente escrito em Java, disponível gratuitamente para download na internet, denominado **Art of Illusion**.

Mas Java também pode ser considerada uma plataforma completa de desenvolvimento de aplicações. Ela é composta por três versões que agrupam recursos específicos para a construção de diferentes tipos de aplicações.

Tabela 6.1 – Tipos de distribuições disponíveis da linguagem Java

Versão	Descrição
Standard Edition (JSE)	Usada principalmente no desenvolvimento de aplicativos para ambiente desktop, é formada por compilador, ambiente de execução e bibliotecas de classes.
Enterprise Edition (JEE)	Possui recursos para o desenvolvimento da aplicação que devem ser executadas em ambiente corporativo ou na web.
Micro Edition (JME)	Utilizada no desenvolvimento de aplicações para dispositivos móveis, como *tablets* e telefones celulares.

Java é totalmente orientada a objetos e teve seu desenvolvimento baseado nas linguagens C++ e SmallTalk. Embora sua estrutura tenha sido fortemente influenciada pela linguagem C++, isso não significa que Java seja uma variação de C++. A equipe de desenvolvimento responsável pela sua criação uniu os dois mundos (C++ e SmallTalk) e criou uma linguagem nova, ainda que empregue conceitos utilizados em ambas.

Ela é relativamente fácil de aprender, principalmente para quem já tem algum conhecimento de C/C++. Entre algumas das suas principais características, podemos citar:

- suporte a multiprocessamento;
- existência de um coletor de lixo (**Garbage Collector**), que possibilita uso otimizado da memória;
- recursos sofisticados para produção de interfaces gráficas;
- suporte ao desenvolvimento de aplicações para rede e processamento distribuído;
- alta performance;
- robustez;
- segurança.

Para executar um programa escrito em Java, precisamos basicamente de dois passos. No primeiro, efetuamos a compilação do código-fonte e, no segundo, o código pseudocompilado é rodado pela **Máquina Virtual Java** (JVM – *Java Virtual Machine*), que é específica para os mais diversos tipos de processador.

O termo pseudocompilado significa que, em Java, não é gerado um programa executável autossuficiente, também conhecido como código nativo de máquina, mas um arquivo intermediário, denominado *bytecode*, que contém instruções que serão interpretadas pela máquina virtual.

A forma mais simples de se criar um programa em Java é escrever o código-fonte em um editor de texto que grave o arquivo como texto simples, sem formatação, como é o caso do Bloco de Notas, do Windows, ou do Emacs, do Linux. O nome do arquivo deve ter a extensão **.java**.

Depois de ter o código-fonte digitado, você gera o arquivo *bytecode* por meio do compilador **javac**. Esse arquivo recebe a extensão **.class** e contém o código pseudocompilado para execução. A Figura 6.1 apresenta um diagrama que demonstra como ocorre o processo de compilação utilizado pelo Java.

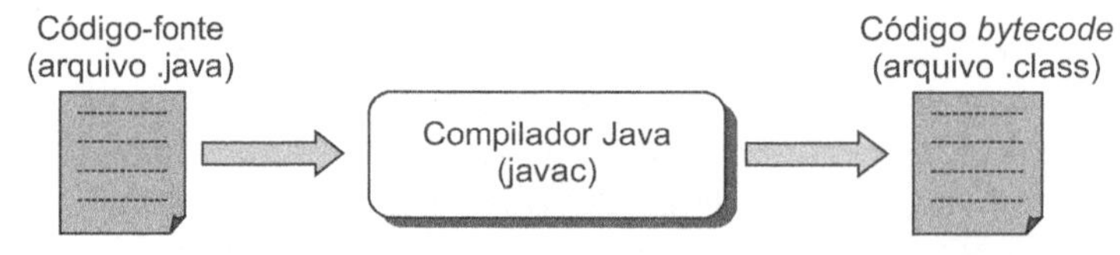

Figura 6.1 – Processo de compilação da linguagem Java.

Para executar o código *bytecode,* é preciso utilizar o "lançador" Java. Isso é feito digitando-se o comando **java** na janela de comando do Windows ou no console de terminal do Linux, seguido do nome do arquivo com a extensão **.class**. Veja o diagrama da Figura 6.2.

Esse "lançador" faz parte do JRE (**Java Runtime Environment**), e existe uma versão específica para cada plataforma, como mostra a Figura 6.3.

É possível perceber que precisamos criar a aplicação uma única vez, pois o mesmo código *bytecode* é interpretado por diferentes ambientes de forma transparente ao usuário.

Esta é a característica da portabilidade, ou seja, rodar o mesmo programa em várias plataformas (hardware e sistema operacional) sem a necessidade de mudanças.

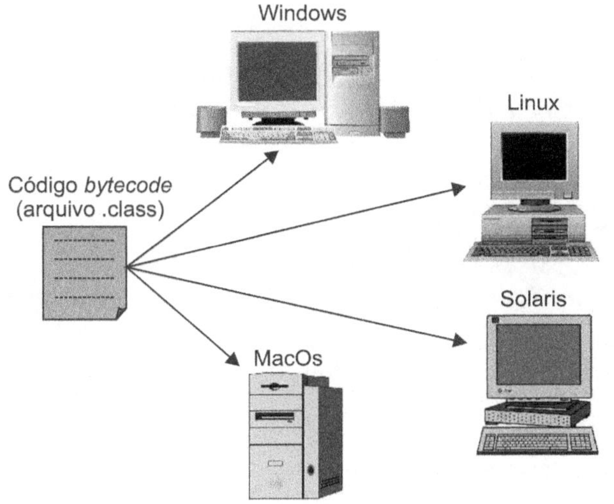

Figura 6.2 – Execução multiplataforma de programa em Java.

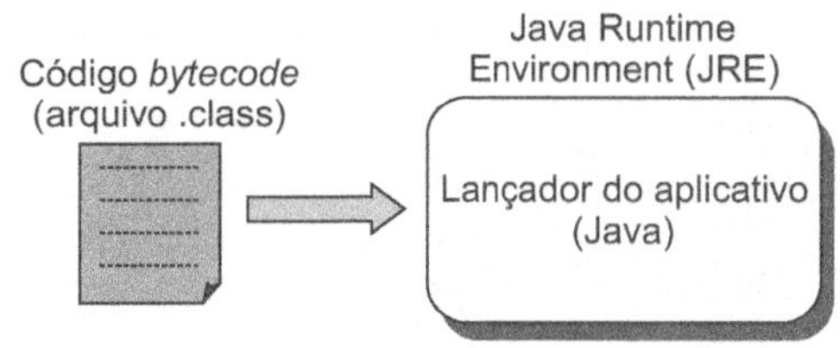

Figura 6.3 – Lançador JRE de programas em Java.

6.2 Características do JRE – Java Runtime Environment

Muitos profissionais, inclusive o autor deste livro, consideram Java não apenas uma linguagem de programação, mas também uma tecnologia completa, haja vista que o conjunto todo não é formado simplesmente por um compilador, mas por um ambiente completo de desenvolvimento e execução. Podemos considerá-lo uma verdadeira plataforma.

Uma das partes que compõem essa plataforma é o ambiente de execução JRE – Java Runtime Environment, como mencionado anteriormente. Trata-se da camada responsável por interpretar os *bytecodes* (códigos pseudocompilados) durante a execução do programa.

O JRE é formado por diversos componentes, e o principal talvez seja o interpretador, que pode ser identificado pelo arquivo java.exe. É ele que deve ser rodado junto com nossas aplicações.

Outros componentes importantes são o carregador de classes, responsável pelo carregamento das classes Java que fazem parte do aplicativo, e o verificador de *bytecode*, cuja função é certificar-se de que as classes carregadas são realmente classes Java.

É no JRE que se encontra também o coletor de lixo, um mecanismo inteligente responsável pela remoção de objetos e dados da memória quando eles não são mais utilizados pelo aplicativo. Este talvez seja o recurso que mais distingue Java da C++, uma vez que, nessa última, o programador é que deve liberar explicitamente a memória alocada para os objetos criados. A Figura 6.4 apresenta um diagrama dos componentes que formam o Java Runtime Environment.

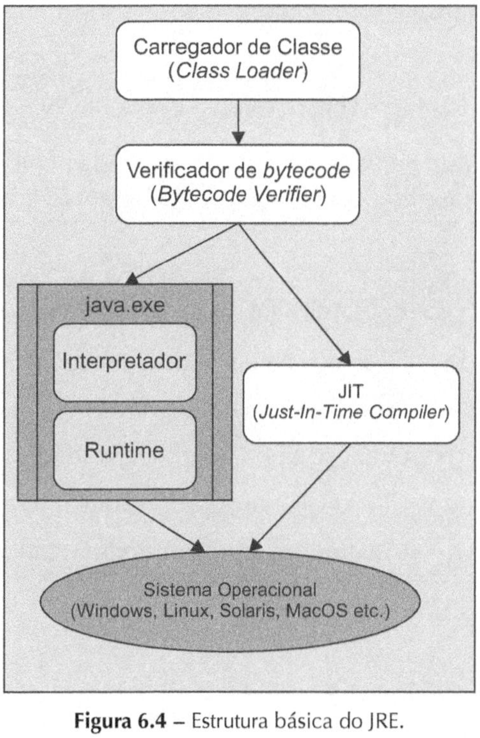

Figura 6.4 – Estrutura básica do JRE.

Devido a essa forma de execução de programas, seu código nunca acessa diretamente o sistema operacional ou os recursos de hardware, como portas de entrada e saída, memória e periféricos. A única coisa que ele consegue enxergar é a máquina virtual Java. Essa sim, efetua chamadas ao sistema e também determina o que pode ou não ser feito pelos programas. Isso garante um alto nível de segurança dos aplicativos.

6.3 Tipos de aplicativo

A versatilidade da linguagem Java é tamanha que ela possibilita a criação de aplicativos dos mais variados tipos e para diferentes ambientes, como equipamentos móveis. A Tabela 6.2 apresenta os tipos que podem ser desenvolvidos atualmente.

Tabela 6.2 – Tipos de aplicativo que podem ser gerados em Java

Tipo de aplicativo	Funcionalidades e usos
Autônomo (*stand-alone*)	Aplicativos que rodam isoladamente ou a partir de um servidor. Na maioria das vezes são aplicações de gestão ou de automação comercial.
Applets	Pequenos programas que rodam a partir de um navegador web que suporta a J2SE. Como exemplos podemos citar jogos on-line, animações de sites e teclados virtuais (muito utilizados em Internet Banking).
Servlets	Aplicações executadas em servidores web por intermédio de navegadores. O uso mais comum ocorre em sistemas de e-commerce (loja virtual) ou em sites dinâmicos que precisam acessar informações de bancos de dados.
Midlets	Aplicações desenvolvidas para equipamentos móveis, como celulares, *smartphones* e os chamados *handhelds* (computadores de mão), como o palm e o pocket PC.
JavaBeans	Pequenas bibliotecas de códigos que podem ser reutilizados na construção de outros aplicativos, sejam *stand-alone, applet, servlet* ou *midlet.*

Antes de finalizarmos este tópico, é importante deixar claro que a linguagem Java não tem nada a ver com o JavaScript. Este último foi desenvolvimento pela Netscape como uma linguagem de script para seu navegador, o Nestcape Communicator. Muitas estruturas são parecidas entre as duas linguagens, mas sua semelhança se restringe a esse ponto.

Recapitulando

Este capítulo apresentou os fundamentos da linguagem de programação Java, como o seu processo de compilação e a execução dos programas.

Teste seus conhecimentos

1) Descreva o conceito de *bytecode*.
2) Para que serve a máquina virtual Java?
3) Quais os tipos de aplicativo que podem ser criados com a linguagem Java?
4) Cite as diferenças entre aplicativos *Applets* e *Servlets*.
5) Cite três características importantes da linguagem Java.

7

Variáveis e Operadores

Novos conhecimentos

Neste capítulo abordaremos os conceitos de variáveis e operadores. Vamos estudar os tipos de dados primitivos da linguagem Java e, adicionalmente, relacionar os tipos de operadores existentes em Java. Por fim, veremos como funciona o processo de compilação e execução de um programa em Java.

7.1 Variáveis

Assim como ocorre na linguagem C++, em Java todas as variáveis devem ser necessariamente declaradas antes de seu uso efetivo. Nessa declaração, fornecemos ao compilador o nome da variável e o tipo de dado que ela deve armazenar.

É necessário seguir algumas regras quando da nomeação das variáveis, conforme descrito a seguir.

- O nome deve se iniciar com uma letra do alfabeto, mas os demais caracteres podem ser uma combinação de letras, dígitos de 0 a 9, símbolo de sublinhado (_) e sinal de cifrão ($).
- O nome não pode coincidir com uma palavra reservada da linguagem ou com o nome de uma função/método criada(o) ou já existente na linguagem.
- A linguagem Java é sensível a letras minúsculas e maiúsculas, como em C++. Por exemplo, MinhaVariavel, MINHAvariavel e minhavariavel são considerados três nomes diferentes.

Uma dica interessante é utilizar as três primeiras letras iniciais para identificar o tipo de dado. Por exemplo, as variáveis **intNumero** e **intValor** são facilmente identificadas como sendo do tipo **int** (abreviação de *integer*) porque se iniciam com a cadeia de caracteres "int". Para variáveis do tipo **double**, pode-se usar "dbl".

O tipo de dado é importante para que o compilador possa determinar quantas posições de memória devem ser alocadas, de acordo com tamanho em bytes do tipo de dado especificado. Por exemplo, uma variável do tipo **byte** somente ocupa um byte, ao passo que uma variável do tipo **int** (inteiro) precisa de quatro bytes para ser armazenada.

Essa especificação de tipo também define a faixa de valores que podem ser armazenados na variável. No exemplo da variável do tipo **byte**, somente são aceitos valores entre –128 e 127. Já com o tipo **int** a variável pode armazenar valores entre –2147483648 e 2147483647.

A Tabela 7.1 lista os tipos de dados primitivos disponíveis em Java. São denominados primitivos pelo fato de permitirem o armazenamento de valores simples, como caracteres e números.

Tabela 7.1 – Tipos de dados primitivos de Java

Tipo de dado	Descrição	Tamanho	Intervalo de valores
char	Um caractere simples da tabela ASCII	1 byte (8 bits)	Todos os caracteres da tabela UNICODE
byte	Valor numérico inteiro com tamanho de 1 byte	1 byte (8 bits)	–128 a 127
short	Valor numérico inteiro curto	2 bytes (16 bits)	–32768 a 32767
int	Valor numérico inteiro	4 bytes (32 bits)	–2147483648 a 2147483647
long	Valor numérico inteiro longo	8 bytes (64 bits)	–922372036854775808 a 922372036854775807
float	Valor numérico de ponto flutuante (simples precisão)	4 bytes (32 bits)	$1.40239846e^{-46}$ e o maior é $3.40282347e^{+38}$
double	Valor numérico de ponto flutuante (dupla precisão)	8 bytes (64 bits)	$4.94065645841246544e^{-324}$ e o maior é $1.7976931348623157e^{+308}$
boolean	Valor lógico de 1 byte	1 byte	true ou false

Além dos tipos primitivos, encontramos também em Java os chamados tipos de referência. Uma variável desse tipo contém na verdade um valor que representa o endereço de memória em que se encontra armazenada a informação ou conjunto de valores. Uma referência às vezes é chamada de ponteiro, muito embora Java não ofereça suporte para esse conceito, como ocorre em C++. Um exemplo prático de tipo de referência é um vetor.

Diferentemente das linguagens C e C++, Java não possui os modificadores de tipos de dados **signed** e **unsigned**, utilizados para alterar a forma como o dado é armazenado e/ou apresentado.

Um detalhe interessante relacionado à declaração de variáveis é que você também pode especificar um valor inicial para elas.

Ainda com relação às variáveis, um assunto muito importante que se deve considerar é o escopo. O escopo de uma variável define tanto seu tempo de vida quanto sua abrangência. O primeiro conceito se refere ao tempo em que a variável permanece ativa (ou seja, é visível pelo programa). Por exemplo, uma variável pode ser declarada de maneira que exista enquanto uma determinada classe está em ação ou durante toda a execução do programa. Já a abrangência diz respeito às áreas do código que podem ter acesso à variável e seu conteúdo.

7.2 Operadores

Para podermos manipular os dados armazenados nas variáveis de memória, dispomos dos operadores. Temos basicamente cinco tipos de operadores: aritméticos ou matemáticos, que permitem a execução de cálculos; operadores relacionais, para efetuarmos comparações entre variáveis e valores; lógicos, que permitem a construção de expressões lógicas dentro de comandos de decisões; operadores de atribuição de valores; e, por fim, os operadores de manipulação de bits, que trabalham diretamente com os bits individuais de um byte.

Tabela 7.2 – Operadores aritméticos

Operador	Descrição
+	Operador de adição
-	Operador de subtração
*	Operador de multiplicação
/	Operador de divisão
%	Operador de resto de uma divisão não exata
--	Operador de decremento
++	Operador de incremento

Talvez os operadores de decremento e incremento (-- e ++, respectivamente) sejam os menos conhecidos para quem vem de outras linguagens que não sejam C ou C++. A função que executam é justamente a que descrevem seus nomes: o operador -- diminui o valor de uma variável em uma unidade, enquanto ++ aumenta em uma unidade.

Esses operadores podem vir antes ou depois da variável. Assim, as duas expressões mostradas a seguir têm o mesmo significado:

```
intX++;
++intX;
```

Deve-se destacar, no entanto, que se esses operadores forem utilizados em expressões, o resultado pode ser influenciado diretamente. Se o operador vier antes da variável, seu valor primeiramente é atualizado. Se vier depois, o valor atual da variável é usado e só depois ele é atualizado. Compare os dois exemplos apresentados em seguida. No primeiro, a variável **intY** terá o valor 31, já no segundo, o valor será 30 – no entanto, em ambos os casos a variável **intX** será incrementada para 31.

1) Primeiro caso

```
intX = 30;
intY = ++intX;
```

2) Segundo caso

```
intX = 30;
intY = intX++;
```

Os operadores relacionais são utilizados na comparação de um valor com outro. Essa comparação sempre resulta em um valor verdadeiro ou falso. Os operadores disponíveis em Java estão listados na Tabela 7.3.

Tabela 7.3 – Operadores relacionais

Operador	Descrição
>	Maior que
<	Menor que
>=	Maior que ou igual a
<=	Menor que ou igual a
==	Igual a
!=	Diferente de

Note que, para testar a igualdade, utilizamos um duplo sinal de igual (==); para o teste da diferença, empregamos o par "!=".

Os operadores lógicos existem, como em qualquer outra linguagem, para tornar possíveis operações lógicas do tipo AND, OR ou NOT entre duas ou mais expressões relacionais. Estão disponíveis os operadores lógicos relacionados na Tabela 7.4.

Tabela 7.4 – Operadores lógicos

Operador	Descrição
&&	AND lógico
||	OR lógico
!	NOT lógico

Os operadores de atribuição, como o próprio nome sugere, são utilizados quando desejamos atribuir um valor a uma variável de memória. O mais conhecido é o "=", mas a linguagem Java permite que seja combinado a ele um operador matemático. Por exemplo, para adicionar ao conteúdo de uma variável o valor 15, você poderia usar a seguinte expressão:

```
x += 15;
```

em vez de

```
x = x+15;
```

Com exceção dos operadores de incremento e decremento, todos os outros operadores matemáticos podem ser utilizados dessa forma.

Para completar a abordagem dos operadores, vejamos os que permitem a manipulação dos bits de um valor de uma variável. A Tabela 7.5 relaciona os operadores disponíveis.

Tabela 7.5 – Operadores de manipulação de bits

Operador	Descrição
&	AND de bits
|	OR de bits
^	OR exclusivo de bits (XOR)
~	Complemento de um (NOT dos bits)
>>	Deslocamento de bits à direita
<<	Deslocamento de bits à esquerda

O operador **OR** pode ser empregado para ligar bits individuais, como demonstra o esquema seguinte para a operação 178 | 9:

10110010 | 00001001 = 10111011
(178) (9) (187)

Note que com o operador **OR** realizamos uma soma!

Os operadores de deslocamento fazem com que os bits sejam deslocados para a direita ou para a esquerda. Decorre de um uso muito interessante desses dois operadores a multiplicação ou divisão, de forma bastante rápida, de um número inteiro. Por exemplo, deslocar um valor dois bits à esquerda efetivamente multiplica-o por quatro.

7.3 Como escrever, compilar e executar

Até o momento, somente vimos conceitos, sem ainda tê-los aplicado na prática. Pois bem, este tópico mostra como procedemos para criar um programa em Java bem simples. Inicialmente, vamos criar programas que trabalham em modo caractere.

O primeiro passo é digitar o código-fonte em um editor de textos que grave um arquivo sem formatação.

Caso esteja utilizando o Windows, abra o Bloco de Notas. No caso do Linux, utilize, por exemplo, o editor **gedit**.

Digite o código apresentado a seguir e, depois, grave-o em uma pasta de sua preferência, dando-lhe o nome "programa_java01.java".

```
import java.util.Scanner;

public class programa_java01 {
  public static void main(String args[]) {
    Scanner scnEntrada = new Scanner(System.in);

    System.out.println("Ola meu amigo!");
    System.out.println("Quantos anos voce tem?");
    int intIdade = scnEntrada.nextInt();
    int intDias = intIdade * 365;
    System.out.println("Voce ja viveu 
aproximadamente "+intDias+" dias...");
  }
}
```

Por ora, não se preocupe em procurar entender o que o programa faz ou o que significam todas as declarações e instruções presentes nele. Mais tarde, esses detalhes serão explicados.

Para compilar o código, precisamos abrir a janela de linha de comando do Windows ou o console de terminal do Linux. Vá para a pasta/diretório em que foi gravado o código do programa e digite o comando apresentado a seguir:

```
javac programa_java01.java
```

Com isso, invocamos o compilador **javac** para compilar o arquivo denominado **programa_java01.java** e, assim, gerar o seu equivalente em formato *bytecode*.

Após finalizada a compilação, digite o comando **dir** para ver os arquivos gerados, conforme a Figura 7.1. Se estiver utilizando o Linux, digite **ls –l**.

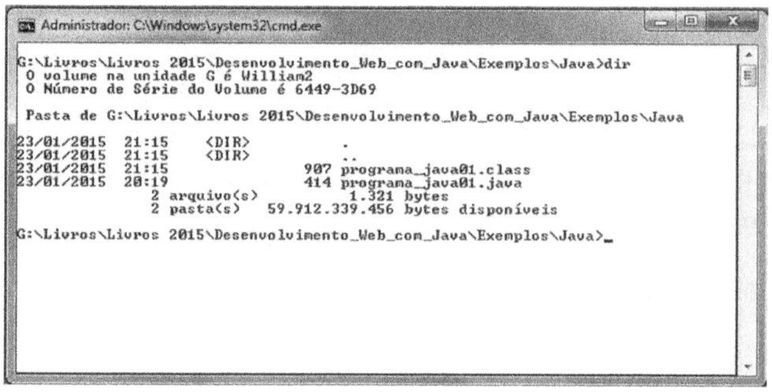

Figura 7.1 – Lista de arquivos após ser executado o processo de compilação.

Note que um arquivo com o mesmo nome, mas com a extensão **.class**, foi criado. Este é o código pré-compilado que pode ser rodado pelo JRE. Para executar esse programa, digite **java programa_java01** e tecle **[ENTER]**. Você deve, então, deparar-se com uma tela similar à da Figura 7.2, no caso de rodar em Windows.

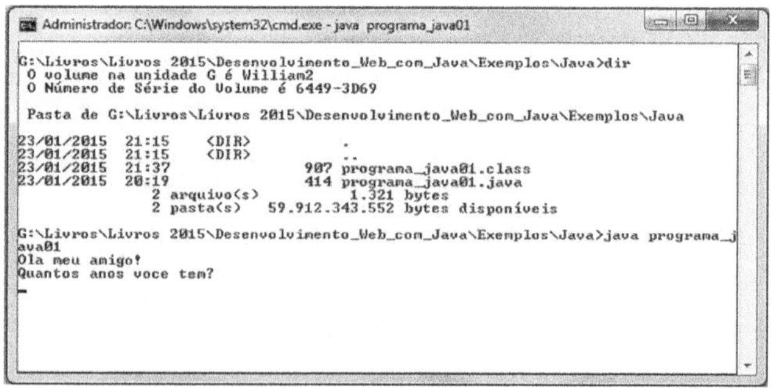

Figura 7.2 – Execução do programa exemplo.

Digite a informação solicitada e tecle **[ENTER]**, e deverá ser apresentada uma tela com a mensagem da Figura 7.3.

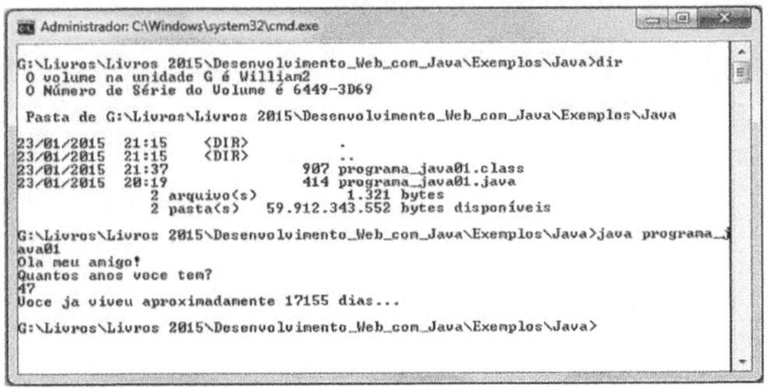

Figura 7.3 – Execução do programa exemplo.

7.4 Análise de um programa em Java

Vamos analisar o código que escrevemos para nosso primeiro programa. Assim, ficará mais fácil entender a estrutura geral de um programa em Java. O código é reproduzido a seguir:

```
import java.util.Scanner;

public class programa_java01 {
  public static void main(String args[]) {
    Scanner scnEntrada = new Scanner(System.in);

    System.out.println("Ola meu amigo!");
    System.out.println("Quantos anos voce tem?");
    int intIdade = scnEntrada.nextInt();
    int intDias = intIdade * 365;
    System.out.println("Voce ja viveu
aproximadamente "+intDias+" dias...");
  }
}
```

Primeiramente, todo programa em Java deve se iniciar com a declaração de uma classe, uma vez que um aplicativo é considerado uma classe que pode ser estendida. No Capítulo 10 estudaremos as classes e os objetos em Java.

O modificador **public** indica que se trata de uma classe pública e, devido a isso, seu nome deve ser o mesmo dado ao arquivo do código-fonte. Esta já é uma diferença em relação às linguagens C e C++.

```
public class programa_java01 {
```

Dentro dessa classe vem a definição da função principal do programa, denominada **main**, que é o ponto de entrada para a execução do programa, como ocorre nas linguagens C e C++. O que difere uma da outra é a forma utilizada para se declarar essa função. Em Java são utilizados os modificadores **public** e **static**. Outra diferença é que a função **main** é membro da classe.

```
public static void main(String args[]) {
```

É importante notar que essa função recebe parâmetros que são armazenados na matriz (*array*) denominada **args**, do tipo **Strings**. Isso significa que você pode passar valores na linha de comando quando for executar o programa.

Dentro do corpo dessa função vem o código propriamente dito do programa, que é formado por declarações de variáveis e comandos para impressão na tela e para entrada de dados.

A impressão é obtida por meio do método **println** da classe **out**, que pertence ao pacote **System**. Para referenciar esse método, utilizamos o operador de referência "." (ponto), da mesma forma que ocorre quando desejamos acessar um campo de uma estrutura em C ou C++.

```
System.out.println("Ola meu amigo!");
System.out.println("Quantos anos voce tem?");
```

Você deve ter notado a existência de abre-chaves (**{**) e fecha-chaves (**}**) envolvendo o corpo da função **main** e toda a classe. Esses símbolos exercem aqui a mesma funcionalidade que exercem nas linguagens C e C++, ou seja, delimitam um bloco de linhas de instruções.

Recapitulando

Este capítulo apresentou os conceitos de variáveis e operadores, além de demonstrar como compilar e executar um programa em Java.

Teste seus conhecimentos

1) Quais são os tipos de dados primitivos existentes em Java? Relacione ainda o tamanho em bits de cada um.
2) Cite os tipos de operadores da linguagem Java.
3) Como trabalham os operadores -- e ++?
4) Quais os comandos para compilação e execução de um programa em Java?
5) Descreva a diferença entre os arquivos com extensão .java e extensão .class.

8

Estruturas de Controle

Novos conhecimentos

*Neste capítulo vamos discorrer sobre as estruturas de controle do fluxo de execução dos programas. Estudaremos as estruturas de decisão (***if, if/else** *e* **switch***), as estruturas* **if** *aninhadas e as estruturas de repetição (***for***,* **while** *e* **do/while***). Ao final, veremos como são efetuados os comandos* **break** *e* **continue**.

8.1 Introdução

Qualquer linguagem de programação (mesmo as extremamente complicadas, como Assembly) dispõe de meios para tornar possível a tomada de decisões ou a repetição de trechos/linhas de códigos. Devemos entender por tomada de decisões a capacidade que o programa tem de efetuar um teste e executar uma ou outra tarefa de acordo com o resultado obtido. Já a repetição de códigos diz respeito à capacidade de uma ou mais linhas do programa serem executadas um determinado número de vezes.

De qualquer forma, esses dois recursos constituem a essência de um programa, pois tornam viável a construção de aplicativos com um alto grau de inteligência, no sentido de que sejam capazes de se ajustar às ações do usuário. Assim como em C/C++, na linguagem Java esses comandos de decisão e de repetição são muito poderosos e ricos em flexibilidade.

8.2 Comando if

O primeiro comando de controle de fluxo de programa que estudaremos é o **if**. Essencialmente, ele efetua um teste comparativo utilizando uma expressão lógica e, dependendo do resultado (verdadeiro ou falso), executa uma determinada ação. Essa ação pode ser constituída por uma ou mais linhas de instruções. A sintaxe básica desse comando é a seguinte:

```
if (<expressão>)
   <instrução>;
```

Em **<expressão>** teremos uma expressão de teste válida. Na realidade, podemos ter várias expressões de teste conectadas por operadores lógicos. Já **<instrução>** representa a linha de comando que deve ser executada caso **<expressão>** resulte em um valor verdadeiro. Note que, diferente do Pascal, a linguagem Java não possui a palavra-chave **then** após o comando **if**.

No caso de ser necessário executar várias linhas de códigos, devemos envolvê-las com chaves, da seguinte maneira:

```
if (<expressão>)
{
   <instrução1>;
   <instrução2>;
   <instrução3>;
}
```

Os símbolos de abre-chave – { – e fecha-chave – } – não precisam estar necessariamente em linhas separadas, ou seja, é perfeitamente aceitável a seguinte forma:

```
if (<expressão>) {
   <instrução1>;
   <instrução2>;
   <instrução3>;}
```

Um comando que faz par com **if** é **else**. Com ele podemos forçar o programa a executar uma tarefa alternativa caso o teste resulte em um valor falso, ou seja, é uma segunda opção de decisão. O comando **if** pode vir sem **else**, mas o contrário (**else** sem o correspondente **if**) não pode ocorrer. Veja a sintaxe para o uso da cláusula **else**.

```
if (<expressão>)
   <instrução1>;
   else
       <instrução2>;
```

Para um bloco de linhas, temos a seguinte sintaxe:

```
if (<expressão>)
{
   <instrução1>;
   <instrução2>;
   <instrução3>;
}
else
{
   <instrução4>;
   <instrução5>;
   <instrução6>;
}
```

Vejamos um exemplo prático. Abra o editor de textos e digite o seguinte código:

```
import java.util.Scanner;

public class programa_java02 {
  public static void main(String args[]) {
    Scanner scnEntrada = new Scanner(System.in);

    System.out.println("Digite sua idade");
    int intIdade = scnEntrada.nextInt();

    if (intIdade < 18)
       System.out.println("Voce e´ menor de
idade! Não pode dirigir...");
       else
           System.out.println("Voce e´ maior de
idade! Pode dirigir...");
  }
}
```

Grave o arquivo com o nome "programa_java02.java" e depois compile-o. Após a compilação ter sido executada, rode o programa digitando **java programa_java02**.

A janela da Figura 8.1 deve, então, aparecer. Após digitar um valor numérico e teclar [ENTER], uma mensagem será mostrada de acordo com esse valor. Por exemplo, se for informado um número menor que 18, a mensagem é a da Figura 8.2.

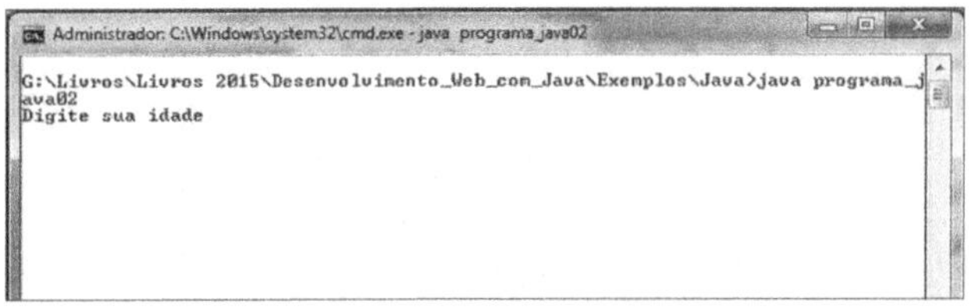

Figura 8.1 – Execução do programa exemplo.

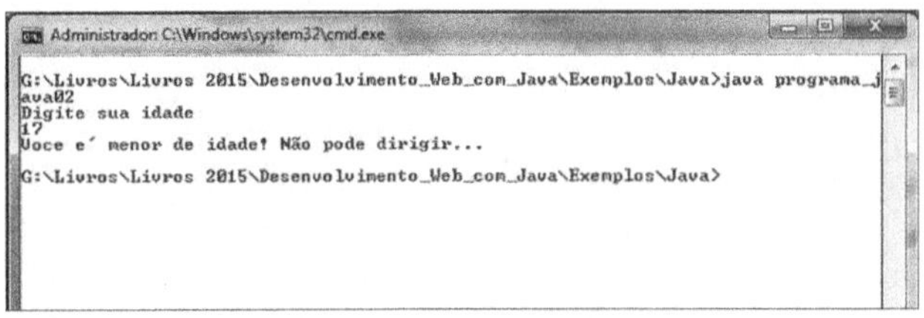

Figura 8.2 – Mensagem apresentada conforme o valor digitado.

Esse mesmo programa pode ser modificado para que seja executado em modo gráfico. O código deve ser o apresentado na listagem a seguir:

```
import javax.swing.JOptionPane;

public class programa_java03 {
  public static void main(String args[]) {
    String strIdade;
    int intIdade;
```

```
    strIdade = JOptionPane.
showInputDialog("Digite sua idade:");
    intIdade = Integer.parseInt(strIdade);

    if (intIdade < 18)
       JOptionPane.showMessageDialog(null,"Você
é menor de idade! Não pode dirigir...",
"Atenção",JOptionPane.INFORMATION_MESSAGE);
       else
           JOptionPane.
showMessageDialog(null,"Você é maior de idade!
Pode dirigir...", "Atenção",JOptionPane.
INFORMATION_MESSAGE);
  }
}
```

Depois de gravar e compilar o código, execute-o. Você deverá ver a janela gráfica da Figura 8.3. Após digitar um valor, clique no botão **OK** e uma mensagem aparecerá, como no exemplo da Figura 8.4.

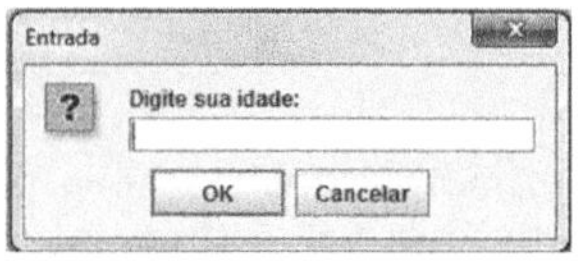

Figura 8.3 – Tela do programa solicitando entrada de dado.

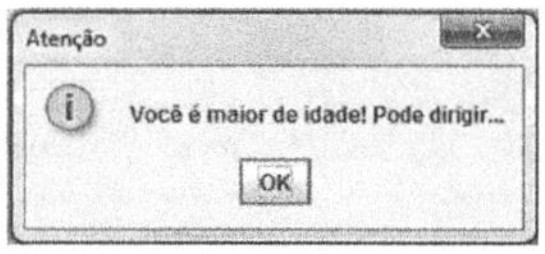

Figura 8.4 – Mensagem apresentada conforme o valor digitado.

O que esse pequeno programa faz é armazenar a entrada do usuário na variável **strIdade**, por meio da chamada ao **showInputDialog** do objeto **JOptionPane**. Como esse valor é uma cadeia de caracteres, é preciso convertê-lo em um valor numérico, o que é feito na linha mostrada a seguir:

```
intIdade = Integer.parseInt(strIdade);
```

Com a idade agora armazenada na variável **intIdade**, podemos compará-la ao valor 18 e, caso seja menor, executar o comando **`JOptionPane.showMessageDialog(null,"Você é menor de idade! Não pode dirigir...","Atenção",JOptionPane.INFORMATION_MESSAGE);`**. Senão, executa-se a linha de comando após a cláusula **else**.

Uma variação interessante de **if/else** é o encadeamento de ambos. Com esse recurso, podemos efetuar vários testes de forma sequencial, um após o outro. A sintaxe para esse tipo de construção é a seguinte:

```
if (<expressão2>)
   <instrução1>;
else if (expressão2)
        <instrução2>;
else if (expressão3)
        <instrução3>;
else if (expressão4)
        <instrução4>;
else
    <instrução5>;
```

Assim que uma condição é satisfeita, ou seja, o retorno da avaliação é verdadeiro, o programa executa os comandos relacionados a ela. A cláusula **else** força a execução de um comando caso nenhuma das condições anteriores seja verdadeira. É como se fosse a condição padrão.

Outra forma muito comum é a utilização de comandos **if** aninhados. Nessa configuração, temos um **if** dentro de outro, como no pequeno fragmento de código mostrado a seguir:

```
if (chrCaractere != ' ')
   if (chrCaractere == 'S')
      Mensagem();
```

Esse tipo de construção, por outro lado, às vezes gera alguma confusão quando se utiliza a cláusula **else**, como no seguinte exemplo:

```
if (chrCaractere != ' ')
   if (chrCaractere == 'S')
      MensagemSim();
      else
          MensagemNao();
```

A qual dos comandos **if** o **else** está ligado, afinal de contas? Neste caso, a linguagem Java assume que o **else** se refere ao último **if** que ainda não possua um **else** associado. Se você desejar fazer com que o **else** seja associado ao **if** mais externo, deve utilizar as chaves, como no seguinte exemplo:

```
if (chrCaractere != ' ')
{
   if (chrCaractere == 'S')
      Mensagem();
}
else
    printf("Digite um caractere!");
```

8.3 Comando switch

Quem já conhece as linguagens C e C++ deve se lembrar de que existe o comando condicional **switch**. Pois bem, em Java ele também existe, e o que esse comando faz é aceitar uma variável e compará-la a uma lista de constantes, executando uma linha de código (ou um bloco) quando encontrar uma correspondência.

Emprega-se extensivamente o comando **switch** na avaliação de uma sequência de testes, como ocorre com a construção **if/else/if**. Esta última, porém, não é tão legível e elegante, de forma que pode ser difícil seguir o fluxo do programa com ela.

A sintaxe desse comando é a seguinte:

```
switch (<variável>) {
       case <constante1>: <instrução1>;
                          break;
       case <constante2>: <instrução2>;
                          break;
       case <constante3>: <instrução3>;
                          break;
       case <constante4>: <instrução4>;
                          break;
       default:
               instrução5;
}
```

Aqui temos que **<variável>** refere-se à variável cujo valor será testado contras as constantes **<constante1>**, **<constante2>**, **<constante3>** e **<constante4>**. Quando um dos testes for satisfeito, a linha de código será executada. O comando **break** é utilizado para informar que a sequência de comandos terminou. No caso de sua omissão, a execução dos comandos continuará no próximo **case**.

É importante ressaltar que a estrutura condicional **switch** apenas testa a igualdade entre uma variável e seus possíveis valores, ao contrário de **if/else/if**, que pode efetuar qualquer tipo de teste. Vejamos um exemplo simples. Digite o seguinte código:

```
import javax.swing.JOptionPane;

public class programa_java04 {
  public static void main(String args[]) {
    String strMes;
    int intMes;

    strMes = JOptionPane.showInputDialog
("Digite o número do mês (1 a 12):");
    intMes = Integer.parseInt(strMes);

    switch (intMes) {
           case 1: strMes = "Janeiro";
                   break;
           case 2: strMes = "Fevereiro";
                   break;
           case 3: strMes = "Março";
                   break;
           case 4: strMes = "Abril";
                   break;
           case 5: strMes = "Maio";
                   break;
           case 6: strMes = "Junho";
                   break;
           case 7: strMes = "Julho";
                   break;
           case 8: strMes = "Agosto";
                   break;
           case 9: strMes = "Setembro";
                   break;
           case 10: strMes = "Outubro";
                    break;
           case 11: strMes = "Novembro";
                    break;
           case 12: strMes = "Dezembro";
                    break;
           default:
                   strMes = "desconhecido";
    }
    JOptionPane.showMessageDialog(null,"O mês é
"+strMes,"Informação",JOptionPane.INFORMATION_
MESSAGE);
  }
}
```

O programa solicita que o usuário digite um número que represente o mês. Conforme o valor informado, o programa atribui a cadeia de caracteres adequada à variável **strMes** e, depois, mostra uma mensagem na tela.

Compile e rode o programa. Você verá uma tela similar à da Figura 8.5. Digite um valor para visualizar a mensagem apresentada, conforme é apresentado na Figura 8.6.

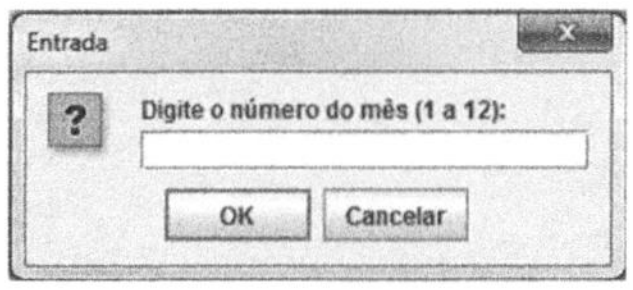

Figura 8.5 – Tela de entrada de dados do programa.

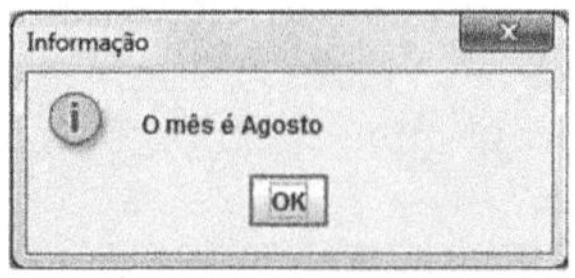

Figura 8.6 – Tela com mensagem do programa.

8.4 Estrutura de repetição for

As estruturas de repetição, normalmente denominadas *loops* ou laços, são também muito úteis na programação, pois permitem que um mesmo trecho de código seja executado várias vezes.

Veremos primeiramente o *loop* com o comando **for**, existente em quase todas as linguagens de programação. Ele é composto por três seções: a inicialização, o teste e a atualização. Na inicialização, a variável (ou variáveis) que controla a quantidade de vezes que o *loop* será repetido recebe um valor. Na seção de teste, essa mesma variável é comparada a uma constante ou a outra variável do programa. Enquanto esse teste resultar em verdadeiro, o *loop* será repetido. Por fim, na seção de atualização, temos o comando que atualizará o valor existente na variável de controle. Todas essas seções são opcionais, como veremos mais adiante. A sintaxe completa é:

```
for (<variável>;<condição>;<atualização>)
    <instrução>;
```

Para uma sequência de comandos, temos a seguinte sintaxe:

```
for (<variável>;<condição>;<atualização>)
{
    <instrução1>;
    <instrução2>;
    <instrução3>;
    <instrução4>;
}
```

Digite, compile e execute o código listado a seguir:

```
public class programa_java05 {
  public static void main(String args[]) {
    int intContador;
    for (intContador = 1;intContador <=
10;intContador++)
        System.out.println(intContador+" X 7 =
"+(intContador*7));
  }
}
```

O *loop* desse programa será executado dez vezes, e em cada uma delas é impresso um texto contendo o resultado da multiplicação do valor da variável **intContador** por 7. A Figura 8.7 apresenta o resultado depois que o programa for compilado e rodado.

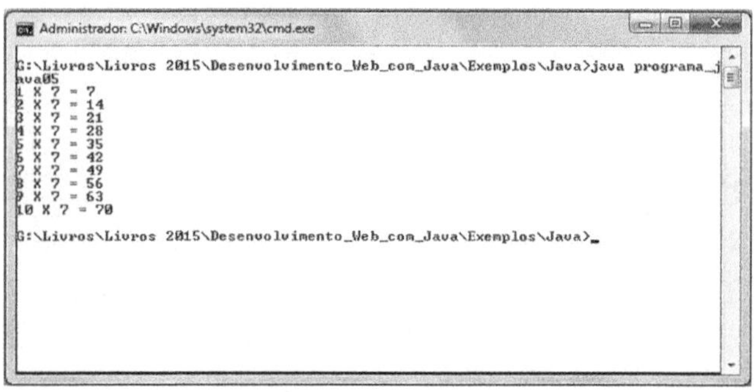

Figura 8.7 – Exemplo de comando de repetição for.

Poderíamos ter escrito o programa para imprimir a tabuada em ordem inversa, ou seja, iniciando em 10 e acabando em 1. Isso é possível graças ao fato de o *loop* **for** permitir que o valor de inicialização seja maior que o valor existente na seção de avaliação. Essa característica possibilita a execução do *loop* decrementando o valor da variável de controle. Veja as alterações que seriam necessárias para se obter esse efeito.

```
public class programa_java06 {
  public static void main(String args[]) {
    int intContador;
    for (intContador = 10;intContador >=
1;intContador--)
        System.out.println(intContador+" X 7 =
"+(intContador*7));
  }
}
```

O *loop* **for** possui uma versatilidade não encontrada em seus similares das outras linguagens. A seção de atualização, por exemplo, não se restringe a aumentar ou diminuir em uma unidade o valor da variável de controle, como mostra o fragmento de código:

```
for (intContador = 1;intContador <
100;intContador += 10)
    System.out.println(intContador+" X 7 =
"+(intContador*7));
```

Outra possibilidade é deixarmos uma ou mais seções em branco. O fragmento de código a seguir ilustra isso:

```
intContador = 1;
for (;intContador <= 10;) {
    System.out.println(intContador+" X 7 =
"+(intContador*7));
    intContador++;
}
```

Note que, apesar de omitirmos duas seções (inicialização e atualização), os sinais de ponto e vírgula permaneceram, para delimitar cada uma delas corretamente.

8.5 Estrutura de repetição while

A estrutura de repetição **while**, diferentemente de **for**, não possui uma seção para inicialização, outra para teste de expressão e uma terceira para atualização da variável de controle. Ela apenas testa a expressão lógica e executa um comando ou bloco de instruções enquanto dela resultar um valor verdadeiro. A inicialização da variável que controla o *loop* deve ser feita fora dele. Já sua atualização é efetuada dentro do bloco de instruções.

A sintaxe completa é a seguinte:

```
while (<expressão>)
      <instrução>;
```

Aqui, **<expressão>** é avaliada logo no início do *loop*, ou seja, antes da execução do comando ou bloco de instruções. Devido a esse fato, o comando pode não ser executado nem mesmo uma vez, já que a expressão pode retornar resultado falso logo na primeira passagem.

Nosso programa da tabuada seria escrito da seguinte maneira, utilizando o comando **while**:

```
public class programa_java07 {
  public static void main(String args[]) {
    int intContador;
    intContador = 1;
    while (intContador <= 10) {
          System.out.println(intContador+" X 7
= "+(intContador*7));
          intContador++;
    }
  }
}
```

8.6 Estrutura de repetição do/while

O último tipo de *loop* é o **do/while**, no qual um conjunto de instruções pode ser executado enquanto uma expressão lógica que controla a repetição resulta em um valor verdadeiro. Como no *loop* **while**, a inicialização e a atualização da variável da expressão de controle devem ser separadas. O teste da condição é realizado no fim do bloco, após a execução dos comandos. Isso significa que eles serão executados ao menos uma vez. A sintaxe completa é a seguinte:

```
do {
   <instruções>;
} while (<expressão>);
```

Quando apenas uma única linha de comando for utilizada, não há necessidade de utilizar as chaves, embora mesmo nesse caso elas tornem o código mais legível. A listagem seguinte mostra como deve ser o código da tabuada utilizando-se **do/while**:

```
public class programa_java08 {
  public static void main(String args[]) {
    int intContador;
    intContador = 1;
    do {
       System.out.println(intContador+" X 7 =
"+(intContador*7));
       intContador++;
    } while (intContador <= 10);
  }
}
```

8.7 Comandos break e continue

Já vimos que o comando **break** é utilizado para indicar o término de uma sequência de linhas de instruções em um **case** do comando **switch**. Mas ele também tem outra função, que é interromper imediatamente a execução de um *loop*, fazendo com que o fluxo do programa prossiga na linha imediatamente seguinte ao fim deste *loop*, mesmo que após o comando **break** haja mais instruções.

Outro comando que afeta o comportamento de *loops* é **continue**. Embora seja parecido com **break**, seu funcionamento é um pouco diferente. São parecidos no sentido de que pulam qualquer instrução que exista após eles. No entanto, o **continue** é diferente porque não força a saída imediata da estrutura de repetição, mas faz com que seja executada novamente a avaliação – e, com isso, a próxima iteração é executada.

Recapitulando

Você estudou neste capítulo as estruturas de decisão e de repetição existentes na linguagem Java. Viu como funcionam os comandos **if, if/else, switch, for, while e do/while**.

Teste seus conhecimentos

1) Quais são os comandos de testes condicionais?
2) Qual é a diferença entre os comandos **if** e **switch** no que se refere à avaliação da expressão condicional?
3) Cite os argumentos necessários ao comando de repetição **for**.
4) Qual é a diferença entre as estruturas de repetição **while** e **do/while** no que se refere ao ponto de avaliação da expressão condicional?
5) Por que se deve usar o comando **break** após o fim do bloco de instruções executado por um **case**?
6) Descreva a diferença entre os comandos **break** e **continue**.

9

Vetores, Matrizes e Funções

Novos conhecimentos

Neste capítulo nos aprofundaremos no conceito de vetores e matrizes. Estudaremos como proceder à declaração e à atribuição de valores a elementos de um vetor ou uma matriz. Outro conceito abordado no capítulo é o de funções em Java, e vamos detalhar especialmente o uso de funções recursivas.

9.1 Vetores e matrizes

Um vetor nada mais é do que um agrupamento de valores que possuem o mesmo tipo de dado. Essa coleção de valores é referenciada dentro do programa com um único nome, e cada elemento pode ser acessado por meio de um valor numérico que representa sua posição dentro do conjunto todo. Em Java, a declaração de um vetor é feita pela seguinte sintaxe:

```
tipo nome_vetor[] = new tipo[tamanho];
```

Em que **tipo** se refere ao tipo de dado que cada elemento do vetor deve armazenar.

Outra forma de declarar um vetor é:

```
tipo[] nome_vetor = new tipo[tamanho];
```

Por exemplo, para declarar um vetor de vinte elementos do tipo *float* (ponto flutuante), devemos utilizar o seguinte:

```
float fltVetor[] = new float[20];
```

ou

```
float[] fltVetor = new float[20];
```

A indexação do vetor, ou seja, o acesso a cada elemento, é feita levando-se em consideração que o primeiro elemento do vetor possui índice zero. Isso significa que devemos referenciar o sexto elemento do vetor declarado no exemplo anterior como **fltVetor[5]**.

No exemplo apresentado há somente uma dimensão, mas também podemos ter mais dimensões. Nesse caso, o vetor acaba sendo chamado de matriz. Para declarar uma matriz, a sintaxe é a mesma, com a diferença de que podemos especificar os diversos tamanhos mediante o uso de colchetes, da seguinte forma:

```
float[] fltMatriz = new float[5][20];
```

Para acessar um dos elementos da matriz, é necessário referenciar primeiro o índice da linha e depois o da coluna, como no exemplo **fltMatriz[2][4]**. Isso significa que estamos acessando a quinta coluna da terceira linha (lembre-se de que os índices dos vetores e matrizes iniciam-se em zero). Essa característica pressupõe que o índice mais à direita é alterado mais rapidamente que o índice da esquerda.

É possível ainda criarmos um vetor a partir da especificação de seus valores iniciais. Considere a seguinte declaração:

```
int[] intAnoCampeao = {1988,1990,1991};
```

Com isso, definimos um vetor com três elementos, atribuindo a cada um o valor numérico presente na lista envolta pelas chaves (para quem ainda não percebeu ou não sabe, os números representam os anos em que o piloto brasileiro Ayrton Senna foi campeão da Fórmula 1).

Vejamos um exemplo de uso de um vetor para calcular a média de temperatura nos últimos cinco dias. Abra seu editor de textos e digite o código listado a seguir:

```
import java.io.*;

public class programa_java09 {
  public static void main(String args[]) {
    int intDia;
    float fltValor,fltMedia;
    float fltTemperatura[] = new float[5];
    byte btValor[] = new byte[10];

    System.out.println("Media de Temperatura");
    System.out.println("");

    for (intDia = 0;intDia < 5;intDia++)
        fltTemperatura[intDia] = 0;

    try {
        for (intDia = 0;intDia < 5;intDia++) {
            System.out.print("Digite a "+(intDia+1)+"a. temperatura: ");
            System.in.read(btValor);
            String strBuffer = new String(btValor);
            String strValor = new String(strBuffer.trim());

            fltTemperatura[intDia] = Float.parseFloat(strValor);
        }
```

```
        fltMedia = (fltTemperatura[0]+fltTemperatura[1]+fltTemperatura[2]+ fltTemperatura[3]+fltTemperatura
[4])/5;
        System.out.println("");
        System.out.print("A media das temperaturas e' "+fltMedia);
    }
    catch (IOException ioException) {
        ioException.printStackTrace();
    }
  }
}
```

Esse código utiliza um vetor denominado **fltTemperatura** para armazenar as temperaturas digitadas pelo usuário (total de cinco). Os elementos desse vetor são inicializados com o valor 0 e, então, dentro de um laço **for** que varia de 0 a 4, ocorre a entrada das temperaturas. A média é obtida somando-se as cinco temperaturas e dividindo-se o total por cinco.

Note ainda que foi utilizada outra técnica para a entrada de dados pelo teclado: em vez de criarmos um objeto do tipo **Scanner**, como feito anteriormente, utilizamos o método **read** da classe **System**.

Grave o arquivo e, depois de compilá-lo, rode o exemplo. Entre com alguns valores para ver o resultado, conforme a Figura 9.1.

O próximo exemplo faz uso de uma matriz bidimensional com o tamanho de 5 x 5. Após o usuário entrar com os valores dos seus elementos (vinte e cinco no total), o código calcula a soma da diagonal principal e da diagonal secundária. Essa soma é obtida respeitando-se o diagrama apresentado pela Figura 9.2.

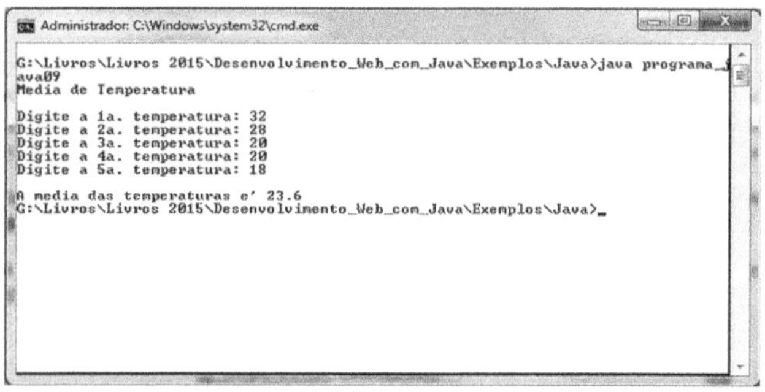

Figura 9.1 – Exemplo de utilização de vetores.

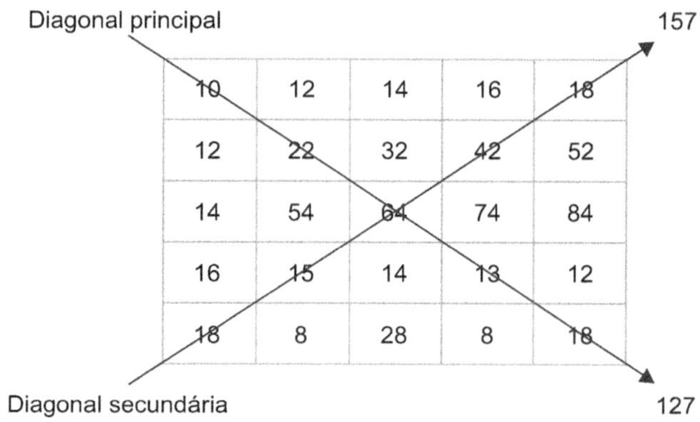

Figura 9.2 – Soma de diagonais de uma matriz.

O código que executa essas operações está listado a seguir:

```
import java.io.*;

public class programa_java10 {
  public static void main(String args[]) {
    int intDiagonalPrincipal,intDiagonalSecundaria,intLinha,intColuna;
    int intMatrizNumeros[][] = new int[5][5];
    byte btValor[] = new byte[10];

    for (intLinha = 0;intLinha < 5;intLinha++) {
        for (intColuna = 0;intColuna < 5;intColuna++)
            intMatrizNumeros[intLinha][intColuna] = 0;
        }

    try {
        for (intLinha = 0;intLinha < 5;intLinha++) {
```

```
            for (intColuna = 0;intColuna < 5;intColuna++) {
                System.out.print("Digite o valor da posicao "+intLinha+"/"+intColuna+": ");
                System.in.read(btValor);
                String strBuffer = new String(btValor);
                String strValor = new String(strBuffer.trim());

                intMatrizNumeros[intLinha][intColuna] = Integer.parseInt(strValor);
            }
        }

        intDiagonalPrincipal = 0;

        for (intLinha = 0;intLinha < 5;intLinha++)
            intDiagonalPrincipal += intMatrizNumeros[intLinha][intLinha];

        intDiagonalSecundaria = 0;
        intColuna = 0;

        for (intLinha = 4;intLinha >= 0;intLinha--) {
            intDiagonalSecundaria += intMatrizNumeros[intLinha][intColuna];
            intColuna++;
        }

        System.out.println("");
        System.out.println("Soma da diagonal principal = "+intDiagonalPrincipal);
        System.out.println("Soma da diagonal secundaria = "+ intDiagonalSecundaria);
    }
    catch (IOException ioException) {
         ioException.printStackTrace();
    }
  }
}
```

Note que foram utilizados dois laços **for**, um dentro do outro, para a inicialização dos valores de cada elemento e para a entrada do usuário.

Após compilar o exemplo, rode-o e entre com alguns valores numéricos inteiros. Quando digitar o número para a última posição (4,4), as mensagens contendo a soma das diagonais são apresentadas. Veja o exemplo da Figura 9.3.

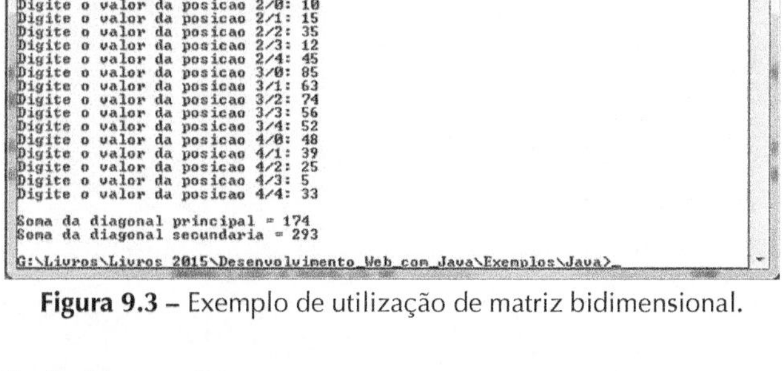

Figura 9.3 – Exemplo de utilização de matriz bidimensional.

9.2 Funções

Uma função representa um conjunto de ações que um programa deve executar. Criamos uma função quando desejamos que essas ações sejam repetidas em diversas partes do programa. Assim, evitamos a repetição das mesmas linhas de código. Podemos ter uma ideia do processo observando a Figura 9.4.

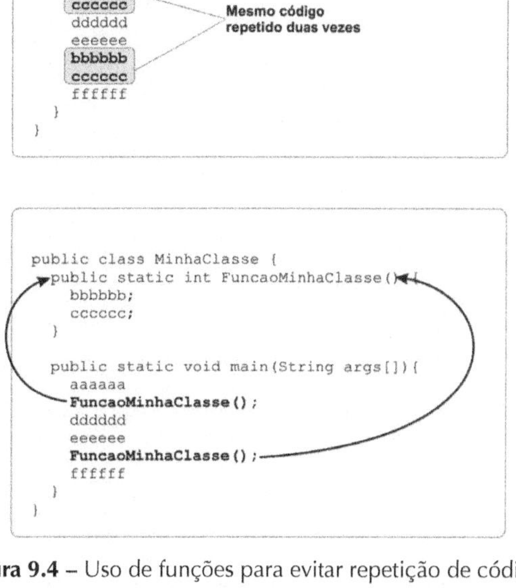

Figura 9.4 – Uso de funções para evitar repetição de código.

A chave final representa o fim da função e, embora não esteja incluída no programa executável, faz com que haja um retorno à linha imediatamente seguinte à que efetuou a chamada da função. Uma função em Java pode retornar um valor utilizando o comando **return**. Esse valor deve ser do mesmo tipo que o especificado na declaração da função e pode ser o resultado de uma operação matemática realizada pela função ou simplesmente a representação do sucesso ou não de uma tarefa. Se a função for declarada como **void** (sem retorno de valor), mesmo que você especifique um valor com **return**, ele será descartado.

Vejamos um exemplo que utiliza uma função para criar uma moldura em torno de um texto. Digite o seguinte código no seu editor de textos:

```
public class programa_java11 {
  private static void Moldura_Texto(String strTexto) {
    int intTamanho,intContador;
    intTamanho = strTexto.length()+4;

    for (intContador = 1;intContador <= intTamanho;intContador++)
        System.out.print("-");

    System.out.println("");
    System.out.println("| "+strTexto+" |");

    for (intContador = 1;intContador <= intTamanho;intContador++)
        System.out.print("-");
  }

  public static void main(String args[]) {
    Moldura_Texto("JAVA - Uma linguagem moderna!");
  }
}
```

Todo o núcleo dessa classe reside na função **Moldura_Texto()**, que é responsável por imprimir o texto passado como parâmetro envolvido por uma moldura. É importante notar que a função é declarada antes do método **main()**. Isso é necessário para que **main()** saiba que **Moldura_Texto()** existe.

Após compilar e executar o programa, você deve obter uma tela similar à da Figura 9.5.

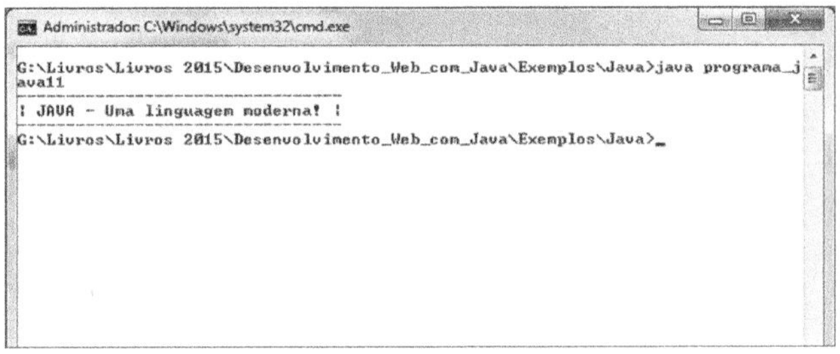

Figura 9.5 – Aplicação prática de uma função de uso genérico.

Um recurso que deve ser destacado diz respeito à capacidade de recursão existente em Java. Este termo é mais bem explicado da seguinte forma: uma função que é capaz de chamar a si mesma e, com base em seu valor de retorno, definir um novo valor.

Como exemplo concreto podemos criar uma classe que calcula o fatorial de um número usando a recursividade. O código é apresentado a seguir:

```
import java.io.*;

public class programa_java12 {
  public static int CalculaFatorial (int intNumero) {
    int intResultado;

    if (intNumero == 1)
       return(1);

    intResultado = CalculaFatorial(intNumero-1)*intNumero;

    return(intResultado);
  }

  public static void main(String args[]) {
    int intNumero,intContador,intFatorial;
    byte btValor[] = new byte[10];
```

```
        System.out.println("Fatorial");
        System.out.println("");
        System.out.print("Entre com o numero desejado: ");

        try {
            System.in.read(btValor);
            String strBuffer = new String(btValor);
            String strValor = new String(strBuffer.trim());

            intNumero = Integer.parseInt(strValor);

            intFatorial = CalculaFatorial(intNumero);

            System.out.println("O fatorial de "+intNumero+" e' "+intFatorial);
        }
        catch (IOException ioException) {
              ioException.printStackTrace();
        }
    }
}
```

Neste exemplo, a função **CalculaFatorial()** é chamada repetidas vezes de forma recursiva com **intNumero-1**, e então devolve o produto da expressão **CalculaFatorial(intNumero-1)*intNumero**. Quando **CalculaFatorial()** for chamada com o valor de **intNumero** igual a 1, o retorno será 1, e as chamadas começam a fazer o caminho inverso. É como se tivéssemos feito uma pilha dessas chamadas e depois fôssemos retirando os valores calculados.

Se, por exemplo, o usuário digitar o número 3, **CalculaFatorial()** será chamada com esse valor na primeira vez. Na segunda chamada ela receberá como parâmetro o valor 2 e, na terceira, o valor 1. O retorno (que será 1 no caso) será multiplicado por 2 (resultante da segunda chamada). Novamente haverá o retorno da função e seu valor será multiplicado por 3 (o número digitado pelo usuário).

Grave o arquivo, compile e teste o exemplo. Digite um valor quando assim for solicitado, conforme exemplificado na Figura 9.6. O resultado pode ser visto logo após teclarmos [ENTER], de acordo com o que é apresentado na Figura 9.7.

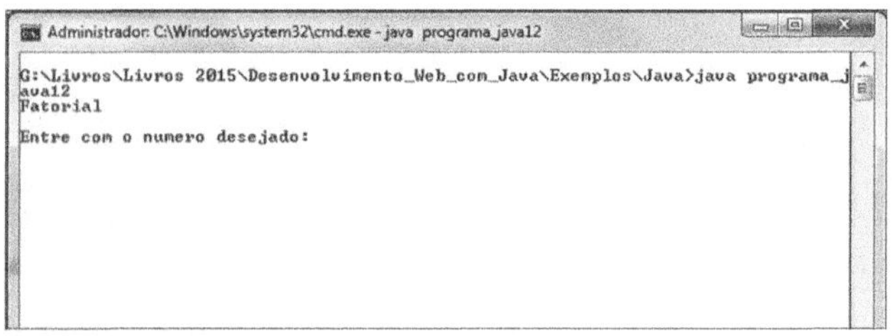

Figura 9.6 – Exemplo de função recursiva.

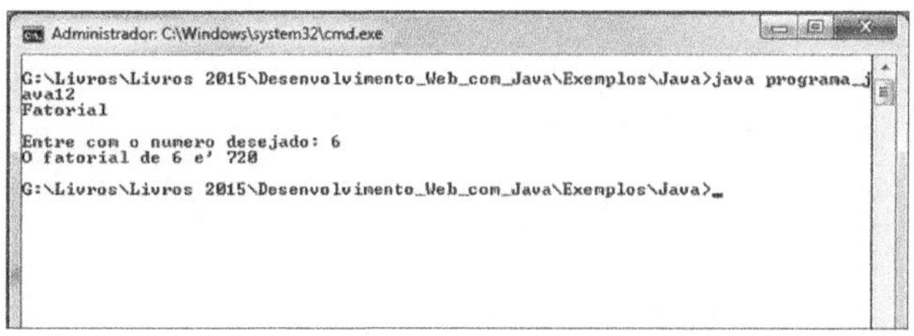

Figura 9.7 – Resultado obtido com função recursiva.

Recapitulando

Este capítulo abordou o uso de vetores e matrizes. Também apresentou o conceito de funções em Java e a definição de funções recursivas.

Teste seus conhecimentos

1) Diferencie vetores de matrizes.
2) O que é uma função em Java?
3) Qual o melhor método para se inicializar todos os elementos de um vetor ou matriz?
4) Pesquise na internet ou em livros de matemática a fórmula de multiplicação de duas matrizes 3 × 3 e crie uma função em Java para a execução desse cálculo.

10

Classes em Java

Novos conhecimentos

Trataremos neste capítulo do conceito de programação orientada a objetos. Vamos estudar a criação e o uso de classes, esmiuçar os métodos construtores e aprender sobre herança de classes. Encerraremos o capítulo abordando a sobrescrita e a sobrecarga de métodos.

10.1 Programação orientada a objetos

A programação tradicional, utilizada em larga escala até meados dos anos 1980, se caracterizava pelo emprego de técnicas de programação estruturada e de programação modular. Eram técnicas que previam a criação de diversos módulos independentes, mas que possuíssem um relacionamento entre si. Esses módulos, ao serem agrupados, formavam o sistema como um todo.

A programação orientada a objetos é uma proposta de desenvolvimento de software que teve origem na segunda metade da década de 1970, quando pesquisadores do Palo Alto Research Center (PARC), um centro de pesquisa da Xerox, em Palo Alto, Califórnia, desenvolveram uma linguagem de programação denominada Smalltalk. Ela utilizava pela primeira vez o conceito de classes e objetos, além de possuir uma interface gráfica baseada em janelas e ícones, similar ao que se pode ver hoje nos sistemas operacionais Windows, MacOS e Linux.

A ideia básica por trás dessa técnica é a reutilização de códigos já prontos, denominados classes, para a criação de partes vitais (chamadas de objetos) de um programa. Com isso, o programador pode economizar um bom tempo sem ter de "reinventar a roda".

Na programação orientada a objetos, as linguagens empacotam as estruturas de dados e as rotinas (procedimentos e funções) que as manipulam. Assim, essas entidades podem ser tratadas como um único componente do programa.

Vamos ilustrar melhor a ideia utilizando um exemplo prático. Suponha que haja necessidade de se criar um aplicativo para o controle de contas a pagar e a receber de uma loja de autopeças. Esse sistema deve permitir o cadastro de fornecedores e de clientes, além do registro de faturas/duplicatas a serem pagas ou recebidas. Assim, podemos definir duas classes bases, uma contendo a estrutura de dados mínima para atender aos cadastros e outra para representar as contas do mundo real. Em notação UML, essas classes poderiam ter a representação mostrada pela Figura 10.1.

A partir dessas classes bases podemos criar classes para fornecedores, clientes, contas a pagar e contas a receber, que herdam os atributos presentes na classe base, mas às quais também é possível acrescentar novos atributos e métodos, conforme a necessidade. Essa característica é denominada herança. Veja os exemplos das Figuras 10.2 e 10.3.

Com essa técnica, cada objeto é autossuficiente, ou seja, é capaz de executar uma tarefa inteira sem precisar se preocupar com o resto do programa.

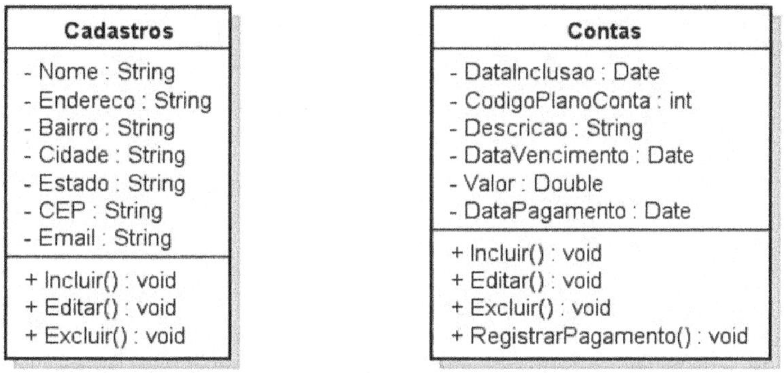

Figura 10.1 – Exemplo de classes bases na notação UML.

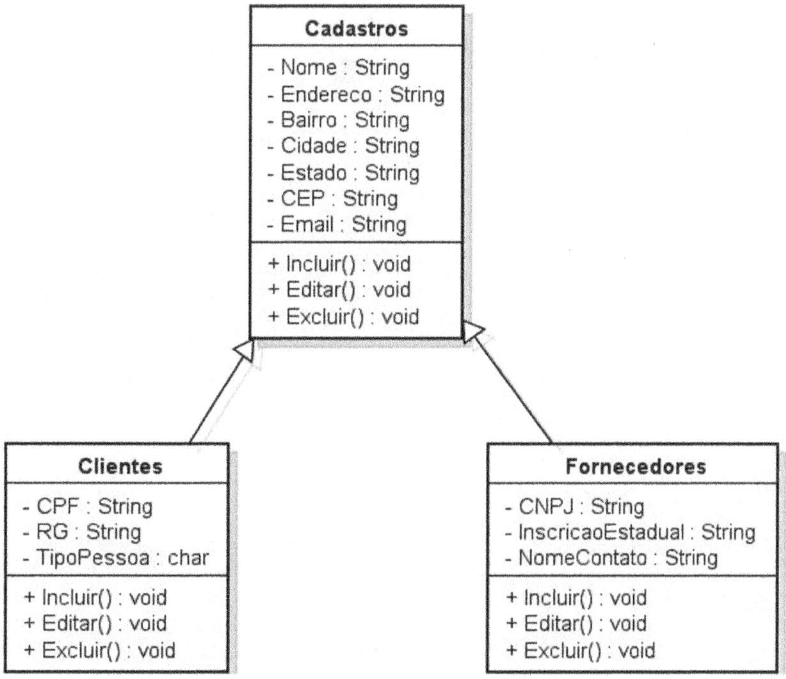

Figura 10.2 – Classes derivadas da classe base Cadastros.

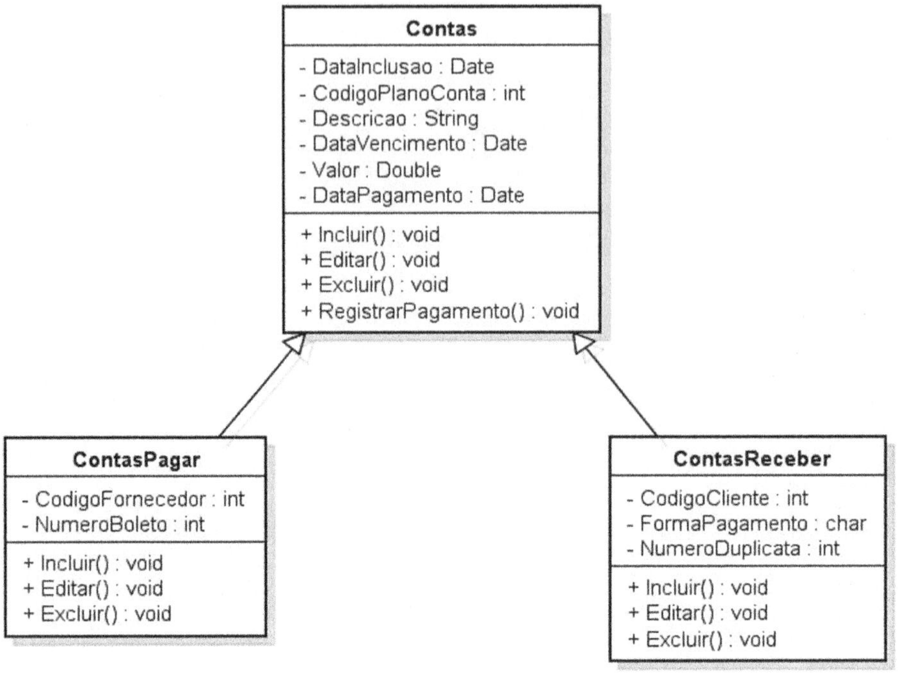

Figura 10.3 – Classes derivadas da classe base Contas.

10.2 Definição e uso de uma classe

Neste livro, não vamos nos aprofundar muito no estudo de classes em Java, mas abordar o assunto como uma revisão do conceito.

Vejamos na prática como criar e utilizar uma classe. Para apresentar esse recurso fantástico, faremos uso de alguns conceitos existentes na matemática, como o cálculo da área de figuras geométricas planas. Não é preciso correr para pegar aquele seu livro de matemática do ensino fundamental para relembrar esse assunto, pois serão revistas superficialmente as fórmulas utilizadas nos cálculos.

Primeiramente, vamos criar uma classe que contenha apenas dois atributos do tipo **int** (inteiro). Essa classe será utilizada pelos outros programas que construiremos depois.

Abra um editor de textos e digite o seguinte código:

```
public class dimensao {
  public int intBase,intAltura;
}
```

Grave o arquivo com o nome "dimensao.java" e depois compile-o com o seguinte comando:

javac dimensao.java

Agora, digite o código apresentado a seguir no editor de textos e grave-o com o nome "area_quadrado.java".

```
public class area_quadrado {
  public static void main(String args[])
  {
    int intArea;
    dimensao Quadrado = new dimensao();
```

```
    Quadrado.intBase = 4;
    Quadrado.intAltura = 4;
    intArea = Quadrado.intBase * Quadrado.intAltura;

    System.out.println("Area do quadrado = "+intArea);
  }
}
```

Observe que foi declarada uma variável denominada **Quadrado** como sendo do tipo **dimensao**, que se encontra definida na classe criada anteriormente. Outra curiosidade é a expressão **new dimensao()** após a declaração. Nela, **new** é um operador e **dimensao()**,um método especial da classe denominado construtor. É esse método que aloca espaço na memória para a variável de referência e seus atributos. Em resumo, o que ocorre mediante o emprego dessa expressão é a criação da variável de referência imediatamente após sua declaração.

Em seguida temos a atribuição de valores a duas variáveis do objeto **Quadrado**. O leitor poderá então se perguntar: mas como esse objeto possui essas variáveis se elas não foram declaradas no programa? Para encontrar a resposta, basta olhar para a definição da classe **dimensao**. Como esse objeto é declarado desse tipo, ele herda todos os atributos. Para ter acesso a esses atributos, é preciso utilizar a notação do ponto (**.**).

Depois da atribuição desses dois valores, o programa faz o cálculo da área simplesmente efetuando a multiplicação entre os dois. Caso não se lembre, a área de um quadrado é definida por **lado x lado**.

Compile esse programa e depois rode-o. Você deve obter algo parecido com o que é mostrado na Figura 10.4.

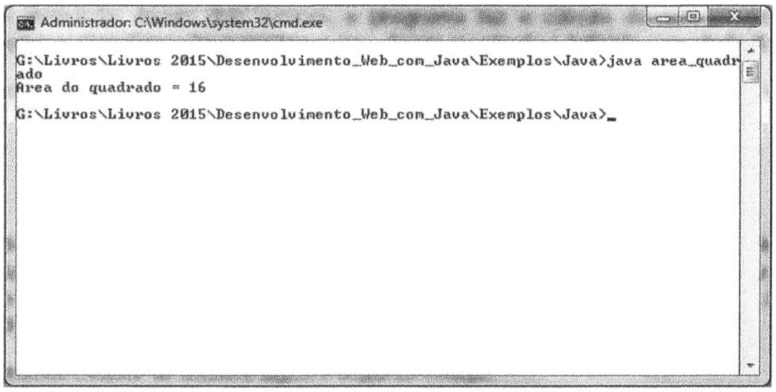

Figura 10.4 – Resultado da execução do programa de área de um quadrado.

Interessante como as coisas funcionam direito. Você também deve estar curioso para saber como isso é possível. Quando compilamos o código, o compilador adicionou uma referência à classe **dimensao**, que é resolvida em tempo de execução. Se essa classe não existisse, seria gerado um erro no momento da compilação. Assim, os dois códigos estão, de certa forma, intimamente ligados.

Abra novamente o editor de textos e digite o seguinte código:

```
public class area_triangulo {
  public static void main(String args[])
  {
    int intArea;
    dimensao Triangulo = new dimensao();

    Triangulo.intBase = 6;
    Triangulo.intAltura = 3;
    intArea = (Triangulo.intBase * Triangulo.intAltura) / 2;

    System.out.println("Area do triangulo = "+intArea);
  }
}
```

Refrescando a memória, para calcularmos a área de um triângulo utilizamos a fórmula **(base × altura)/2**. Isso provém do fato de que um triângulo nada mais é do que um retângulo cortado ao meio diagonalmente, como mostra a Figura 10.5.

Após compilar esse código, rode o programa. Assim, você deve obter a tela da Figura 10.6.

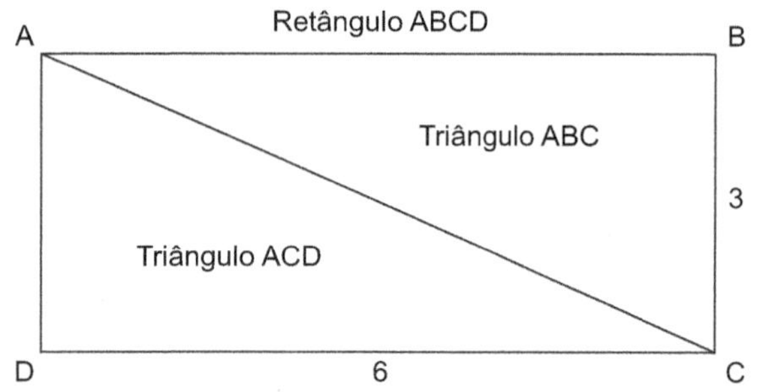

Figura 10.5 – Representação gráfica da fórmula de cálculo da área de um triângulo.

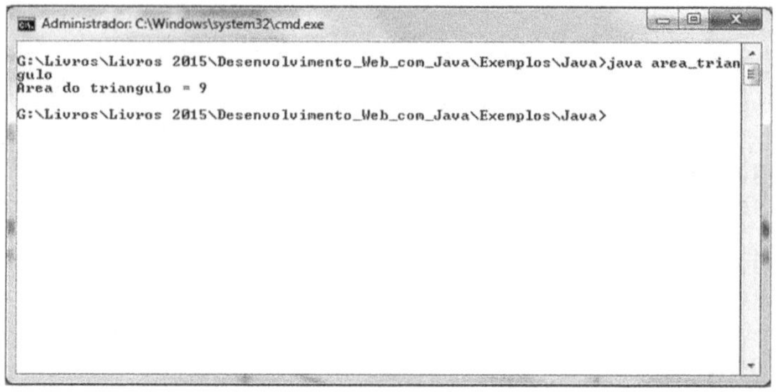

Figura 10.6 – Resultado da execução do programa de cálculo de área de um triângulo.

O próximo programa, que calcula a área de um trapézio, e cujo código é apresentado a seguir, é um pouquinho mais complexo.

```
public class area_trapezio {
  public static void main(String args[])
  {
    int intArea,intBaseMenor,intBaseMaior;
    dimensao Trapezio = new dimensao();

    intBaseMenor = 3;
    intBaseMaior = 5;
    Trapezio.intBase = (intBaseMenor + intBaseMaior);
    Trapezio.intAltura = 4;
    intArea = (Trapezio.intBase * Trapezio.intAltura) / 2;

    System.out.println("Area do trapezio = "+intArea);
  }
}
```

Como é possível perceber, foi necessária a declaração de mais duas variáveis numéricas do tipo **int** (inteiro). Elas serão utilizadas para armazenar o comprimento da base menor e da base maior do trapézio. Isso porque a fórmula para calcular a área de um trapézio é definida como **((base menor + base maior) × altura)/2**. Por que é necessário somar as duas bases? Porque, se você duplicar o trapézio e posicioná-lo no lado oposto, de forma invertida, terá como resultado um retângulo. Veja a representação na Figura 10.7.

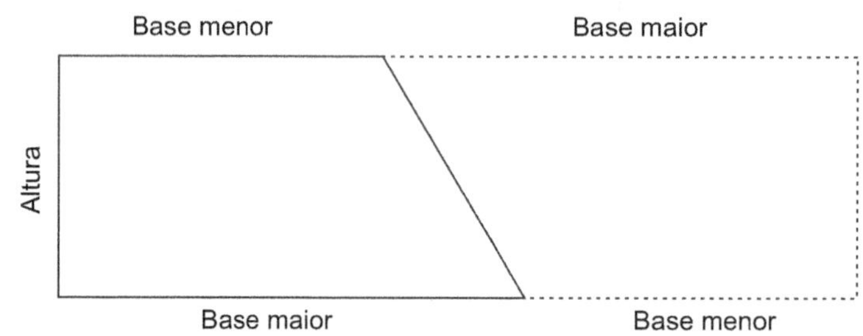

Figura 10.7 – Representação gráfica da fórmula de cálculo da área de um trapézio.

O restante do cálculo é parecido com o do triângulo. Depois de compilar e rodar o programa, você deve obter uma tela parecida com a da Figura 10.8.

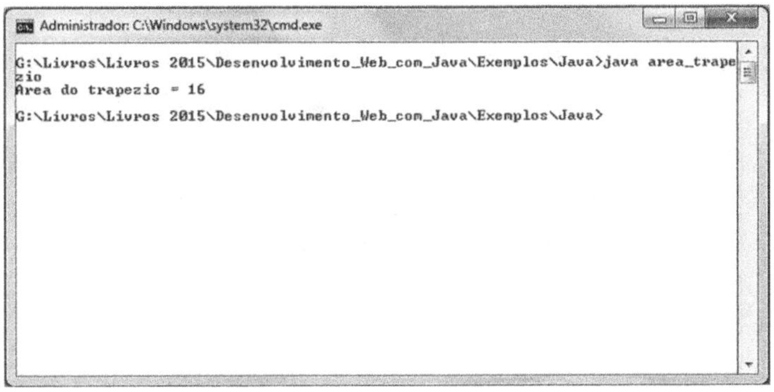

Figura 10.8 – Resultado da execução do programa de cálculo da área de um trapézio.

10.3 Adição de métodos à classe

A classe que criamos ainda pode ser melhorada com o acréscimo de um método que realiza parte dos cálculos. Dizemos "parte" porque ele na verdade se resume à multiplicação dos dois valores armazenados nos atributos **intBase** e **intAltura**. Mais adiante, veremos como é possível fazer com que esse cálculo seja mais sofisticado. Altere o arquivo **dimensao.java** acrescentando as linhas destacadas em negrito na seguinte listagem:

```
public class dimensao
{
  public int intBase,intAltura;

  public int Area()
  {
    return (intBase * intAltura);
  }
}
```

Esse código que acabamos de incluir é um método que retorna o resultado da multiplicação das variáveis **intBase** e **intAltura**. É uma função bastante simples, como se pode ver.
Agora, podemos adaptar os códigos dos programas alterando a linha destacada nas seguintes listagens:

Arquivo area_quadrado.java

```
public class area_quadrado
{
  public static void main(String args[])
  {
    int intArea;
    dimensao Quadrado = new dimensao();

    Quadrado.intBase = 4;
    Quadrado.intAltura = 4;
    intArea = Quadrado.Area();

    System.out.println("Area do quadrado = "+intArea);
  }
}
```

Arquivo area_triangulo.java

```
public class area_triangulo
{
  public static void main(String args[])
  {
    int intArea;
    dimensao Triangulo = new dimensao();

    Triangulo.intBase = 6;
    Triangulo.intAltura = 3;
    intArea = Triangulo.Area() / 2;

    System.out.println("Area do triangulo = "+intArea);
  }
}
```

Arquivo area_trapezio.java

```
public class area_trapezio
{
  public static void main(String args[])
  {
    int intArea,intBaseMenor,intBaseMaior;
    dimensao Trapezio = new dimensao();

    intBaseMenor = 3;
    intBaseMaior = 5;
    Trapezio.intBase = (intBaseMenor + intBaseMaior);
    Trapezio.intAltura = 4;
    intArea = Trapezio.Area() / 2;

    System.out.println("Area do trapezio = "+intArea);
  }
}
```

Como é possível notar, a linha em que todo o cálculo era efetuado foi simplificada pela chamada ao método **Area()** do objeto do tipo **dimensao**.

Depois de compilar e rodas os programas, você poderá verificar que os resultados obtidos são os mesmos.

A classe ainda não está completa, pelo menos da forma que seria considerada ideal. Precisamos fazer modificações porque os atributos (também conhecidos como variáveis-membro) são visíveis externamente à classe, uma situação que não é aceitável para uma boa programação orientada a objetos, uma vez que fere as regras de encapsulamento de atributos.

O primeiro passo é tornar esses atributos privados à classe por meio do modificador **private**, da seguinte forma:

```
public class dimensao
{
  private int intBase,intAltura;

  public int Area()
  {
    return (intBase * intAltura);
  }
}
```

Agora vem o problema. Ao tornar os atributos privados, não podemos mais acessá-los a partir dos programas. Então, como faremos para atribuir os valores às classes? A resposta é a utilização de métodos.
Adicione à classe as linhas destacadas em negrito na listagem mostrada a seguir:

```
public class dimensao
{
  private int intBase,intAltura;

  public void Base(int intBase)
  {
    this.intBase = intBase;
  }

  public void Altura(int intAltura)
  {
    this.intAltura = intAltura;
}

  public int Area()
  {
    return (intBase * intAltura);
  }
}
```

As alterações se resumiram à inclusão de dois novos métodos, responsáveis por atribuir às variáveis **intBase** e **intAltura** os valores recebidos como parâmetros. É importante notar e entender o operador **this** presente nesses métodos. Esse operador foi utilizado porque os parâmetros dos métodos têm os mesmos nomes dos atributos, o que pode gerar uma ambiguidade. Desta forma, ele força uma referência ao próprio objeto. Se não quiséssemos utilizá-lo, seria necessário dar outros nomes aos parâmetros.

Os programas também precisam ser alterados, conforme indicam as listagens:

Arquivo area_quadrado.java

```
public class área_quadrado
{
  public static void main(String args[])
  {
    int intArea;
    dimensao Quadrado = new dimensao();

    Quadrado.Base(4);
    Quadrado.Altura(4);
    intArea = Quadrado.Area();

    System.out.println("Area do quadrado = "+intArea);
  }
}
```

Arquivo area_triangulo.java

```
public class area_triangulo
{
  public static void main(String args[])
  {
    int intArea;
    dimensao Triangulo = new dimensao();

    Triangulo.Base(6);
    Triangulo.Altura(3);
    intArea = Triangulo.Area() / 2;

    System.out.println("Area do triangulo = "+intArea);
  }
}
```

Arquivo area_trapezio.java

```
public class area_trapezio
{
  public static void main(String args[])
  {
    int intArea,intBaseMenor,intBaseMaior;
    dimensao Trapezio = new dimensao();

    intBaseMenor = 3;
    intBaseMaior = 5;
    Trapezio.Base(intBaseMenor + intBaseMaior);
    Trapezio.Altura(4);
    intArea = Trapezio.Area() / 2;

    System.out.println("Area do trapezio = "+intArea);
  }
}
```

10.4 Adição de construtores

Uma característica muito interessante das classes é a possibilidade de inicialização dos objetos criados com elas. Isso significa que os atributos neles existentes podem receber valores automaticamente durante a declaração. Para que isso seja possível, é necessária a definição de um método especial denominado **construtor**.

Um método construtor deve, necessariamente, receber o mesmo nome dado à classe e, embora não possua um tipo de retorno, pode receber parâmetros cujos valores são atribuídos aos atributos do objeto. Essa atribuição ocorre quando a instância do objeto é criada pelo operador **new**.

Deve-se ressaltar que toda classe possui um método construtor, mesmo nos casos em que ele não tenha sido definido explicitamente. Neste caso, o próprio compilador Java se encarrega de adicionar um construtor padrão. Por exemplo, para a classe **dimensao** foi criada de forma transparente a seguinte declaração:

```
public dimensao()
{
}
```

Uma característica importante que deve ser observada é que a execução do construtor de uma classe só ocorre uma única vez durante todo o tempo de existência do objeto.

Vejamos, então, como criar uma classe que possua um método construtor e as alterações que devem ser feitas nos programas desenvolvidos anteriormente.

Primeiro, digite o código mostrado na listagem seguinte em um editor de textos e grave-o com o nome "figura_geometrica.java":

```
public class figura_geometrica
{
  private int intBase,intAltura;
  private String strTipoObjeto;

  public figura_geometrica(String strTipoObjeto,int intBase,int intAltura)
  {
    this.strTipoObjeto = strTipoObjeto;
    this.intBase = intBase;
    this.intAltura = intAltura;
  }

  public int Area()
  {
    int intArea;
    intArea = intBase * intAltura;

    if ((strTipoObjeto == "TRAPEZIO") || (strTipoObjeto == "TRIANGULO"))
```

```
        intArea = intArea / 2;

    return (intArea);
  }
}
```

Nessa nova classe, temos a declaração dos mesmos atributos já vistos na classe **dimensao**: um para armazenar o valor da base e outro para o valor da altura. A novidade é um terceiro atributo, denominado **strTipo**, que deverá conter o tipo de figura geométrica.

Em seguida temos a definição do construtor (note que ele tem o mesmo nome da classe). São passados a ele três parâmetros: uma cadeia de caracteres que designa o tipo de figura geométrica, um valor numérico que representa o comprimento da base da figura e um número inteiro para o comprimento da altura.

Temos, por fim, um método que efetua o cálculo da área da figura geométrica, similar ao já existente na classe **dimensao**.

Agora altere o código dos programas (que não deixam de ser classes também) conforme indicado nas seguintes listagens:

Arquivo area_quadrado.java

```
public class area_quadrado
{
  public static void main(String args[])
  {
    int intArea;
    figura_geometrica Quadrado = new figura_geometrica("QUADRADO",4,4);
    intArea = Quadrado.Area();

    System.out.println("Area do quadrado = "+intArea);
  }
}
```

Arquivo area_triangulo.java

```
public class area_triangulo
{
  public static void main(String args[])
  {
    int intArea;
    figura_geometrica Triangulo = new figura_geometrica("TRIANGULO",6,3);
    intArea = Triangulo.Area();

    System.out.println("Area do triangulo = "+intArea);
  }
}
```

Arquivo area_trapezio.java

```
public class area_trapezio
{
  public static void main(String args[])
  {
    int intArea,intBaseMenor,intBaseMaior;

    intBaseMenor = 3;
    intBaseMaior = 5;
    figura_geometrica Trapezio = new figura_geometrica("TRAPEZIO",(intBaseMenor + intBaseMaior),4);
    intArea = Trapezio.Area();

    System.out.println("Area do trapezio = "+intArea);
  }
}
```

Sem dúvida, os códigos ficaram mais claros e enxutos com essas alterações. Agora, no momento da criação do objeto, seus atributos já são inicializados automaticamente, sem a necessidade de linhas que façam as atribuições dos valores separadamente. No entanto, é preciso ter cuidado com a ordem em que os parâmetros são passados para que não haja problemas na hora da compilação ou na execução.

Antes de finalizar este tópico, é importante deixar claro que, diferentemente de C++, na linguagem Java não precisamos definir um método destrutor. Na verdade, Java nem trabalha com esse conceito. A destruição de um objeto e a recuperação da memória ocupada por ele ficam a cargo do coletor de lixo.

Outra diferença em relação a C++ é que os construtores são definidos dentro do próprio corpo da classe, e não fora dela, empregando-se o operador de resolução de abrangência (::), que associa a definição da função com a classe a que pertence.

10.5 Herança de classes

Este tópico apresenta um assunto muito interessante em Java e em outras linguagens orientadas a objetos (como C++): a herança. Basicamente, ela pode ser definida como uma classe (denominada subclasse) que é criada contendo todas as características (atributos e métodos) de outra classe (denominada superclasse ou classe base).

Podem ser adicionados à subclasse outros atributos e métodos que lhe sejam específicos. Por outro lado, ela reconhece todos aqueles atributos e métodos que já se encontram definidos na superclasse.

Para estudar esse conceito, vamos imaginar uma classe base com a seguinte definição:

- **nome da classe**: dadosPessoais;
- **atributos**: nome (String), endereco (String), bairro (String), cidade (String), estado (String), cep (String), telefone (String);
- **métodos**: dadosPessoais (construtor), getNome, getEndereco, getBairro, getCidade, getEstado, getCep, getTelefone.

A Figura 10.9 exibe a representação dessa classe em UML.

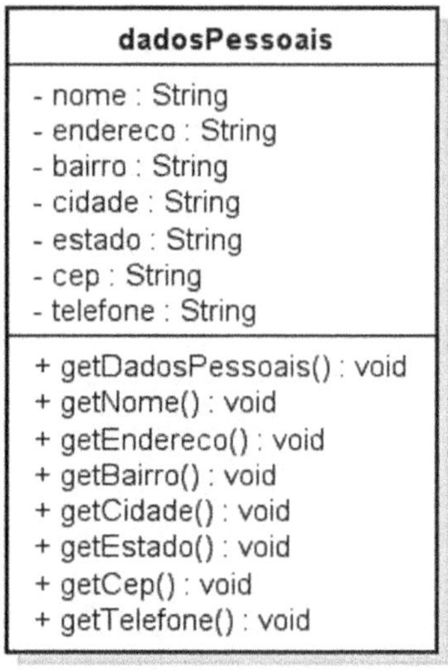

Figura 10.9 – Representação UML da classe dadosPessoais.

O código para definição dessa classe seria o seguinte:

```
public class dadosPessoais
{
  private String nome,
                 endereco,
                 bairro,
                 cidade,
                 estado,
                 cep,
                 telefone;

  public dadosPessoais(String nome,
                       String endereco,
                       String bairro,
                       String cidade,
                       String estado,
                       String cep,
                       String telefone)
  {
    this.nome = nome;
    this.endereco = endereco;
    this.bairro = bairro;
    this.cidade = cidade;
    this.estado = estado;
```

```
    this.cep = cep;
    this.telefone = telefone;
  }

  public String getNome() {return nome;}

  public String getEndereco() {return endereco;}

  public String getBairro() {return bairro;}

  public String getCidade() {return cidade;}

  public String getEstado() {return estado;}

  public String getCep() {return cep;}

  public String getTelefone() {return telefone;}
}
```

Após a declaração dos atributos, temos a definição do construtor e dos métodos que retornam os valores dos atributos. Uma convenção que normalmente tem sido utilizada na programação em Java é o acréscimo da expressão **get** à frente de todos os métodos que possuem a função de retornar um valor da classe.

Uma vez que as subclasses (classes filhas) não herdam os construtores da superclasse (classe mãe), precisamos definir um construtor que chama explicitamente o construtor da superclasse por intermédio da palavra reservada **super**. Os parâmetros necessários são passados dentro dos parênteses que seguem essa palavra-chave.

A palavra reservada **extends**, por outro lado, é utilizada para indicar que uma classe herda/estende outra. Seguindo essa palavra reservada, deve vir o nome da superclasse. Em Java, uma subclasse somente pode estender diretamente outra subclasse, não sendo permitida a herança múltipla, como ocorre em outras linguagens.

O código apresentado a seguir cria outra classe, que herda as características da classe **dadosPessoais** e estende suas funcionalidades com a adição de novos atributos e métodos:

```
import java.util.Date;
import java.text.SimpleDateFormat;

public class registroCliente extends dadosPessoais
{
  private String cpf;
  private java.util.Date dataCadastro;

  public registroCliente(String nome,
                         String endereco,
                         String bairro,
                         String cidade,
                         String estado,
                         String cep,
                         String telefone,
                         String cpf,
                         java.util.Date dataCadastro)
  {
    super(nome,endereco,bairro,cidade,estado,cep,telefone);
    this.cpf = cpf;
    this.dataCadastro = dataCadastro;
  }

  public String getCpf() {return cpf;}

  public String getDataCadastro()
  {
        String data = new SimpleDateFormat("dd/MM/yyyy").format(dataCadastro);

    return data;
  }
}
```

Neste código é possível perceber que foi preciso referenciar de forma explícita o pacote padrão **java.util** para que houvesse acesso à classe **Date**. Observe, ainda, como foi utilizada a chamada ao construtor da superclasse **dadosPessoais** dentro do construtor da subclasse **registroCliente**: todos os parâmetros necessários são passados a **super**.

Da superclasse poderíamos também derivar outras subclasses, como a existente no código da seguinte listagem:

```
import java.util.Date;
import java.text.SimpleDateFormat;

public class registroFornecedor extends dadosPessoais
{
  private String cnpj;
  private java.util.Date dataCadastro;

  public registroFornecedor(String nome,
                            String endereco,
                            String bairro,
                            String cidade,
                            String estado,
                            String cep,
                            String telefone,
                            String cnpj,
                            java.util.Date dataCadastro)
  {
    super(nome,endereco,bairro,cidade,estado,cep,telefone);
    this.cnpj = cnpj;
    this.dataCadastro = dataCadastro;
  }

  public String getCnpj() {return cnpj;}

  public String getDataCadastro()
  {
        String data = new SimpleDateFormat("dd/MM/yyyy").format(dataCadastro);

    return data;
  }
}
```

Definida a superclasse e as subclasses derivadas, estamos prontos para o programa propriamente dito. Veja o exemplo de código apresentado na listagem a seguir:

```
import java.util.Date;

public class cadastro
{
  public static void main(String args[])
  {
    java.util.Date dataCadastro = new java.util.Date();

    registroCliente cliente = new registroCliente("Reginaldo Alberto Pedro",
                                                  "Rua Santos Dumont, 1900",
                                                  "Jd. 14Bis",
                                                  "Rio Claro",
                                                  "SP",
                                                  "00110-001",
                                                  "11 0909-1001",
                                                  "111.222.555-88",
                                                  dataCadastro);

    registroFornecedor fornecedor = new registroFornecedor("Auto-peças MotorBom",
                                                           "Av. Primavera, 920",
                                                           "Jd. Europa",
```

```
                                          "Atibaia",
                                          "SP",
                                          "01100-101",
                                          "11 1010-0202",
                                          "11-222.333/0004-55",
                                          dataCadastro);

      System.out.println("Dados do Cliente");
      System.out.println("----------------");
      System.out.println("Nome: "+cliente.getNome());
      System.out.println("Endereço: "+cliente.getEndereco());
      System.out.println("Bairro: "+cliente.getBairro());
      System.out.println("Cidade: "+cliente.getCidade());
      System.out.println("Estado: "+cliente.getEstado());
      System.out.println("CEP: "+cliente.getCep());
      System.out.println("Telefone: "+cliente.getTelefone());
      System.out.println("CPF: "+cliente.getCpf());
      System.out.println("Cadastrado em "+cliente.getDataCadastro());

      System.out.println("");
      System.out.println("Dados do Fornecedor");
      System.out.println("-------------------");
      System.out.println("Razão Social: "+fornecedor.getNome());
      System.out.println("Endereço: "+fornecedor.getEndereco());
      System.out.println("Bairro: "+fornecedor.getBairro());
      System.out.println("Cidade: "+fornecedor.getCidade());
      System.out.println("Estado: "+fornecedor.getEstado());
      System.out.println("CEP: "+fornecedor.getCep());
      System.out.println("Telefone: "+fornecedor.getTelefone());
      System.out.println("CNPJ: "+fornecedor.getCnpj());
      System.out.println("Cadastrado em "+fornecedor.getDataCadastro());
   }
}
```

Compile os códigos **dadosPessoais.java**, **registroCliente.java** e **registroFornecedor.java**, que foram apresentados anteriormente. Compile também o programa de exemplo denominado **cadastro.java**. A tela da Figura 10.10 deve então ser exibida.

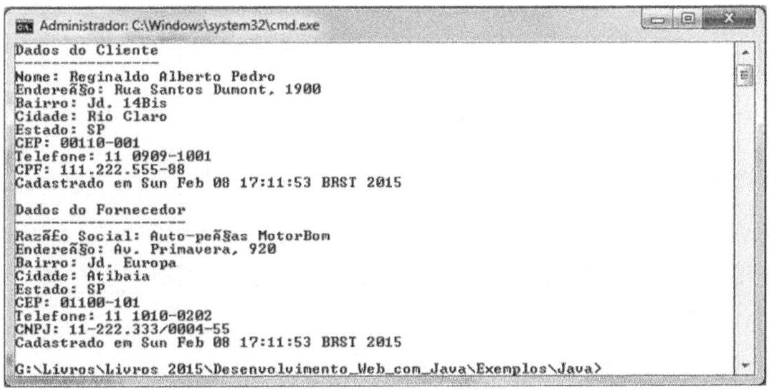

Figura 10.10 – Resultado da execução do programa de herança de classes.

10.6 Sobrescrita e sobrecarga de métodos

Antes de estudarmos a sobrescrita e sobrecarga de métodos, é preciso tratar de um conceito denominado polimorfismo. Esse termo vem do grego e significa "várias formas". Em Java e outras linguagens orientadas a objetos, é um conceito que torna possível a criação de objetos contendo métodos que possuem o mesmo nome, mas que executam tarefas diferentes. Com isso, podemos fornecer um único nome a uma ação que é compartilhada por toda a hierarquia dos objetos.

Essa já é uma característica dos operadores matemáticos, afinal de contas, para somar números inteiros ou de ponto flutuante, utilizamos o mesmo sinal de adição (+). Da mesma forma, não há um operador específico para multiplicar dois números inteiros e outro para multiplicar dois números decimais.

O que a técnica de programação orientada a objetos oferece é a possibilidade de termos um método com o mesmo nome, mas que age de diferentes formas conforme os parâmetros enviados a ele. Isso evita que tenhamos de definir vários métodos com nomes diferentes, às vezes até estranhos, ou que tenhamos de utilizar comandos de decisão (**if** ou **switch**) para que a ação correta seja executada.

Em Java, o polimorfismo é empregado quando definimos uma subclasse em que se encontra implementado um método ou atributo já existente na superclasse da qual é herdeira.

O polimorfismo em Java é obtido por meio da sobrescrita e sobrecarga de métodos. Na sobrescrita, um método da superclasse (classe mãe) é redefinido nas subclasses herdeiras (classes filhas) para modificar seu comportamento, mantendo-se sua assinatura original. Já na sobrecarga, podemos ter um mesmo método definido diversas vezes, e cada um executa uma operação específica conforme os parâmetros recebidos. Neste caso, as assinaturas são diferentes.

Para entendermos como funciona a sobrescrita de métodos, nada melhor do que trabalhar diretamente com um exemplo concreto. Vamos criar outra classe similar à classe **Figura_Geometrica** criada anteriormente. Depois, desenvolveremos duas subclasses que herdam suas características, além de um programa para exemplificar o seu uso.

O código para a classe **calculoArea** é apresentado na seguinte listagem:

```
public class calculoArea
{
  private int intBase,intAltura;

  public calculoArea(int intBase,int intAltura)
  {
    this.intBase = intBase;
    this.intAltura = intAltura;
  }

  public int Area()
  {
    int intArea;
    intArea = intBase * intAltura;
    return (intArea);
  }
}
```

Note que, diferentemente da versão anterior, o construtor não possui mais um parâmetro para indicar o tipo de figura. O método **Area()** também foi alterado, de forma que não há o teste com o comando **if** para determinar se o valor da multiplicação (base × altura) deveria ser dividido por 2. Esta é a superclasse.

Vamos criar duas subclasses denominadas **quadrado** e **trapezio**. A primeira é responsável por calcular o valor da área do quadrado, enquanto a segunda se encarrega do cálculo da área do trapézio.

Veja os códigos apresentados nas seguintes listagens:

Arquivo quadrado.java

```
public class quadrado extends calculoArea
{
  public quadrado(int intBase,int intAltura) {super(intBase,intAltura);}

  public int Area()
  {
    int intArea;
    intArea = super.Area();
    return intArea;
  }
}
```

Arquivo trapezio.java

```
public class trapezio extends calculoArea
{
  public trapezio(int intBase,int intAltura) {super(intBase,intAltura);}

  public int Area()
  {
    int intArea;
    intArea = super.Area() / 2;
    return intArea;
  }
}
```

É importante prestar bastante atenção ao construtor e à redefinição do método **Area()**. Os construtores dessas duas subclasses chamam o construtor da superclasse por intermédio da palavra reservada **super** com os parâmetros necessários entre parênteses.

Já o método **Area()** possui uma chamada ao método de mesmo nome existente na superclasse. Para que isso seja possível, é necessário utilizar novamente a palavra reservada **super**, que informa uma referência à superclasse. Essa construção é traduzida pelo compilador como se fosse **calculoArea.Area()**.

No caso específico da classe **trapezio**, o valor retornado por **Area()** é dividido por 2, como manda a regra. Desta forma, temos um código mais limpo e totalmente dentro das normas de uma boa programação orientada a objetos, ou seja, uma classe base e as classes derivadas contendo as características que lhe são pertinentes.

Para utilizar essas duas novas classes, crie o seguinte código:

Arquivo exemploQuadradoTrapezio.java

```
public class exemploQuadradoTrapezio
{
  public static void main(String args[])
  {
    int intArea,intBaseMenor,intBaseMaior;
    quadrado objQuadrado = new quadrado(8,8);
    intArea = objQuadrado.Area();

    System.out.println("Area do quadrado = "+intArea);

    intBaseMenor = 3;
    intBaseMaior = 5;
    trapezio objTrapezio = new trapezio((intBaseMenor + intBaseMaior),4);
    intArea = objTrapezio.Area();

    System.out.println("Area do trapezio = "+intArea);
  }
}
```

Após compilar os códigos **calculoArea**, **quadrado**, **trapezio** e **exemploQuadradoTrapezio**, execute esse último e você deverá obter a tela da Figura 10.11.

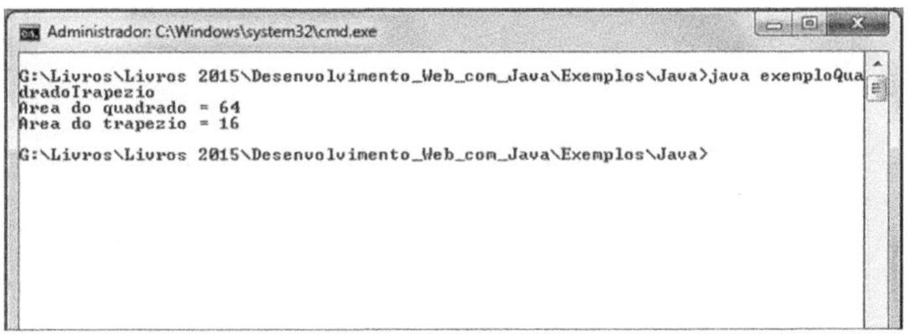

Figura 10.11 – Resultado da execução do programa de cálculo de área de quadrado e trapézio.

Como já mencionado anteriormente no início do tópico, a sobrecarga possibilita que um mesmo método tenha várias versões. Cada versão deve possuir um ou mais parâmetros que tornem possível a distinção.

Vamos alterar os métodos construtores das classes **quadrado** e **trapezio** de modo que, se não for passado qualquer parâmetro, deve-se assumir por padrão o valor 1 para a base e para a altura.

Edite o arquivo **quadrado.java** acrescentando a linha destacada em negrito na seguinte listagem:

```
public class quadrado extends calculoArea
{
  public quadrado() {super(1,1);}

  public quadrado(int intBase,int intAltura) {super(intBase,intAltura);}

  public int Area()
  {
    int intArea;
    intArea = super.Area();
    return intArea;
  }
}
```

Essas novas linhas definem outro método construtor, que não recebe parâmetros. No entanto, ele chama o construtor da superclasse especificando o valor 1 para ambos os parâmetros necessários. Com isso, podemos declarar e criar uma instância de um objeto do tipo **quadrado** sem especificar nada. Veja o código do programa **calculaAreaQuadrado.java** para um exemplo de uso dessa classe:

```
public class calculaAreaQuadrado
{
  public static void main(String args[])
  {
    int intArea1,intArea2;

    quadrado objQuadrado1 = new quadrado();
    intArea1 = objQuadrado1.Area();

    quadrado objQuadrado2 = new quadrado(6,6);
    intArea2 = objQuadrado2.Area();

    System.out.println("Area do quadrado 1 = "+intArea1);
    System.out.println("Area do quadrado 2 = "+intArea2);
  }
}
```

Após recompilar a classe **quadrado** e o programa, você pode rodá-lo e visualizar os dois textos mostrados na Figura 10.12.

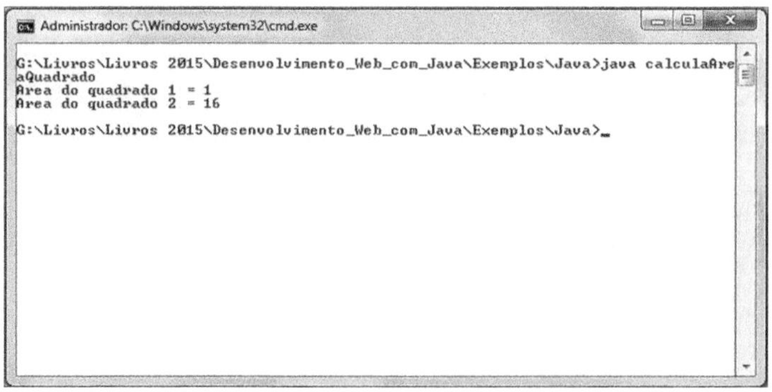

Figura 10.12 – Resultado da execução do programa de exemplo.

Com a classe **trapezio** podemos fazer as mesmas alterações, como indica o código a seguir:

```
public class trapezio extends calculoArea
{
  public trapezio() {super(1,1);}

  public trapezio(int intBase,int intAltura) {super(intBase,intAltura);}

  public int Area()
  {
    int intArea;
    intArea = super.Area() / 2;
    return intArea;
  }
}
```

O programa que usa essa classe está listado a seguir:

```
public class calculaAreaTrapezio
{
  public static void main(String args[])
  {
    int intArea1,intArea2,intBaseMenor,intBaseMaior;

    trapezio objTrapezio1 = new trapezio();
    intArea1 = objTrapezio1.Area();

    intBaseMenor = 3;
    intBaseMaior = 5;
    trapezio objTrapezio2 = new trapezio((intBaseMenor + intBaseMaior),4);
    intArea2 = objTrapezio2.Area();

    System.out.println("Area do trapezio 1 = "+intArea1);
    System.out.println("Area do trapezio 2 = "+intArea2);
  }
}
```

A Figura 10.13 apresenta o resultado que deve ser obtido após a compilação e execução.

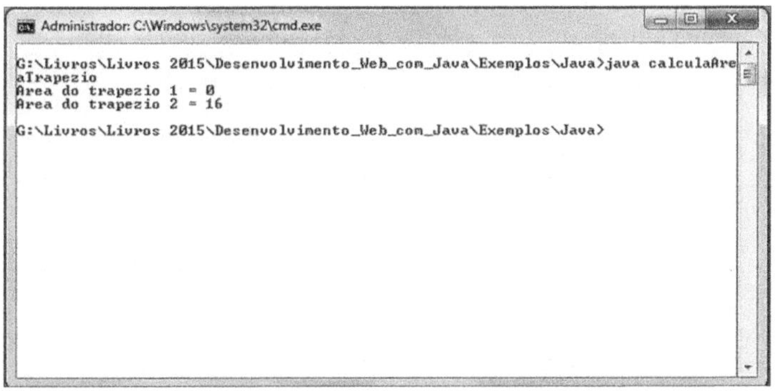

Figura 10.13 – Resultado da execução do programa de exemplo.

Recapitulando

Neste capítulo você estudou os conceitos da programação orientada a objetos e aprendeu a criar e usar classes em Java. Também foram abordados pormenores referentes à adição de métodos construtores e sobrescrita/sobrecarga de métodos.

Teste seus conhecimentos

1) Descreva o objetivo principal da programação orientada a objetos.
2) Pesquise na internet sobre o conceito de classes em programação orientada a objetos.
3) Qual é a função do método construtor?
4) Defina o conceito de herança em programação orientada a objetos.
5) Pesquise sobre a diferença entre sobrescrita e sobrecarga de métodos.
6) Crie uma classe Java que calcula a área de um losango, utilizando a classe **Dimensao** desenvolvida neste capítulo. A fórmula para o cálculo da área de um losango é (base × altura)/2.
7) Altere a subclasse **registroCliente** adicionando atributos para armazenamento do local de trabalho, do telefone e do CPF.
8) Altere a subclasse **registroFornecedor** adicionando atributos para armazenamento da forma de pagamento, inscrição estadual e representante comercial.
9) Crie uma nova classe de nome **registroTransportador**a com os mesmos atributos e métodos da subclasse **registroFornecedor**. Depois, adicione-a ao programa de exemplo denominado cadastro.java.

Parte 2

JSP e *Servlet*

11

Introdução a MVC, JSP e *Servlet*

Novos conhecimentos

Neste capítulo vamos abordar os fundamentos do padrão de design de software MVC e apresentar uma breve introdução às páginas JSP e aos Servlets.

11.1 Apresentação do padrão MVC

Neste primeiro tópico vamos esclarecer o que vem a ser esse tal MVC. Sigla de *Model-View-Controller* (Modelo--Visão-Controlador), ele pode ser definido como um padrão de design de software, reconhecido mundialmente, que permite a separação da lógica e das regras de negócio da apresentação dos dados. Adicionalmente ao fato de ser fortemente ligado ao paradigma da programação orientada a objetos, esse padrão torna possível a reutilização de códigos e a construção de *frameworks* para uso em diversos projetos de software.

O padrão foi desenvolvido em fins dos anos 1970, no Palo Alto Research Center (PARC), da Xerox, pelo pesquisador Trygve Reenskaug, quando trabalhava no projeto da linguagem de programação orientada a objetos Smalltalk.

Diferentemente do passado, hoje em dia o desenvolvimento de aplicações demanda um alto grau de complexidade, o que nos obriga a dividir as tarefas de acesso a dados e sua apresentação em camadas distintas, mas interligadas, de forma que possamos efetuar alterações no layout das telas da aplicação sem que haja interferência nas operações de manipulação do banco de dados.

Na camada *Model* devem ser mantidos todos os códigos responsáveis pela lógica do negócio, o que inclui o armazenamento e recuperação de informações a partir de bancos de dados ou qualquer outro tipo de arquivo. É essa camada que se comunica diretamente com o sistema de banco de dados.

A camada *View*, por outro lado, deve conter tudo o que se refere à interface com o usuário. Em termos de desenvolvimento de aplicações web, isso significa que nessa camada estão os arquivos HTML das páginas, as folhas de estilos CSS, as rotinas em JavaScript etc.

E, por fim, temos a camada *Controller*, a qual age como um intermediário entre a camada de dados (*Model*) e a camada de apresentação (*View*). Ela é responsável por responder às ações do usuário quando de sua interação com a aplicação.

Por exemplo, quando o usuário clica no botão de confirmação de envio do formulário de cadastro, um método da camada *Controller* é acionado, disparando uma chamada a outro método presente na camada *Model*. Este, então, se encarrega de inserir um novo registro no banco de dados, atribuindo aos campos os valores recuperados do formulário. Após a adição do registro, o *Controller* carrega uma tela de confirmação de sucesso da operação, que está armazenada na camada *View*. A Figura 11.1 apresenta esse processo de comunicação entre as camadas.

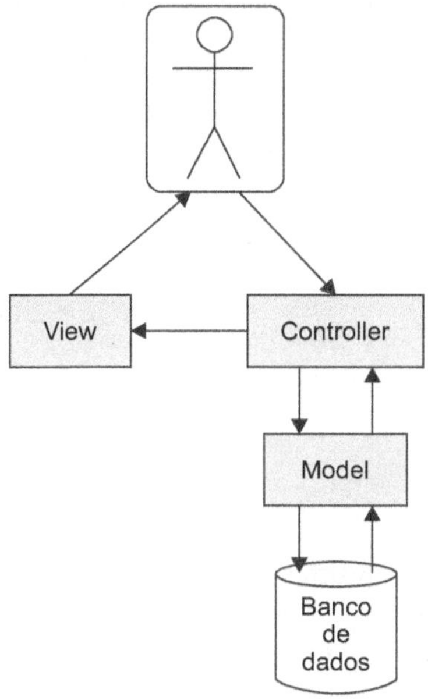

Figura 11.1 – Processo de comunicação entre as camadas do padrão MVC.

11.2 Apresentação do JSP

O desenvolvimento de aplicações para web utilizando a linguagem Java ocorre a partir de duas tecnologias desenvolvidas pela Sun Microsystems, em meados dos anos 1990, **JavaServer Pages** (JSP) e **Servlets**.

O que difere as duas tecnologias é a forma de se programá-las. No caso do JSP, páginas HTML contêm códigos escritos em Java, como demonstra a Figura 11.2.

Essa tecnologia permite a construção de páginas com conteúdo gerado dinamicamente. Ela consiste, basicamente, em componentes escritos na linguagem Java que ficam armazenados em um servidor de aplicações e atendem às requisições dos usuários que trafegam pela internet. Quando um desses usuários executa alguma operação (como acesso a um banco de dados), esses componentes devolvem como resultado um documento padrão HTML que pode ser exibido pelo navegador.

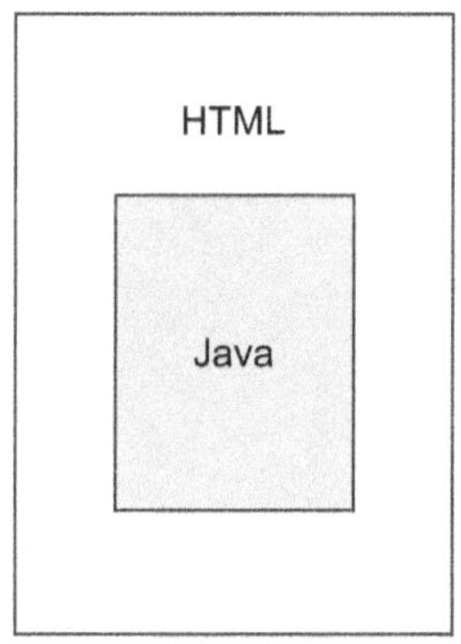

Figura 11.2 – Estrutura de programação JSP.

O processo normal que ocorre quando se acessa um site pode ser visualizado de forma gráfica na Figura 11.3. Esse processo se inicia com uma solicitação de serviço/recurso pela aplicação cliente, que, no caso, é um navegador de internet. Essa solicitação é encaminhada ao servidor web, o software responsável pela disponibilização dos documentos HTML, que a processa e devolve o documento referente à página que deve ser apresentada pelo navegador.

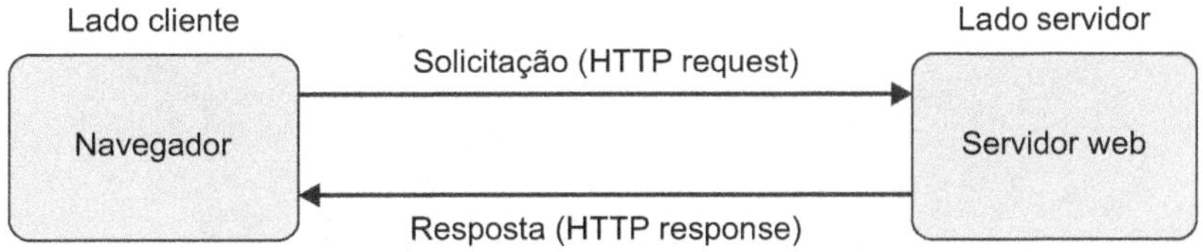

Figura 11.3 – Processo de solicitação e resposta de servidor web.

Já nas aplicações JSP, como a página é gerada dinamicamente, não existe um arquivo/documento HTML no servidor web. O que ocorre é que o servidor web, ao receber uma requisição de um arquivo JSP, envia uma solicitação ao servidor de aplicação, que se encarrega de rodar o código correspondente. O resultado do processamento é um documento padrão HTML que é retornado ao servidor web para envio de volta ao navegador. Esse processo todo é necessário porque o servidor web somente "reconhece" documentos no padrão HTML. Veja a Figura 11.4.

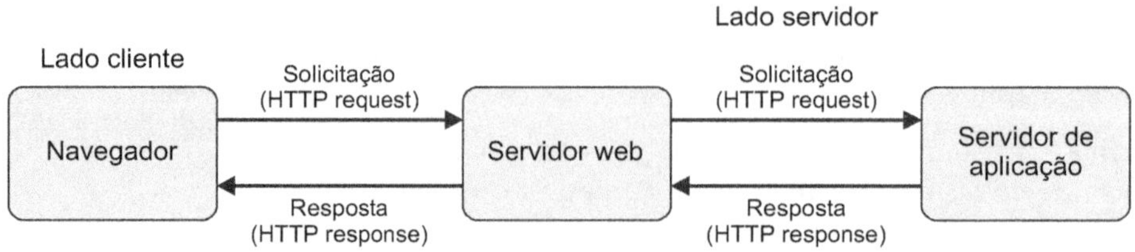

Figura 11.4 – Processo de execução de página JSP.

Construir aplicações complexas, formadas por centenas ou milhares de linhas de código, pode ser um trabalho árduo, principalmente nas futuras manutenções. Tendo isso em vista, as aplicações JSP podem ser classificadas em duas categorias: arquitetura **Model 1** e arquitetura **Model 2**.

A arquitetura **Model 1** é caracterizada por ter a lógica da aplicação embutida em classes Java (Java Beans), que são invocadas pelas páginas JSP, conforme ilustrado na Figura 11.5.

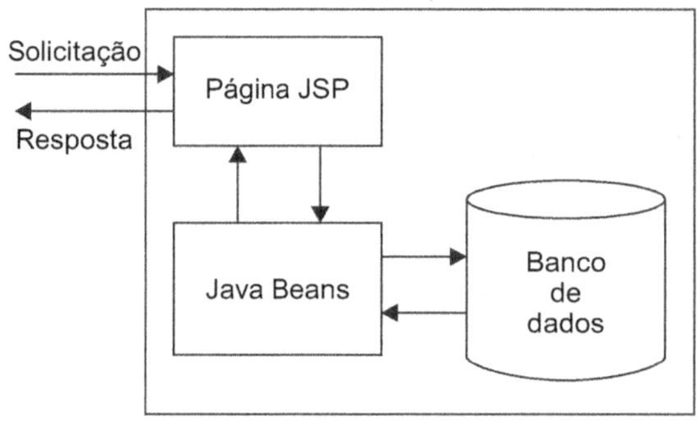

Figura 11.5 – Arquitetura Model 1. (Fonte: adaptado de Zambon, 2007.)

Já a arquitetura **Model 2** segue o padrão MVC, ou seja, a lógica da aplicação é separada da apresentação. A camada *Controller* é manipulada por *Servlets* (que veremos no próximo tópico), enquanto a camada *View* fica a cargo das páginas JSP. Por outro lado, as classes Java (Java Beans) são responsáveis pela camada *Model*. Veja a Figura 11.6.

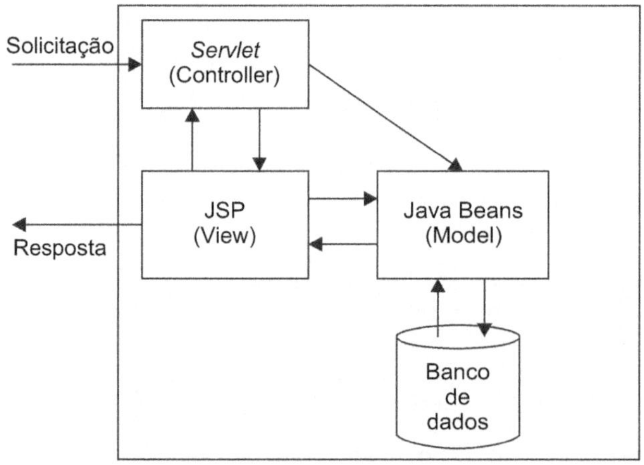

Figura 11.6 – Arquitetura Model 2. (Fonte: adaptado de Zambon, 2007.)

11.3 Apresentação do *Servlet*

Podemos entender um *Servlet* como uma classe escrita em Java que contém código HTML para geração de páginas web, como mostra a Figura 11.7. Ele é uma resposta à antiga técnica de desenvolvimento de aplicações web denominada **Common Gateway Interface** (CGI).

Da mesma forma que ocorre com páginas JSP, os *Servlets* são programas que rodam no servidor web, capturando as ações dos usuários enviadas pelo navegador e invocando rotinas também escritas em Java para acessar bancos de dados e apresentar os resultados na tela do usuário.

Embora sejam utilizados essencialmente para o atendimento de solicitações HTTP, eles podem ser usados com servidores FTP ou de e-mail, na forma de extensões, para ampliar suas funcionalidades.

Se comparados à tradicional programação CGI, os *Servlets* oferecem maior eficiência, são mais fáceis de programar e mais seguros.

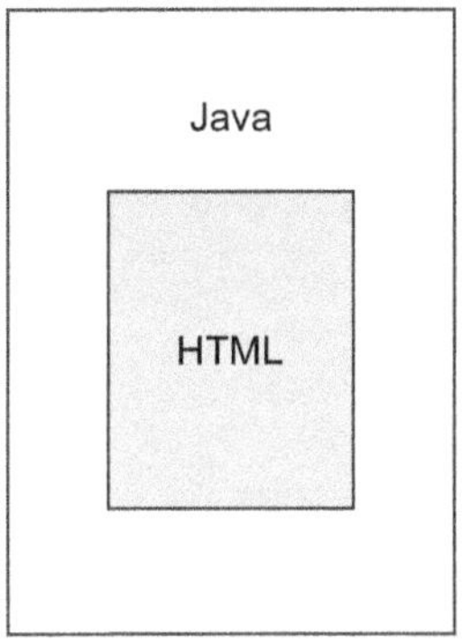

Figura 11.7 – Estrutura de programação *Servlet*.

Recapitulando

Neste capítulo você aprendeu conceitos importantes do padrão de design de software MVC e os fundamentos de páginas JSP e Servlets.

Teste seus conhecimentos

1) Descreva a camada *Model* do padrão MVC.
2) Descreva a camada *View* do padrão MVC.
3) Descreva a camada *Controller* do padrão MVC.
4) Quais são as tecnologias Java que podemos utilizar na construção de aplicação para web?
5) Explique a diferença que existe em termos de construção de códigos entre JSP e *Servlets*.
6) Descreva a arquitetura **Model 1** do JSP.
7) Descreva a arquitetura **Model 2** do JSP.

12

Preparação do Ambiente de Trabalho

Novos conhecimentos

Neste capítulo iniciamos efetivamente o estudo de como construir uma aplicação completa em Java para web, empregando tanto o JSP quanto Servlets. Primeiramente, veremos como baixar e instalar o Java Development Kit (JDK), o servidor de aplicações Apache Tomcat e a ferramenta de desenvolvimento NetBeans.

12.1 Download e instalação do JDK

Neste capítulo veremos como preparar o terreno para podermos trabalhar. A primeira providência é instalar o JDK (*Java Development Kit*) em sua máquina, caso ainda não o possua. Muito provavelmente já esteja instalado o ambiente de execução, que inclui a máquina virtual, conhecido como **Java Runtime Environment** (JRE). No entanto, para podermos desenvolver aplicações em Java, é preciso que o kit de desenvolvimento, que possui as ferramentas necessárias à tarefa, como o compilador, também seja instalado. Esse processo será apresentado neste tópico.

Primeiramente, precisamos baixar o pacote de instalação do JDK. Para isso, acesse o endereço <http://www.oracle.com> e clique na opção **Java for Developers** do menu **Downloads**.

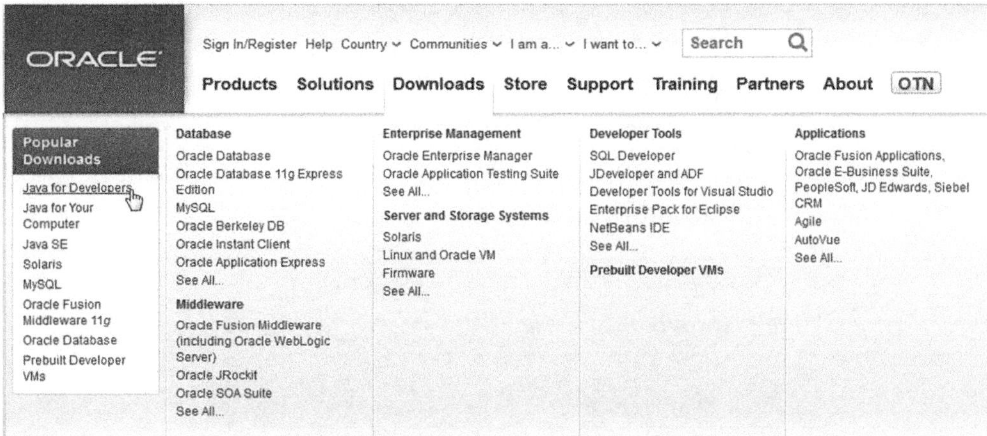

Figura 12.1 – Opções de downloads do site.

Na tela seguinte (Figura 12.2), clique no botão Download. A versão disponível na época de publicação deste livro era a **8u31**. A seguir, ative a opção **Accept License Agreement** e, depois, clique no link referente à opção de arquivo desejada, conforme apresentado na Figura 12.3. Por exemplo, se você possui uma versão do Windows de 64 bits, clique no link da opção Windows x64.

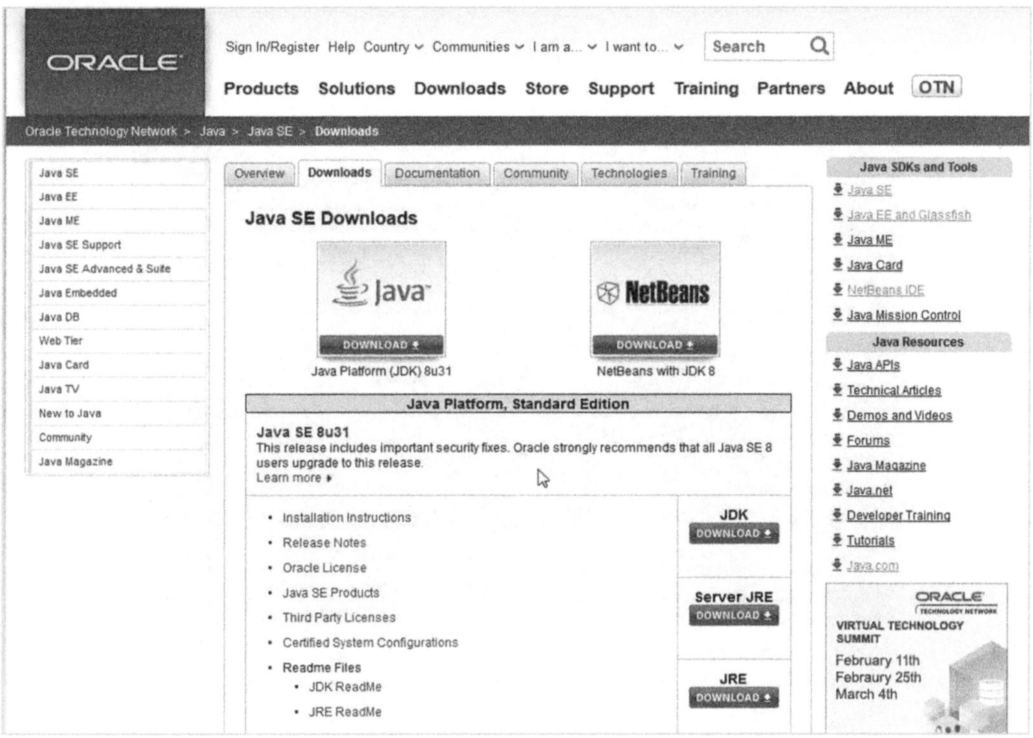

Figura 12.2 – Opções de downloads do site.

Figura 12.3 – Opções de downloads do site.

Vejamos agora como instalar o JDK no Linux, mais precisamente no Ubuntu Linux versão 14.10. Primeiro acesse o terminal de console, mostrado na Figura 12.4.

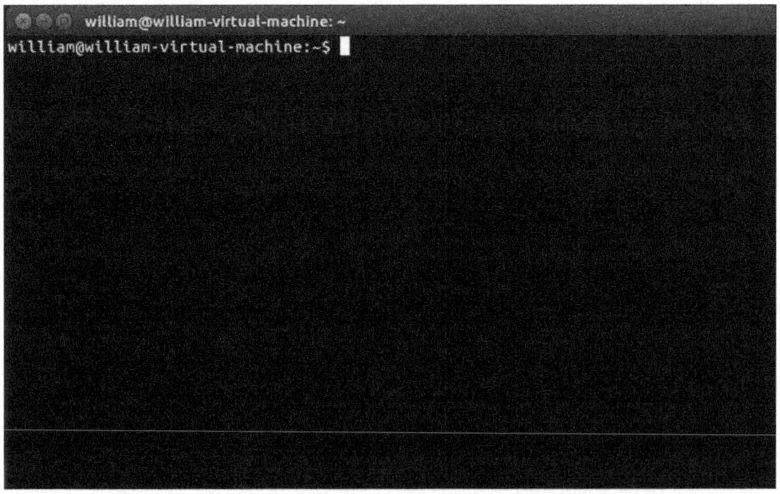

Figura 12.4 – Terminal de console do Ubuntu Linux 14.10.

Então, digite o comando apresentado a seguir:

```
$ sudo add-apt-repository ppa:webupd8team/java
```

Isso fará com que seja adicionado um novo repositório denominado **webupd8team**. Digite a senha do usuário *root*, tecle [ENTER] e serão exibidas as mensagens da Figura 12.5.

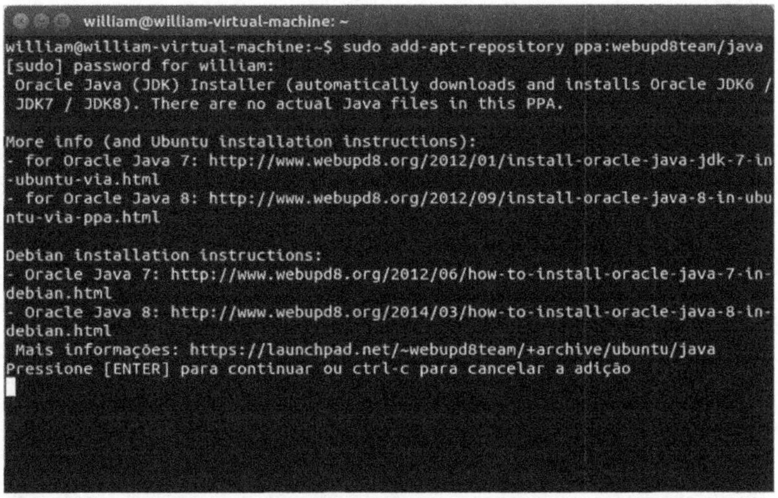

Figura 12.5 – Mensagens apresentadas após execução do comando de adição de novo repositório.

Note que é necessário pressionar a tecla [ENTER] para dar continuidade ao processo.

Digite em seguida o seguinte comando:

```
$ sudo apt-get update
```

Diversas mensagens devem ser apresentadas durante o processo. Por fim, retorna-se ao *prompt* da linha de comando, como mostra a Figura 12.6.

Figura 12.6 – Prompt após atualização da lista de repositórios.

Para finalizar, execute o comando apresentado a seguir:

```
$ sudo apt-get install oracle-java8-installer
```

Com isso, a instalação do JDK é iniciada. Na tela de mensagem mostrada pela Figura 12.7, selecione **Sim** e tecle [ENTER] para continuar com a instalação. Uma tela mostrando o andamento do processo é apresentada (Figura 12.8). Após o fim da instalação, deve surgir o *prompt* de comando novamente (Figura 12.9).

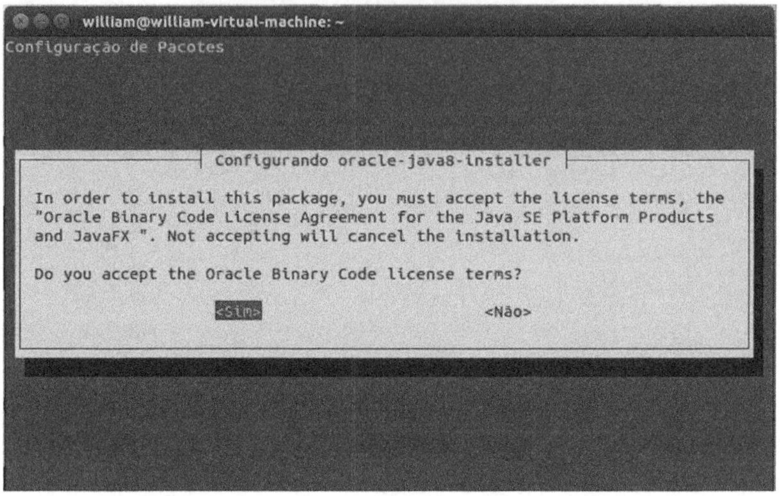

Figura 12.7 – Configuração da instalação do JDK.

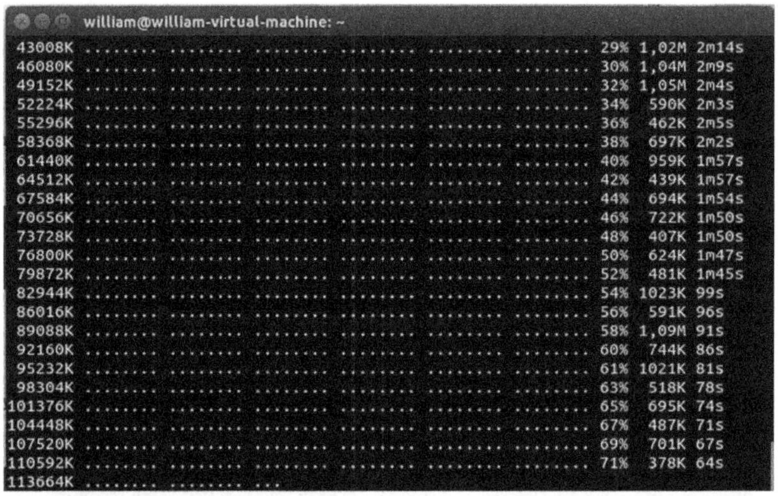

Figura 12.8 – Andamento do processo de instalação do JDK.

Para testar se o Java foi instalado com sucesso, execute o seguinte comando no *prompt*:

```
$ sudo java -version
```

Deve ser mostrada a mensagem da Figura 12.10, se a instalação tiver sido efetuada com sucesso.

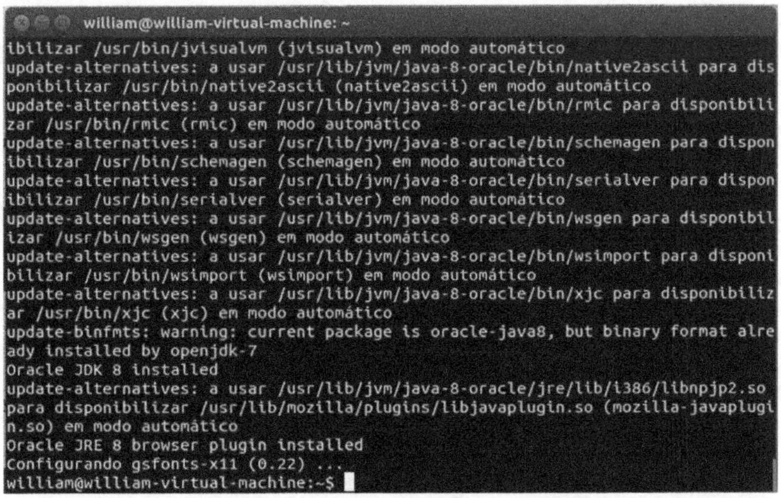

Figura 12.9 – Fim da instalação do JDK.

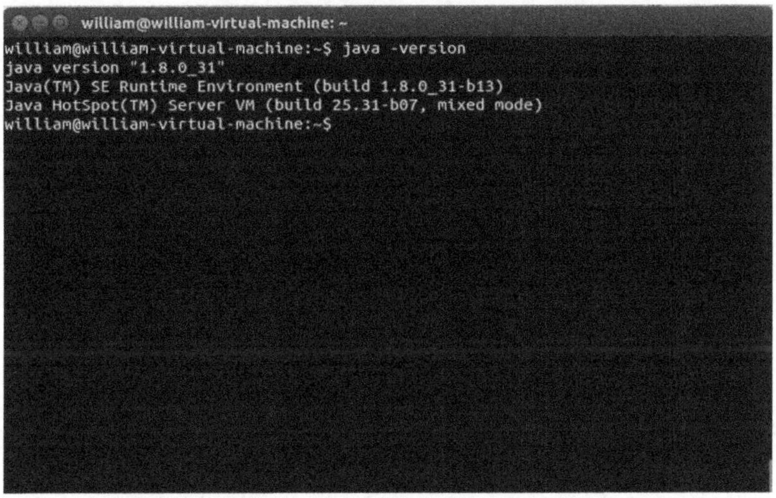

Figura 12.10 – Teste de instalação bem-sucedida do JDK.

12.2 Tomcat: o Container Web

Para que seja possível executar aplicações escritas em Java (JSP ou *Servlets*) a partir de páginas web, é necessário, além de um servidor web, um software denominado **Container Web**. Ele pode ser comparado a um servidor de aplicações, encarregando-se da segurança de todo o sistema, do controle de concorrência, do gerenciamento do ciclo de vida dos *Servlets* etc.

Ao fazer uma solicitação a um *Servlet*, o servidor a redireciona para o **Container Web** que contém o *Servlet*. Um **Container Web** muito famoso, talvez o mais utilizado no mundo, é o Tomcat, produzido pela Apache. Ele se tornou a plataforma padrão para a execução de aplicações JSP e/ou *Servlets*. É importante destacar que ele somente executa *Servlets*, o que significa que, para ser executada, uma página JSP é primeiramente convertida em um *Servlet*.

Posto isso, nosso próximo passo é baixar o arquivo de instalação do Tomcat a partir do endereço <http://www.apache.org> (acesso em: ago. 2015). Na tela apresentada, desloque a página para baixo até que apareça a lista de projetos. Clique então no item **Tomcat**.

Você deverá ver uma tela similar à da Figura 12.11.

Clique no link **Download** e, depois, escolha a opção que for mais aplicável ao seu ambiente operacional. Por exemplo, se você tiver em sua máquina uma versão do Windows de 64 bits, selecione o último item da lista identificada como **Core**, conforme é apresentado na Figura 12.12.

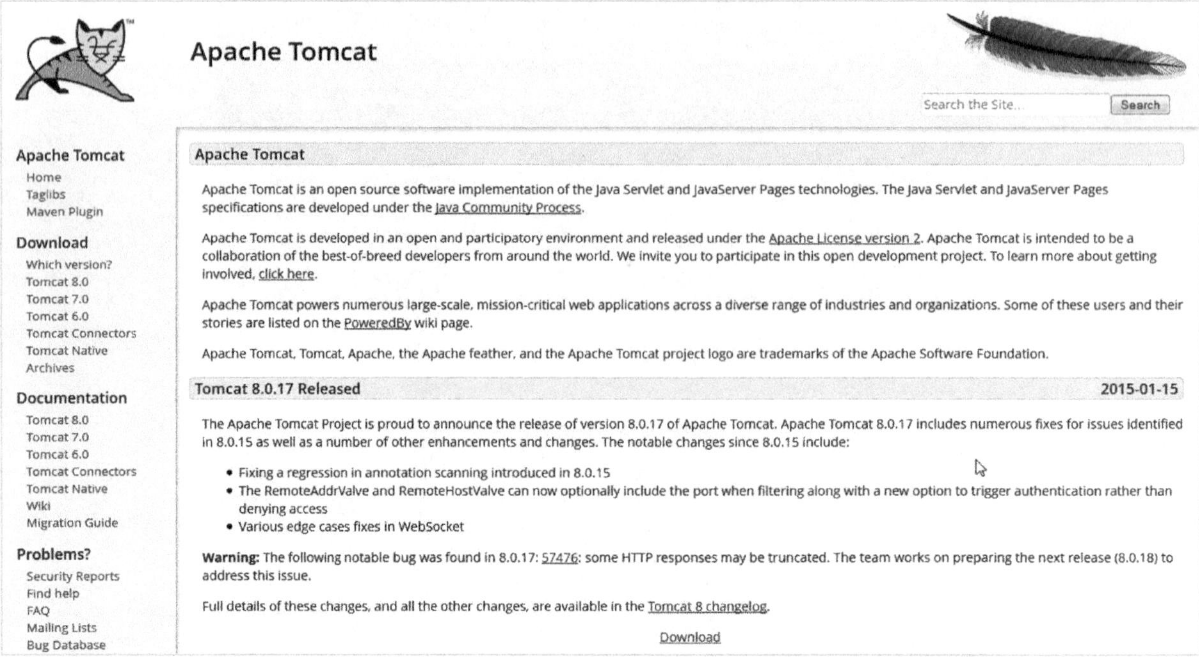

Figura 12.11 – Tela de download do Apache Tomcat.

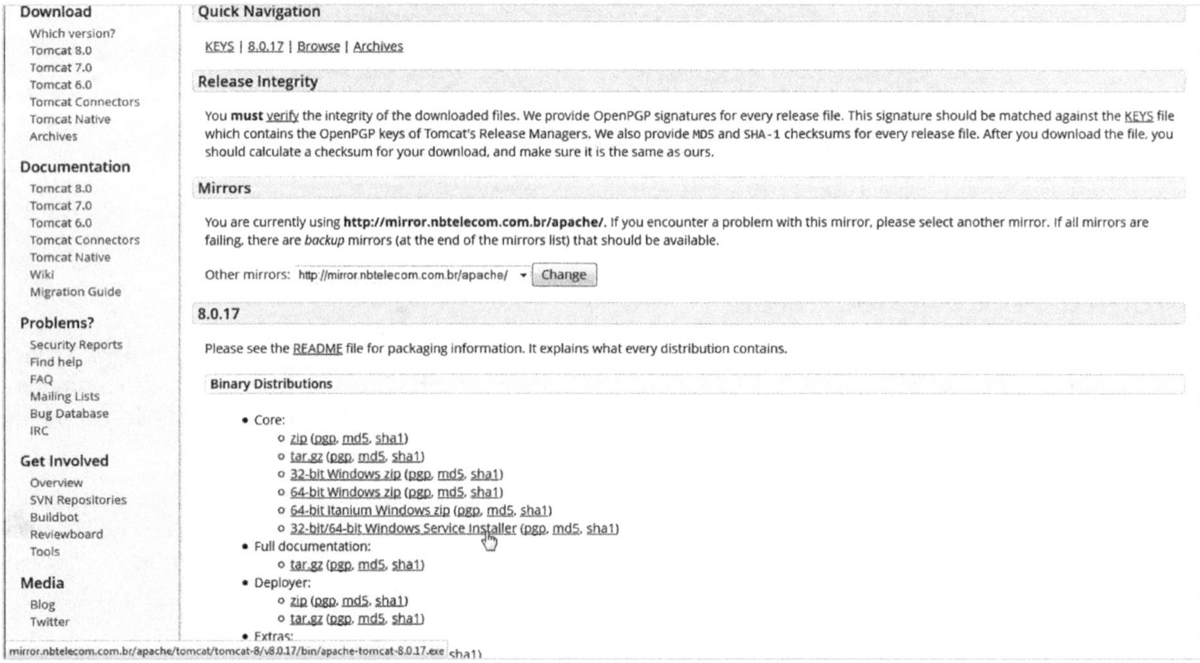

Figura 12.12 – Opções de arquivo de instalação do Apache Tomcat.

Depois de efetuado o download do arquivo, dê dois cliques nele para iniciar a instalação. A tela da Figura 12.13 deve ser apresentada. Clique no botão **Next** para continuar.

Figura 12.13 – Tela inicial do programa instalador do Tomcat.

Em seguida, clique em **I Agree** (Figura 12.14) e, depois, marque os itens que deseja instalar (Figura 12.15).

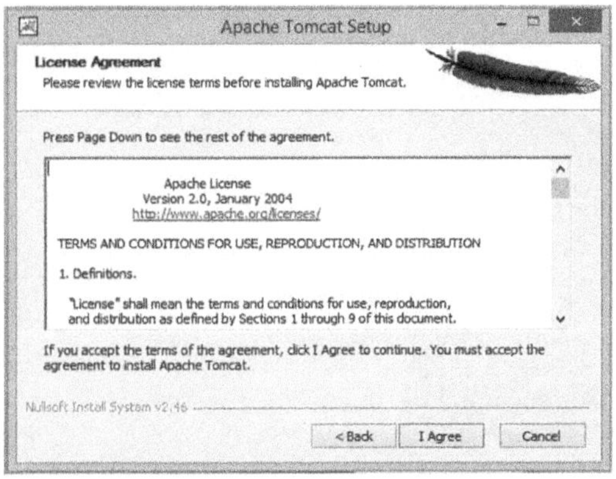

Figura 12.14 – Termos de licença.

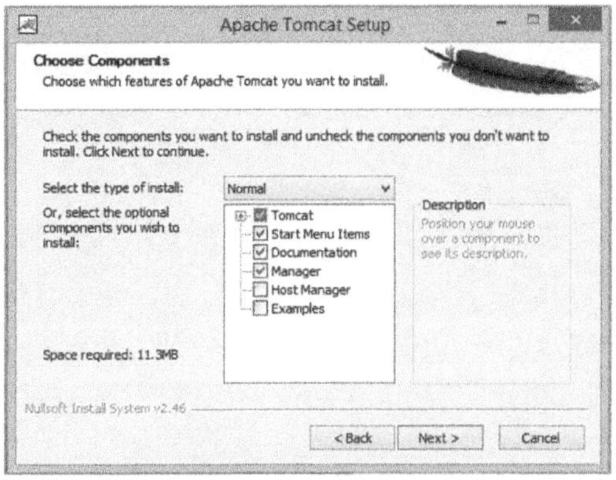

Figura 12.15 – Opções de instalação.

A tela seguinte (Figura 12.16) apresenta as opções de configuração do Tomcat. A mais importante é a que define a porta para atendimento das requisições HTTP (segundo campo). O padrão é 8080, mas você precisa certificar-se de que ela já não esteja em uso por outro programa ou servidor, como é o caso do Sistema Gerenciador de Banco de Dados Oracle. Nessa tela você também pode definir um nome de usuário e senha para acesso ao administrador do Tomcat.

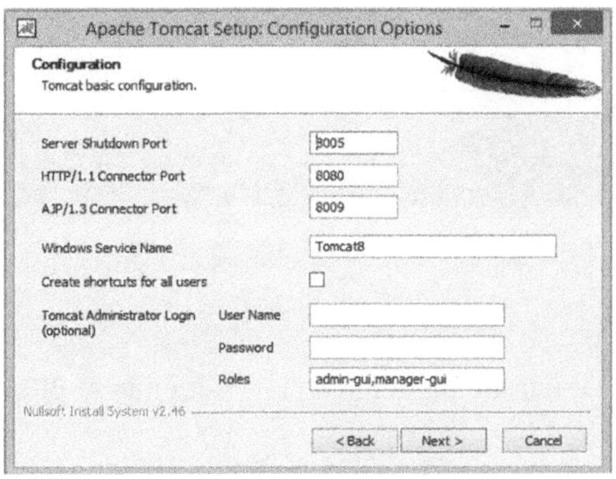

Figura 12.16 – Configurações do Tomcat.

Após clicar em **Next**, o instalador apresenta a tela da Figura 12.17, que informa o caminho do JRE que está instalado na sua máquina. A tela seguinte (Figura 12.18) informa o diretório no qual o Tomcat será instalado. Clique no botão **Install** e você deverá visualizar o processo de instalação sendo executado, conforme a Figura 12.19.

Quando a instalação for finalizada, deve-se ter a mensagem da Figura 12.20. Clique em **Finish** para fechar o programa instalador.

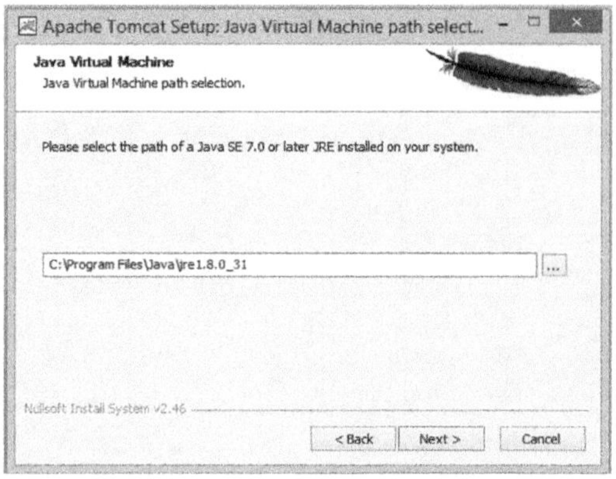

Figura 12.17 – Diretório no qual o JRE está instalado.

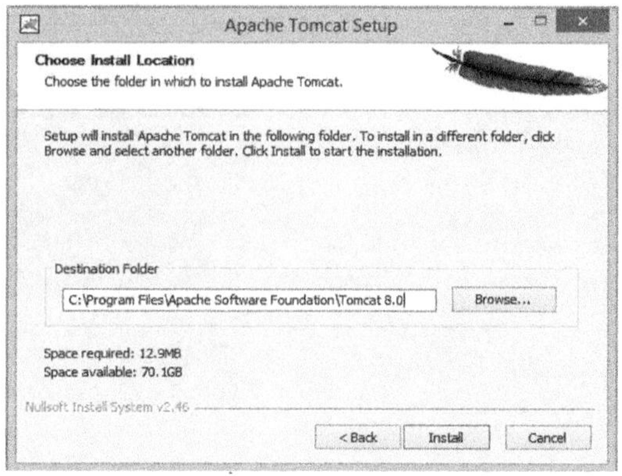

Figura 12.18 – Diretório para instalação do Tomcat.

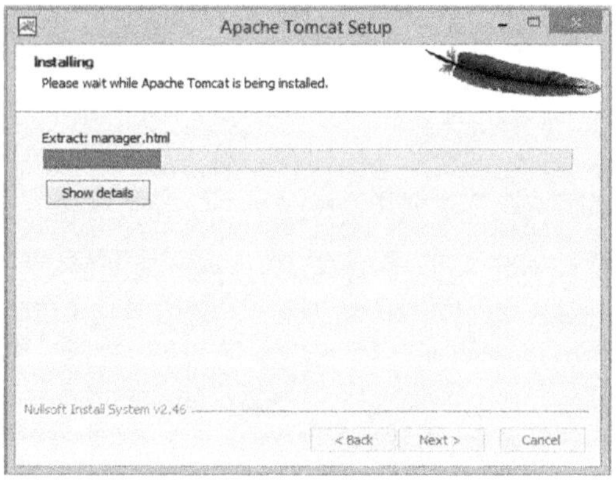

Figura 12.19 – Processo de instalação do Tomcat.

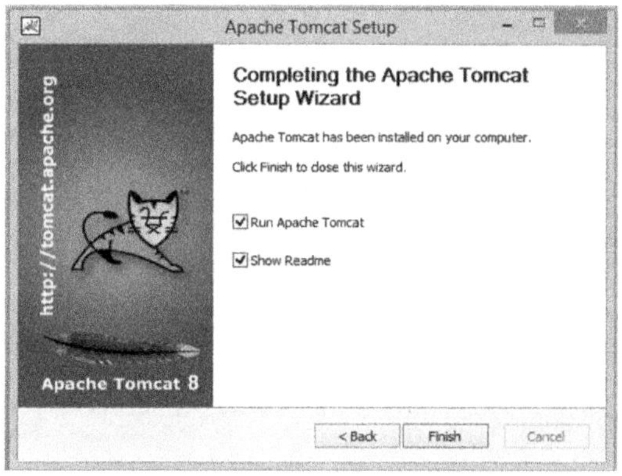

Figura 12.20 – Finalização da instalação.

Após concluída a instalação, se você clicar no botão de apresentação de ícones ocultos, verá que existe um ícone formado por um círculo com uma seta verde no centro, como mostram as Figuras 12.21 e 12.22, respectivamente no Windows 8.1 e no Windows 7.

Figura 12.21 – Ícone do Tomcat no Windows 8.1.

Figura 12.22 – Ícone do Tomcat no Windows 7.

Agora, podemos verificar de forma concreta se o Tomcat foi corretamente instalado abrindo um navegador e digitando na linha de endereços a cadeia de caracteres "http://localhost:8080". Se tudo estiver correto, deve ser apresentada uma tela similar à da Figura 12.23.

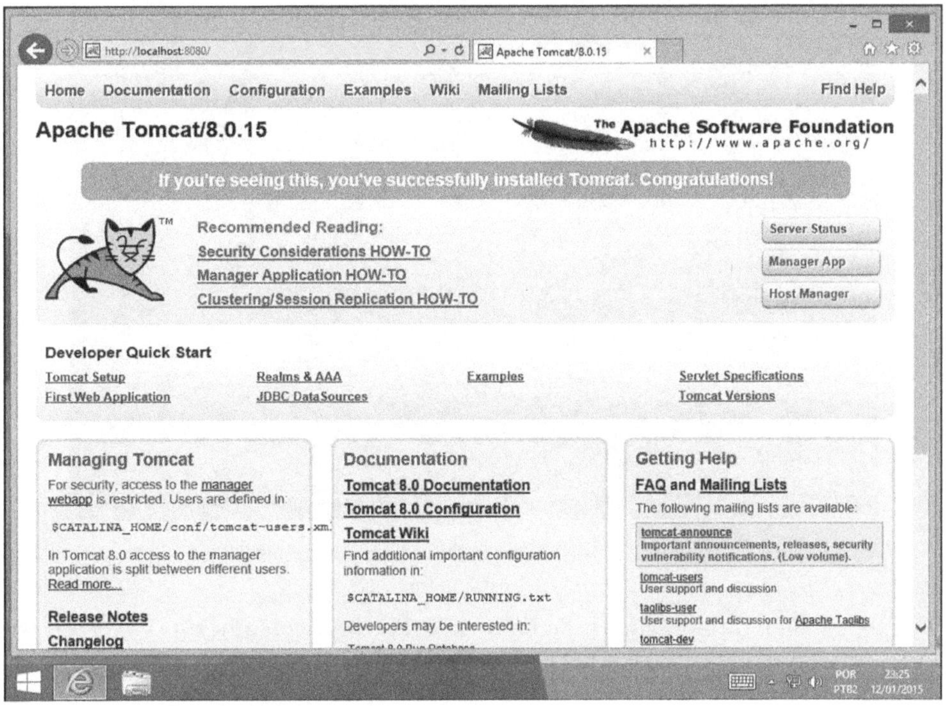

Figura 12.23 – Página aberta no navegador se o Tomcat estiver instalado corretamente.

Para instalar o Tomcat no Ubuntu Linux, acesse o terminal de console e digite o seguinte comando:

```
$ sudo apt-get install tomcat8
```

Deve ser apresentada a tela de mensagens da Figura 12.24. Digite "S" e tecle [ENTER] para continuar. Ao final da instalação é mostrada a mensagem da Figura 12.25, com o retorno ao *prompt* de comando.

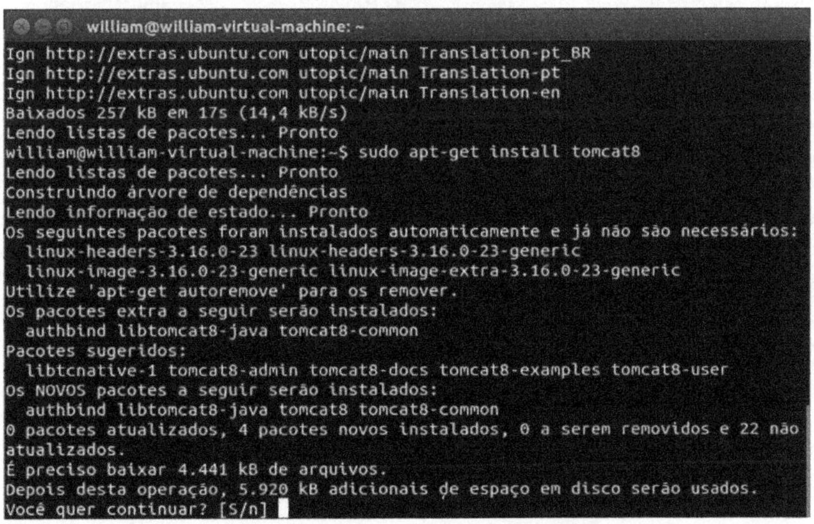

Figura 12.24 – Instalação do Tomcat no Ubuntu Linux.

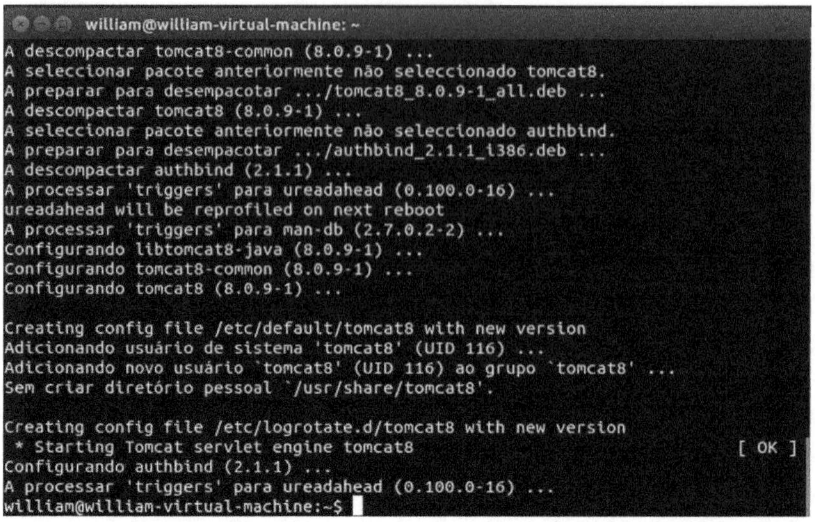

Figura 12.25 – Finalização da instalação do Tomcat.

Para testar a instalação, execute o navegador e digite o endereço http://localhost:8080. Você deverá obter a tela da Figura 12.26.

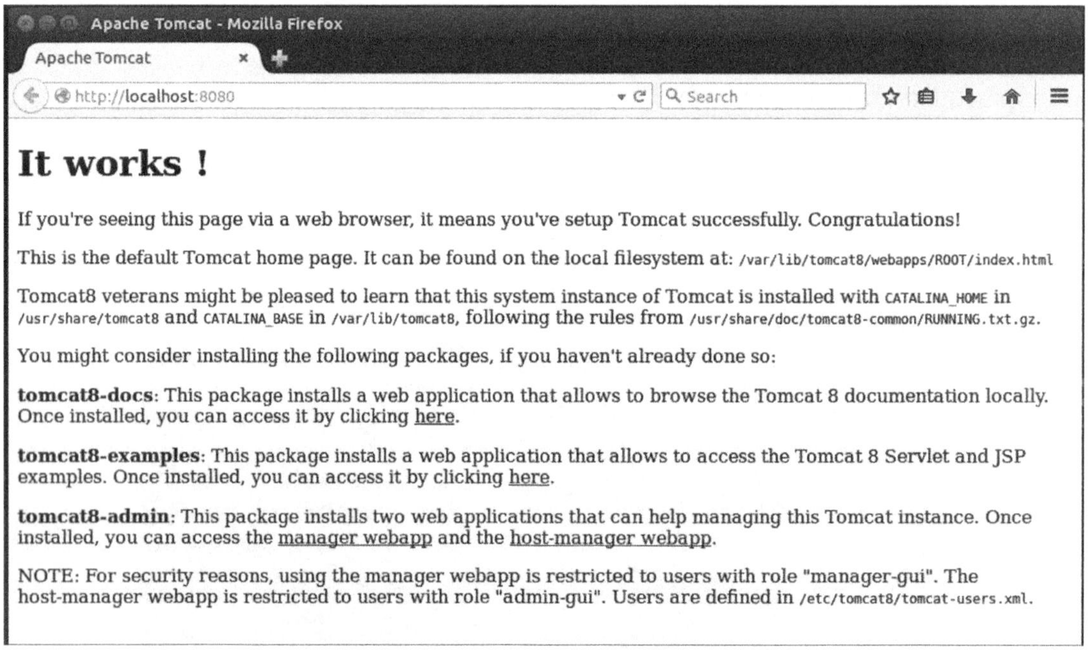

Figura 12.26 – Página aberta no navegador se o Tomcat estiver instalado corretamente.

12.3 Download e instalação do NetBeans

Uma vez que utilizaremos a ferramenta de desenvolvimento NetBeans para nosso estudo, vamos ensinar neste tópico como fazer o seu download e sua instalação.

Poderíamos utilizar qualquer editor de textos para a criação dos códigos em Java, mas o NetBeans proporciona um ambiente mais agradável para se trabalhar, já que oferece ao usuário recursos de configuração e gerenciamento de projetos.

Você pode baixar o NetBeans a partir de duas fontes. A primeira é o site da Oracle, como mostra a tela da Figura 12.27. A segunda opção é fazer o download a partir do site oficial do produtor (<http://www.netbeans.org> – acesso em: ago. 2015), cuja tela principal é mostrada na Figura 12.28.

Figura 12.27 – Página do site da Oracle com opções de download do NetBeans.

Figura 12.28 – Página principal do site da NetBeans.

Vamos escolher a segunda opção. Ao clicar no botão **Download** dessa tela, podemos escolher uma das diversas opções disponíveis (Figura 12.29). Para iniciar o download do arquivo desejado, clique em **Download** da versão correspondente.

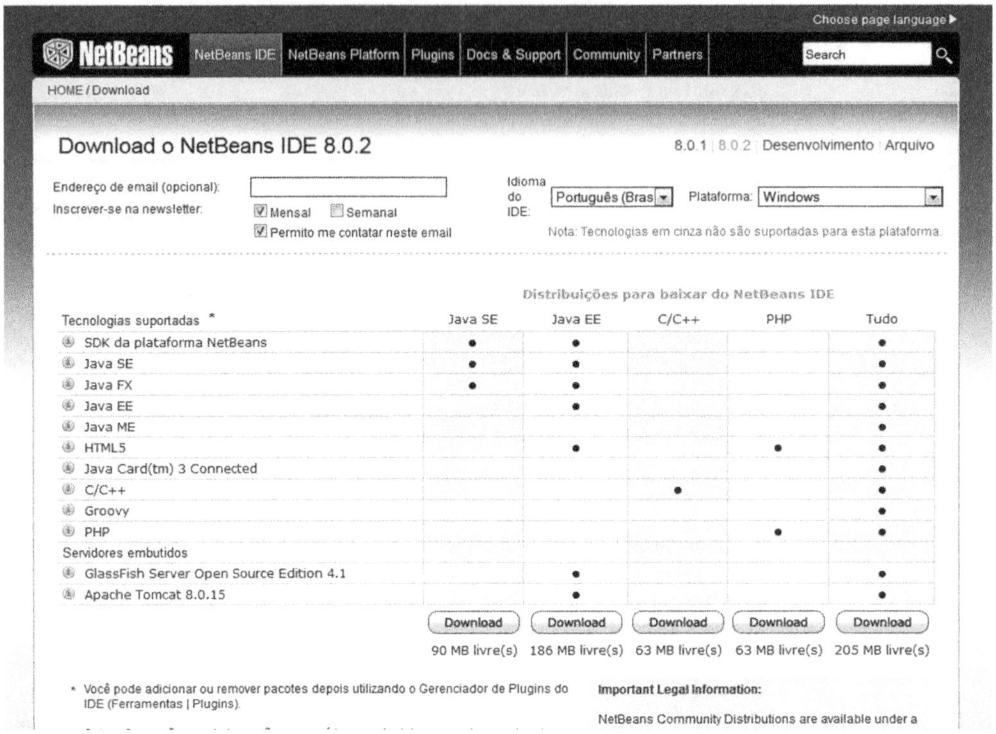

Figura 12.29 – Página principal do site da NetBeans.

Neste livro foi utilizada a versão 8.0.2, que era a mais recente à época de sua publicação.

Após ter sido efetuado o download do arquivo de instalação, dê dois cliques sobre ele. Ao surgir a tela inicial do programa instalador, conforme apresenta a Figura 12.30, clique no botão **Personalizar** para que seja exibida a tela da Figura 12.31. Deixe a opção **Apache Tomcat 8.0.15** desmarcada e clique em **OK**. Clique no botão **OK** e, em seguida, marque a caixa de seleção da tela seguinte (mostrada na Figura 12.32) e clique em **Próximo**.

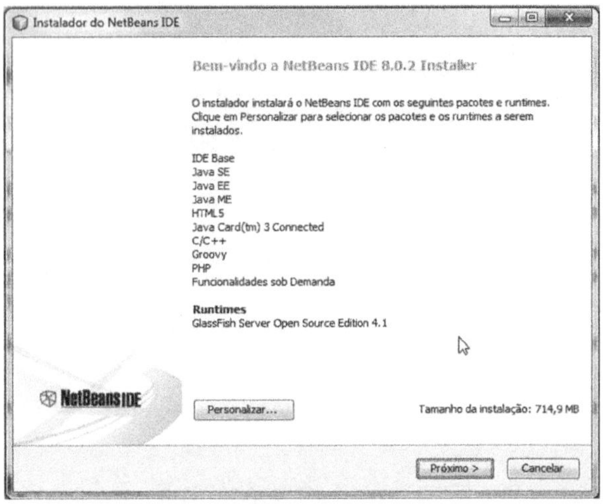

Figura 12.30 – Tela inicial do programa de instalação do NetBeans.

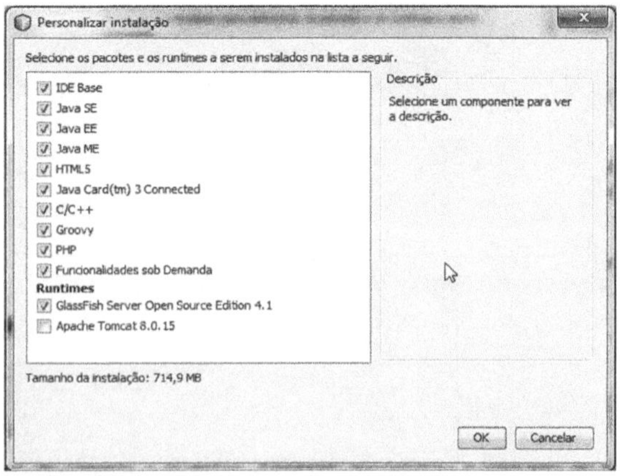

Figura 12.31 – Tela de opções de instalação do NetBeans.

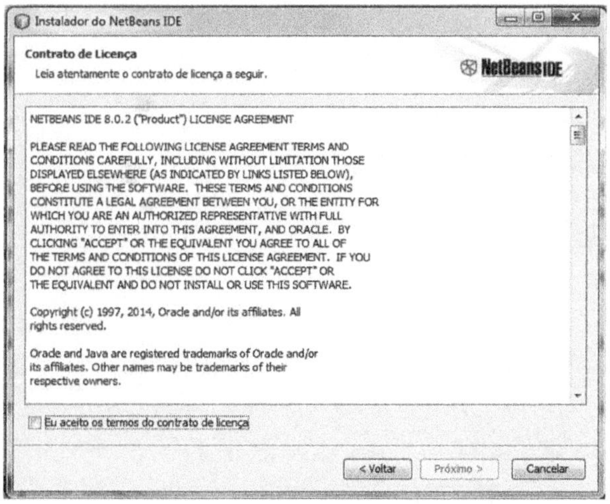

Figura 12.32 – Tela dos termos de licença de uso.

Em seguida, escolha se deseja ou não instalar o componente JUnit (Figura 12.33) e clique em **Próximo**. A tela seguinte mostra os diretórios de instalação do NetBeans e do JDK (Figura 12.34). Uma nova tela é exibida com os diretórios de instalação do servidor de aplicações Glassfish e do JDK (Figura 12.35).

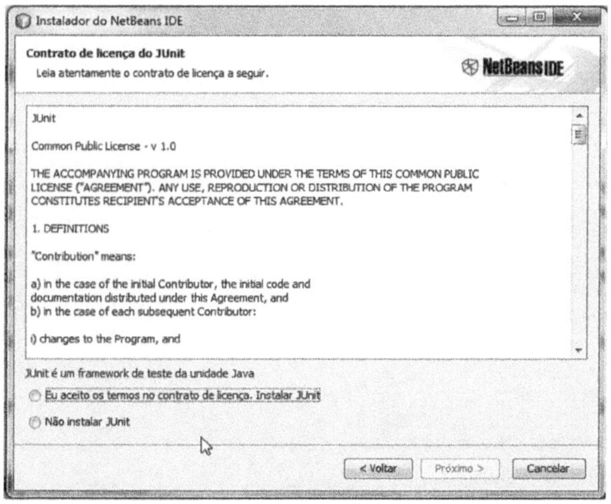

Figura 12.33 – Opção de instalação do componente JUnit.

Caso tenha sido escolhida a opção para instalação do Tomcat que acompanha o NetBeans, a tela da Figura 12.36 é exibida, solicitando-se a especificação do diretório no qual ele deverá ser instalado. É importante lembrar que essa instalação somente deve ser efetuada no caso de o Tomcat não tiver sido instalado separadamente, por meio do processo que já vimos anteriormente.

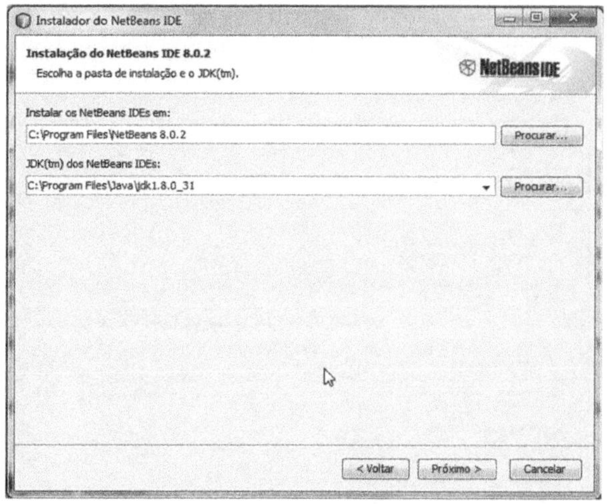

Figura 12.34 – Diretórios de instalação do NetBeans e JDK.

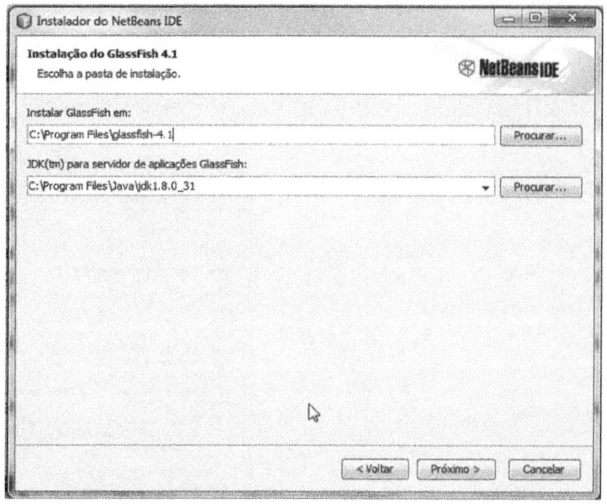

Figura 12.35 – Diretórios de instalação do Glassfish e JDK.

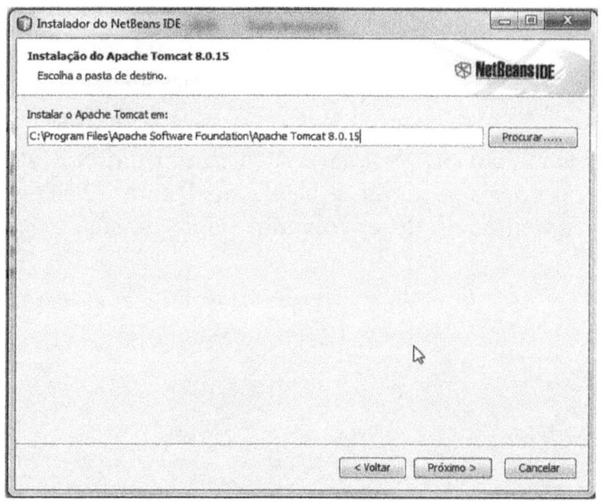

Figura 12.36 – Diretório de instalação do Tomcat do NetBeans.

Depois de ter preparado essas configurações de instalação, clique no botão **Instalar** da tela mostrada pela Figura 12.37. Com isso, o processo é iniciado automaticamente (Figura 12.38).

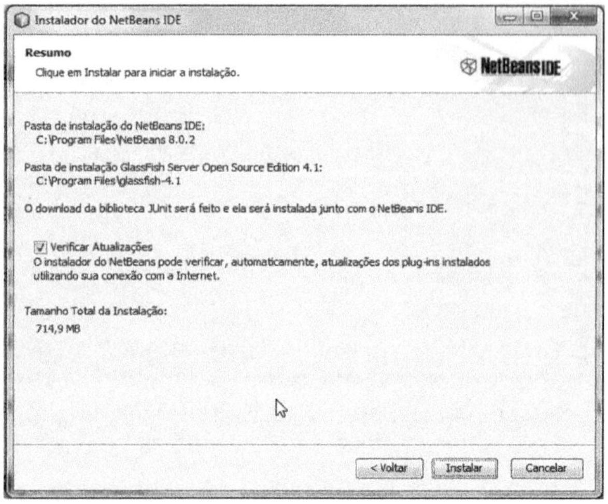

Figura 12.37 – Tela de início da instalação do NetBeans.

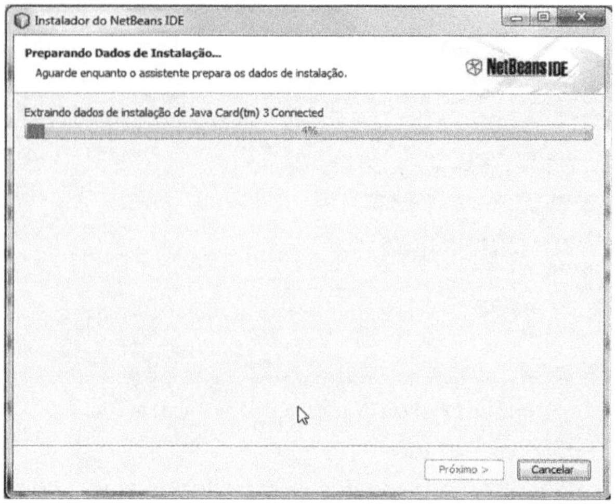

Figura 12.38 – Andamento do processo de instalação do NetBeans.

Com a finalização da instalação, devemos ter a tela da Figura 12.39. Clique em **Finalizar**.

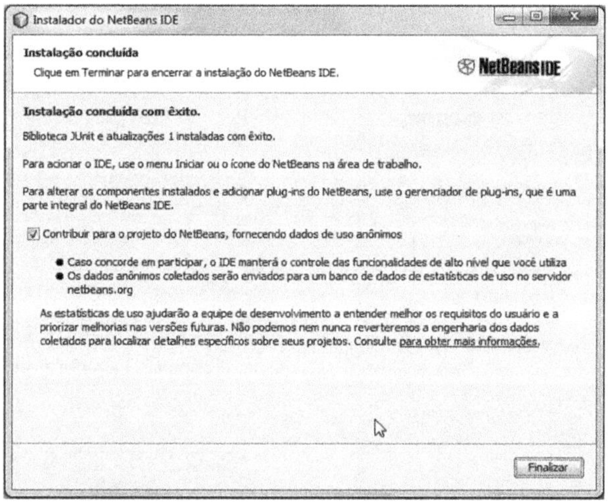

Figura 12.39 – Instalação do NetBeans completada.

A instalação do NetBeans no Ubuntu Linux é efetuada com a ferramenta **Central de Programas**. Clique no ícone correspondente e a tela da Figura 12.40 é apresentada na sequência. Escolha o grupo de programas **Ferramentas do desenvolvedor** para que seja exibida a tela da Figura 12.41.

Figura 12.40 – Tela da Central de Programas do Ubuntu.

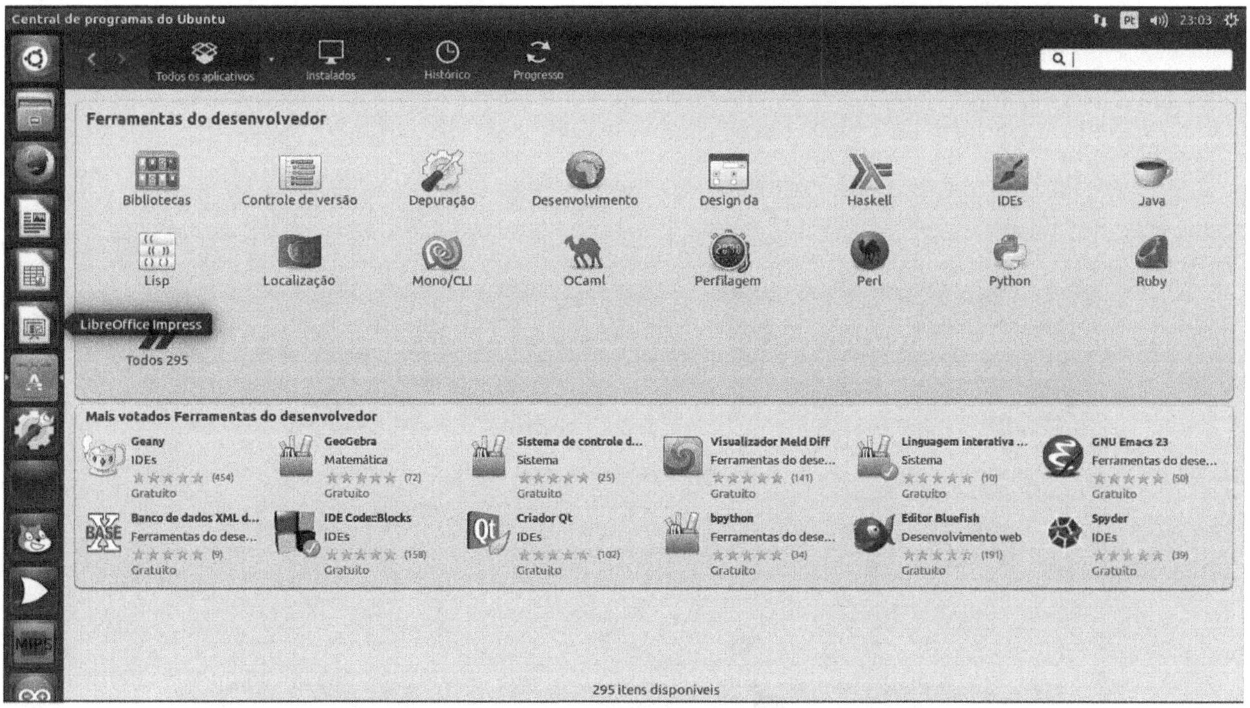

Figura 12.41 – Grupo de programas Ferramentas do desenvolvedor.

Em seguida, clique no ícone **IDEs** para poder selecionar o programa **NetBeans IDE 7.0.1** (Figura 12.42). Para iniciar a instalação, clique no botão **Instalar**.

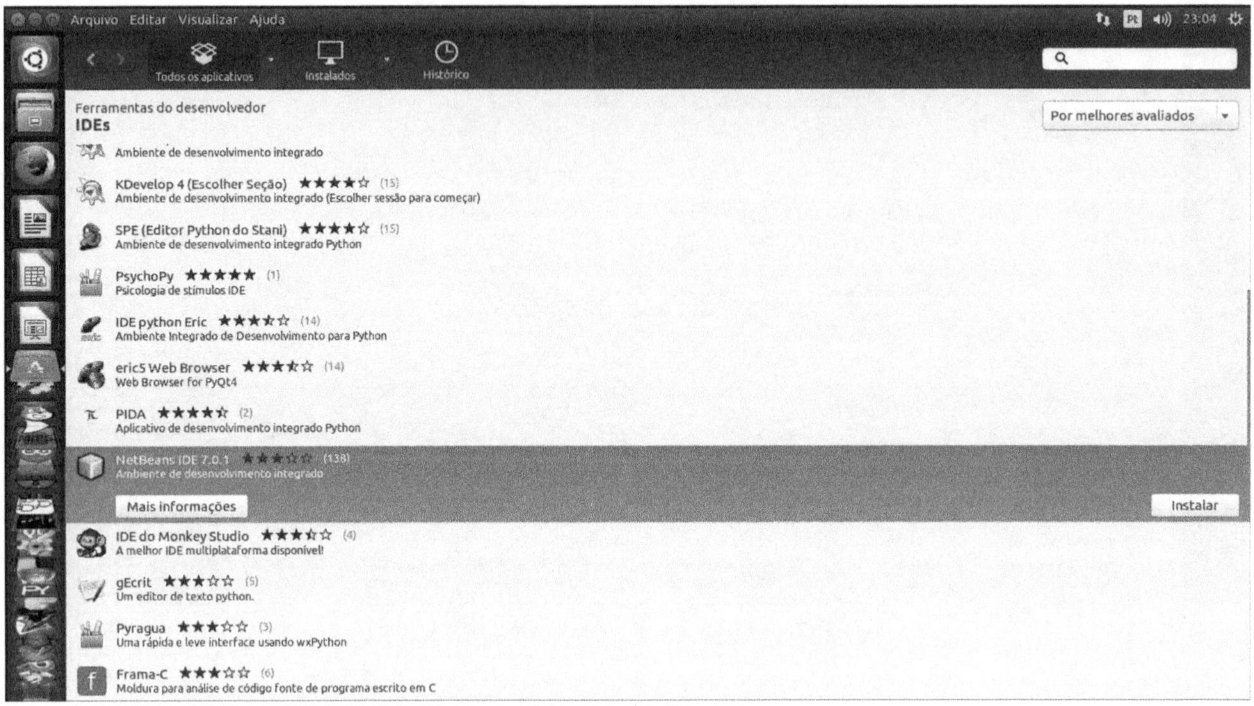

Figura 12.42 – Lista de IDEs apresentando o NetBeans para instalação.

Depois que a instalação do NetBeans tiver sido efetuada, você pode executá-lo. As Figuras 12.43 e 12.44 apresentam, respectivamente, as telas do programa rodando no Windows e no Ubuntu Linux.

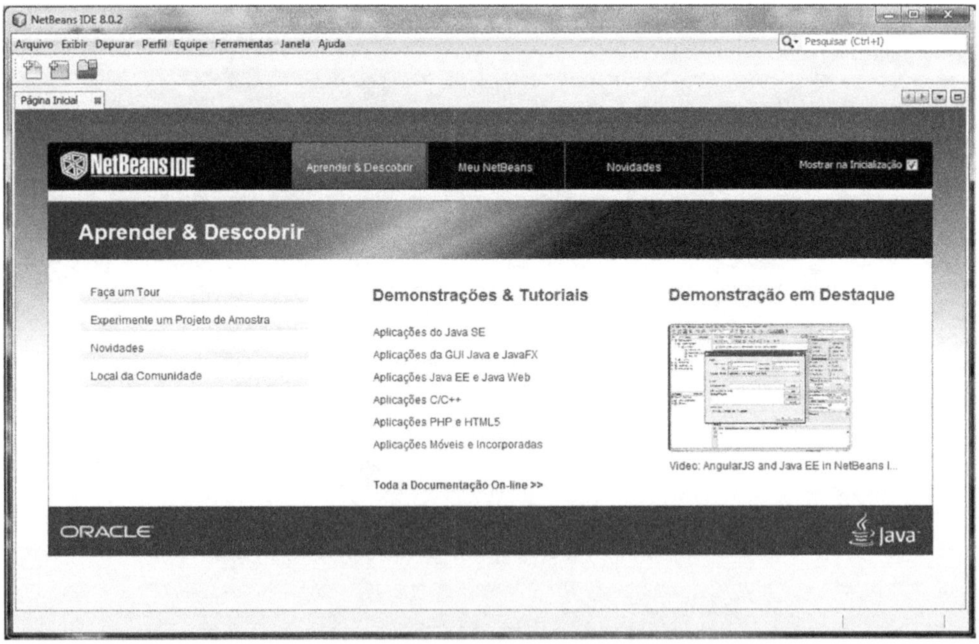

Figura 12.43 – Tela do NetBeans rodando no Windows.

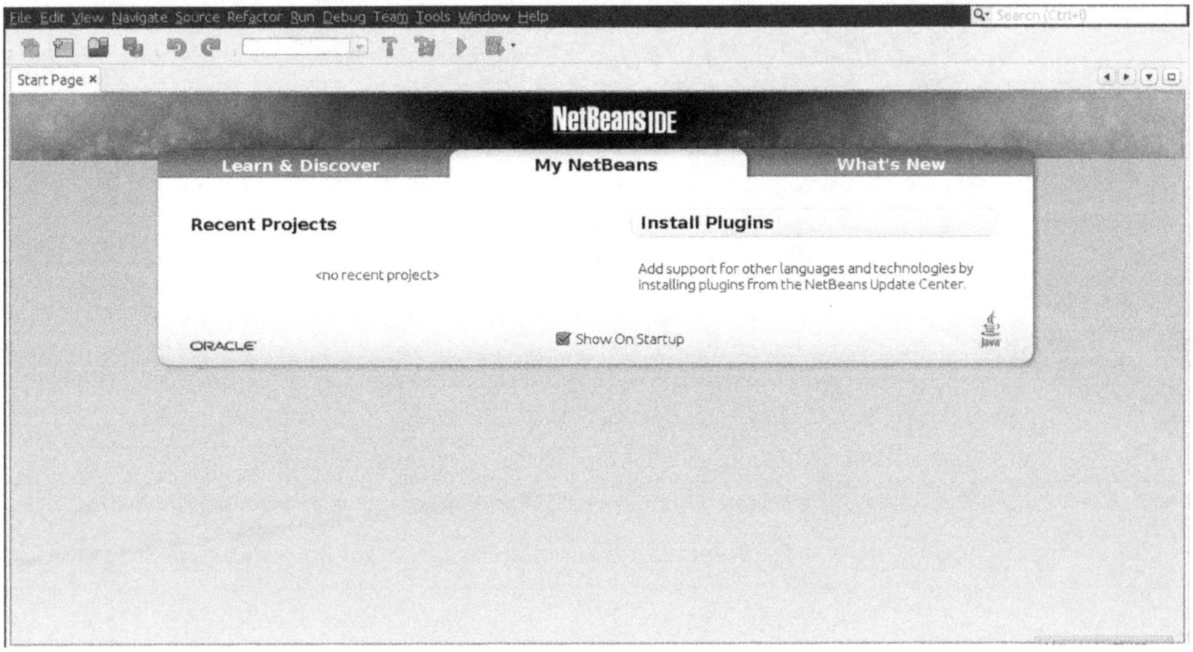

Figura 12.44 – Tela do NetBeans rodando no Ubuntu Linux.

Recapitulando

Neste capítulo vimos como fazer o download e instalar os três componentes necessários aos trabalhos de desenvolvimento de aplicações em Java para a web: o JDK, o Tomcat e o NetBeans.

13

Primeiros Passos no Desenvolvimento de Aplicações JSP

Novos conhecimentos

Neste capítulo delimitaremos inicialmente as configurações necessárias do Tomcat para que seja possível rodar aplicações JSP. Em seguida, partiremos para um estudo prático de desenvolvimento desse tipo de aplicação, utilizando exemplos bastante simples. Abordaremos a criação de uma pasta de contexto do Tomcat no Windows e no Linux, trataremos do desenvolvimento de páginas JSP para testar o funcionamento do Tomcat, relacionaremos os elementos sintáticos de uma página JSP, veremos como acessar bancos de dados, criaremos exemplos que utilizam formulários e páginas JSP para processamento de dados e concluiremos com o desenvolvimento de projetos e páginas JSP com NetBeans.

13.1 O início da viagem

Depois de ter instalado todas as ferramentas necessárias, isto é, o JDK, o Tomcat e o Netbeans, devemos executar mais alguns procedimentos preparativos para que seja possível criar e executar páginas JSP.

No Tomcat, uma aplicação web é denominada *Context* (Contexto). Para armazená-la e distribuí-la, é necessário criar um diretório de contexto dentro da pasta **webapps**, que se encontra no local onde o Tomcat está instalado, como mostra a Figura 13.1. Sem essa providência, a aplicação não será capaz de rodar. Vamos, então, criar um diretório para os exemplos que serão abordados neste e nos próximos capítulos.

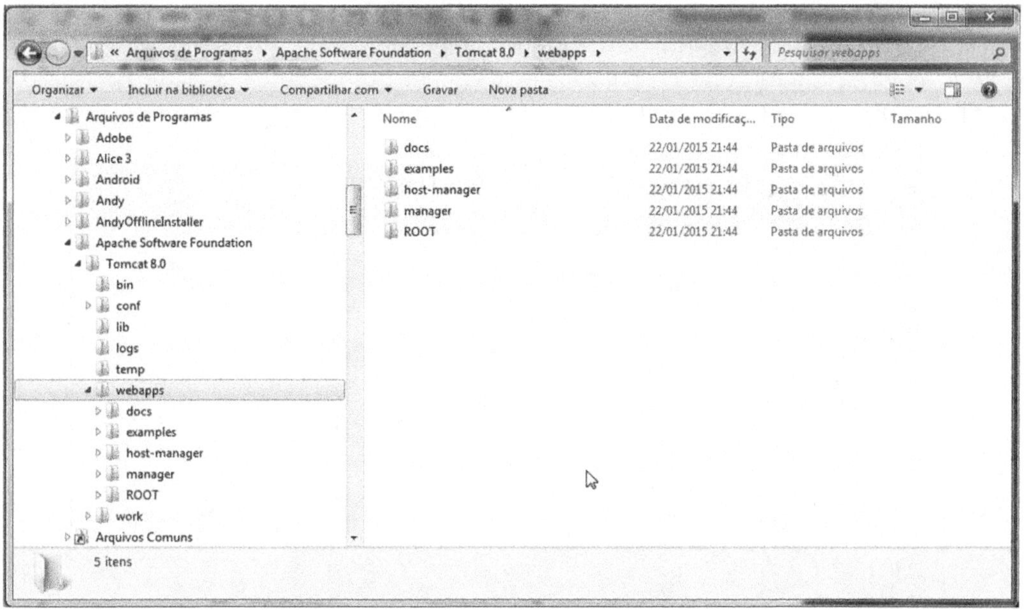

Figura 13.1 – Pasta padrão de instalação do Tomcat.

No Windows, execute o Windows Explorer, abra a pasta do **Tomcat 8** (que provavelmente deve ser "C:\Program Files\Apache Software Foundation\Tomcat 8.0") e crie uma nova pasta dentro de **webapps**, com o nome "livro_jsp".

Crie ainda, dentro da pasta **livro_jsp**, outra pasta com o nome **WEB-INF** (com letras maiúsculas mesmo). Uma terceira pasta, denominada **classes** (em letras minúsculas), deve ser adicionada à pasta **WEB-INF**. A Figura 13.2 ilustra essa estrutura hierárquica de pastas que acabamos de criar.

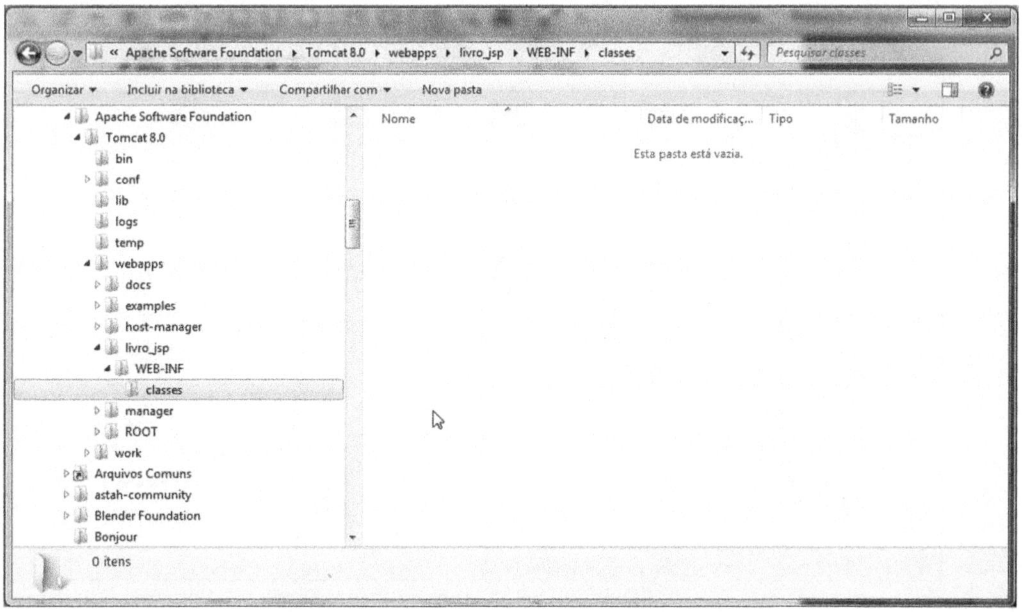

Figura 13.2 – Estrutura de pastas para aplicações JSP.

Essas mesmas pastas precisam ser criadas no Linux, caso você o esteja utilizando. Para isso, execute o **Gerenciador de Arquivos** no modo **superusuário**. No Ubuntu, abra o terminal de console e digite o comando "sudo nautilus". Digite a senha de superusuário e então acesse o item **Computador**, a partir da lista da coluna à esquerda (Figura 13.3).

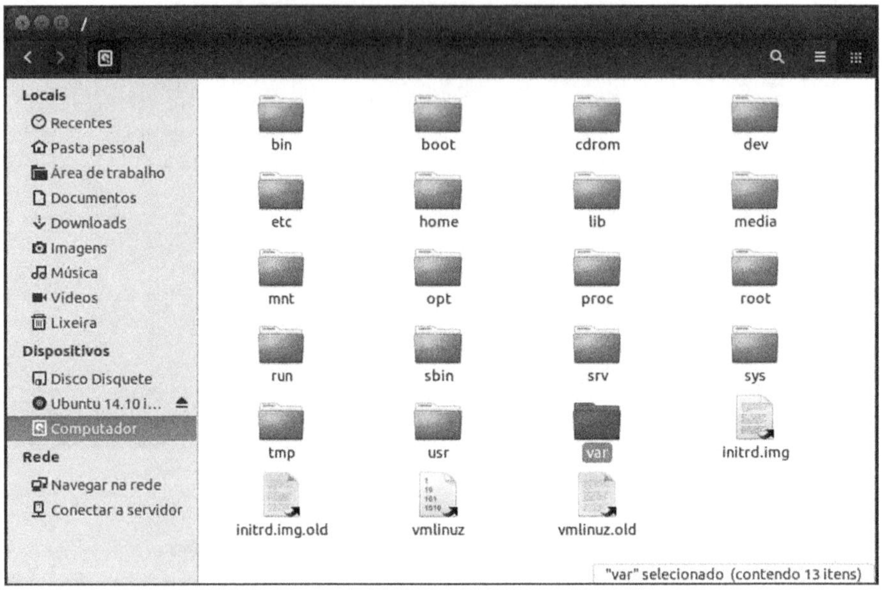

Figura 13.3 – Tela do gerenciador de arquivos Nautilus do Ubuntu Linux.

Dê um duplo clique na pasta **var** para abri-la. Depois, abra a pasta **lib** (Figura 13.4) e, por fim, **tomcat8** (Figura 13.5). Você deverá obter a lista de pastas da Figura 13.6.

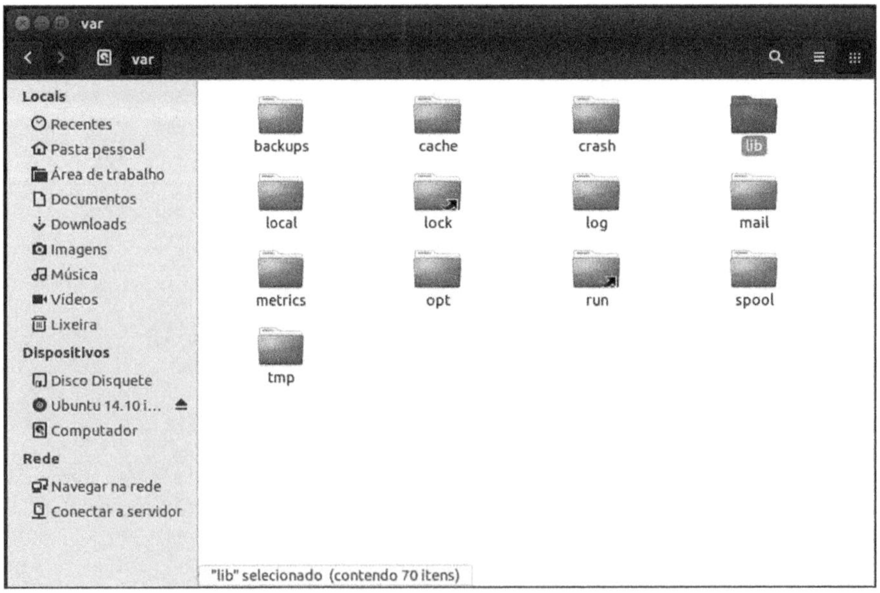

Figura 13.4 – Conteúdo da pasta var do Ubuntu Linux.

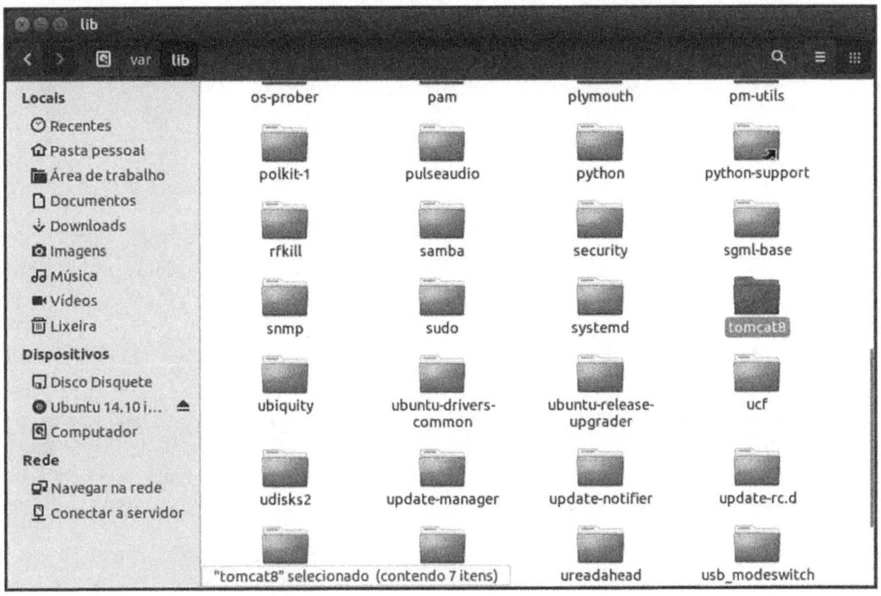

Figura 13.5 – Conteúdo da pasta lib do Ubuntu Linux.

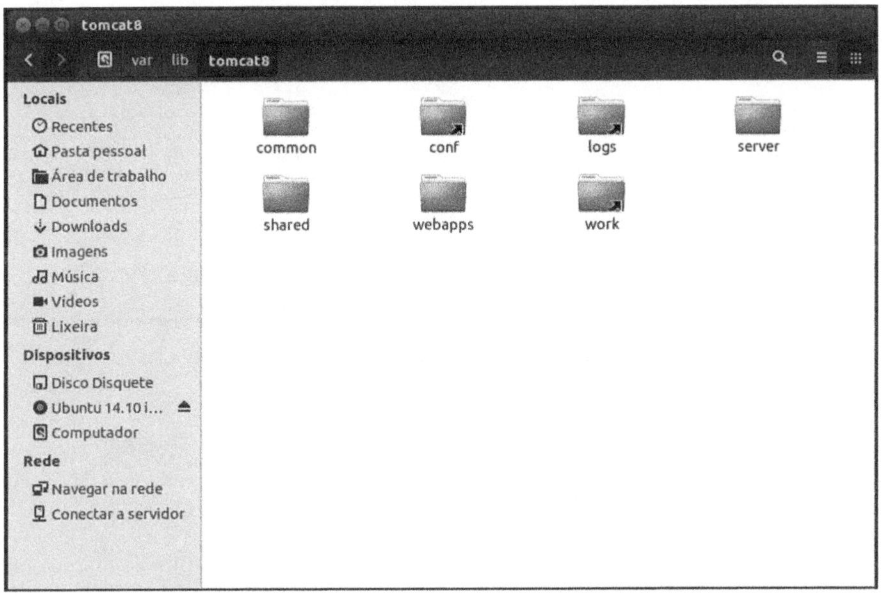

Figura 13.6 – Conteúdo da pasta tomcat8 do Ubuntu Linux.

Dentro da pasta **webapps**, crie a pasta **WEB-INF** clicando com o botão direito do mouse e escolhendo a opção **Nova pasta**. Da mesma forma que fizemos no Windows, crie também a pasta **classes** dentro dessa pasta **WEB-INF**.

Conforme já vimos no Capítulo 10, páginas JSP são documentos em formato HTML que possuem códigos embutidos escritos em Java. A inserção desses códigos no interior de páginas HTML é possível graças ao novo par de *tags* **<%** e **%>**. Sendo assim, todo código em Java deve estar envolvido por esses marcadores, como mostra o seguinte exemplo:

```
<!DOCTYPE html>
<html lang="pt-br">
 <head>
  <meta charset="ISO-8859-1">
  <title>Página de teste de código em Java</title>
```

```
  </head>

  <body>
    <%
      out.println("Programação Java para Web <br>");
      out.println("Exemplo de página JSP");
    %>
  </body>
</html>
```

Execute o Bloco de Notas do Windows e digite esse código. Grave-o na pasta **livro_jsp** criada anteriormente com o nome "teste.jsp", como mostra a Figura 13.7. Em seguida, com um navegador aberto, digite na linha de endereço URL a cadeia de caracteres "http://localhost:8080/livro_jsp/teste.jsp" e tecle [ENTER]. O resultado deve ser o apresentado pela Figura 13.8.

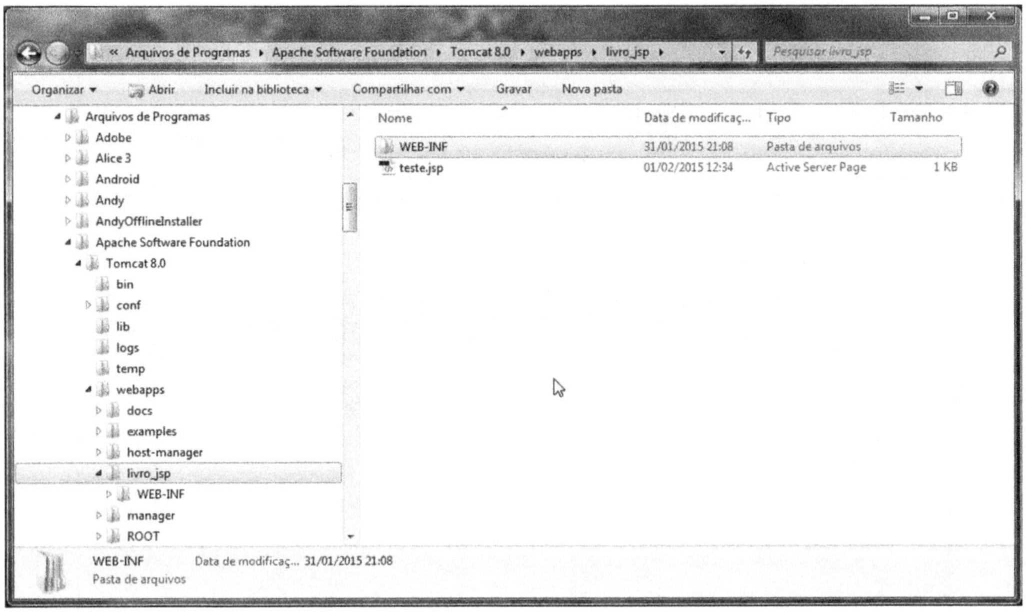

Figura 13.7 – Página de teste gravada na pasta livro_jsp.

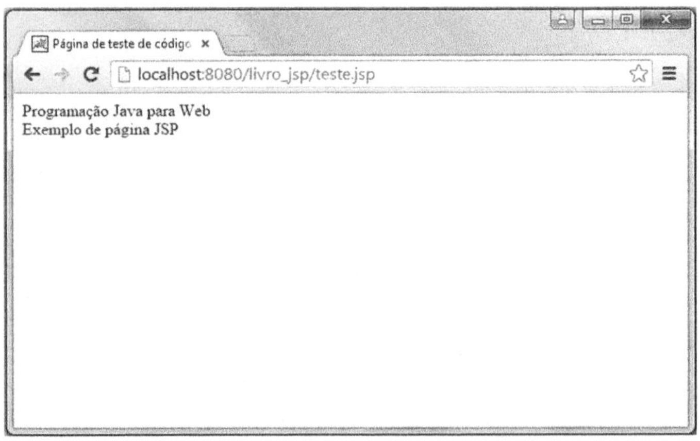

Figura 13.8 – Resultado da execução da página JSP no navegador.

Para o mesmo procedimento no Ubuntu Linux (ou outra distribuição), é só utilizar um editor de textos que venha com ele, como no exemplo da Figura 13.9. A Figura 13.10 mostra o arquivo gravado na pasta de contexto do Tomcat. Já na Figura 13.11 podemos ver a página executada no navegador.

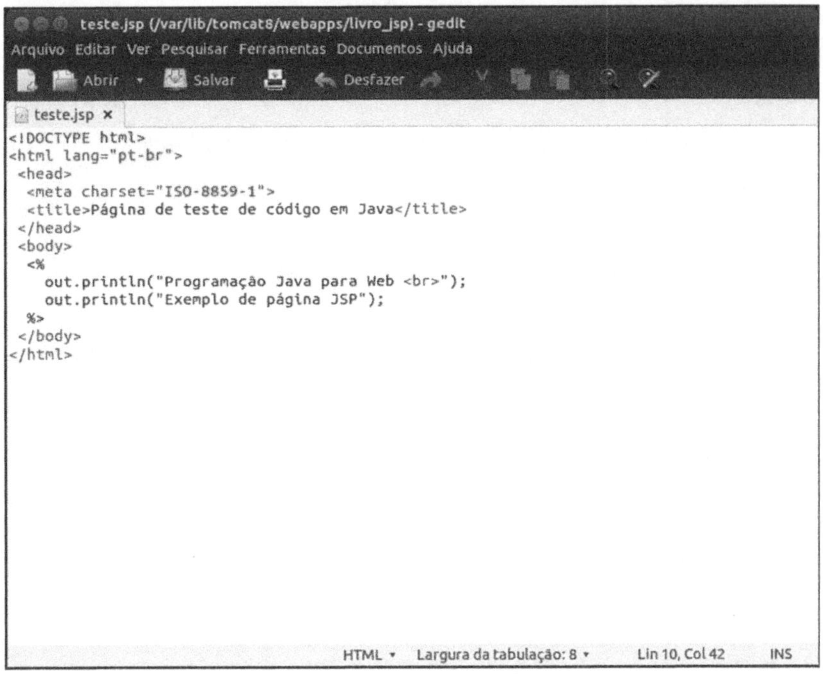

Figura 13.9 – Código da página JSP digitado em um editor de texto do Ubuntu Linux.

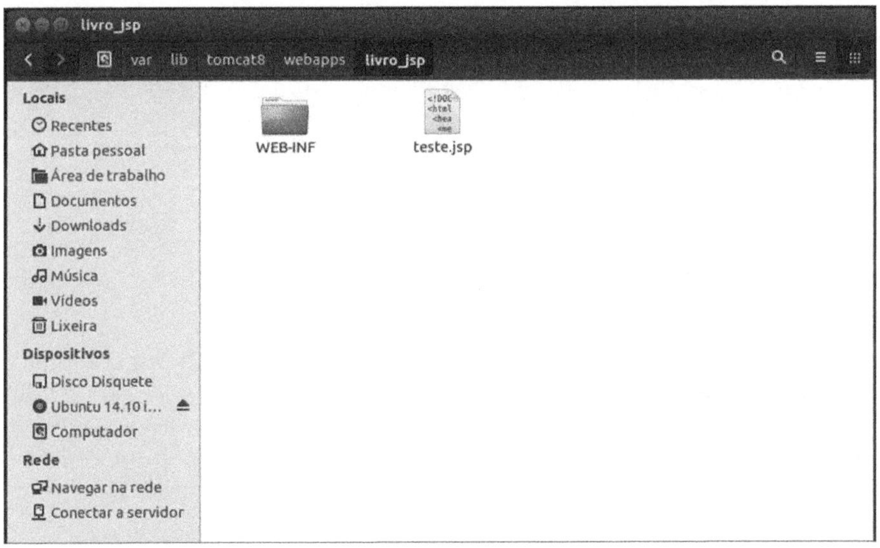

Figura 13.10 – Arquivo da página de teste gravado na pasta de contexto do Tomcat.

Figura 13.11 – Resultado da execução da página JSP no navegador do Ubuntu Linux.

Antes de passarmos ao próximo tópico, é importante esclarecer a formação do endereço URL que deve ser digitado no navegador para a correta execução da página. Ele é composto das seguintes partes:

- **localhost:8080**: identificação do servidor e da porta de conexão, conforme visto anteriormente;
- **livro_jsp**: diretório de contexto que criamos para armazenar os exemplos;
- **teste.jsp**: aplicação ou página HTML que deve ser executada.

13.2 Elementos sintáticos de JSP

Para escrevermos códigos em Java inseridos em páginas HTML, dispomos de três formas diferentes, comumente conhecidas como elementos sintáticos e denominadas *scripting*, diretivas e ações. Cada uma delas tem um comportamento diferente no momento da execução do código.

13.2.1 *Scripting*

O elemento sintático *scripting* pode ser dividido em outros três tipos. O primeiro tipo é denominado *scriptlet*, e com ele o código é executado toda vez que a página for solicitada. Veja um exemplo:

```
<% out.println("Programação Java para Web <br>"); %>
```

O segundo tipo, conhecido como declarações, é empregado para declarar métodos e variáveis utilizados quando a página é executada. Essas declarações somente são executadas quando a página é solicitada pela primeira vez. No caso específico de variáveis, significa que, nas próximas vezes em que a página for executada, o valor é o que foi declarado inicialmente na primeira solicitação. A seguir temos um exemplo:

```
<%! int intMascaraBits = 204; %>
```

O terceiro e último tipo é a expressão, por meio da qual podemos exibir valores de variáveis dentro de códigos HTML. Veja um exemplo:

```
<p>Valor da máscara de bits é <%= intMascaraBits %> </p>
```

13.2.2 Diretivas

Quem já programa em C ou C++ conhece bem as chamadas "diretivas de pré-compilação". Elas são como instruções para o compilador, que informam como ele deve agir durante o processo de compilação do código-fonte. Do mesmo modo, as diretivas em programação JSP fazem com que o processamento da página JSP pelo Tomcat (ou outro *Container*) seja efetuado de uma maneira especial. Para incluir uma diretiva no código, deve-se utilizar a seguinte sintaxe:

```
<%@ diretiva %>
```

Estão disponíveis três diretivas, a saber: **page**, **include** e **taglib**. Com a diretiva **page** é possível especificar alguns atributos, como, por exemplo, a incorporação de uma biblioteca de classes ao código, como mostra o exemplo a seguir:

```
<%@ page import="java.util.Data" %>
```

Essa diretiva informa ao *Container* que é necessário incluir a biblioteca de classes **Date** do pacote **java.util** para que a página possa ser executa com sucesso.

A diretiva **page** possui dois atributos, cuja função é tornar possível a execução de páginas JSP em navegadores mais antigos, notadamente o Microsoft Internet Explorer 7. São eles: **language** e **contentType**. Normalmente os encontramos da seguinte forma, logo no início do arquivo da página JSP:

```
<%@ page language="java" contentType="text/html"%>
```

A diretiva **include** permite que o conteúdo de um arquivo texto ou de código JSP, especificado por ela, seja inserido no código no momento da execução da página. Por exemplo, o código a seguir inclui o conteúdo do arquivo "copyright_pagina.txt".

```
<%@ include file="copyright_pagina.txt" %>
```

Por fim, temos a diretiva **taglib**, que permite o carregamento de uma biblioteca de *tags* definidas pelo próprio desenvolvedor. Por exemplo, suponha que você tenha criado sua própria biblioteca de *tags* JSP com o nome "minha_biblioteca_tags.jsp". Em seu código, para fazer uso dessa biblioteca, você precisaria inserir a diretiva da seguinte forma:

```
<%@ taglib "minha_biblioteca_tags.jsp" %>
```

13.2.3 Ações

Normalmente, ações são utilizadas em conjunto com JavaBeans, que são bibliotecas de classes criadas pelo próprio programador para uso em seus trabalhos. Elas permitem especificar atividades que o Tomcat deve executar quando da solicitação de uma página por parte de um cliente.

Existem oito tipos de ações: **element**, **forward**, **getProperty**, **include**, **plugin**, **setProperty**, **text** e **useBean**. Além das ações, existem também subações, que só podem ser utilizadas dentro do corpo de uma ação. São elas: **attribute**, **body**, **fallback**, **param** e **params**. O exemplo a seguir faz com que a saída de uma página JSP, denominada "processamento.jsp", seja incluída na página atual:

```
<jsp:include page="processamento.jsp"/>
```

Para um melhor entendimento, digite o seguinte código no seu editor de textos. Grave-o com o nome "exemplo01.jsp" em nossa pasta de exemplos. Então, execute seu navegador e digite na linha de endereço "http://localhost:8080/livro_jsp/exemplo01.jsp".

```
<%@ page import="java.util.Date" %>
<%@ page import="java.text.SimpleDateFormat" %>

<html>
 <head>
  <title>Exemplo de uso de elementos sintáticos de JSP</title>
 </head>
 <body>
  <%! int intContaAcesso = 0; %>
  <%
    java.util.Date DataAtual = new java.util.Date();
         String strData = new SimpleDateFormat("dd/MM/yyyy").format(DataAtual);
  %>
  <h2>Data atual: <%= strData %></h2><br>
  <%
    out.println("<h2>Contagem de atualizações da página</h2><br>");
    intContaAcesso++;
  %>
  <h2>Número de vezes que você acessou/atualizou esta página: <%= intContaAcesso %>.</h2>
 </body>
</html>
```

A tela resultante deve ser similar à da Figura 13.12. Se você atualizar a página teclando [F5], acessar outro endereço e voltar a essa página, ou até mesmo fechar o navegador e acessá-la novamente, verá que o contador é atualizado a partir do último valor (Figura 13.13). Isso se deve à declaração da seguinte linha:

```
<%! int intContaAcesso = 0; %>
```

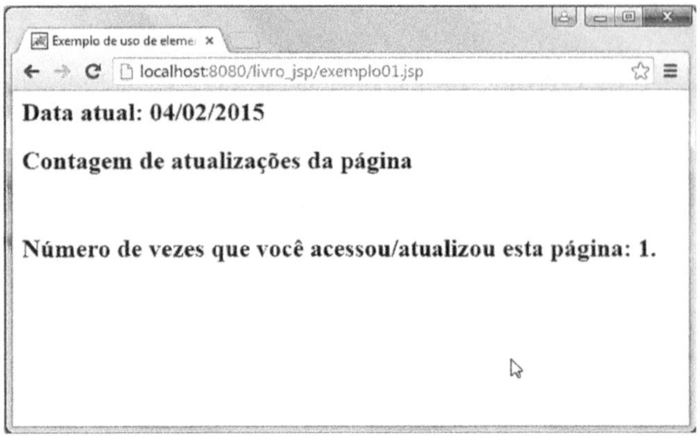

Figura 13.12 – Página aberta pela primeira vez.

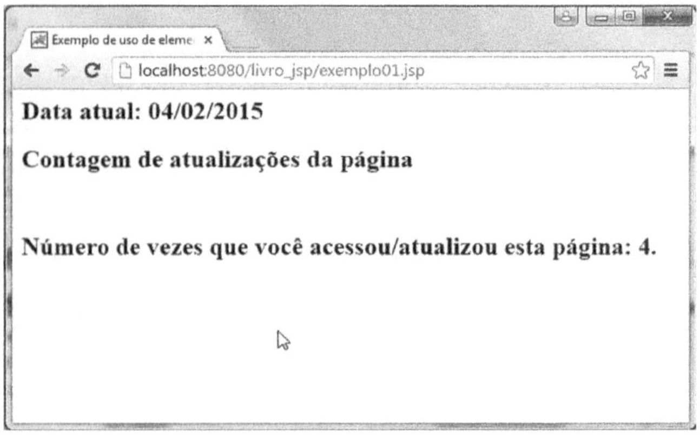

Figura 13.13 – Página acessada várias vezes.

É importante notar como a variável **intContaAcesso** é referenciada dentro do código HTML que apresenta seu valor na página. Isso é obtido com o uso de uma expressão:

```
<h2>Número de vezes que você acessou/atualizou esta página: <%= intContaAcesso %>.</h2>
```

Ainda nesse código temos o emprego de diretivas para importação dos pacotes **java.util.Date** e **java.text.SimpleDateFormat**:

```
<%@ page import="java.util.Date" %>
<%@ page import="java.text.SimpleDateFormat" %>
```

Esses pacotes são necessários para que possamos utilizar as classes **Date** e **SimpleDateFormat** na recuperação da data atual do sistema e na sua formatação para "DD/MM/AAAA" antes da exibição.

13.3 Interação com formulários

Já vimos, em nosso primeiro exemplo de página JSP, apresentado no início deste capítulo, que a saída de dados para o vídeo é obtida por meio do método **println** do objeto **out**. Existe também o objeto **print**, que se diferencia do anterior por não inserir uma quebra de linha automática.

Esse objeto faz parte de um grupo denominado objetos implícitos. Esses objetos são instanciados automaticamente para serem utilizados a qualquer momento.

Do mesmo modo, temos um objeto implícito que permite a recuperação de dados digitados em campos de formulários. Esse objeto é denominado **request**. Para ver como ele trabalha, vamos criar um pequeno exemplo. Primeiramente, devemos definir o formulário que executará a página JSP, passando a ela os valores dos campos. Em um segundo passo, criamos a página JSP que deve receber esses parâmetros e trabalhar com eles.

O exemplo que criaremos aqui remete ao exemplo de cálculo da área de um trapézio desenvolvido no Capítulo 10. O código para o formulário, que deve ser gravado com o nome **form_trapezio.html**, é apresentado a seguir:

```
<!DOCTYPE html PUBLIC "-//W3C//DTD HTML 4.01//EN" "http://www.w3.org/TR/html4/strict.dtd">
<html lang="pt-br">
 <head>
  <meta content="text/html; charset=ISO-8859-1" http-equiv="content-type">
  <title>Cálculo de área de trapézio</title>
 </head>
 <body>
  <form method="get" action="area_trapezio.jsp" name="calculo_area">
   <h1 style="text-align: center;">Cálculo da área de um trapézio</h1>
   <p>Digite o valor da base menor: <input name="base_menor" size="10" maxlength="10"><br>
```

```
        Digite o valor da base maior: <input name="base_maior" size="10" maxlength="10"><br>
        Digite o valor da altura: <input name="altura" size="10" maxlength="10">
    </p>
    <p>
      <input type="submit" name="btnCalcular" id="btnCalcular" value="Calcular"><br>
    </p>
  </form>
 </body>
</html>
```

Já o código da página JSP, que terá o nome **area_trapezio.jsp**, deve ser o seguinte:

```
<!DOCTYPE html>
<html lang="pt-br">
 <head>
  <meta charset="ISO-8859-1">
  <title>Cálculo da área de um trapézio - JSP</title>
 </head>

 <body>
  <%
    int intBaseMenor,intBaseMaior,intAltura,intArea;
    intBaseMenor = Integer.parseInt(request.getParameter("base_menor"));
    intBaseMaior = Integer.parseInt(request.getParameter("base_maior"));
    intAltura = Integer.parseInt(request.getParameter("altura"));
    intArea = ((intBaseMenor + intBaseMaior) * intAltura) / 2;
  %>

  <h2>Valor da área do trapézio: <%= intArea %></h2>
 </body>
</html>
```

Esses dois arquivos devem ser gravados na pasta **webapps\livro_jsp** do Tomcat, conforme vimos anteriormente. Execute seu navegador e digite na caixa de endereço a cadeia de caracteres "localhost:8080/livro_jsp/form_trapezio.html". A tela da Figura 13.14 deve, então, ser exibida.

Digite os valores solicitados e, em seguida, clique no botão **Calcular**. O resultado é apresentado logo depois em uma nova tela (Figura 13.15).

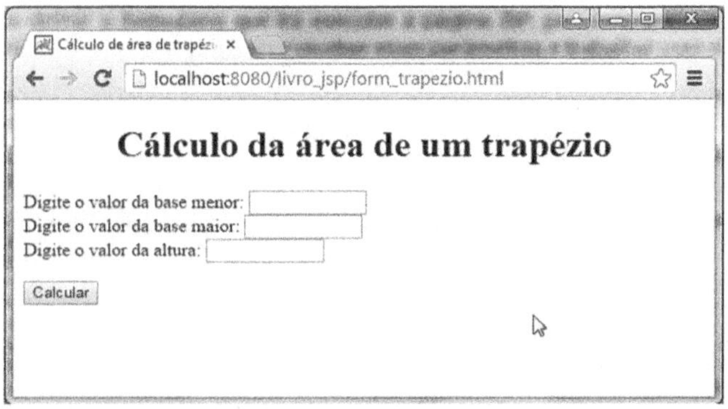

Figura 13.14 – Formulário de entrada de dados.

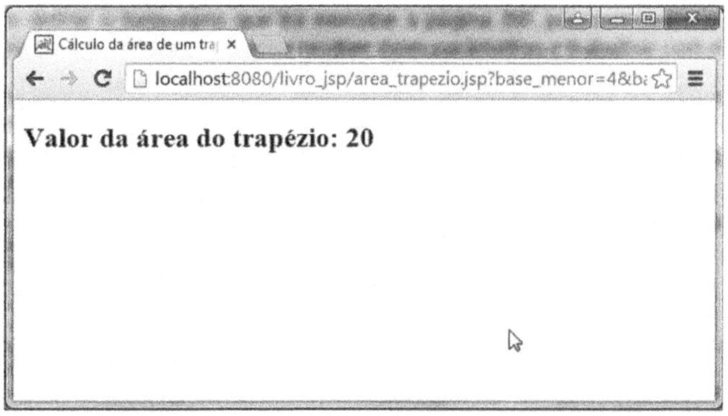

Figura 13.15 – Página JSP com resultado do cálculo.

Caso o navegador apresente mensagem de erro informando que não foi possível abrir a página, é provável que o Tomcat esteja desativado. Isso pode ser verificado no ícone apresentado na área de notificação do Windows. Se ele apresentar um ponto retangular vermelho no centro, significa que não está ativo. Para ativá-lo, clique com o botão direito e escolha a opção **Start service** (Figura 13.17). Uma tela informando a ativação do serviço é então apresentada momentaneamente (Figura 13.18).

Figura 13.16 – Ícone do Tomcat informando que ele está inativo (no programa, o retângulo no interior da imagem deve estar em vermelho).

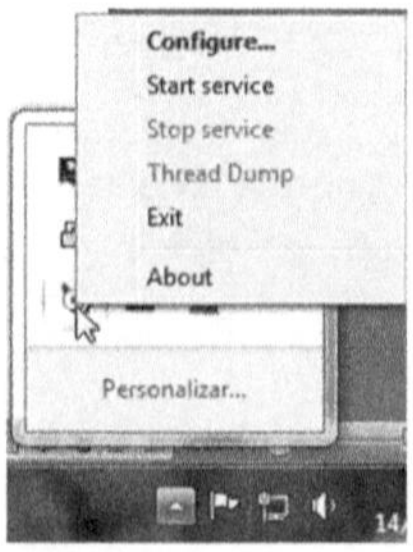

Figura 13.17 – Menu de opções do Tomcat.

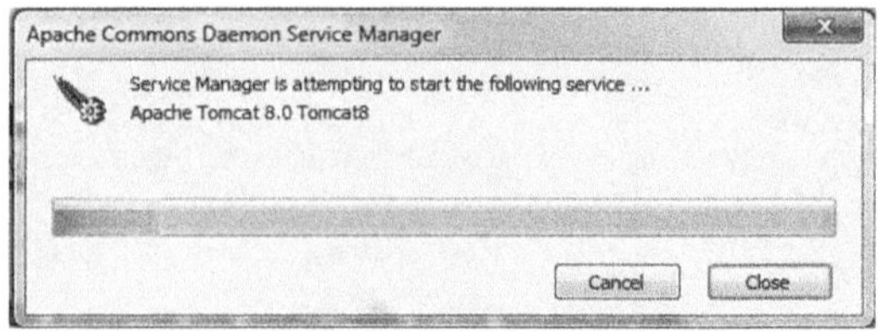

Figura 13.18 – Mensagem de ativação do Tomcat.

Vamos agora às explicações para um melhor entendimento do que ocorre nos bastidores. A ação que deve ser executada pelo formulário ao se clicar no botão **Calcular** foi definida para chamada da página **area_trapezio.jsp**. A essa página são passados como parâmetros os valores presentes nos três campos do formulário, por isso, é muito importante definir um nome único para cada um deles.

A página JSP recupera os valores desses parâmetros por meio do objeto **request**. Esse objeto possui o método **getParameter**, que permite acessar os parâmetros pelo nome atribuído ao respectivo campo do formulário. O valor retornado por esse método é do tipo **string**, o que significa que precisamos converter esse valor para o tipo numérico **integer**, o que é obtido com o uso de **parseInt** da classe **Integer**, como mostra o trecho de código a seguir:

```
intBaseMenor = Integer.parseInt(request.getParameter("base_menor"));
intBaseMaior = Integer.parseInt(request.getParameter("base_maior"));
intAltura = Integer.parseInt(request.getParameter("altura"));
```

Com base no que foi exposto, vamos criar outro exemplo mais complexo, que permite o cálculo da área de um retângulo, de uma circunferência e de um triângulo retângulo. Esse exemplo será composto por um formulário que permite a seleção do tipo de figura desejada (retângulo, circunferência ou triângulo retângulo). O código HTML desse formulário é apresentado a seguir:

```
<!DOCTYPE html">
<html lang="pt-br">
 <head>
  <meta charset="ISO-8859-1">
  <title>Cálculo de áreas</title>
 </head>

 <body>
  <form name="formCalculoAreas" method="get" action="calcular_area_figuras.jsp">
    <h2 style="text-align: center;">Cálculo de Áreas de Figuras Geométricas</h2>
    <p>
    <input name="TipoFigura" value="1" type="radio"/>Retângulo
    <input name="TipoFigura" value="2" type="radio"/>Circunferência
    <input name="TipoFigura" value="3" type="radio"/>Triângulo retângulo<br>
    <input name="btnConfirmar" value="Confirmar" type="submit"/>
    </p>
  </form>
 </body>
</html>
```

Esse arquivo HTML deve ser gravado na pasta **livro_jsp** com o nome "calculo_areas.html".

O formulário em si é bastante simples, constando apenas de um grupo de três botões de opção (também conhecidos como botões de rádio) e um botão de comando. Todos os botões de opções têm a propriedade **name** configurada com a cadeia de caracteres **TipoFigura**. Dessa forma, eles são tratados como um único objeto do formulário, o que significa que o valor do botão selecionado (propriedade **value**) é atribuído a essa variável quando ela for passada como parâmetro à página JSP denominada **calcular_area_figuras.jsp**, invocada após um clique no botão **Confirmar**.

A página **calcular_area_figuras.jsp** é responsável por definir o layout de um segundo formulário de acordo com a opção de figura geométrica escolhida. O código dessa página se encontra na seguinte listagem:

```
<!DOCTYPE html>
<html lang="pt-br">
 <head>
  <meta charset="ISO-8859-1">
  <title>Cálculo de áreas</title>
 </head>

 <body>
   <%
     int intFiguraGeometrica;
     String strTituloFormulario,strFormulario;

         if (request.getParameter("TipoFigura") != null)
            intFiguraGeometrica = Integer.parseInt(request.getParameter("TipoFigura"));
            else
                   intFiguraGeometrica = 0;

         if (intFiguraGeometrica == 1) {
                strTituloFormulario = "Cálculo da área de um retângulo";
          strFormulario = "<form name='formCalculoAreasFiguras' method='get' action='area_retangulo.
jsp'>";
         }
         else if (intFiguraGeometrica == 2) {
                    strTituloFormulario = "Cálculo da área de uma circunferência";
              strFormulario = "<form name='formCalculoAreasFiguras' method='get' action='area_
circunferencia.jsp'>";
              }
         else if (intFiguraGeometrica == 3) {
                    strTituloFormulario = "Cálculo da área de um triângulo retângulo";
              strFormulario = "<form name='formCalculoAreasFiguras' method='get' action='area_
triangulo.jsp'>";
              }
         else {
                  strTituloFormulario = "** Erro **";
            strFormulario = "<form name='formCalculoAreasFiguras'>";
         }

         out.println(strFormulario);
   %>
   <h2 style="text-align: center;"><%= strTituloFormulario%></h2>

   <%
         if ((intFiguraGeometrica == 1) || (intFiguraGeometrica == 3)) {
                out.println("<p>Digite o valor da altura:");
                out.println("<input name='fldAltura' type='text' size='8' maxlength='8' />");
                out.println("</p>");

          out.println("<p>Digite o valor da largura:");
                out.println("<input name='fldLargura' type='text' size='8' maxlength='8' />");
                out.println("</p>");
         }
         else if (intFiguraGeometrica == 2) {
                    out.println("<p>Digite o valor do raio da circunferência:");
                    out.println("<input name='fldRaio' type='text' size='8' maxlength='8' />");
                    out.println("</p>");
              }
         else
             out.println("<h2>Deve ser especificado o tipo de figura!</h2>");
  %>

  <p>
    <input type="submit" name="btnCalcular" value="Calcular" />
  </p>
  </form>
 </body>
</html>
```

Podemos notar que esse código é bem extenso. Primeiramente, ele recupera o valor recebido como parâmetro por meio da variável **TipoFigura**. É importante observar que foi utilizada uma estrutura condicional **if** para verificar se o parâmetro possui algum valor. Esse tipo de verificação é imprescindível, pois pode ocorrer de o usuário não selecionar qualquer botão de opção e clicar em **Confirmar**. Nesse caso, o valor da variável será nulo, impedindo-se assim que a conversão para um valor numérico inteiro seja possível.

```
if (request.getParameter("TipoFigura") != null)
   intFiguraGeometrica = Integer.parseInt(request.getParameter("TipoFigura"));
   else
           intFiguraGeometrica = 0;
```

Tendo sido selecionado um dos botões, o código verifica qual deles está ativo para poder atribuir as cadeias de caracteres corretas para o título da página e para a definição do formulário.

```
if (intFiguraGeometrica == 1) {
       strTituloFormulario = "Cálculo da área de um retângulo";
 strFormulario = "<form name='formCalculoAreasFiguras' method='get' action='area_retangulo.
jsp'>";
}
else if (intFiguraGeometrica == 2) {
           strTituloFormulario = "Cálculo da área de uma circunferência";
     strFormulario = "<form name='formCalculoAreasFiguras' method='get' action='area_
circunferencia.jsp'>";
     }
else if (intFiguraGeometrica == 3) {
           strTituloFormulario = "Cálculo da área de um triângulo retângulo";
     strFormulario = "<form name='formCalculoAreasFiguras' method='get' action='area_
triangulo.jsp'>";
     }
else {
         strTituloFormulario = "** Erro **";
   strFormulario = "<form name='formCalculoAreasFiguras'>";
}

out.println(strFormulario);
%>
<h2 style="text-align: center;"><%= strTituloFormulario%></h2>
```

Perceba que a ação que deve ser executada pelo formulário também é definida em função da opção de figura geométrica escolhida pelo usuário.

O próximo passo é verificar novamente qual botão de opção está selecionado para que se possa definir o corpo do formulário, que é formado por legendas e campos de preenchimento.

```
if ((intFiguraGeometrica == 1) || (intFiguraGeometrica == 3)) {
       out.println("<p>Digite o valor da altura:");
       out.println("<input name='fldAltura' type='text' size='8' maxlength='8' />");
       out.println("</p>");

 out.println("<p>Digite o valor da largura:");
       out.println("<input name='fldLargura' type='text' size='8' maxlength='8' />");
       out.println("</p>");
}
else if (intFiguraGeometrica == 2) {
           out.println("<p>Digite o valor do raio da circunferência:");
           out.println("<input name='fldRaio' type='text' size='8' maxlength='8' />");
           out.println("</p>");
     }
else
    out.println("<h2>Deve ser especificado o tipo de figura!</h2>");
```

Note que tanto a opção **Retângulo** quanto a opção **Triângulo retângulo** definem um formulário com os mesmos campos. Outra característica interessante dessas duas verificações é que, se nenhum botão de opção tiver sido selecionado, a variável **intFiguraGeometrica** conterá o valor 0. Isso faz com que um título e uma mensagem sejam apresentados ao usuário.

O código finaliza adicionando um botão de comando ao formulário e fechando-o com a *tag* **</form>**.

```
<p>
  <input type="submit" name="btnCalcular" value="Calcular" />
</p>
</form>
```

Com isso, criamos dinamicamente um formulário de entrada.

O código da página JSP, de nome **area_retangulo.jsp** e responsável pelo cálculo da área de um retângulo, é apresentado a seguir:

```
<!DOCTYPE html>
<html lang="pt-br">
 <head>
  <meta charset="ISO-8859-1">
  <title>Valor da área do retângulo</title>
 </head>

 <body>
  <%
    int intAltura,intLargura,intArea;

       if (request.getParameter("fldAltura") != null)
          intAltura = Integer.parseInt(request.getParameter("fldAltura"));
          else
                 intAltura = 0;

       if (request.getParameter("fldLargura") != null)
          intLargura = Integer.parseInt(request.getParameter("fldLargura"));
          else
                 intLargura = 0;

    intArea = intAltura * intLargura;
  %>

  <h2>Valor da área do retângulo é: <%= intArea %></h2>
 </body>
</html>
```

Como visto anteriormente, é verificado se foram passados valores como parâmetros, assegurando-se assim o sucesso do cálculo.

A página para cálculo da área de uma circunferência, denominada **area_circunferencia.jsp**, deve conter o seguinte código:

```
<!DOCTYPE html>
<html lang="pt-br">
 <head>
  <meta charset="ISO-8859-1">
  <title>Valor da área da circunferência</title>
 </head>

 <body>
  <%
    int intRaio;
       double dblArea;

       if (request.getParameter("fldRaio") != null)
          intRaio = Integer.parseInt(request.getParameter("fldRaio"));
          else
                 intRaio = 0;

       dblArea = (intRaio * intRaio) * 3.14151692;
  %>

  <h2>Valor da área da circunferência é: <%= dblArea %></h2>
 </body>
</html>
```

Para quem não se lembra da fórmula para calcular a área de uma circunferência: $A = r^2.\pi$.

Por fim, temos o código da página **area_triangulo.jsp**, que é bastante semelhante ao código para cálculo da área do retângulo.

```
<!DOCTYPE html>
<html lang="pt-br">
 <head>
  <meta charset="ISO-8859-1">
  <title>Valor da área do triângulo retângulo</title>
 </head>

 <body>
  <%
    int intAltura,intLargura,intArea;

    intArea = 0;

        if (request.getParameter("fldAltura") != null)
           intAltura = Integer.parseInt(request.getParameter("fldAltura"));
           else
                  intAltura = 0;

        if (request.getParameter("fldLargura") != null)
           intLargura = Integer.parseInt(request.getParameter("fldLargura"));
           else
                  intLargura = 0;

        if ((intAltura != 0) && (intLargura != 0))
           intArea = (intAltura * intLargura) / 2;
  %>

  <h2>Valor da área do triângulo é: <%= intArea %></h2>
 </body>
</html>
```

Como já sabemos, todos esses arquivos devem ser gravados na nossa pasta **livro_jsp**.

Execute seu navegador e digite no campo de endereço a cadeia de caracteres "localhost:8080/livro_jsp/calculo_area.html". O formulário da Figura 13.19 é então exibido. Selecione, por exemplo, a opção **Retângulo** e clique no botão **Confirmar**. Deve ser apresentada em seguida a tela da Figura 13.20.

Figura 13.19 – Formulário de seleção da opção de cálculo.

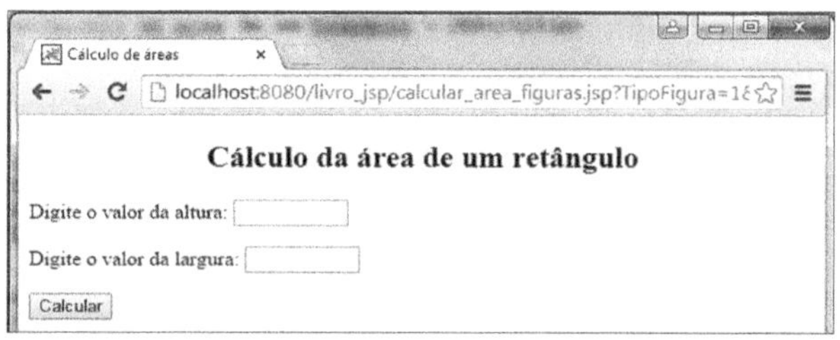

Figura 13.20 – Formulário de entrada de dados para cálculo da área.

Digite os valores solicitados e clique em **Calcular** para visualizar a tela com o resultado (Figura 13.21).

Caso seja clicado o botão **Confirmar** sem que uma das opções tenha sido selecionada, a tela de mensagem da Figura 13.22 é exibida.

Figura 13.21 – Página JSP com resultado do cálculo.

Figura 13.22 – Tela de mensagem de alerta.

13.4 Utilização do NetBeans na programação JSP

Até agora, vínhamos utilizando um editor de texto simples, como o Bloco de Notas do Windows ou o GEdit do Ubuntu Linux. Neste tópico, veremos que é possível utilizar o NetBeans no desenvolvimento de nossas páginas JSP e até executá-las dentro do ambiente de desenvolvimento.

O NetBeans trabalha com o conceito de projetos. Sendo assim, o procedimento inicial é definir um projeto, no qual especificamos a tecnologia utilizada – no caso, aplicações JSP – e a pasta/diretório em que os arquivos que compõem o projeto devem ser gravados.

Para criar um projeto, selecione a opção **Arquivo → Novo Projeto** (Figura 13.23). A caixa de diálogo da Figura 13.24 é aberta em seguida. No campo **Nome do Projeto** deve ser informada uma cadeia de caracteres para identificação do projeto que se deseja criar. Será este também o nome da pasta que o NetBeans criará para armazenar todos os arquivos do projeto. Por padrão, as pastas de projetos são criadas dentro da pasta **NetBeansProject**, mas você pode alterar essa funcionalidade conforme sua necessidade. Digite "livro_jsp" e clique no botão **Próximo**.

A tela seguinte (Figura 13.25) permite especificar o servidor de aplicação (campo **Servidor**) e o caminho do contexto. Esse caminho representa também a pasta de armazenamento dos arquivos, e deve ser especificado na URL quando formos executar a página/aplicação pelo navegador. Vamos utilizar o servidor GlassFish na execução dos códigos a partir do próprio NetBeans. Deixe conforme está configurado e clique em **Próximo** novamente.

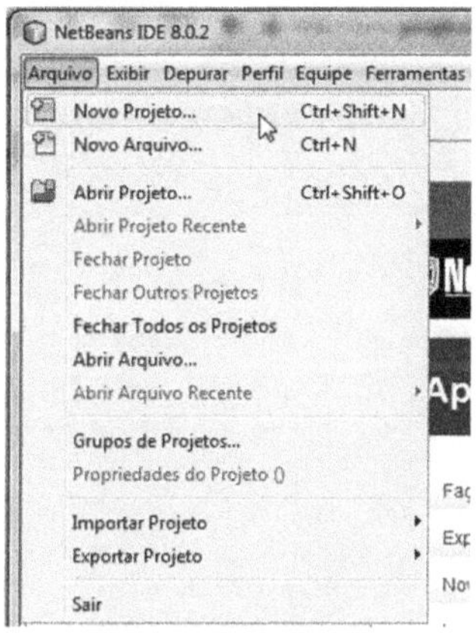

Figura 13.23 – Opção para criação de projeto.

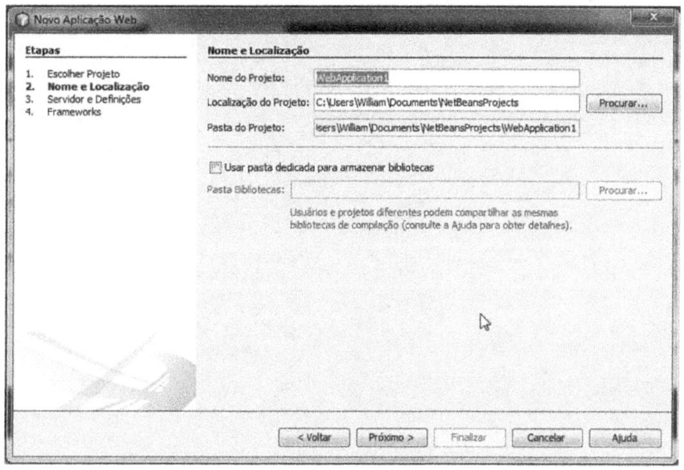

Figura 13.24 – Tela de especificação do nome do projeto e pasta de armazenamento dos arquivos.

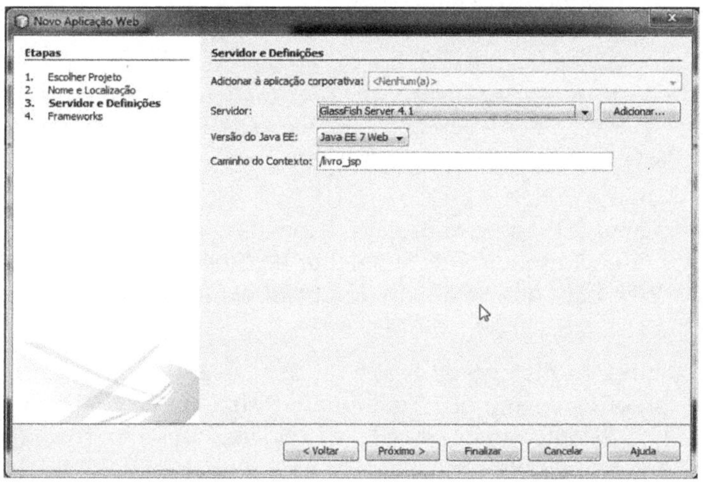

Figura 13.25 – Especificação de servidor e caminho do contexto.

A última tela de configuração do projeto é exibida (Figura 13.26). Clique no botão **Finalizar** e pronto, devemos ter em seguida a tela mostrada pela Figura 13.27.

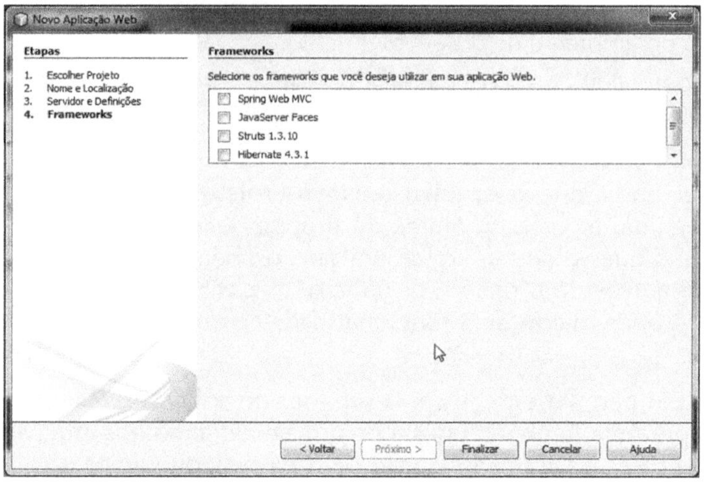

Figura 13.26 – Tela final de configuração do projeto.

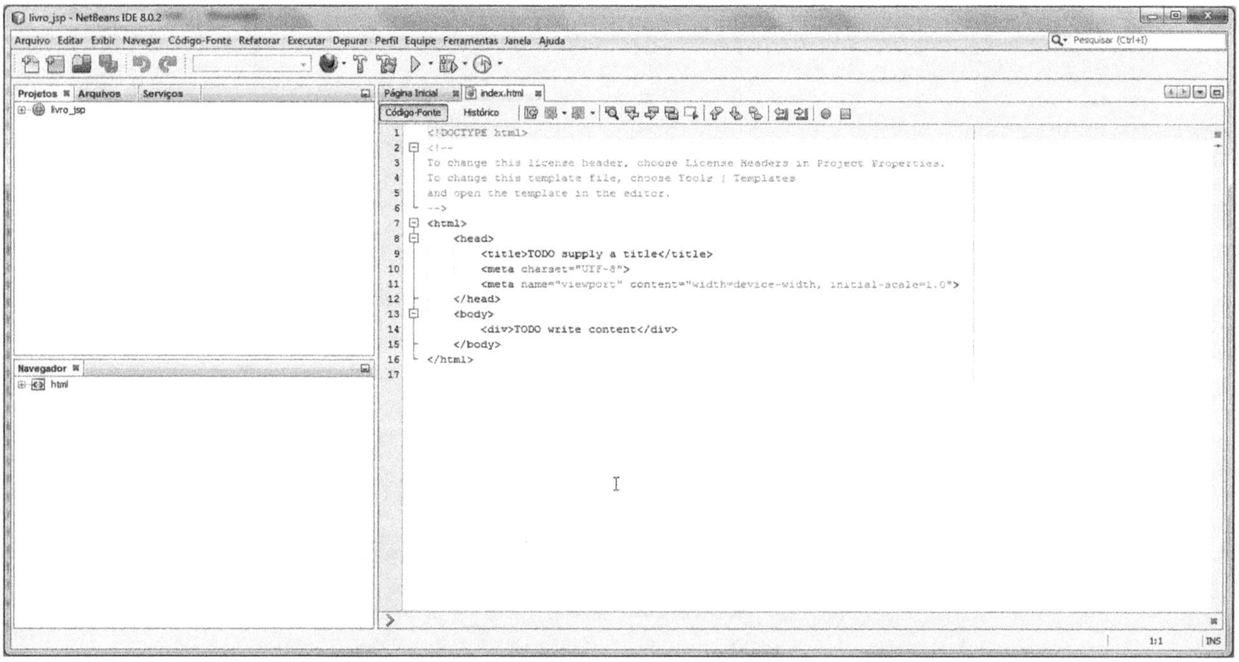

Figura 13.27 – Tela do projeto recém-criado, com arquivo de exemplo.

Vamos agora adicionar uma página JSP ao novo projeto. Expanda o projeto denominado **livro_jsp,** apresentado na lista da janela de projetos (área à esquerda do ambiente do NetBeans), e, em seguida, clique com o botão direito sobre o item **Páginas Web** para que seja exibido um menu local. Então, escolha a opção **Novo → JSP**, como mostra a Figura 13.28.

Com isso, deve ser aberta a caixa de diálogo da Figura 13.29. Nela devemos informar o nome do arquivo no primeiro campo. Digite a expressão "exemplo01" e clique em seguida no botão **Finalizar**. O NetBeans criará, então, um arquivo com esse nome contendo um esboço de código, conforme se vê na Figura 13.30.

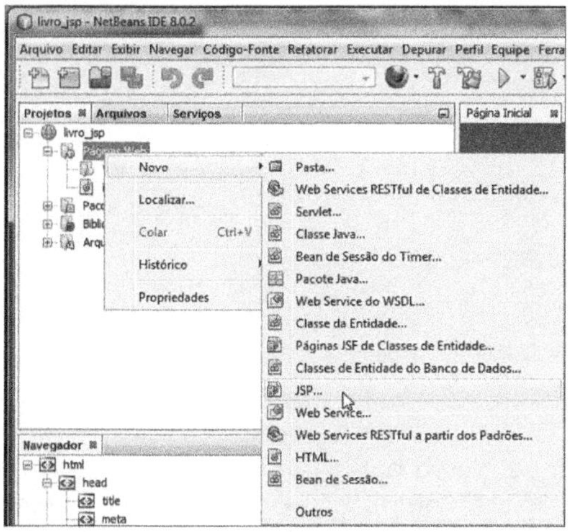

Figura 13.28 – Opções para adição de arquivos ao projeto.

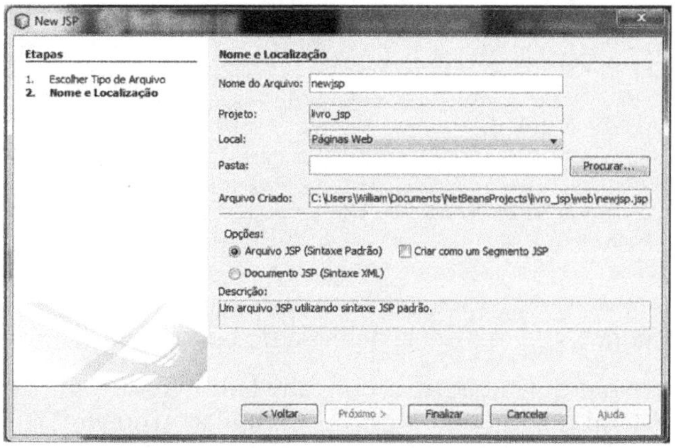

Figura 13.29 – Tela de especificação do arquivo a ser criado.

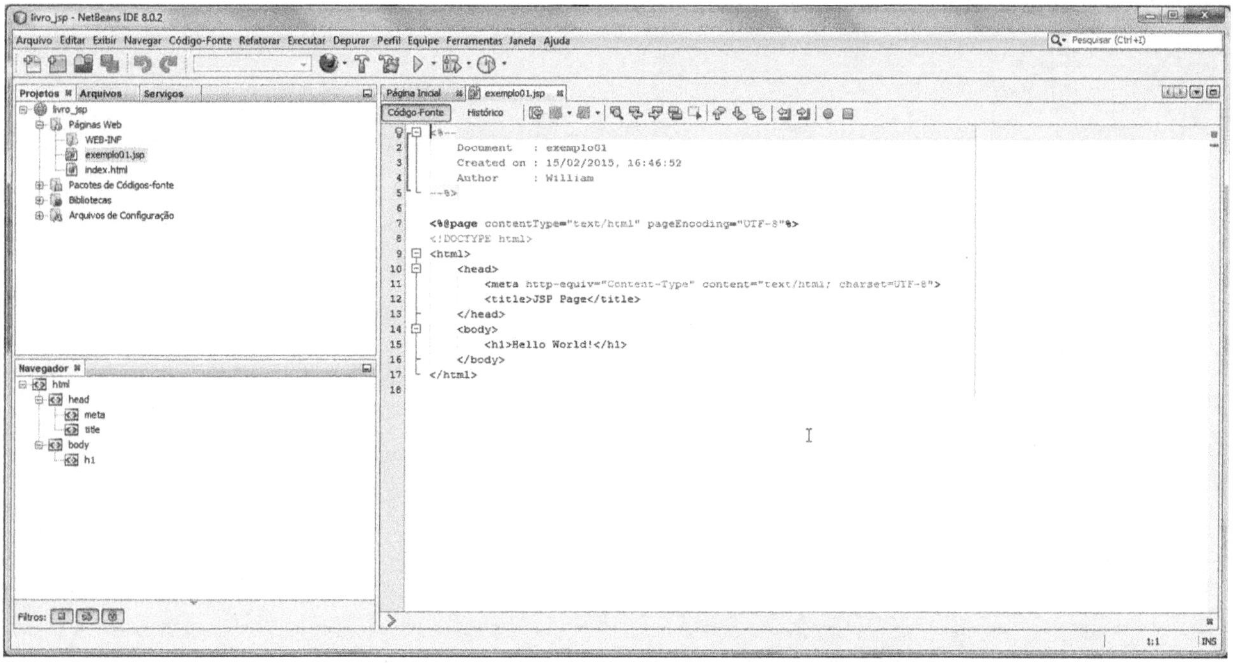

Figura 13.30 – Tela com esboço de código do arquivo criado.

Altere esse código para o apresentado na seguinte listagem:

```
<%--
    Document   : exemplo01
    Created on : 15/02/2015, 16:46:52
    Author     : William
--%>

<%@page contentType="text/html" pageEncoding="UTF-8"%>
<%@page import="java.util.Date"%>
<%@page import="java.text.SimpleDateFormat"%>
<!DOCTYPE html>
<html>
    <head>
```

```
        <meta http-equiv="Content-Type" content="text/html; charset=UTF-8">
        <title>Exemplo de página JSP</title>
    </head>
    <body>
        <%
          java.util.Date DataAtual = new java.util.Date();
         String strData = new SimpleDateFormat("dd/MM/yyyy").format(DataAtual);
        %>
        <h2>Exemplo de página JSP escrita no NetBeans</h2><br>
        <h2>Data atual: <%= strData %></h2>
    </body>
</html>
```

A Figura 13.31 apresenta a janela do editor com o novo código.

Grave o arquivo clicando no ícone **Salvar Tudo** (). Depois, clique com o botão direito sobre o arquivo **exemplo01.jsp** e selecione a opção **Compilar Arquivo** (Figura 13.32). Se a compilação ocorrer com sucesso, você deverá ver as mensagens apresentadas pela Figura 13.33 na janela de saída do NetBeans. Deve-se ressaltar que esse processo de compilação não é uma exigência para páginas JSP, mas, como veremos no Capítulo 14, é imprescindível para *Servlets*.

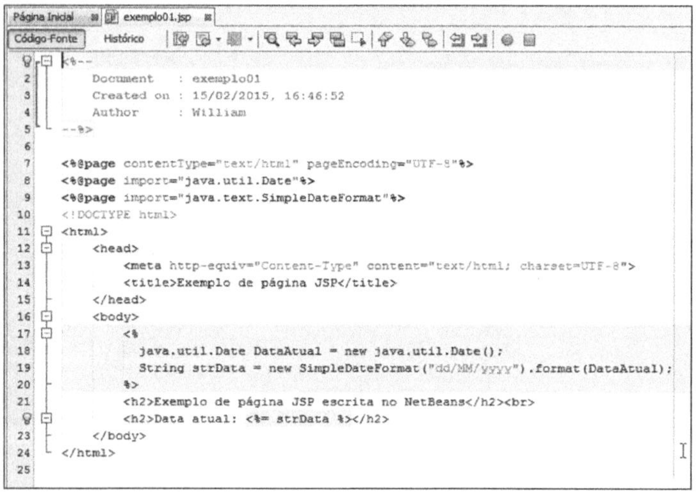

Figura 13.31 – Código do primeiro exemplo de página JSP.

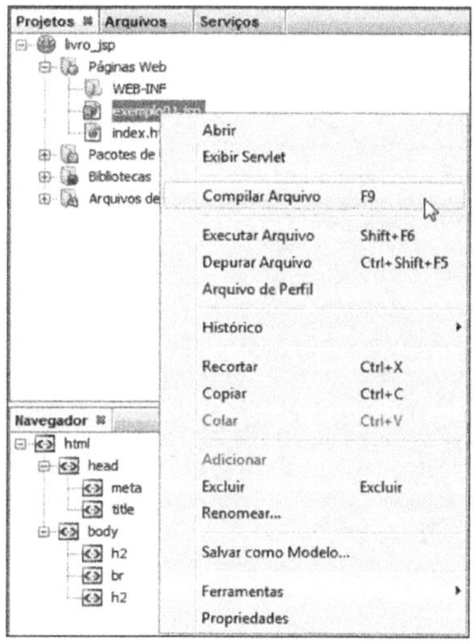

Figura 13.32 – Opção de compilação de arquivo.

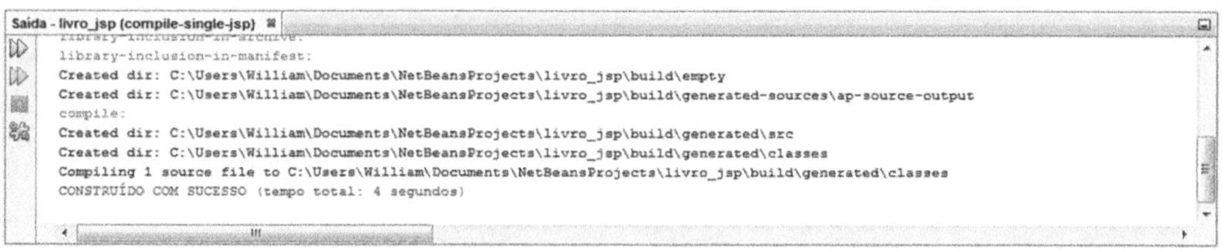

Figura 13.33 – Mensagens do processo de compilação.

Com o arquivo compilado, você pode executá-lo selecionando a opção **Executar Arquivo** do menu local aberto mediante clique do botão direito do mouse sobre o arquivo. O navegador padrão definido no NetBeans é, então, aberto com a página (Figura 13.34).

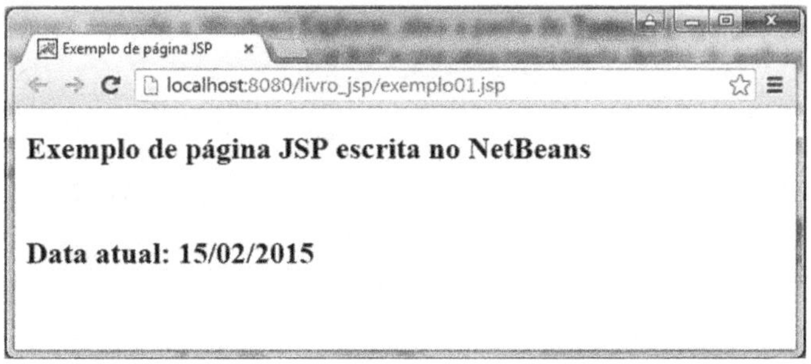

Figura 13.34 – Página aberta no navegador pelo NetBeans.

Se o Tomcat estiver ativo, é necessário interrompê-lo antes de tentar executar o exemplo, pois o GlassFish usa a mesma porta de comunicação do Tomcat, a 8080, o que ocasiona um conflito. Para isso, clique com o botão direito sobre o ícone do Tomcat na área de notificação e selecione a opção **Stop service**.

Você pode alterar o navegador padrão por meio da tela mostrada pela Figura 13.35, que é aberta com a seleção da opção **Ferramentas → Opções**. Clique na caixa de combinação **Web Browser** para abrir a lista de navegadores existentes e escolha o seu preferido (Figura 13.36).

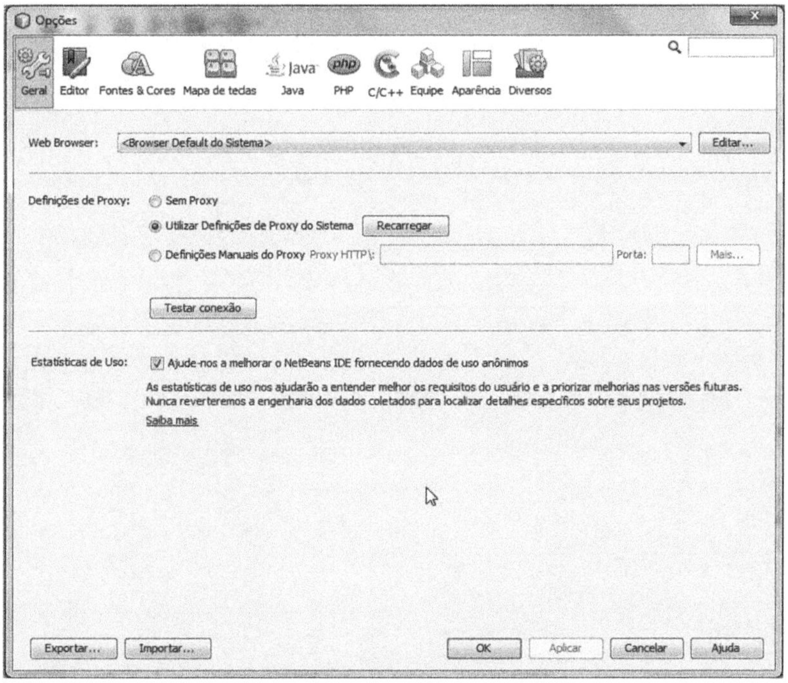

Figura 13.35 – Tela de configuração do NetBeans.

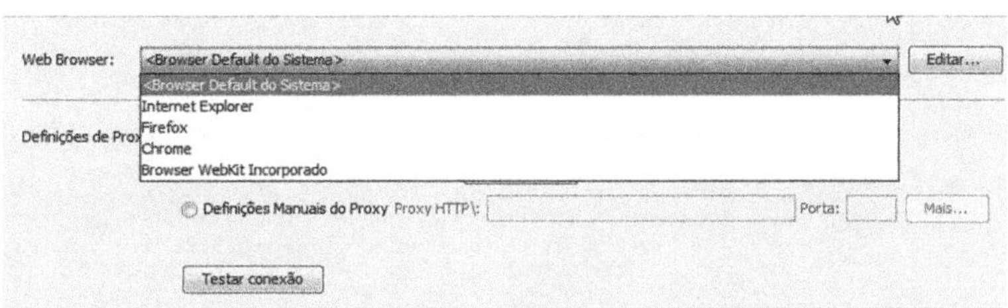

Figura 13.36 – Lista de navegadores instalados.

Recapitulando

Este capítulo abordou diversos assuntos para um primeiro contato com desenvolvimento de páginas JSP. Entre eles, a definição da pasta de contexto do Tomcat, tanto no Windows quanto no Linux; a descrição dos elementos sintáticos presentes em uma página JSP; como se acessam dados presentes em campos de um formulário; e a criação de projetos e páginas JSP no NetBeans.

Teste seus conhecimentos

1) Quais são as pastas que devem ser criadas dentro da pasta da aplicação JSP?
2) Quais são os elementos sintáticos de uma página JSP?
3) Relacione os tipos em que o elemento sintático scripting pode ser divido.
4) Descreva a função das diretivas.
5) Enumere os diferentes tipos de ações que podem aparecer em uma página JSP.
6) Qual é o objeto JSP que permite acesso aos valores digitados em um formulário de entrada de dados?

14

Desenvolvimento de *Servlets*

Novos conhecimentos

Neste capítulo partiremos para a descrição do projeto que desenvolveremos ao longo do restante do livro, apresentando as configurações de ambiente necessárias a essa tarefa. Abordaremos o conceito de classes abstratas e interfaces, faremos uma descrição dos pacotes de classes Java, estudaremos a criação e o uso de Servlets, *definiremos o descritor de implantação e, para terminar, veremos como executar a aplicação no navegador.*

14.1 Classes abstratas

Antes de entrarmos no estudo do desenvolvimento de *Servlets*, devemos abordar alguns assuntos que não foram tratados quando estudamos a programação em Java, na primeira parte deste livro. O primeiro deles é a classe abstrata.

Já estudamos que a linguagem Java oferece o recurso de sobrescrita e sobrecarga de métodos, muito útil para a adaptação de subclasses de acordo com as necessidades. Ainda com relação a este assunto, Java possui também o conceito de classes abstratas.

Esse mecanismo possibilita que uma superclasse (ou classe base) contenha, além de métodos concretos (aqueles que já possuem um comportamento definido), métodos abstratos, assim chamados porque existe apenas sua declaração dentro da classe. A implementação do código relativo ao método fica a cargo das subclasses (ou classes filhas) que derivam dessa classe abstrata. A definição de uma classe abstrata é dada pelo acréscimo da palavra reservada **abstract** após o modificador de escopo.

Para estudar esse conceito, vamos analisar o exemplo de classe apresentado na listagem a seguir, que permite a conversão de unidades de medida:

```
public abstract class ConversaoMedida {
  private double dblValorOriginal,dblValorConvertido;

  public ConversaoMedida(double dblValorOriginal) {
    this.dblValorOriginal = dblValorOriginal;
  }

  public double getValorOriginal() { return dblValorOriginal;}

  public void setValorConvertido(double dblValorConvertido) { this.dblValorConvertido =
dblValorConvertido; }

  public double getMedida() { return dlbValorConvertido; }

  public abstract void Converte();
}
```

Observe como foi declarada a classe, com o emprego da palavra reservada **abstract**. Em seguida, temos a declaração de dois atributos utilizados na classe, ambos do tipo **double**. Temos também a definição do construtor e de três métodos concretos: um responsável pelo retorno do valor do atributo **dblValorOriginal**, outro que armazena no atributo **dblValorConvertido** o valor referente à conversão da unidade de medida e o último, que tem por função retornar o valor da conversão. Esses métodos são necessários porque os atributos são declarados como **private**, o que impossibilita o acesso direto pelas classes derivadas.

Existe ainda a declaração de um método abstrato (**public abstract void Converte()**), cuja implementação será criada nas subclasses.

O código da listagem a seguir apresenta um exemplo de classe que estende a classe base **ConversaoMedida**:

```
public class PolegadaParaCentimetro extends ConversaoMedida {
  public PolegadaParaCentimetro(double dblMedida) { super(dblMedida); }

  public void Converte() { super.setValorConvertido(super.getValorOriginal() * 2.54); }

  public float getValor() { return super.getMedida(); }
}
```

Essa nova classe herda os métodos públicos da superclasse **ConversaoMedida**. Nela, encontramos a definição do construtor, a implementação do código referente ao método abstrato **Converte()** e um terceiro método responsável pelo retorno do valor convertido.

O construtor dessa subclasse chama, por meio da palavra reservada **super**, o construtor da superclasse. Na implementação do método abstrato **Converte()**, o valor da unidade de medida (dado em polegadas) é convertido em centímetros a partir da multiplicação pela constante 2,54. Só para lembrar, a conversão de uma medida em polegadas para centímetros é dada pela fórmula **X = Y * 2,54**, com **Y** representando o valor em polegadas.

É importante notar como o valor da medida em polegadas é recuperado pela chamada ao método **getValorOriginal()** da superclasse. Da mesma forma, para o armazenamento do valor convertido no atributo **dblValorConvertido**, existente na superclasse, fazemos uso da chamada ao seu método **setValorConvertido**.
Já o método **getValor()**, que retorna o valor calculado, também chama o **getMedida()** da superclasse.
A listagem seguinte contém um código para testar essas classes:

```
import javax.swing.JOptionPane;

public class TesteConversao1 {
  public static void main(String args[]) {
    String strValorPolegada;
    double dblValorPolegada,dblValorCentimetro;

    strValorPolegada = JOptionPane.showInputDialog ("Entre com a medida em polegadas:");
```

```
    dblValorPolegada = Float.parseFloat(strValorPolegada);

    PolegadaParaCentimetro PolegadaCentimetro = new PolegadaParaCentimetro(dblValorPolegada);
    PolegadaCentimetro.Converte();
    dblValorCentimetro = PolegadaCentimetro.getValor();

    JOptionPane.showMessageDialog(null,"Valor convertido para centímetros = " + dblValorCentimetro,"
Atenção",JOptionPane.INFORMATION_MESSAGE);
  }
}
```

Nesse código, primeiramente se referencia a biblioteca de classes **SWING** com a instrução **import javax.swing.JOptionPane**, para que seja possível acessar o método **showInputDialog** da classe **JOptionPane** e apresentar uma caixa de diálogo de entrada de valor.

O valor retornado por esse método é armazenado na variável **strValorPolegada** e, posteriormente, convertido em um valor numérico de ponto flutuante por intermédio da expressão **dblValorPolegada = Float.parseFloat(strValorPolegada)**.

Em seguida, declara-se um objeto para a classe **PolegadaParaCentimetro**, passando-se ao seu construtor o valor digitado pelo usuário. A conversão é efetuada invocando-se o método **Converte()** por meio da instrução **PolegadaCentimetro.Converte()**. O valor resultante é armazenado, então, na variável **dblValorCentimetro** e, por fim, apresentado ao usuário pelo método **showMessageDialog()** da classe **JOptionsPane**.

14.2 Interfaces

De forma similar às classes abstratas, as interfaces forçam a reescrita dos métodos abstratos dentro das subclasses, uma vez que elas contêm apenas a declaração. Com isso, são implementadas as suas ações.

Uma característica interessante é que, em uma interface, não encontramos métodos concretos e também não pode haver construtores.

A linguagem Java permite que uma interface estenda outra interface, e, neste caso, a classe que faz uso da primeira deve, obrigatoriamente, implementar todos os métodos existentes nas interfaces envolvidas (a ancestral e a herdeira).

O seguinte código apresenta o exemplo de conversão de medida utilizando interface:

```
public interface ValorConversao {
  public float getValor();
}
```

Observe que ele contém apenas a declaração de um método. A seguir, temos o código da classe **CentimetroPolegada** que estende a classe base **ConversaoMedida** e implementa a interface **ValorConversao**:

```
public class CentimetroPolegada extends ConversaoMedida implements ValorConversao {
  public CentimetroPolegada(double dblMedida) { super(dblMedida); }

  public void Converte() { super.setValorConvertido(super.getValorOriginal() * 0.3937); }

  public double getValor() { return getMedida(); }
}
```

Uma importante modificação deve ser notada: a instrução **return**, do método **getValor()**, não faz uso da palavra reservada **super** ao chamar o método **getMedida**. Isso é necessário em todos os métodos da interface.

14.3 Organização em pacotes

Com a tecnologia Java é possível que as classes utilizadas no desenvolvimento de uma aplicação sejam organizadas no que chamamos de "pacotes". Essa organização é feita com o armazenamento dos arquivos referentes às classes em pastas específicas criadas pelo desenvolvedor.

Para indicar que uma classe pertence a um pacote, devemos utilizar a palavra reservada **package**, seguida da especificação do nome do pacote, antes da declaração da classe.

Suponha, como exemplo, que temos uma pasta denominada **sistema** e, dentro dela, outra pasta denominada **rotinas_processamento**. Todas as classes responsáveis pela execução de processamento de dados devem ser gravadas nessa última pasta, e o código-fonte deve obrigatoriamente conter a seguinte linha logo no início:

```
package sistema.rotinas_processamento;
```

O ponto (**.**) serve para indicar outro nível de pasta ou subpasta. É similar à barra invertida (\).

Para especificar a intenção de utilizar as classes de um determinado pacote, é necessário adicionar logo no início do código a palavra reservada **import** seguida da sua referência. Em nosso exemplo anterior, ela é definida pela expressão **sistema.rotinas_processamento**. Sendo assim, uma classe que faz uso desse pacote deve se iniciar com a seguinte linha:

```
import sistema.rotinas_processamento.*;
```

O asterisco no fim da expressão indica que todas as classes do pacote devem ser importadas.

14.4 Uso de *Servlets*

Conforme já mencionado no Capítulo 12, toda aplicação escrita em JSP é convertida automaticamente pelo Tomcat em um *Servlet*, pois é isso que ele realmente executa.

No entanto, não é muito produtivo desenvolver toda nossa aplicação em *Servlet*, principalmente porque temos o código responsável pela montagem da página HTML (a interface com o usuário) embutido no código Java. Além disso, há uma complexidade maior no desenvolvimento de *Servlets*, pois não é como no caso de JSP, que simplesmente codificamos e já podemos executar via navegador. O que se costuma fazer é utilizar JSP para criar a camada de apresentação (*View*) e deixar a cargo dos *Servlets* a responsabilidade pelo processamento dos dados, ou seja, das regras de negócio (*Controller*).

Mas precisamos primeiramente entender a estrutura de um *Servlet* e o que é necessário para distribuir uma aplicação criada com essa técnica.

Um *Servlet* nada mais é do que uma classe Java e, sendo assim, o código deve ser gravado com a extensão **.java**, e não **.jsp**, como fizemos até agora. Toda classe que implementa um *Servlet* deve ser gravada em um pacote. Isso facilita a implantação/distribuição da aplicação.

Você deve lembrar que falamos no início do capítulo sobre classes abstratas e interfaces. Pois bem, essa abordagem foi necessária porque uma classe Java precisa estender a classe **HttpServlet** para ser um *Servlet* de fato. Por outro lado, essa classe **HttpServlet** é abstrata, o que significa que devemos implementar as funcionalidades dos seus métodos. Dois desses métodos, muito utilizados, são **doGet()** e **doPost()**, que servem para tratar requisições do cliente efetuadas por **GET** ou **POST**, definidas no atributo **method** do formulário HTML.

No início deste tópico mencionamos que um *Servlet* demanda um trabalho maior no desenvolvimento, pois exige algumas configurações extras para poder ser rodado. A principal diferença entre JSP e *Servlet* é a presença de um arquivo em padrão XML denominado **descritor de implantação**. Esse arquivo deve ter o nome web.xml e sua estrutura básica é a seguinte:

```
<?xml version="1.0" encoding="ISO-8859-1"?>
<!DOCTYPE web-app PUBLIC "-//Sun Microsystems, Inc.//DTD Web Application 2.3//EN" "http://java.sun.
com/dtd/web-app_2_3.dtd">
<web-app>
 <servlet>
  <servlet-name></servlet-name>
  <servlet-class></servlet-class>
 </servlet>
```

```
  <servlet-mapping>
    <servlet-name></servlet-name>
    <url-pattern></url-pattern>
  </servlet-mapping>
</web-app>
```

Nesse arquivo encontramos o par de *tags* **<web-app>** e **</web-app>**, responsáveis por agrupar os diversos *Servlets* que devem ser reconhecidos pelo Tomcat. A definição propriamente dita do *Servlet* é obtida com a configuração de dois grupos de elementos. O primeiro grupo, definido por **<servlet>** e **</servlet>**, é utilizado para se especificar o nome interno do *Servlet* com o elemento **<servlet-name>** e **</servlet-name>** e o nome da classe (nome do arquivo **.class**) por meio do elemento **<servlet-class>** e **</servlet-class>**.

O segundo grupo de elementos, definido pelo elemento **<servlet-mapping>** **</servlet-mapping>**, permite fazer o mapeamento do *Servlet*. Um nome deve ser especificado por meio do par de *tags* **<servlet-name>** e **</servlet-name>**. O valor desse elemento deve ser o mesmo atribuído ao elemento **<servlet></servlet>**. Já o elemento definido por **<url-pattern>** e **</url-pattern>** é utilizado para especificação de parte da URL que usamos para acessar o *Servlet*.

Você pode criar esse arquivo manualmente ou, se preferir, deixar que o NetBeans o crie durante a configuração de parâmetros para criação do *Servlet*. Essa é apenas uma das vantagens de se usar o NetBeans em todo o desenvolvimento, principalmente se for trabalhar com *Servlets*.

Vamos então construir um pequeno exemplo para ver como tudo isso funciona. Com o NetBeans em execução e o projeto **livro_jsp** aberto, clique com o botão direito do mouse sobre o nome do projeto e selecione a opção **Novo → Servlet** (Figura 14.1). Na caixa de diálogo mostrada pela Figura 14.2, digite o nome da classe no primeiro campo. Em nosso caso, deverá ser **CalculoAreaCircunferencia**. Para o nome do pacote, digite a expressão "servlets_calculos". Clique no botão **Próximo** para ver a tela da Figura 14.3. Essa tela é responsável pela definição do descritor de implantação. Marque a caixa de seleção **Adicionar informações ao descritor de implantação (web.xml)**. Note que o NetBeans preenche automaticamente o nome da classe referenciando o pacote ao qual ela pertence. Do mesmo modo, o nome do *Servlet* e o padrão de URL também são estabelecidos automaticamente, embora seja possível alterá-los. Deixe as configurações como foram definidas e clique no botão **Finalizar**.

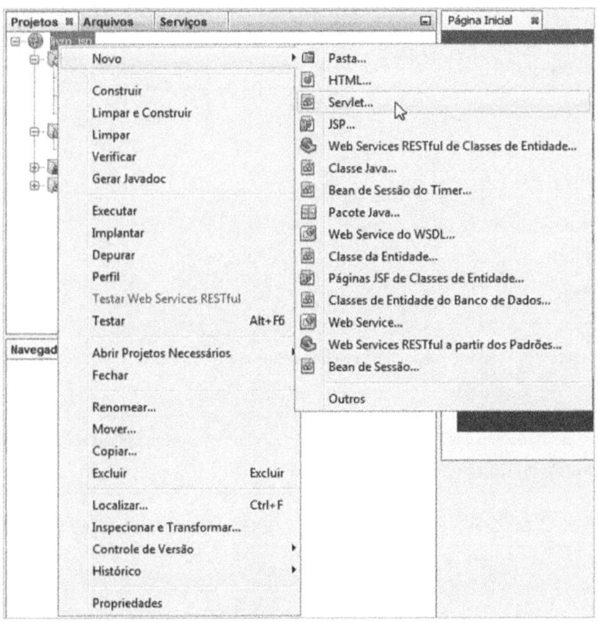

Figura 14.1 – Opção para criação de *Servlet*.

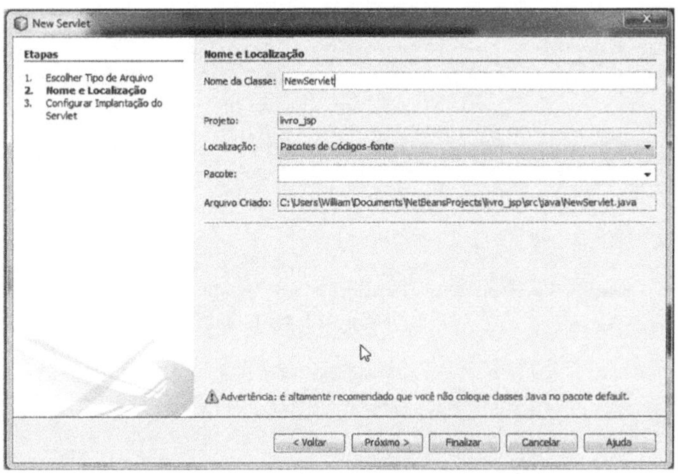

Figura 14.2 – Tela de configuração do *Servlet*.

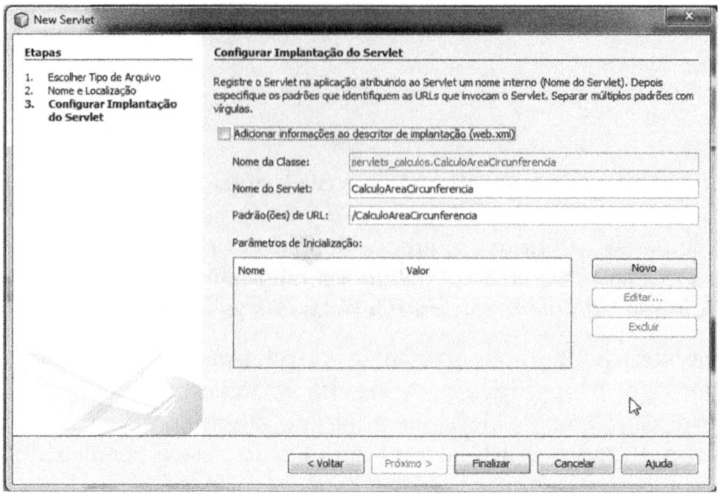

Figura 14.3 – Tela de definição do descritor de implantação.

Isso fará com que seja apresentada a tela da Figura 14.4, com o editor de códigos contendo um código *template* para nos facilitar o trabalho. Note ainda, na janela de gerenciamento de projetos, que foram adicionados o arquivo descritor de implantação (**web.xml**) na pasta **WEB-INF** e um pacote denominado **servlets_calculos** contendo nossa classe Java.

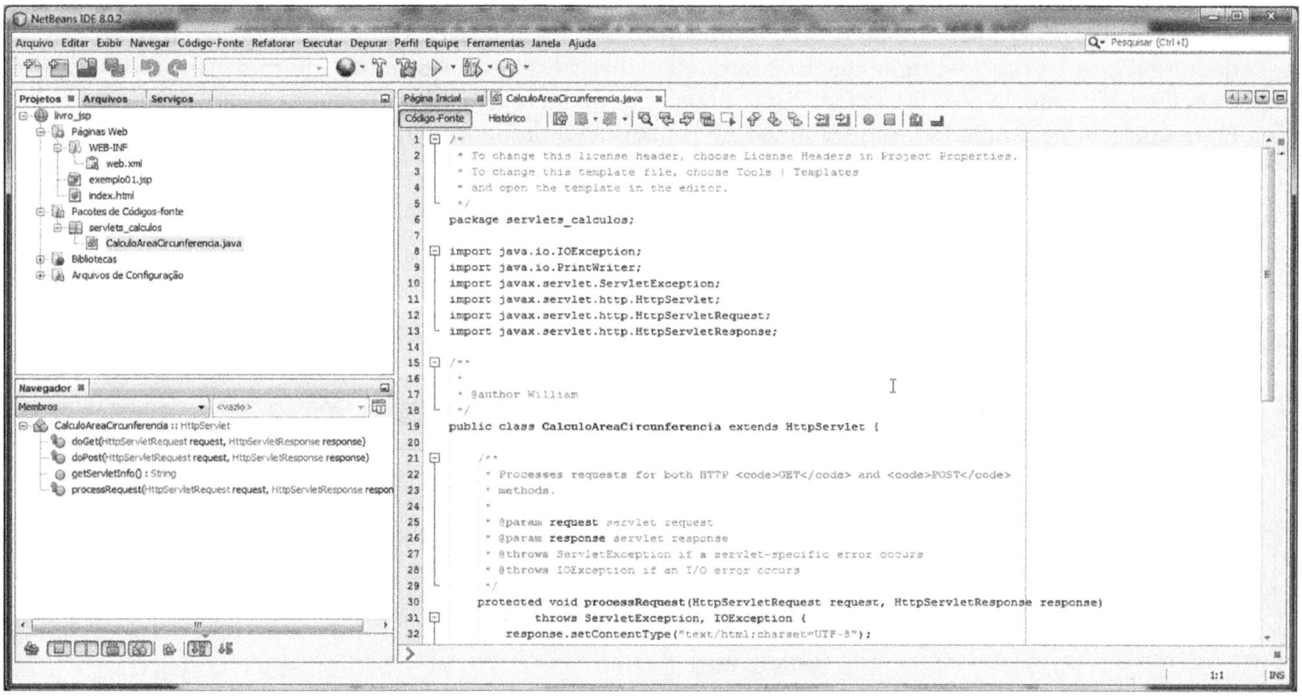

Figura 14.4 – Tela do NetBeans com o código template do *Servlet* adicionado.

Mova o código para cima e você poderá ver os métodos **doGet()** e **doPost()** (Figura 14.5). A única coisa que eles fazem é chamar o método **processRequest()**, cujo código precisar ser alterado por nós conforme apresentado na seguinte listagem:

```
protected void processRequest(HttpServletRequest request, HttpServletResponse response)
        throws ServletException, IOException {
    int intRaio;
    double dblArea;

    if (request.getParameter("fldRaio") != null)
       intRaio = Integer.parseInt(request.getParameter("fldRaio"));
       else
            intRaio = 0;

    dblArea = (intRaio * intRaio) * 3.14151692;

    response.setContentType("text/html;charset=UTF-8");
    try (PrintWriter out = response.getWriter()) {
        /* TODO output your page here. You may use following sample code. */
        out.println("<!DOCTYPE html>");
        out.println("<html>");
        out.println("<head>");
        out.println("<title>Cálculo da área de uma circunferência</title>");
        out.println("</head>");
        out.println("<body>");
        out.println("<h2>Valor da área da circunferência é: "+dblArea+"</h2>");
        out.println("</body>");
        out.println("</html>");
    }
}
```

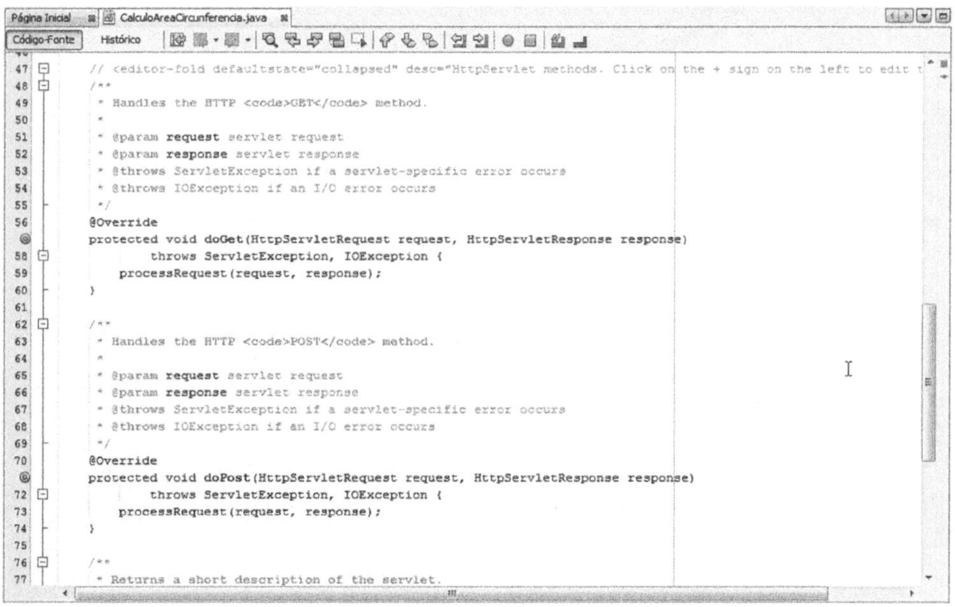

Figura 14.5 – Código template para os métodos doGet() e doPost().

Veja a tela da Figura 14.6.

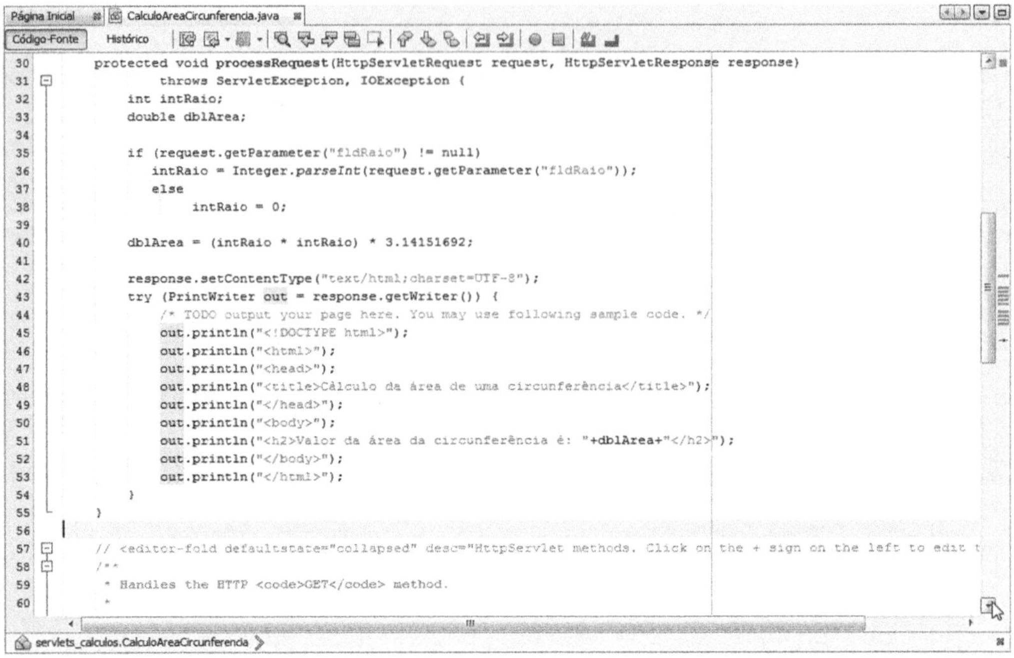

Figura 14.6 – Código do método processRequest() para cálculo da área de circunferência.

O código completo para esse nosso primeiro exemplo de *Servlet* é exibido na seguinte listagem:

```
/*
 * To change this license header, choose License Headers in Project Properties.
 * To change this template file, choose Tools | Templates
 * and open the template in the editor.
 */
package servlets_calculos;

import java.io.IOException;
import java.io.PrintWriter;
import javax.servlet.ServletException;
import javax.servlet.http.HttpServlet;
import javax.servlet.http.HttpServletRequest;
import javax.servlet.http.HttpServletResponse;

/**
 *
 * @author William
 */
public class CalculoAreaCircunferencia extends HttpServlet {

    /**
     * Processes requests for both HTTP <code>GET</code> and <code>POST</code>
     * methods.
     *
     * @param request servlet request
     * @param response servlet response
     * @throws ServletException if a servlet-specific error occurs
     * @throws IOException if an I/O error occurs
     */
    protected void processRequest(HttpServletRequest request, HttpServletResponse response)
            throws ServletException, IOException {
        int intRaio;
        double dblArea;

        if (request.getParameter("fldRaio") != null)
```

```
            intRaio = Integer.parseInt(request.getParameter("fldRaio"));
            else
                intRaio = 0;

        dblArea = (intRaio * intRaio) * 3.14151692;

        response.setContentType("text/html;charset=UTF-8");
        try (PrintWriter out = response.getWriter()) {
            /* TODO output your page here. You may use following sample code. */
            out.println("<!DOCTYPE html>");
            out.println("<html>");
            out.println("<head>");
            out.println("<title>Càlculo da área de uma circunferência</title>");
            out.println("</head>");
            out.println("<body>");
            out.println("<h2>Valor da área da circunferência é: "+dblArea+"</h2>");
            out.println("</body>");
            out.println("</html>");
        }
    }

    // <editor-fold defaultstate="collapsed" desc="HttpServlet methods. Click on the + sign on the
left to edit the code.">
    /**
     * Handles the HTTP <code>GET</code> method.
     *
     * @param request servlet request
     * @param response servlet response
     * @throws ServletException if a servlet-specific error occurs
     * @throws IOException if an I/O error occurs
     */
    @Override
    protected void doGet(HttpServletRequest request, HttpServletResponse response)
            throws ServletException, IOException {
        processRequest(request, response);
    }

    /**
     * Handles the HTTP <code>POST</code> method.
     *
     * @param request servlet request
     * @param response servlet response
     * @throws ServletException if a servlet-specific error occurs
     * @throws IOException if an I/O error occurs
     */
    @Override
    protected void doPost(HttpServletRequest request, HttpServletResponse response)
            throws ServletException, IOException {
        processRequest(request, response);
    }

    /**
     * Returns a short description of the servlet.
     *
     * @return a String containing servlet description
     */
    @Override
    public String getServletInfo() {
        return "Short description";
    }// </editor-fold>

}
```

A primeira linha desse código contém a diretiva **package**, que é responsável pela especificação do pacote ao qual a classe pertence (**servlets_calculos**, em nosso caso). As linhas seguintes são necessárias para que os pacotes utilizados pela nossa classe sejam importados.

O pacote **java.io.IOException** é necessário para que seja possível tratar qualquer erro que eventualmente ocorra durante o processamento de fluxo de saída de dados. Da mesma forma, temos o pacote **javax.sevlet.ServletException** por causa da classe **ServletException**, especificada na declaração dos métodos, para poder lançar uma exceção no caso de o *Servlet* não ter sucesso no processamento da requisição do cliente.

Os últimos três pacotes precisam ser importados para dentro da classe tanto porque ela estende a classe **HttpServlet** como porque faz uso das interfaces **HttpServletRequest** e **HttpServletResponse**. A primeira é responsável pelo atendimento de requisições pelos métodos **doGet()** e **doPost()**, enquanto a segunda é utilizada para se fornecer um objeto que represente a resposta ao cliente.

Conforme dito no parágrafo anterior, nossa classe estende a classe **HttpServlet** a partir da seguinte declaração:

```
public class CalculoAreaCircunferencia extends HttpServlet {
```

Por ser uma classe abstrata, os métodos **doGet()** e **doPost()** precisam ser codificados por nós.

O método **processRequest()**, por meio dos parâmetros **request** e **response**, recebe dois objetos, que representam uma requisição do cliente e uma resposta que deve ser retornada a ele. A requisição é obtida graças à interface **HttpServletRequest**, enquanto a resposta é tratada com a interface **HttpServletResponse**.

Note que esse método pode lançar uma exceção se houver problemas no tratamento da requisição ou da resposta, ou ainda no fluxo de saída de dados.

```
    protected void processRequest(HttpServletRequest request, HttpServletResponse response)
            throws ServletException, IOException {
```

O corpo do método que realmente executa uma tarefa útil consiste nas seguintes linhas de código:

```
int intRaio;
double dblArea;

if (request.getParameter("fldRaio") != null)
       intRaio = Integer.parseInt(request.getParameter("fldRaio"));
       else
           intRaio = 0;

dblArea = (intRaio * intRaio) * 3.14151692;

response.setContentType("text/html;charset=UTF-8");
try (PrintWriter out = response.getWriter()) {
    /* TODO output your page here. You may use following sample code. */
    out.println("<!DOCTYPE html>");
    out.println("<html>");
    out.println("<head>");
    out.println("<title>Càlculo da área de uma circunferência</title>");
    out.println("</head>");
    out.println("<body>");
    out.println("<h2>Valor da área da circunferência é: "+dblArea+"</h2>");
    out.println("</body>");
    out.println("</html>");
}
```

Duas variáveis do tipo numérico são declaradas. A primeira irá receber o valor do raio da circunferência que será passado como parâmetro do formulário que criaremos posteriormente. Já a segunda conterá o valor calculado pelo método.

Em seguida, damos início à preparação da resposta a ser enviada de volta ao cliente. O objeto **response** primeiramente chama o método **setContentType** para definir o tipo de resposta, que, no caso, é um documento no formato **text/html**, com o *character set* ajustado para **UTF-8**.

Um novo objeto do tipo **PrintWriter** é declarado e a ele é associado o objeto **response**, o que significa que todo fluxo de saída de dados com destino ao objeto **out** será redirecionado para **response** automaticamente. A saída de dados para o objeto **out** é obtida do mesmo modo que vimos quando trabalhamos com JSP, ou seja, chamando o método **println()**. É aqui que construímos o documento HTML que será retornado ao usuário.

Os métodos **doGet()** e **doPost()** simplesmente invocam o método **processRequest()** passando-lhe os mesmos parâmetros que receberam.

Veja que preferimos definir um método específico para a execução das tarefas pertinentes ao *Servlet*, que é chamado pelos métodos **doGet()** e **doPost()**. Se assim não tivesse sido feito, precisaríamos duplicar o código entre esses dois métodos, o que não é nada eficiente.

Para testar esse nosso *Servlet*, precisamos criar uma página HTML que contenha um formulário com sua ação vinculada a essa classe. Clique com o botão direito do mouse sobre o item **Páginas Web** da janela de projetos e selecione a opção **Novo → HTML**. Digite a cadeia de caracteres "area_circunferencia" no campo **Nome do Arquivo HTML** da caixa de diálogo aberta (Figura 14.7). Após clicar no botão **Finalizar**, o editor do NetBeans deve exibir o esboço de código da Figura 14.8. Altere esse código para o apresentado na listagem a seguir:

```
<!DOCTYPE html>
<html lang="pt-br">
 <head>
  <meta charset="UTF-8">
  <title>Cálculo da área de uma circunferência</title>
 </head>
 <body>
  <form name="formAreaCircunferencia" method="get" action="CalculoAreaCircunferencia">
    <h2 style="text-align: center;">Cálculo da área de uma circunferência</h2>
    <p>
    <p>Digite o valor do raio da circunferência:
    <input name="fldRaio" type="text" size="8" maxlength="8"/>
    </p>
    <input name="btnCalcular" value="Calcular" type="submit"/>
  </form>
 </body>
</html>
```

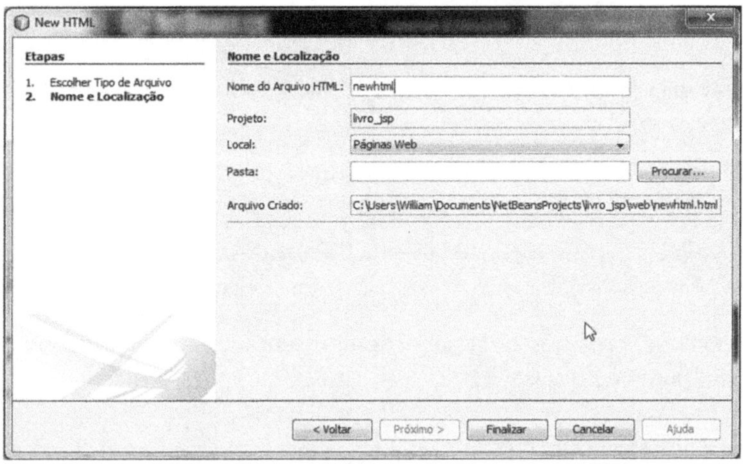

Figura 14.7 – Tela de definição de arquivo HTML.

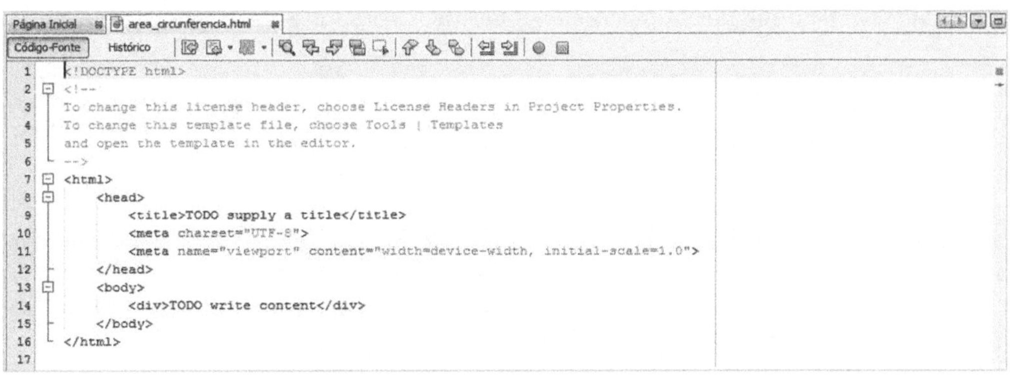

Figura 14.8 – Código template para página HTML.

Note que ao atributo **action** do formulário foi especificado o nome da classe que define o nosso *Servlet*, e ele não possui qualquer extensão. Veja o código exibido na Figura 14.9.

Figura 14.9 – Código para o formulário que executa o *Servlet*.

Grave todos os arquivos do projeto clicando no ícone **Salvar Tudo** (). Em seguida, clique com o botão direito do mouse sobre o arquivo **area_circunferencia.html** e selecione a opção **Executar Arquivo**. Após o processo de compilação e carregamento do servidor de aplicações, o navegador é apresentado com o formulário carregado (Figura 14.10). Digite um valor numérico qualquer e, depois, clique no botão **Calcular**. A página contendo a resposta do cálculo deve então ser mostrada (Figura 14.11).

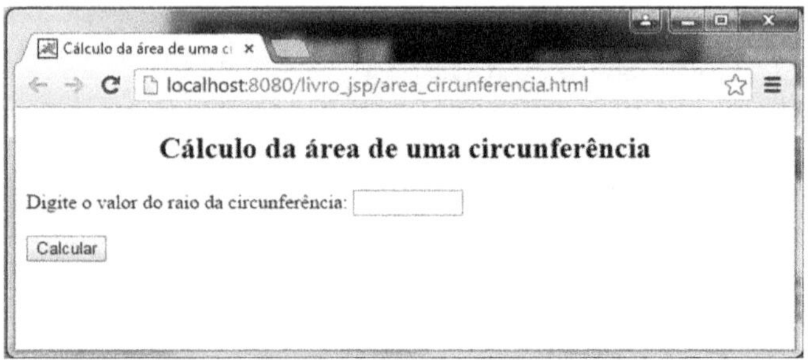

Figura 14.10 – Formulário de entrada de dados.

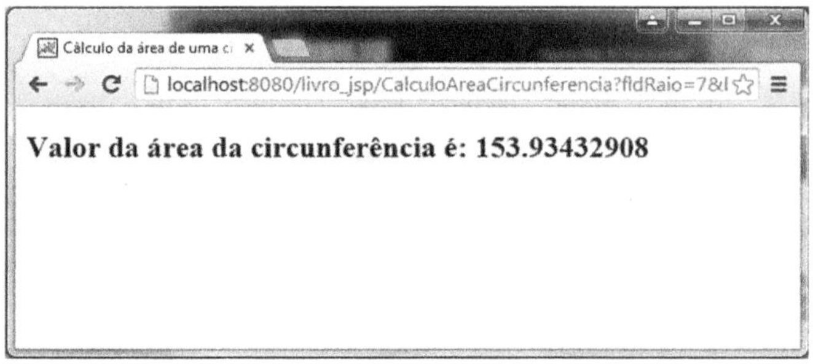

Figura 14.11 – Tela de apresentação do resultado.

Foi possível perceber como desacoplamos a camada de apresentação (formulário de entrada de dados) da camada de negócios (o *Servlet* para cálculo da área)?

14.5 Como rodar a aplicação fora do NetBeans

Conforme vimos, o NetBeans cria uma hierarquia de pastas própria para poder trabalhar. Ela difere da empregada pelo Tomcat, o que significa que devemos copiar os arquivos gerados para as aplicações nas pastas adequadas desse último.

No caso do nosso pequeno exemplo, o arquivo HTML que contém o formulário de entrada de dados, denominado **area_circunferencia.html**, deve estar gravado na pasta **Documentos\NetBeansProjects\livro_jsp\web** do Windows. Copie esse arquivo para a pasta **livro_jsp** que está em **webapps**.

Entretanto, como aplicações *Servlet* precisam da classe Java e do descritor de implantação, precisamos copiar também a pasta **servlets_calculos** da pasta **Documentos\NetBeansProjects\livro_jsp\build\web\WEB-INF\classes** para a pasta **WEB-INF\classes** que criamos dentro da pasta **livro_jsp**. Já em relação ao descritor de arquivo, devemos copiar o arquivo **web.xml** da pasta **Documentos\NetBeansProjects\livro_jsp\web\WEB-INF** do NetBeans para a pasta de **livro_jsp\web\WEB-INF** do Tomcat.

A Figura 14.12 apresenta um diagrama que descreve a origem e o destino dos arquivos nesse processo de cópia.

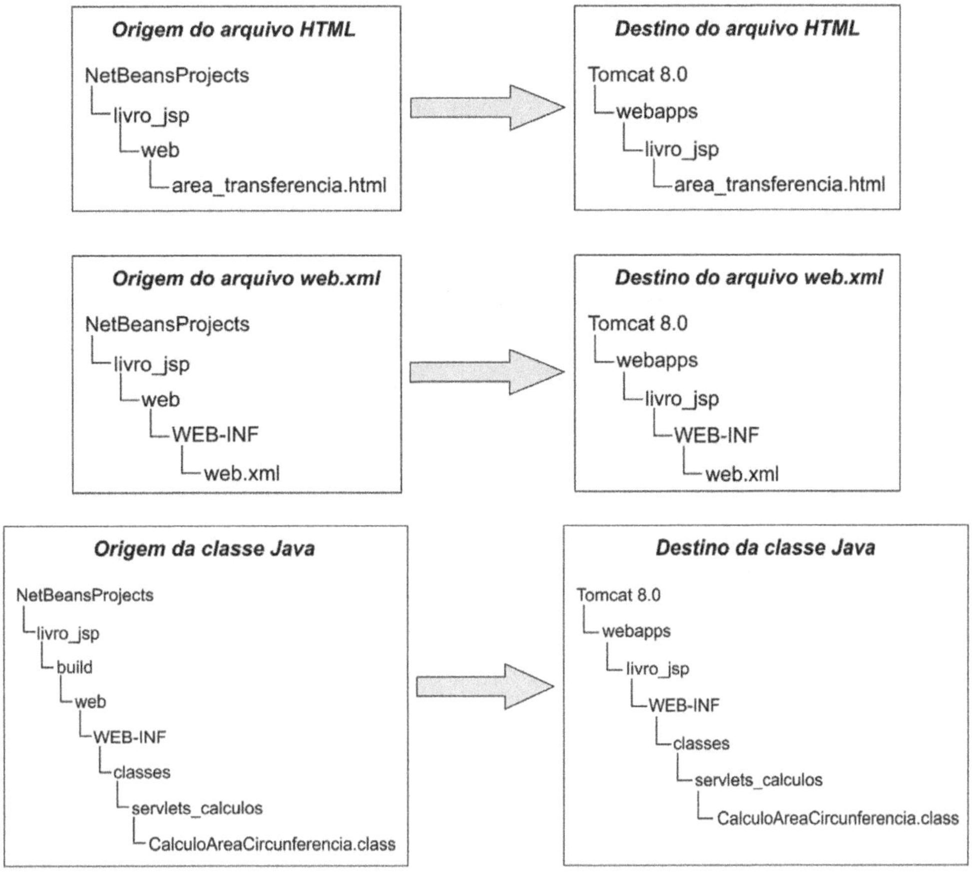

Figura 14.12 – Arquivos a serem copiados do NetBeans para o Tomcat.

Depois de ter efetuado esse processo de cópia, você poderá executar a aplicação por meio do seu navegador. As Figuras 14.13 e 14.14 apresentam as telas da aplicação ao serem rodadas. Note que o resultado é o mesmo obtido quando ela foi rodada dentro do ambiente do NetBeans.

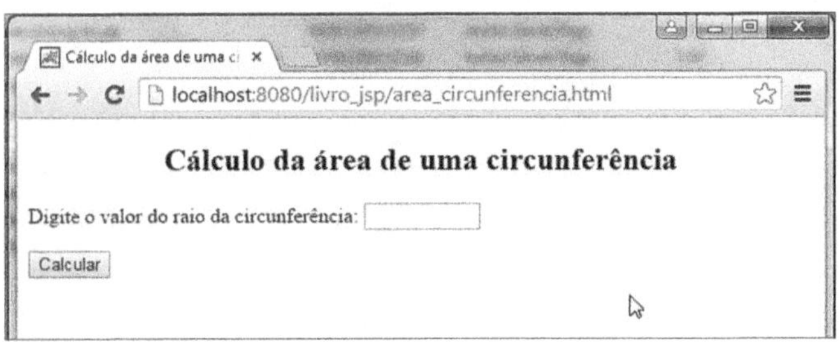

Figura 14.13 – Formulário de entrada de dados.

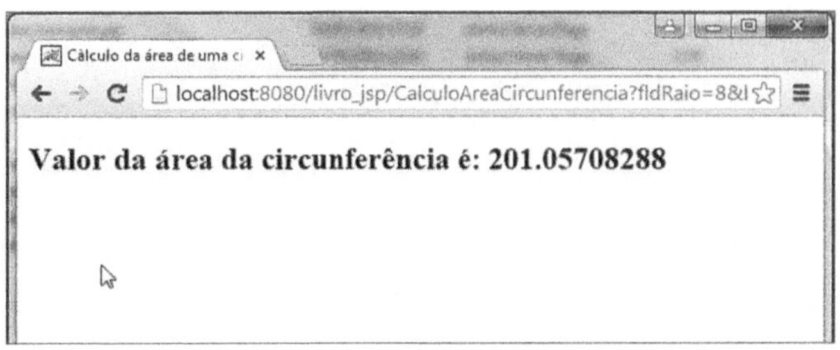

Figura 14.14 – Tela de apresentação do resultado.

Recapitulando

Este capítulo descreveu o processo básico de desenvolvimento de aplicações web com Servlets. *Também foram abordadas as definições de classes abstratas e interfaces, além da utilidade de criação de pacotes Java e da necessidade de criação do descritor de implantação para distribuição de uma aplicação* Servlet.

Teste seus conhecimentos

1) Descreva o conceito de classe abstrata.
2) O que são interfaces?
3) Como declaramos uma classe que precisa implementar uma interface?
4) Qual a utilidade dos pacotes de classes em Java?
5) Qual a principal dificuldade ao se desenvolver uma aplicação web toda em *Servlet*?
6) Descreva a função das interfaces HttpServletRequest e HttpServletResponse.
7) Descreva a diferença entre os métodos doGet() e doPost().

15

Desenvolvimento de Aplicação Web com Padrão MVC

Novos conhecimentos

Este capítulo apresentará mais alguns exemplos de aplicações Servlet. *Após uma descrição da estrutura das aplicações que seguem o padrão MVC, veremos como criar páginas HTML e JSP que representem a camada View do padrão MVC e* Servlets *para processamento dos dados. Ao final, estudaremos o uso do objeto RequestDispatcher para abrir novas páginas.*

15.1 Definição da estrutura da aplicação

O exemplo de aplicação que desenvolveremos neste capítulo será um pouco mais complexo do que os anteriores, pois faremos uso do padrão MVC. Com isso, vamos nos preparar para o ambicioso projeto de desenvolvimento de uma aplicação completa para web, inclusive com manipulação de banco de dados.

Até agora, os exemplos que criamos eram responsáveis pela definição da interface com o usuário e da lógica, ou seja, do processamento que devia ser executado. Em projetos modernos, isso não é aconselhável, tendo em vista a maior dificuldade de manutenção decorrente do forte acoplamento existente entre os códigos que executam essas tarefas.

A estrutura desse novo exemplo é apresentada na Figura 15.1.

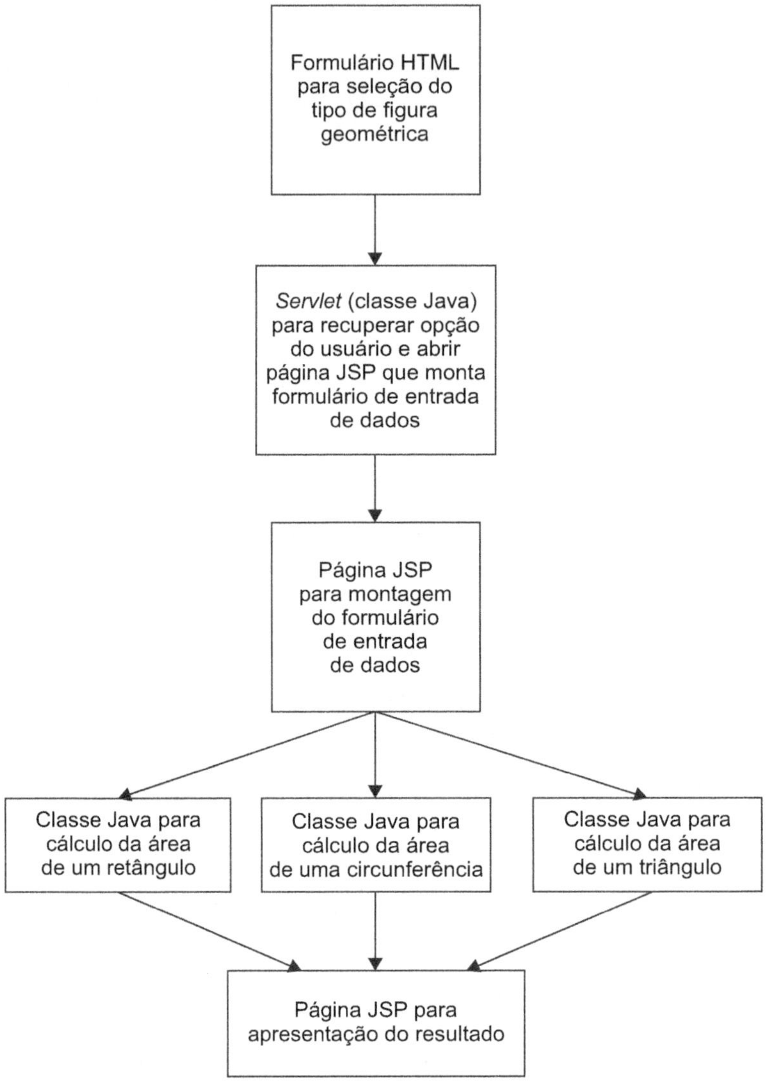

Figura 15.1 – Estrutura básica da aplicação.

Teremos, então, um formulário escrito em HTML que executa uma classe Java (*Servlet*) para processamento dos dados. Essa classe chama uma página JSP que é responsável pela exibição do resultado do processamento. Dessa forma, dividimos a aplicação toda em duas camadas: a de apresentação (**View**), formada pelo formulário e pela página JSP, e a de regra de negócio (**Controller**), representada pelo *Servlet*. Nesse exemplo, em virtude de sua simplicidade, não temos uma camada de modelo de dados (**Model**), que conheceremos quando formos desenvolver nosso projeto na parte final deste livro.

15.2 Construção do formulário, do *Servlet* e do JSP

Nosso aplicativo de exemplo é similar ao que criamos no Capítulo 13 para calcular as áreas de um retângulo, de uma circunferência e de um triângulo retângulo. Vamos iniciar o desenvolvimento, então, a partir da criação do formulário que permite a escolha do tipo de figura geométrica. O código HTML para esse formulário é apresentado a seguir:

```
<!DOCTYPE html">
<html lang="pt-br">
 <head>
  <meta charset="ISO-8859-1">
  <title>Cálculo de áreas de figuras geométricas</title>
 </head>

 <body>
  <form name="formCalculoAreas" method="get" action="calcularAreas">
    <h2 style="text-align: center;">Cálculo de Áreas de Figuras Geométricas</h2>
    <p>
    <input name="TipoFigura" value="1" type="radio"/>Retângulo
    <input name="TipoFigura" value="2" type="radio"/>Circunferência
    <input name="TipoFigura" value="3" type="radio"/>Triângulo retângulo<br>
    <input name="btnConfirmar" value="Confirmar" type="submit"/>
    </p>
  </form>
 </body>

</html>
```

Como é possível perceber, ele é quase idêntico ao do Capítulo 13; a única diferença reside no atributo **action** do formulário, que agora invoca um *Servlet* denominado **calcularAreas**.

O segundo passo é justamente adicionar um novo *Servlet*. Clique com o botão direito do mouse sobre o nome do projeto e selecione a opção **Novo → Servlet**. Digite para o nome da classe do *Servlet* a expressão caractere "calcularAreas". Essa classe deve ser adicionada ao pacote **servlets_calculos**, criado no capítulo anterior. Para isso, clique na caixa de combinação **Pacote** e escolha a opção apresentada, conforme ilustrado na Figura 15.2.

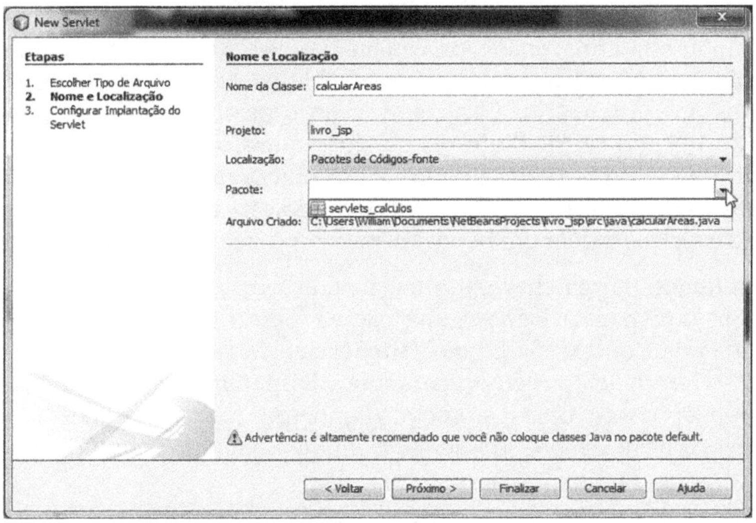

Figura 15.2 – Seleção do pacote para adição da classe.

Altere o código esboço criado pelo NetBeans para o seguinte:

```
package servlets_calculos;

import java.io.IOException;
import javax.servlet.ServletException;
import javax.servlet.RequestDispatcher;
import javax.servlet.http.HttpServlet;
import javax.servlet.http.HttpServletRequest;
import javax.servlet.http.HttpServletResponse;

public class calcularAreas extends HttpServlet {

    @Override
```

```
    protected void doGet(HttpServletRequest request, HttpServletResponse response)
            throws ServletException, IOException {
        int intFiguraGeometrica;
        String strURL = "/parametros_calculo.jsp";

            if (request.getParameter("TipoFigura") != null)
               intFiguraGeometrica = Integer.parseInt(request.getParameter("TipoFigura"));
               else
              intFiguraGeometrica = 0;

        request.setAttribute("Tipo",new Integer(intFiguraGeometrica));
        RequestDispatcher Despachante = getServletContext().getRequestDispatcher(strURL);
        Despachante.forward(request,response);
    }
}
```

Esse código é formado apenas pelo método **doGet()**. Ele recupera o valor do parâmetro identificado como **TipoFigura** e o atribui à variável **intFiguraGeometrica**. Se nenhum parâmetro tiver sido passado, essa variável conterá o valor 0.

A novidade desse código é a presença das três linhas finais, reproduzidas a seguir:

```
request.setAttribute("Tipo",new Integer(intFiguraGeometrica));
RequestDispatcher Despachante = getServletContext().getRequestDispatcher(strURL);
Despachante.forward(request,response);
```

Vamos explicar primeiramente o motivo de elas existirem. Essa classe é responsável por pegar a opção do formulário selecionada pelo usuário e abrir uma página JSP que se encarrega de solicitar, por meio de outro formulário, os valores necessários aos cálculos da área das figuras geométricas.

O endereço dessa página JSP está armazenado na variável **strURL**, com o nome **parametros_calculo.jsp**. É necessário passar a essa página uma informação que possibilite ao código, presente nela, determinar os dados que devem ser solicitados pelo formulário. Essa informação é passada mediante o uso de um atributo, criado com uma chamada ao método **setAttribute** do objeto **request**. Esse método exige como parâmetros uma cadeia de caracteres que define o nome do atributo e um objeto que contém os valores passados. Uma vez que desejamos passar um valor numérico inteiro, e não um objeto, utilizamos como artifício a expressão **new Integer(intFiguraGeometrica)**, que efetua uma conversão do tipo de dado primitivo para um objeto.

Em seguida, utilizamos a **RequestDispatcher** para declarar um objeto e atribuir a ele uma referência ao documento que se deseja abrir (uma página HTML, uma página JSP ou outro *Servlet*). Essa atribuição utiliza uma chamada ao método **getServletContext** do objeto **HttpServlet** para obter um objeto **ServletContext**. A partir de **getServletContext**, invoca-se ainda o método **getRequestDispatcher** para retornar um objeto **RequestDispatcher**. A esse último devemos passar como parâmetro o endereço URL a ser acessado. A cadeia de caracteres que representa esse endereço deve sempre se iniciar com uma barra "/", para indicar que ele é relativo à pasta raiz da aplicação.

Com o objeto **RequestDispatcher** preparado, podemos chamar o método **forward()** para abrir a página desejada, que, em nosso caso, é **parametros_calculo.jsp**.

Essa página JSP, como dito antes, é responsável pela definição do layout do formulário que irá solicitar os dados para o cálculo das áreas. Após a inserção desses dados, o formulário executa outros *Servlets*, que efetivamente calculam a área da figura geométrica.

O código dessa página é apresentado a seguir:

```
<!DOCTYPE html>
<html>
    <head>
        <meta http-equiv="Content-Type" content="text/html; charset=UTF-8">
        <title>Parâmetros para cálculo da área</title>
    </head>
    <body>
        <%
            String strTituloFormulario,strFormulario;
```

```
            int intFiguraGeometrica = (Integer) request.getAttribute("Tipo");

            if (intFiguraGeometrica == 1) {
                strTituloFormulario = "Cálculo da área de um retângulo";
                strFormulario = "<form name='formCalculoAreasFiguras' method='get'
action='areaRetangulo'>";
            }
            else if (intFiguraGeometrica == 2) {
                     strTituloFormulario = "Cálculo da área de uma circunferência";
                     strFormulario = "<form name='formCalculoAreasFiguras' method='get'
action='areaCircunferencia'>";
                 }
            else if (intFiguraGeometrica == 3) {
                     strTituloFormulario = "Cálculo da área de um triângulo retângulo";
                     strFormulario = "<form name='formCalculoAreasFiguras' method='get'
action='areaTriangulo'>";
                 }
            else {
                   strTituloFormulario = "** Erro **";
                   strFormulario = "<form name='formCalculoAreasFiguras'>";
                 }

            out.println(strFormulario);
        %>

        <h2 style="text-align: center;"><%= strTituloFormulario%></h2>

        <%
            if ((intFiguraGeometrica == 1) || (intFiguraGeometrica == 3)) {
                out.println("<p>Digite o valor da altura:");
               out.println("<input name='fldAltura' type='text' size='8' maxlength='8' />");
               out.println("</p>");

                out.println("<p>Digite o valor da largura:");
               out.println("<input name='fldLargura' type='text' size='8' maxlength='8' />");
               out.println("</p>");
            }
            else if (intFiguraGeometrica == 2) {
                    out.println("<p>Digite o valor do raio da circunferência:");
                   out.println("<input name='fldRaio' type='text' size='8' maxlength='8' />");
                   out.println("</p>");
                 }
            else
                out.println("<h2>Deve ser especificado o tipo de figura!</h2>");
        %>

        <p>
            <input type="submit" name="btnCalcular" value="Calcular" />
        </p>
    </body>
</html>
```

Ele também é bastante parecido com o código do arquivo **calcular_area_figuras.jsp**, criado no Capítulo 13, mas, em vez de páginas JSP, ele faz com que o formulário chame *Servlets* para o cálculo das áreas.

Para cada figura geométrica escolhida pelo usuário deve existir uma classe Java responsável pelo cálculo da respectiva área. Veja a seguir as listagens para essas classes:

Código para a classe areaRetangulo

```
package servlets_calculos;

import java.io.IOException;
import javax.servlet.ServletException;
import javax.servlet.RequestDispatcher;
import javax.servlet.http.HttpServlet;
import javax.servlet.http.HttpServletRequest;
import javax.servlet.http.HttpServletResponse;
```

```
public class areaRetangulo extends HttpServlet {

    @Override
    protected void doGet(HttpServletRequest request, HttpServletResponse response)
            throws ServletException, IOException {
      int intAltura,intLargura,intArea;
      String strURL;

      if (request.getParameter("fldAltura") != null)
             intAltura = Integer.parseInt(request.getParameter("fldAltura"));
             else
            intAltura = 0;

      if (request.getParameter("fldLargura") != null)
             intLargura = Integer.parseInt(request.getParameter("fldLargura"));
             else
            intLargura = 0;

      intArea = intAltura * intLargura;

      strURL = "/resultado_area.jsp?TipoFigura=1&ValorArea="+intArea;
      RequestDispatcher Despachante = getServletContext().getRequestDispatcher(strURL);
      Despachante.forward(request,response);
    }
}
```

Código para a classe areaCircunferencia

```
package servlets_calculos;

import java.io.IOException;
import javax.servlet.ServletException;
import javax.servlet.RequestDispatcher;
import javax.servlet.http.HttpServlet;
import javax.servlet.http.HttpServletRequest;
import javax.servlet.http.HttpServletResponse;

public class areaCircunferencia extends HttpServlet {

    @Override
    protected void doGet(HttpServletRequest request, HttpServletResponse response)
            throws ServletException, IOException {
      int intRaio;
      double dblArea;
      String strURL;

      if (request.getParameter("fldRaio") != null)
          intRaio = Integer.parseInt(request.getParameter("fldRaio"));
          else
                  intRaio = 0;

      dblArea = (intRaio * intRaio) * 3.14151692;

      strURL = "/resultado_area.jsp?TipoFigura=1&ValorArea="+dblArea;
      RequestDispatcher Despachante = getServletContext().getRequestDispatcher(strURL);
      Despachante.forward(request,response);
    }
}
```

Código para a classe areaTriangulo

```
package servlets_calculos;

import java.io.IOException;
import javax.servlet.ServletException;
import javax.servlet.RequestDispatcher;
import javax.servlet.http.HttpServlet;
import javax.servlet.http.HttpServletRequest;
import javax.servlet.http.HttpServletResponse;
```

```
public class areaTriangulo extends HttpServlet {

    @Override
    protected void doGet(HttpServletRequest request, HttpServletResponse response)
            throws ServletException, IOException {
      int intAltura,intLargura,intArea;
      String strURL;

      if (request.getParameter("fldAltura") != null)
              intAltura = Integer.parseInt(request.getParameter("fldAltura"));
              else
              intAltura = 0;

      if (request.getParameter("fldLargura") != null)
              intLargura = Integer.parseInt(request.getParameter("fldLargura"));
              else
              intLargura = 0;

      if ((intAltura != 0) && (intLargura != 0))
              intArea = (intAltura * intLargura) / 2;
         else
              intArea = 0;

      strURL = "/resultado_area.jsp?TipoFigura=1&ValorArea="+intArea;
      RequestDispatcher Despachante = getServletContext().getRequestDispatcher(strURL);
      Despachante.forward(request,response);
    }
}
```

Lembre-se de que essas classes precisam ser adicionadas como um **Servlet** e inseridas no pacote **servlets_calculos**.

Perceba que, diferentemente da classe **calcularAreas**, esses três códigos montam o endereço URL a ser chamado para apresentação do resultado adicionando parâmetros que informam o tipo de figura e o valor da área.

A visualização do resultado fica a cargo da página JSP denominada **resultado_area.jsp**, em vez de termos a definição do layout da página dentro da própria classe. Novamente, desvinculamos a camada de regra de negócio (cálculo da área) da camada de apresentação (página de resultado do cálculo).

O código dessa página se encontra listado a seguir:

```
<!DOCTYPE html>
<html lang="pt-br">
 <head>
  <meta charset="ISO-8859-1">
  <title>Valor da área</title>
 </head>

 <body>
  <%
    String strMensagem;
    int intTipoFigura = Integer.parseInt(request.getParameter("TipoFigura"));
    double dblArea = Float.parseFloat(request.getParameter("ValorArea"));

    if (intTipoFigura == 1)
       strMensagem = "Valor da área do retângulo é: "+dblArea;
    else if (intTipoFigura == 2)
            strMensagem = "Valor da área da circunferência é: "+dblArea;
    else if (intTipoFigura == 3)
            strMensagem = "Valor da área do triângulo retângulo é: "+dblArea;
    else
        strMensagem = "Valor da área do triângulo retângulo é: "+dblArea;
  %>

  <h2><%= strMensagem %></h2>
 </body>
</html>
```

Note que, de acordo com o tipo de figura geométrica, a página é adaptada adequadamente.

15.3 Execução da aplicação

Agora que tudo está pronto, vamos executar nossa aplicação para ver como as coisas se encaixam. Clique com o botão direito do mouse sobre o arquivo calcular_areas.html, mostrado na janela de projetos do NetBeans, e escolha a opção **Executar Arquivo**.

A página da Figura 15.3 deve ser mostrada logo em seguida. Selecione uma das opções e clique no botão **Confirmar**. Surgirá uma segunda tela, agora um formulário de entrada de dados, apresentando campos de acordo com a seleção feita anteriormente (Figura 15.4).

Figura 15.3 – Tela de opção de cálculo.

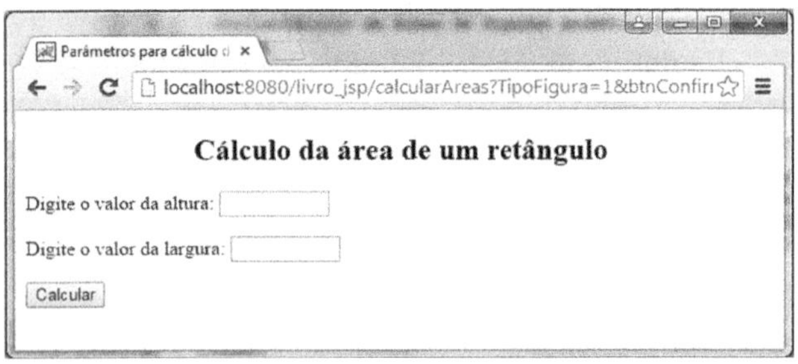

Figura 15.4 – Formulário de entrada de dados.

Agora, digite os dados solicitados e clique no botão **Calcular**, e será exibida a tela com o valor da área da figura geométrica (Figura 15.5).

Como se pode notar, o resultado da execução é similar ao obtido com o exemplo criado no Capítulo 13. Porém, desta vez, o código para interface com o usuário ficou separado do código que efetua o processamento dos dados.

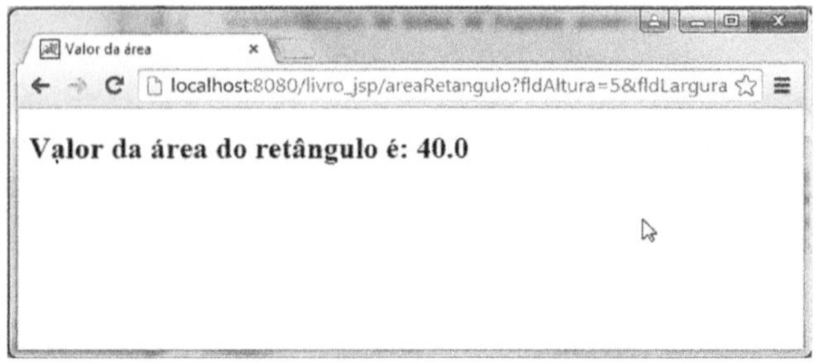

Figura 15.5 – Tela de resultado dos cálculos.

Recapitulando

Você aprendeu neste capítulo como desenvolver uma aplicação que faz uso do padrão MVC. Criamos páginas HTML e JSP para visualização dos dados (camada View) e Servlets *para processamento (camada Controller).*

Vimos também como utilizar o objeto RequestDispatcher para abrir novas páginas, assim como o método setAttribute para passar valores a elas.

Teste seus conhecimentos

1) Qual método nos permite definir atributos para passagem de valores a uma página que deve ser aberta por um *Servlet*?
2) Qual é o objeto que permite a um *Servlet* abrir uma página?
3) Qual é o método utilizado para carregamento de uma página a partir de um *Servlet*?
4) Altere os códigos apresentados neste capítulo para incluir cálculos de área de outras figuras geométricas, como trapézio e cilindro.

16

Gerenciamento de Sessões e Cookies

Novos conhecimentos

Neste capítulo aprenderemos como definir e utilizar sessões em nossas aplicações web desenvolvidas em JSP ou Servlet. Veremos também o processo de manipulação dos atributos de sessões e a reescrita de URL. Além disso, outro recurso abordado é a criação e recuperação de cookies por meio de códigos em Java.

16.1 Conceito de sessões

A melhor forma de entender como funcionam as sessões é pela descrição de um exemplo prático. Suponha que você esteja acessando um site de e-commerce e pretenda comprar alguns produtos. Você já deve ter se cadastrado no site para poder efetuar o login. Então, está escolhendo os produtos e adicionando-os ao carrinho de compras. Mas por um motivo qualquer você precisa fechar o navegador para executar outra tarefa mais importante. A pergunta que fica no ar é: será que vou perder todo o trabalho que tive para localizar os produtos e adicioná-los ao carrinho.

É nesse momento que entram as sessões. Elas permitem que seja mantido o estado da "conversação" entre o servidor e o cliente, isto é, a comunicação entre o servidor web/aplicação e o navegador do usuário. Quando enviamos uma requisição ao servidor, uma sessão temporária é criada para que se possa identificar o cliente que efetuou a solicitação, e assim saber a quem deve ser enviada a resposta. Após essa resposta ter sido enviada de volta ao cliente, a sessão temporária é encerrada. O processo deve se repetir no caso de outra solicitação ser efetuada. Veja a representação da Figura 16.1.

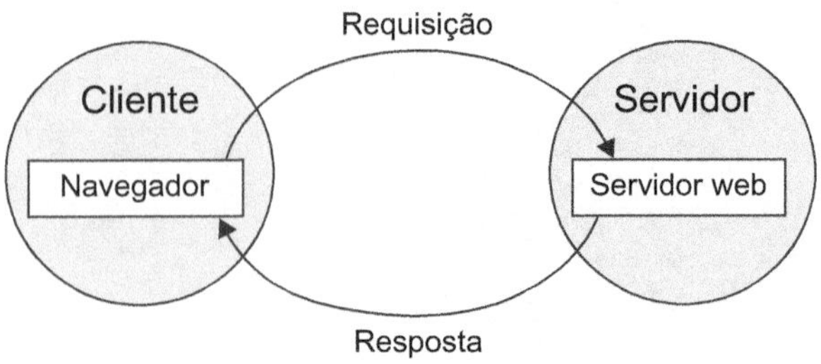

Figura 16.1 – Navegação sem gerenciamento de sessão.

Para páginas estáticas, isso não representa um problema, mas em aplicações web, que acessam banco de dados e geram páginas de forma dinâmica, com um alto grau de interação com o usuário, essa característica de temporariedade não é algo com o qual se possa conviver.

É necessária uma maneira de o *Servlet* registrar essa sessão criada para conversação com o cliente e mantê-la ativa até que a aplicação a encerre ou que um determinado tempo limite para expiração seja alcançado. O navegador (cliente) lança uma requisição de página JSP ou *Servlet* ao servidor web, que é repassada ao motor *Servlet* (o *Container*). Este, por sua vez, verifica se já existe um identificador de sessão e, em caso negativo, cria um, junto com um objeto de sessão para armazenamento de dados. A partir de então, esse identificador de sessão é utilizado em cada requisição para criar uma relação entre o cliente e o servidor.

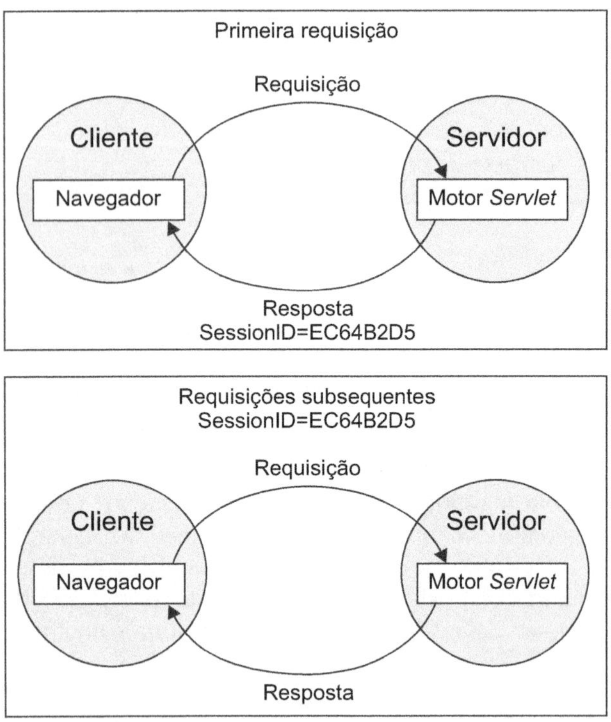

Figura 16.2 – Navegação com gerenciamento de sessão.

O armazenamento do identificador de sessão é feito pelo *Servlet* por meio de cookies, mas, se o navegador estiver configurado para não permitir esse recurso, não será possível registrar a sessão. Para contornar esse problema, é possível utilizar uma alternativa, denominada reescrita de URL, na qual o identificador de sessão é incluído no endereço URL da página. A Figura 16.2 exibiu uma representação do processo envolvido na comunicação com gerenciamento de sessão.

16.2 Como trabalhar com sessões

A partir do exemplo que criamos no capítulo anterior para o cálculo das áreas de três figuras geométricas, vamos desenvolver uma nova versão que possui uma tela de login e que gerencia sessões. A estrutura desse novo exemplo é apresentada na Figura 16.3.

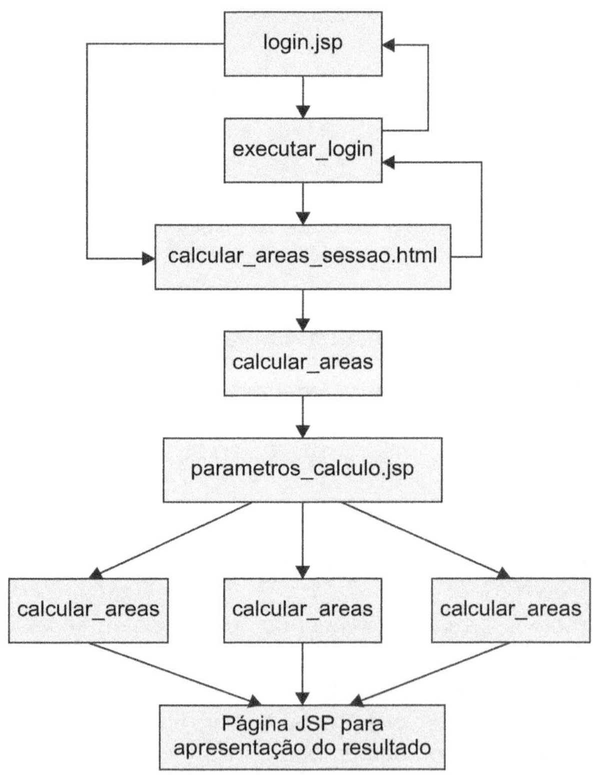

Figura 16.3 – Estrutura do exemplo com uso de sessão.

Tudo começa pela tela de login, na qual o usuário entra com sua identificação e senha de acesso. Essa tarefa é executada pela página JSP denominada **login.jsp**, que monta o formulário de entrada de dados. Essa página chama um *Servlet* denominado **executar_login** para fazer a verificação da identificação de usuário e senha de acesso. Se ambos estiverem corretos, o *Servlet* **pagina_calculos** é invocado. No caso de um deles estar errado, volta-se à tela de login.

O *Servlet* **pagina_calculo** cria a sessão para o usuário que efetuou o login e, então, abre a página **calcular_areas_sessao.html**. Essa página é, na verdade, um formulário que permite a seleção da figura geométrica cuja área se deseja calcular. Para isso, a ação executada pelo formulário é o *Servlet* **calcularAreas**. Essa página permite ainda que o usuário saia da aplicação. Nesse último caso, o *Servlet* **executar_login** é chamado novamente para encerrar a sessão, conforme veremos mais à frente.

O *Servlet* **calcularAreas** recupera o tipo de figura selecionado no formulário **calcular_areas_sessao.html** e, então, chama a página JSP denominada **parametros_calculo.jsp**, que executa e monta um formulário para entrada de dados dos parâmetros da figura geométrica, de acordo com a opção escolhida pelo usuário. Essa mesma página executa um *Servlet* adequado à seleção de figura geométrica do usuário. Cada um dos *Servlets* calcula a área da respectiva figura geométrica. O resultado é apresentado pela página **resultado_area.jsp**.

Depois dessa explicação superficial do funcionamento do nosso exemplo, vamos aos códigos propriamente ditos.

O primeiro deles é o da página **login.jsp**, que aparece na seguinte listagem:

```
<%@page contentType="text/html" pageEncoding="UTF-8"%>
<!DOCTYPE html>
<html>
    <head>
        <meta http-equiv="Content-Type" content="text/html; charset=UTF-8">
        <title>Cálculo de áreas de figuras geométricas - Login</title>
    </head>
    <body>
        <%@page import="javax.servlet.http.*"%>

        <%
            HttpSession sessao = request.getSession();

            if (sessao.getAttribute("usuario_logado") == null)
                sessao.setAttribute("usuario_logado", "false");

            if (sessao.isNew() || sessao.getAttribute("usuario_logado").equals("false")) {
                out.println("<form action='executar_login' method='post'>");
                out.println("Usuário: <input type='text' name='usuario' size='20'
maxlength='20'><br>");
                out.println("Senha: <input type='password' name='senha' size='15'
maxlength='15'><br><br>");
                out.println("<input type='submit' value='Entrar'>");
                out.println("</form>");
                out.println("<br><br>");
            }
            else {
                out.println("<h2>Olá "+session.getAttribute("nome_usuario")+"!</h2>");
                out.println("<a href='calcular_areas_sessao.html'>Calcular áreas</a>");
            }
        %>
    </body>
</html>
```

Para criar esse código no NetBeans, lembre-se de que é necessário clicar com o botão direito do mouse sobre o item **Páginas Web** e escolher a opção **Novo → JSP**. Defina o nome do arquivo como sendo "login.jsp" e digite o código no editor de códigos.

Como esse código faz uso da classe **HttpSession** para poder tratar as sessões, é necessário referenciar o pacote **javax.servlet.http**, por meio da instrução **<%@page import="javax.servlet.http.*"%>**. Primeiramente, o código instancia um objeto denominado **sessao** e atribui a ele o identificador de sessão aberta, caso haja alguma. Note que, para isso, utilizamos o método **getSession()** do objeto implícito **request**, que permite recuperar a sessão atualmente associada à requisição recebida ou então criar uma nova sessão se nenhuma existir. Esse último caso ocorre no primeiro acesso à página.

De posse desse objeto de sessão, podemos recuperar ou definir o valor de um atributo de sessão, operação executada logo em seguida por uma estrutura condicional **if**. O código verifica se já existe um atributo denominado **usuario_logado**. Se não houver, ele o cria, atribuindo-lhe a cadeia de caracteres "false".

```
if (sessao.getAttribute("usuario_logado") == null)
   sessao.setAttribute("usuario_logado", "false");
```

Seguindo com o processo, é efetuada outra verificação para determinar se a sessão é nova ou se o atributo **usuario_logado** é igual à literal "false". Para testar se a sessão é nova, utilizamos o método **isNew()**. Em qualquer desses casos, um formulário é montado para que o usuário digite sua identificação e senha de acesso.

```
if (sessao.isNew() || sessao.getAttribute("usuario_logado").equals("false")) {
   out.println("<form action='executar_login' method='post'>");
   out.println("Usuário: <input type='text' name='usuario' size='20' maxlength='20'><br>");
   out.println("Senha: <input type='password' name='senha' size='15' maxlength='15'><br><br>");
   out.println("<input type='submit' value='Entrar'>");
   out.println("</form>");
   out.println("<br><br>");
}
```

No caso de o usuário já ter acessado a página e efetuado o login anteriormente, uma mensagem de boas-vindas é apresentada e um link para se acessar o menu de opções de figuras geométricas é mostrado.

```
else {
     out.println("<h2>Olá "+session.getAttribute("nome_usuario")+"!</h2>");
     out.println("<a href='calcular_areas_sessao.html'>Calcular áreas</a>");
}
```

Caso o usuário esteja acessando a página pela primeira vez, o *Servlet* **executar_login** é invocado após ele digitar sua identificação e senha de acesso. O código da classe Java que implementa esse *Servlet* é apresentado a seguir:

```
package servlets_calculos;

import java.io.*;
import javax.servlet.*;
import javax.servlet.http.*;

public class executar_login extends HttpServlet {

    @Override
    protected void doPost(HttpServletRequest request, HttpServletResponse response)
            throws ServletException, IOException {
        PrintWriter out;
        response.setContentType("text/html");
        out = response.getWriter();
        HttpSession sessao = request.getSession();

        out.println("<html>");
        out.println("<head>");
        out.println("<title>Cálculo de áreas de figuras geométricas</title>");
        out.println("</head>");
        out.println("<body>");

        if (request.getParameter("usuario").equals("jsp") && request.getParameter("senha").
equals("1!2@3#")) {
            sessao.setAttribute("usuario_logado", "true");
            sessao.setAttribute("nome_usuario", request.getParameter("usuario"));
            out.println("<h2>Bem-vindo "+request.getParameter("usuario")+"</h2>");
            out.println("<br><br>");
            out.println("<a href='calcular_areas_sessao.html'>Calcular áreas</a>");
        }
        else {
            out.println("<p>Usuário ou senha inválidos</p>");
            out.println("<a href='login.jsp'>Tentar novamente</a>");
        }
```

```
            out.println("</body>");
            out.println("</html>");
        }
}
```

Importante

Não se esqueça de especificar a definição dos parâmetros do descritor de implantação quando for criar esse *Servlet* no NetBeans.

Como o formulário criado pela página login.jsp utiliza o método POST para envio dos dados, definimos o método doPost() de forma que ele recupere a sessão vinculada à requisição e verifique se o nome do usuário e a senha de acesso estão corretos. Nesse exemplo, em virtude da simplicidade, essas informações estão armazenadas no próprio código, mas, em um ambiente real, elas deveriam ser recuperadas de um banco de dados.

Se o nome do usuário (parâmetro usuario) for "jsp" e a senha (parâmetro senha) for "1!2@3#", o atributo usuario_logado é ajustado com o valor "true" e uma tela de boas-vindas é exibida. Essa tela contém ainda um link para acesso ao formulário em que será selecionada a figura geométrica cuja área se deseja calcular.

```
if (request.getParameter("usuario").equals("jsp") && request.getParameter("senha").equals("1!2@3#"))
{
   sessao.setAttribute("usuario_logado", "true");
   sessao.setAttribute("nome_usuario", request.getParameter("usuario"));
   out.println("<h2>Bem-vindo "+request.getParameter("usuario")+"</h2>");
   out.println("<br><br>");
   out.println("<a href='calcular_areas_sessao.html'>Calcular áreas</a>");
}
```

Se houver erro no nome do usuário ou sua senha, uma mensagem informando a ocorrência e um link para voltar à tela de *login* são apresentados.

```
else {
     out.println("<p>Usuário ou senha inválidos</p>");
     out.println("<a href='login.jsp'>Tentar novamente</a>");
}
```

O formulário para seleção do tipo de figura geométrica é similar ao visto no Capítulo 10. Veja o código na seguinte listagem:

```
<!DOCTYPE html">
<html lang="pt-br">
 <head>
  <meta charset="ISO-8859-1">
   <title>Cálculo de área de figuras geométricas</title>
 </head>
 <body>
  <form name="formCalculoAreas" method="get" action="calcularAreas">
    <h2 style="text-align: center;">Cálculo de Área de Figuras Geométricas</h2>
    <p>
    <input name="TipoFigura" value="1" type="radio"/>Retângulo
    <input name="TipoFigura" value="2" type="radio"/>Circunferência
    <input name="TipoFigura" value="3" type="radio"/>Triângulo retângulo<br>
    <input name="btnConfirmar" value="Confirmar" type="submit"/>
    </p>
  </form>
  <br><br>
  <a href="executar_login">Sair</a>
</html>
```

A diferença em relação ao código anterior é a existência da penúltima linha, responsável por exibir um link para sair da aplicação, o que força uma chamada ao *Servlet* **executar_login**. Neste ponto é necessária uma pequena explicação. Quando ocorre uma requisição por meio de um link – ou de uma URL – em uma página, ela é efetuada por intermédio do método GET. Sendo assim, precisamos implementar o método **doGet()** em nosso *Servlet* para tratar essa requisição. Acrescente, então, as seguintes linhas de código ao arquivo **executar_login.java**:

```
    @Override
    protected void doGet(HttpServletRequest request, HttpServletResponse response)
            throws ServletException, IOException {
        PrintWriter out;
        response.setContentType("text/html");

        out = response.getWriter();
        out.println("<html>");
        out.println("<head>");
        out.println("<title>Cálculo de áreas de figuras geométricas</title>");
        out.println("</head>");
        out.println("<body>");
        out.println("<p>Sessão encerrada...</p>");
        out.println("<p>Obrigado e até logo!</p>");
        out.println("</body>");
        out.println("</html>");

        HttpSession sessao = request.getSession();
        sessao.setAttribute("usuario_logado", null);
        sessao.invalidate();
    }
```

Esse código cria uma página HTML contendo uma mensagem de despedida e invoca o método **invalidate()** para finalizar a sessão criada anteriormente.

Já o código da classe **calcularAreas.java** é o mesmo apresentado no capítulo anterior. Ele se encontra listado a seguir:

```
package servlets_calculos;

import java.io.IOException;
import javax.servlet.ServletException;
import javax.servlet.RequestDispatcher;
import javax.servlet.http.HttpServlet;
import javax.servlet.http.HttpServletRequest;
import javax.servlet.http.HttpServletResponse;

public class calcularAreas extends HttpServlet {

    @Override
    protected void doGet(HttpServletRequest request, HttpServletResponse response)
            throws ServletException, IOException {
        int intFiguraGeometrica;
        String strURL = "/parametros_calculo.jsp";

            if (request.getParameter("TipoFigura") != null)
               intFiguraGeometrica = Integer.parseInt(request.getParameter("TipoFigura"));
               else
              intFiguraGeometrica = 0;

        request.setAttribute("Tipo",new Integer(intFiguraGeometrica));
        RequestDispatcher Despachante = getServletContext().getRequestDispatcher(strURL);
        Despachante.forward(request,response);
    }
}
```

Os demais códigos de páginas JSP e classes Java dos *Servlets* também são os mesmos.

Com tudo pronto, vamos ao teste da aplicação. Clique com o botão direito do mouse sobre o arquivo **login.jsp** apresentado na janela de projetos e escolha a opção **Executar Arquivo**. Após ter finalizado o processo de compilação e carregamento, deve ser mostrada a tela da Figura 16.4.

Figura 16.4 – Tela de login do exemplo.

Digite como nome do usuário a cadeia de caracteres "jsp". Para a senha, digite "1!2@3#". Essas são as informações que o programa espera para que possa continuar após clicarmos no botão **Entrar**. Veja a Figura 16.5. Clicando no link **Calcular áreas**, surge a tela da Figura 16.6.

Figura 16.5 – Tela de mensagem de boas-vindas ao usuário.

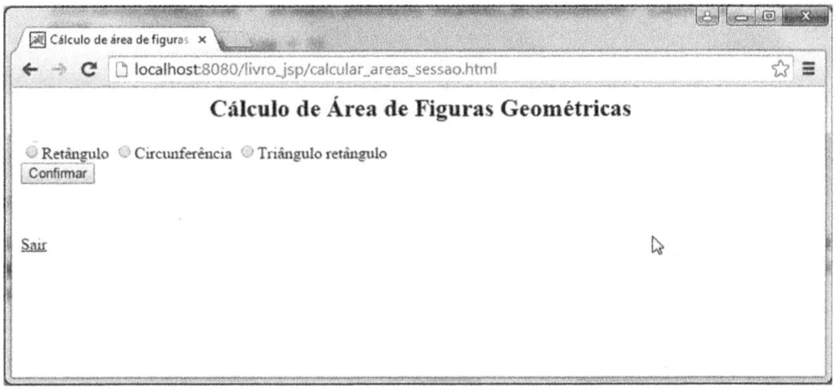

Figura 16.6 – Opções de cálculos.

Note que, se você acessar outro site e depois voltar a digitar a URL "localhost:8080/livro_jsp/login.jsp", receberá como mensagem o texto da tela da Figura 16.7, no qual aparece o nome do usuário que estiver atualmente logado.

Figura 16.7 – Mensagem apresentada quando o usuário já estiver logado.

16.3 *Session ID* e cookies

Vimos anteriormente que, no processo de gerenciamento de sessões, um identificador de sessão (*Session ID*) é gerado automaticamente e retornado com a resposta ao cliente. Um arquivo texto é criado no cliente contendo essa informação, de forma que ela se torne persistente para futuro envio de volta ao servidor nas próximas requisições.

O conteúdo desse arquivo é bastante simples, sendo formado basicamente por uma cadeia de caracteres que representa o nome de um atributo e por um valor para esse atributo, também formado por uma cadeia de caracteres. Esse é o conhecido cookie, assim denominado em alusão às migalhas de pão deixadas pelo chão por João e Maria, no conto de fadas narrado pelos Irmãos Grimm, para que pudessem encontrar o caminho de volta para casa.

Entretanto, os navegadores permitem que a gravação de cookies seja desabilitada. Nesse caso, perguntará o amigo leitor, não é possível gerenciar sessões? Calma, existe uma solução para esse impasse, e ela se chama reescrita de URL. Seu princípio de funcionamento é a anexação do *Session ID* ao final da URL enviada ao servidor de aplicação. Utilizar essa técnica é importante no desenvolvimento de uma aplicação web, pois devemos levar em consideração que pode haver usuários que não consigam executá-la por terem desativado o recurso de cookies no navegador.

Para entender melhor como funciona o processo, vamos criar um novo *Servlet*. Sendo assim, clique com o botão direito do mouse no nome do projeto e selecione a opção **Novo → Servlet**. Conforme indicado na Figura 16.8, digite como nome da classe "index", escolha o pacote **servlets_calculos** e ative a opção de criação do descritor de implantação. O código para essa classe é apresentado na listagem a seguir:

```
package servlets_calculos;

import java.io.IOException;
import java.io.PrintWriter;
import javax.servlet.ServletException;
import javax.servlet.http.HttpServlet;
import javax.servlet.http.HttpServletRequest;
import javax.servlet.http.HttpServletResponse;
import javax.servlet.http.HttpSession;

public class index extends HttpServlet {

    @Override
    protected void doGet(HttpServletRequest request, HttpServletResponse response)
            throws ServletException, IOException {
        PrintWriter saida;
        HttpSession sessao = request.getSession();
        response.setContentType("text/html");
        saida = response.getWriter();
        saida.println("<html>");
        saida.println("<head>");
        saida.println("<title>Cálculo de áreas de figuras geométricas</title>");
        saida.println("</head>");
        saida.println("<body>");

        if (sessao.isNew())
            saida.println("<p>Uma nova sessão foi criada!</p>");
        else
            saida.println("<p>Olá. Você voltou à página!</p>");

        saida.println("<a href=\"" + response.encodeURL("login.jsp") + "\">Entrar</a>");
        saida.println("</body>");
        saida.println("</html>");
    }
}
```

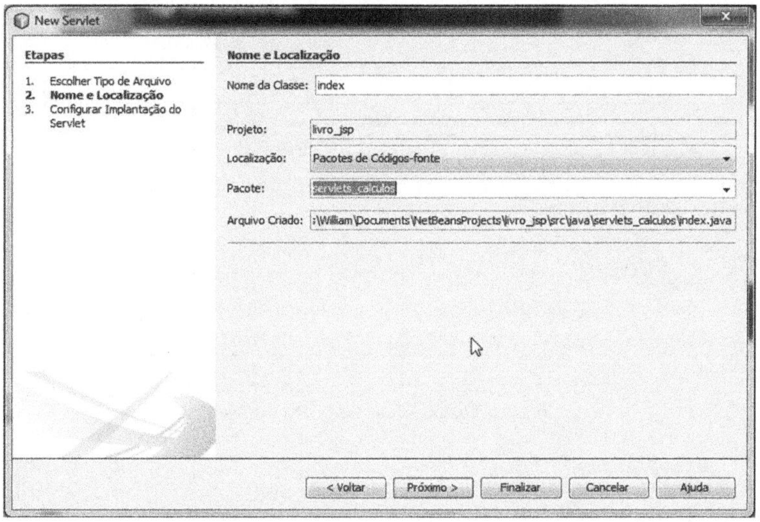

Figura 16.8 – Configuração da classe index.java.

A novidade mais relevante nesse código é o uso do método **encodeURL()**, que faz parte da interface **HttpServletResponse**. Ele é responsável por criar um link para a página *login.jsp* com reescrita de URL, e enviar como resposta ao cliente.

Para rodar a aplicação a partir do NetBeans, clique com o botão direito sobre a classe **index.java** e, na tela de mensagem da Figura 16.9, clique em **OK**. Após a compilação da classe, o navegador deverá ser exibido com a mensagem da Figura 16.10. Clique no link **Entrar** e você verá a tela de login logo em seguida (Figura 16.11).

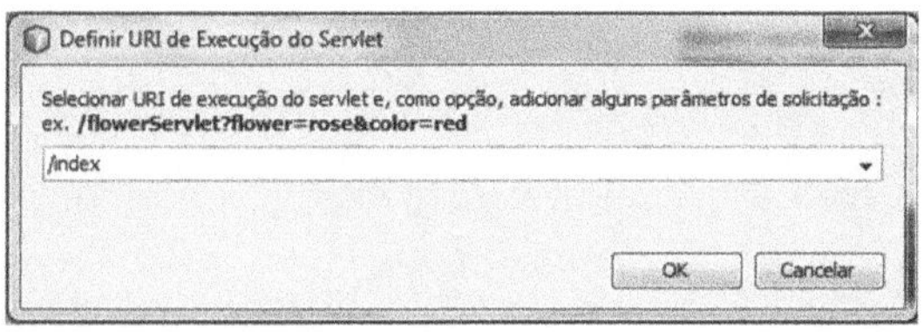

Figura 16.9 – Tela do NetBeans para execução do *Servlet*.

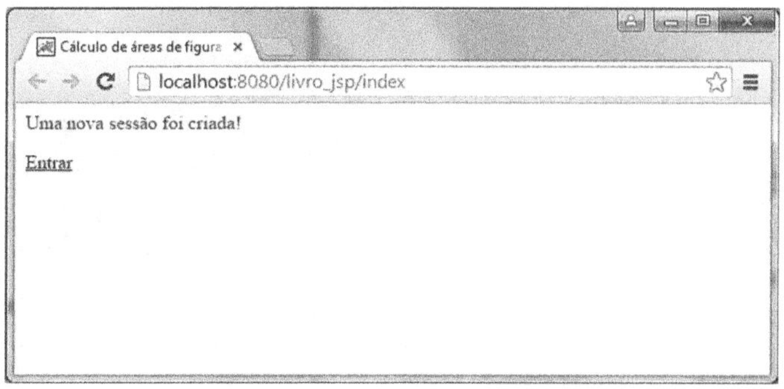

Figura 16.10 – Tela de mensagem do *Servlet* index.

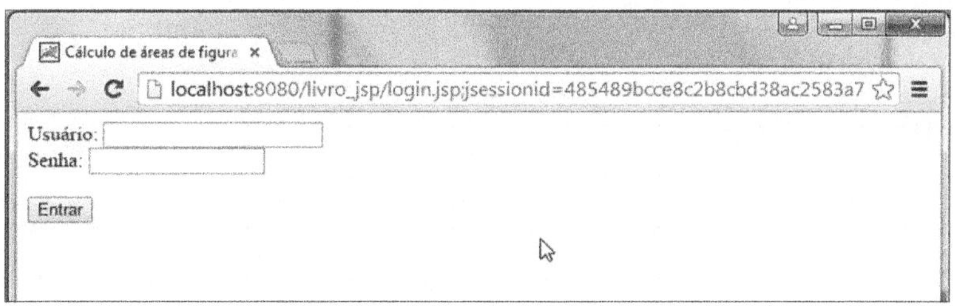

Figura 16.11 – Tela de login.

Note como a URL é formada. Ela apresenta um complemento que consiste em um ponto e vírgula na palavra **jsessionid** seguida por um sinal de igual e em uma cadeia de caracteres representando a *Session ID* gerada no momento da primeira solicitação do cliente. Após fazer o login, a aplicação mostra a já conhecida mensagem da Figura 16.12.

Figura 16.12 – Tela de boas-vindas.

Se você tentar acessar novamente a página **index** da aplicação, sem sair do navegador, verá a mensagem da Figura 16.13. Ao clicar no link **Entrar**, a tela de boas-vindas surge (Figura 16.14).

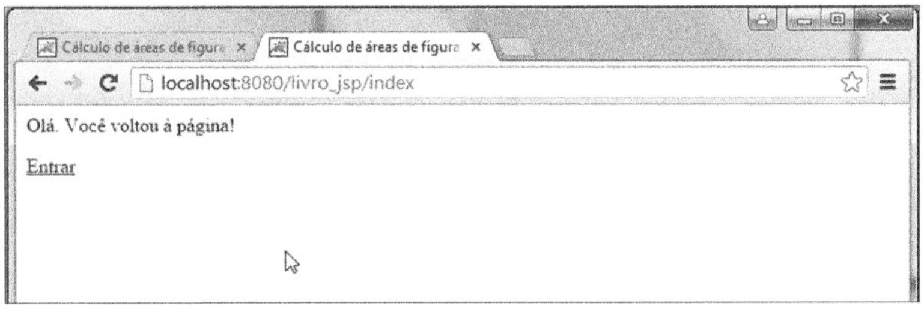

Figura 16.13 – Mensagem da página de entrada após acesso com sessão aberta.

Figura 16.14 – Tela de boas-vindas quando a sessão ainda estiver aberta.

16.4 Como destruir sessões

Como vimos, ao se criar uma sessão, um objeto que a identifica é criado, e isso ocupa recursos do computador (espaço em memória ou disco). Quando o navegador é fechado pelo usuário, esse objeto de sessão é automaticamente destruído da memória. No entanto, nosso código precisa ser capaz de destruir a sessão a qualquer momento, quando ela não for mais necessária. Veremos neste tópico como isso é possível.

Podemos especificar um tempo limite, em minutos, para que uma sessão possa ficar inativa. Ao fim desse tempo, conhecido também como *timeout*, a sessão é automaticamente finalizada, e os recursos alocados pelo *Container* para seu armazenamento, liberados.

Essa configuração de *timeout* pode ser feita de duas maneiras. A primeira, por meio do próprio arquivo descritor de implantação **web.xml**. Pelo NetBeans, você pode abrir esse arquivo clicando no item **WEB-INF** no painel de gerenciamento de projetos e, depois, dar dois cliques no arquivo **web.xml**. Com isso, o editor de códigos apresenta o conteúdo para edição. Se você avançar o código até o fim, verá o elemento **<session-timeout> </session-timeout>** da seção **<session-config></session-config>**, que permite a configuração desse tempo de inatividade (Figura 16.15). O valor padrão é de 30 minutos, mas pode ser alterado livremente.

É bom destacar que o valor definido no descritor de implantação irá influenciar todas as aplicações que fazem uso de sessão. Para solucionar esse problema, podemos configurar o *timeout* para uma sessão específica a partir do nosso código, utilizando o método **setMaxInactiveInterval()**, da interface **HttpSession**. Devemos passar como parâmetro a esse método um valor numérico que represente o tempo em segundos, ou seja, precisamos multiplicá-lo por 60 para ter o valor em minutos.

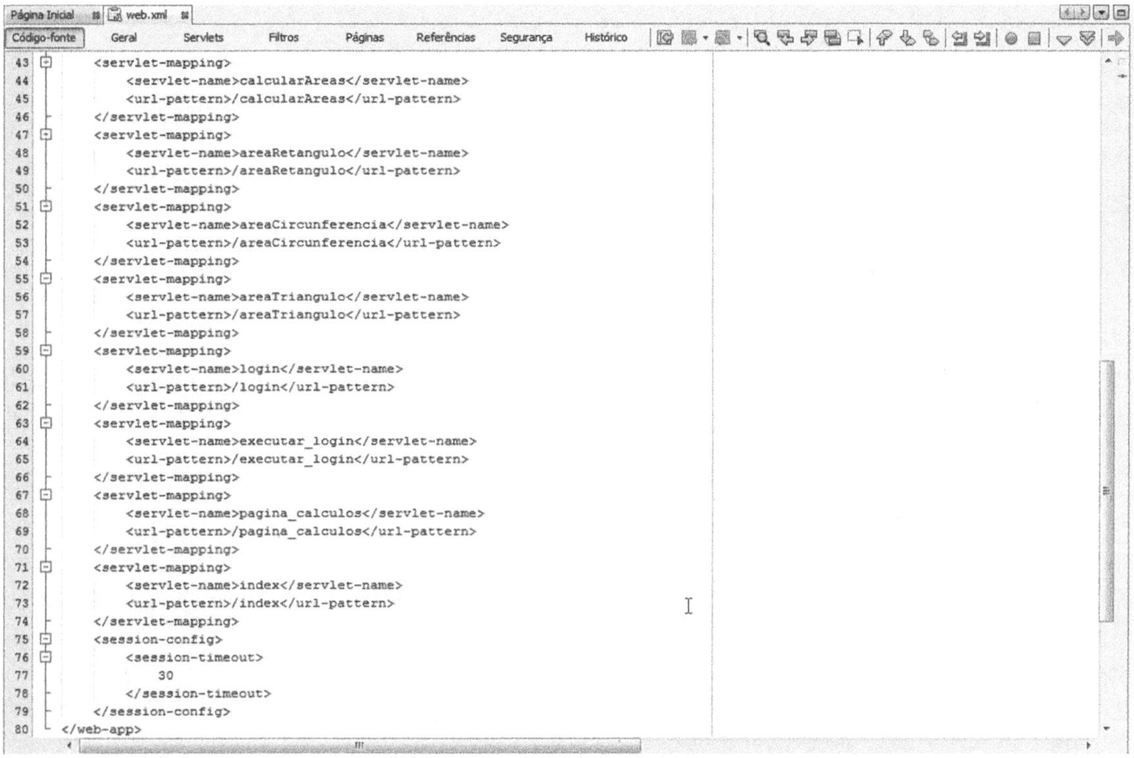

Figura 16.15 – Conteúdo do descritor de implantação apresentado no NetBeans.

A listagem a seguir apresenta o código da classe **index.java** alterado para definir um *timeout* de 10 minutos de inatividade:

```
package servlets_calculos;

import java.io.IOException;
import java.io.PrintWriter;
import javax.servlet.ServletException;
import javax.servlet.http.HttpServlet;
import javax.servlet.http.HttpServletRequest;
import javax.servlet.http.HttpServletResponse;
import javax.servlet.http.HttpSession;

public class index extends HttpServlet {

    @Override
    protected void doGet(HttpServletRequest request, HttpServletResponse response)
            throws ServletException, IOException {
```

```
        PrintWriter saida;
        HttpSession sessao = request.getSession();
        response.setContentType("text/html");
        saida = response.getWriter();
        saida.println("<html>");
        saida.println("<head>");
        saida.println("<title>Cálculo de áreas de figuras geométricas</title>");
        saida.println("</head>");
        saida.println("<body>");

        if (sessao.isNew()) {
            sessao.setMaxInactiveInterval(10*60);
            saida.println("<p>Uma nova sessão foi criada!</p>");
        }
        else
            saida.println("<p>Olá. Você voltou à página!</p>");

        saida.println("<a href=\"" + response.encodeURL("login.jsp") + "\">Entrar</a>");
        saida.println("</body>");
        saida.println("</html>");
    }
}
```

16.5 Como trabalhar com cookies

Já vimos anteriormente o conceito de cookies, mas não trabalhamos com eles diretamente, apenas por meio de sessões. Nesse caso, o próprio *Container* se encarregou de gerenciá-los. Então, vejamos como podemos criar nossos próprios cookies dentro das aplicações.

Para podermos gerenciar manualmente os cookies, existe a classe **Cookie** do pacote **javax.serlevt.http**. A declaração e instanciação de um objeto cookie é feita por meio de uma linha de código similar à apresentada a seguir:

```
Cookie meuCookie = new Cookie("nome_cookie","valor_cookie");
```

O primeiro parâmetro representa o nome do cookie e o segundo, o valor que deve ser atribuído a ele. O nome deve ser formado apenas por caracteres alfanuméricos, sem espaço ou sinais gráficos. O valor pode conter qualquer caractere da tabela ASCII.

Depois de ter instanciado o objeto cookie, podemos adicioná-lo ao objeto de resposta, que deve ser enviado ao navegador do usuário utilizando-se o método **addCookie()**, presente na interface **HttpServletResponse**. Se, por outro lado, desejarmos recuperar o valor de um determinado cookie, será necessário utilizar o método **getCookies()** da interface **HttpServletRequest**.

Vamos criar duas páginas JSP para entender melhor como tudo funciona. A primeira página é responsável pela criação de alguns cookies que serão exibidos pela segunda página. Você pode criar os dois exemplos no NetBeans. A listagem a seguir apresenta seu código:

```
<%@page contentType="text/html" pageEncoding="UTF-8"%>
<html>
    <head>
        <meta http-equiv="Content-Type" content="text/html; charset=UTF-8">
        <title>Criação de cookies</title>
    </head>
    <body>
        <h1>Bem vindo ao exemplo de criação de cookies</h1>

        <%@ page import="javax.servlet.http.*" %>
        <%
            Cookie cookieLivros;

            cookieLivros = new Cookie("Codigo7042","Arquitetura de computadores");
```

```
            response.addCookie(cookieLivros);

            cookieLivros = new Cookie("Codigo1093","Algoritmos e Linguagens");
            response.addCookie(cookieLivros);

            cookieLivros = new Cookie("Codigo5411","Desenvolvimento para web com Java");
            response.addCookie(cookieLivros);
        %>
    </body>
</html>
```

Esse código cria três cookies, cada um com nome e valor diferente.

A segunda página JSP deve ter o seguinte código:

```
<%@page contentType="text/html" pageEncoding="UTF-8"%>
<html>
    <head>
        <meta http-equiv="Content-Type" content="text/html; charset=UTF-8">
        <title>Listar cookies</title>
    </head>
    <body>
        <h1>Bem vindo ao exemplo de visualização de cookies!</h1>

        <%@ page import="javax.servlet.http.*" %>

        <%
            Cookie meusCookies[] = request.getCookies();

            for (Cookie lista: meusCookies)
                out.println("Nome: "+lista.getName()+"  |  Valor: "+lista.getValue()+"<br>");
        %>
    </body>
</html>
```

É importante notar que o método **getCookies()** retorna um vetor (*array*), uma vez que podemos ter vários cookies. Para acessar cada elemento do objeto cookie, fazemos uso de uma estrutura de repetição **for** com uma sintaxe um pouco diferente da usual. Ela permite acessar cada elemento de um vetor, sem a necessidade de ter uma variável numérica que sirva de indexador.

O corpo dessa estrutura de repetição é formado por uma instrução que exibe os nomes e valores dos cookies por meio da chamada aos métodos **getName()** e **getValue()**.

A partir do painel de gerenciamento de projetos do NetBeans, execute a primeira página. Você deverá obter a tela da Figura 16.16. Sem fechar o navegador, pois isso é importante para não perder as definições dos cookies, execute a segunda página. Uma tela similar à da Figura 16.17 deve, então, ser apresentada. Note que até o cookie da sessão é apresentado.

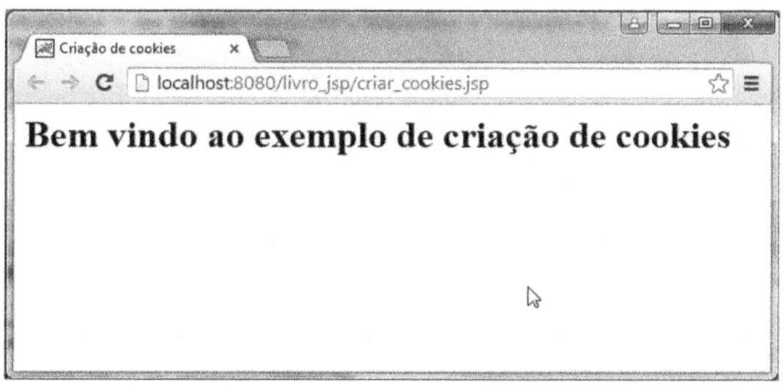

Figura 16.16 – Página JSP para criação de cookies.

Figura 16.17 – Página JSP para exibição dos cookies criados.

Recapitulando

Você aprendeu neste capítulo os conceitos de sessões e cookies. Viu como utilizar sessões e como invalidá--las. Também estudou a manipulação de cookies e a reescrita de URL.

Teste seus conhecimentos

1) Qual é a função das sessões em aplicações web?
2) Qual é o método para se atribuir um valor a um atributo de sessão?
3) Para destruir uma sessão previamente criada, qual método deve ser utilizado?
4) Por que a reescrita de URL é importante no desenvolvimento de aplicações web?
5) Que método devemos utilizar para reescrever uma URL?
6) Qual é o método que permite recuperar o nome de um cookie?
7) Qual é o método que permite recuperar o valor de um cookie?

Parte 3

Projeto de Aplicação

17

Definição do Projeto

Novos conhecimentos

Aqui damos início a um projeto que utilizará todos os conhecimentos adquiridos até este momento da leitura do livro. Desenvolveremos uma aplicação completa. Neste capítulo, descreveremos o projeto, definiremos as funcionalidades do nosso aplicativo e relacionaremos as informações a serem armazenadas.

17.1 Descrição

Nesta parte derradeira do livro, vamos desenvolver um projeto completo de aplicação web utilizando os recursos já estudados até agora e outros que ainda veremos, como acesso a banco de dados relacional. Neste projeto, faremos uso da arquitetura MVC, com páginas JSP e *Servlets*. Além disso, como mencionamos, haverá também funcionalidade de acesso a um banco de dados relacional.

O projeto que desenvolveremos é o de uma aplicação para gerenciamento de uma clínica médica. Essa aplicação será composta por três módulos, todos eles destinados a uso interno por parte da clínica.

Os conhecimentos adquiridos no processo de desenvolvimento desse projeto podem ser perfeitamente utilizados na construção de outros tipos de sites.

A partir dessa aplicação, o atendente poderá agendar consultas de pacientes e marcar retorno. O paciente pode agendar uma consulta para atendimento particular ou por convênios aceitos pela clínica. O agendamento de consulta somente é possível se o paciente já estiver cadastrado. No caso de não haver cadastro, este deve ser realizado pelo atendente.

Os médicos que atendem na clínica, por outro lado, poderão registrar e acompanhar pelo próprio sistema todo o prontuário/histórico do paciente.

Para acessar o sistema, tanto o(s) atendente(s) como o(s) médico(s) deverão efetuar o login, que habilitará as opções corretas para o perfil do usuário.

As páginas/telas serão desenvolvidas com o uso de folhas de estilo (CSS) e imagens gráficas. Essas imagens estão incluídas no arquivo que pode ser baixado do site da Editora Érica.

Nas Tabelas 17.1 a 17.3 estão listados os Módulos Administrativo, Agendamento e Atendimento, com suas respectivas funcionalidades.

Tabela 17.1 – Módulo Administrativo

Funcionalidade	Descrição
Cadastro de funcionários	Permite o cadastro de funcionários da clínica.
Cadastro de usuários	Permite o cadastro de usuários do sistema e suas permissões de acesso.
Cadastro de especialidades	Permite cadastrar as especialidades médicas que podem ser atendidas pela clínica.
Cadastro de médicos	Permite cadastrar os médicos que atendem pela clínica, com suas respectivas especialidades.
Cadastro de convênios	Permite cadastrar os convênios aceitos pela clínica.

Tabela 17.2 – Módulo Agendamento

Funcionalidade	Descrição
Cadastro de pacientes	Permite cadastrar os pacientes atendidos pela clínica.
Agenda de consulta	Permite registrar uma consulta para o paciente (dia e hora).
Registro de retorno	Permite registrar uma data de retorno ao médico.
Cancelamento de consulta	Permite cancelar uma consulta anteriormente agendada pelo paciente.

Tabela 17.3 – Módulo Atendimento

Funcionalidade	Descrição
Prontuário do paciente	Permite ao médico visualizar o histórico/prontuário do paciente.
Registro de atendimento	Permite ao médico registrar informações relativas à consulta, como resultados de exames ou diagnóstico.
Receituário	Permite que o médico registre os medicamentos receitados ao paciente.
Exames	Permite o registro de exames solicitados pelo médico.

Vamos agora descrever mais detalhadamente cada um desses módulos e suas funcionalidades.

17.2 Módulo Administrativo

Por ser o módulo que permite a administração do banco de dados do aplicativo, este será o primeiro a detalharmos e desenvolver.

Conforme visto anteriormente, este módulo será utilizado para que possamos cadastrar funcionários, usuários, especialidades, médicos e convênios. Todos esses cadastros devem permitir a inclusão de novos registros, exclusão de registros existentes, alteração de dados de registros e consulta/visualização.

Para o cadastro de funcionários serão necessários os seguintes dados: nome completo, número do RG, número do CPF, endereço completo (rua, número, complemento, bairro, cidade, estado e CEP), telefones (fixo e celular), número da CTPS, número do PIS.

O cadastro de usuário é efetuado a partir do cadastro de funcionários. Sendo assim, é necessário que o funcionário já esteja devidamente cadastrado. A tela deve permitir a seleção do funcionário por meio de uma caixa de combinação. Os dados de identificação do usuário (*iduser*) e senha de acesso (*password*) serão informados, assim como as permissões de acesso ao sistema.

O cadastro de especialidades é bastante simples, e a única informação a ser digitada é a descrição.

A seguir temos o cadastro de médicos, que deve conter nome do médico, número do CRM e especialidade.

Por fim, o cadastro de convênios, que terá apenas o nome da empresa, CNPJ e telefone.

17.3 Módulo Agendamento

Este talvez seja o módulo mais complexo, pois permite a execução de várias tarefas. Em primeiro lugar, temos o cadastro de pacientes, que deve conter, como dados, o nome completo, número do RG, número do CPF, endereço completo (rua, número, complemento, cidade, estado e CEP), telefones (fixo e celular), data de nascimento, sexo, se possui convênio/plano de saúde e de qual empresa.

A agenda de consulta deve permitir ao atendente pesquisar o dia e o horário que estão disponíveis para o paciente. Quando houver necessidade de retorno do paciente, procedimento similar deverá ser executado.

A opção de cancelamento de consulta, quando solicitado pelo paciente, deve liberar no calendário de consultas o dia e hora alocados anteriormente. Para efetivação do cancelamento, o sistema deve solicitar o motivo e uma senha.

17.4 Módulo Atendimento

Neste módulo, acessível apenas pelos médicos, serão registrados os dados relativos à consulta, como informações passadas pelo paciente, diagnóstico médico ou solicitação de exames.

Todos os dados são gravados em um histórico do prontuário do paciente, que pode ser consultado pelo médico. O sistema também deve registrar o receituário e os exames solicitados.

17.5 Definição de dados para o sistema

As tabelas a seguir relacionam os principais dados que devem ser armazenados em cada uma das funcionalidades dos módulos.

Tabela 17.4 – Módulo Administrativo

Funcionalidade	Informação
Cadastro de funcionários	Nome do funcionário Número do RG Órgão emissor Número do CPF Endereço Número Complemento Bairro Cidade Estado Telefone Celular Número da CTPS Número do PIS Data de nascimento

Funcionalidade	Informação
Cadastro de usuários	Identificação do usuário Senha de acesso
Cadastro de especialidades	Descrição da especialidade
Cadastro de médicos	Nome do médico Especialidade CRM
Cadastro de convênios	Empresa do convênio CNPJ Telefone

Tabela 17.5 – Módulo Agendamento

Funcionalidade	Informação
Cadastro de pacientes	Nome do paciente Número do RG Órgão emissor Número do CPF Endereço Número Complemento Bairro Cidade Estado Telefone Celular Data de nascimento Sexo Possui convênio Nome do convênio
Agenda de consulta	Identificação do paciente Identificação do atendente Identificação do médico Data Hora

Tabela 17.6 – Módulo Atendimento

Funcionalidade	Informação
Registro de atendimento do paciente	Identificação do paciente Descrição do histórico Descrição do receituário Solicitação de exames

O diagrama DER da estrutura básica do banco de dados que deve ser criado é apresentado na Figura 17.1.

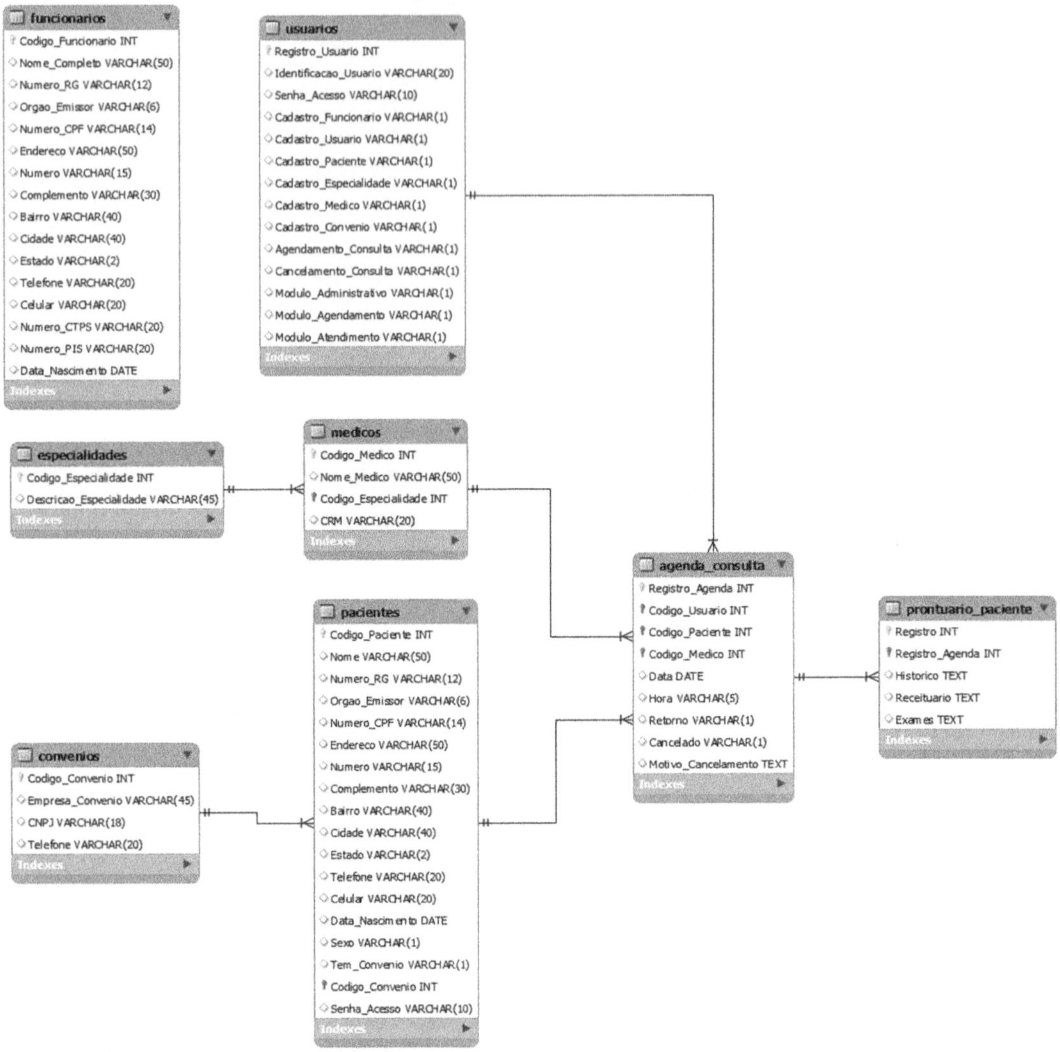

Figura 17.1 – Diagrama DER da estrutura do banco de dados da aplicação.

Agora estamos prontos para seguir com o próximo passo, que é a criação do banco de dados utilizado pela aplicação.

Recapitulando

Este capítulo apresentou a estrutura do projeto de aplicação que desenvolveremos nesta última parte do livro. Relacionamos as principais características e as informações que devem ser armazenadas.

18

Banco de Dados MySQL: Criação e Acesso

Novos conhecimentos

Neste capítulo estudaremos aspectos do gerenciador de banco de dados relacional MySQL. Vamos abordar características do servidor MySQL e da arquitetura JDBC, oferecer uma introdução à linguagem SQL e, não menos importante, apresentar os comandos DDL, DML e de segurança. Por fim, criaremos um banco de dados como exemplo e veremos como acessá-lo e como manipular seus registros a partir de um programa escrito em Java.

18.1 Apresentação do servidor MySQL

O MySQL é um gerenciador de banco de dados relacional padrão SQL que se tornou muito popular entre os desenvolvedores. Um dos motivos (talvez o principal) é o fato de ser gratuito, enquadrando-se na política de código aberto (*Open Source*). O segundo motivo é que ele se encontra disponível para várias plataformas (Windows, Linux, Solaris, FreeBSD, OpenBSD e até MacOS). No entanto, existe também uma versão paga, que dá direito a suporte técnico, denominada MySQL Enterprise. O MySQL possui importantes características e recursos, que o tornam uma excelente alternativa aos dispendiosos sistemas oferecidos por grandes empresas.

Totalmente escrito em C/C++, ele foi desenvolvido inicialmente por dois suecos (David Axmark e Allan Larsson) e um finlandês (Michael "Monty" Widenius), com base em outro projeto de banco de dados denominado mSQL (também conhecido como mini SQL), idealizado pelo pesquisador australiano David Hughes. A empresa, fundada por eles em 1995, se chamava MySQL AB, e foi adquirida em janeiro de 2008 pela Sun Microsystems. Esta, por sua vez, foi comprada pela Oracle no ano de 2009. Portanto, hoje, o MySQL é mantido pela Oracle.

O MySQL é um servidor *multi-threaded*, ou seja, pode criar vários subprocessos de execução dentro de um processo maior para atender ao mesmo tempo às diversas solicitações do usuário. Uma característica bastante interessante é que ele consome poucos recursos da máquina, como memória e espaço em disco.

Hoje, ele pode ser encontrado em projetos de desenvolvimento de aplicações cliente/servidor, sites de comércio eletrônico, *data warehouse* (armazém de dados) e aplicações de gestão empresarial, como ERP (*Enterprise Resource Planning*) e CRM (*Customer Relationship Management*).

Em relação à conectividade, ele oferece suporte a soquetes TCP/IP, Unix e Named Pipes (Windows NT) e interface para ODBC (*Open Database Connectivity*) e JDBC (*Java Database Connectivity*). Possui também interface para desenvolvimento de aplicações em C, C++, Java, Perl, PHP, Eiffel, Python e TCL.

O MySQL se enquadra em um tipo de licença denominado GPL (*General Public License*), em que, além do aplicativo executável, também se encontra disponível gratuitamente o código-fonte do software. Se você estiver desenvolvendo uma aplicação que pode ser distribuída e utilizada segundo os termos da GPL, ou seja, caso se trate de uma contribuição à comunidade do software livre, o MySQL pode ser distribuído sem necessidade de pagamento de licença. Por outro lado, se sua aplicação for do tipo comercial (vendida aos seus clientes), deve ser adquirida uma versão licenciada do produto.

É importante destacar que, neste livro, são apresentados apenas os fundamentos básicos do MySQL, tendo em vista que existem bons livros no mercado que oferecem um detalhamento mais profundo.

18.2 Cópia e instalação do servidor MySQL e do conector JDBC

Logicamente, para baixar os arquivos de instalação do MySQL e de suas ferramentas, é preciso estar conectado à Internet. Sendo assim, acesse o endereço www.mysql.com (acesso em: ago. 2015) e, na tela apresentada pela Figura 18.1, clique na aba **Downloads**. A partir da página aberta em seguida, clique no link **Community** e depois em **MySQL Community Server** (Figura 18.2).

É importante observar que vamos considerar, neste livro, a utilização da versão 5.6.23 do MySQL.

Figura 18.1 – Página principal do site www.mysql.com.

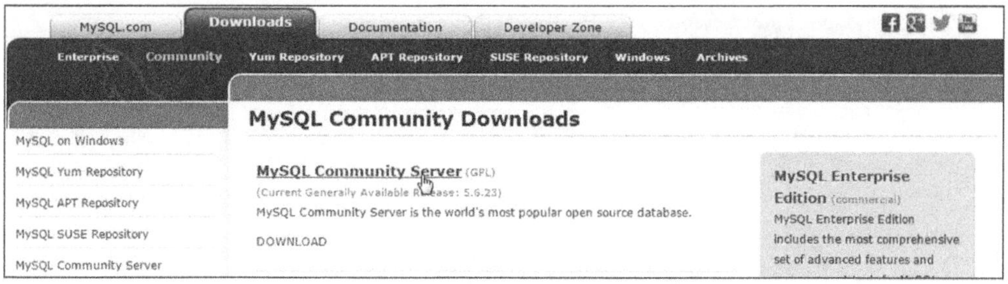

Figura 18.2 – Opção de download da versão gratuita MySQL Community Server.

A tela seguinte (Figura 18.3) oferece várias opções de download. Iremos utilizar a primeira, que dispõe um pacote completo para instalação do MySQL e de outras ferramentas. Sendo assim, clique no primeiro botão **Download**. Na tela seguinte, clique no segundo botão **Download** (Figura 18.4).

Figura 18.3 – Página de download do MySQL Server.

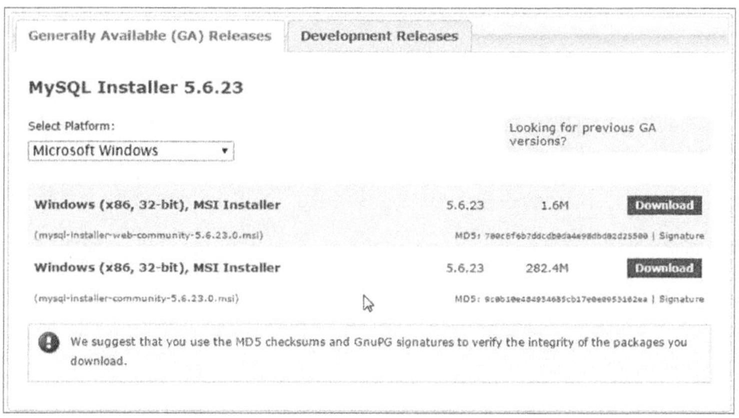

Figura 18.4 – Opções de download do MySQL.

Uma nova tela é exibida, conforme mostra a Figura 18.5. Clique no link **No thanks, just start my download**, que está localizado no final da página.

Figura 18.5 – Página final para download do MySQL.

Após ter finalizado o download do arquivo, dê um duplo clique sobre ele para iniciar a instalação do MySQL.

Além do MySQL, para que seja possível acessar seus bancos de dados, devemos também baixar e instalar o conector JDBC. Isso pode ser feito selecionando-se a **MySQL Connectors** e, depois, clicando-se no link **MySQL Connector/J** da tela mostrada pela Figura 18.6.

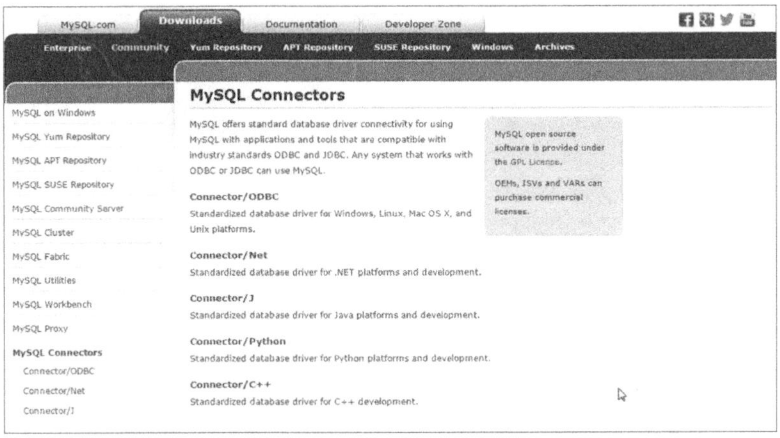

Figura 18.6 – Página para download do MySQL Connector/J.

Clique no botão **Download** da página apresentada na Figura 18.7 e, depois, no link **No thanks, just start my download** (Figura 18.8).

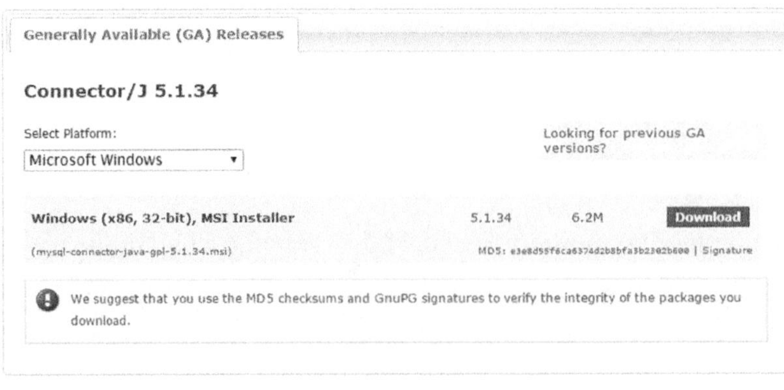

Figura 18.7 – Opção de download do MySQL Connector/J.

Figura 18.8 – Opção de download do MySQL Connector/J.

Depois de finalizada a cópia do arquivo, efetue a instalação.

Vamos conhecer um pouco esse JDBC.

A linguagem Java oferece um mecanismo de acesso a bancos de dados denominado JDBC (**Java DataBase Connectivity**) bastante flexível e sofisticado. Os produtores de sistemas de gerenciamento de bancos de dados (SGBD), convenientemente, fornecem drivers no padrão JDBC que seguem regras especificadas pela Sun para a definição de métodos e interfaces necessários à comunicação entre uma aplicação Java e um banco de dados.

Esses drivers são pacotes de classes concretas que tornam possível a execução de comandos da linguagem SQL. A Figura 18.9 apresenta um diagrama simplificado da comunicação entre os três níveis.

O programador pode carregar um driver JDBC específico para um banco de dados utilizando a classe **java.sql.DriverManager**.

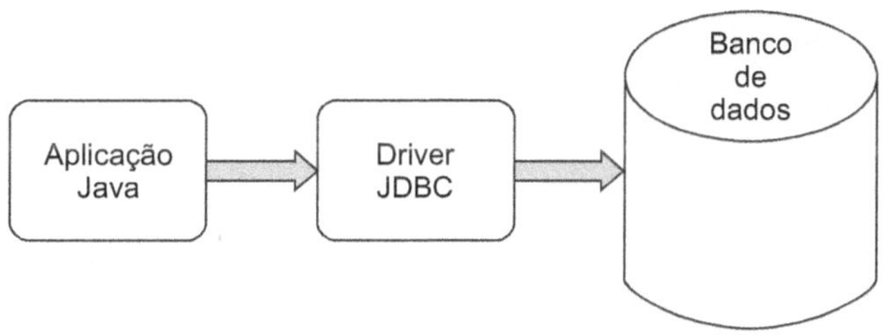

Figura 18.9 – Estrutura de funcionamento do JDBC.

18.3 Breve introdução ao SQL

Neste tópico temos uma pequena introdução ao padrão de linguagem SQL.

É difícil desvincular a história da linguagem **SQL** (*Structured Query Language* – Linguagem Estruturada de Consulta) da história dos bancos de dados relacionais, uma vez que ambos estão intimamente ligados. Com seu artigo intitulado *A Relational Model of Data for Large Shared Databanks* (Um Modelo Relacional de Dados para Grandes Bancos de Dados Compartilhados), publicado em junho de 1970, Edgard F. Codd, um pesquisador da IBM, dava início a uma revolução no conceito de bancos de dados ao introduzir a teoria de manipulação de dados armazenados como relações, utilizando conceitos matemáticos. Diferentemente dos modelos de rede e hierárquicos, os bancos de dados relacionais são mais fáceis e intuitivos de usar, além de serem também mais flexíveis.

A partir de então, a IBM pôs suas equipes de desenvolvimento para trabalhar no projeto de um banco de dados relacional, conforme a concepção de E. F. Codd. Assim, iniciou-se, em 1974, nos laboratórios da empresa em San Jose, Califórnia, o projeto denominado **System/R**, o primeiro no qual era aplicada a teoria de Codd, concluído em 1979. Esse projeto incluía uma linguagem de consulta (não de programação) denominada **SEQUEL** (*Structured English QUEry Language* – Linguagem Inglesa de Consulta Estruturada), que posteriormente passou a se chamar **SQL**, apresentada oficialmente pela IBM em novembro de 1976, em seu *IBM Journal of R&B*.

O projeto do **System/R** levou a IBM a desenvolver e lançar, em 1981, o primeiro sistema de gerenciamento de banco de dados comercial, denominado **SQL/DS**, que rodava sob o sistema operacional para grande porte VSE. Posteriormente, foi lançada uma versão para ambiente VM/CMS. Em 1983, ela lançou outro produto baseado em SQL, o **DB2** (**Data Base 2**), rodando no sistema operacional MVS.

Um grupo de engenheiros que trabalhara no projeto do **System/R** se desligou da IBM e fundou uma nova empresa chamada **Relational Software**, e nela projetaram um novo sistema de banco de dados relacional denominado *Oracle*, também baseado na linguagem SQL.

Outros produtos lançados com base no padrão SQL foram o *Ingres*, o *SQLBase*, da Gupta, e o *SQLAnywhere*, da Sybase. Essa adoção da linguagem por várias empresas provocou um efeito colateral, que foi certa despadronização da própria linguagem SQL, em virtude de implementações incorporadas por cada uma delas. Isso levou o instituto ANSI (*American National Standards Institute* – Instituto Americano de Padrões Nacionais) a formar um comitê cujo objetivo era criar uma padronização da SQL, resultando disso a especificação denominada SQL/86 (ou SQL1). Posteriormente, juntou-se ao instituto ANSI a organização ISO (*International Organization for Standardization* – Organização Internacional para Padronização) para determinar um conjunto de extensões ao padrão SQL, criando-se assim o SQL/89.

Esses comitês ainda apresentaram, em 1992, um novo padrão, denominado SQL2 (ou SQL/92, como preferem alguns). Um quarto padrão foi apresentado posteriormente, no ano de 1999, chamado de SQL3 ou SQL/99. O padrão ANSI/ISO, porém, não é o único, já que um grupo europeu denominado **X/Open** adotou um padrão diferente para aplicações que rodam no sistema operacional **UNIX**.

Influenciados pelo padrão SQL, hoje em dia praticamente todos os produtos de bancos de dados suportam, de uma forma ou de outra, essa linguagem. Alguns produtos antigos foram até adaptados para permitir esse suporte.

No início, os preços dos sistemas SQL eram simplesmente exorbitantes. Hoje, a situação é um pouco mais favorável, pois existem até sistemas de código aberto (*Open Source*) disponíveis na Internet para serem copiados gratuitamente, como é o caso do MySQL, do PostgreSQL e do FireBird, os mais famosos produtos que se enquadram nessa categoria.

Podemos considerar a linguagem SQL uma das razões para os bancos de dados relacionais terem alcançado o sucesso apresentado hoje. Uma vez que se tornou a linguagem padrão desses sistemas, é mais fácil para o usuário mudar de um SGBD relacional para outro, já que o processo é menos dispendioso e consome menos tempo.

Atualmente, é possível encontrar versões de produtos padrão SQL em praticamente todos os tipos de plataforma (hardware e software), dos computadores de grande porte e supercomputadores até os equipamentos pessoais, rodando em Windows, MacOS ou Linux.

A linguagem SQL é um meio de se poder comunicar com o banco de dados relacional para a execução de alguma operação com ele, como incluir registros ou extrair informações. Ela não é uma linguagem de programação propriamente dita, já que não permite o desenvolvimento de aplicativos completos. Não existem estruturas de controle de repetição (DO WHILE, FOR NEXT, por exemplo) ou de decisão (como IF THEN), ao menos na versão padrão da linguagem. Devido a isso, é necessário que se utilize uma ferramenta de desenvolvimento cuja linguagem de programação permita a inserção e execução de comandos SQL, como é o caso do Delphi, Visual Basic, C++, C# ou Java.

Alguns sistemas possuem um software utilitário, chamado **pré-processador**, que, a partir de um arquivo de *script* (roteiro) escrito com os comandos em linguagem SQL, gera um código compatível com uma linguagem de programação, como C/C++, COBOL, Pascal, Fortran ou Ada, para ser compilado junto com o projeto da aplicação.

Os comandos SQL consistem em expressões similares à língua inglesa, as quais sempre devem se iniciar com um verbo, seguindo-se a ele os parâmetros e cláusulas que forem necessários. Por isso, ela é classificada como uma linguagem de quarta geração, por estar o mais próximo possível da linguagem humana.

Um recurso muito importante da linguagem é o tratamento de transações. Uma transação consiste em um bloco de instruções que devem ser executadas em sequência. Se uma dessas instruções falhar, isto é, não for executada com sucesso, todas as operações anteriormente efetuadas são desfeitas e o processo finaliza, mesmo que ainda haja instruções a serem executadas.

A segurança no acesso ao banco de dados também não foi esquecida. A linguagem possui comandos para criação de usuários e definição de privilégios para cada um.

A SQL também possui recursos para criar visões (**VIEW**), capazes de permitir que campos de uma ou mais tabelas sejam selecionados e tratados como um conjunto único. Isso é muito útil quando um determinado tipo de consulta é frequentemente executado. Assim, em vez de escrevermos o mesmo comando toda vez que a consulta for necessária, criamos uma visão para ela.

Os comandos SQL podem ser agrupados em duas categorias: **DDL** (*Data Definition Language* – Linguagem de Definição de Dados) e **DML** (*Data Manipulation Language* – Linguagem de Manipulação de Dados). Na primeira categoria encontram-se os comandos responsáveis pela criação de bases de dados, tabelas, índices, visões etc. Também se enquadram nessa categoria os comandos que permitem a alteração ou exclusão dos objetos de um banco de dados.

Nos comandos da categoria DML existem aqueles que são utilizados para extrair dados ou para manipulá-los. Com eles, é possível inserir novos registros, alterar o valor de um ou mais campos, excluir registros, efetuar uma pesquisa etc.

Uma terceira categoria, não adotada oficialmente, é a **DCL** (*Data Control Language* – Linguagem de Controle de Dados). Nela estão agrupados os comandos relacionados com a segurança do sistema, como aqueles para definição de privilégios de acesso aos usuários (**GRANT** e **REVOKE**).

Na linguagem SQL são empregados os termos tabela, coluna e linha para designar, respectivamente, relação, atributo e tupla.

Uma característica peculiar da linguagem SQL é o fato de ela trabalhar com grupos ou blocos de registros. Assim, quando se executa um comando para consultar os registros que satisfazem uma determinada condição, eles são separados em uma espécie de tabela temporária e, então, retornados ao usuário. Com outros sistemas, seria necessário, para a mesma tarefa, um pequeno código que varresse a base de dados registro a registro, comparasse-os à chave de pesquisa fornecida e, no caso de haver uma correspondência, apresentasse o registro ao usuário ou o separasse em outra tabela.

Embora não esteja entre os objetivos deste livro abordar em detalhes os comandos da linguagem SQL, serão apresentados alguns dos mais utilizados na manipulação de uma base de dados.

A seguir, relacionamos os principais comandos da linguagem SQL padrão, de forma que não serão apresentadas cláusulas ou opções que se encontrem adicionadas a versões de diferentes SGBDs (InterBase, Microsoft SQL Server, Oracle, IBM DB2, MySQL, PostgreSQL etc.).

18.3.1 Comandos DDL

Vejamos, primeiramente, os principais comandos de definição de dados (DDL) existentes em SQL. Na Tabela 18.1 temos a relação desses comandos e a função de cada um.

Tabela 18.1 – Comandos de definição de dados (DDL)

Comando	Função
CREATE DATABASE	Criar uma base de dados totalmente vazia.
ALTER DATABASE	Permitir alterações em algumas características da base de dados.
DROP DATABASE	Apagar um banco de dados existente (deve ser utilizado com muito cuidado).
CREATE TABLE	Criar uma tabela de dados (também há necessidade de cuidado na utilização).
ALTER TABLE	Permitir alterações na estrutura de uma tabela existente.
DROP TABLE	Apagar uma tabela de dados existente.
CREATE INDEX	Criar índices secundários para uma tabela.
DROP INDEX	Apagar um índice existente.
CREATE DOMAIN	Criar um domínio para campos das tabelas.

Comando	Função
DROP DOMAIN	Apagar um domínio existente.
CREATE VIEW	Criar uma visão com base em uma ou mais tabelas.
DROP VIEW	Apagar uma visão existente.

18.3.1.1 CREATE DATABASE, ALTER DATABASE e DROP DATABASE

O comando **CREATE DATABASE** é utilizado para a criação de um banco de dados. Depois de criado, podem ser adicionados os diversos objetos que o compõem, como tabelas, índices, visões etc. A sintaxe desse comando é:

```
CREATE DATABASE nome_base;
```

em que **nome_base** refere-se à especificação completa do caminho (diretório) e do nome do arquivo que deve ser dado à base de dados. Por exemplo:

```
CREATE DATABASE BD_LOJA;
```

Alguns sistemas permitem que sejam especificadas algumas propriedades, como nome do usuário e sua senha (o que define o proprietário do banco de dados), tabela de caracteres, dialeto utilizado, tamanho de páginas do banco de dados etc.

Com o comando **ALTER DATABASE** é possível efetuar alterações em algumas propriedades de um banco de dados já criado, como, por exemplo, o conjunto de caracteres que o sistema deve utilizar.

O comando **DROP DATABASE** faz com que o banco de dados especificado seja apagado do disco. Por esse motivo, deve ser utilizado com extremo cuidado, pois, uma vez apagado, não será possível recuperá-lo, a não ser com o uso de softwares especializados na recuperação de arquivos. Na verdade, todos os comandos **DROP** merecem bastante atenção no seu uso para evitar possíveis dores de cabeça futuras. Em alguns SGBDs essa exclusão pode ser efetuada interativamente.

18.3.1.2 CREATE TABLE, ALTER TABLE e DROP TABLE

Esses comandos estão relacionados às tabelas do banco de dados. **CREATE TABLE** é utilizado na criação de tabelas, sendo necessário especificar os campos e seus atributos. A sintaxe básica desse comando é:

```
CREATE TABLE nome_tabela (nome_campo atributo);
```

em que **nome_campo** é uma cadeia de caracteres iniciada com uma letra que nomeia um campo da tabela de dados. Já **atributo** especifica o tipo de dados do campo e outras características, como não permissão de valores nulos, se o campo for chave primária, se há uma verificação de valores válidos etc. Veja um exemplo:

```
CREATE TABLE CAD_CLIENTES
(Codigo_Cliente INTEGER NOT NULL PRIMARY KEY,
 Nome_Cliente VARCHAR(50),
 Sexo CHAR(1) CHECK (Sexo IN('M','F')),
 Endereco VARCHAR(50),
 Bairro VARCHAR(40),
 Cidade VARCHAR(40),
 Estado CHAR(2),
 CEP CHAR(9));
```

Além dos tipos de dados definidos pelo padrão ANSI/ISO, existem outros que foram acrescentados pelos produtores em vista das novas tecnologias que foram surgindo com o tempo. Veja na Tabela 18.2 os principais tipos.

Tabela 18.2 – Tipos de dados para campos de tabela de dadosTipo de dado

	Descrição
CHAR(*n*)	Cadeia de caracteres com tamanho máximo definido por *n* e fixo.
VARCHAR(*n*)	Cadeia de caracteres com tamanho máximo definido por *n* e variável.
INTEGER	Valor numérico inteiro (sem casas decimais) com capacidade de 32 bits.
SMALLINT	Valor numérico inteiro (sem casas decimais) com capacidade de 16 bits.
DECIMAL(tamanho,decimais)	Valor numérico fracionário (com casas decimais) com o tamanho e o número de casas decimais especificados.
NUMERIC(tamanho,decimais)	Similar ao tipo DECIMAL.
DOUBLE PRECISION(tamanho,decimais)	Similar ao tipo DECIMAL, mas com dupla precisão.
FLOAT	Valor numérico de ponto flutuante com sete dígitos de precisão.
DATE	Permite armazenar uma data.
TIME	Permite armazenar um valor que representa um horário.
BLOB	Tipo de dado binário para armazenamento de arquivo de imagens, som ou vídeo.

Se depois de definida a estrutura de uma tabela for notada a necessidade de serem efetuadas nela algumas alterações, como adicionar novos campos ou apagar outros que não sejam mais úteis, deve-se utilizar o comando **ALTER TABLE**. Existe uma limitação no seu uso: ele não permite a alteração do tipo de dado ou do tamanho de um campo. Caso esse tipo de mudança seja necessário, é preciso criar um campo temporário com o novo tamanho, transportar os dados do campo antigo para o novo, apagar esse campo antigo, recriá-lo com o novo tamanho e, por fim, transportar de volta os dados do campo temporário para esse novo campo definitivo.

Para adicionar um campo a uma tabela existente utilizamos o comando com a seguinte sintaxe:

```
ALTER TABLE nome_tabela ADD nome_campo atributo;
```

Veja o exemplo:

```
ALTER TABLE CAD_CLIENTES ADD NUMERORG CHAR(12);
```

Para apagar um campo, usa-se:

```
ALTER TABLE nome_tabela DROP nome_campo;
```

No exemplo a seguir, o campo CEP é removido da estrutura da tabela:

```
ALTER TABLE CAD_CLIENTES DROP CEP;
```

O comando **DROP TABLE** funciona de forma similar a **DROP DATABASE**, com a diferença de que ele apaga uma tabela inteira do banco de dados. Se houver outras tabelas que estão relacionadas à que se deseja excluir (por meio de chaves estrangeiras), o servidor não permite a operação.

18.3.1.3 CREATE INDEX e DROP INDEX

Esses comandos permitem, respectivamente, criar e excluir índices secundários. Esses índices são utilizados pelo gerenciador para efetuar pesquisas mais rapidamente. Um índice pode ser formado por um ou mais campos da tabela, com ordenação ascendente ou descendente. Para criar um índice, utilizamos a seguinte sintaxe:

```
CREATE INDEX nome_indice ON nome_tabela (nome_campo);
```

Por exemplo, para criar um índice secundário a partir do nome do cliente, o comando deveria ser o seguinte:

```
CREATE INDEX IXNOMECLIENTE ON CAD_CLIENTES (NOMECLIENTE);
```

Para excluir um índice, simplesmente é especificado o nome do índice após o comando **DROP INDEX**:

```
DROP INDEX nome_indice;
```

18.3.1.4 CREATE DOMAIN e DROP DOMAIN

Os domínios são uma espécie de configuração padrão de atributos que podem ser utilizados diversas vezes na definição de campos das tabelas de dados. Para a criação de um domínio é preciso especificar um nome, o tipo de dados e outras propriedades, como nos seguintes exemplos:

```
CREATE DOMAIN DMCODIGOCLIENTE INTEGER NOT NULL;
CREATE DOMAIN DMNOME VARCHAR(50);
CREATE DOMAIN DMLIMITECOMPRA DECIMAL(8,2) CHECK (VALUE <= 3000);
CREATE DOMAIN DMNUMERORG CHAR(12);
CREATE DOMAIN DMENDERECO VARCHAR(50);
CREATE DOMAIN DMBAIRRO VARCHAR(40);
CREATE DOMAIN DMCIDADE VARCHAR(40);
CREATE DOMAIN DMESTADO CHAR(2);
CREATE DOMAIN DMCEP CHAR(9);
```

Na definição da estrutura das tabelas, utiliza-se o domínio no lugar dos atributos isolados do campo, como no exemplo:

```
CREATE TABLE CAD_CLIENTES
(CODIGOCLIENTE DMCOGICOCLIENTE PRIMARY KEY,
 NOMECLIENTE DMNOME,
 SEXO CHAR(1) CHECK (SEXO IN('M','F')),
 ENDERECO DMENDERECO,
 BAIRRO DMBAIRRO,
 CIDADE DMCIDADE,
 ESTADO DMCIDADE,
 CEP DMCEP,
 NUMERORG DMNUMERORG);
```

A sintaxe do comando **DROP DOMAIN** para excluir um domínio existente é:

```
DROP DOMAIN nome_dominio;
```

Ao se tentar apagar um domínio que esteja em uso na definição de campo de uma ou mais tabelas, a operação não é executada, e o próprio sistema relata um erro. É necessário então apagar, primeiramente, o campo dependente desse domínio.

Deve-se destacar que nem todos os SGBDs suportam a criação de domínios na base de dados.

18.3.1.5 CREATE VIEW e DROP VIEW

Uma visão é criada com o comando **CREATE VIEW** e, depois, ela pode ser utilizada no lugar de uma expressão para consulta de dados. Após o comando, deve vir uma cadeia de caracteres que identifica a visão e o comando que será vinculado a ela.

Um emprego interessante ocorre na criação de consultas que restringem os dados que podem ser visualizados pelo usuário. Veja o seguinte exemplo:

```
CREATE VIEW VW_VENDASACIMA5000 (VALORFATURAMENTO) AS SELECT VALORFATURAMENTO FROM DADOS_FATURAMENTO
WHERE VALORFATURAMENTO >= 50000;
```

Com esse comando é criada uma visão que retorna todos os registros de faturamento superiores a R$ 50.000,00.

A exclusão de uma visão é feita com o comando **DROP VIEW nome_visao**.

Para utilizar essa visão, devemos passar ao comando **SELECT** o nome da visão no lugar da tabela real.

18.3.2 Comandos DML

A Tabela 18.3 relaciona os principais comandos de manipulação de registros conforme o padrão ANSI/ISO.

Tabela 18.3 – Comandos de manipulação de registros (DML)

Comando	Função
INSERT INTO	Inserir um novo registro na tabela de dados.
DELETE FROM	Apagar um ou mais registros de uma tabela de dados.
UPDATE	Permitir que os dados de um registro sejam atualizados.
SELECT FROM	Selecionar um conjunto de registros a partir de uma condição e retorná-los ao usuário.

18.3.2.1 INSERT INTO

Com o comando **INSERT INTO** é possível adicionar um novo registro e atribuir valores aos campos que o compõem. Pode-se especificar um ou mais campos da tabela. No primeiro caso, os campos que não se encontram relacionados não podem ter o modificador **NOT NULL** na definição, já que isso não permite um valor nulo para o campo. Veja o exemplo seguinte:

```
INSERT INTO CAD_CLIENTES (COGIDOCLIENTE,NOMECLIENTE,ENDERECO,LIMITECOMPRA) VALUES ('05237','WILLIAM
PEREIRA ALVES','AV. DA SAUDADE, 2000',2500);
```

Se for necessário atribuir valor a todos os campos da tabela, a lista de campos pode ser suprimida, como mostra o exemplo:

```
INSERT INTO CAD_PRODUTOS VALUES ('978902302','MONITOR 15 POL.',2,8,683.45, 3,'A');
```

Nesse caso específico, a ordem dos valores deve seguir rigorosamente a que está definida para os campos dentro da tabela.

18.3.2.2 DELETE FROM

Para excluir um ou mais registros de uma tabela deve ser utilizado o comando **DELETE FROM**. O nome da tabela cujos registros serão excluídos é informado logo após o comando. Veja o exemplo:

```
DELETE FROM CAD_PRODUTOS WHERE ATIVO = 'N';
```

Nesse caso, os produtos cujo campo **Ativo** apresenta o caractere "N" serão apagados da tabela.

Se não for especificado nenhum parâmetro após o nome da tabela, todos os registros serão excluídos, como mostra o exemplo seguinte:

```
DELETE FROM CAD_PRODUTOS;
```

A tabela em si ainda existe, mas não possui registros armazenados (está vazia), portanto, deve-se ter muito cuidado ao se utilizar o comando dessa forma.

18.3.2.3 UPDATE

O comando **UPDATE** é utilizado para atualizar os valores armazenados nos campos de uma tabela. Sua sintaxe é bastante simples:

```
UPDATE nome_tabela SET nome_campo = valor_campo;
```

Se houver vários campos para serem atualizados, eles podem ser especificados em sequência e separados por vírgula. Veja os dois exemplos mostrados em seguida:

```
UPDATE CAD_CLIENTES SET ESTADO = 'SP';
UPDATE CAD_PRODUTOS SET PRECOCUSTO = PRECOCUSTO * 1.15, PRECOVENDA = PRECOCUSTO * MARGEMLUCRO;
```

A cláusula **WHERE** também pode ser utilizada no caso de se desejar atualizar apenas um grupo de registros, como no exemplo a seguir, em que somente os produtos da categoria '035' (campo CODIGOCATEGORIA = '035') terão o valor do campo MARGEMLUCRO alterado para 18,50:

```
UPDATE CAD_PRODUTOS SET MARGEMLUCRO = 18.50 WHERE CODIGOCATEGORIA = '035';
```

18.3.2.4 SELECT FROM

Este talvez seja o comando mais utilizado e o que possui mais parâmetros e opções. Com ele, é possível efetuar consultas nas tabelas, especificando-se os campos desejados, uma condição para a pesquisa e a ordem em que os registros devem ser apresentados. Basicamente, a sintaxe é a seguinte:

```
SELECT campos FROM nome_tabela/visão;
```

Para especificar todos os campos da tabela, utiliza-se um asterisco (*), como mostra o seguinte exemplo:

```
SELECT * FROM CAD_CLIENTES;
```

Se houver necessidade de se saber apenas os nomes dos clientes cujo limite de compra seja superior a R$ 3.000,00, devemos executar o comando:

```
SELECT NOMECLIENTE FROM CAD_CLIENTES WHERE LIMITECOMPRA >= 3000;
```

Suponha agora que esses mesmos registros devam ser apresentados em ordem decrescente. O comando seria:

```
SELECT NOMECLIENTE FROM CAD_CLIENTES WHERE LIMITECOMPRA >= 3000 ORDER BY LIMITECOMPRA DESC;
```

Os operadores lógicos **AND**, **OR** e **NOT** podem ser utilizados para concatenar mais de uma expressão à cláusula **WHERE**. Por exemplo, para recuperar todos os clientes que residem no estado de São Paulo e possuem limite de compra superior a R$ 3.000,00, o comando seria:

```
SELECT NOMECLIENTE FROM CAD_CLIENTES WHERE ESTADO = 'SP' AND LIMITECOMPRA >= 3000;
```

Um operador muito utilizado é o de comparação **LIKE**. Ele permite que parte de uma cadeia de caracteres seja fornecida para que os dados sejam recuperados. Por exemplo, para listar todos os clientes cujos nomes comecem com a expressão caractere "JON", seria necessário o seguinte comando:

```
SELECT NOMECLIENTE FROM CAD_CLIENTES WHERE NOMECLIENTE LIKE 'JON%';
```

Dessa maneira, seriam apresentados todos os registros cujo valor do campo **NOMECLIENTE** começa com as letras "JON", independentemente do que vem após elas. Assim, seriam válidos nomes como "JONAS", "JONATAS" e "JONNY".

Se for utilizado o nome de uma visão no lugar do nome da tabela, ela será tomada como base para geração dos registros retornados.

Bem, com esta pequena introdução à linguagem SQL, foi possível ter uma ideia do que ela oferece e o que é possível fazer com ela.

18.3.3 Comandos de segurança

São dois os comandos principais para gerenciamento de segurança de acesso ao banco de dados e seus registros: um para dar privilégios aos usuários e outro para revogá-los.

O comando **GRANT** permite que sejam dados privilégios a um usuário, enquanto **REVOKE** é usado para remover um ou mais privilégios.

A sintaxe do comando GRANT é:

```
GRANT direitos ON nome_tabela TO identificação;
```

- **direitos:** indica os direitos que podem ser concedidos ao usuário. São eles: ALL PRIVILEGES, SELECT, INSERT, UPDATE e DELETE;
- **nome_tabela:** é a tabela de dados ou visão na qual será aplicada a concessão dos direitos;
- **identificação:** é uma identificação da autorização para a qual os privilégios foram concedidos.

A sintaxe para o comando **REVOKE** é um pouco parecida:

```
REVOKE direitos ON nome_tabela FROM identificação;
```

A seguir são listados alguns exemplos de concessão e revogação de direitos:

```
GRANT SELECT, INSERT, UPDATE ON CAD_CLIENTES TO WILLIAM;
GRANT SELECT, INSERT, UPDATE, DELETE ON CAD_CLIENTES TO SYSDBA;
REVOKE DELETE ON CAD_PRODUTOS FROM VENDABALCAO1;
REVOKE INSERT,UPDATE,DELETE ON CAD_CLIENTES FROM VENDABALCAO1;
```

18.4 Criação do banco de dados

Neste tópico criaremos o banco de dados MySQL utilizado em nosso projeto. A abordagem é bastante simplificada, mas pode dar uma ideia das tarefas que são necessárias.

Quando se instala o MySQL por meio do pacote completo baixado anteriormente, uma ferramenta que permite a manipulação de bancos de dados, denominada **MySQL Workbench**, é instalada também.

Ao ser executado, o MySQL Workbench mostra a tela da Figura 18.10. Clique no quadro em que é exibida a expressão "Local instance MySQL" e uma caixa de diálogo solicitando a senha de acesso é apresentada (Figura 18.11).

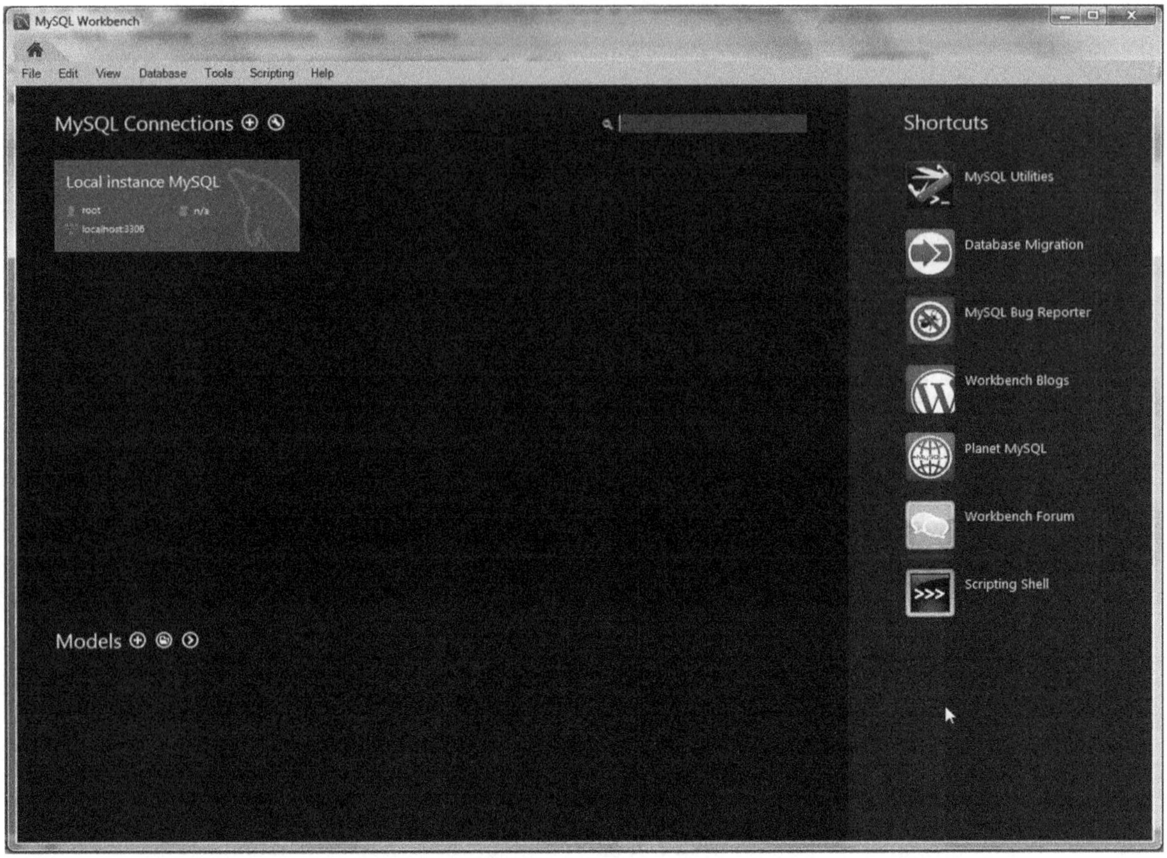

Figura 18.10 – Tela inicial do MySQL Workbench.

Figura 18.11 – Solicitação de senha do banco de dados.

Digite a senha que foi definida no momento da instalação do MySQL e clique em **OK**. Assim, é exibida a tela de trabalho da Figura 18.12.

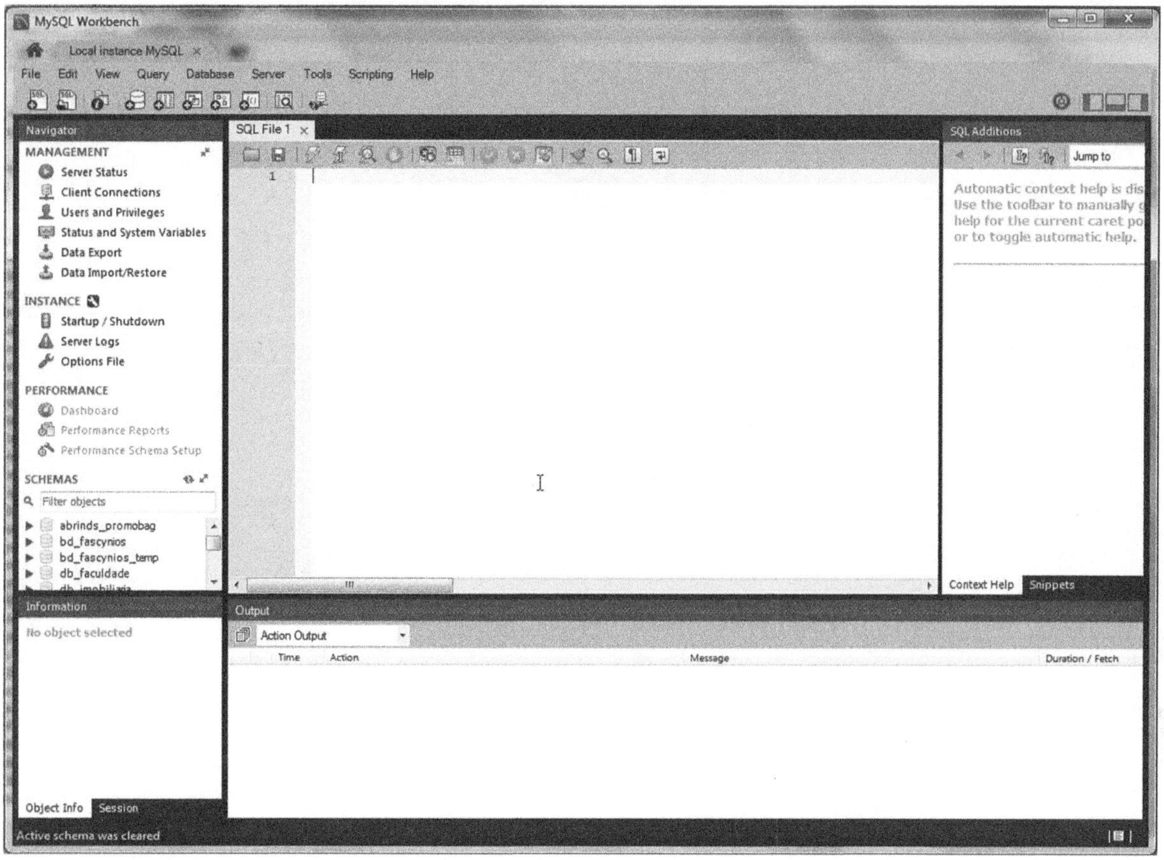

Figura 18.12 – Ambiente de trabalho do MySQL Workbench.

Para adicionar um novo banco de dados ao catálogo do MySQL, clique com o botão direito do mouse sobre a lista denominada **SCHEMAS** e escolha a opção **Create Schema** (Figura 18.13).

Na tela apresentada em seguida (Figura 18.14), digite na caixa de texto **Name** a cadeia de caracteres "clinica_medica" e clique em **Apply**.

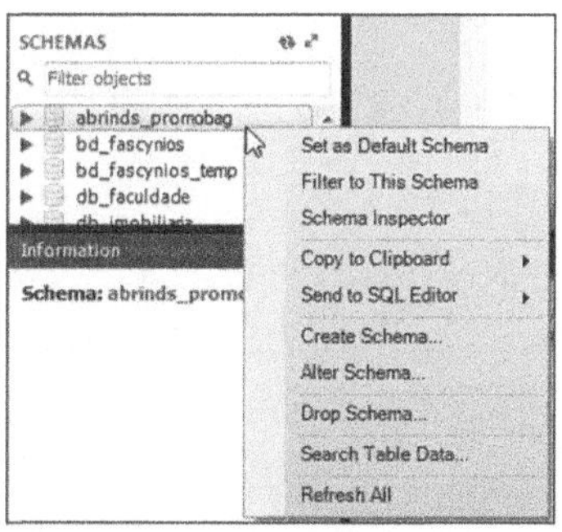

Figura 18.13 – Menu de manipulação de banco de dados.

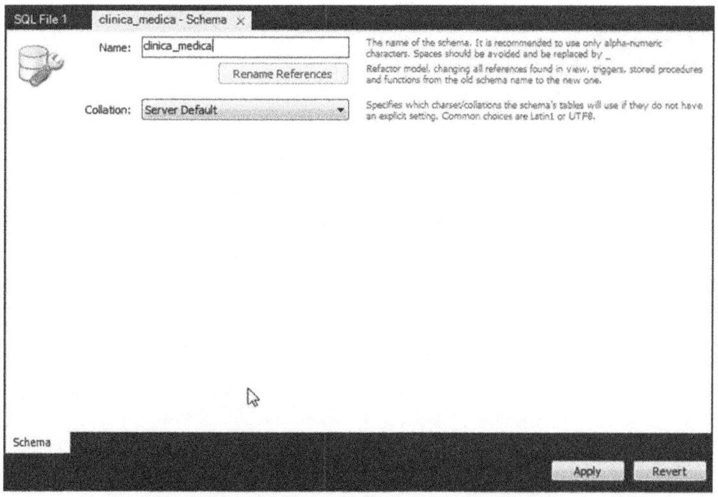

Figura 18.14 – Criação de novo banco de dados.

A lista de banco de dados é então atualizada. Clicando duas vezes no banco **clinica_medica**, você verá os itens que podem ser adicionados, como tabelas, *stored procedures*, *views* etc. (Figura 18.15).

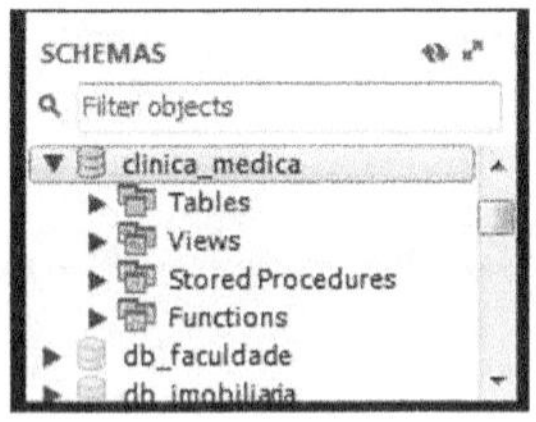

Figura 18.15 – Lista de itens de um banco de dados.

No editor de códigos SQL, digite o código apresentado na listagem a seguir. Esse código se encontra disponível no arquivo que pode ser baixado do site da Editora Érica.

```
USE clinica_medica;

CREATE TABLE IF NOT EXISTS clinica_medica.funcionarios (
  Codigo_Funcionario INT NOT NULL AUTO_INCREMENT,
  Nome_Completo VARCHAR(50) NULL,
  Numero_RG VARCHAR(12) NULL,
  Orgao_Emissor VARCHAR(6) NULL,
  Numero_CPF VARCHAR(14) NULL,
  Endereco VARCHAR(50) NULL,
  Numero VARCHAR(15) NULL,
  Complemento VARCHAR(30) NULL,
  Bairro VARCHAR(40) NULL,
  Cidade VARCHAR(40) NULL,
  Estado VARCHAR(2) NULL,
  Telefone VARCHAR(20) NULL,
  Celular VARCHAR(20) NULL,
  Numero_CTPS VARCHAR(20) NULL,
  Numero_PIS VARCHAR(20) NULL,
  Data_Nascimento DATE NULL,
  PRIMARY KEY (Codigo_Funcionario),
  INDEX Idx_Nome (Nome_Completo ASC),
  INDEX Idx_RG (Numero_RG ASC),
  INDEX Idx_CPF (Numero_CPF ASC))
ENGINE = InnoDB;

CREATE TABLE IF NOT EXISTS clinica_medica.usuarios (
  Registro_Usuario INT NOT NULL AUTO_INCREMENT,
  Identificacao_Usuario VARCHAR(20) NULL,
  Senha_Acesso VARCHAR(10) NULL,
  Cadastro_Funcionario VARCHAR(1) NULL DEFAULT 'N',
  Cadastro_Usuario VARCHAR(1) NULL DEFAULT 'N',
  Cadastro_Paciente VARCHAR(1) NULL DEFAULT 'N',
  Cadastro_Especialidade VARCHAR(1) NULL DEFAULT 'N',
  Cadastro_Medico VARCHAR(1) NULL DEFAULT 'N',
  Cadastro_Convenio VARCHAR(1) NULL DEFAULT 'N',
  Agendamento_Consulta VARCHAR(1) NULL DEFAULT 'N',
  Cancelamento_Consulta VARCHAR(1) NULL DEFAULT 'N',
  Modulo_Administrativo VARCHAR(1) NULL DEFAULT 'N',
  Modulo_Agendamento VARCHAR(1) NULL DEFAULT 'N',
  Modulo_Atendimento VARCHAR(1) NULL DEFAULT 'N',
  PRIMARY KEY (Registro_Usuario)
ENGINE = InnoDB;

CREATE TABLE IF NOT EXISTS clinica_medica.especialidades (
  Codigo_Especialidade INT NOT NULL AUTO_INCREMENT,
  Descricao_Especialidade VARCHAR(45) NULL,
  PRIMARY KEY (Codigo_Especialidade))
ENGINE = InnoDB;

CREATE TABLE IF NOT EXISTS clinica_medica.medicos (
  Codigo_Medico INT NOT NULL AUTO_INCREMENT,
  Nome_Medico VARCHAR(50) NULL,
```

```
  Codigo_Especialidade INT NOT NULL,
  CRM VARCHAR(20) NULL,
  PRIMARY KEY (Codigo_Medico, Codigo_Especialidade),
  INDEX fk_medicos_especialidades1_idx (Codigo_Especialidade ASC),
  CONSTRAINT fk_medicos_especialidades1
    FOREIGN KEY (Codigo_Especialidade)
    REFERENCES clinica_medica.especialidades (Codigo_Especialidade)
    ON DELETE NO ACTION
    ON UPDATE NO ACTION)
ENGINE = InnoDB;

CREATE TABLE IF NOT EXISTS clinica_medica.convenios (
  Codigo_Convenio INT NOT NULL AUTO_INCREMENT,
  Empresa_Convenio VARCHAR(45) NULL,
  CNPJ VARCHAR(18) NULL,
  Telefone VARCHAR(20) NULL,
  PRIMARY KEY (Codigo_Convenio))
ENGINE = InnoDB;

CREATE TABLE IF NOT EXISTS clinica_medica.pacientes (
  Codigo_Paciente INT NOT NULL AUTO_INCREMENT,
  Nome VARCHAR(50) NULL,
  Numero_RG VARCHAR(12) NULL,
  Orgao_Emissor VARCHAR(6) NULL,
  Numero_CPF VARCHAR(14) NULL,
  Endereco VARCHAR(50) NULL,
  Numero VARCHAR(15) NULL,
  Complemento VARCHAR(30) NULL,
  Bairro VARCHAR(40) NULL,
  Cidade VARCHAR(40) NULL,
  Estado VARCHAR(2) NULL,
  Telefone VARCHAR(20) NULL,
  Celular VARCHAR(20) NULL,
  Data_Nascimento DATE NULL,
  Sexo VARCHAR(1) NULL,
  Tem_Convenio VARCHAR(1) NULL,
  Codigo_Convenio INT NOT NULL,
  Senha_Acesso VARCHAR(10),
  PRIMARY KEY (Codigo_Paciente, Codigo_Convenio),
  INDEX fk_pacientes_convenios1_idx (Codigo_Convenio ASC),
  CONSTRAINT fk_pacientes_convenios1
    FOREIGN KEY (Codigo_Convenio)
    REFERENCES clinica_medica.convenios (Codigo_Convenio)
    ON DELETE NO ACTION
    ON UPDATE NO ACTION)
ENGINE = InnoDB;

CREATE TABLE IF NOT EXISTS clinica_medica.agenda_consulta (
  Registro_Agenda INT NOT NULL AUTO_INCREMENT,
  Codigo_Usuario INT NOT NULL,
  Codigo_Paciente INT NOT NULL,
  Codigo_Medico INT NOT NULL,
  Data DATE NULL,
  Hora VARCHAR(5) NULL,
  Retorno VARCHAR(1) NULL DEFAULT 'N',
  Cancelado VARCHAR(1) NULL DEFAULT 'N',
  Motivo_Cancelamento TEXT NULL,
  PRIMARY KEY (Registro_Agenda, Codigo_Usuario, Codigo_Medico, Codigo_Paciente),
  INDEX fk_agenda_consulta_pacientes1_idx (Codigo_Paciente ASC),
  INDEX fk_agenda_consulta_medicos1_idx (Codigo_Medico ASC),
  INDEX fk_agenda_consulta_usuarios1_idx (Codigo_Usuario ASC),
  CONSTRAINT fk_agenda_consulta_pacientes1
    FOREIGN KEY (Codigo_Paciente)
    REFERENCES clinica_medica.pacientes (Codigo_Paciente)
    ON DELETE NO ACTION
    ON UPDATE NO ACTION,
  CONSTRAINT fk_agenda_consulta_medicos1
    FOREIGN KEY (Codigo_Medico)
```

```
    REFERENCES clinica_medica.medicos (Codigo_Medico)
    ON DELETE NO ACTION
    ON UPDATE NO ACTION,
  CONSTRAINT fk_agenda_consulta_usuarios1
    FOREIGN KEY (Codigo_Usuario)
    REFERENCES clinica_medica.usuarios (Registro_Usuario)
    ON DELETE NO ACTION
    ON UPDATE NO ACTION)
ENGINE = InnoDB;

CREATE TABLE IF NOT EXISTS clinica_medica.prontuario_paciente (
  Registro INT NOT NULL AUTO_INCREMENT,
  Registro_Agenda INT NOT NULL,
  Historico TEXT NULL,
  Receituario TEXT NULL,
  Exames TEXT NULL,
  PRIMARY KEY (Registro, Registro_Agenda),
  INDEX fk_prontuario_paciente_agenda_consulta1_idx (Registro_Agenda ASC),
  CONSTRAINT fk_prontuario_paciente_agenda_consulta1
    FOREIGN KEY (Registro_Agenda)
    REFERENCES clinica_medica.agenda_consulta (Registro_Agenda)
    ON DELETE NO ACTION
    ON UPDATE NO ACTION)
ENGINE = InnoDB;
```

Clique no botão **Executar** () para que sejam criadas as tabelas. O MySQL Workbench exibirá, então, diversas mensagens no painel denominado **Output** (Figura 18.16).

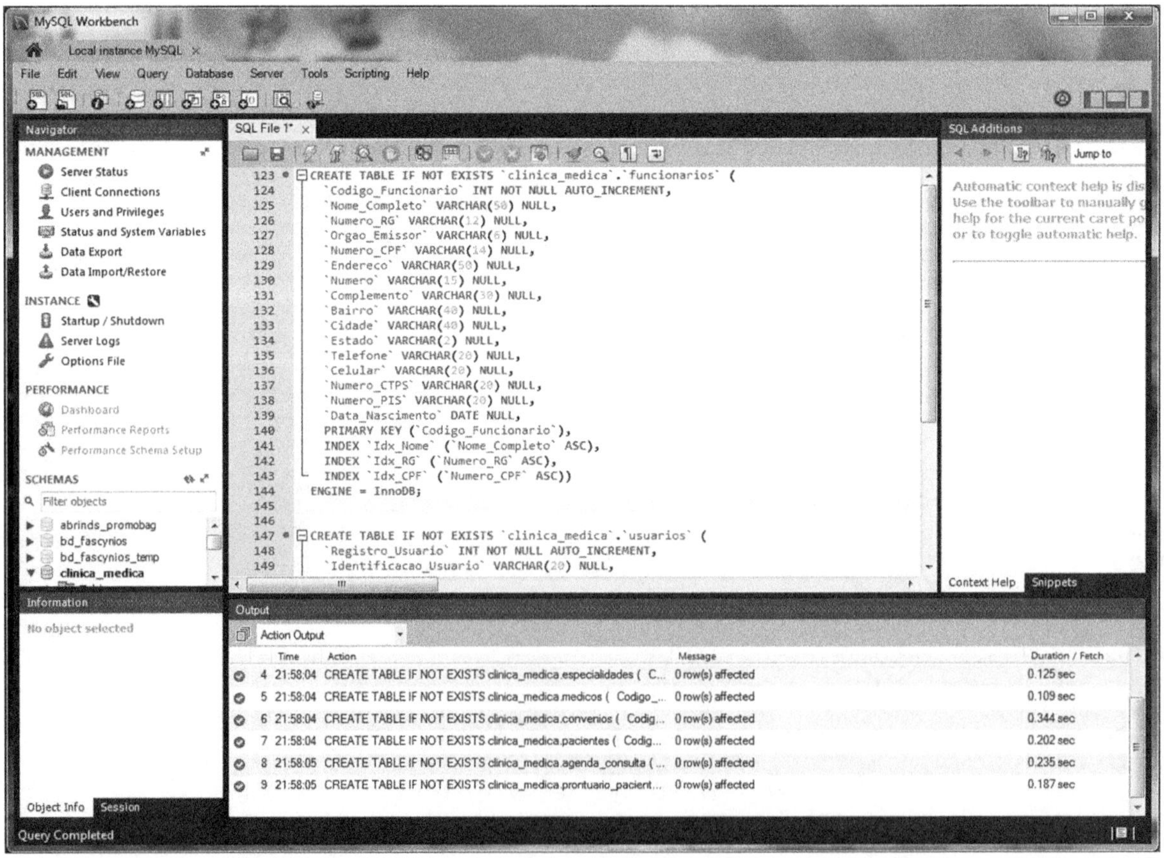

Figura 18.16 – Resultado da execução dos comandos para criação das tabelas.

Expandido o item **Table** do painel **SCHEMAS**, você poderá ver as tabelas que foram criadas anteriormente por esses comandos (Figura 18.17).

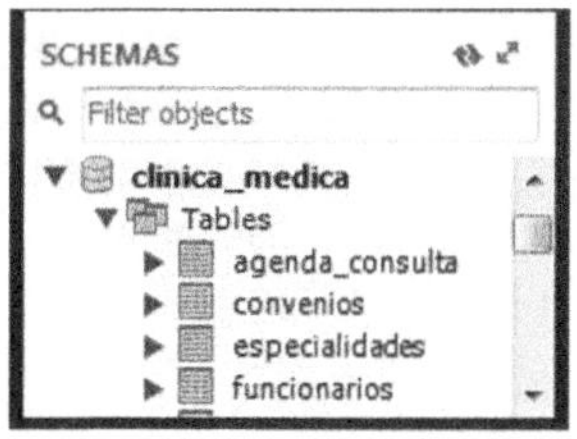

Figura 18.17 – Lista das tabelas adicionadas ao banco de dados.

18.5 Como se conectar a um banco de dados

Como já mencionado no início do capítulo, uma aplicação em Java precisa se comunicar com um *driver* JDBC para poder manipular os registros de uma base de dados. Contudo, para que haja essa manipulação, é preciso que o aplicativo efetue algumas operações, que incluem a definição do *driver* JDBC, a especificação do banco de dados e a criação da conexão com ele.

A primeira providência a ser tomada é copiar o arquivo **mysql-conector-java-5.1.34-bin.jar** (ou versão mais recente) da pasta de instalação do **MySQL Connector/J**, como indicado na Figura 18.18, para a pasta **lib** do **Tomcat** (Figura 18.19).

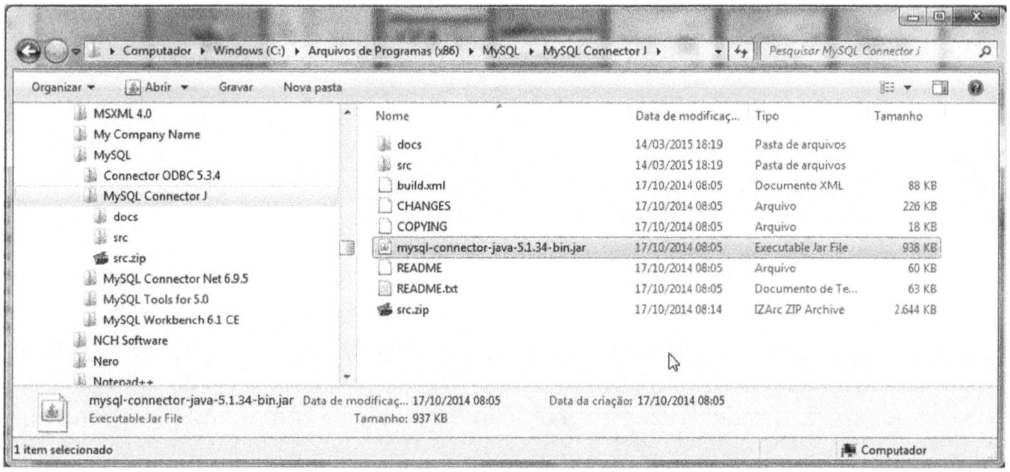

Figura 18.18 – Pasta na qual se encontra o arquivo mysql-connector-java-5.1.34-bin.jar.

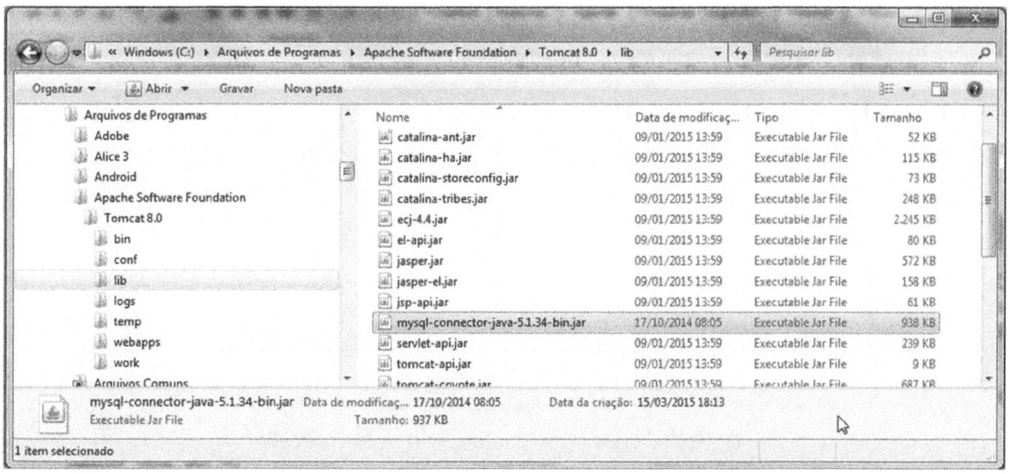

Figura 18.19 – Pasta na qual deve ser copiado o arquivo mysql-connector-java-5.1.34-bin.jar.

Se o NetBeans estiver sendo utilizado, como no nosso caso, é necessário fazer referência a esse arquivo incluindo-o na estrutura de pastas do projeto. Para isso, clique com o botão direito sobre o item **Biblioteca** do painel do gerenciador de projetos e escolha a opção **Adicionar JAR/Pasta** (Figura 18.20). A partir da caixa de diálogo aberta, selecione a pasta em que está instalado o MySQL Connector/J e escolha o arquivo do pacote, como mostra a Figura 18.21. A Figura 18.22 exibe o arquivo adicionado à biblioteca do NetBeans.

Figura 18.20 – Menu de adição de arquivos ao projeto.

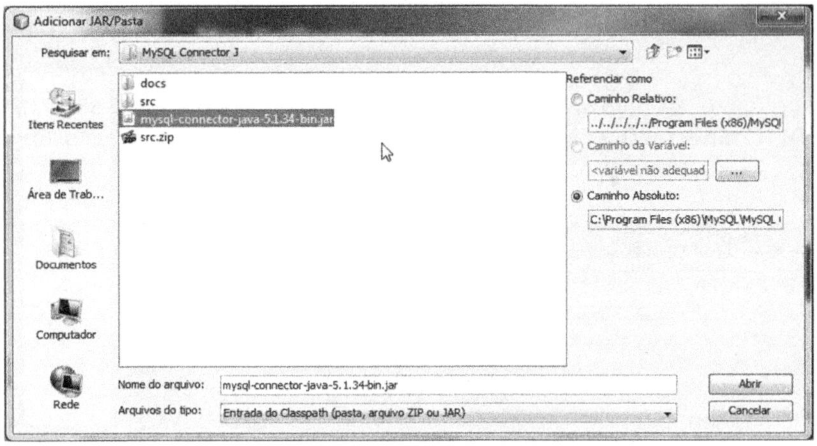

Figura 18.21 – Seleção do arquivo de classe Java do MySQL Connector/J.

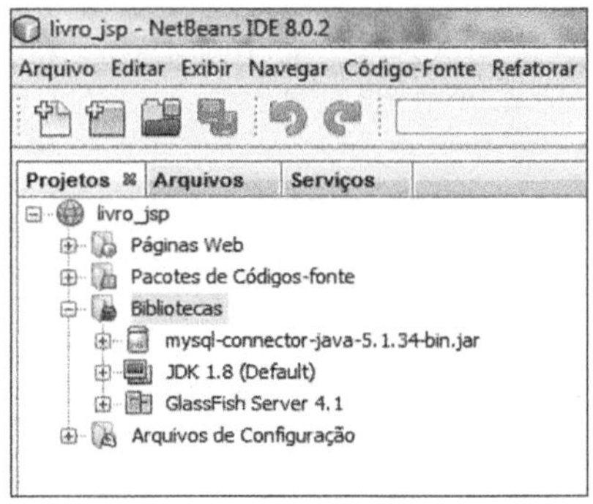

Figura 18.22 – Painel do gerenciador de projetos.

Para vermos na prática como acessar e manipular um banco de dados, vamos criar um novo projeto no NetBeans. Assim, clique na opção **Arquivo → Novo Projeto**, escolha o tipo de projeto **Aplicação Web** da categoria **Java Web** e digite para o nome do projeto a cadeia de caracteres "clinica_medica", como mostra a Figura 18.23.

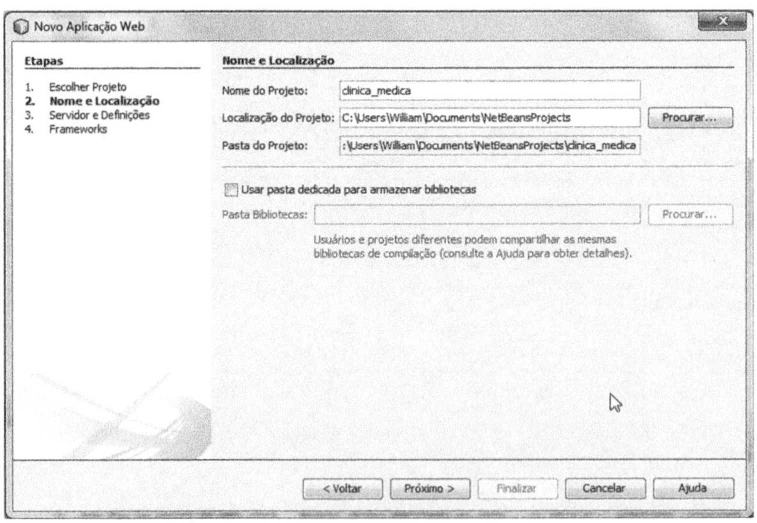

Figura 18.23 – Criação de novo projeto no NetBeans.

Na tela de configuração do servidor, defina os parâmetros conforme indicado na Figura 18.24.

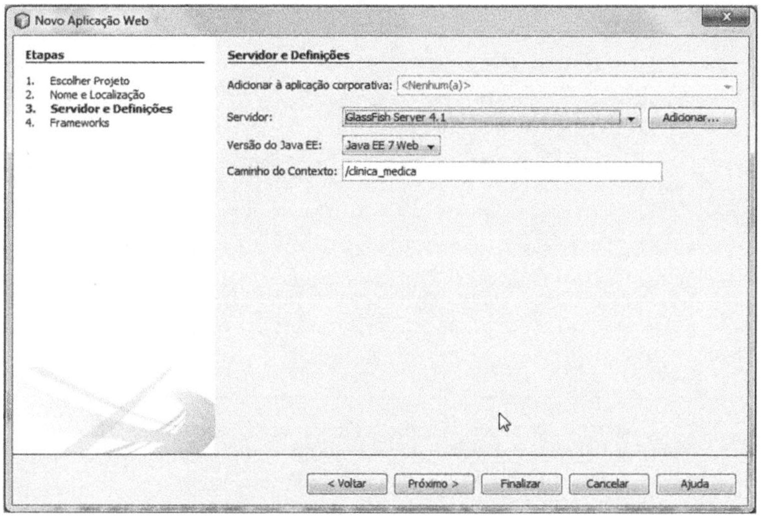

Figura 18.24 – Configurações do servidor.

O próximo passo é definir um pacote de classes Java que estarão envolvidas com os processos de conexão e manipulação dos registros do banco de dados MySQL. Clique com o botão direito do mouse sobre o item **Pacotes de código-fonte** do projeto **clinica_medica** e escolha a opção **Novo → Pacote Java** (Figura 18.25).

A caixa de diálogo da Figura 18.26 deve ser aberta em seguida. Digite a cadeia de caracteres "banco_dados" no campo **Nome do Pacote** e clique no botão **Finalizar**.

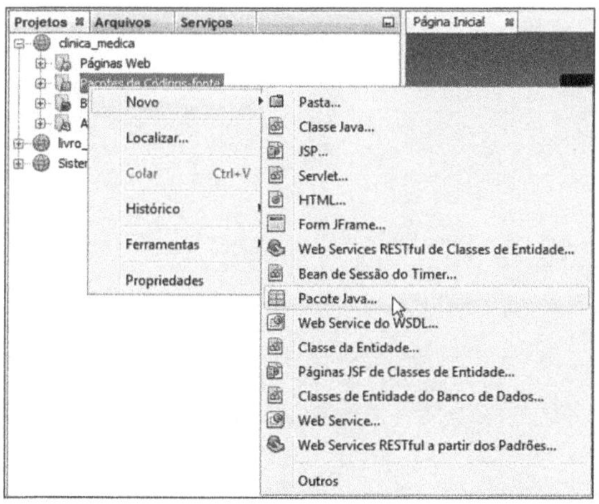

Figura 18.25 – Criação de novo projeto no NetBeans.

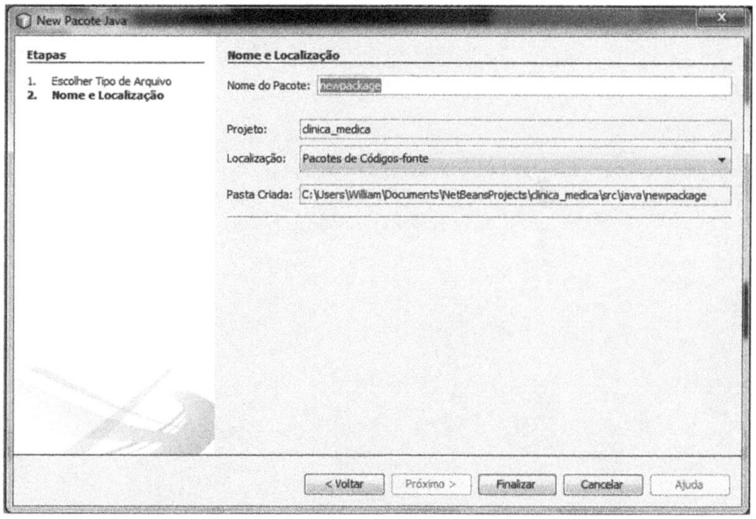

Figura 18.26 – Configurações do pacote de classes.

Agora, crie uma nova classe Java selecionando a opção **Novo → Classe Java** do menu local apresentado após clicar com o botão direito do mouse sobre um item do painel **Gerenciador de Projetos**. Na caixa de diálogo aberta, digite para o nome da classe a expressão "conexaoBancoDados". Selecione ainda o pacote **banco_dados**. Veja essas configurações na Figura 18.27.

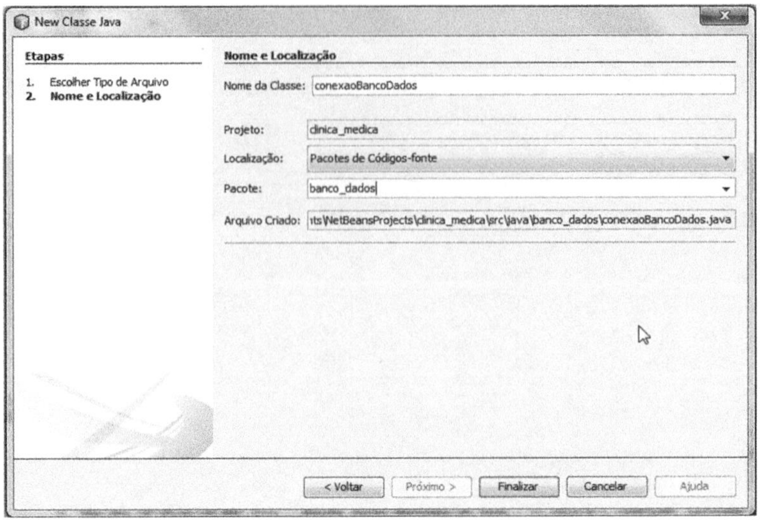

Figura 18.27 – Adição de uma classe Java ao pacote.

Digite o código apresentado na listagem a seguir:

```
package banco_dados;

import java.sql.*;

public class conexaoBancoDados {
    Connection conBanco;

    public boolean abrirConexao() {
        String url = "jdbc:mysql://localhost/clinica_medica?user=root&password=master";

        try {
            Class.forName("com.mysql.jdbc.Driver");
            conBanco = DriverManager.getConnection(url);
            return true;
        }
        catch (Exception erro) {
            erro.printStackTrace();
            return false;
        }
    }

    public void fecharConexao() {
        try {
            conBanco.close();
            return true;
        }
        catch (SQLException erro) {
            erro.printStackTrace();
            return false;
        }
    }

    public Connection obterConexao() {return conBanco;}
}
```

Em primeiro lugar, esse código importa um pacote que contém classes para manipulação de banco de dados SQL:

```
import java.sql.*;
```

O corpo da classe propriamente dita é formado por três métodos, a saber: **abrirConexao**, **fecharConexao** e **obterConexao**. O primeiro método, **abrirConexao**, como o próprio nome diz, é responsável por efetuar uma conexão com o banco de dados.

Um objeto do tipo **Connection** é declarado inicialmente para servir de interface entre nossas rotinas e essa classe. Ele conterá a referência ao banco de dados propriamente dito, que utilizaremos posteriormente para poder manipular seus registros.

Para se conectar a um banco de dados, é necessário utilizar o método **Class.forName()**, passando-se como parâmetro uma cadeia de caracteres que representa o *driver* de acesso. Em nosso caso, o *driver* é para o MySQL, mas vale ressaltar que essa cadeia de caracteres difere de banco para banco.

Apesar de, normalmente, um aplicativo carregar apenas um *driver* de banco de dados, é perfeitamente possível carregar vários ao mesmo tempo. Isso se aplica mais frequentemente nos casos em que há necessidade de transferência de registros de um banco para outro.

Após ter sido carregado o *driver*, o próximo passo é definir o endereço que indica onde se localiza o banco de dados. É importante notar que o endereço é representado por uma cadeia de caracteres comumente denominada URL, em que se encontram informações a respeito do servidor, do nome da base de dados, da porta de conexão, do nome do usuário e da senha de acesso. Essa especificação é passada a uma variável do tipo **String**:

```
String url = "jdbc:mysql://localhost/clinica_medica?user=root&password=vv11114m";
```

Essa *string* é passada como parâmetro ao método **getConnection()** da classe **DriverManager**. O retorno dela é atribuído ao objeto **conBanco**. É necessário destacar que esse método apresenta dois formatos: o primeiro recebe como parâmetro apenas o endereço URL; o segundo recebe, além da URL, mais duas cadeias de caracteres, que representam o nome do usuário e a senha de acesso, respectivamente. O exemplo faz uso da primeira forma. Sendo assim, o código completo deve ser:

```
conBanco = DriverManager.getConnection(url);
```

É importante notar que todo esse trabalho foi inserido em uma estrutura de tratamento de erros **try/catch**. Esse cuidado é necessário quando trabalhamos com a manipulação de bancos de dados, o que evita diversos transtornos, como exibição de mensagens de erro incompreensíveis por parte do usuário. No caso de ocorrência de algum erro, como a inexistência do banco referenciado na *string* de conexão, o fluxo é desviado para o bloco de instruções definido pela cláusula **catch**. Este compreende a geração de uma saída por meio do método **printStackTrace()** e o retorno do valor **false** à rotina chamadora.

```
try {
    Class.forName("com.mysql.jdbc.Driver");
    conBanco = DriverManager.getConnection(url);
    return true;
}
catch (Exception erro) {
     erro.printStackTrace();
     return false;
}
```

Já o método **fecharConexao()** tem por função encerrar a conexão criada para o banco de dados por meio de uma chamada ao método **close()** do objeto **conBanco**. Essa operação também é executada dentro de uma estrutura de tratamento de erros **try/catch**.

```
    public void fecharConexao() {
        try {
            conBanco.close();
            return true;
        }
        catch (SQLException erro) {
            erro.printStackTrace();
            return false;
        }
    }
```

Por fim, temos o método que retorna o valor do objeto **conBanco**:

```
    public Connection obterConexao() {return conBanco;}
```

Vamos agora definir uma classe que é responsável pela manipulação dos registros da tabela **especialidades** do banco de dados. Essa classe terá métodos para inserir uma especialidade, alterar a descrição de uma especialidade, excluir uma especialidade cadastrada ou listar todos os registros da tabela. Essas são as quatro operações básicas que devem ser realizadas com um banco de dados, comumente conhecidas como **CRUD** (*Create*, *Read*, *Update* e *Delete*).

Adicione uma nova classe ao pacote **banco_dados** do projeto **clinica_medica**, nomeando-a **especialidades.java**. O código dessa classe é apresentado na seguinte listagem:

```
package banco_dados;

import java.sql.*;

public class especialidades {
    private Connection conBanco;
    private PreparedStatement psComando;
    private ResultSet rsRegistros;

    public void configurarConexao(Connection conBanco) {this.conBanco = conBanco;}

    public boolean inserirRegistro(String strDescricao) {
        String strComandoSQL;

        try {
            strComandoSQL = "INSERT INTO especialidades(Descricao_Especialidade) 
VALUES('"+strDescricao+"')";
            psComando = conBanco.prepareStatement(strComandoSQL);
            psComando.executeUpdate();

            return true;
        }
        catch (Exception erro) {
            erro.printStackTrace();
            return false;
        }
    }

    public boolean alterarRegistro(int intCodigo,String strDescricao) {
        String strComandoSQL;

        try {
            strComandoSQL = "UPDATE especialidades SET Descricao_Especialidade = '"+strDescricao+"' 
WHERE Codigo_Especialidade = "+intCodigo;
            psComando = conBanco.prepareStatement(strComandoSQL);
            psComando.executeUpdate();

            return true;
        }
        catch (Exception erro) {
            erro.printStackTrace();
            return false;
        }
    }

    public boolean excluirRegistro(int intCodigo) {
        String strComandoSQL;

        try {
            strComandoSQL = "DELETE FROM especialidades WHERE Codigo_Especialidade = "+intCodigo;
            psComando = conBanco.prepareStatement(strComandoSQL);
            psComando.executeUpdate();

            return true;
        }
```

```
        catch (Exception erro) {
            erro.printStackTrace();
            return false;
        }
    }

    public ResultSet listarRegistros(String strOrdem) {
        String strComandoSQL;

        try {
            if (strOrdem == "CÓDIGO")
               strComandoSQL = "SELECT * FROM especialidades ORDER BY Codigo_Especialidade";
            else
               strComandoSQL = "SELECT * FROM especialidades ORDER BY Descricao_Especialidade";

            psComando = conBanco.prepareStatement(strComandoSQL);
            rsRegistros = psComando.executeQuery();
            return rsRegistros;
        }
        catch (Exception erro) {
            erro.printStackTrace();
            return null;
        }
    }
}
```

Logo após a declaração da classe, temos a declaração de três objetos: **conBanco**, para conexão com o banco de dados; **psComando**, utilizado na execução de comandos SQL; e **rsRegistros**, que conterá o resultado da execução de comandos de seleção de registros da tabela.

O primeiro método dessa classe, denominado **configurarConexao()**, é responsável por atribuir ao objeto **conBanco** a referência ao banco de dados a que se teve uma conexão estabelecida. Quando criarmos a página JSP que efetivamente utilizará essa classe, ficará mais clara a função desse método.

O método **inserirRegistro()** recebe como parâmetro uma cadeia de caracteres que representa a descrição da especialidade. Então, uma instrução SQL que utiliza o comando **INSERT** é definida e depois executada. Para execução dessa instrução, utilizamos o objeto **psComando**, que é declarado como sendo do tipo **PreparedStatement**. Por meio do objeto **conBanco**, atribuímos a **psComando** o valor retornado pelo método **prepareStatement**. Após isso, a instrução é executada pela chamada ao método **executeUpdate()**.

Como todo o bloco está embutido em uma estrutura **try/catch**, se ocorrer algum erro ele será devidamente tratado. É importante notar ainda que esse método pode devolver um valor **true** ou **false**, dependendo do sucesso ou não da sua execução. Dessa forma, a aplicação que a chamar pode testar esse valor e exibir uma mensagem ao usuário.

```
    public boolean inserirRegistro(String strDescricao) {
        String strComandoSQL;

        try {
            strComandoSQL = "INSERT INTO especialidades(Descricao_Especialidade)
VALUES('"+strDescricao+"')";
            psComando = conBanco.prepareStatement(strComandoSQL);
            psComando.executeUpdate();

            return true;
        }
        catch (Exception erro) {
            erro.printStackTrace();
            return false;
        }
    }
```

O terceiro método, **alterarRegistro()**, tem uma estrutura bastante similar à do método **inserirRegistro()**. A diferença entre eles reside no fato de **alterarRegistro()** fazer uso de dois parâmetros e de a instrução SQL também ser outra. Os parâmetros passados se referem ao código da especialidade a ter sua descrição alterada e ao novo valor dessa descrição. Já a instrução SQL utiliza o comando **UPDATE** em vez de **INSERT**.

```
    public boolean alterarRegistro(int intCodigo,String strDescricao) {
        String strComandoSQL;

        try {
            strComandoSQL = "UPDATE especialidades SET Descricao_Especialidade = '"+strDescricao+"'
WHERE Codigo_Especialidade = "+intCodigo;
            psComando = conBanco.prepareStatement(strComandoSQL);
            psComando.executeUpdate();

            return true;
        }
        catch (Exception erro) {
            erro.printStackTrace();
            return false;
        }
    }
```

Já o método **excluirRegistro()** deve ser utilizado na exclusão de alguma especialidade. Ele recebe como parâmetro o código da especialidade, que é um valor numérico sequencial gerado automaticamente pelo gerenciador MySQL. A partir de então, uma instrução com o comando **DELETE** é montada para ser executada em seguida.

```
    public boolean excluirRegistro(int intCodigo) {
        String strComandoSQL;

        try {
            strComandoSQL = "DELETE FROM especialidades WHERE Codigo_Especialidade = "+intCodigo;
            psComando = conBanco.prepareStatement(strComandoSQL);
            psComando.executeUpdate();

            return true;
        }
        catch (Exception erro) {
            erro.printStackTrace();
            return false;
        }
    }
```

Por último, temos o método **listarRegistros()**, cuja função é retornar um conjunto de registros da tabela de especialidades médicas. Deve ser passada a ele uma cadeia de caracteres que indica se os registros serão exibidos em ordem de código ou de descrição. Esse método retorna um objeto do tipo **ResultSet**.

```
    public ResultSet listarRegistros(String strOrdem) {
        String strComandoSQL;

        try {
            if (strOrdem == "CÓDIGO")
               strComandoSQL = "SELECT * FROM especialidades ORDER BY Codigo_Especialidade";
            else
               strComandoSQL = "SELECT * FROM especialidades ORDER BY Descricao_Especialidade";

            psComando = conBanco.prepareStatement(strComandoSQL);
            rsRegistros = psComando.executeQuery();
            return rsRegistros;
        }
        catch (Exception erro) {
            erro.printStackTrace();
            return null;
        }
    }
```

Com o terreno preparado, vamos agora ao plantio.

Para testarmos as classes até agora criadas e também entendermos como elas podem ser utilizadas em nossa aplicação, vamos criar uma página JSP. Sendo assim, clique com o botão direito do mouse sobre o nome do projeto e escolha a opção **Novo → JSP**. Para o nome da página, entre com "insere_especialidade". Digite, então, o código apresentado a seguir:

```
<%@page contentType="text/html" pageEncoding="UTF-8"%>
<jsp:useBean id="conexao" scope="page" class="banco_dados.conexaoBancoDados"/>
<jsp:useBean id="especialidade" scope="page" class="banco_dados.especialidades"/>
<!DOCTYPE html>
<html>
    <head>
        <title>Conexão com Banco de Dados</title>
    </head>

    <body>
        <h2>Conexão com banco de dados</h2>

        <%
            if (conexao.abrirConexao()) {
                especialidade.configurarConexao(conexao.obterConexao());

                if (especialidade.inserirRegistro("Clínica Geral"))
                    out.println("<h2>Especialidade 'Clínica Geral' cadastrada com sucesso!</h2>");
                else
                    out.println("<h3>Erro ao tentar cadastrar especialidade!</h3>");

                conexao.fecharConexao();
            }
            else
                out.println("<p>Falha na conexão com o banco de dados!</p>");
        %>
    </body>
</html>
```

Logo de início temos duas linhas cuja sintaxe até agora não tinha sido apresentada. Para entendê-las, precisamos voltar ao conceito de ações estudado no Capítulo 13, quando abordamos os elementos sintáticos JSP. Lá dissemos que existe uma ação denominada **useBean**. Ela permite que uma classe Java pura, como as duas que criamos anteriormente, possa ser utilizada em aplicações web. Esse tipo de classe é comumente denominado componente JavaBean, ou simplesmente *bean*.

Para uso da ação **useBean**, é necessário configurar três parâmetros:

1) **id:** trabalha como uma instanciação da classe Java, como na declaração de um objeto;
2) **class:** nome do pacote e da classe;
3) **scope:** define a abrangência da instância da classe. Pode conter os seguintes valores:
   - I- **page**: escopo de toda a página JSP em que o *bean* foi declarado;
   - II- **request**: o *bean* instanciado pode ser utilizado por qualquer página JSP capaz de atender à mesma solicitação do cliente;
   - III- **session**: qualquer página JSP que compartilha a mesma seção da página JSP responsável pela criação do *bean* tem acesso a este valor;
   - IV- **application**: o *bean* criado pela página JSP pode ser utilizado em todas as páginas da aplicação à qual ela pertence.

Em nosso código JSP, isso foi feito com as duas classes: **conexaoBancoDados** e **especialidades**.

```
<jsp:useBean id="conexao" scope="page" class="banco_dados.conexaoBancoDados"/>
<jsp:useBean id="especialidade" scope="page" class="banco_dados.especialidades"/>
```

O núcleo da página é o código em JSP que abre uma conexão com o banco de dados e insere um registro na tabela **especialidades**.

```
        <%
            if (conexao.abrirConexao()) {
                especialidade.configurarConexao(conexao.obterConexao());

                if (especialidade.inserirRegistro("Clínica Geral"))
                    out.println("<h2>Especialidade 'Clínica Geral' cadastrada com sucesso!</h2>");
```

```
            else
                out.println("<h3>Erro ao tentar cadastrar especialidade!</h3>");

            conexao.fecharConexao();
        }
        else
            out.println("<p>Falha na conexão com o banco de dados!</p>");
%>
```

Se for possível abrir a conexão, ela é atribuída ao objeto especialidade. Por meio de uma chamada ao método **inserirRegistro()** desse objeto, adicionamos uma especialidade médica denominada "Clínica Geral" à tabela **especialidade**.

Depois de gravar o projeto, clique com o botão direito do mouse sobre o item **insere_especialidade.jsp** e selecione **Executar Arquivo**. Após a compilação das classes Java, você deve verificar o navegador carregado e exibindo a mensagem da Figura 18.28, se não houver qualquer erro.

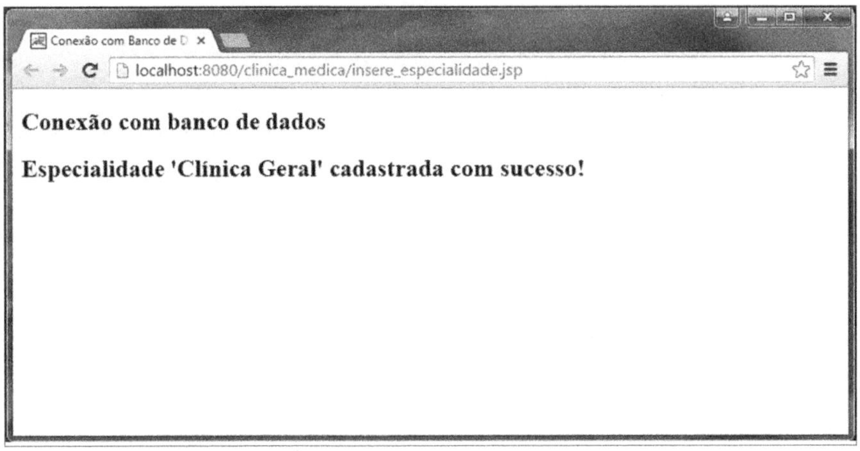

Figura 18.28 – Adição de uma classe Java ao pacote.

Recapitulando

Este capítulo apresentou uma pequena introdução ao MySQL e à linguagem SQL. Também demonstrou a criação de classes para conexão com banco de dados e como manipular registros de suas tabelas.

Teste seus conhecimentos

1) Qual é a origem da linguagem SQL?
2) O que são comandos DDL? Cite alguns exemplos.
3) O que são comandos DML? Cite alguns exemplos.
4) Qual é a função do JDBC?
5) Qual é o método que permite a especificação do driver JDBC a ser carregado?
6) Quais são a classe e o método que utilizamos para efetuar uma conexão com o banco de dados?
7) O que é um objeto do tipo ResultSet?

19

Módulo de Administração – 1

Novos conhecimentos

Neste capítulo vamos abordar a criação do menu de administração do sistema e do menu de gerenciamento de usuários. Estudaremos o desenvolvimento de rotinas para inclusão de usuários, a construção de formulário de pesquisa de usuário e, para finalizar, o desenvolvimento de rotinas para alteração e exclusão de usuário.

19.1 Menu principal

Neste capítulo vamos desenvolver o módulo de administração do aplicativo. Por meio dele, será possível gerenciar o cadastro de usuários, funcionários, especialidades, convênios e médicos.

Primeiramente, criaremos o menu principal, que permite acessar os menus de gerenciamento das entidades mencionadas anteriormente. Clique com o botão direito do mouse sobre o item **Páginas Web** da janela do gerenciador de projetos e escolha a opção **Novo → HTML**.

Na caixa de diálogo apresentada em seguida, digite no campo **Nome do Arquivo HTML** a expressão caractere "menu_administracao" e clique em **Finalizar**.

Então, digite o seguinte código para esse arquivo:

```
<!DOCTYPE html>
<html xmlns="http://www.w3.org/1999/xhtml">
    <head>
        <meta http-equiv="Content-Type" content="text/html; charset=utf-8" />
        <title>SGC - Versão 1.0</title>
        <link href="clinica_medica.css" rel="stylesheet" type="text/css" />
    </head>

    <body class="FundoPagina">
        <p class="TituloAplicacao">SGC - Sistema de Gestão de Clínicas 1.0</p>
        <p class="TituloPagina">Módulo de Administração</p>
        <p class="BordaMenu"><a href="menu_usuarios.html">[Usuários]</a> <a href="menu_funcionarios.
html">[Funcionários]</a> <a href="menu_especialidades.html">[Especialidades]</a> <a href="menu_
convenios.html">[Convênios]</a> <a href="menu_medicos.html">[Médicos]</a></p>
        <p class="RodapePagina">Copyright(c) 2015 - Editora Érica Ltda.</p>
    </body>
</html>
```

Como se pode ver, o código é bem simples e consta apenas de uma lista com cinco opções.

Depois de definirmos esse menu, vamos partir para a construção das classes, formulários, *Servlets* e páginas JSP necessárias ao gerenciamento de usuários, que, por sua vez, compreende as operações de inclusão, consulta, alteração e exclusão.

O menu para escolha dessas operações é definido pelo código HTML apresentado a seguir:

```
<!DOCTYPE html>
<html>
    <head>
        <meta http-equiv="Content-Type" content="text/html; charset=utf-8" />
        <title>SGC - Versão 1.0</title>
        <link href="clinica_medica.css" rel="stylesheet" type="text/css" />
    </head>

    <body class="FundoPagina">
        <p class="TituloAplicacao">SGC - Sistema de Gestão de Clínicas 1.0</p>
        <p class="TituloPagina">Cadastro de Usuários</p>
        <p><center><a href="inserir_usuario.html">Adicionar</a> | <a href="pesquisar_usuario.
html">Alterar/Excluir</a></center></p>
        <p class="RodapePagina">Copyright(c) 2015 - Editora Érica Ltda.</p>
    </body>
</html>
```

Para adicioná-lo ao projeto, proceda da mesma forma descrita anteriormente.

Podemos perceber nos dois códigos que existe uma referência a um arquivo denominado **clinica_medica.css**. Este arquivo contém as formatações de folha de estilo utilizadas em todas as páginas HTML do nosso projeto. Seu conteúdo deve ser o seguinte:

```
@charset "utf-8";
.TituloAplicacao {
        font-family: Verdana, Geneva, sans-serif;
        font-weight: bold;
        text-align: center;
        font-size: 16px;
        color: #FF6;
}
.FundoPagina {
        background-color: #9CF;
}

.TituloPagina {
        font-family: Georgia, "Times New Roman", Times, serif;
        font-size: 16px;
        font-style: italic;
        font-weight: bold;
        text-align: center;
}
```

```
.BordaMenu {
        background-color: #9CF;
        border: thin solid #F60;
        text-align: center;
}
.RodapePagina {
        font-family: "Times New Roman", Times, serif;
        font-size: 12px;
        background-color: #9CF;
        text-align: center;
        font-weight: bold;
        position: absolute;
        width: 100%;
        bottom: 0px;
}
.LinkVoltar {
        font-family: Arial, Helvetica, sans-serif;
        font-size: 16px;
        font-style: normal;
        font-weight: bold;
}
.Centraliza {
        text-align: center;
}
```

Para criar esse arquivo, clique com o botão direito do mouse sobre o item **Páginas Web** da janela do gerenciador de projetos e escolha a opção **Novo → Outros**. Na caixa de diálogo apresentada em seguida, escolha o item **Folha de Estilo em Cascata** na lista **Tipos de Arquivos** e clique no botão **Próximo**. Então, digite no campo **Nome do Arquivo CSS** a expressão caractere "clinica_medica" e clique em **Finalizar**.

19.2 Gerenciamento de usuários – cadastro

Uma vez que nosso projeto seguirá o padrão MVC, vamos iniciar este capítulo com a definição do modelo de dados referente aos usuários, pois precisaremos cadastrar pelo menos um para que seja possível avançarmos em direção às demais etapas.

Clique com o botão direito do mouse sobre o item **Pacotes de Códigos-fonte** e escolha a opção **Novo → Classe Java** (Figura 19.1). Na tela apresentada em seguida (Figura 19.2), digite para o nome da classe a cadeia de caracteres "c_usuarios.java". No campo denominado **Pacote**, digite a expressão "model". Clique, então, no botão **Finalizar**.

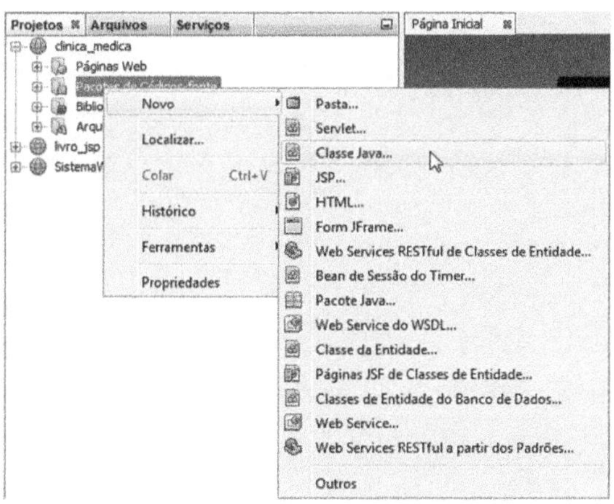

Figura 19.1 – Opção de criação de nova classe Java.

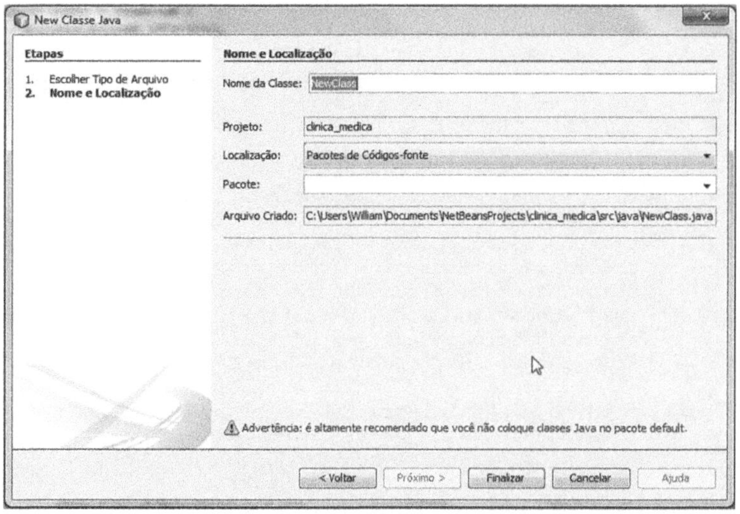

Figura 19.2 – Tela de especificação da nova classe Java.

Digite o seguinte código para a definição dessa nova classe:

```
package model;

public class c_usuarios {
    private String idUsuario,
            senhaAcesso,
            cadastroFuncionario,
            cadastroUsuario,
            cadastroPaciente,
            cadastroEspecialidade,
            cadastroMedico,
            cadastroConvenio,
            agendamentoConsulta,
            cancelamentoConsulta,
            moduloAdministrativo,
            moduloAgendamento,
            moduloAtendimento;
    private int codigoUsuario;

    public c_usuarios()
    {
        this.idUsuario = "";
        this.senhaAcesso = "";
        this.cadastroFuncionario = "";
        this.cadastroUsuario = "";
        this.cadastroPaciente = "";
        this.cadastroEspecialidade = "";
        this.cadastroMedico = "";
        this.cadastroConvenio = "";
        this.agendamentoConsulta = "";
        this.cancelamentoConsulta = "";
        this.moduloAdministrativo = "";
        this.moduloAgendamento = "";
        this.moduloAtendimento = "";
        this.codigoUsuario = 0;
    }

    public c_usuarios(String idUsuario,
            String senhaAcesso,
            String cadastroFuncionario,
            String cadastroUsuario,
            String cadastroPaciente,
            String cadastroEspecialidade,
            String cadastroMedico,
            String cadastroConvenio,
            String agendamentoConsulta,
            String cancelamentoConsulta,
            String moduloAdministrativo,
            String moduloAgendamento,
            String moduloAtendimento,
            int codigoUsuario)
    {
        this.idUsuario = idUsuario;
        this.senhaAcesso = senhaAcesso;
        this.cadastroFuncionario = cadastroFuncionario;
        this.cadastroUsuario = cadastroUsuario;
        this.cadastroPaciente = cadastroPaciente;
        this.cadastroEspecialidade = cadastroEspecialidade;
        this.cadastroMedico = cadastroMedico;
        this.cadastroConvenio = cadastroConvenio;
        this.agendamentoConsulta = agendamentoConsulta;
        this.cancelamentoConsulta = cancelamentoConsulta;
        this.moduloAdministrativo = moduloAdministrativo;
        this.moduloAgendamento = moduloAgendamento;
        this.moduloAtendimento = moduloAtendimento;
        this.codigoUsuario = codigoUsuario;
    }
```

```
    public void setIdUsuario(String idUsuario) {this.idUsuario = idUsuario;}
    public String getIdUsuario() {return idUsuario;}

    public void setSenhaAcesso(String senhaAcesso) {this.senhaAcesso = senhaAcesso;}
    public String getSenhaAcesso() {return senhaAcesso;}

    public void setCadastroFuncionario(String cadastroFuncionario) {this.cadastroFuncionario =
cadastroFuncionario;}
    public String getCadastroFuncionario() {return cadastroFuncionario;}

    public void setCadastroUsuario(String cadastroUsuario) {this.cadastroUsuario = cadastroUsuario;}
    public String getCadastroUsuario() {return cadastroUsuario;}

    public void setCadastroPaciente(String cadastroPaciente) {this.cadastroPaciente =
cadastroPaciente;}
    public String getCadastroPaciente() {return cadastroPaciente;}

    public void setCadastroEspecialidade(String cadastroEspecialidade) {this.cadastroEspecialidade =
cadastroEspecialidade;}
    public String getCadastroEspecialidade() {return cadastroEspecialidade;}

    public void setCadastroMedico(String cadastroMedico) {this.cadastroMedico = cadastroMedico;}
    public String getCadastroMedico() {return cadastroMedico;}

    public void setCadastroConvenio(String cadastroConvenio) {this.cadastroConvenio =
cadastroConvenio;}
    public String getCadastroConvenio() {return cadastroConvenio;}

    public void setAgendamentoConsulta(String agendamentoConsulta) {this.agendamentoConsulta =
agendamentoConsulta;}
    public String getAgendamentoConsulta() {return agendamentoConsulta;}

    public void setCancelamentoConsulta(String cancelamentoConsulta) {this.cancelamentoConsulta =
cancelamentoConsulta;}
    public String getCancelamentoConsulta() {return cancelamentoConsulta;}

    public void setModuloAdministrativo(String moduloAdministrativo) {this.moduloAdministrativo =
moduloAdministrativo;}
    public String getModuloAdministrativo() {return moduloAdministrativo;}

    public void setModuloAgendamento(String moduloAgendamento) {this.moduloAgendamento =
moduloAgendamento;}
    public String getModuloAgendamento() {return moduloAgendamento;}

    public void setModuloAtendimento(String moduloAtendimento) {this.moduloAtendimento =
moduloAtendimento;}
    public String getModuloAtendimento() {return moduloAtendimento;}

    public void setCodigoUsuario(int codigoUsuario) {this.codigoUsuario = codigoUsuario;}
    public int getCodigoUsuario() {return codigoUsuario;}
}
```

O que temos aqui é a definição de uma classe que representa os dados da tabela de usuários, que faz parte do banco de dados do sistema. Os atributos dessa classe estão declarados logo no início.

```
    private String idUsuario,
            senhaAcesso,
            cadastroFuncionario,
            cadastroUsuario,
            cadastroPaciente,
            cadastroEspecialidade,
            cadastroMedico,
            cadastroConvenio,
            agendamentoConsulta,
            cancelamentoConsulta,
            moduloAdministrativo,
            moduloAgendamento,
            moduloAtendimento;
    private int codigoUsuario;
```

Em seguida, encontramos a declaração de um construtor sem parâmetro e outro com uma lista de parâmetros.

```
public c_usuarios()
{
    this.idUsuario = "";
    this.senhaAcesso = "";
    this.cadastroFuncionario = "";
    this.cadastroUsuario = "";
    this.cadastroPaciente = "";
    this.cadastroEspecialidade = "";
    this.cadastroMedico = "";
    this.cadastroConvenio = "";
    this.agendamentoConsulta = "";
    this.cancelamentoConsulta = "";
    this.moduloAdministrativo = "";
    this.moduloAgendamento = "";
    this.moduloAtendimento = "";
    this.codigoUsuario = 0;
}

public c_usuarios(String idUsuario,
        String senhaAcesso,
        String cadastroFuncionario,
        String cadastroUsuario,
        String cadastroPaciente,
        String cadastroEspecialidade,
        String cadastroMedico,
        String cadastroConvenio,
        String agendamentoConsulta,
        String cancelamentoConsulta,
        String moduloAdministrativo,
        String moduloAgendamento,
        String moduloAtendimento,
        int codigoUsuario)
{
    this.idUsuario = idUsuario;
    this.senhaAcesso = senhaAcesso;
    this.cadastroFuncionario = cadastroFuncionario;
    this.cadastroUsuario = cadastroUsuario;
    this.cadastroPaciente = cadastroPaciente;
    this.cadastroEspecialidade = cadastroEspecialidade;
    this.cadastroMedico = cadastroMedico;
    this.cadastroConvenio = cadastroConvenio;
    this.agendamentoConsulta = agendamentoConsulta;
    this.cancelamentoConsulta = cancelamentoConsulta;
    this.moduloAdministrativo = moduloAdministrativo;
    this.moduloAgendamento = moduloAgendamento;
    this.moduloAtendimento = moduloAtendimento;
    this.codigoUsuario = codigoUsuario;
}
```

O método construtor sem parâmetros atribui valores nulos (brancos e zeros) aos atributos, enquanto o método com parâmetros atribui seus valores aos respectivos atributos.

Depois desses construtores, temos um conjunto de métodos agrupados aos pares e vinculados a cada atributo. Eles são responsáveis por atribuir um valor ao respectivo atributo e recuperar o seu valor.

Agora, precisamos criar outra classe Java que faz uso desse modelo de dados na manipulação do banco de dados. Essa classe deve englobar métodos para configurar a conexão, inserir registro na tabela, localizar um registro, ler todos os registros da tabela, alterar os valores de um registro e excluir um registro existente, de forma similar à abordada no capítulo anterior.

Da mesma forma que fizemos com a classe anterior, clique com o botão direito do mouse sobre o item **Pacotes de Códigos-fonte** e escolha a opção **Novo → Classe Java**. Digite para o nome da classe a cadeia de caracteres "usuarios.java" e, no campo denominado **Pacote**, selecione o item "banco_dados".
Para o código dessa classe, digite o seguinte:

```
package banco_dados;

import java.sql.*;
import model.c_usuarios;

public class usuarios {
    private Connection conBanco;
    private PreparedStatement psComando;
    private ResultSet rsRegistros;

    public void configurarConexao(Connection conBanco) {this.conBanco = conBanco;}

    public boolean inserirRegistro(c_usuarios usuario)
    {
        String strComandoSQL;

        try
        {
            strComandoSQL = "INSERT INTO usuarios(Identificacao_Usuario,Senha_Acesso, Cadastro_
Funcionario,Cadastro_Usuario,Cadastro_Paciente,Cadastro_Especialidade,"+
                            "Cadastro_Medico,Cadastro_Convenio,Agendamento_Consulta, Cancelamento_
Consulta,Modulo_Administrativo,Modulo_Agendamento,Modulo_Atendimento)"+
                            " VALUES('"+usuario.getIdUsuario()+"',"+
                            "'"+usuario.getSenhaAcesso()+"',"+
                            "'"+usuario.getCadastroFuncionario()+"',"+
                            "'"+usuario.getCadastroUsuario()+"',"+
                            "'"+usuario.getCadastroPaciente()+"',"+
                            "'"+usuario.getCadastroEspecialidade()+"',"+
                            "'"+usuario.getCadastroMedico()+"',"+
                            "'"+usuario.getCadastroConvenio()+"',"+
                            "'"+usuario.getAgendamentoConsulta()+"',"+
                            "'"+usuario.getCancelamentoConsulta()+"',"+
                            "'"+usuario.getModuloAdministrativo()+"',"+
                            "'"+usuario.getModuloAgendamento()+"',"+
                            "'"+usuario.getModuloAtendimento()+"')";
            psComando = conBanco.prepareStatement(strComandoSQL);
            psComando.executeUpdate();

            return true;
        }
        catch (Exception erro)
        {
            erro.printStackTrace();
            return false;
        }
    }

    public int localizarRegistro(String strUsuario)
    {
        int intCodigoUsuario = 0;
        String strComandoSQL;

        try
        {
            strComandoSQL = "SELECT Registro_Usuario FROM usuarios WHERE Identificacao_Usuario =
'"+strUsuario+"'";
            psComando = conBanco.prepareStatement(strComandoSQL);
            rsRegistros = psComando.executeQuery();
            rsRegistros.next();

            intCodigoUsuario = rsRegistros.getInt("Registro_Usuario");
        }
        catch (Exception erro)
        {
            erro.printStackTrace();
        }

        return intCodigoUsuario;
    }

    public ResultSet lerRegistro(int intCodigoUsuario)
    {
        String strComandoSQL;
```

```
        try
        {
            strComandoSQL = "SELECT * FROM usuarios WHERE Registro_Usuario = "+intCodigoUsuario;
            psComando = conBanco.prepareStatement(strComandoSQL);
            rsRegistros = psComando.executeQuery();
            rsRegistros.next();

            return rsRegistros;
        }
        catch (Exception erro)
        {
            erro.printStackTrace();
            return null;
        }
    }

    public boolean alterarRegistro(c_usuarios usuario)
    {
        String strComandoSQL;

        try
        {
            strComandoSQL = "UPDATE usuarios SET Identificacao_Usuario = '"+
usuario.getIdUsuario()+"',"+
                            "Senha_Acesso = '"+usuario.getSenhaAcesso()+"',"+
                            "Cadastro_Funcionario = '"+usuario.getCadastroFuncionario()+"',"+
                            "Cadastro_Usuario = '"+usuario.getCadastroUsuario()+"',"+
                            "Cadastro_Paciente = '"+usuario.getCadastroPaciente()+"',"+
                            "Cadastro_Especialidade = '"+usuario.getCadastroEspecialidade()+"',"+
                            "Cadastro_Medico = '"+usuario.getCadastroMedico()+"',"+
                            "Cadastro_Convenio = '"+usuario.getCadastroConvenio()+"',"+
                            "Agendamento_Consulta = '"+usuario.getAgendamentoConsulta()+"',"+
                            "Cancelamento_Consulta = '"+usuario.getCancelamentoConsulta()+"',"+
                            "Modulo_Administrativo = '"+usuario.getModuloAdministrativo()+"',"+
                            "Modulo_Agendamento = '"+usuario.getModuloAgendamento()+"',"+
                            "Modulo_Atendimento = '"+usuario.getModuloAtendimento()+"'"+
                            " WHERE Registro_Usuario = "+usuario.getCodigoUsuario();
            psComando = conBanco.prepareStatement(strComandoSQL);
            psComando.executeUpdate();

            return true;
        }
        catch (Exception erro)
        {
            erro.printStackTrace();
            return false;
        }
    }

    public boolean excluirRegistro(int intCodigoUsuario)
    {
        String strComandoSQL;

        try
        {
            strComandoSQL = "DELETE FROM usuarios WHERE Registro_Usuario = "+intCodigoUsuario;
            psComando = conBanco.prepareStatement(strComandoSQL);
            psComando.executeUpdate();

            return true;
        }
        catch (Exception erro)
        {
            erro.printStackTrace();
            return false;
        }
    }
}
```

Note que o código é similar ao do Capítulo 18, com a diferença bastante notável de uso de uma classe que contém os valores para os campos.

O primeiro método é responsável por estabelecer a conexão com o banco. O método **inserirRegistro()** recebe um parâmetro do tipo **c_usuarios**. Nesse parâmetro, os valores de todos os campos do registro de usuário estão embutidos como atributos, que são acessáveis mediante métodos que se iniciam com a expressão **get**.

```
    public boolean inserirRegistro(c_usuarios usuario)
    {
        String strComandoSQL;

        try
        {
            strComandoSQL = "INSERT INTO usuarios(Identificacao_Usuario,Senha_Acesso, Cadastro_
Funcionario,Cadastro_Usuario,Cadastro_Paciente,Cadastro_Especialidade,"+
                            "Cadastro_Medico,Cadastro_Convenio,Agendamento_Consulta, Cancelamento_
Consulta,Modulo_Administrativo,Modulo_Agendamento,Modulo_Atendimento)"+
                            " VALUES('"+usuario.getIdUsuario()+"',"+
                            "'"+usuario.getSenhaAcesso()+"',"+
                            "'"+usuario.getCadastroFuncionario()+"',"+
                            "'"+usuario.getCadastroUsuario()+"',"+
                            "'"+usuario.getCadastroPaciente()+"',"+
                            "'"+usuario.getCadastroEspecialidade()+"',"+
                            "'"+usuario.getCadastroMedico()+"',"+
                            "'"+usuario.getCadastroConvenio()+"',"+
                            "'"+usuario.getAgendamentoConsulta()+"',"+
                            "'"+usuario.getCancelamentoConsulta()+"',"+
                            "'"+usuario.getModuloAdministrativo()+"',"+
                            "'"+usuario.getModuloAgendamento()+"',"+
                            "'"+usuario.getModuloAtendimento()+"')";
            psComando = conBanco.prepareStatement(strComandoSQL);
            psComando.executeUpdate();

            return true;
        }
        catch (Exception erro)
        {
            erro.printStackTrace();
            return false;
        }
    }
```

O terceiro método, denominado **localizarRegistro()**, é utilizado para se localizar um registro de usuário a partir da sua identificação. Ele retorna à rotina chamadora o código de usuário armazenado na tabela de dados.

```
    public int localizarRegistro(String strUsuario)
    {
        int intCodigoUsuario = 0;
        String strComandoSQL;

        try
        {
            strComandoSQL = "SELECT Registro_Usuario FROM usuarios WHERE Identificacao_Usuario =
'"+strUsuario+"'";
            psComando = conBanco.prepareStatement(strComandoSQL);
            rsRegistros = psComando.executeQuery();
            rsRegistros.next();

            intCodigoUsuario = rsRegistros.getInt("Registro_Usuario");
        }
        catch (Exception erro)
        {
            erro.printStackTrace();
        }

        return intCodigoUsuario;
    }
```

Já o método **lerRegistro()** permite a recuperação de todos os valores dos campos de um registro de usuário específico. Com o método **alterarRegistro()**, podemos alterar os dados de um usuário já armazenado no banco. Ele recebe como parâmetro uma classe que contém todos os valores novos em seus atributos, e um deles armazena o código do usuário utilizado pela instrução UPDATE da linguagem SQL para executar a alteração dos valores do registro.

```
public ResultSet lerRegistro(int intCodigoUsuario)
{
    String strComandoSQL;

    try
    {
        strComandoSQL = "SELECT * FROM usuarios WHERE Registro_Usuario = "+intCodigoUsuario;
        psComando = conBanco.prepareStatement(strComandoSQL);
        rsRegistros = psComando.executeQuery();
        rsRegistros.next();

        return rsRegistros;
    }
    catch (Exception erro)
    {
        erro.printStackTrace();
        return null;
    }
}

public boolean alterarRegistro(c_usuarios usuario)
{
    String strComandoSQL;

    try
    {
        strComandoSQL = "UPDATE usuarios SET Identificacao_Usuario = '"+
usuario.getIdUsuario()+"',"+
                        "Senha_Acesso = '"+usuario.getSenhaAcesso()+"',"+
                        "Cadastro_Funcionario = '"+usuario.getCadastroFuncionario()+"',"+
                        "Cadastro_Usuario = '"+usuario.getCadastroUsuario()+"',"+
                        "Cadastro_Paciente = '"+usuario.getCadastroPaciente()+"',"+
                        "Cadastro_Especialidade = '"+usuario.getCadastroEspecialidade()+"',"+
                        "Cadastro_Medico = '"+usuario.getCadastroMedico()+"',"+
                        "Cadastro_Convenio = '"+usuario.getCadastroConvenio()+"',"+
                        "Agendamento_Consulta = '"+usuario.getAgendamentoConsulta()+"',"+
                        "Cancelamento_Consulta = '"+usuario.getCancelamentoConsulta()+"',"+
                        "Modulo_Administrativo = '"+usuario.getModuloAdministrativo()+"',"+
                        "Modulo_Agendamento = '"+usuario.getModuloAgendamento()+"',"+
                        "Modulo_Atendimento = '"+usuario.getModuloAtendimento()+"'"+
                        " WHERE Registro_Usuario = "+usuario.getCodigoUsuario();
        psComando = conBanco.prepareStatement(strComandoSQL);
        psComando.executeUpdate();

        return true;
    }
    catch (Exception erro)
    {
        erro.printStackTrace();
        return false;
    }
}
```

Por fim, temos o método **excluirRegistro()**. Ele recebe como parâmetro o código do usuário e, então, procede com a exclusão do registro correspondente.

```
public boolean excluirRegistro(int intCodigoUsuario)
{
    String strComandoSQL;

    try
    {
        strComandoSQL = "DELETE FROM usuarios WHERE Registro_Usuario = "+intCodigoUsuario;
        psComando = conBanco.prepareStatement(strComandoSQL);
        psComando.executeUpdate();

        return true;
    }
    catch (Exception erro)
    {
        erro.printStackTrace();
        return false;
    }
}
```

Vamos criar agora um *Servlet* que será responsável por recuperar os dados provenientes do formulário de inclusão de usuários – que criaremos a seguir – e invocar o método **inserirRegistro()** da classe que acabamos de ver.

Clique com o botão direito do mouse sobre o item **Pacotes de Códigos-fonte** e selecione a opção **Novo → Servlet**. Na caixa de diálogo da Figura 19.3, digite para o nome da classe a expressão "inserirUsuario". No campo do nome do pacote, entre com "servlets". Após clicar no botão **Próximo**, marque a caixa de seleção que permite adicionar as informações do *Servlet* ao descritor de implantação. Por fim, clique no botão **Finalizar**.

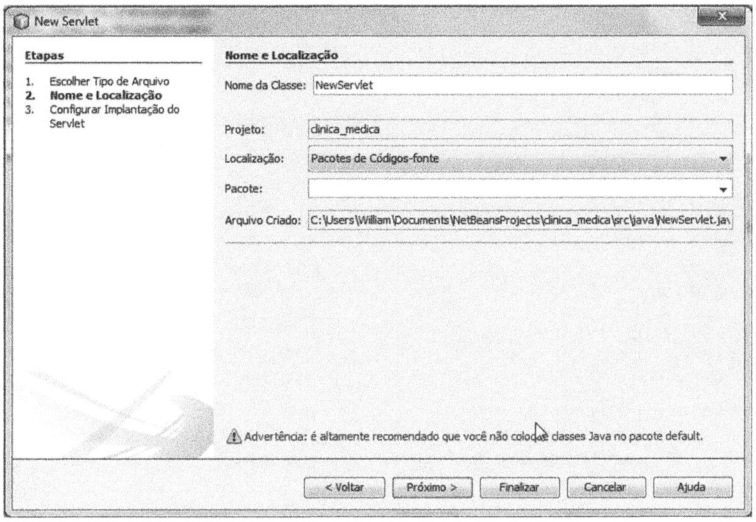

Figura 19.3 – Definição da classe e do pacote do *Servlet*.

Altere o código modelo para o *Servlet*, como é apresentado na seguinte listagem:

```
package servlets;

import java.io.IOException;
import java.io.PrintWriter;
import javax.servlet.ServletException;
import javax.servlet.http.*;
import model.c_usuarios;
import banco_dados.conexaoBancoDados;
import banco_dados.usuarios;

public class inserirUsuario extends HttpServlet {
    @Override
    protected void doPost(HttpServletRequest request, HttpServletResponse response)
            throws ServletException, IOException {
        String strIDUsuario,strSenha,strAdministrativo,strFuncionario,strUsuario,
              strEspecialidade,strMedico,strConvenio,strAgendamento,strPaciente,
              strAgendarConsulta,strCancelarConsulta,strAtendimento;
        PrintWriter out;

        strIDUsuario = request.getParameter("txtUsuario");
        strSenha =  request.getParameter("txtSenha");

        if (request.getParameter("chkAdministrativo") != null)
            strAdministrativo = "S";
            else
                strAdministrativo = "N";

        if (request.getParameter("chkFuncionario") != null)
            strFuncionario = "S";
            else
                strFuncionario = "N";

        if (request.getParameter("chkUsuario") != null)
            strUsuario = "S";
```

```
    else
        strUsuario = "N";

if (request.getParameter("chkEspecialidade") != null)
    strEspecialidade = "S";
    else
        strEspecialidade = "N";

if (request.getParameter("chkMedico") != null)
    strMedico = "S";
    else
        strMedico = "N";

if (request.getParameter("chkConvenio") != null)
    strConvenio = "S";
    else
        strConvenio = "N";

if (request.getParameter("chkAgendamento") != null)
    strAgendamento = "S";
    else
        strAgendamento = "N";

if (request.getParameter("chkPaciente") != null)
    strPaciente = "S";
    else
        strPaciente = "N";

if (request.getParameter("chkAgendarConsulta") != null)
    strAgendarConsulta = "S";
    else
        strAgendarConsulta = "N";

if (request.getParameter("chkCancelarConsulta") != null)
    strCancelarConsulta = "S";
    else
        strCancelarConsulta = "N";

if (request.getParameter("chkAtendimento") != null)
    strAtendimento = "S";
    else
        strAtendimento = "N";

response.setContentType("text/html;charset=UTF-8");
out = response.getWriter();

out.println("<!DOCTYPE html>");
out.println("<html>");
out.println("<head>");
out.println("<meta http-equiv='Content-Type' content='text/html; charset=utf-8' />");
out.println("<title>SGC - Versão 1.0</title>");
out.println("<link href='clinica_medica.css' rel='stylesheet' type='text/css' />");
out.println("</head>");
out.println("<body class='FundoPagina'>");
out.println("<p class='TituloAplicacao'>SGC - Sistema de Gestão de Clínicas 1.0</p>");
out.println("<p class='TituloPagina'>Cadastro de Usuários</p>");

try
{
    conexaoBancoDados conexao = new conexaoBancoDados();
    usuarios usuario = new usuarios();

    c_usuarios Usuario = new c_usuarios(strIDUsuario.toUpperCase(),
            strSenha.toUpperCase(),
            strAdministrativo,
            strFuncionario,
            strUsuario,
            strEspecialidade,
            strMedico,
            strConvenio,
            strAgendamento,
```

```
                    strPaciente,
                    strAgendarConsulta,
                    strCancelarConsulta,
                    strAtendimento,
                    0);

            if (conexao.abrirConexao())
            {
                usuario.configurarConexao(conexao.obterConexao());

                if (usuario.inserirRegistro(Usuario))
                {
                   out.println("<h2>Usuário cadastrado com sucesso!</h2>");
                   out.println("<br><br><br><br>");
                   out.println("<a href='menu_usuarios.html'>Voltar</a>");
                }
                else
                    out.println("<h2>Não foi possível cadastrar o usuário!</h2>");

                conexao.fecharConexao();
            }
            else
                out.println("<h2>Não foi possível estabelecer conexão com o banco de dados!</h2>");
        }
        catch (Exception erro)
        {
            erro.printStackTrace();
            out.println("<h2>Erro do sistema: processo de cadastro de usuário!</h2>");
        }

        out.println("<p class='RodapePagina'>Copyright(c) 2015 - Editora Érica Ltda.</p>");
        out.println("</body>");
        out.println("</html>");
    }
}
```

Essa classe testa as caixas de seleção que o formulário de cadastro de usuários conterá. Se a caixa estiver marcada, seu conteúdo será diferente de nulo (**null**), e assim a variável *string* correspondente a essa caixa receberá o valor "S"; caso contrário, lhe é atribuído o valor "N". Isso é necessário porque os campos que contêm as configurações de permissões de acesso dos usuários aceitam somente um valor caractere.

Em seguida, o código inicia a construção de uma página HTML que apresenta o resultado da operação. Os valores dos campos são armazenados em uma instância da classe **c_usuario**. Depois de abrir uma conexão com o banco de dados, o método **inserirRegistro()** do objeto denominado **usuario** é invocado, passando-se como parâmetro a variável denominada **Usuario**, que é uma instância da classe **c_usuario**.

Se a operação de inserção for concluída com sucesso, uma mensagem de congratulações é exibida; caso contrário, é informado ao usuário que a operação falhou.

```
        try
        {
            conexaoBancoDados conexao = new conexaoBancoDados();
            usuarios usuario = new usuarios();

            c_usuarios Usuario = new c_usuarios(strIDUsuario.toUpperCase(),
                    strSenha.toUpperCase(),
                    strAdministrativo,
                    strFuncionario,
                    strUsuario,
                    strEspecialidade,
                    strMedico,
                    strConvenio,
                    strAgendamento,
                    strPaciente,
                    strAgendarConsulta,
                    strCancelarConsulta,
                    strAtendimento,
                    0);
```

```
            if (conexao.abrirConexao())
            {
                usuario.configurarConexao(conexao.obterConexao());

                if (usuario.inserirRegistro(Usuario))
                {
                   out.println("<h2>Usuário cadastrado com sucesso!</h2>");
                   out.println("<br><br><br><br>");
                   out.println("<a href='inserir_usuario.html'>Voltar</a>");
                }
                else
                    out.println("<h2>Não foi possível cadastrar o usuário!</h2>");

                conexao.fecharConexao();
            }
            else
                out.println("<h2>Não foi possível estabelecer conexão com o banco de dados!</h2>");
        }
        catch (Exception erro)
        {
            erro.printStackTrace();
            out.println("<h2>Erro do sistema: processo de cadastro de usuário!</h2>");
        }
```

Vejamos agora o código do formulário HTML, que é o ponto de partida para a inclusão de novos usuários do sistema aplicativo. A listagem a seguir apresenta esse código:

```
<!DOCTYPE html>
<html>
    <head>
        <meta http-equiv="Content-Type" content="text/html; charset=utf-8" />
        <title>SGC - Versão 1.0</title>
        <link href="clinica_medica.css" rel="stylesheet" type="text/css" />
    </head>

    <body class="FundoPagina">
        <p class="TituloAplicacao">SGC - Sistema de Gestão de Clínicas 1.0</p>
        <p class="TituloPagina">Cadastro de Usuários - Inserção</p>

        <form name="formInsereUsuario" method="post" action="inserirUsuario" target="_parent">
            <p>Nome do usuário: <input name="txtUsuario" type="text" size="20" maxlength="20" /></p>
            <p>Senha: <input name="txtSenha" type="password" size="10" maxlength="10" /></p>
            <p><input name="chkAdministrativo" type="checkbox" value="ModuloAdministrativo" />Módulo
administrativo</p>
            <p>    <input name="chkFuncionario" type="checkbox"
value="Funcionario" />Cadastro de funcionários</p>
            <p>    <input name="chkUsuario" type="checkbox" value="Usuario"
/>Cadastro de usuários</p>
            <p>    <input name="chkEspecialidade" type="checkbox"
value="Especialidade" />Cadastro de especialidades</p>
            <p>    <input name="chkMedico" type="checkbox" value="Medico"
/>Cadastro de médicos </p>
            <p>    <input name="chkConvenio" type="checkbox" value="Convenio"
/>Cadastro de convênios</p>
            <p><input name="chkAgendamento" type="checkbox" value="ModuloAgendamento"/>Módulo de
agendamento</p>
            <p>    <input name="chkPaciente" type="checkbox" value="Paciente"
/>Cadastro de pacientes</p>
            <p>    <input name="chkAgendarConsulta" type="checkbox"
value="AgendarConsulta" />Agendamento de consulta</p>
            <p>    <input name="chkCancelarConsulta" type="checkbox"
value="CancelarConsulta" />Cancelamento de consulta</p>
            <p><input name="chkAtendimento" type="checkbox" value="ModuloAtendimento" /> Módulo de
atendimento médico</p>
            <p><input name="btnGravar" type="submit" value="Gravar" />
                <span class="LinkVoltar"><a href="javascript:history.back()">[Voltar]</a></span>
            </p>
        </form>

        <p class="RodapePagina">Copyright(c) 2015 - Editora Érica Ltda.</p>
    </body>
</html>
```

Para adicionar esse formulário HTML ao projeto, clique com o botão esquerdo do mouse sobre o item **Páginas Web** e escolha a opção **Novo → HTML**. Depois de digitar o código, grave o formulário com o nome **inserir_usuario.html**.

O fluxo dessa operação é ilustrado na Figura 19.4.

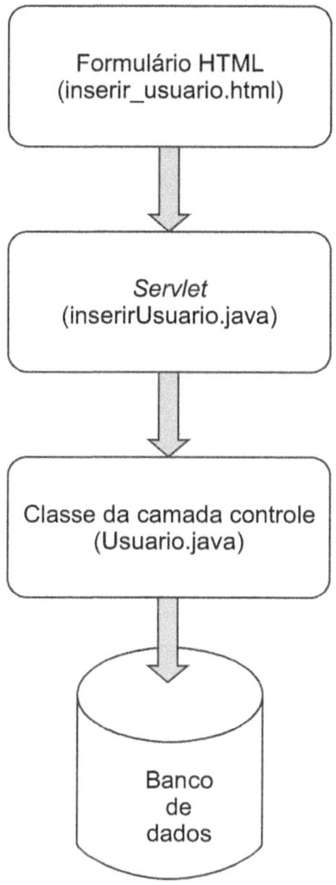

Figura 19.4 – Integração entre o formulário HTML e as classes Java.

19.3 Gerenciamento de usuários – pesquisa e alteração

O próximo passo é definir a pesquisa de usuários já cadastrados no sistema. Essa pesquisa, após exibir os dados do usuário, deverá permitir sua alteração ou, ainda, sua exclusão. Vamos criar neste tópico tanto a pesquisa quanto a alteração.

Primeiramente, vamos construir o formulário para entrada do nome do usuário a ser localizado. O código para esse formulário, que deve ter o nome "pesquisa_usuario.html", é apresentado na seguinte listagem:

```
<!DOCTYPE html>
<html>
    <head>
        <meta http-equiv="Content-Type" content="text/html; charset=utf-8" />
        <title>SGC - Versão 1.0</title>
        <link href="clinica_medica.css" rel="stylesheet" type="text/css" />
    </head>

    <body class="FundoPagina">
        <p class="TituloAplicacao">SGC - Sistema de Gestão de Clínicas 1.0</p>
        <p class="TituloPagina">Cadastro de Usuários - Pesquisa</p>

        <form name="formPesquisaUsuario" method="post" action="pesquisarUsuario" target="_parent">
            <p>Nome do usuário: <input name="txtUsuario" type="text" size="20" maxlength="20" /></p>
            <p>
```

```
                <input type="submit" name="btnConfirmar" value="Confirmar" />
                <span class="LinkVoltar"><a href="javascript:history.back()">[Voltar]</a></span>
            </p>
        </form>

        <p class="RodapePagina">Copyright(c) 2015 - Editora Érica Ltda.</p>
    </body>
</html>
```

Como podemos ver, esse formulário invoca um método denominado **pesquisarUsuario** que pertence a um *Servlet*, passando a ele o nome do usuário como parâmetro. O código para esse método está listado a seguir:

```
package servlets;

import java.io.IOException;
import java.io.PrintWriter;
import javax.servlet.ServletException;
import javax.servlet.http.*;
import banco_dados.conexaoBancoDados;
import banco_dados.usuarios;
import java.sql.ResultSet;

public class pesquisarUsuario extends HttpServlet {
    @Override
    protected void doPost(HttpServletRequest request, HttpServletResponse response)
            throws ServletException, IOException {
        ResultSet rsRegistro;
        PrintWriter out;
        String strUsuario;
        int intCodigoUsuario;

        strUsuario = request.getParameter("txtUsuario");

        response.setContentType("text/html;charset=UTF-8");
        out = response.getWriter();

        out.println("<!DOCTYPE html>");
        out.println("<html>");
        out.println("<head>");
        out.println("<meta http-equiv='Content-Type' content='text/html; charset=utf-8' />");
        out.println("<title>SGC - Versão 1.0</title>");
        out.println("<link href='clinica_medica.css' rel='stylesheet' type='text/css' />");
        out.println("</head>");
        out.println("<body class='FundoPagina'>");
        out.println("<p class='TituloAplicacao'>SGC - Sistema de Gestão de Clínicas 1.0</p>");
        out.println("<p class='TituloPagina'>Cadastro de Usuários</p>");

        try
        {
            conexaoBancoDados conexao = new conexaoBancoDados();
            usuarios usuario = new usuarios();

            if (conexao.abrirConexao())
            {
                usuario.configurarConexao(conexao.obterConexao());

                intCodigoUsuario = usuario.localizarRegistro(strUsuario.toUpperCase());

                if (intCodigoUsuario != 0)
                {
                    rsRegistro = usuario.lerRegistro(intCodigoUsuario);

                    out.println("Identificação do usuário: "+
 rsRegistro.getString("Identificacao_Usuario")+"<br>");
                    out.println("<br><br>");
                    out.println("<a href='editar_usuario.jsp?codigo_usuario="+intCodigoUsuario+"'>
 [Editar]</a> <a href='excluir_usuario.jsp?codigo_usuario="+intCodigoUsuario+"'>[Excluir]</a> ");
                    out.println("<span class='LinkVoltar'><a href='javascript:history.back()'>
 [Voltar]</a></span>");
                }
                else
                {
                    out.println("<h2>Usuário não encontrado!</h2>");
                    out.println("<br><br><br>");
```

```
                    out.println("<p class='LinkVoltar'><a href='javascript:history.back()'>
[Voltar]</a></p>");
                }
                conexao.fecharConexao();
            }
            else
                out.println("<h2>Não foi possível estabelecer conexão com o banco de dados!</h2>");
        }
        catch (Exception erro)
        {
            erro.printStackTrace();
            out.println("<h2>Erro do sistema: processo de cadastro de usuário!</h2>");
        }

        out.println("<p class='RodapePagina'>Copyright(c) 2015 - Editora Érica Ltda.</p>");
        out.println("</body>");
        out.println("</html>");
    }
}
```

Note que, para evitar problemas quanto à forma de escrita, o nome do usuário é convertido para letras maiúsculas com o uso do método **toUpperCase()**.

Para criar esse *Servlet*, faça conforme já estudado, ou seja, clique com o botão direito do mouse sobre o item **Pacotes de Códigos-fonte** e escolha a opção **Novo → Servlets**. Digite "pesquisarUsuario" para o nome da classe e escolha o pacote **servlets** na caixa de combinação. Clique no botão **Próximo** e marque a caixa de seleção apresentada na tela seguinte, para que sejam adicionadas as informações necessárias ao descritor de implantação.

Esse *Servlet*, após recuperar o nome do usuário passado pelo formulário, abre uma conexão com o banco de dados e efetua uma pesquisa na tabela de usuários por meio do método **localizarRegistro()** do objeto **usuario**. Voltando à classe **usuarios** apresentada anteriormente, podemos ver que esse método executa um comando SELECT para localizar um registro cujo campo **Identificacao_Usuario** seja igual ao valor do parâmetro passado a ele. Se um registro for encontrado, o código do usuário é retornado à rotina chamadora, caso contrário, o valor retornado é 0.

```
            conexaoBancoDados conexao = new conexaoBancoDados();
            usuarios usuario = new usuarios();

            if (conexao.abrirConexao())
            {
                usuario.configurarConexao(conexao.obterConexao());

                intCodigoUsuario = usuario.localizarRegistro(strUsuario.toUpperCase());
```

Em seguida, verifica-se se foi encontrado algum registro, comparando-se o valor da variável **intCodigoUsuario** com 0. No caso de o valor ser diferente, o que significa que existe um registro, os dados são recuperados da tabela com uma chamada ao método **lerRegistro()** do objeto **usuario**. Esse método retorna um objeto do tipo **ResultSet** contendo os dados do registro. O nome do usuário é exibido em um formulário criado dinamicamente. Nesse formulário o usuário pode escolher entre alterar os dados ou excluir o registro.

```
                if (intCodigoUsuario != 0)
                {
                    rsRegistro = usuario.lerRegistro(intCodigoUsuario);

                    out.println("Identificação do usuário: "+
rsRegistro.getString("Identificacao_Usuario")+"<br>");
                    out.println("<br><br>");
                    out.println("<a href='editar_usuario.jsp?codigo_usuario="+intCodigoUsuario+"'>
[Editar]</a> <a href='excluir_usuario.jsp?codigo_usuario="+intCodigoUsuario+"'>[Excluir]</a> ");
                    out.println("<span class='LinkVoltar'><a href='javascript:history.back()'>
[Voltar]</a></span>");
                }
```

No caso de não ser localizado um registro que contenha o nome de usuário informado, uma mensagem é apresentada. A conexão com o banco de dados é fechada, independentemente de ter sido encontrado ou não um registro.

```
                else
                {
                    out.println("<h2>Usuário não encontrado!</h2>");
                    out.println("<br><br><br>");
                    out.println("<p class='LinkVoltar'><a href='javascript:history.
back()'>[Voltar]</a></p>");
                }
                conexao.fecharConexao();
```

A edição dos dados do registro fica a cargo de uma página JSP. Ela contém um formulário que chama um novo *Servlet*, responsável pela atualização dos dados no banco. Crie um novo arquivo JSP com o nome **editar_usuario** e atribua-lhe o seguinte código:

```
<%@page contentType="text/html" pageEncoding="UTF-8"%>
<%@page import="java.sql.ResultSet"%>
<%@page import="model.c_usuarios"%>
<jsp:useBean id="conexao" scope="page" class="banco_dados.conexaoBancoDados"/>
<jsp:useBean id="usuario" scope="page" class="banco_dados.usuarios"/>
<!DOCTYPE html>
<html>
    <head>
        <meta http-equiv="Content-Type" content="text/html; charset=utf-8" />
        <title>SGC - Versão 1.0</title>
        <link href="clinica_medica.css" rel="stylesheet" type="text/css" />
    </head>
    <body class="FundoPagina">
        <%
            ResultSet rsRegistro;
            boolean blnConectado;

            c_usuarios Usuario = new c_usuarios();
            int intCodigoUsuario = Integer.parseInt(request.getParameter("codigo_usuario"));
            blnConectado = false;

            if (conexao.abrirConexao())
            {
                usuario.configurarConexao(conexao.obterConexao());

                rsRegistro = usuario.lerRegistro(intCodigoUsuario);

                Usuario.setIdUsuario(rsRegistro.getString("Identificacao_Usuario"));
                Usuario.setSenhaAcesso(rsRegistro.getString("Senha_Acesso"));
                Usuario.setCadastroFuncionario(rsRegistro.getString("Cadastro_Funcionario"));
                Usuario.setCadastroUsuario(rsRegistro.getString("Cadastro_Usuario"));
                Usuario.setCadastroPaciente(rsRegistro.getString("Cadastro_Paciente"));
                Usuario.setCadastroEspecialidade(rsRegistro.getString("Cadastro_Especialidade"));
                Usuario.setCadastroMedico(rsRegistro.getString("Cadastro_Medico"));
                Usuario.setCadastroConvenio(rsRegistro.getString("Cadastro_Convenio"));
                Usuario.setAgendamentoConsulta(rsRegistro.getString("Agendamento_Consulta"));
                Usuario.setCancelamentoConsulta(rsRegistro.getString("Cancelamento_Consulta"));
                Usuario.setModuloAdministrativo(rsRegistro.getString("Modulo_Administrativo"));
                Usuario.setModuloAgendamento(rsRegistro.getString("Modulo_Agendamento"));
                Usuario.setModuloAtendimento(rsRegistro.getString("Modulo_Atendimento"));
                Usuario.setCodigoUsuario(intCodigoUsuario);

                conexao.fecharConexao();

                blnConectado = true;
            }
            else
                out.println("<p>Falha na conexão com o banco de dados!</p>");
        %>
```

```
        <% if (blnConectado) {%>
        <p class="TituloAplicacao">SGC - Sistema de Gestão de Clínicas 1.0</p>
        <p class="TituloPagina">Cadastro de Funcionários - Edição</p>

        <form name="formEditaUsuario" method="post" action="atualizarUsuario" target="_parent">
              <p>Nome do usuário: <input type="text" name="txtNomeUsuario" size="20" maxlength="20"
value="<%=Usuario.getIdUsuario()%>"/></p>

              <% if(Usuario.getModuloAdministrativo().equals("S")) { %>
              <p><input name="chkAdministrativo" type="checkbox" value="ModuloAdministrativo"
checked="checked" />Módulo administrativo</p>
              <%
                }
                else
                {
              %>
              <p><input name="chkAdministrativo" type="checkbox" value="ModuloAdministrativo"
/>Módulo administrativo</p>
              <% } %>

              <% if(Usuario.getCadastroFuncionario().equals("S")) { %>
              <p>    <input name="chkFuncionario" type="checkbox"
value="Funcionario" checked="checked"/>Cadastro de funcionários</p>
              <%
                }
                else
                {
              %>
              <p>    <input name="chkFuncionario" type="checkbox"
value="Funcionario" />Cadastro de funcionários</p>
              <% } %>

              <% if(Usuario.getCadastroUsuario().equals("S")) { %>
              <p>    <input name="chkUsuario" type="checkbox" value="Usuario"
checked="checked"/>Cadastro de usuários</p>
              <%
                }
                else
                {
              %>
              <p>    <input name="chkUsuario" type="checkbox" value="Usuario"
/>Cadastro de usuários</p>
              <% } %>

              <% if(Usuario.getCadastroEspecialidade().equals("S")) { %>
              <p>    <input name="chkEspecialidade" type="checkbox"
value="Especialidade" checked="checked"/>Cadastro de especialidades</p>
              <%
                }
                else
                {
              %>
              <p>    <input name="chkEspecialidade" type="checkbox"
value="Especialidade" />Cadastro de especialidades</p>
              <% } %>

              <% if(Usuario.getCadastroMedico().equals("S")) { %>
              <p>    <input name="chkMedico" type="checkbox" value="Medico"
checked="checked"/>Cadastro de médicos</p>
              <%
                }
                else
                {
              %>
              <p>    <input name="chkMedico" type="checkbox" value="Medico"
/>Cadastro de médicos</p>
              <% } %>

              <% if(Usuario.getCadastroConvenio().equals("S")) { %>
              <p>    <input name="chkConvenio" type="checkbox" value="Convenio"
checked="checked"/>Cadastro de convênios</p>
```

```
            <%
              }
              else
              {
            %>
            <p>    <input name="chkConvenio" type="checkbox" value="Convenio"
/>Cadastro de convênios</p>
            <% } %>

            <% if(Usuario.getModuloAgendamento().equals("S")) { %>
            <p><input name="chkAgendamento" type="checkbox" value="ModuloAgendamento"
checked="checked"/>Módulo de agendamento</p>
            <%
              }
              else
              {
            %>
            <p><input name="chkAgendamento" type="checkbox" value="ModuloAgendamento" />Módulo de
agendamento</p>
            <% } %>

            <% if(Usuario.getCadastroPaciente().equals("S")) { %>
            <p>    <input name="chkPaciente" type="checkbox" value="Paciente"
checked="checked"/>Cadastro de pacientes</p>
            <%
              }
              else
              {
            %>
            <p>    <input name="chkPaciente" type="checkbox" value="Paciente"
/>Cadastro de pacientes</p>
            <% } %>

            <% if(Usuario.getAgendamentoConsulta().equals("S")) { %>
            <p>    <input name="chkAgendarConsulta" type="checkbox"
value="AgendarConsulta" checked="checked"/>Agendamento de consulta</p>
            <%
              }
              else
              {
            %>
            <p>    <input name="chkAgendarConsulta" type="checkbox"
value="AgendarConsulta" />Agendamento de consulta</p>
            <% } %>

            <% if(Usuario.getCancelamentoConsulta().equals("S")) { %>
            <p>    <input name="chkCancelarConsulta" type="checkbox"
value="CancelarConsulta" checked="checked"/>Cancelamento de consulta</p>
            <%
              }
              else
              {
            %>
            <p>    <input name="chkCancelarConsulta" type="checkbox"
value="CancelarConsulta" />Cancelamento de consulta</p>
            <% } %>

            <% if(Usuario.getModuloAtendimento().equals("S")) { %>
            <p><input name="chkAtendimento" type="checkbox" value="ModuloAtendimento"
checked="checked"/>Módulo de atendimento médico</p>
            <%
              }
              else
              {
            %>
            <p><input name="chkAtendimento" type="checkbox" value="ModuloAtendimento" />Módulo de
atendimento médico</p>
            <% } %>

            <p>
                <input type="hidden" name="codigo_usuario" value="<%=intCodigoUsuario%>">
```

```
                <input type="hidden" name="senha_acesso" value="<%=Usuario.getSenhaAcesso()%>">
            </p>
            <br>
            <p><input type="submit" name="btnAtualizar" value="Atualizar" />
                <span class="LinkVoltar"><a href="javascript:history.back()">[Voltar]</a></span>
            </p>
        </form>

        <p class="RodapePagina">Copyright(c) 2015 - Editora Érica Ltda.</p>
        <%}%>
    </body>
</html>
```

Essa página chama o método **lerRegistro()**, do objeto denominado **usuario**, para recuperar os dados do usuário que estão gravados no banco e armazená-los em um **ResultSet**. Os valores, então, são atribuídos aos atributos da instância da classe **c_usuario**.

O mais importante a destacar na parte do código que monta o formulário são as estruturas condicionais **if()**, utilizadas na montagem das caixas de seleção presentes no formulário. Elas permitem que essas caixas sejam apresentadas com ou sem a marca de seleção, dependendo do valor do respectivo campo.

Existem dois campos do tipo **hidden** no formulário, que são utilizados como forma de se passar parâmetro ao *Servlet* denominado **atualizarUsuario** (que veremos a seguir). Esses campos conterão o código do usuário e sua senha de acesso, e o *Servlet* fará uso dessas informações para localizar o usuário corretamente dentro do banco.

Nossa próxima tarefa é adicionar o *Servlet* denominado **atualizarUsuario**. Adicione ao projeto um novo *Servlet* com esse nome e especifique as informações necessárias ao descritor de implantação. O código deve ser o apresentado na seguinte listagem:

```
package servlets;

import java.io.IOException;
import java.io.PrintWriter;
import javax.servlet.ServletException;
import javax.servlet.http.*;
import model.c_usuarios;
import banco_dados.conexaoBancoDados;
import banco_dados.usuarios;

public class atualizarUsuario extends HttpServlet {
    @Override
    protected void doPost(HttpServletRequest request, HttpServletResponse response)
            throws ServletException, IOException {
        String strIDUsuario,strSenha,strAdministrativo,strFuncionario,strUsuario,strEspecialidade,
strMedico,strConvenio,strAgendamento,
               strPaciente,strAgendarConsulta,strCancelarConsulta,strAtendimento;
        int intCodigoUsuario;
        PrintWriter out;

        strIDUsuario = request.getParameter("txtNomeUsuario");
        strSenha = request.getParameter("senha_acesso");
        intCodigoUsuario = Integer.parseInt(request.getParameter("codigo_usuario"));

        if (request.getParameter("chkAdministrativo") != null)
            strAdministrativo = "S";
            else
                strAdministrativo = "N";

        if (request.getParameter("chkFuncionario") != null)
            strFuncionario = "S";
            else
                strFuncionario = "N";

        if (request.getParameter("chkUsuario") != null)
            strUsuario = "S";
            else
                strUsuario = "N";
```

```
if (request.getParameter("chkEspecialidade") != null)
    strEspecialidade = "S";
    else
        strEspecialidade = "N";

if (request.getParameter("chkMedico") != null)
    strMedico = "S";
    else
        strMedico = "N";

if (request.getParameter("chkConvenio") != null)
    strConvenio = "S";
    else
        strConvenio = "N";

if (request.getParameter("chkAgendamento") != null)
    strAgendamento = "S";
    else
        strAgendamento = "N";

if (request.getParameter("chkPaciente") != null)
    strPaciente = "S";
    else
        strPaciente = "N";

if (request.getParameter("chkAgendarConsulta") != null)
    strAgendarConsulta = "S";
    else
        strAgendarConsulta = "N";

if (request.getParameter("chkCancelarConsulta") != null)
    strCancelarConsulta = "S";
    else
        strCancelarConsulta = "N";

if (request.getParameter("chkAtendimento") != null)
    strAtendimento = "S";
    else
        strAtendimento = "N";

response.setContentType("text/html;charset=UTF-8");
out = response.getWriter();

out.println("<!DOCTYPE html>");
out.println("<html>");
out.println("<head>");
out.println("<meta http-equiv='Content-Type' content='text/html; charset=utf-8' />");
out.println("<title>SGC - Versão 1.0</title>");
out.println("<link href='clinica_medica.css' rel='stylesheet' type='text/css' />");
out.println("</head>");
out.println("<body class='FundoPagina'>");
out.println("<p class='TituloAplicacao'>SGC - Sistema de Gestão de Clínicas 1.0</p>");
out.println("<p class='TituloPagina'>Cadastro de Usuários</p>");

try
{
    conexaoBancoDados conexao = new conexaoBancoDados();
    usuarios usuario = new usuarios();

    c_usuarios Usuario = new c_usuarios(strIDUsuario.toUpperCase(),
            strSenha.toUpperCase(),
            strAdministrativo,
            strFuncionario,
            strUsuario,
            strEspecialidade,
            strMedico,
            strConvenio,
            strAgendamento,
            strPaciente,
            strAgendarConsulta,
            strCancelarConsulta,
```

```
                strAtendimento,
                intCodigoUsuario);

        if (conexao.abrirConexao())
        {
            usuario.configurarConexao(conexao.obterConexao());

            if (usuario.alterarRegistro(Usuario))
            {
                out.println("<h2>Dados do usuário atualizados com sucesso!</h2>");
                out.println("<br><br><br><br>");
                out.println("<a href='menu_usuarios.html'>Fechar</a>");
            }
            else
                out.println("<h2>Não foi possível atualizar os dados do usuário!</h2>");

            conexao.fecharConexao();
        }
        else
            out.println("<h2>Não foi possível estabelecer conexão com o banco de dados!</h2>");
    }
    catch (Exception erro)
    {
        erro.printStackTrace();
        out.println("<h2>Erro do sistema: processo de atualização de dados do usuário!</h2>");
    }

    out.println("<p class='RodapePagina'>Copyright(c) 2015 - Editora Érica Ltda.</p>");
    out.println("</body>");
    out.println("</html>");
  }
}
```

Essa rotina recupera o nome do usuário, o código de usuário e a senha de acesso, passados por meio dos campos **txtNomeUsuario**, **codigo_usuario** e **senha_acesso**. Ela também verifique o valor de cada caixa de seleção para saber se o respectivo campo da tabela de dados deve conter o caractere "S" ou o caractere "N".

```
strIDUsuario = request.getParameter("txtNomeUsuario");
strSenha = request.getParameter("senha_acesso");
intCodigoUsuario = Integer.parseInt(request.getParameter("codigo_usuario"));

if (request.getParameter("chkAdministrativo") != null)
    strAdministrativo = "S";
    else
        strAdministrativo = "N";

if (request.getParameter("chkFuncionario") != null)
    strFuncionario = "S";
    else
        strFuncionario = "N";

if (request.getParameter("chkUsuario") != null)
    strUsuario = "S";
    else
        strUsuario = "N";

if (request.getParameter("chkEspecialidade") != null)
    strEspecialidade = "S";
    else
        strEspecialidade = "N";

if (request.getParameter("chkMedico") != null)
    strMedico = "S";
    else
        strMedico = "N";

if (request.getParameter("chkConvenio") != null)
    strConvenio = "S";
```

```
        else
            strConvenio = "N";

    if (request.getParameter("chkAgendamento") != null)
        strAgendamento = "S";
        else
            strAgendamento = "N";

    if (request.getParameter("chkPaciente") != null)
        strPaciente = "S";
        else
            strPaciente = "N";

    if (request.getParameter("chkAgendarConsulta") != null)
        strAgendarConsulta = "S";
        else
            strAgendarConsulta = "N";

    if (request.getParameter("chkCancelarConsulta") != null)
        strCancelarConsulta = "S";
        else
            strCancelarConsulta = "N";

    if (request.getParameter("chkAtendimento") != null)
        strAtendimento = "S";
        else
            strAtendimento = "N";
```

Uma instância da classe **c_usuario** é criada com os valores contidos nas variáveis declaradas antes. Após ter sido aberta a conexão com o banco de dados, o método **alterarRegistro()**, do objeto **usuario**, é invocado para que a atualização seja efetivamente executada. Se for executada com sucesso, uma tela de mensagem será apresentada.

O código desse método está listado a seguir:

```
    public boolean alterarRegistro(c_usuarios usuario)
    {
        String strComandoSQL;

        try
        {
            strComandoSQL = "UPDATE usuarios SET Identificacao_Usuario = '"+
usuario.getIdUsuario()+"',"+
                            "Senha_Acesso = '"+usuario.getSenhaAcesso()+"',"+
                            "Cadastro_Funcionario = '"+usuario.getCadastroFuncionario()+"',"+
                            "Cadastro_Usuario = '"+usuario.getCadastroUsuario()+"',"+
                            "Cadastro_Paciente = '"+usuario.getCadastroPaciente()+"',"+
                            "Cadastro_Especialidade = '"+usuario.getCadastroEspecialidade()+"',"+
                            "Cadastro_Medico = '"+usuario.getCadastroMedico()+"',"+
                            "Cadastro_Convenio = '"+usuario.getCadastroConvenio()+"',"+
                            "Agendamento_Consulta = '"+usuario.getAgendamentoConsulta()+"',"+
                            "Cancelamento_Consulta = '"+usuario.getCancelamentoConsulta()+"',"+
                            "Modulo_Administrativo = '"+usuario.getModuloAdministrativo()+"',"+
                            "Modulo_Agendamento = '"+usuario.getModuloAgendamento()+"',"+
                            "Modulo_Atendimento = '"+usuario.getModuloAtendimento()+"'"+
                            " WHERE Registro_Usuario = "+usuario.getCodigoUsuario();
            psComando = conBanco.prepareStatement(strComandoSQL);
            psComando.executeUpdate();

            return true;
        }
        catch (Exception erro) {
            erro.printStackTrace();
            return false;
        }
    }
```

19.4 Gerenciamento de usuários - exclusão

Para excluir um registro do banco de dados, o formulário de pesquisa estudado anteriormente invoca uma página JSP denominada **excluir_usuario.jsp**, que apresenta os dados do usuário que deve ser excluído do sistema. O código dessa página está apresentado na seguinte listagem:

```
<%@page contentType="text/html" pageEncoding="UTF-8"%>
<%@page import="java.sql.ResultSet"%>
<%@page import="model.c_usuarios"%>
<jsp:useBean id="conexao" scope="page" class="banco_dados.conexaoBancoDados"/>
<jsp:useBean id="usuario" scope="page" class="banco_dados.usuarios"/>
<!DOCTYPE html>
<html>
    <head>
        <meta http-equiv="Content-Type" content="text/html; charset=utf-8" />
        <title>SGC - Versão 1.0</title>
        <link href="clinica_medica.css" rel="stylesheet" type="text/css" />
    </head>
    <body class="FundoPagina">
        <%
            ResultSet rsRegistro;
            boolean blnConectado;

            c_usuarios Usuario = new c_usuarios();
            int intCodigoUsuario = Integer.parseInt(request.getParameter("codigo_usuario"));
            blnConectado = false;

            if (conexao.abrirConexao())
            {
                usuario.configurarConexao(conexao.obterConexao());

                rsRegistro = usuario.lerRegistro(intCodigoUsuario);

                Usuario.setIdUsuario(rsRegistro.getString("Identificacao_Usuario"));
                Usuario.setCadastroFuncionario(rsRegistro.getString("Cadastro_Funcionario"));
                Usuario.setCadastroUsuario(rsRegistro.getString("Cadastro_Usuario"));
                Usuario.setCadastroPaciente(rsRegistro.getString("Cadastro_Paciente"));
                Usuario.setCadastroEspecialidade(rsRegistro.getString("Cadastro_Especialidade"));
                Usuario.setCadastroMedico(rsRegistro.getString("Cadastro_Medico"));
                Usuario.setCadastroConvenio(rsRegistro.getString("Cadastro_Convenio"));
                Usuario.setAgendamentoConsulta(rsRegistro.getString("Agendamento_Consulta"));
                Usuario.setCancelamentoConsulta(rsRegistro.getString("Cancelamento_Consulta"));
                Usuario.setModuloAdministrativo(rsRegistro.getString("Modulo_Administrativo"));
                Usuario.setModuloAgendamento(rsRegistro.getString("Modulo_Agendamento"));
                Usuario.setModuloAtendimento(rsRegistro.getString("Modulo_Atendimento"));
                Usuario.setCodigoUsuario(intCodigoUsuario);

                conexao.fecharConexao();

                blnConectado = true;
            }
            else
                out.println("<p>Falha na conexão com o banco de dados!</p>");
        %>

        <% if (blnConectado) {%>
        <p class="TituloAplicacao">SGC - Sistema de Gestão de Clínicas 1.0</p>
        <p class="TituloPagina">Cadastro de Usuários - Exclusão</p>

        <form name="formExcluiUsuario" method="post" action="excluirUsuario" target="_parent">
              <p>Nome do usuário: <%=Usuario.getIdUsuario()%></p>
              <br>
              <p>Módulo administrativo: <%=Usuario.getModuloAdministrativo()%></p>
              <p>    Cadastro de funcionários: <%=Usuario.
getCadastroFuncionario()%></p>
              <p>    Cadastro de usuários: <%=Usuario.getCadastroUsuario()%></p>
              <p>    Cadastro de especialidades: <%=Usuario.
getCadastroEspecialidade()%></p>
              <p>    Cadastro de médicos: <%=Usuario.getCadastroMedico()%></p>
              <p>    Cadastro de convênios: <%=Usuario.getCadastroConvenio()%></p>
```

```
            <p>Módulo de agendamento: <%=Usuario.getModuloAgendamento()%></p>
            <p>    Cadastro de pacientes: <%=Usuario.getCadastroPaciente()%></p>
            <p>    Agendamento de consulta: <%=Usuario.
getAgendamentoConsulta()%></p>
            <p>    Cancelamento de consulta: <%=Usuario.
getCancelamentoConsulta()%></p>
            <p>Módulo de atendimento médico: <%=Usuario.getModuloAtendimento()%></p>
            <p><input type="hidden" name="codigo_usuario" value="<%=intCodigoUsuario%>"></p>
            <br>
            <p><input type="submit" name="btnExcluir" value="Excluir" />
                <span class="LinkVoltar"><a href="javascript:history.back()">[Voltar]</a></span>
            </p>
        </form>

        <p class="RodapePagina">Copyright(c) 2015 - Editora Érica Ltda.</p>
        <%}%>
    </body>
</html>
```

Uma chamada ao método **lerRegistro()** do objeto **usuario** carrega na instância da classe **ResultSet** os valores dos campos, que posteriormente são mostrados no formulário da página. Quando o usuário clicar no botão de confirmação da exclusão, o *Servlet* identificado pelo nome **excluirUsuario** será executado. O código desse novo *Servlet* se encontra apresentado na listagem a seguir:

```
package servlets;

import java.io.IOException;
import java.io.PrintWriter;
import javax.servlet.ServletException;
import javax.servlet.http.*;
import banco_dados.conexaoBancoDados;
import banco_dados.usuarios;

public class excluirUsuario extends HttpServlet {
    @Override
    protected void doPost(HttpServletRequest request, HttpServletResponse response)
            throws ServletException, IOException {
        PrintWriter out;
        response.setContentType("text/html;charset=UTF-8");
        out = response.getWriter();

        out.println("<!DOCTYPE html>");
        out.println("<html>");
        out.println("<head>");
        out.println("<meta http-equiv='Content-Type' content='text/html; charset=utf-8' />");
        out.println("<title>SGC - Versão 1.0</title>");
        out.println("<link href='clinica_medica.css' rel='stylesheet' type='text/css' />");
        out.println("</head>");
        out.println("<body class='FundoPagina'>");
        out.println("<p class='TituloAplicacao'>SGC - Sistema de Gestão de Clínicas 1.0</p>");
        out.println("<p class='TituloPagina'>Cadastro de Usuários</p>");

        try
        {
            conexaoBancoDados conexao = new conexaoBancoDados();
            usuarios usuario = new usuarios();

            if (conexao.abrirConexao())
            {
                usuario.configurarConexao(conexao.obterConexao());

                if (usuario.excluirRegistro(Integer.parseInt(request.getParameter("codigo_
usuario"))))
                {
                   out.println("<h2>Registro de usuário excluído com sucesso!</h2>");
                   out.println("<br><br><br><br>");
                   out.println("<a href='menu_usuarios.html'>Fechar</a>");
                }
```

```
                else
                    out.println("<h2>Não foi possível excluir o registro do usuário!</h2>");

                conexao.fecharConexao();
            }
            else
                out.println("<h2>Não foi possível estabelecer conexão com o banco de dados!</h2>");
        }
        catch (Exception erro)
        {
            erro.printStackTrace();
            out.println("<h2>Erro do sistema: processo de exclusão de usuário!</h2>");
        }

        out.println("<p class='RodapePagina'>Copyright(c) 2015 - Editora Érica Ltda.</p>");
        out.println("</body>");
        out.println("</html>");
    }
}
```

Como podemos ver, o *Servlet* utiliza o valor do parâmetro **codigo_usuario** para excluir o registro correspondente. A exclusão propriamente dita é executada pelo método **excluirRegistro()** do objeto **usuario**. No caso de ter sido realizada com sucesso, uma mensagem é apresentada na tela.

19.5 Teste de cadastro de usuários

Concretizadas todas essas etapas, estamos prontos para efetuar testes com inclusão, alteração e exclusão de usuários do sistema.

Clique com o botão esquerdo do mouse sobre o arquivo **menu_administracao.html** e escolha a opção **Executar Arquivo**. Você deverá ver, então, a tela da Figura 19.5.

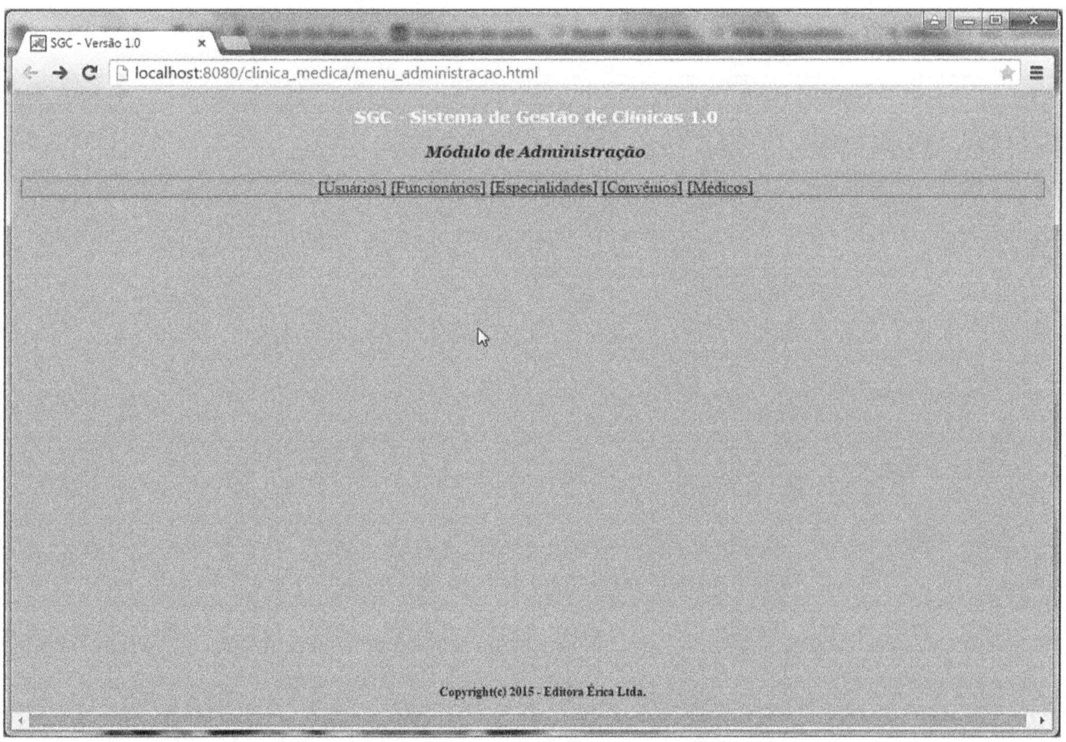

Figura 19.5 – Menu do módulo de administração.

Clique na opção **Usuários** para a tela da Figura 19.6 ser exibida. Clique na opção **Adicionar** e você verá, em seguida, a tela da Figura 19.7.

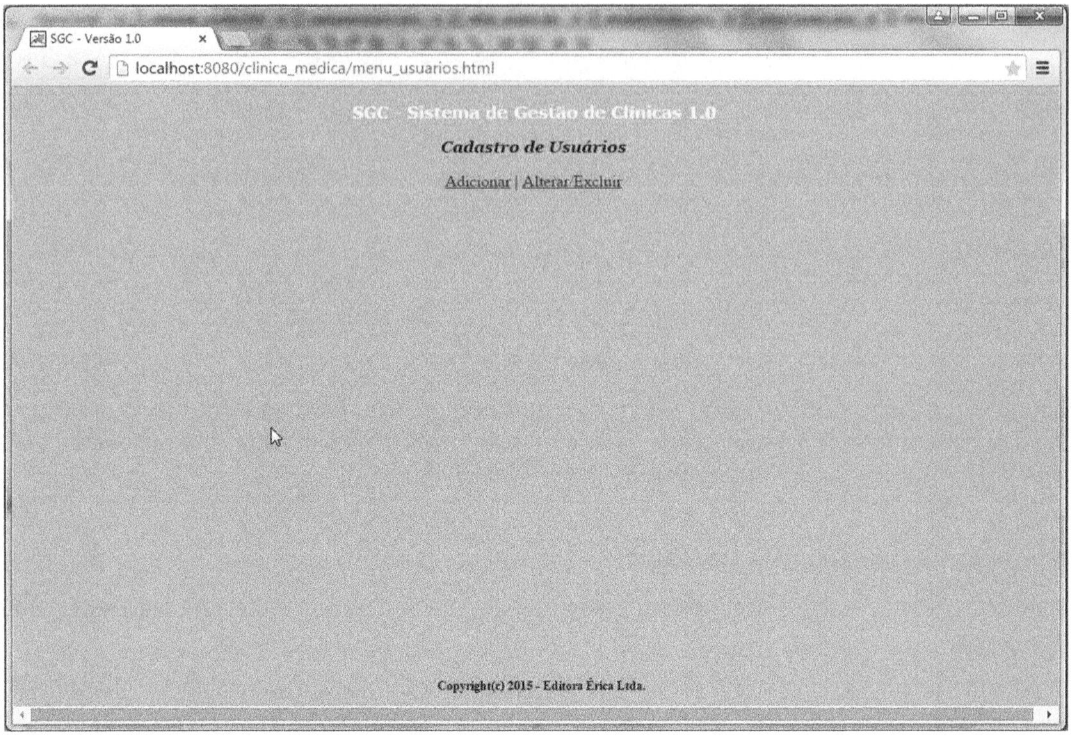

Figura 19.6 – Menu do gerenciamento de usuários.

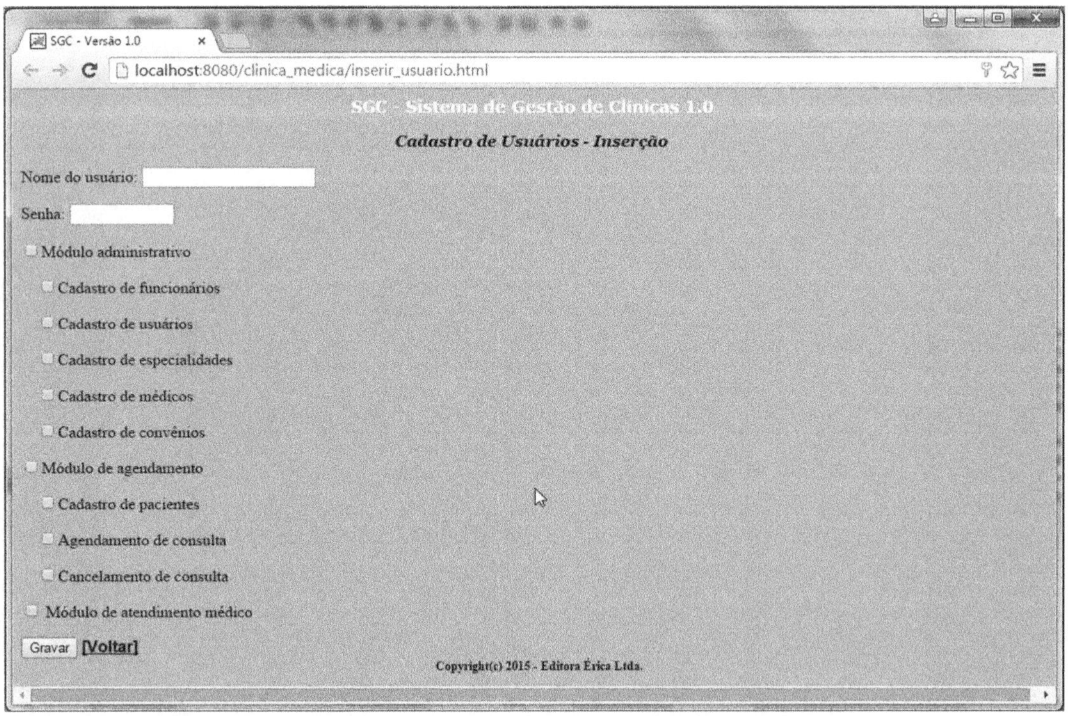

Figura 19.7 – Formulário de cadastro de usuário.

Digite o nome do usuário, a senha de acesso e marque as opções de permissão que devem ser concedidas. Veja o exemplo da Figura 19.8. Após clicar no botão **Gravar**, e se a inclusão tiver sido bem-sucedida, você deverá obter a tela da Figura 19.9.

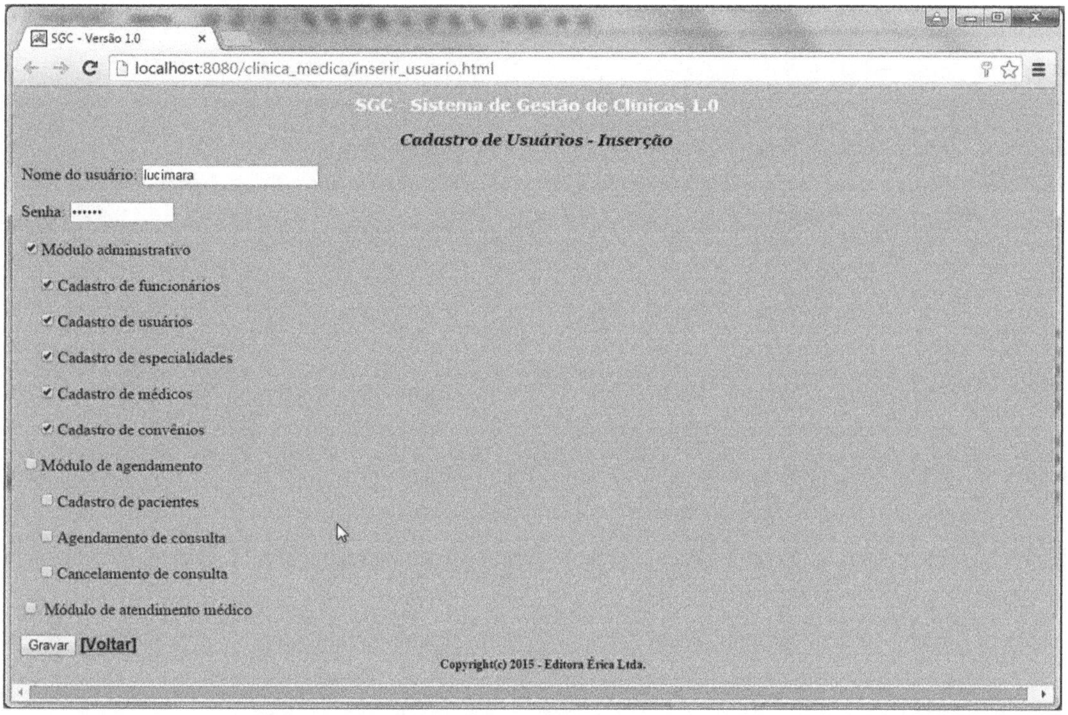

Figura 19.8 – Formulário de cadastro de usuário preenchido.

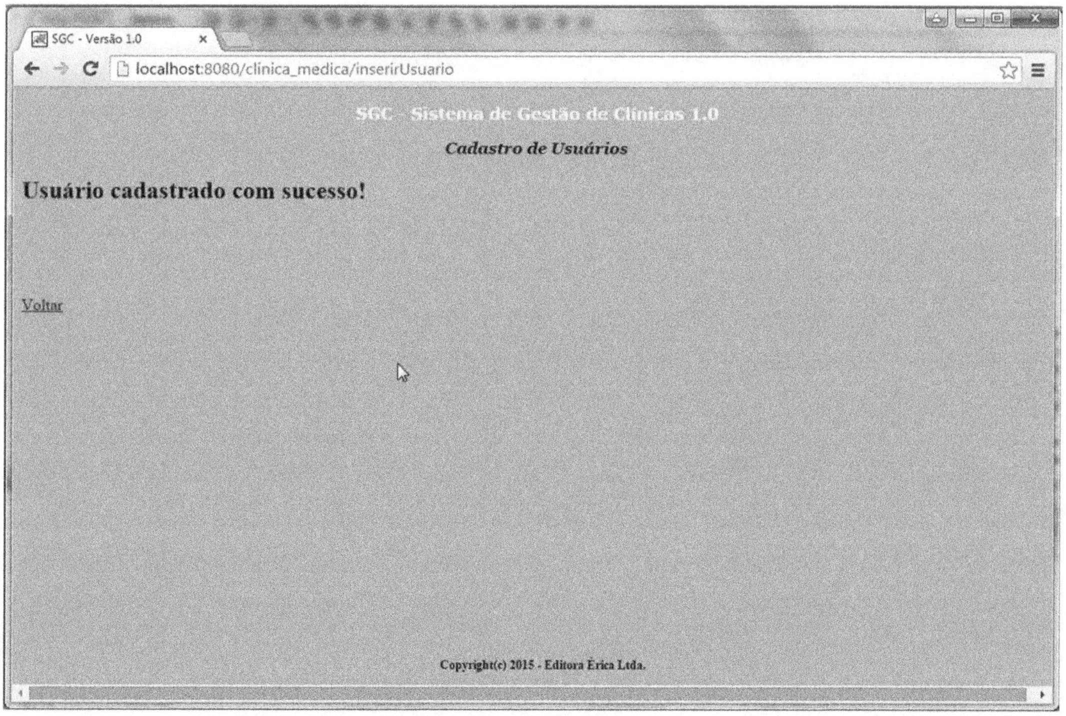

Figura 19.9 – Mensagem de operação executada com sucesso.

Para alterar ou excluir um usuário, escolha a opção **Alterar/Excluir** e, depois, digite o nome do usuário na tela da Figura 19.10. Após clicar no botão **Confirmar**, você deve obter uma tela com o nome do usuário e as opções de edição ou exclusão (Figura 19.11).

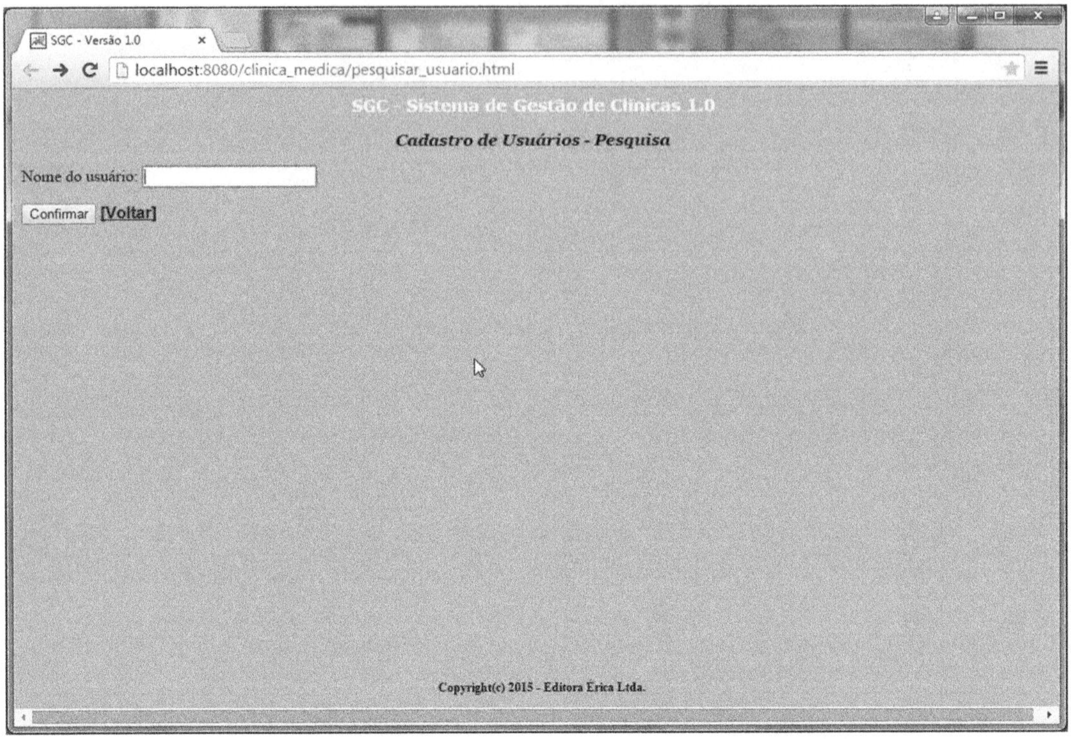

Figura 19.10 – Tela de pesquisa de usuário.

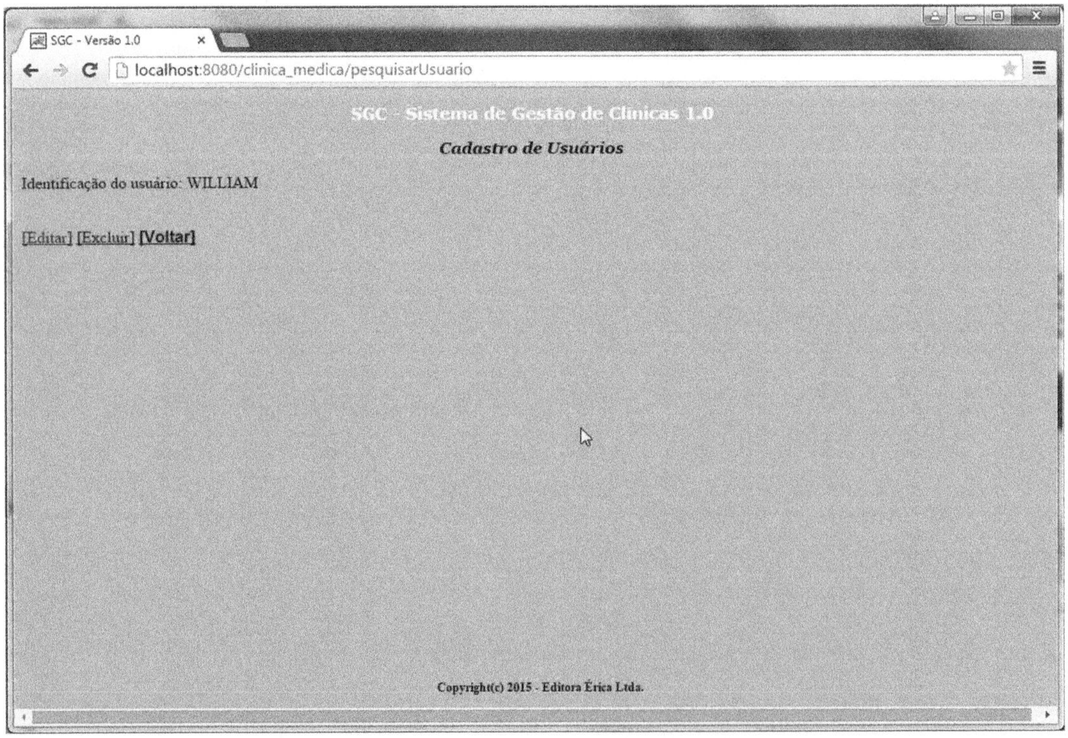

Figura 19.11 – Tela para seleção de edição ou exclusão do usuário.

Clicando no botão **Editar**, uma tela com os dados do usuário é exibida (Figura 19.12). Você pode alterar os dados e clicar no botão **Atualizar**. Note que não é possível alterar a senha de acesso. Após a atualização dos dados, a mensagem da Figura 19.13 aparece.

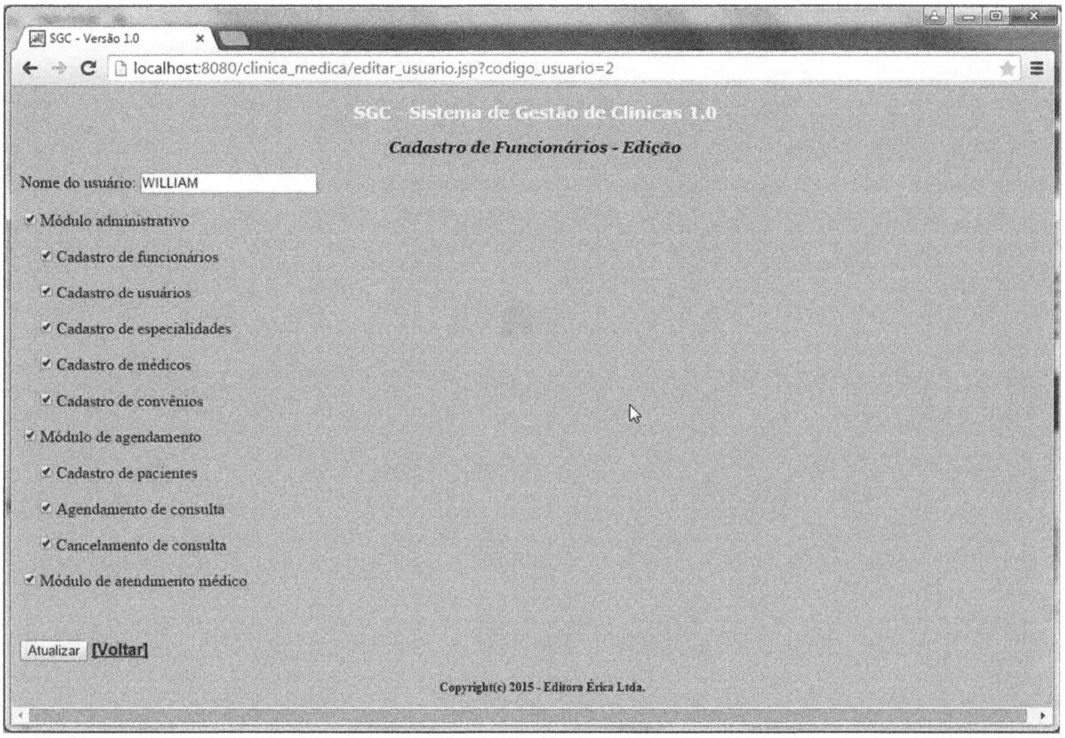

Figura 19.12 – Tela de edição de dados do usuário.

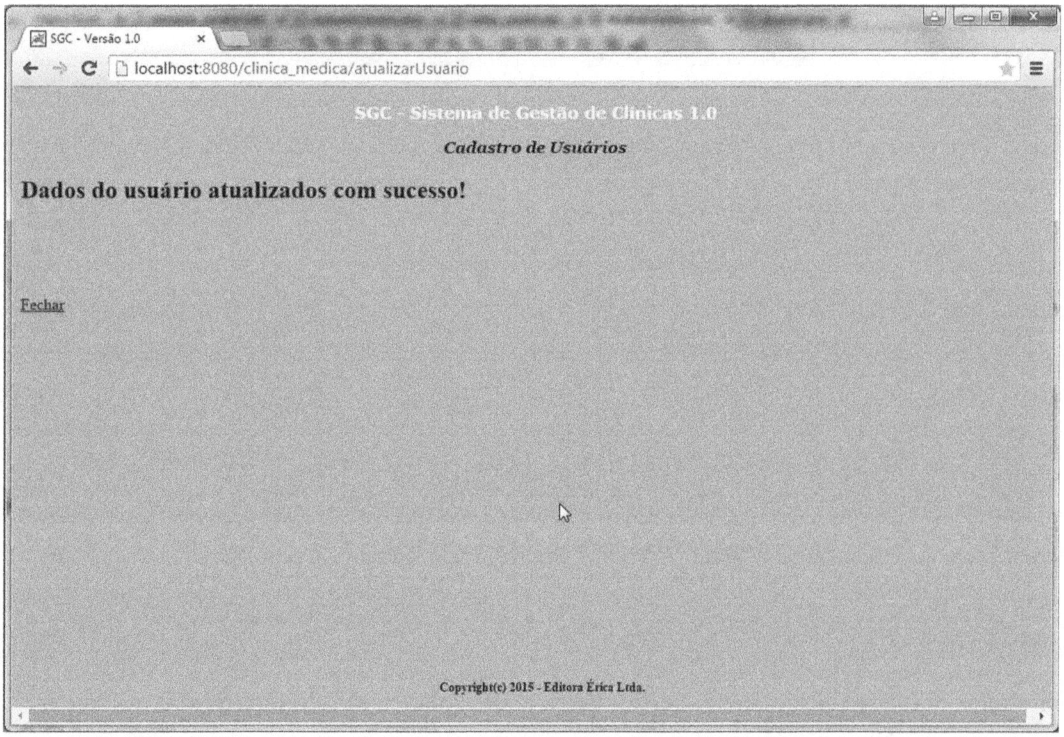

Figura 19.13 – Mensagem que informa sucesso na alteração dos dados do usuário.

Se for clicado o botão **Excluir**, a tela da Figura 19.14 surge em seguida. Nela são apresentados os dados do usuário e um botão para confirmação da exclusão. A mensagem da Figura 19.15 é apresentada no caso de a exclusão ter sido efetuada normalmente.

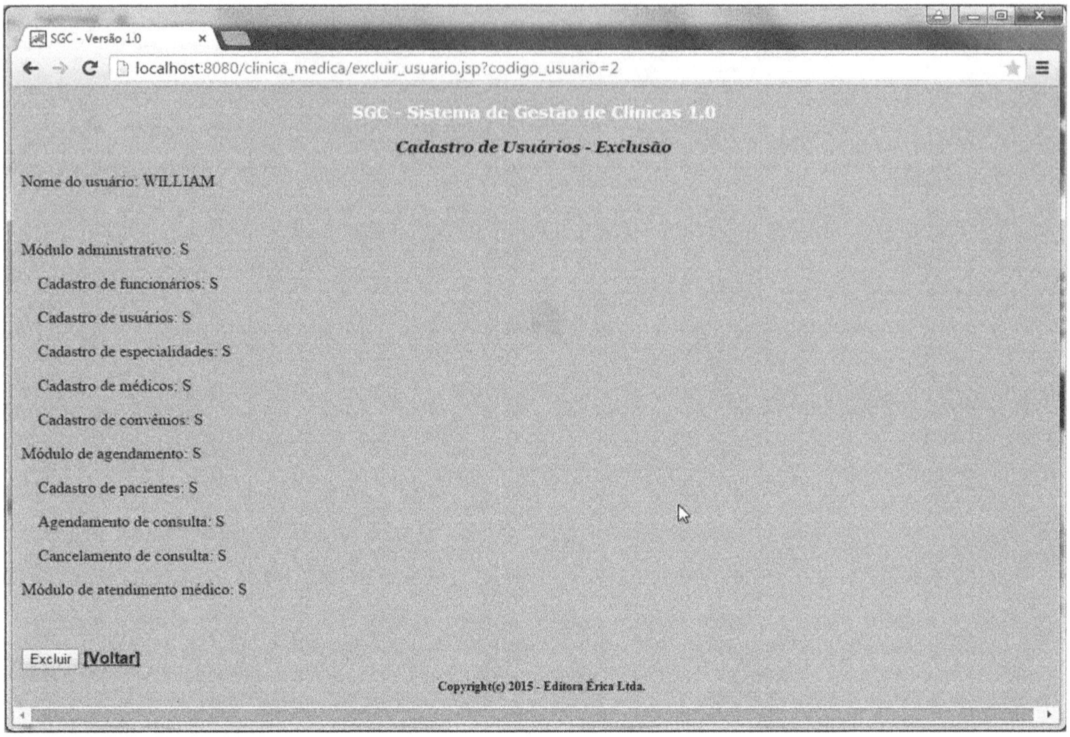

Figura 19.14 – Tela de exclusão de usuário.

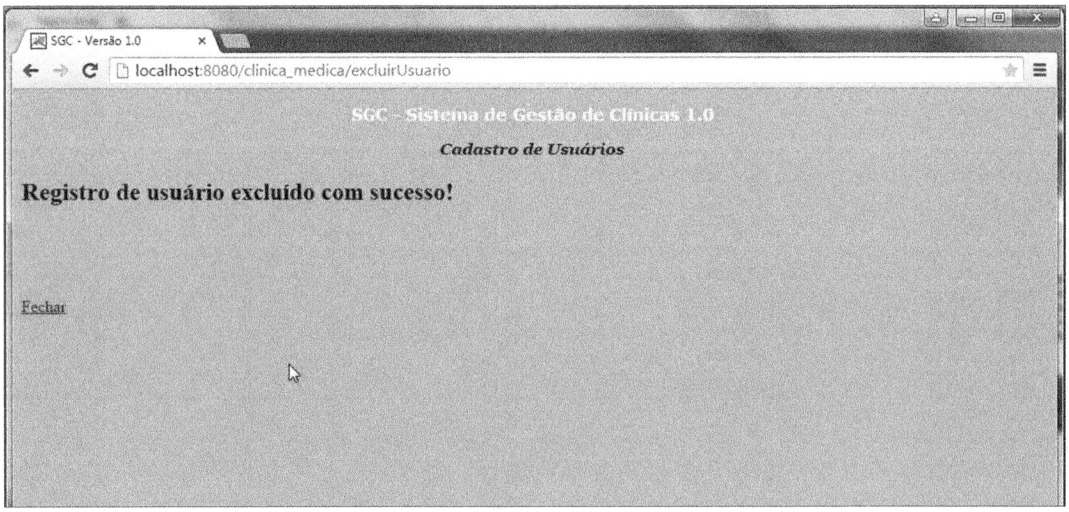

Figura 19.15 – Mensagem de exclusão concluída.

Recapitulando

Neste capítulo você estudou a construção do menu principal do módulo de administração e todas as rotinas (formulários, classes, Servlets *e páginas JPS) necessárias às operações de gerenciamento de usuários.*

20

Módulo de Administração – 2

Novos conhecimentos

Neste capítulo damos continuidade à criação de opções do módulo de administração. Vamos abordar a criação do menu de gerenciamento de funcionários, o desenvolvimento de rotinas para inclusão de funcionários, a construção de formulário de pesquisa do funcionário, e, para terminar, o desenvolvimento de rotinas para alteração e exclusão de funcionário.

20.1 Menu de gerenciamento de funcionários

Vamos iniciar este capítulo com a construção do menu de opções para gerenciamento de funcionários. Esse menu será bastante similar ao visto no capítulo anterior, para gerenciamento de usuários. Sendo assim, clique com o botão direito do mouse sobre o item **Páginas Web** da janela do gerenciador de projetos e escolha a opção **Novo → HTML**. Na caixa de diálogo aberta em seguida, digite no campo **Nome do Arquivo HTML** a expressão caractere "menu_funcionarios" e clique em **Finalizar**.

O código HTML para essa página se encontra na listagem exibida a seguir:

```
<!DOCTYPE html>
<html>
    <head>
        <meta http-equiv="Content-Type" content="text/html; charset=utf-8" />
        <title>SGC - Versão 1.0</title>
        <link href="clinica_medica.css" rel="stylesheet" type="text/css" />
    </head>

    <body class="FundoPagina">
        <p class="TituloAplicacao">SGC - Sistema de Gestão de Clínicas 1.0</p>
        <p class="TituloPagina">Cadastro de Funcionários</p>
        <p><center><a href="inserir_funcionario.html">Adicionar</a> | <a href="pesquisar_
funcionario.html">Alterar/Excluir</a> | <a href="listar_funcionarios.jsp">Listar</a></center></p>
        <p class="RodapePagina">Copyright(c) 2015 - Editora Érica Ltda.</p>
    </body>
</html>
```

20.2 Classes do módulo

Para o gerenciamento de dados de funcionários da clínica médica, vamos precisar de uma classe Java que modela a base de dados, com ocorreu com os usuários. No entanto, algumas informações cadastrais de funcionários são similares às que teremos para o cadastro de pacientes da clínica, como, por exemplo, nome, endereço completo, número de RG e CPF. Em vista disso, criaremos primeiramente uma classe base que será herdada pela classe que define os funcionários.

Adicione uma nova classe ao pacote denominado **model**, de nome **c_pessoa** e contendo o código apresentado na seguinte listagem:

```
package model;

public class c_pessoa
{
    private String nome_completo,
            numero_rg,
            orgao_emissor,
            numero_cpf,
            endereco,
            numero,
            complemento,
            bairro,
            cidade,
            estado,
            telefone,
            celular,
            sexo,
            dia_nascimento,
            mes_nascimento,
            ano_nascimento;

    public c_pessoa(String nome_completo,
            String numero_rg,
            String orgao_emissor,
            String numero_cpf,
            String endereco,
            String numero,
            String complemento,
            String bairro,
            String cidade,
            String estado,
            String telefone,
            String celular,
            String sexo,
            String dia_nascimento,
            String mes_nascimento,
            String ano_nascimento)
```

```
    {
        this.nome_completo = nome_completo;
        this.numero_rg = numero_rg;
        this.orgao_emissor = orgao_emissor;
        this.numero_cpf = numero_cpf;
        this.endereco = endereco;
        this.numero = numero;
        this.complemento = complemento;
        this.bairro = bairro;
        this.cidade = cidade;
        this.estado = estado;
        this.telefone = telefone;
        this.celular = celular;
        this.sexo = sexo;
        this.dia_nascimento = dia_nascimento;
        this.mes_nascimento = mes_nascimento;
        this.ano_nascimento = ano_nascimento;
    }

    public String getNomeCompleto() {return nome_completo;}
    public void setNomeCompleto(String nome_completo) {this.nome_completo = nome_completo;}

    public String getNumeroRG() {return numero_rg;}
    public void setNumeroRG(String numero_rg) {this.numero_rg = numero_rg;}

    public String getOrgaoEmissor() {return orgao_emissor;}
    public void setOrgaoEmissor(String orgao_emissor) {this.orgao_emissor = orgao_emissor;}

    public String getNumeroCPF() {return numero_cpf;}
    public void setNumeroCPF(String numero_cpf) {this.numero_cpf = numero_cpf;}

    public String getEndereco() {return endereco;}
    public void setEndereco(String endereco) {this.endereco = endereco;}

    public String getNumero() {return numero;}
    public void setNumero(String numero) {this.numero = numero;}

    public String getComplemento() {return complemento;}
    public void setComplemento(String complemento) {this.complemento = complemento;}

    public String getBairro() {return bairro;}
    public void setBairro(String bairro) {this.bairro = bairro;}

    public String getCidade() {return cidade;}
    public void setCidade(String cidade) {this.cidade = cidade;}

    public String getEstado() {return estado;}
    public void setEstado(String estado) {this.estado = estado;}

    public String getTelefone() {return telefone;}
    public void setTelefone(String telefone) {this.telefone = telefone;}

    public String getCelular() {return celular;}
    public void setCelular(String celular) {this.celular = celular;}

    public String getSexo() {return sexo;}
    public void setSexo(String sexo) {this.sexo = sexo;}

    public String getDataNascimento() {return dia_nascimento+"/"+mes_nascimento+"/"+ano_nascimento;}
    public void setDataNascimento(String dia_nascimento,String mes_nascimento,String ano_nascimento)
    {
        this.dia_nascimento = dia_nascimento;
        this.mes_nascimento = mes_nascimento;
        this.ano_nascimento = ano_nascimento;
    }

    public String getDiaNascimento() {return dia_nascimento;}
    public String getMesNascimento() {return mes_nascimento;}
    public String getAnoNascimento() {return ano_nascimento;}
}
```

A classe para modelagem dos dados de funcionários deve ter o código apresentado a seguir e ser gravada no pacote **model** com o nome **c_funcionarios**. Note que ela herda atributos e métodos de **c_pessoa** e adiciona outros, específicos a ela.

```
package model;

public class c_funcionarios extends c_pessoa
{
    private int codigo_funcionario;
    private String numero_ctps;
    private String numero_pis;

    public c_funcionarios()
    {
        super("","","","","","","","","","","","","","","","");
        this.numero_ctps = "";
        this.numero_pis = "";
    }

    public c_funcionarios(String nome_completo,
            String numero_rg,
            String orgao_emissor,
            String numero_cpf,
            String endereco,
            String numero,
            String complemento,
            String bairro,
            String cidade,
            String estado,
            String telefone,
            String celular,
            String sexo,
            String numero_ctps,
            String numero_pis,
            String dia_nascimento,
            String mes_nascimento,
            String ano_nascimento)
    {
        super(nome_completo,numero_rg,orgao_emissor,numero_cpf,endereco,numero,complemento,bairro,
              cidade,estado,telefone,celular,sexo,dia_nascimento,mes_nascimento,ano_nascimento);
        this.numero_ctps = numero_ctps;
        this.numero_pis = numero_pis;
    }

    public int getCodigoFuncionario() {return codigo_funcionario;}
    public void setCodigoFuncionario(int codigo_funcionario) {this.codigo_funcionario = codigo_
funcionario;}

    public String getNumeroCTPS() {return numero_ctps;}
    public void setNumeroCTPS(String numero_ctps) {this.numero_ctps = numero_ctps;}

    public String getNumeroPIS() {return numero_pis;}
    public void setNumeroPIS(String numero_pis) {this.numero_pis = numero_pis;}
}
```

Uma vez que essas duas classes fazem uso de atributos para representar o dia, o mês e o ano de uma determinada data, teremos de desenvolver ainda uma classe com métodos que efetuem as devidas conversões. Isso é necessário para que seja possível gravar datas no banco de dados.

Vamos criar essa classe dentro de um novo pacote denominado **util**, que também poderá servir para abrigar outras classes que contenham métodos de uso genérico. O objetivo disso é ter uma biblioteca de funções, como ocorre em outros tipos de linguagem.

Clique com o botão direito do mouse sobre o item **Pacote de Códigos-fonte** e escolha a opção **Novo → Classe Java**. Na caixa de diálogo apresentada em seguida, digite "conversao" no campo **Nome da Classe** e "util" no campo **Pacote**. Veja a Figura 20.1.

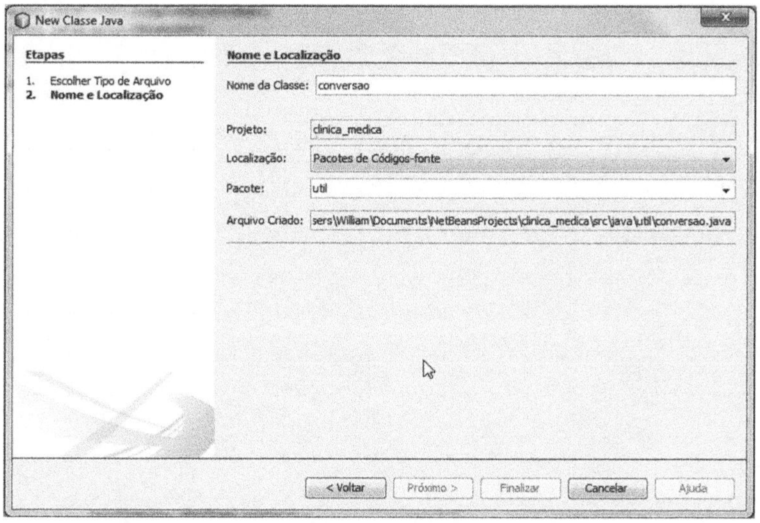

Figura 20.1 – Definição da classe conversao.java e do pacote util.

A listagem apresentada a seguir contém o código para essa classe:

```
package util;

import java.text.SimpleDateFormat;
import java.util.Calendar;
import java.util.Date;

public class conversao {
    public Date StringToDate(String strData)
    {
        SimpleDateFormat formatoData = new SimpleDateFormat("dd/MM/yyyy");

        try
       {
            Date dtData = new Date(formatoData.parse(strData).getTime());

            return dtData;
        }
        catch (Exception erro)
        {
            erro.printStackTrace();
            return null;
        }
    }

    public String DataInvertida(Date dtData)
    {
        if (dtData != null)
        {
            int intDia,intMes,intAno;
            String strData;
            Calendar calendario = Calendar.getInstance();

            calendario.setTime(dtData);

            intDia = calendario.get(Calendar.DAY_OF_MONTH);
            intMes = calendario.get(Calendar.MONTH)+1;
            intAno = calendario.get(Calendar.YEAR);

            strData = intAno+"/"+intMes+"/"+intDia;

            return strData;
        }
        else
            return "null";
```

```
    }

    public String DateToString(Date dtData)
    {
        String strData;
        SimpleDateFormat formatoData = new SimpleDateFormat("dd/MM/yyyy");

        try
       {
            strData = formatoData.format(dtData);

            return strData;
        }
        catch (Exception erro)
        {
            erro.printStackTrace();
            return "null";
        }
    }

    public int DiaData(Date dtData)
    {
        if (dtData != null)
        {
            int intDia;
            Calendar calendario = Calendar.getInstance();

            calendario.setTime(dtData);

            intDia = calendario.get(Calendar.DAY_OF_MONTH);

            return intDia;
        }
        else
            return 0;
    }

    public int MesData(Date dtData)
    {
        if (dtData != null)
        {
            int intMes;
            Calendar calendario = Calendar.getInstance();

            calendario.setTime(dtData);

            intMes = calendario.get(Calendar.MONTH)+1;

            return intMes;
        }
        else
            return 0;
    }

    public int AnoData(Date dtData)
    {
        if (dtData != null)
        {
            int intAno;
            Calendar calendario = Calendar.getInstance();

            calendario.setTime(dtData);

            intAno = calendario.get(Calendar.YEAR);

            return intAno;
        }
        else
            return 0;
    }
}
```

Essa classe faz uso de objetos e métodos que estão presentes nos pacotes **SimpleDateFormat**, **Calendar** e **Date**, daí a necessidade de importá-los. A primeira função permite converter uma cadeia de caracteres que representa uma data válida em um valor do tipo **Date**. Um objeto do tipo **SimpleDateFormat** é declarado para que seja possível formatar a data contida na variável *string*. Em seguida, uma variável do tipo **Date** é declarada e o valor da cadeia de caracteres, já formatada para dia/mês/ano, lhe é atribuído, sendo depois retornado pela função.

```
public Date StringToDate(String strData)
{
    SimpleDateFormat formatoData = new SimpleDateFormat("dd/MM/yyyy");

    try
    {
        Date dtData = new Date(formatoData.parse(strData).getTime());

        return dtData;
    }
    catch (Exception erro)
    {
        erro.printStackTrace();
        return null;
    }
}
```

O segundo método tem como função pegar uma data passada no formato DD/MM/AAAA e invertê-la para o formato AAAA/MM/DD, que é o aceito pelo MySQL quando precisamos gravar datas em um campo desse tipo. O parâmetro passado deve ser do tipo **Date** e o valor retornado, do tipo **String**.

Uma instância da classe **Calendar** é declarada para que seja possível separar o dia, o mês e o ano da data recebida como parâmetro. De posse desses valores, uma *string* é montada a partir da concatenação deles.

```
public String DataInvertida(Date dtData)
{
    if (dtData != null)
    {
        int intDia,intMes,intAno;
        String strData;
        Calendar calendario = Calendar.getInstance();

        calendario.setTime(dtData);

        intDia = calendario.get(Calendar.DAY_OF_MONTH);
        intMes = calendario.get(Calendar.MONTH)+1;
        intAno = calendario.get(Calendar.YEAR);

        strData = intAno+"/"+intMes+"/"+intDia;

        return strData;
    }
    else
        return "null";
}
```

A terceira função executa uma operação inversa à da primeira, ou seja, converte um valor do tipo **Date** em uma cadeia de caracteres. Novamente é utilizada a classe **SimpleDateFormat** para se efetuar essa conversão.

```
public String DateToString(Date dtData)
{
    String strData;
    SimpleDateFormat formatoData = new SimpleDateFormat("dd/MM/yyyy");

    try
   {
        strData = formatoData.format(dtData);

        return strData;
    }
```

```
        catch (Exception erro)
        {
            erro.printStackTrace();
            return "null";
        }
    }
```

As últimas três funções servem para obtenção do dia, do mês e do ano de uma data específica. O código de todas elas é bastante parecido.

```
    public int DiaData(Date dtData)
    {
        if (dtData != null)
        {
            int intDia;
            Calendar calendario = Calendar.getInstance();

            calendario.setTime(dtData);

            intDia = calendario.get(Calendar.DAY_OF_MONTH);

            return intDia;
        }
        else
            return 0;
    }

    public int MesData(Date dtData)
    {
        if (dtData != null)
        {
            int intMes;
            Calendar calendario = Calendar.getInstance();

            calendario.setTime(dtData);

            intMes = calendario.get(Calendar.MONTH)+1;

            return intMes;
        }
        else
            return 0;
    }

    public int AnoData(Date dtData)
    {
        if (dtData != null)
        {
            int intAno;
            Calendar calendario = Calendar.getInstance();

            calendario.setTime(dtData);

            intAno = calendario.get(Calendar.YEAR);

            return intAno;
        }
        else
            return 0;
    }
```

Para finalizar essa parte inicial, vamos criar a classe que executa as operações de manipulação do banco de dados. Adicione uma nova classe Java ao pacote **banco_dados**, denominada funcionarios e contendo o seguinte código:

```
package banco_dados;

import java.sql.*;
import java.util.Date;
import model.c_funcionarios;
```

```
import util.conversao;

public class funcionarios {
    private Connection conBanco;
    private PreparedStatement psComando;
    private ResultSet rsRegistros;

    public void configurarConexao(Connection conBanco) {this.conBanco = conBanco;}

    public boolean inserirRegistro(c_funcionarios funcionario)
    {
        conversao Converter = new conversao();
        Date dtDataNascimento;
        String strDataInvertida,strComandoSQL;

        try
        {
            dtDataNascimento = Converter.StringToDate(funcionario.getDataNascimento());

            if (dtDataNascimento != null)
               strDataInvertida = Converter.DataInvertida(dtDataNascimento);
               else
                   strDataInvertida = "null";

            if (!(strDataInvertida.equals("null")))
                strDataInvertida = "'"+strDataInvertida+"'";

            strComandoSQL = "INSERT INTO funcionarios(Nome_Completo,Numero_RG,Orgao_Emissor,
                    Numero_CPF,Endereco,Numero,Complemento,Bairro,Cidade,Estado,Telefone,
                    Celular,Numero_CTPS,Numero_PIS,Sexo,Data_Nascimento)"+
                    " VALUES('"+funcionario.getNomeCompleto()+"',"+
                    "'"+funcionario.getNumeroRG()+"',"+
                    "'"+funcionario.getOrgaoEmissor()+"',"+
                    "'"+funcionario.getNumeroCPF()+"',"+
                    "'"+funcionario.getEndereco()+"',"+
                    "'"+funcionario.getNumero()+"',"+
                    "'"+funcionario.getComplemento()+"',"+
                    "'"+funcionario.getBairro()+"',"+
                    "'"+funcionario.getCidade()+"',"+
                    "'"+funcionario.getEstado()+"',"+
                    "'"+funcionario.getTelefone()+"',"+
                    "'"+funcionario.getCelular()+"',"+
                    "'"+funcionario.getNumeroCTPS()+"',"+
                    "'"+funcionario.getNumeroPIS()+"',"+
                    "'"+funcionario.getSexo()+"',"+
                    strDataInvertida+")";

            psComando = conBanco.prepareStatement(strComandoSQL);
            psComando.executeUpdate();

            return true;
        }
        catch (Exception erro)
        {
            erro.printStackTrace();
            return false;
        }
    }

    public int localizarRegistro(String strCampo,String strValor)
    {
        int intCodigoFuncionario = 0;
        String strComandoSQL;

        try
        {
            if (strCampo.equals("NOME"))
                strComandoSQL = "SELECT Codigo_Funcionario FROM funcionarios WHERE Nome_Completo
LIKE '%"+strValor+"%'";
            else if (strCampo.equals("RG"))
```

```
                    strComandoSQL = "SELECT Codigo_Funcionario FROM funcionarios WHERE Numero_RG = 
'"+strValor+"'";
            else
                strComandoSQL = "SELECT Codigo_Funcionario FROM funcionarios WHERE Numero_CPF = 
'"+strValor+"'";

            psComando = conBanco.prepareStatement(strComandoSQL);
            rsRegistros = psComando.executeQuery();
            rsRegistros.next();

            intCodigoFuncionario = rsRegistros.getInt("Codigo_Funcionario");
        }
        catch (Exception erro)
        {
         erro.printStackTrace();
        }

        return intCodigoFuncionario;
    }

    public ResultSet lerRegistro(int intCodigoFuncionario)
    {
        String strComandoSQL;

        try
        {
            strComandoSQL = "SELECT * FROM funcionarios WHERE Codigo_Funcionario = 
"+intCodigoFuncionario;

            psComando = conBanco.prepareStatement(strComandoSQL);
            rsRegistros = psComando.executeQuery();
            rsRegistros.next();

            return rsRegistros;
        }
        catch (Exception erro)
        {
            erro.printStackTrace();
            return null;
        }
    }

    public boolean alterarRegistro(c_funcionarios funcionario)
    {
        conversao Converter = new conversao();
        Date dtDataNascimento;
        String strDataInvertida,strComandoSQL;

        try
        {
            dtDataNascimento = Converter.StringToDate(funcionario.getDataNascimento());

            if (dtDataNascimento != null)
               strDataInvertida = Converter.DataInvertida(dtDataNascimento);
               else
                   strDataInvertida = "null";

            if (!(strDataInvertida.equals("null")))
                strDataInvertida = "'"+strDataInvertida+"'";

            strComandoSQL = "UPDATE funcionarios SET Nome_Completo = '"+funcionario.
getNomeCompleto() +"',"+
                    "Numero_RG = '"+funcionario.getNumeroRG()+"',"+
                    "Orgao_Emissor = '"+funcionario.getOrgaoEmissor()+"',"+
                    "Numero_CPF = '"+funcionario.getNumeroCPF()+"',"+
                    "Endereco = '"+funcionario.getEndereco()+"',"+
                    "Numero = '"+funcionario.getNumero()+"',"+
                    "Complemento = '"+funcionario.getComplemento()+"',"+
                    "Bairro = '"+funcionario.getBairro()+"',"+
                    "Cidade = '"+funcionario.getCidade()+"',"+
                    "Estado = '"+funcionario.getEstado()+"',"+
```

```
                    "Telefone = '"+funcionario.getTelefone()+"',"+
                    "Celular = '"+funcionario.getCelular()+"',"+
                    "Numero_CTPS = '"+funcionario.getNumeroCTPS()+"',"+
                    "Numero_PIS = '"+funcionario.getNumeroPIS()+"',"+
                    "Sexo = '"+funcionario.getSexo()+"',"+
                    "Data_Nascimento = "+strDataInvertida+
                    " WHERE Codigo_Funcionario = "+funcionario.getCodigoFuncionario();
            psComando = conBanco.prepareStatement(strComandoSQL);
            psComando.executeUpdate();

            return true;
        }
        catch (Exception erro)
        {
            erro.printStackTrace();
            return false;
        }
    }

    public boolean excluirRegistro(int intCodigoFuncionario)
    {
        String strComandoSQL;

        try
        {
            strComandoSQL = "DELETE FROM funcionarios WHERE Codigo_Funcionario = "+
intCodigoFuncionario;
            psComando = conBanco.prepareStatement(strComandoSQL);
            psComando.executeUpdate();

            return true;
        }
        catch (Exception erro)
        {
            erro.printStackTrace();
            return false;
        }
    }

    public ResultSet listarRegistros()
    {
        String strComandoSQL;

        try
        {
            strComandoSQL = "SELECT * FROM funcionarios ORDER BY Nome_Completo";

            psComando = conBanco.prepareStatement(strComandoSQL);
            rsRegistros = psComando.executeQuery();
            return rsRegistros;
        }
        catch (Exception erro)
        {
            erro.printStackTrace();
            return null;
        }
    }
}
```

Conforme é possível notar, o código é similar ao do capítulo anterior, ou seja, possui métodos para incluir funcionários no banco de dados, para localizar um registro, recuperar os dados de um registro, alterar os dados e excluir um registro. A novidade fica por conta de um método que permite recuperar os dados de todos os registros da tabela de funcionários. Esse método retorna um objeto do tipo **ResultSet**. Ele será útil na construção de uma tela na qual são exibidos todos os registros de funcionários.

É importante notar como os métodos **inserirRegistro()** e **alterarRegistro()** utilizam as funções **StringToDate()** e **DataInvertida()**, presentes na classe **conversao**. Primeiramente, a data de nascimento do funcionário é recuperada por meio de uma chamada ao método **getDataNascimento()** do objeto **funcionario**, sendo então convertida para uma cadeia de caracteres. A data presente nessa *string* é, posteriormente, invertida por meio da função **DataInvertida()**.

Posto isso, partamos para o desenvolvimento dos formulários e rotinas para o cadastro de novos funcionários.

20.3 Inclusão de funcionário

Para incluir um novo funcionário, precisamos de um formulário de entrada de dados, da mesma forma que ocorreu com os usuários. Sendo assim, crie uma nova página HTML clicando com o botão direito do mouse no item **Páginas Web** e escolhendo a opção **Novo → HTML**. O código dessa página, que deve ter o nome "insere_funcionario.html", é apresentado na seguinte listagem:

```
<!DOCTYPE html>
<html>
    <head>
        <meta http-equiv="Content-Type" content="text/html; charset=utf-8" />
        <title>SGC - Versão 1.0</title>
        <link href="clinica_medica.css" rel="stylesheet" type="text/css" />
    </head>

    <body class="FundoPagina">
        <p class="TituloAplicacao">SGC - Sistema de Gestão de Clínicas 1.0</p>
        <p class="TituloPagina">Cadastro de Funcionários - Inserção</p>

        <form name="formInsereFuncionario" method="post" action="inserirFuncionario" target="_
parent">
              <p>Nome do funcionário:
                  <input type="text" name="txtNomeFuncionario" size="50" maxlength="50" />
              </p>
              <p>Data de nascimento (dd/mm/aaaa):
                  <input type="text" name="txtDiaNascimento" size="2" maxlength="2" />/
                  <input type="text" name="txtMesNascimento" size="2" maxlength="2" />/
                  <input type="text" name="txtAnoNascimento" size="4" maxlength="4" />
              </p>
              <p>Sexo:
                  <input type="radio" name="rbSexo" value="M" />Masculino
                  <input type="radio" name="rbSexo" value="F" />Feminino
              </p>
              <p>Número do RG:
                  <input type="text" name="txtRG" size="12" maxlength="12" />
                 Órgão emissor:
                  <input type="text" name="txtOrgaoEmissor" size="6" maxlength="6" />
                 Número do CPF:
                 <input type="text" name="txtCPF" size="14" maxlength="14" />
              </p>
              <p>Endereço/Número:
                  <input type="text" name="txtEndereco"  size="50" maxlength="50" />
                  <input type="text" name="txtNumero" size="15" maxlength="15" />
              </p>
              <p>Complemento:
                  <input type="text" name="txtComplemento" size="30" maxlength="30" />
                 Bairro:
                  <input type="text" name="txtBairro" size="40" maxlength="40" />
              </p>
              <p>Cidade:
                  <input type="text" name="txtCidade" size="40" maxlength="40" />
                 Estado:
                 <select name="lstEstado">
                     <option value="AC">Acre</option>
                     <option value="AL">Alagoas</option>
                     <option value="AM">Amazonas</option>
                     <option value="AP">Amapá</option>
                     <option value="BH">Bahia</option>
                     <option value="CE">Ceará</option>
                     <option value="DF">Distrito Federal</option>
                     <option value="ES">Espírito Santo</option>
                     <option value="GO">Goiás</option>
```

```
                    <option value="MA">Maranhão</option>
                    <option value="MG">Minas Gerais</option>
                    <option value="MS">Mato Grosso do Sul</option>
                    <option value="MT">Mato Grosso</option>
                    <option value="PA">Pará</option>
                    <option value="PB">Paraíba</option>
                    <option value="PE">Pernambuco</option>
                    <option value="PI">Piauí</option>
                    <option value="PR">Paraná</option>
                    <option value="RJ">Rio de Janeiro</option>
                    <option value="RN">Rio Grande do Norte</option>
                    <option value="RO">Rondônia</option>
                    <option value="RR">Roraima</option>
                    <option value="RS">Rio Grande do Sul</option>
                    <option value="SC">Santa Catarina</option>
                    <option value="SE">Sergipe</option>
                    <option value="SP">São Paulo</option>
                    <option value="TO">Tocantins</option>
                </select>
            </p>
            <p>Telefone:
                <input type="text" name="txtTelefone" size="20" maxlength="20" />
               Celular:
                <input type="text" name="txtCelular" size="20" maxlength="20" />
            </p>
            <p>Número CTPS:
                <input type="text" name="txtCTPS"  size="20" maxlength="20" />
               Número do PIS:
                <input type="text" name="txtPIS" size="20" maxlength="20" />
            </p>
            <br>
            <p><input type="submit" name="btnGravar" value="Gravar" />
                <span class="LinkVoltar"><a href="javascript:history.back()">[Voltar]</a></span>
            </p>
        </form>

        <p class="RodapePagina">Copyright(c) 2015 - Editora Érica Ltda.</p>
    </body>
</html>
```

Esse formulário chama um *Servlet* denominado **inserirFuncionario**, cujo código consta da seguinte listagem:

```
package servlets;

import java.io.IOException;
import java.io.PrintWriter;
import javax.servlet.ServletException;
import javax.servlet.http.*;
import model.c_funcionarios;
import banco_dados.conexaoBancoDados;
import banco_dados.funcionarios;

public class inserirFuncionario extends HttpServlet {

    @Override
    protected void doPost(HttpServletRequest request, HttpServletResponse response) throws
ServletException, IOException
    {
        PrintWriter out;
        response.setContentType("text/html;charset=UTF-8");
        out = response.getWriter();

        out.println("<!DOCTYPE html>");
        out.println("<html>");
        out.println("<head>");
        out.println("<meta http-equiv='Content-Type' content='text/html; charset=utf-8' />");
        out.println("<title>SGC - Versão 1.0</title>");
        out.println("<link href='clinica_medica.css' rel='stylesheet' type='text/css' />");
        out.println("</head>");
        out.println("<body class='FundoPagina'>");
```

```
        out.println("<p class='TituloAplicacao'>SGC - Sistema de Gestão de Clínicas 1.0</p>");
        out.println("<p class='TituloPagina'>Cadastro de Funcionários</p>");

        try
        {
            conexaoBancoDados conexao = new conexaoBancoDados();
            funcionarios funcionario = new funcionarios();

            c_funcionarios Funcionario = new c_funcionarios(request.
getParameter("txtNomeFuncionario"),
                    request.getParameter("txtRG"),
                    request.getParameter("txtOrgaoEmissor"),
                    request.getParameter("txtCPF"),
                    request.getParameter("txtEndereco"),
                    request.getParameter("txtNumero"),
                    request.getParameter("txtComplemento"),
                    request.getParameter("txtBairro"),
                    request.getParameter("txtCidade"),
                    request.getParameter("lstEstado"),
                    request.getParameter("txtTelefone"),
                    request.getParameter("txtCelular"),
                    String.valueOf(request.getParameter("rbSexo").charAt(0)),
                    request.getParameter("txtCTPS"),
                    request.getParameter("txtPIS"),
                    request.getParameter("txtDiaNascimento"),
                    request.getParameter("txtMesNascimento"),
                    request.getParameter("txtAnoNascimento"));

            if (conexao.abrirConexao())
            {
                funcionario.configurarConexao(conexao.obterConexao());

                if (funcionario.inserirRegistro(Funcionario))
                {
                   out.println("<h2>Funcionário cadastrado com sucesso!</h2>");
                   out.println("<br><br><br><br>");
                   out.println("<a href='menu_funcionarios.html'>Voltar</a>");
                }
                else
                    out.println("<h2>Não foi possível cadastrar o funcionário!</h2>");

                conexao.fecharConexao();
            }
            else
                out.println("<h2>Não foi possível estabelecer conexão com o banco de dados!</h2>");
        }
        catch (Exception erro)
        {
            erro.printStackTrace();
            out.println("<h2>Erro do sistema: processo de cadastro de funcionário!</h2>");
        }

        out.println("<p class='RodapePagina'>Copyright(c) 2015 - Editora Érica Ltda.</p>");
        out.println("</body>");
        out.println("</html>");
    }
}
```

Esse *Servlet* precisa ser adicionado ao pacote **servlets** do projeto.

O código constrói uma página HTML que apresenta o resultado da operação de inclusão. Os valores dos campos são armazenados em uma instância da classe **c_funcionario**. Depois de abrir uma conexão com o banco de dados, o método **inserirRegistro()** do objeto denominado **funcionario** é invocado, passando-se como parâmetro justamente a instância da classe **c_funcionario**, que, no caso, é o objeto declarado com o nome **Funcionario**.

Se a operação de inserção for concluída com sucesso, uma mensagem de congratulações é exibida; caso contrário, é informado ao usuário que a operação falhou.

20.4 Pesquisa, alteração e exclusão

Precisamos agora desenvolver os formulários e rotinas que permitem a pesquisa, alteração e exclusão de registros da tabela de funcionários. Vamos começar pelo formulário de pesquisa. O código se encontra na listagem a seguir e deve ser gravado com o nome "pesquisar_funcionario.html":

```
<!DOCTYPE html>
<html>
    <head>
        <meta http-equiv="Content-Type" content="text/html; charset=utf-8" />
        <title>SGC - Versão 1.0</title>
        <link href="clinica_medica.css" rel="stylesheet" type="text/css" />
    </head>

    <body class="FundoPagina">
        <p class="TituloAplicacao">SGC - Sistema de Gestão de Clínicas 1.0</p>
        <p class="TituloPagina">Cadastro de Funcionários - Pesquisa</p>

        <form name="formPesquisaFuncionario" method="post" action="pesquisarFuncionario" target="_
parent">
            <p>
                <input type="radio" name="rbOpcaoPesquisa" value="Nome" checked="checked" />Nome do
funcionário:
                <input type="text" name="txtNomeFuncionario" size="50" maxlength="50" />
            </p>
            <p>
                <input type="radio" name="rbOpcaoPesquisa" value="RG" />Número do RG:
                <input type="text" name="txtRG" size="12" maxlength="12" />
            </p>
            <p>
                <input type="radio" name="rbOpcaoPesquisa" value="CPF" />Número do CPF:
                <input type="text" name="txtCPF" size="14" maxlength="14" />
            </p>
            <p>
                <input type="submit" name="btnConfirmar" value="Confirmar" />
                <span class="LinkVoltar"><a href="javascript:history.back()">[Voltar]</a></span>
            </p>
        </form>

        <p class="RodapePagina">Copyright(c) 2015 - Editora Érica Ltda.</p>
    </body>
</html>
```

Esse formulário permite que o registro de um funcionário seja localizado por nome, pelo número do RG ou pelo número do CPF. Ele invoca ainda um *Servlet* denominado **pesquisarFuncionario**, cujo código está listado a seguir:

```
package servlets;

import java.io.IOException;
import java.io.PrintWriter;
import javax.servlet.ServletException;
import javax.servlet.http.*;
import banco_dados.conexaoBancoDados;
import banco_dados.funcionarios;
import java.sql.ResultSet;
import util.conversao;

public class pesquisarFuncionario extends HttpServlet {
    @Override
    protected void doPost(HttpServletRequest request, HttpServletResponse response)
            throws ServletException, IOException {
        ResultSet rsRegistro;
        PrintWriter out;
        String strOpcaoPesquisa,strNome,strRG,strCPF,strCampoPesquisa, strValorPesquisa,strDataNasci
mento;
        int intCodigoFuncionario;
        conversao Converter = new conversao();
```

```
        strOpcaoPesquisa = request.getParameter("rbOpcaoPesquisa");
        strNome = request.getParameter("txtNomeFuncionario");
        strRG = request.getParameter("txtRG");
        strCPF = request.getParameter("txtCPF");

        if (strOpcaoPesquisa.equals("Nome"))
        {
            strCampoPesquisa = "NOME";
            strValorPesquisa = strNome;
        }
        else if (strOpcaoPesquisa.equals("RG"))
            {
                strCampoPesquisa = "RG";
                strValorPesquisa = strRG;
            }
        else
        {
            strCampoPesquisa = "CPF";
            strValorPesquisa = strCPF;
        }

        response.setContentType("text/html;charset=UTF-8");
        out = response.getWriter();

        out.println("<!DOCTYPE html>");
        out.println("<html>");
        out.println("<head>");
        out.println("<meta http-equiv='Content-Type' content='text/html; charset=utf-8' />");
        out.println("<title>SGC - Versão 1.0</title>");
        out.println("<link href='clinica_medica.css' rel='stylesheet' type='text/css' />");
        out.println("</head>");
        out.println("<body class='FundoPagina'>");
        out.println("<p class='TituloAplicacao'>SGC - Sistema de Gestão de Clínicas 1.0</p>");
        out.println("<p class='TituloPagina'>Cadastro de Funcionários</p>");

        try
        {
            conexaoBancoDados conexao = new conexaoBancoDados();
            funcionarios funcionario = new funcionarios();

            if (conexao.abrirConexao())
            {
                funcionario.configurarConexao(conexao.obterConexao());

                intCodigoFuncionario = funcionario.localizarRegistro(strCampoPesquisa,strValorPesqui
sa);

                if (intCodigoFuncionario != 0)
                {
                    rsRegistro = funcionario.lerRegistro(intCodigoFuncionario);
                    strDataNascimento = Converter.DateToString(rsRegistro.getDate("Data_
Nascimento"));

                    out.println("Nome do funcionário: "+rsRegistro.getString("Nome_
Completo")+"<br>");
                    out.println("Data de nascimento: "+strDataNascimento+" - Sexo: "+rsRegistro.
getString("Sexo")+"<br>");
                    out.println("RG: "+rsRegistro.getString("Numero_RG")+" - Órgão emissor:
"+rsRegistro.getString("Orgao_Emissor")+"<br>");
                    out.println("CPF: "+rsRegistro.getString("Numero_CPF")+"<br>");
                    out.println("Endereço: "+rsRegistro.getString("Endereco")+", "+rsRegistro.
getString("Numero")+"<br>");
                    out.println("Complemento: "+rsRegistro.getString("Complemento")+"<br>");
                    out.println("Cidade: "+rsRegistro.getString("Cidade")+" - Estado: "+rsRegistro.
getString("Estado")+"<br>");
                    out.println("Telefone: "+rsRegistro.getString("Telefone")+" - Celular:
"+rsRegistro.getString("Celular")+"<br>");
                    out.println("CTPS: "+rsRegistro.getString("Numero_CTPS")+" - PIS: "+rsRegistro.
getString("Numero_PIS")+"<br>");
                    out.println("<br><br>");
```

```
                    out.println("<a href='editar_funcionario.jsp?codigo_
funcionario="+intCodigoFuncionario+"'>[Editar]</a> <a href='excluir_funcionario.jsp?codigo_
funcionario="+intCodigoFuncionario+"'>[Excluir]</a> ");
                    out.println("<span class='LinkVoltar'><a href='javascript:history.
back()'>[Voltar]</a></span>");
                }
                else
                {
                    out.println("<h2>Funcionário não encontrado!</h2>");
                    out.println("<br><br><br>");
                    out.println("<p class='LinkVoltar'><a href='javascript:history.
back()'>[Voltar]</a></p>");
                }
                conexao.fecharConexao();
            }
            else
                out.println("<h2>Não foi possível estabelecer conexão com o banco de dados!</h2>");
        }
        catch (Exception erro)
        {
            erro.printStackTrace();
            out.println("<h2>Erro do sistema: processo de cadastro de funcionário!</h2>");
        }

        out.println("<p class='RodapePagina'>Copyright(c) 2015 - Editora Érica Ltda.</p>");
        out.println("</body>");
        out.println("</html>");
    }
}
```

A função desse *Servlet* é recuperar a opção de pesquisa selecionada pelo usuário e os valores dos campos. Com base na seleção do usuário, ele define o nome do campo e o valor que devem ser passados ao método **localizarRegistro()**. Se um registro for encontrado, o valor da variável **intCodigoFuncionario** será diferente de 0, o que resulta na apresentação dos dados do funcionário, junto aos links para edição e exclusão.

O formulário montado por esse *Servlet* chama uma página JSP denominada **editar_funcionario.jsp**. Ela, com base no código do funcionário, deve recuperar os dados do registro e montar o formulário que os exibe. Note que a data de nascimento é decomposta em três variáveis distintas, uma para o dia, outra para o mês e a terceira para o ano. Isso é necessário, pois, no formulário, o campo para digitação da data de nascimento está dividido em três. A listagem a seguir apresenta o código dessa página JSP:

```
<%@page contentType="text/html" pageEncoding="UTF-8"%>
<%@page import="java.sql.ResultSet"%>
<%@page import="java.util.Date"%>
<%@page import="model.c_funcionarios"%>
<jsp:useBean id="conexao" scope="page" class="banco_dados.conexaoBancoDados"/>
<jsp:useBean id="funcionario" scope="page" class="banco_dados.funcionarios"/>
<jsp:useBean id="converter" scope="page" class="util.conversao"/>
<!DOCTYPE html>
<html>
    <head>
        <meta http-equiv="Content-Type" content="text/html; charset=utf-8" />
        <title>SGC - Versão 1.0</title>
        <link href="clinica_medica.css" rel="stylesheet" type="text/css" />
    </head>
    <body class="FundoPagina">
        <%
            ResultSet rsRegistro;
            Date dtDataNascimento;
            int intDia,intMes,intAno;
            boolean blnConectado;

            c_funcionarios Funcionario = new c_funcionarios();
            int intCodigoFuncionario = Integer.parseInt(request.getParameter("codigo_funcionario"));
            blnConectado = false;

            if (conexao.abrirConexao())
            {
```

```
                funcionario.configurarConexao(conexao.obterConexao());

                rsRegistro = funcionario.lerRegistro(intCodigoFuncionario);

                dtDataNascimento = rsRegistro.getDate("Data_Nascimento");

                intDia = converter.DiaData(dtDataNascimento);
                intMes = converter.MesData(dtDataNascimento);
                intAno = converter.AnoData(dtDataNascimento);

                Funcionario.setNomeCompleto(rsRegistro.getString("Nome_Completo"));
                Funcionario.setNumeroRG(rsRegistro.getString("Numero_RG"));
                Funcionario.setOrgaoEmissor(rsRegistro.getString("Orgao_Emissor"));
                Funcionario.setNumeroCPF(rsRegistro.getString("Numero_CPF"));
                Funcionario.setEndereco(rsRegistro.getString("Endereco"));
                Funcionario.setNumero(rsRegistro.getString("Numero"));
                Funcionario.setComplemento(rsRegistro.getString("Complemento"));
                Funcionario.setBairro(rsRegistro.getString("Bairro"));
                Funcionario.setCidade(rsRegistro.getString("Cidade"));
                Funcionario.setEstado(rsRegistro.getString("Estado"));
                Funcionario.setTelefone(rsRegistro.getString("Telefone"));
                Funcionario.setCelular(rsRegistro.getString("Celular"));
                Funcionario.setNumeroCTPS(rsRegistro.getString("Numero_CTPS"));
                Funcionario.setNumeroPIS(rsRegistro.getString("Numero_PIS"));
                Funcionario.setDataNascimento(Integer.toString(intDia),Integer.toString(intMes),
Integer.toString(intAno));
                Funcionario.setSexo(rsRegistro.getString("Sexo"));

                conexao.fecharConexao();

                blnConectado = true;
            }
            else
                out.println("<p>Falha na conexão com o banco de dados!</p>");

        %>

        <% if (blnConectado) {%>
        <p class="TituloAplicacao">SGC - Sistema de Gestão de Clínicas 1.0</p>
        <p class="TituloPagina">Cadastro de Funcionários - Edição</p>

        <form name="formEditaFuncionario" method="post" action="atualizarFuncionario" target="_
parent">
            <p>Nome do funcionário:
                <input type="text" name="txtNomeFuncionario" size="50" maxlength="50"
value="<%=Funcionario.getNomeCompleto()%>"/>
            </p>
            <p>Data de nascimento (dd/mm/aaaa):
                <input type="text" name="txtDiaNascimento" size="2" maxlength="2"
value="<%=Funcionario.getDiaNascimento()%>"/>/
                <input type="text" name="txtMesNascimento" size="2" maxlength="2"
value="<%=Funcionario.getMesNascimento()%>"/>/
                <input type="text" name="txtAnoNascimento" size="4" maxlength="4"
value="<%=Funcionario.getAnoNascimento()%>"/>

            <%
              if(Funcionario.getSexo().equals("M"))
              {
            %>
            <p> - Sexo:
                <input type="radio" name="rbSexo" value="M" checked="checked"/>Masculino
                <input type="radio" name="rbSexo" value="F" />Feminino
            </p>
            <%
              }
              else
              {
            %>
            <p> - Sexo:
                <input type="radio" name="rbSexo" value="M" />Masculino
                <input type="radio" name="rbSexo" value="F" checked="checked"/>Feminino
```

```
            </p>
            <% } %>

            <p>Número do RG:
                <input type="text" name="txtRG" size="12" maxlength="12" value="<%=Funcionario.
getNumeroRG()%>"/>
                - Órgão emissor:
                <input type="text" name="txtOrgaoEmissor" size="6" maxlength="6"
value="<%=Funcionario.getOrgaoEmissor()%>"/>
                - Número do CPF:
              <input type="text" name="txtCPF" size="14" maxlength="14" value="<%=Funcionario.
getNumeroCPF()%>"/>
            </p>
            <p>Endereço/Número:
                <input type="text" name="txtEndereco"  size="50" maxlength="50"
value="<%=Funcionario.getEndereco()%>"/>
                <input type="text" name="txtNumero" size="15" maxlength="15"
value="<%=Funcionario.getNumero()%>"/>
            </p>
            <p>Complemento:
                <input type="text" name="txtComplemento" size="30" maxlength="30"
value="<%=Funcionario.getComplemento()%>"/>
                - Bairro:
                <input type="text" name="txtBairro" size="40" maxlength="40"
value="<%=Funcionario.getBairro()%>"/>
            </p>
            <p>Cidade:
                <input type="text" name="txtCidade" size="40" maxlength="40"
value="<%=Funcionario.getCidade()%>"/>
                - Estado:
                <input type="text" name="txtEstado" size="2" maxlength="2" value="<%=Funcionario.
getEstado()%>"/>
            </p>
            <p>Telefone:
                <input type="text" name="txtTelefone" size="20" maxlength="20"
value="<%=Funcionario.getTelefone()%>"/>
                - Celular:
                <input type="text" name="txtCelular" size="20" maxlength="20"
value="<%=Funcionario.getCelular()%>"/>
            </p>
            <p>Número CTPS:
                <input type="text" name="txtCTPS"  size="20" maxlength="20" value="<%=Funcionario.
getNumeroCTPS()%>"/>
                - Número do PIS:
                <input type="text" name="txtPIS" size="20" maxlength="20" value="<%=Funcionario.
getNumeroPIS()%>"/>
            </p>
            <p>
                <input type="hidden" name="codigo_funcionario" value="<%=intCodigoFuncionario%>">
            </p>
            <br>
            <p><input type="submit" name="btnAtualizar" value="Atualizar" />
                <span class="LinkVoltar"><a href="javascript:history.back()">[Voltar]</a></span>
            </p>
        </form>

        <p class="RodapePagina">Copyright(c) 2015 - Editora Érica Ltda.</p>
        <%}%>
    </body>
</html>
```

Esse formulário criado dinamicamente pela página JSP chama outro *Servlet*, de nome **atualizarFuncionario**. Podemos ver o código desse *Servlet* na listagem exibida a seguir:

```
package servlets;

import java.io.IOException;
import java.io.PrintWriter;
import javax.servlet.ServletException;
import javax.servlet.http.*;
```

```
import model.c_funcionarios;
import banco_dados.conexaoBancoDados;
import banco_dados.funcionarios;

public class atualizarFuncionario extends HttpServlet {

    @Override
    protected void doPost(HttpServletRequest request, HttpServletResponse response)
            throws ServletException, IOException {
        PrintWriter out;
        response.setContentType("text/html;charset=UTF-8");
        out = response.getWriter();

        out.println("<!DOCTYPE html>");
        out.println("<html>");
        out.println("<head>");
        out.println("<meta http-equiv='Content-Type' content='text/html; charset=utf-8' />");
        out.println("<title>SGC - Versão 1.0</title>");
        out.println("<link href='clinica_medica.css' rel='stylesheet' type='text/css' />");
        out.println("</head>");
        out.println("<body class='FundoPagina'>");
        out.println("<p class='TituloAplicacao'>SGC - Sistema de Gestão de Clínicas 1.0</p>");
        out.println("<p class='TituloPagina'>Cadastro de Funcionários</p>");

        try
        {
            conexaoBancoDados conexao = new conexaoBancoDados();
            funcionarios funcionario = new funcionarios();

            c_funcionarios Funcionario = new c_funcionarios(request.
getParameter("txtNomeFuncionario"),
                        request.getParameter("txtRG"),
                        request.getParameter("txtOrgaoEmissor"),
                        request.getParameter("txtCPF"),
                        request.getParameter("txtEndereco"),
                        request.getParameter("txtNumero"),
                        request.getParameter("txtComplemento"),
                        request.getParameter("txtBairro"),
                        request.getParameter("txtCidade"),
                        request.getParameter("txtEstado"),
                        request.getParameter("txtTelefone"),
                        request.getParameter("txtCelular"),
                        String.valueOf(request.getParameter("rbSexo").charAt(0)),
                        request.getParameter("txtCTPS"),
                        request.getParameter("txtPIS"),
                        request.getParameter("txtDiaNascimento"),
                        request.getParameter("txtMesNascimento"),
                        request.getParameter("txtAnoNascimento"));

            Funcionario.setCodigoFuncionario(Integer.parseInt(request. getParameter("codigo_
funcionario")));

            if (conexao.abrirConexao())
            {
                funcionario.configurarConexao(conexao.obterConexao());

                if (funcionario.alterarRegistro(Funcionario))
                {
                   out.println("<h2>Dados do funcionário atualizados com sucesso!</h2>");
                   out.println("<br><br><br><br>");
                   out.println("<a href='menu_funcionarios.html'>Fechar</a>");
                }
                else
                    out.println("<h2>Não foi possível atualizar os dados do funcionário!</h2>");

                conexao.fecharConexao();
            }
            else
                out.println("<h2>Não foi possível estabelecer conexão com o banco de dados!</h2>");
        }
        catch (Exception erro)
```

```
        {
            erro.printStackTrace();
            out.println("<h2>Erro do sistema: processo de cadastro de funcionário!</h2>");
        }

        out.println("<p class='RodapePagina'>Copyright(c) 2015 - Editora Érica Ltda.</p>");
        out.println("</body>");
        out.println("</html>");
    }
}
```

Essa rotina trabalha de modo similar ao existente para a atualização de dados dos usuários, ou seja, armazena na instância da classe **c_funcionarios** os valores dos parâmetros, para depois passá-los ao método **alterarRegistro()** do objeto **funcionarios**, que, por sua vez, se encarrega da atualização dos dados do registro no banco.

Se no formulário de visualização dos dados do funcionário for clicado o link **Excluir**, a página **excluir_funcionario.jsp** será chamada. Seu código está listado a seguir:

```
<%@page contentType="text/html" pageEncoding="UTF-8"%>
<%@page import="java.sql.ResultSet"%>
<%@page import="java.util.Date"%>
<%@page import="model.c_funcionarios"%>
<jsp:useBean id="conexao" scope="page" class="banco_dados.conexaoBancoDados"/>
<jsp:useBean id="funcionario" scope="page" class="banco_dados.funcionarios"/>
<jsp:useBean id="converter" scope="page" class="util.conversao"/>
<!DOCTYPE html>
<html>
    <head>
        <meta http-equiv="Content-Type" content="text/html; charset=utf-8" />
        <title>SGC - Versão 1.0</title>
        <link href="clinica_medica.css" rel="stylesheet" type="text/css" />
    </head>
    <body class="FundoPagina">
        <%
            ResultSet rsRegistro;
            Date dtDataNascimento;
            int intDia,intMes,intAno;
            boolean blnConectado;

            c_funcionarios Funcionario = new c_funcionarios();
            int intCodigoFuncionario = Integer.parseInt(request.getParameter("codigo_funcionario"));
            blnConectado = false;

            if (conexao.abrirConexao())
            {
                funcionario.configurarConexao(conexao.obterConexao());

                rsRegistro = funcionario.lerRegistro(intCodigoFuncionario);

                dtDataNascimento = rsRegistro.getDate("Data_Nascimento");

                intDia = converter.DiaData(dtDataNascimento);
                intMes = converter.MesData(dtDataNascimento);
                intAno = converter.AnoData(dtDataNascimento);

                Funcionario.setNomeCompleto(rsRegistro.getString("Nome_Completo"));
                Funcionario.setNumeroRG(rsRegistro.getString("Numero_RG"));
                Funcionario.setOrgaoEmissor(rsRegistro.getString("Orgao_Emissor"));
                Funcionario.setNumeroCPF(rsRegistro.getString("Numero_CPF"));
                Funcionario.setEndereco(rsRegistro.getString("Endereco"));
                Funcionario.setNumero(rsRegistro.getString("Numero"));
                Funcionario.setComplemento(rsRegistro.getString("Complemento"));
                Funcionario.setBairro(rsRegistro.getString("Bairro"));
                Funcionario.setCidade(rsRegistro.getString("Cidade"));
                Funcionario.setEstado(rsRegistro.getString("Estado"));
                Funcionario.setTelefone(rsRegistro.getString("Telefone"));
                Funcionario.setCelular(rsRegistro.getString("Celular"));
                Funcionario.setNumeroCTPS(rsRegistro.getString("Numero_CTPS"));
                Funcionario.setNumeroPIS(rsRegistro.getString("Numero_PIS"));
```

```
                Funcionario.setDataNascimento(Integer.toString(intDia),Integer.
toString(intMes),Integer.toString(intAno));
                Funcionario.setSexo(rsRegistro.getString("Sexo"));

                conexao.fecharConexao();

                blnConectado = true;
            }
            else
                out.println("<p>Falha na conexão com o banco de dados!</p>");

        %>

        <% if (blnConectado) {%>
        <p class="TituloAplicacao">SGC - Sistema de Gestão de Clínicas 1.0</p>
        <p class="TituloPagina">Cadastro de Funcionários - Exclusão</p>

        <form name="formExcluiFuncionario" method="post" action="excluirFuncionario" target="_
parent">
                <p>Nome do funcionário: <%=Funcionario.getNomeCompleto()%></p>
                <p>Data de nascimento (dd/mm/aaaa): <%=Funcionario.getDiaNascimento()%>/<%=Funcionar
io.getMesNascimento()%>/<%=Funcionario.getAnoNascimento()%></p>
                <p>Sexo: <%=Funcionario.getSexo()%></p>
                <p>Número do RG: <%=Funcionario.getNumeroRG()%> - Órgão emissor: <%=Funcionario.
getOrgaoEmissor()%> - Número do CPF: <%=Funcionario.getNumeroCPF()%></p>
                <p>Endereço/Número: <%=Funcionario.getEndereco()%>,<%=Funcionario.getNumero()%></p>
                <p>Complemento: <%=Funcionario.getComplemento()%></p>
                <p>Bairro: <%=Funcionario.getBairro()%></p>
                <p>Cidade: <%=Funcionario.getCidade()%> - Estado: <%=Funcionario.getEstado()%></p>
                <p>Telefone: <%=Funcionario.getTelefone()%> - Celular: <%=Funcionario.getCelular()%></
p>
                <p>Número CTPS: <%=Funcionario.getNumeroCTPS()%> - Número do PIS: <%=Funcionario.
getNumeroPIS()%></p>
                <p><input type="hidden" name="codigo_funcionario" value="<%=intCodigoFuncionario%>"></
p>
                <br>
                <p><input type="submit" name="btnExcluir" value="Excluir" />
                    <span class="LinkVoltar"><a href="javascript:history.back()">[Voltar]</a></span>
                </p>
        </form>

        <p class="RodapePagina">Copyright(c) 2015 - Editora Érica Ltda.</p>
        <%}%>
    </body>
</html>
```

Nessa página, o usuário pode clicar no botão **Excluir** para confirmar sua intenção. Nesse momento, o **Servlet** denominado **excluirFuncionario** é executado. Seu código consta da listagem exibida a seguir:

```
package servlets;

import java.io.IOException;
import java.io.PrintWriter;
import javax.servlet.ServletException;
import javax.servlet.http.*;
import banco_dados.conexaoBancoDados;
import banco_dados.funcionarios;

public class excluirFuncionario extends HttpServlet {
    @Override
    protected void doPost(HttpServletRequest request, HttpServletResponse response)
            throws ServletException, IOException {
        PrintWriter out;
        response.setContentType("text/html;charset=UTF-8");
        out = response.getWriter();

        out.println("<!DOCTYPE html>");
        out.println("<html>");
        out.println("<head>");
        out.println("<meta http-equiv='Content-Type' content='text/html; charset=utf-8' />");
```

```
        out.println("<title>SGC - Versão 1.0</title>");
        out.println("<link href='clinica_medica.css' rel='stylesheet' type='text/css' />");
        out.println("</head>");
        out.println("<body class='FundoPagina'>");
        out.println("<p class='TituloAplicacao'>SGC - Sistema de Gestão de Clínicas 1.0</p>");
        out.println("<p class='TituloPagina'>Cadastro de Funcionários</p>");

        try
        {
            conexaoBancoDados conexao = new conexaoBancoDados();
            funcionarios funcionario = new funcionarios();

            if (conexao.abrirConexao())
            {
                funcionario.configurarConexao(conexao.obterConexao());

                if (funcionario.excluirRegistro(Integer.parseInt( request.getParameter("codigo_
funcionario"))))
                {
                    out.println("<h2>Registro de funcionário excluído com sucesso!</h2>");
                    out.println("<br><br><br><br>");
                    out.println("<a href='menu_funcionarios.html'>Fechar</a>");
                }
                else
                     out.println("<h2>Não foi possível excluir o registro do funcionário!</h2>");

                conexao.fecharConexao();
            }
            else
                out.println("<h2>Não foi possível estabelecer conexão com o banco de dados!</h2>");
        }
        catch (Exception erro)
        {
            erro.printStackTrace();
            out.println("<h2>Erro do sistema: processo de cadastro de funcionário!</h2>");
        }

        out.println("<p class='RodapePagina'>Copyright(c) 2015 - Editora Érica Ltda.</p>");
        out.println("</body>");
        out.println("</html>");
    }
}
```

Por meio de uma chamada ao método **excluirRegistro()** da classe **funcionarios**, o registro correspondente é excluído da tabela do banco de dados.

20.5 Listagem de funcionários cadastrados

Neste tópico vamos criar um formulário que exibe todos os funcionários já cadastrados no sistema. Não existe uma opção de impressão, mas apenas visualização em tela.

Adicione ao projeto uma nova página JSP com o nome **listar_funcionarios**. O código para essa página é apresentado na seguinte listagem:

```
<%@page contentType="text/html" pageEncoding="UTF-8"%>
<%@page import="java.sql.ResultSet"%>
<%@page import="java.util.Date"%>
<jsp:useBean id="conexao" scope="page" class="banco_dados.conexaoBancoDados"/>
<jsp:useBean id="funcionario" scope="page" class="banco_dados.funcionarios"/>
<jsp:useBean id="converter" scope="page" class="util.conversao"/>
<!DOCTYPE html>
<html>
    <head>
        <meta http-equiv="Content-Type" content="text/html; charset=utf-8" />
        <title>SGC - Versão 1.0</title>
        <link href="clinica_medica.css" rel="stylesheet" type="text/css" />
    </head>
    <body class="FundoPagina">
```

```
        <%
            ResultSet rsRegistros;

            if (conexao.abrirConexao())
            {
                funcionario.configurarConexao(conexao.obterConexao());

                rsRegistros = funcionario.listarRegistros();

                if (rsRegistros != null)
                {
                    out.println("<h2><center>Lista de funcionários</center></h2>");
                    out.println("<br>");
                    out.println("<table align='center' bgcolor='moccasin'>");
                    out.println("<tr><th>Nome</th><th>RG</th><th>CPF</th><th>Nascimento</
th><th>Endereço</th></tr>");

                    while (rsRegistros.next())
                    {
                        out.print("<tr>");
                        out.print("<td>"+rsRegistros.getString("Nome_Completo")+"</td>");
                        out.print("<td>"+rsRegistros.getString("Numero_RG")+"</td>");
                        out.print("<td>"+rsRegistros.getString("Numero_CPF")+"</td>");
                        out.print("<td>"+converter.DateToString(rsRegistros.getDate("Data_
Nascimento"))+"</td>");
                        out.print("<td>"+rsRegistros.getString("Endereco")+"</td>");
                        out.print("</tr>");
                    }
                    out.println("</table>");
                    out.println("<br>");
                }
                else
                    out.println("<p>Falha na exibição dos registros!</p>");

                conexao.fecharConexao();
            }
            else
                out.println("<p>Falha na conexão com o banco de dados!</p>");

        %>

        <span class="LinkVoltar"><a href="javascript:history.back()">[Voltar]</a></span>
        <p class="RodapePagina">Copyright(c) 2015 - Editora Érica Ltda.</p>
    </body>
</html>
```

Esse código chama o método **listarRegistros()**, que retorna um objeto do tipo **ResultSet** contendo todos os registros da tabela de funcionários. Então, é criada uma tabela com os dados dos campos **Nome_Completo**, **Numero_RG**, **Numero_CPF**, **Data_Nascimento** e **Endereco**.

Para varrer todos os registros do banco de dados, utilizamos um *loop* **while** que analisa o resultado retornado pelo método **next()** do objeto **rsRegistros**. Esse método permite avançar para o próximo registro da tabela de dados – e, quando não for mais possível esse avanço, que ocorre quando o fim da tabela é alcançado, ele retorna um valor falso (false). Isso faz com que o *loop* seja encerrado.

20.6 Teste de cadastro de funcionários

Agora que concluímos todas as etapas de desenvolvimento das rotinas de gerenciamento de funcionários, vamos testar o funcionamento. Clique com o botão esquerdo do mouse sobre o arquivo **menu_administracao.html** e escolha a opção **Executar Arquivo**. Após surgir a tela de menu do módulo de administração, clique na opção **Funcionários**, assim a tela da Figura 20.2 é exibida. Clique na opção **Adicionar** e você verá em seguida a tela da Figura 20.3.

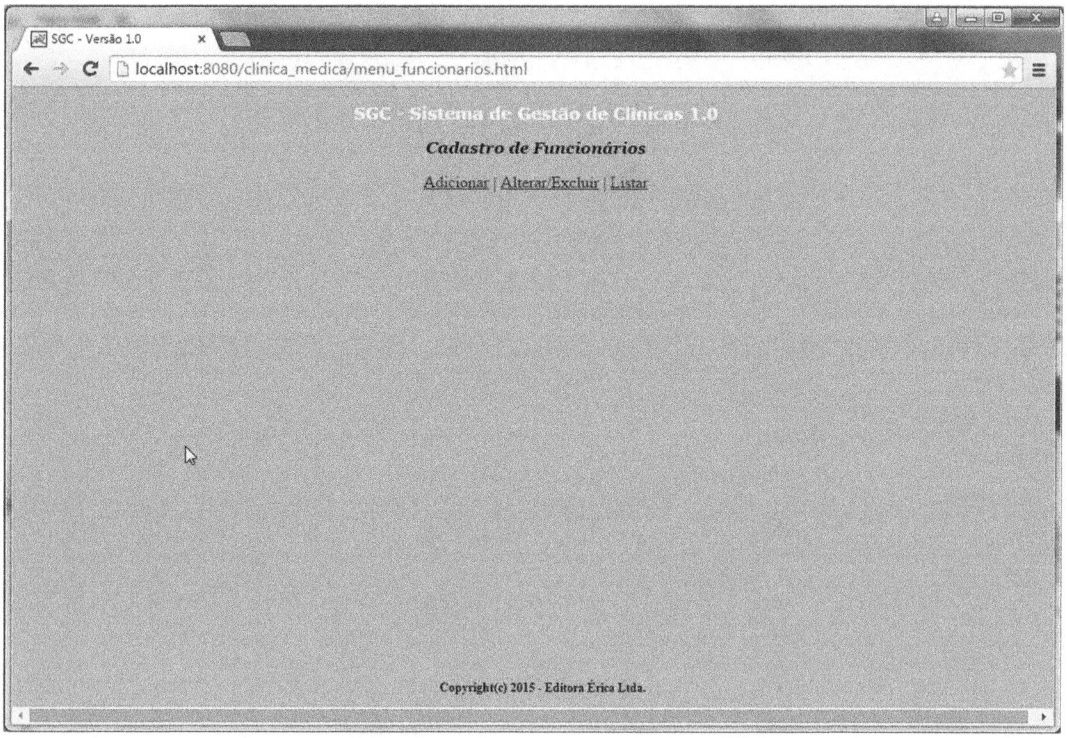

Figura 20.2 – Menu do gerenciamento de funcionários.

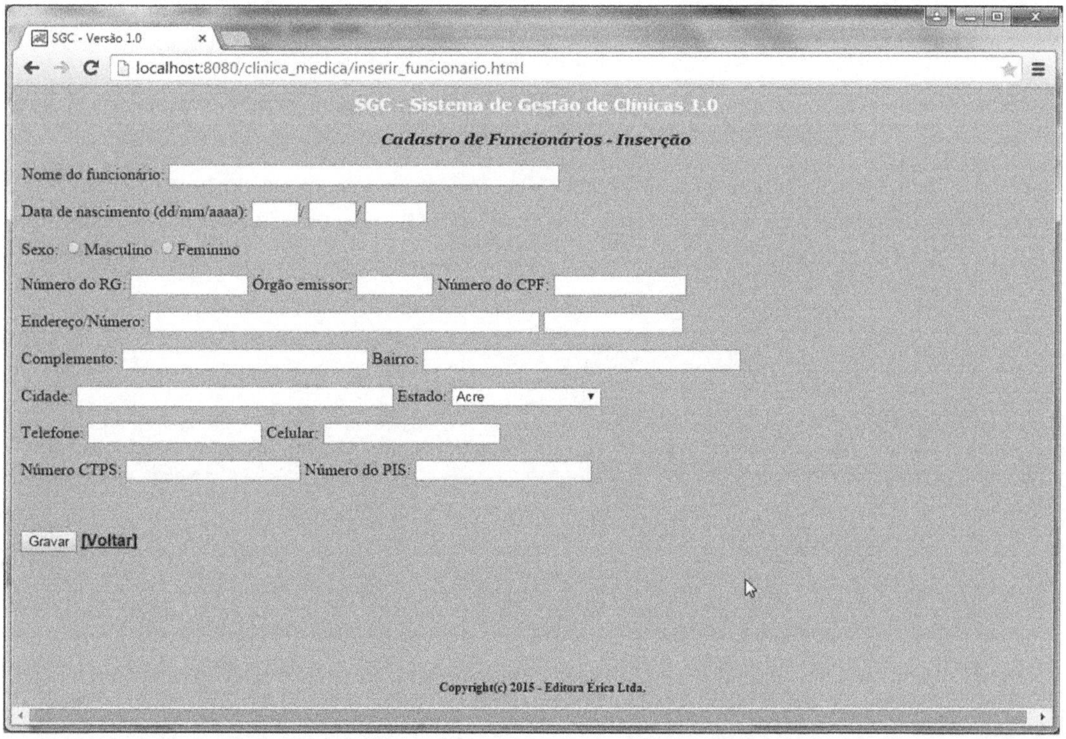

Figura 20.3 – Formulário de cadastro de funcionário.

Note que o estado é selecionável a partir de uma lista predefinida (Figura 20.4). Após clicar no botão **Gravar**, você deve obter a tela da Figura 20.5, informando que a inclusão foi bem-sucedida.

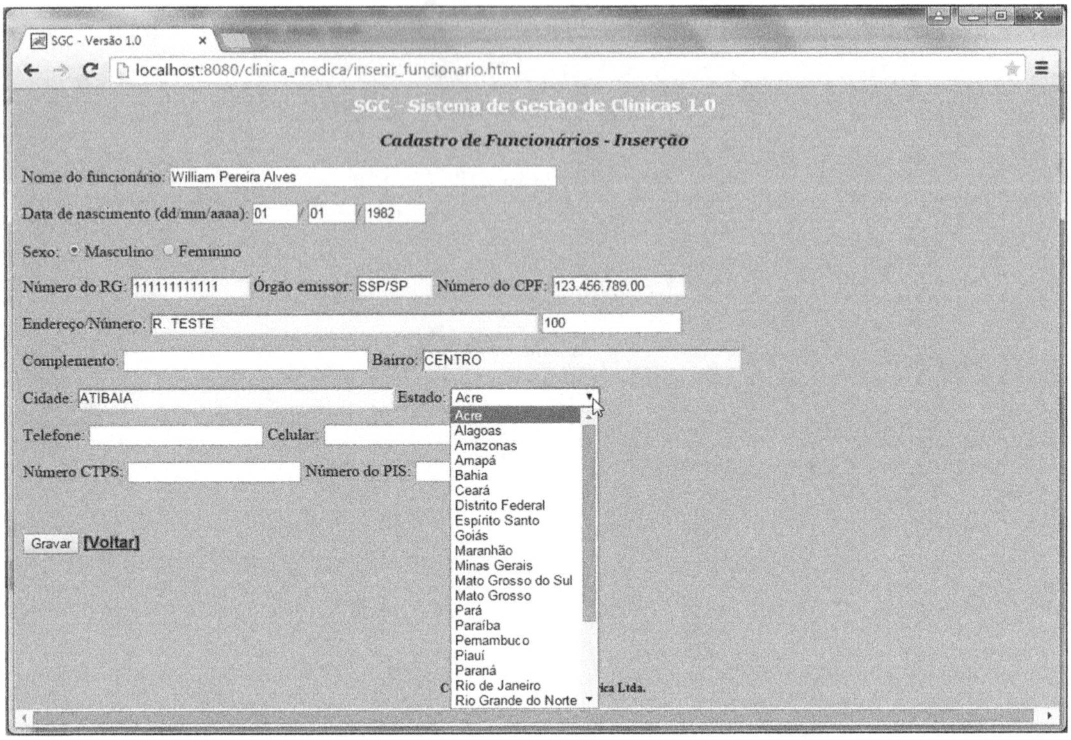

Figura 20.4 – Campo de seleção de estado a partir de uma lista.

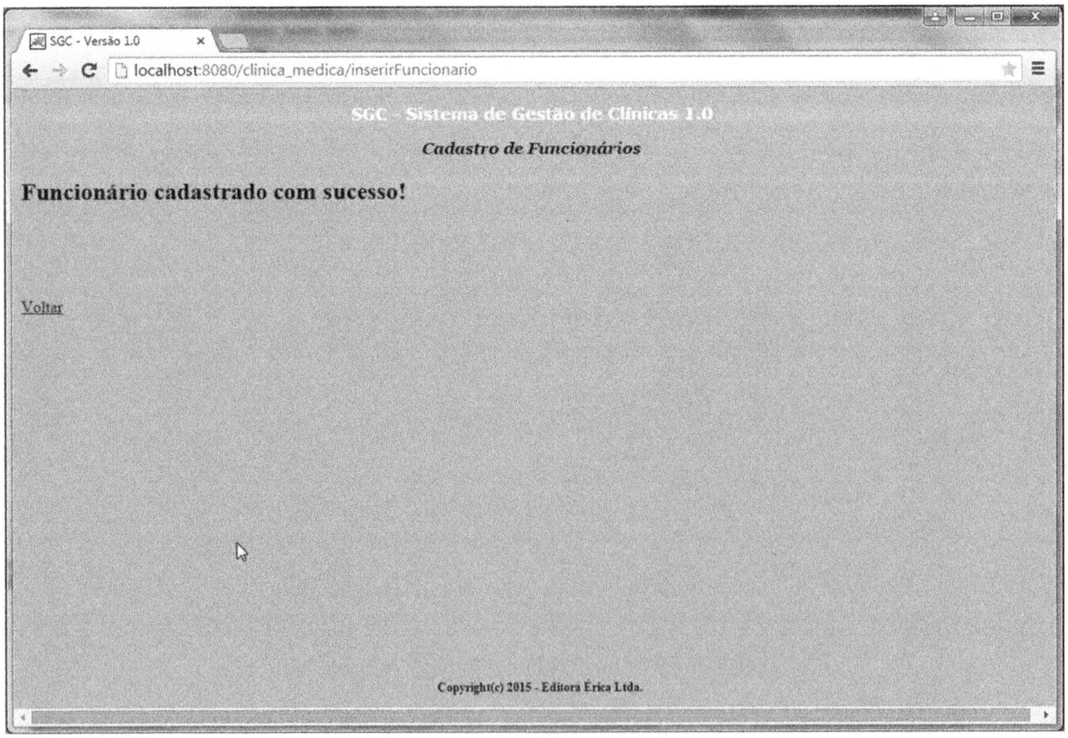

Figura 20.5 – Mensagem de operação executada com sucesso.

Para alterar ou excluir um usuário, escolha a opção **Alterar/Excluir**, depois a opção de pesquisa, e digite o valor desejado (nome, RG ou CPF do funcionário) na tela da Figura 20.6. Após clicar no botão **Confirmar**, você deve obter uma tela com o nome do usuário e as opções de edição ou exclusão (Figura 20.7).

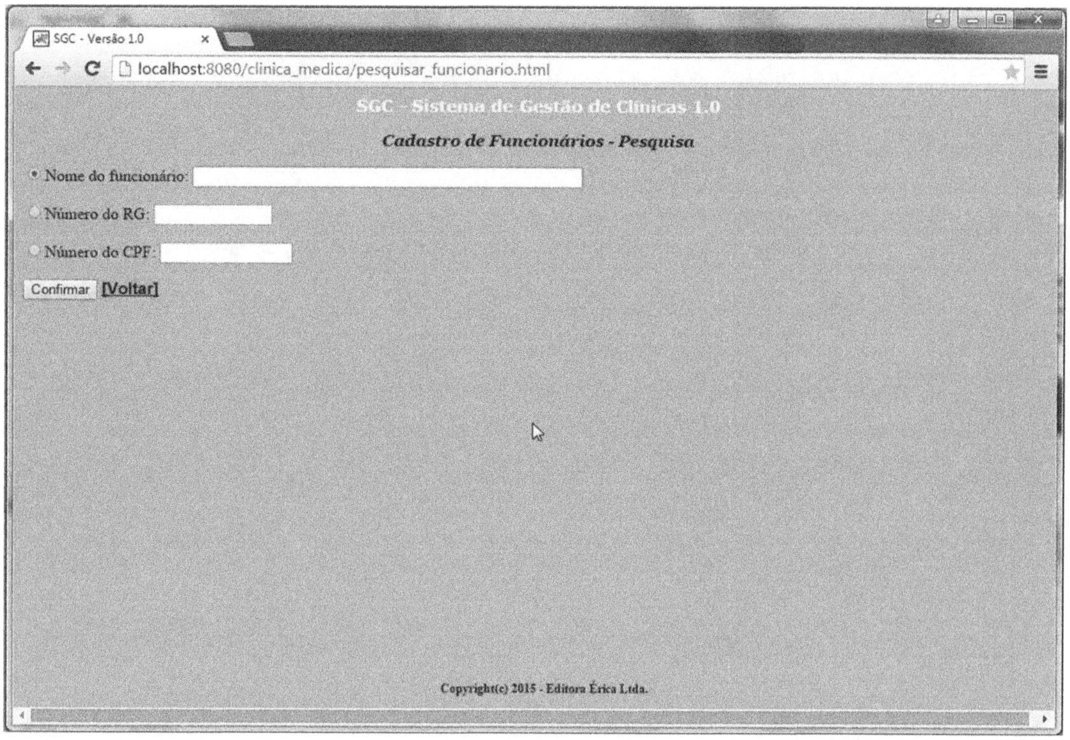

Figura 20.6 – Tela de pesquisa de funcionário.

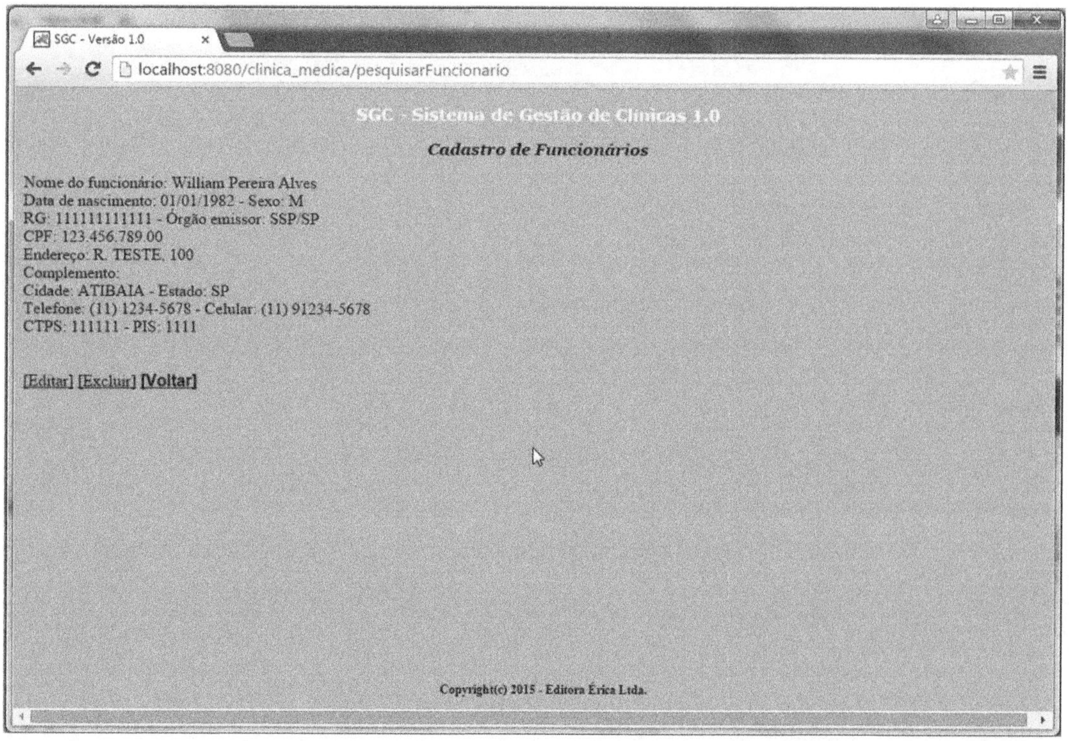

Figura 20.7 – Tela para seleção de edição ou exclusão do funcionário.

Clicando no botão **Editar**, uma tela com os dados do funcionário surge em seguida (Figura 20.8). Você pode alterar os dados e clicar no botão **Atualizar**.

Se for clicado o botão **Excluir**, a tela da Figura 20.9 é a que aparece. Nela, são apresentados os dados do funcionário e um botão para confirmação da exclusão.

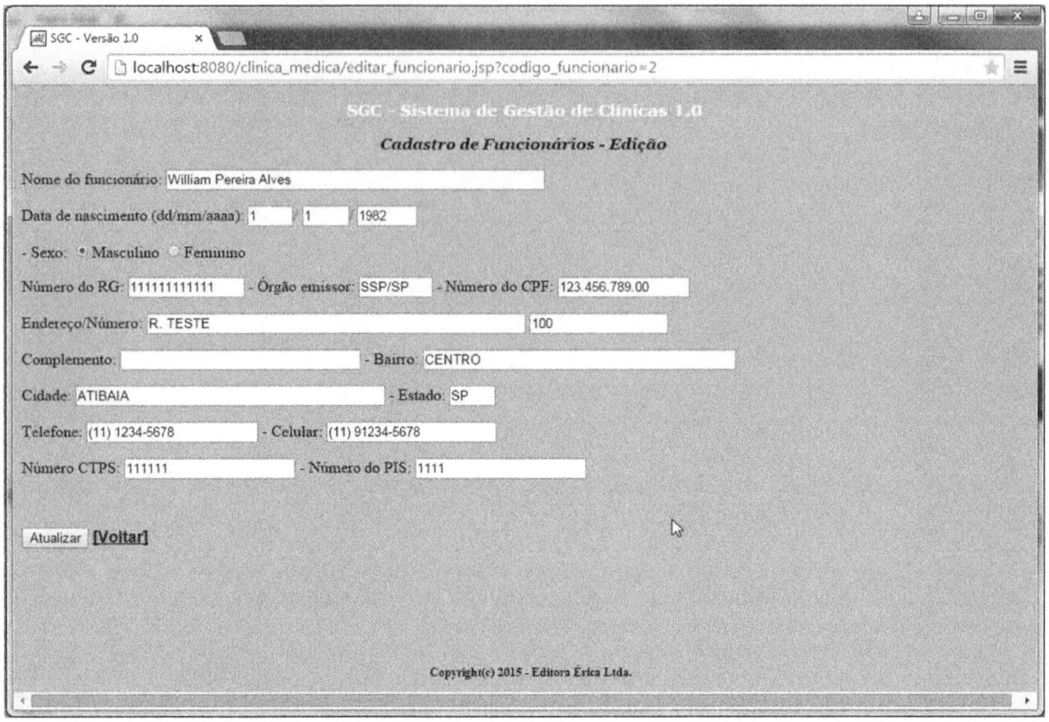

Figura 20.8 – Tela de edição de dados do funcionário.

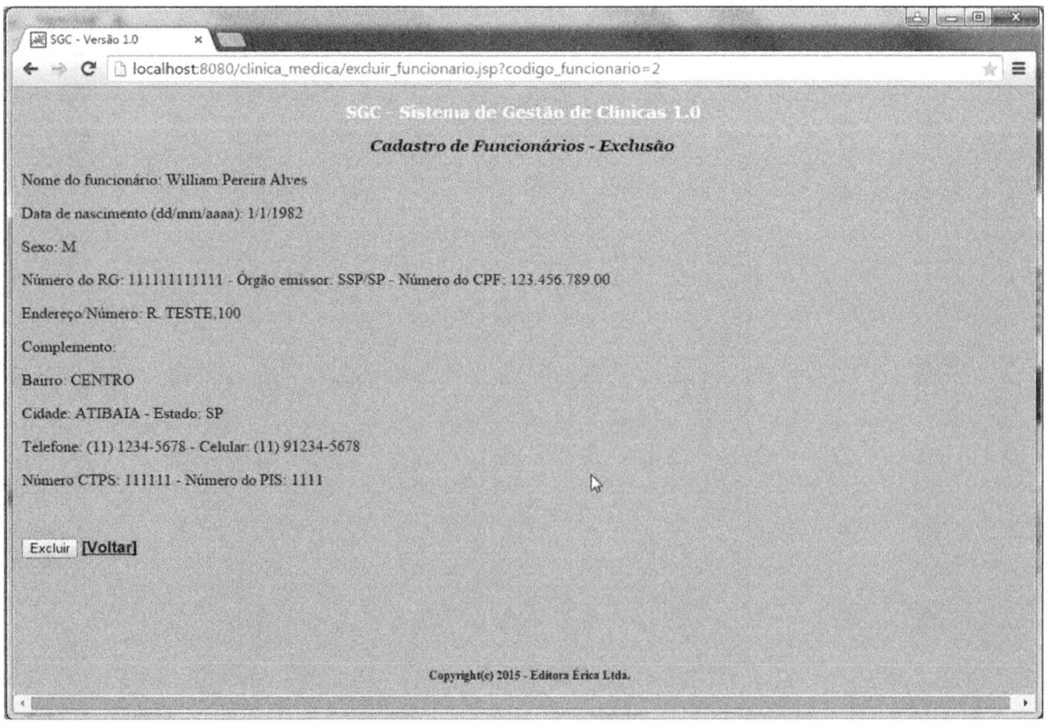

Figura 20.9 – Tela de exclusão de funcionário.

A Figura 20.10 exibe a tela aberta quando é clicada a opção **Listar** do menu de gerenciamento de funcionários.

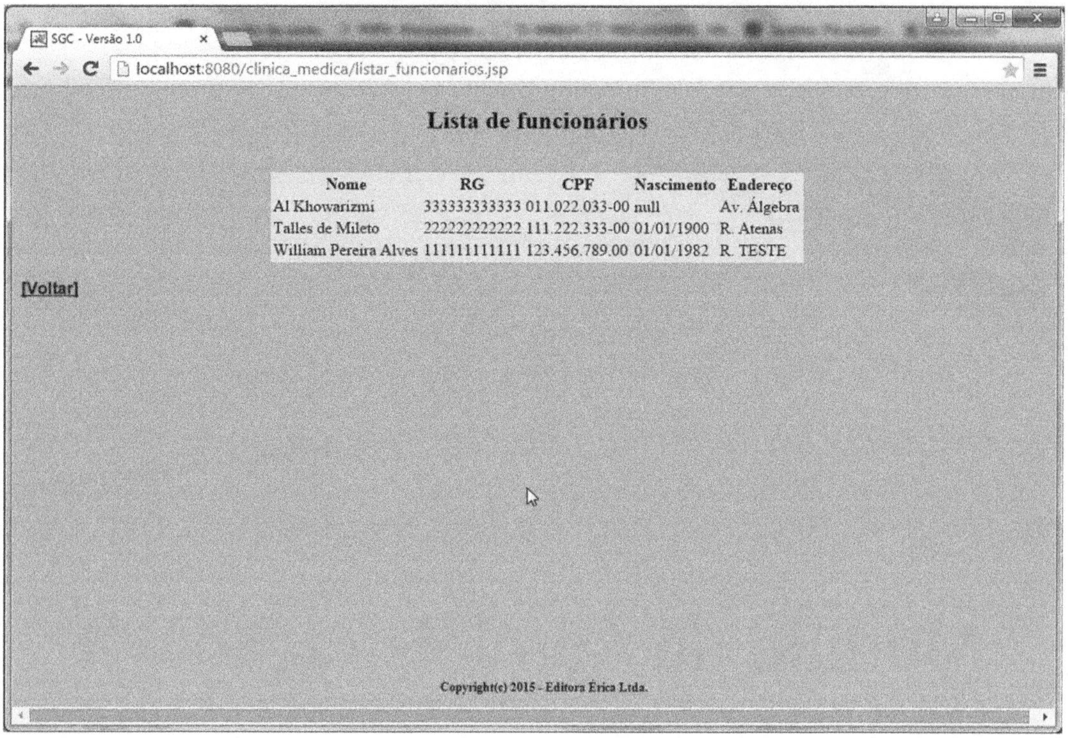

Figura 20.10 – Tela de listagem dos funcionários.

Recapitulando

Neste capítulo vimos a construção dos formulários, páginas JSP, classes Java e Servlets *necessários ao gerenciamento de funcionários da clínica.*

21

Módulo de Administração – 3

Novos conhecimentos

O próximo passo do nosso projeto é viabilizar o cadastramento das especialidades médicas, dos médicos e dos convênios. Para tanto, neste capítulo estudaremos a criação dos menus para gerenciamento de especialidades, convênios e médicos, o desenvolvimento de rotinas para inclusão de especialidades, convênios e médicos, a construção de formulário de seleção de especialidades, convênios e médicos e o desenvolvimento de rotinas para alteração e exclusão de especialidades, convênios e médicos.

21.1 Gerenciamento de especialidades médicas

Este capítulo trata do desenvolvimento das últimas três opções de gerenciamento de cadastro do módulo administrativo, a saber: especialidades médicas, convênios médicos e cadastro de médicos. Como todos os formulários, páginas JSP, classes Java e *Servlets* são similares aos já desenvolvidos/estudados, não iremos nos deter muito no seu detalhamento.

Neste tópico, criaremos todos os formulários, classes, páginas JSP e *Servlets* necessários ao gerenciamento das especialidades médicas oferecidas pela clínica. Clique com o botão direito do mouse sobre o item **Páginas Web** da janela do gerenciador de projetos e escolha a opção **Novo → HTML**. Na caixa de diálogo aberta em seguida, digite no campo **Nome do Arquivo HTML** a expressão caractere "menu_especialidades" e clique em **Finalizar**.

O código HTML para essa página se encontra na listagem exibida a seguir:

```
<!DOCTYPE html>
<html>
    <head>
        <meta http-equiv="Content-Type" content="text/html; charset=utf-8" />
        <title>SGC - Versão 1.0</title>
        <link href="clinica_medica.css" rel="stylesheet" type="text/css" />
    </head>

    <body class="FundoPagina">
        <p class="TituloAplicacao">SGC - Sistema de Gestão de Clínicas 1.0</p>
        <p class="TituloPagina">Cadastro de Especialidades Médicas</p>
        <p><center><a href="inserir_especialidade.html">Adicionar</a> | <a href="selecionar_
especialidades.jsp">Alterar/Excluir</a> | <a href="listar_especialidades.jsp">Listar</a></center></
p>
        <p class="RodapePagina">Copyright(c) 2015 - Editora Érica Ltda.</p>
    </body>
</html>
```

Em virtude de termos, na tabela de dados para as especialidades médicas, apenas um campo que deve ter seu valor manipulado, já que o outro campo é gerencido pelo próprio banco de dados, não precisaremos criar uma classe que modela essa tabela. No entanto, será necessário adicionar uma classe que manipula os registros da tabela, a qual denominaremos **especialidades**. Adicione a nova classe Java ao pacote **banco_dados**, contendo o seguinte código:

```
package banco_dados;

import java.sql.*;

public class especialidades {
    private Connection conBanco;
    private PreparedStatement psComando;
    private ResultSet rsRegistros;

    public void configurarConexao(Connection conBanco) {this.conBanco = conBanco;}

    public boolean inserirRegistro(String strDescricao)
    {
        String strComandoSQL;

        try {
            strComandoSQL = "INSERT INTO especialidades(Descricao_Especialidade)
VALUES('"+strDescricao+"')";
            psComando = conBanco.prepareStatement(strComandoSQL);
            psComando.executeUpdate();

            return true;
        }
        catch (Exception erro) {
            erro.printStackTrace();
            return false;
        }
    }

    public ResultSet lerRegistro(int intCodigoEspecialidade)
    {
        String strComandoSQL;

        try {
            strComandoSQL = "SELECT * FROM especialidades WHERE Codigo_Especialidade = "+
intCodigoEspecialidade;

            psComando = conBanco.prepareStatement(strComandoSQL);
            rsRegistros = psComando.executeQuery();
            rsRegistros.next();

            return rsRegistros;
        }
```

```
        catch (Exception erro) {
            erro.printStackTrace();
            return null;
        }
    }

    public boolean alterarRegistro(int intCodigo,String strDescricao) {
        String strComandoSQL;

        try {
            strComandoSQL = "UPDATE especialidades SET Descricao_Especialidade = '"+strDescricao+
"' WHERE Codigo_Especialidade = "+intCodigo;
            psComando = conBanco.prepareStatement(strComandoSQL);
            psComando.executeUpdate();

            return true;
        }
        catch (Exception erro) {
            erro.printStackTrace();
            return false;
        }
    }

    public boolean excluirRegistro(int intCodigo) {
        String strComandoSQL;

        try {
            strComandoSQL = "DELETE FROM especialidades WHERE Codigo_Especialidade = "+intCodigo;
            psComando = conBanco.prepareStatement(strComandoSQL);
            psComando.executeUpdate();

            return true;
        }
        catch (Exception erro) {
            erro.printStackTrace();
            return false;
        }
    }

    public ResultSet listarRegistros(String strOrdem) {
        String strComandoSQL;

        try {
            if (strOrdem == "CÓDIGO")
               strComandoSQL = "SELECT * FROM especialidades ORDER BY Codigo_Especialidade";
            else
               strComandoSQL = "SELECT * FROM especialidades ORDER BY Descricao_Especialidade";

            psComando = conBanco.prepareStatement(strComandoSQL);
            rsRegistros = psComando.executeQuery();
            return rsRegistros;
        }
        catch (Exception erro) {
            erro.printStackTrace();
            return null;
        }
    }
}
```

Essa classe possui métodos para incluir especialidades, localizar um registro, recuperar os dados de um registro, alterar os dados, excluir um registro e listar todos os registros da tabela.

21.2 Inclusão de especialidades

Para poder incluir uma nova especialidade, precisamos de um formulário de entrada de dados. Crie uma nova página HTML clicando com o botão direito do mouse no item **Páginas Web** e escolhendo a opção **Novo → HTML**. Especifique como nome do arquivo a cadeia de caracteres "inserir_especialidade". O código dessa página é apresentado na seguinte listagem:

```
<!DOCTYPE html>
<html>
    <head>
        <meta http-equiv="Content-Type" content="text/html; charset=utf-8" />
        <title>SGC - Versão 1.0</title>
        <link href="clinica_medica.css" rel="stylesheet" type="text/css" />
    </head>

    <body class="FundoPagina">
        <p class="TituloAplicacao">SGC - Sistema de Gestão de Clínicas 1.0</p>
        <p class="TituloPagina">Cadastro de Especialidades Médicas - Inserção</p>

        <form name="formInsereEspecialidade" method="post" action="inserirEspecialidade" target="_
parent">
            <p>Descrição da especialidade: <input name="txtDescricao" type="text" size="45"
maxlength="45" /></p>
            <p><input name="btnGravar" type="submit" value="Gravar" />
                <span class="LinkVoltar"><a href="javascript:history.back()">[Voltar]</a></span>
            </p>
        </form>

        <p class="RodapePagina">Copyright(c) 2015 - Editora Érica Ltda.</p>
    </body>
</html>
```

Esse formulário chama um *Servlet* denominado **inserirEspecialidade**, cujo código consta da seguinte listagem:

```
package servlets;

import java.io.IOException;
import java.io.PrintWriter;
import javax.servlet.ServletException;
import javax.servlet.http.*;
import banco_dados.conexaoBancoDados;
import banco_dados.especialidades;

public class inserirEspecialidade extends HttpServlet {
    @Override
    protected void doPost(HttpServletRequest request, HttpServletResponse response)
            throws ServletException, IOException {
        String strDescricao;
        PrintWriter out;

        strDescricao = request.getParameter("txtDescricao");

        response.setContentType("text/html;charset=UTF-8");
        out = response.getWriter();

        out.println("<!DOCTYPE html>");
        out.println("<html>");
        out.println("<head>");
        out.println("<meta http-equiv='Content-Type' content='text/html; charset=utf-8' />");
        out.println("<title>SGC - Versão 1.0</title>");
        out.println("<link href='clinica_medica.css' rel='stylesheet' type='text/css' />");
        out.println("</head>");
        out.println("<body class='FundoPagina'>");
        out.println("<p class='TituloAplicacao'>SGC - Sistema de Gestão de Clínicas 1.0</p>");
        out.println("<p class='TituloPagina'>Cadastro de Especialidade Médicas</p>");

        try {
            conexaoBancoDados conexao = new conexaoBancoDados();
            especialidades especialidade = new especialidades();

            if (conexao.abrirConexao())
            {
                especialidade.configurarConexao(conexao.obterConexao());

                if (especialidade.inserirRegistro(strDescricao))
                {
                   out.println("<h2>Especialidade cadastrada com sucesso!</h2>");
```

```
                out.println("<br><br><br><br>");
                out.println("<a href='menu_especialidades.html'>Voltar</a>");
            }
            else
                out.println("<h2>Não foi possível cadastrar a especialidade!</h2>");

            conexao.fecharConexao();
        }
        else
            out.println("<h2>Não foi possível estabelecer conexão com o banco de dados!</h2>");
    }
    catch (Exception erro) {
        erro.printStackTrace();
        out.println("<h2>Erro do sistema: processo de cadastro de especialidade médica!</h2>");
    }

    out.println("<p class='RodapePagina'>Copyright(c) 2015 - Editora Érica Ltda.</p>");
    out.println("</body>");
    out.println("</html>");
  }
}
```

Esse *Servlet* precisa ser adicionado ao pacote **servlets** do projeto. Note que os valores dos campos são passados como parâmetros diretamente para o método **inserirRegistro()** do objeto **especilidade** sem o uso de uma classe, como fizemos anteriormente. Se a operação de inserção for concluída com sucesso, uma mensagem de congratulações é exibida; caso contrário, é informado ao usuário que a operação falhou.

21.3 Pesquisa, alteração e exclusão de especialidades

Diferente do que foi feito anteriormente, vamos criar uma página que lista todas as especialidades já cadastradas, em ordem alfabética, e que permite, por meio de dois links ao lado de cada item da lista, editar ou excluir um registro.

O código para a página JSP, que devemos criar com o nome **selecionar_especialidades**, é apresentado a seguir:

```
<%@page contentType="text/html" pageEncoding="UTF-8"%>
<%@page import="java.sql.ResultSet"%>
<%@page import="java.util.Date"%>
<jsp:useBean id="conexao" scope="page" class="banco_dados.conexaoBancoDados"/>
<jsp:useBean id="especialidade" scope="page" class="banco_dados.especialidades"/>
<!DOCTYPE html>
<html>
    <head>
        <meta http-equiv="Content-Type" content="text/html; charset=utf-8" />
        <title>SGC - Versão 1.0</title>
        <link href="clinica_medica.css" rel="stylesheet" type="text/css" />
    </head>
    <body class="FundoPagina">
        <%
            ResultSet rsRegistros;

            if (conexao.abrirConexao())
            {
                especialidade.configurarConexao(conexao.obterConexao());

                rsRegistros = especialidade.listarRegistros("DESCRIÇÃO");

                if (rsRegistros != null)
                {
                    out.println("<h2><center>Lista de especialidades médicas</center></h2>");
                    out.println("<br>");
                    out.println("<table align='center' bgcolor='moccasin'>");
                    out.println("<tr><th>Especialidade médica</th><th></th><th></th></tr>");

                    while (rsRegistros.next())
                    {
                        out.print("<tr>");
```

```
                    out.print("<td>"+rsRegistros.getString("Descricao_Especialidade")+"</td>");
                    out.print("<td><a href='editar_especialidade.jsp?Codigo="+
rsRegistros.getString("Codigo_Especialidade")+ "'>Editar</a></td>");
                    out.print("<td><a href='excluir_especialidade.jsp?Codigo="+rsRegistros.
getString("Codigo_Especialidade")+
"'>Excluir</a></td>");
                    out.print("</tr>");
                }
                out.println("</table>");
                out.println("<br>");
            }
            else
                out.println("<p>Falha na exibição dos registros!</p>");

            conexao.fecharConexao();
        }
        else
            out.println("<p>Falha na conexão com o banco de dados!</p>");
    %>

    <span class="LinkVoltar"><a href="javascript:history.back()">[Voltar]</a></span>
    <p class="RodapePagina">Copyright(c) 2015 - Editora Érica Ltda.</p>
  </body>
</html>
```

A parte do código escrita em Java utiliza um *loop* **while** para listar todos os registros dentro de uma tabela na página HTML. Junto a cada categoria, um link dinâmico é criado para permitir a edição do respectivo registro. Da mesma forma, um segundo link é adicionado à tabela para permitir a exclusão do registro.

O link criado para edição de registros chama uma página JSP denominada **editar_especialidade.jsp**, passando-lhe como parâmetro o código da especialidade. A listagem a seguir apresenta o código dessa página JSP:

```
<%@page contentType="text/html" pageEncoding="UTF-8"%>
<%@page import="java.sql.ResultSet"%>
<jsp:useBean id="conexao" scope="page" class="banco_dados.conexaoBancoDados"/>
<jsp:useBean id="especialidade" scope="page" class="banco_dados.especialidades"/>
<!DOCTYPE html>
<html>
  <head>
    <meta http-equiv="Content-Type" content="text/html; charset=utf-8" />
    <title>SGC - Versão 1.0</title>
    <link href="clinica_medica.css" rel="stylesheet" type="text/css" />
  </head>
  <body class="FundoPagina">
    <%
        ResultSet rsRegistro;
        boolean blnConectado;
        String strDescricao = "";

        int intCodigoEspecialidade = Integer.parseInt(request.getParameter("Codigo"));
        blnConectado = false;

        if (conexao.abrirConexao()) {
            especialidade.configurarConexao(conexao.obterConexao());

            rsRegistro = especialidade.lerRegistro(intCodigoEspecialidade);

            strDescricao = rsRegistro.getString("Descricao_Especialidade");

            conexao.fecharConexao();

            blnConectado = true;
        }
        else
            out.println("<p>Falha na conexão com o banco de dados!</p>");
    %>

    <% if (blnConectado) {%>
    <p class="TituloAplicacao">SGC - Sistema de Gestão de Clínicas 1.0</p>
    <p class="TituloPagina">Cadastro de Especialidades Médicas - Edição</p>
```

```
        <form name="formEditaEspecialidade" method="post" action="atualizarEspecialidade" target="_
parent">
            <p>Descrição: <input type="text" name="txtDescricao" size="45" maxlength="45"
value="<%=strDescricao%>"/></p>
            <br>
            <p><input type="submit" name="btnAtualizar" value="Atualizar" />
               <span class="LinkVoltar"><a href="javascript:history.back()">[Voltar]</a></span>
            </p>
            <p>
               <input type="hidden" name="codigo_especialidade"
value="<%=intCodigoEspecialidade%>">
            </p>
        </form>

        <p class="RodapePagina">Copyright(c) 2015 - Editora Érica Ltda.</p>
        <%}%>
    </body>
</html>
```

Esse formulário, criado dinamicamente pela página JSP, chama um *Servlet* denominado **atualizarEspecialidade**. Podemos ver o código desse *Servlet* na listagem exibida a seguir:

```
package servlets;

import java.io.IOException;
import java.io.PrintWriter;
import javax.servlet.ServletException;
import javax.servlet.http.*;
import banco_dados.conexaoBancoDados;
import banco_dados.especialidades;

public class atualizarEspecialidade extends HttpServlet {
    @Override
    protected void doPost(HttpServletRequest request, HttpServletResponse response)
            throws ServletException, IOException {
        String strDescricaoEspecialidade;
        int intCodigoEspecialidade;
        PrintWriter out;

        strDescricaoEspecialidade = request.getParameter("txtDescricao");
        intCodigoEspecialidade = Integer.parseInt(request.getParameter("codigo_especialidade"));

        response.setContentType("text/html;charset=UTF-8");
        out = response.getWriter();

        out.println("<!DOCTYPE html>");
        out.println("<html>");
        out.println("<head>");
        out.println("<meta http-equiv='Content-Type' content='text/html; charset=utf-8' />");
        out.println("<title>SGC - Versão 1.0</title>");
        out.println("<link href='clinica_medica.css' rel='stylesheet' type='text/css' />");
        out.println("</head>");
        out.println("<body class='FundoPagina'>");
        out.println("<p class='TituloAplicacao'>SGC - Sistema de Gestão de Clínicas 1.0</p>");
        out.println("<p class='TituloPagina'>Cadastro de Especialidades Médicas</p>");

        try {
            conexaoBancoDados conexao = new conexaoBancoDados();
            especialidades especialidade = new especialidades();

            if (conexao.abrirConexao())
            {
                especialidade.configurarConexao(conexao.obterConexao());

                if (especialidade.alterarRegistro(intCodigoEspecialidade,strDescricaoEspecialidade))
                {
                   out.println("<h2>Dados da especialidade atualizados com sucesso!</h2>");
                   out.println("<br><br><br><br>");
                   out.println("<a href='menu_especialidades.html'>Fechar</a>");
```

```
            }
            else
                out.println("<h2>Não foi possível atualizar os dados da especialidade!</h2>");

            conexao.fecharConexao();
        }
        else
            out.println("<h2>Não foi possível estabelecer conexão com o banco de dados!</h2>");
    }
    catch (Exception erro) {
        erro.printStackTrace();
        out.println("<h2>Erro do sistema: processo de atualização de dados da especialidade!</
h2>");
    }

    out.println("<p class='RodapePagina'>Copyright(c) 2015 - Editora Érica Ltda.</p>");
    out.println("</body>");
    out.println("</html>");
  }
}
```

Essa rotina armazena a descrição e o código da especialidade em variáveis que posteriormente são utilizadas como parâmetros na chamada ao método **alterarRegistro()** do objeto **especialidades**, que, por sua vez, se encarrega da atualização dos dados do registro no banco.

Se for clicado o link **Excluir** da lista, a página **excluir_especialidade.jsp** será chamada. Seu código está listado a seguir:

```
<%@page contentType="text/html" pageEncoding="UTF-8"%>
<%@page import="java.sql.ResultSet"%>
<jsp:useBean id="conexao" scope="page" class="banco_dados.conexaoBancoDados"/>
<jsp:useBean id="especialidade" scope="page" class="banco_dados.especialidades"/>
<!DOCTYPE html>
<html>
    <head>
        <meta http-equiv="Content-Type" content="text/html; charset=utf-8" />
        <title>SGC - Versão 1.0</title>
        <link href="clinica_medica.css" rel="stylesheet" type="text/css" />
    </head>
    <body class="FundoPagina">
        <%
            ResultSet rsRegistro;
            boolean blnConectado;
            String strDescricao = "";

            int intCodigoEspecialidade = Integer.parseInt(request.getParameter("Codigo"));
            blnConectado = false;

            if (conexao.abrirConexao()) {
                especialidade.configurarConexao(conexao.obterConexao());

                rsRegistro = especialidade.lerRegistro(intCodigoEspecialidade);

                strDescricao = rsRegistro.getString("Descricao_Especialidade");

                conexao.fecharConexao();

                blnConectado = true;
            }
            else
                out.println("<p>Falha na conexão com o banco de dados!</p>");
        %>

        <% if (blnConectado) {%>
        <p class="TituloAplicacao">SGC - Sistema de Gestão de Clínicas 1.0</p>
        <p class="TituloPagina">Cadastro de Especialidades Médicas - Exclusão</p>

        <form name="formExcluiEspecialidade" method="post" action="excluirEspecialidade" target="_
parent">
```

```
            <p>Descrição da especialidade: <%=strDescricao%></p>
            <p><input type="hidden" name="codigo_especialidade"
value="<%=intCodigoEspecialidade%>"></p>
            <br>
            <p><input type="submit" name="btnExcluir" value="Excluir" />
                <span class="LinkVoltar"><a href="javascript:history.back()">[Voltar]</a></span>
            </p>
        </form>

        <p class="RodapePagina">Copyright(c) 2015 - Editora Érica Ltda.</p>
        <%}%>
    </body>
</html>
```

A descrição da especialidade escolhida para exclusão é exibida e, quando o usuário clicar no botão **Excluir**, o *Servlet* denominado **excluirEspecialidade** será executado. Seu código consta da listagem exibida a seguir:

```
package servlets;

import java.io.IOException;
import java.io.PrintWriter;
import javax.servlet.ServletException;
import javax.servlet.http.*;
import banco_dados.conexaoBancoDados;
import banco_dados.especialidades;

public class excluirEspecialidade extends HttpServlet {
    @Override
    protected void doPost(HttpServletRequest request, HttpServletResponse response)
            throws ServletException, IOException {
            PrintWriter out;
        response.setContentType("text/html;charset=UTF-8");
        out = response.getWriter();

        out.println("<!DOCTYPE html>");
        out.println("<html>");
        out.println("<head>");
        out.println("<meta http-equiv='Content-Type' content='text/html; charset=utf-8' />");
        out.println("<title>SGC - Versão 1.0</title>");
        out.println("<link href='clinica_medica.css' rel='stylesheet' type='text/css' />");
        out.println("</head>");
        out.println("<body class='FundoPagina'>");
        out.println("<p class='TituloAplicacao'>SGC - Sistema de Gestão de Clínicas 1.0</p>");
        out.println("<p class='TituloPagina'>Cadastro de Especialidades Médicas</p>");

        try
        {
            conexaoBancoDados conexao = new conexaoBancoDados();
            especialidades especialidade = new especialidades();

            if (conexao.abrirConexao())
            {
                especialidade.configurarConexao(conexao.obterConexao());

                if (especialidade.excluirRegistro(Integer.parseInt(request.getParameter("codigo_
especialidade"))))
                {
                   out.println("<h2>Registro de especialidade excluído com sucesso!</h2>");
                   out.println("<br><br><br><br>");
                   out.println("<a href='menu_especialidades.html'>Fechar</a>");
                }
                else
                    out.println("<h2>Não foi possível excluir o registro do especialidade!</h2>");

                conexao.fecharConexao();
            }
```

```
            else
                out.println("<h2>Não foi possível estabelecer conexão com o banco de dados!</h2>");
        }
        catch (Exception erro)
        {
            erro.printStackTrace();
            out.println("<h2>Erro do sistema: processo de exclusão de especialidade!</h2>");
        }

        out.println("<p class='RodapePagina'>Copyright(c) 2015 - Editora Érica Ltda.</p>");
        out.println("</body>");
        out.println("</html>");
    }
}
```

Por meio de uma chamada ao método **excluirRegistro()** da classe **especialidades**, o registro é excluído da tabela do banco de dados.

21.4 Listagem das especialidades cadastradas

Vamos agora criar um formulário que exibe todas as especialidades que se encontram cadastradas. Não existe uma opção de impressão, mas apenas visualização em tela.

Adicione ao projeto uma nova página JSP com o nome **listar_especialidades**. O código para essa página é apresentado na seguinte listagem:

```
<%@page contentType="text/html" pageEncoding="UTF-8"%>
<%@page import="java.sql.ResultSet"%>
<%@page import="java.util.Date"%>
<jsp:useBean id="conexao" scope="page" class="banco_dados.conexaoBancoDados"/>
<jsp:useBean id="especialidade" scope="page" class="banco_dados.especialidades"/>
<!DOCTYPE html>
<html>
    <head>
        <meta http-equiv="Content-Type" content="text/html; charset=utf-8" />
        <title>SGC - Versão 1.0</title>
        <link href="clinica_medica.css" rel="stylesheet" type="text/css" />
    </head>
    <body class="FundoPagina">
        <%
            ResultSet rsRegistros;

            if (conexao.abrirConexao()) {
                especialidade.configurarConexao(conexao.obterConexao());

                rsRegistros = especialidade.listarRegistros("DESCRIÇÃO");

                if (rsRegistros != null)
                {
                    out.println("<h2><center>Lista de especialidades médicas</center></h2>");
                    out.println("<br>");
                    out.println("<table align='center' bgcolor='moccasin'>");
                    out.println("<tr><th>Código</th><th>Descrição</th></tr>");

                    while (rsRegistros.next())
                    {
                        out.print("<tr>");
                        out.print("<td>"+rsRegistros.getString("Codigo_Especialidade")+"</td>");
                        out.print("<td>"+rsRegistros.getString("Descricao_Especialidade")+"</td>");
                        out.print("</tr>");
                    }
                    out.println("</table>");
                    out.println("<br>");
                }
                else
                    out.println("<p>Falha na exibição dos registros!</p>");
```

```
                conexao.fecharConexao();
            }
            else
                out.println("<p>Falha na conexão com o banco de dados!</p>");

        %>

        <span class="LinkVoltar"><a href="javascript:history.back()">[Voltar]</a></span>
        <p class="RodapePagina">Copyright(c) 2015 - Editora Érica Ltda.</p>
    </body>
</html>
```

Esse código chama o método **listarRegistros()**, que retorna um objeto do tipo **ResultSet** contendo todos os registros da tabela de especialidades. Então, é criada uma tabela com os dados dos campos **Codigo_Especialidade** e **Descricao_Especialidade**. Essa exibição é possível graças ao uso de um *loop* **while** que navega por todos os itens constantes no objeto **rsRegistros**, utilizando para isso o método **next()**. Esse método permite avançar para o próximo registro da tabela de dados – e quando não for mais possível esse avanço, que ocorre quando o fim da tabela é alcançado, ele retorna um valor falso (false). Isso faz com que o *loop* seja encerrado.

21.5 Teste de cadastro de especialidades

Após a conclusão do desenvolvimento do módulo de gerenciamento de especialidades médicas, vamos testá-lo. Clique com o botão esquerdo do mouse sobre o arquivo **menu_administracao.html** e escolha a opção **Executar Arquivo**. Após surgir a tela de menu, clique na opção **Especialidades**, assim a tela da Figura 21.1 é exibida. Clique na opção **Adicionar** e você verá em seguida a tela da Figura 21.2.

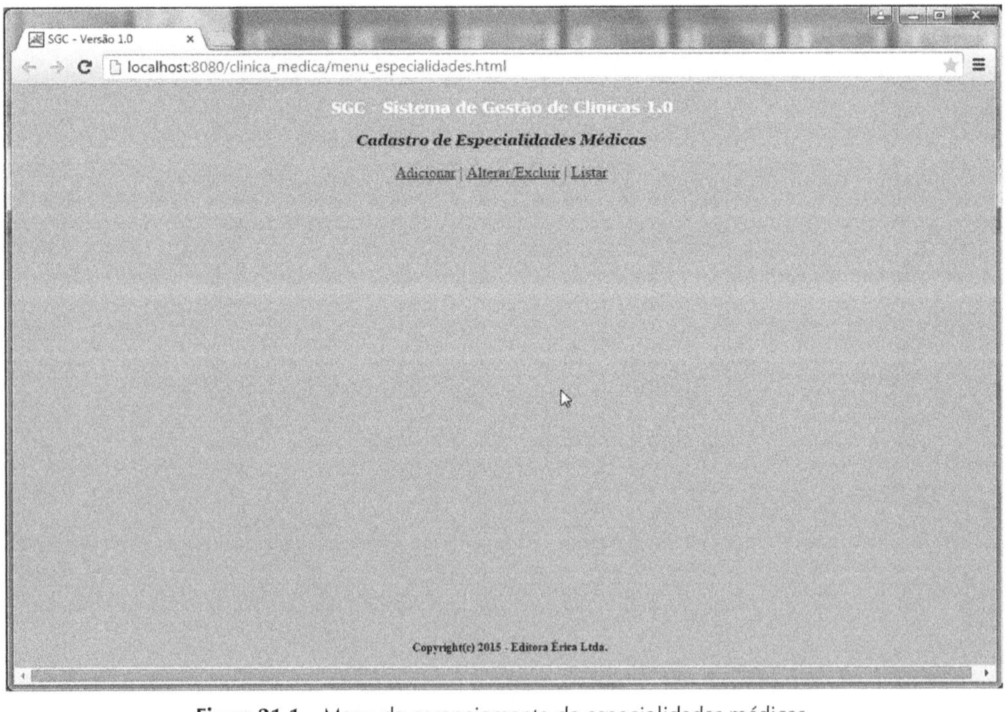

Figura 21.1 – Menu do gerenciamento de especialidades médicas.

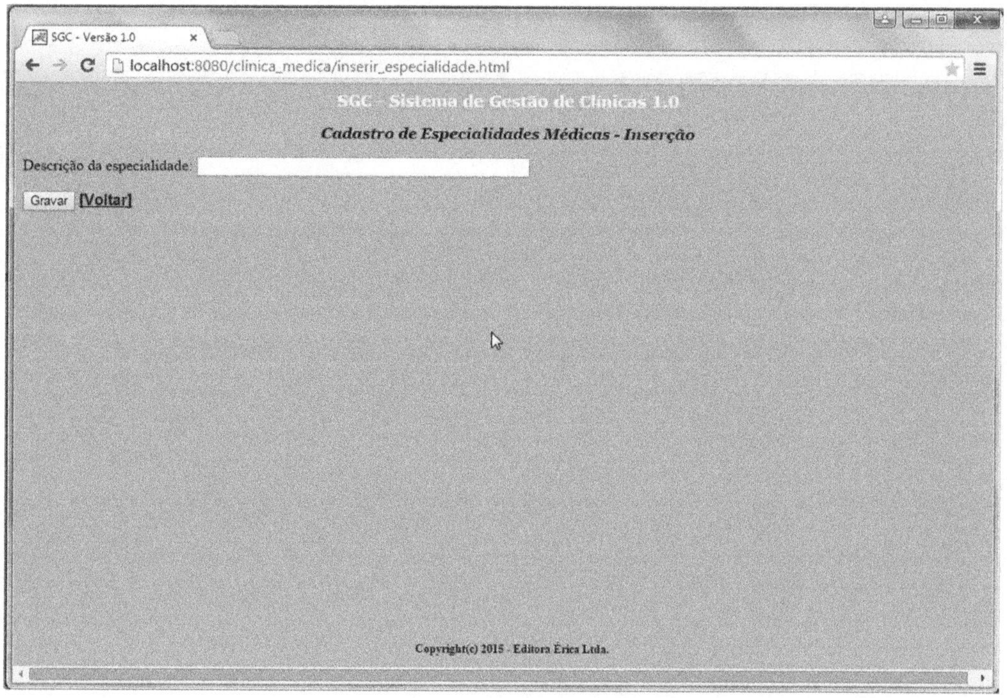

Figura 21.2 – Formulário de cadastro de especialidades médicas.

Escolhendo a opção **Editar/Excluir**, você terá uma tela semelhante à da Figura 21.3. Note como os dados aparecem acompanhados por dois links para abrir as páginas de edição e de exclusão de registro. Isso torna a operação mais amigável, já que não é necessário lembrar a descrição da especialidade para se poder localizá-la.

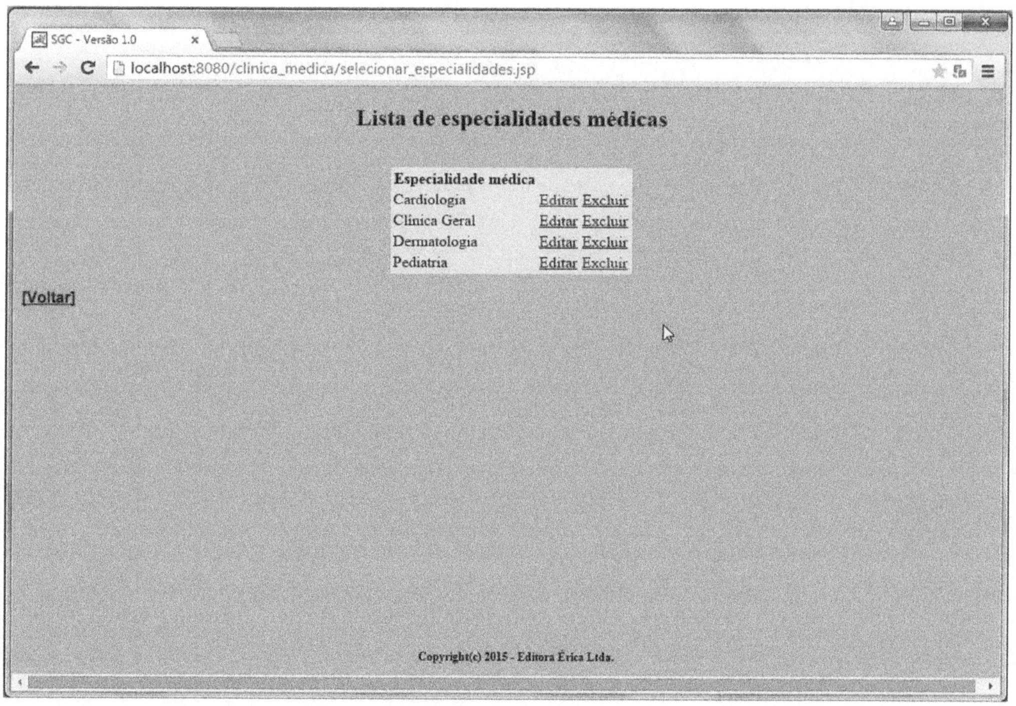

Figura 21.3 – Tela para seleção de especialidade a ser editada ou excluída.

A Figura 21.4 mostra a tela de edição. Já a Figura 21.5 exibe a tela de exclusão.

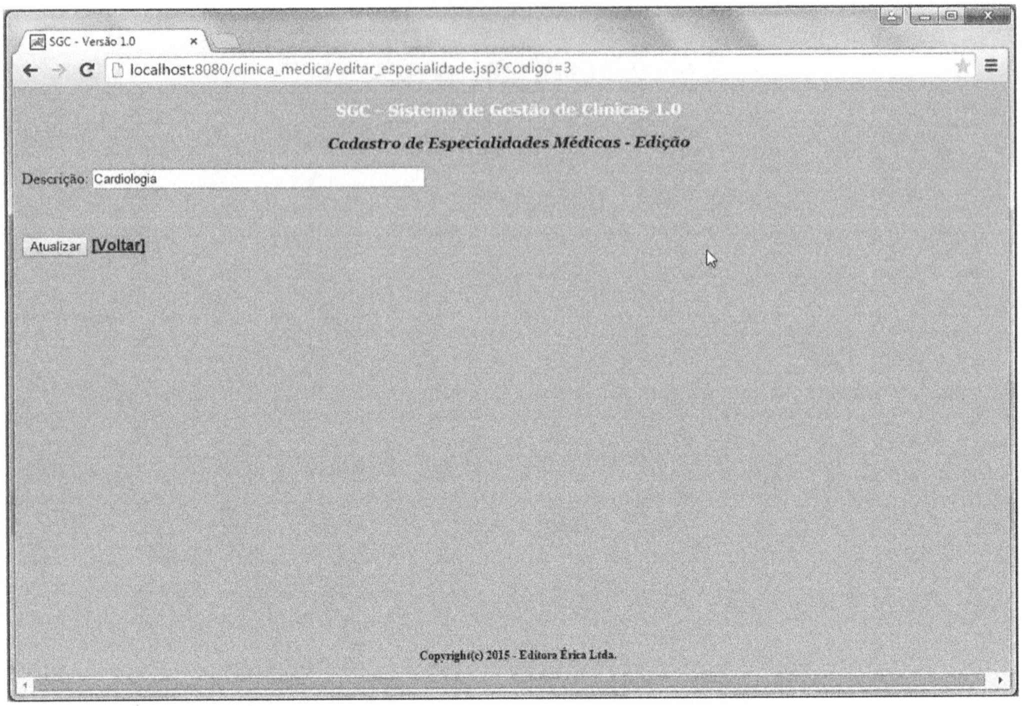

Figura 21.4 – Tela de edição de dados de especialidade médica.

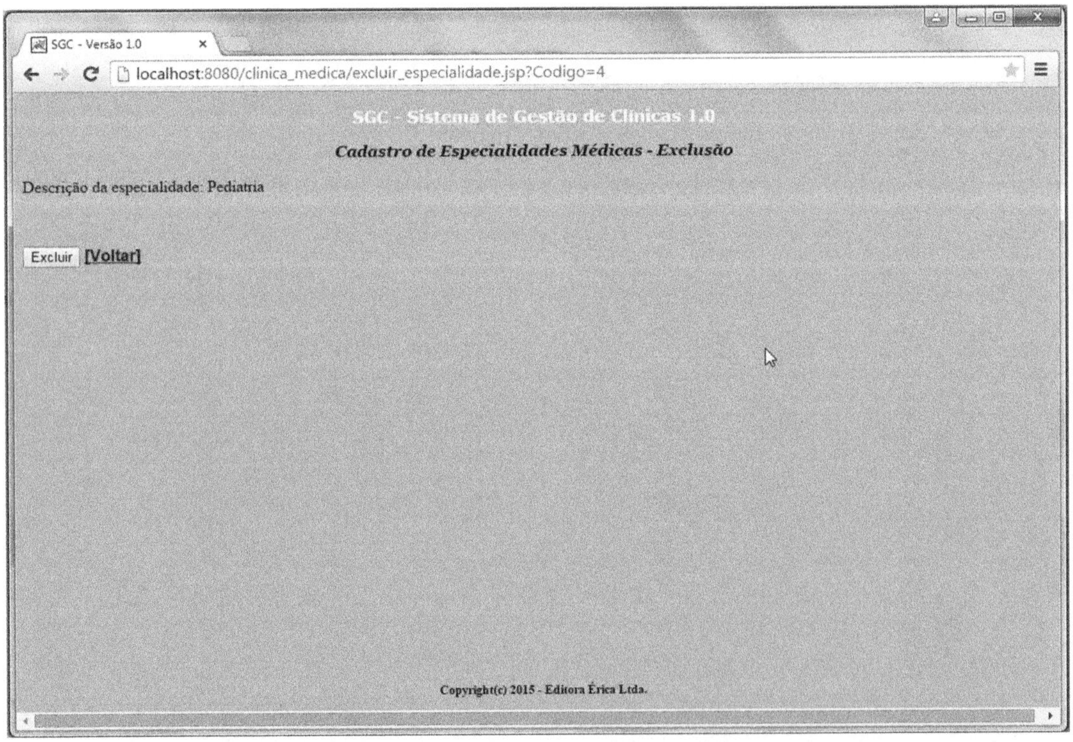

Figura 21.5 – Tela de exclusão de especialidade médica.

A Figura 21.6 apresenta a tela aberta quando a opção **Listar** é selecionada.

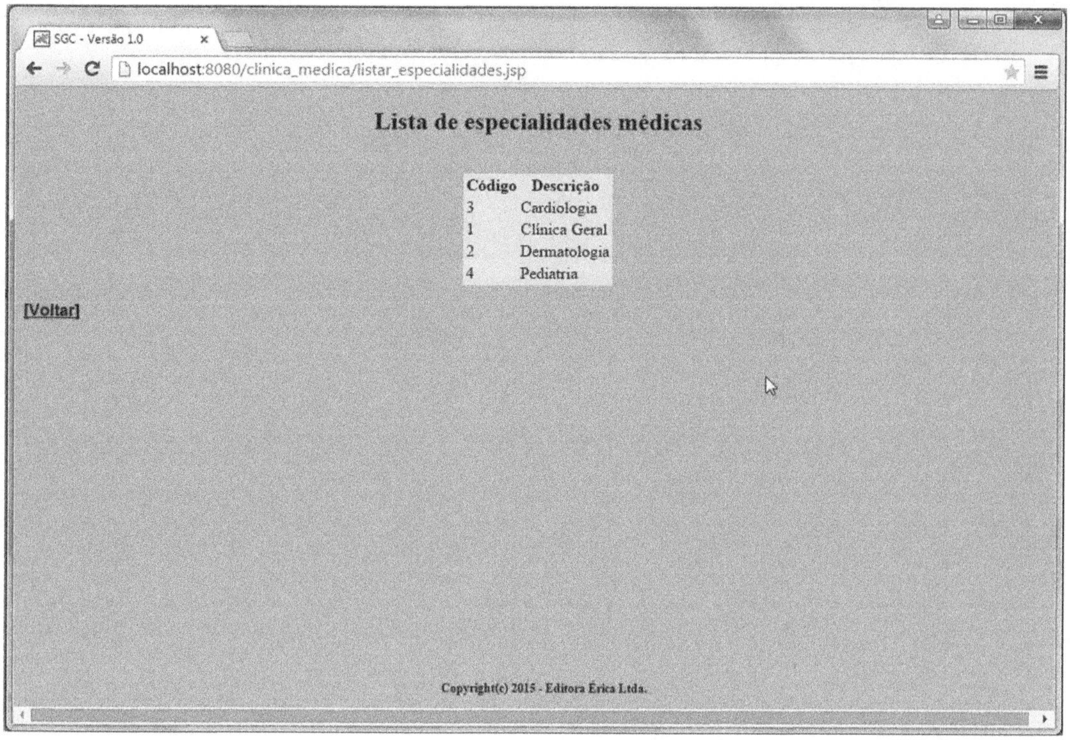

Figura 21.6 – Tela de listagem das especialidades médicas.

21.6 Gerenciamento de convênios médicos

Vamos agora criar o módulo de gerenciamento de convênios médicos. Clique com o botão direito do mouse sobre o item **Páginas Web** da janela do gerenciador de projetos e escolha a opção **Novo → HTML**. Na caixa de diálogo aberta em seguida, digite no campo **Nome do Arquivo HTML** a expressão caractere "menu_convenios" e clique em **Finalizar**. O código HTML para essa página se encontra na listagem exibida a seguir:

```
<!DOCTYPE html>
<html>
    <head>
        <meta http-equiv="Content-Type" content="text/html; charset=utf-8" />
        <title>SGC - Versão 1.0</title>
        <link href="clinica_medica.css" rel="stylesheet" type="text/css" />
    </head>

    <body class="FundoPagina">
        <p class="TituloAplicacao">SGC - Sistema de Gestão de Clínicas 1.0</p>
        <p class="TituloPagina">Cadastro de Convênios Médicos</p>
        <p><center><a href="inserir_convenio.html">Adicionar</a> | <a href="selecionar_convenios.
jsp">Alterar/Excluir</a> | <a href="listar_convenios.jsp">Listar</a></center></p>
        <p class="RodapePagina">Copyright(c) 2015 - Editora Érica Ltda.</p>
    </body>
</html>
```

O próximo passo é criar duas classes Java, uma para representar os dados e outra para se comunicar com o banco de dados propriamente dito. A classe de modelagem dos dados deve ter o nome **c_convenios** e ser alojada no pacote denominado **model**. O código-fonte dela é apresentado a seguir:

```
package model;

public class c_convenios {
    private String nomeConvenio,
            CNPJ,
            telefone;
    private int codigoConvenio;

    public c_convenios()
    {
        this.nomeConvenio = "";
        this.CNPJ = "";
        this.telefone = "";
        this.codigoConvenio = 0;
    }

    public c_convenios(String nomeConvenio,
            String CNPJ,
            String telefone)
    {
        this.nomeConvenio = nomeConvenio .toUpperCase();
        this.CNPJ = CNPJ;
        this.telefone = telefone;
    }

    public void setNomeConvenio(String nomeConvenio) {this.nomeConvenio = nomeConvenio
.toUpperCase();}
    public String getNomeConvenio() {return nomeConvenio;}

    public void setCNPJ(String CNPJ) {this.CNPJ = CNPJ;}
    public String getCNPJ() {return CNPJ;}

    public void setTelefone(String telefone) {this.telefone = telefone;}
    public String getTelefone() {return telefone;}

    public void setCodigoConvenio(int codigoConvenio) {this.codigoConvenio = codigoConvenio;}
    public int getCodigoConvenio() {return codigoConvenio;}
}
```

Para a classe de manipulação do banco de dados, cujo nome deve ser **convenios**, o código é o mostrado a seguir. A classe deve ser incluída no pacote **banco_dados**.

```
package banco_dados;

import java.sql.*;
import model.c_convenios;

public class convenios {
    private Connection conBanco;
    private PreparedStatement psComando;
    private ResultSet rsRegistros;

    public void configurarConexao(Connection conBanco) {this.conBanco = conBanco;}

    public boolean inserirRegistro(c_convenios convenio)
    {
        String strComandoSQL;

        try
        {
            strComandoSQL = "INSERT INTO convenios(Empresa_Convenio,CNPJ,Telefone)"+
                    " VALUES('"+convenio.getNomeConvenio()+"',"+
                    "'"+convenio.getCNPJ()+"',"+
                    "'"+convenio.getTelefone()+"')";

            psComando = conBanco.prepareStatement(strComandoSQL);
            psComando.executeUpdate();

            return true;
        }
```

```
        catch (Exception erro)
        {
            erro.printStackTrace();
            return false;
        }
    }

    public ResultSet lerRegistro(int intCodigoConvenio)
    {
        String strComandoSQL;

        try
        {
            strComandoSQL = "SELECT * FROM convenios WHERE Codigo_Convenio = "+intCodigoConvenio;

            psComando = conBanco.prepareStatement(strComandoSQL);
            rsRegistros = psComando.executeQuery();
            rsRegistros.next();

            return rsRegistros;
        }
        catch (Exception erro)
        {
            erro.printStackTrace();
            return null;
        }
    }

    public boolean alterarRegistro(c_convenios convenio)
    {
        String strComandoSQL;

        try
        {
            strComandoSQL = "UPDATE convenios SET Empresa_Convenio = '"+
convenio.getNomeConvenio()+"',"+
                        "CNPJ = '"+convenio.getCNPJ()+"',"+
                        "Telefone = '"+convenio.getTelefone()+"'"+
                        " WHERE Codigo_Convenio = "+convenio.getCodigoConvenio();
            psComando = conBanco.prepareStatement(strComandoSQL);
            psComando.executeUpdate();

            return true;
        }
        catch (Exception erro)
        {
            erro.printStackTrace();
            return false;
        }
    }

    public boolean excluirRegistro(int intCodigoConvenio)
    {
        String strComandoSQL;

        try
        {
            strComandoSQL = "DELETE FROM convenios WHERE Codigo_Convenio = "+intCodigoConvenio;
            psComando = conBanco.prepareStatement(strComandoSQL);
            psComando.executeUpdate();

            return true;
        }
        catch (Exception erro)
        {
            erro.printStackTrace();
            return false;
        }
    }

    public ResultSet listarRegistros()
```

```
    {
        String strComandoSQL;

        try
        {
            strComandoSQL = "SELECT * FROM convenios ORDER BY Empresa_Convenio";

            psComando = conBanco.prepareStatement(strComandoSQL);
            rsRegistros = psComando.executeQuery();
            return rsRegistros;
        }
        catch (Exception erro)
        {
            erro.printStackTrace();
            return null;
        }
    }
}
```

21.7 Inclusão de convênios

Para incluir um novo convênio, é necessária uma tela para entrada dos dados. Sendo assim, crie uma nova página HTML clicando com o botão direito do mouse no item **Páginas Web** e escolhendo a opção **Novo → HTML**. Especifique como nome do arquivo a cadeia de caracteres "inserir_convenio". O código dessa página é apresentado na seguinte listagem:

```
<!DOCTYPE html>
<html>
    <head>
        <meta http-equiv="Content-Type" content="text/html; charset=utf-8" />
        <title>SGC - Versão 1.0</title>
        <link href="clinica_medica.css" rel="stylesheet" type="text/css" />
    </head>

    <body class="FundoPagina">
        <p class="TituloAplicacao">SGC - Sistema de Gestão de Clínicas 1.0</p>
        <p class="TituloPagina">Cadastro de Convênios Médicos - Inserção</p>

        <form name="formInsereConvenio" method="post" action="inserirConvenio" target="_parent">
            <p>Nome do convênio: <input name="txtNomeConvenio" type="text" size="45" maxlength="45"
/></p>
            <p>CNPJ: <input name="txtCNPJ" type="text" size="18" maxlength="18" /></p>
            <p>Telefone: <input name="txtTelefone" type="text" size="20" maxlength="20" /></p>
            <p><input name="btnGravar" type="submit" value="Gravar" />
                <span class="LinkVoltar"><a href="javascript:history.back()">[Voltar]</a></span>
            </p>
        </form>

        <p class="RodapePagina">Copyright(c) 2015 - Editora Érica Ltda.</p>
    </body>
</html>
```

Nesse formulário há uma chamada a um *Servlet* denominado **inserirConvenio**, que deve conter o seguinte código:

```
package servlets;

import java.io.IOException;
import java.io.PrintWriter;
import javax.servlet.ServletException;
import javax.servlet.http.*;
import model.c_convenios;
import banco_dados.conexaoBancoDados;
import banco_dados.convenios;

public class inserirConvenio extends HttpServlet {
```

```
    @Override
    protected void doPost(HttpServletRequest request, HttpServletResponse response)
            throws ServletException, IOException {
        PrintWriter out;
        String strNomeConvenio,strCNPJ,strTelefone;

        strNomeConvenio = request.getParameter("txtNomeConvenio");
        strCNPJ = request.getParameter("txtCNPJ");
        strTelefone = request.getParameter("txtTelefone");

        response.setContentType("text/html;charset=UTF-8");
        out = response.getWriter();

        out.println("<!DOCTYPE html>");
        out.println("<html>");
        out.println("<head>");
        out.println("<meta http-equiv='Content-Type' content='text/html; charset=utf-8' />");
        out.println("<title>SGC - Versão 1.0</title>");
        out.println("<link href='clinica_medica.css' rel='stylesheet' type='text/css' />");
        out.println("</head>");
        out.println("<body class='FundoPagina'>");
        out.println("<p class='TituloAplicacao'>SGC - Sistema de Gestão de Clínicas 1.0</p>");
        out.println("<p class='TituloPagina'>Cadastro de Convênios Médicos</p>");

        try {
            conexaoBancoDados conexao = new conexaoBancoDados();
            convenios convenio = new convenios();

            c_convenios Convenio = new c_convenios(strNomeConvenio,strCNPJ,strTelefone);

            if (conexao.abrirConexao())
            {
                convenio.configurarConexao(conexao.obterConexao());

                if (convenio.inserirRegistro(Convenio))
                {
                   out.println("<h2>Convênio médico cadastrado com sucesso!</h2>");
                   out.println("<br><br><br><br>");
                   out.println("<a href='menu_convenios.html'>Voltar</a>");
                }
                else
                    out.println("<h2>Não foi possível cadastrar o convênio médico!</h2>");

                conexao.fecharConexao();
            }
            else
                out.println("<h2>Não foi possível estabelecer conexão com o banco de dados!</h2>");
        }
        catch (Exception erro) {
            erro.printStackTrace();
            out.println("<h2>Erro do sistema: processo de cadastro de convênio médico!</h2>");
        }

        out.println("<p class='RodapePagina'>Copyright(c) 2015 - Editora Érica Ltda.</p>");
        out.println("</body>");
        out.println("</html>");
    }
}
```

21.8 Pesquisa, alteração e exclusão de convênios

Para editar e excluir o registro de um convênio, iremos utilizar o mesmo método visto anteriormente, ou seja, uma lista contendo os convênios e dois links para abrir as telas de edição e exclusão.

Crie uma página JSP com o nome **selecionar_convenios**. O código para essa página deve ser o seguinte:

```
<%@page contentType="text/html" pageEncoding="UTF-8"%>
<%@page import="java.sql.ResultSet"%>
```

```
<%@page import="java.util.Date"%>
<jsp:useBean id="conexao" scope="page" class="banco_dados.conexaoBancoDados"/>
<jsp:useBean id="convenio" scope="page" class="banco_dados.convenios"/>
<!DOCTYPE html>
<html>
    <head>
        <meta http-equiv="Content-Type" content="text/html; charset=utf-8" />
        <title>SGC - Versão 1.0</title>
        <link href="clinica_medica.css" rel="stylesheet" type="text/css" />
    </head>
    <body class="FundoPagina">
        <%
            ResultSet rsRegistros;

            if (conexao.abrirConexao()) {
                convenio.configurarConexao(conexao.obterConexao());

                rsRegistros = convenio.listarRegistros();

                if (rsRegistros != null)
                {
                    out.println("<h2><center>Lista de convênios médicos</center></h2>");
                    out.println("<br>");
                    out.println("<table align='center' bgcolor='moccasin'>");
                    out.println("<tr><th>Convênio</th><th>CNPJ</th><th>Telefone</th></tr>");

                    while (rsRegistros.next())
                    {
                        out.print("<tr>");
                        out.print("<td>"+rsRegistros.getString("Empresa_Convenio")+"</td>");
                        out.print("<td>"+rsRegistros.getString("CNPJ")+"</td>");
                        out.print("<td>"+rsRegistros.getString("Telefone")+"</td>");
                        out.print("<td><a href='editar_convenio.jsp?Codigo="+rsRegistros.
getString("Codigo_Convenio")+ "'>Editar</a></td>");
                        out.print("<td><a href='excluir_convenio.jsp?Codigo="+rsRegistros.
getString("Codigo_Convenio")+ "'>Excluir</a></td>");
                        out.print("</tr>");
                    }
                    out.println("</table>");
                    out.println("<br>");
                }
                else
                    out.println("<p>Falha na exibição dos registros!</p>");

                conexao.fecharConexao();
            }
            else
                out.println("<p>Falha na conexão com o banco de dados!</p>");

        %>

        <span class="LinkVoltar"><a href="javascript:history.back()">[Voltar]</a></span>
        <p class="RodapePagina">Copyright(c) 2015 - Editora Érica Ltda.</p>
    </body>
</html>
```

Como antes, o código utiliza um *loop* **while** para listar todos os registros dentro de uma tabela na página HTML. Junto a cada categoria são criados dois links dinâmicos, que permitem a edição e exclusão do respectivo registro.

O link criado para edição chama uma página JSP denominada **editar_convenio.jsp**, passando-lhe como parâmetro o código do convênio. A listagem a seguir apresenta o código dessa página JSP:

```
<%@page contentType="text/html" pageEncoding="UTF-8"%>
<%@page import="java.sql.ResultSet"%>
<%@page import="model.c_convenios"%>
<jsp:useBean id="conexao" scope="page" class="banco_dados.conexaoBancoDados"/>
<jsp:useBean id="convenio" scope="page" class="banco_dados.convenios"/>
<!DOCTYPE html>
<html>
```

```
    <head>
        <meta http-equiv="Content-Type" content="text/html; charset=utf-8" />
        <title>SGC - Versão 1.0</title>
        <link href="clinica_medica.css" rel="stylesheet" type="text/css" />
    </head>
    <body class="FundoPagina">
        <%
            ResultSet rsRegistro;
            boolean blnConectado;

            c_convenios Convenio = new c_convenios();
            int intCodigoConvenio = Integer.parseInt(request.getParameter("Codigo"));
            blnConectado = false;

            if (conexao.abrirConexao())
            {
                convenio.configurarConexao(conexao.obterConexao());

                rsRegistro = convenio.lerRegistro(intCodigoConvenio);

                Convenio.setNomeConvenio(rsRegistro.getString("Empresa_Convenio"));
                Convenio.setCNPJ(rsRegistro.getString("CNPJ"));
                Convenio.setTelefone(rsRegistro.getString("Telefone"));
                Convenio.setCodigoConvenio(intCodigoConvenio);

                conexao.fecharConexao();

                blnConectado = true;
            }
            else
                out.println("<p>Falha na conexão com o banco de dados!</p>");
        %>

        <% if (blnConectado) {%>
        <p class="TituloAplicacao">SGC - Sistema de Gestão de Clínicas 1.0</p>
        <p class="TituloPagina">Cadastro de Funcionários - Edição</p>

        <form name="formEditaConvenio" method="post" action="atualizarConvenio" target="_parent">
            <p>Nome do convênio: <input type="text" name="txtNomeConvenio" size="45"
maxlength="45" value="<%=Convenio.getNomeConvenio()%>"/></p>
            <p>CNPJ: <input type="text" name="txtCNPJ" size="18" maxlength="18"
value="<%=Convenio.getCNPJ()%>"/></p>
            <p>Telefone: <input type="text" name="txtTelefone" size="20" maxlength="20"
value="<%=Convenio.getTelefone()%>"/></p>


            <p>
                <input type="hidden" name="codigo_convenio" value="<%=intCodigoConvenio%>">
            </p>
            <br>
            <p><input type="submit" name="btnAtualizar" value="Atualizar" />
                <span class="LinkVoltar"><a href="javascript:history.back()">[Voltar]</a></span>
            </p>
        </form>

        <p class="RodapePagina">Copyright(c) 2015 - Editora Érica Ltda.</p>
        <%}%>
    </body>
</html>
```

Esse formulário, criado dinamicamente pela página JSP, executa o *Servlet* **atualizarConvenio**, cujo código se encontra apresentado a seguir:

```
package servlets;

import java.io.IOException;
import java.io.PrintWriter;
import javax.servlet.ServletException;
import javax.servlet.http.*;
import model.c_convenios;
import banco_dados.conexaoBancoDados;
import banco_dados.convenios;
```

```
public class atualizarConvenio extends HttpServlet {
    @Override
    protected void doPost(HttpServletRequest request, HttpServletResponse response)
            throws ServletException, IOException {
        String strNomeConvenio,strCNPJ,strTelefone;
        int intCodigoConvenio;
        PrintWriter out;

        strNomeConvenio = request.getParameter("txtNomeConvenio");
        strCNPJ = request.getParameter("txtCNPJ");
        strTelefone = request.getParameter("txtTelefone");
        intCodigoConvenio = Integer.parseInt(request.getParameter("codigo_convenio"));

        response.setContentType("text/html;charset=UTF-8");
        out = response.getWriter();

        out.println("<!DOCTYPE html>");
        out.println("<html>");
        out.println("<head>");
        out.println("<meta http-equiv='Content-Type' content='text/html; charset=utf-8' />");
        out.println("<title>SGC - Versão 1.0</title>");
        out.println("<link href='clinica_medica.css' rel='stylesheet' type='text/css' />");
        out.println("</head>");
        out.println("<body class='FundoPagina'>");
        out.println("<p class='TituloAplicacao'>SGC - Sistema de Gestão de Clínicas 1.0</p>");
        out.println("<p class='TituloPagina'>Cadastro de Convênios Médicos</p>");

        try
        {
            conexaoBancoDados conexao = new conexaoBancoDados();
            convenios convenio = new convenios();

            c_convenios Convenio = new c_convenios(strNomeConvenio,strCNPJ,strTelefone);

            Convenio.setCodigoConvenio(intCodigoConvenio);

            if (conexao.abrirConexao())
            {
                convenio.configurarConexao(conexao.obterConexao());

                if (convenio.alterarRegistro(Convenio))
                {
                   out.println("<h2>Dados do convênio atualizados com sucesso!</h2>");
                   out.println("<br><br><br><br>");
                   out.println("<a href='menu_convenios.html'>Fechar</a>");
                }
                else
                    out.println("<h2>Não foi possível atualizar os dados do convênio!</h2>");

                conexao.fecharConexao();
            }
            else
                out.println("<h2>Não foi possível estabelecer conexão com o banco de dados!</h2>");
        }
        catch (Exception erro)
        {
            erro.printStackTrace();
            out.println("<h2>Erro do sistema: processo de atualização de dados do convênio!</h2>");
        }

        out.println("<p class='RodapePagina'>Copyright(c) 2015 - Editora Érica Ltda.</p>");
        out.println("</body>");
        out.println("</html>");
    }
}
```

Os dados do convênio selecionado são armazenados na instância da classe **c_convenio** para que ela seja passada como parâmetro ao método **alterarRegistro()** do objeto **convenios**, que é na verdade o responsável pela atualização do registro no banco.

Se for clicado o link **Excluir** da lista, a página **excluir_convenio.jsp** será chamada. Seu código está listado a seguir:

```
<%@page contentType="text/html" pageEncoding="UTF-8"%>
<%@page import="java.sql.ResultSet"%>
<%@page import="model.c_convenios"%>
<jsp:useBean id="conexao" scope="page" class="banco_dados.conexaoBancoDados"/>
<jsp:useBean id="convenio" scope="page" class="banco_dados.convenios"/>
<!DOCTYPE html>
<html>
    <head>
        <meta http-equiv="Content-Type" content="text/html; charset=utf-8" />
        <title>SGC - Versão 1.0</title>
        <link href="clinica_medica.css" rel="stylesheet" type="text/css" />
    </head>
    <body class="FundoPagina">
        <%
            ResultSet rsRegistro;
            boolean blnConectado;

            c_convenios Convenio = new c_convenios();
            int intCodigoConvenio = Integer.parseInt(request.getParameter("Codigo"));
            blnConectado = false;

            if (conexao.abrirConexao())
            {
                convenio.configurarConexao(conexao.obterConexao());

                rsRegistro = convenio.lerRegistro(intCodigoConvenio);

                Convenio.setNomeConvenio(rsRegistro.getString("Empresa_Convenio"));
                Convenio.setCNPJ(rsRegistro.getString("CNPJ"));
                Convenio.setTelefone(rsRegistro.getString("Telefone"));
                Convenio.setCodigoConvenio(intCodigoConvenio);

                conexao.fecharConexao();

                blnConectado = true;
            }
            else
                out.println("<p>Falha na conexão com o banco de dados!</p>");
        %>

        <% if (blnConectado) {%>
        <p class="TituloAplicacao">SGC - Sistema de Gestão de Clínicas 1.0</p>
        <p class="TituloPagina">Cadastro de Convênios Médicos - Exclusão</p>

        <form name="formExcluiConvenio" method="post" action="excluirConvenio" target="_parent">
            <p>Nome do convênio: <%=Convenio.getNomeConvenio()%></p>
            <p>CNPJ: <%=Convenio.getCNPJ()%></p>
            <p>Telefone: <%=Convenio.getTelefone()%></p>
            <p><input type="hidden" name="codigo_convenio" value="<%=intCodigoConvenio%>"></p>
            <br>
            <p><input type="submit" name="btnExcluir" value="Excluir" />
                <span class="LinkVoltar"><a href="javascript:history.back()">[Voltar]</a></span>
            </p>
        </form>

        <p class="RodapePagina">Copyright(c) 2015 - Editora Érica Ltda.</p>
        <%}%>
    </body>
</html>
```

Os dados do convênio escolhido para exclusão são exibidos e, quando o usuário clicar no botão **Excluir**, o *Servlet* denominado **excluirConvenio** será executado. Seu código consta da listagem exibida a seguir:

```
package servlets;

import java.io.IOException;
import java.io.PrintWriter;
import javax.servlet.ServletException;
```

```
import javax.servlet.http.*;
import banco_dados.conexaoBancoDados;
import banco_dados.convenios;

public class excluirConvenio extends HttpServlet {
    @Override
    protected void doPost(HttpServletRequest request, HttpServletResponse response)
            throws ServletException, IOException {
        PrintWriter out;
        response.setContentType("text/html;charset=UTF-8");
        out = response.getWriter();

        out.println("<!DOCTYPE html>");
        out.println("<html>");
        out.println("<head>");
        out.println("<meta http-equiv='Content-Type' content='text/html; charset=utf-8' />");
        out.println("<title>SGC - Versão 1.0</title>");
        out.println("<link href='clinica_medica.css' rel='stylesheet' type='text/css' />");
        out.println("</head>");
        out.println("<body class='FundoPagina'>");
        out.println("<p class='TituloAplicacao'>SGC - Sistema de Gestão de Clínicas 1.0</p>");
        out.println("<p class='TituloPagina'>Cadastro de Convênios Médicos</p>");

        try
        {
            conexaoBancoDados conexao = new conexaoBancoDados();
            convenios convenio = new convenios();

            if (conexao.abrirConexao())
            {
                convenio.configurarConexao(conexao.obterConexao());

                if (convenio.excluirRegistro(Integer.parseInt(request.getParameter("codigo_
convenio"))))
                {
                   out.println("<h2>Registro de convênio excluído com sucesso!</h2>");
                   out.println("<br><br><br><br>");
                   out.println("<a href='menu_usuarios.html'>Fechar</a>");
                }
                else
                    out.println("<h2>Não foi possível excluir o registro do convênio!</h2>");

                conexao.fecharConexao();
            }
            else
                out.println("<h2>Não foi possível estabelecer conexão com o banco de dados!</h2>");
        }
        catch (Exception erro)
        {
            erro.printStackTrace();
            out.println("<h2>Erro do sistema: processo de exclusão de convênio!</h2>");
        }

        out.println("<p class='RodapePagina'>Copyright(c) 2015 - Editora Érica Ltda.</p>");
        out.println("</body>");
        out.println("</html>");
    }
}
```

Por meio de uma chamada ao método **excluirRegistro()** da classe **convenios**, o registro é excluído fisicamente da tabela do banco de dados.

21.9 Listagem dos convênios cadastrados

Agora precisamos criar uma página que permita a visualização em vídeo de todos os convênios que se encontram cadastrados no sistema. Adicione ao projeto uma nova página JSP com o nome **listar_convenios**. O código para essa página é apresentado na seguinte listagem:

```
<%@page contentType="text/html" pageEncoding="UTF-8"%>
<%@page import="java.sql.ResultSet"%>
<%@page import="java.util.Date"%>
<jsp:useBean id="conexao" scope="page" class="banco_dados.conexaoBancoDados"/>
<jsp:useBean id="convenio" scope="page" class="banco_dados.convenios"/>
<!DOCTYPE html>
<html>
    <head>
        <meta http-equiv="Content-Type" content="text/html; charset=utf-8" />
        <title>SGC - Versão 1.0</title>
        <link href="clinica_medica.css" rel="stylesheet" type="text/css" />
    </head>
    <body class="FundoPagina">
        <%
            ResultSet rsRegistros;

            if (conexao.abrirConexao()) {
                convenio.configurarConexao(conexao.obterConexao());

                rsRegistros = convenio.listarRegistros();

                if (rsRegistros != null)
                {
                    out.println("<h2><center>Lista de convênios médicos</center></h2>");
                    out.println("<br>");
                    out.println("<table align='center' bgcolor='moccasin'>");
                    out.println("<tr><th>Convênioo</th><th>CNPJ</th><th>Telefone</th></tr>");

                    while (rsRegistros.next())
                    {
                        out.print("<tr>");
                        out.print("<td>"+rsRegistros.getString("Empresa_Convenio")+"</td>");
                        out.print("<td>"+rsRegistros.getString("CNPJ")+"</td>");
                        out.print("<td>"+rsRegistros.getString("Telefone")+"</td>");
                        out.print("</tr>");
                    }
                    out.println("</table>");
                    out.println("<br>");
                }
                else
                    out.println("<p>Falha na exibição dos registros!</p>");

                conexao.fecharConexao();
            }
            else
                out.println("<p>Falha na conexão com o banco de dados!</p>");

        %>

        <span class="LinkVoltar"><a href="javascript:history.back()">[Voltar]</a></span>
        <p class="RodapePagina">Copyright(c) 2015 - Editora Érica Ltda.</p>
    </body>
</html>
```

Esse código chama o método **listarRegistros()** do objeto **convenio** para recuperar todos os registros de convênios armazenados no banco de dados. Então, é criada uma tabela HTML com os valores dos campos **Empresa_Convenio**, **CNPJ** e **Telefone**.

21.10 Teste de cadastro de convênios

Agora que concluímos o desenvolvimento, vamos testar o gerenciamento de convênios médicos. Clique com o botão esquerdo do mouse sobre o arquivo **menu_administracao.html** e escolha a opção **Executar Arquivo**. Após surgir a tela de menu, clique na opção **Convênios**, assim a tela da Figura 21.7 é exibida. Clique na opção **Adicionar** e você verá em seguida a tela da Figura 21.8.

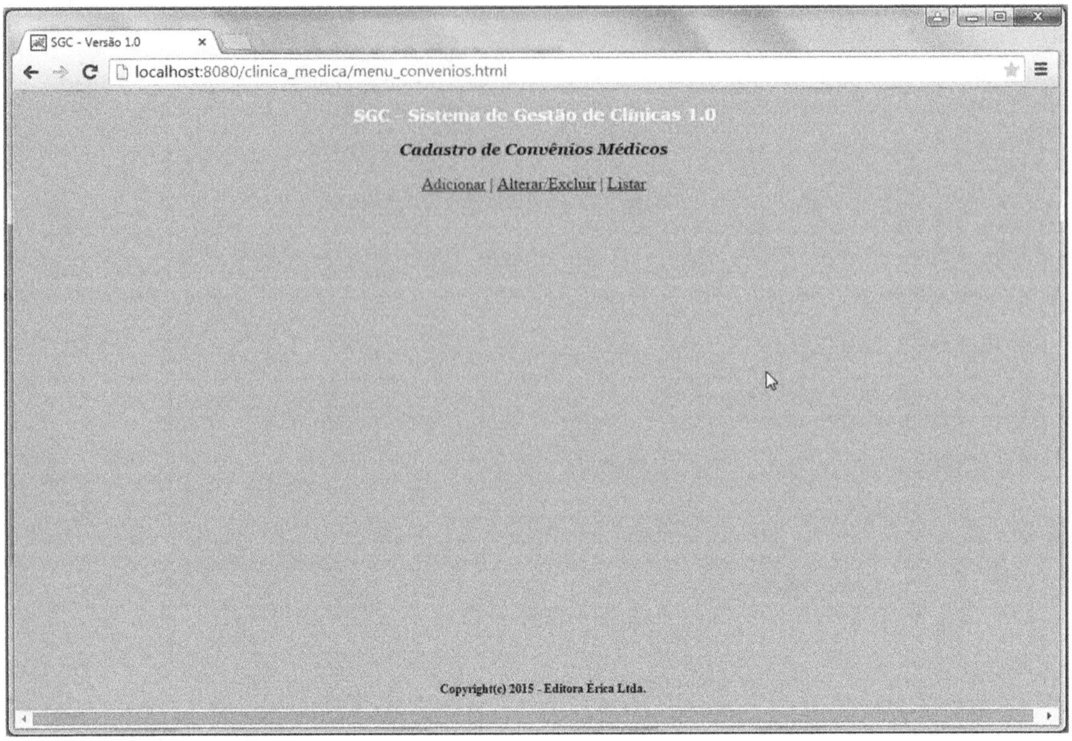

Figura 21.7 – Menu do gerenciamento de convênios médicos.

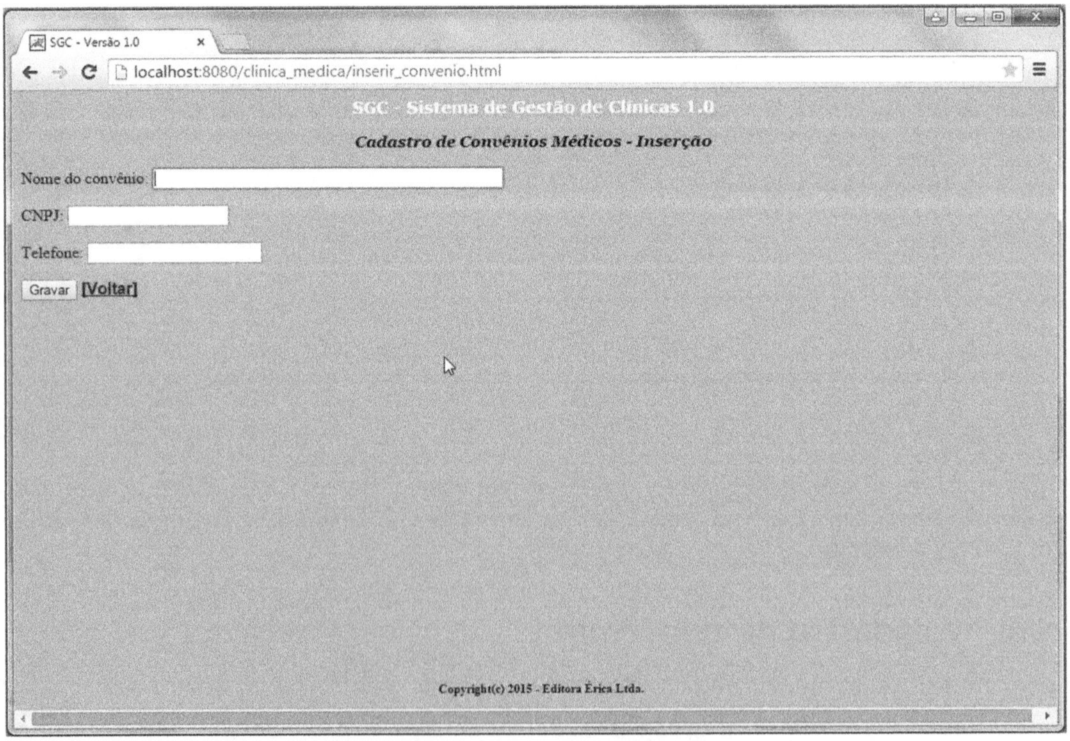

Figura 21.8 – Formulário de cadastro de convênios médicos.

Escolhendo a opção **Editar/Excluir**, você terá uma tela semelhante à da Figura 21.9. Como podemos ver, ela é similar à desenvolvida anteriormente para as especialidades médicas.

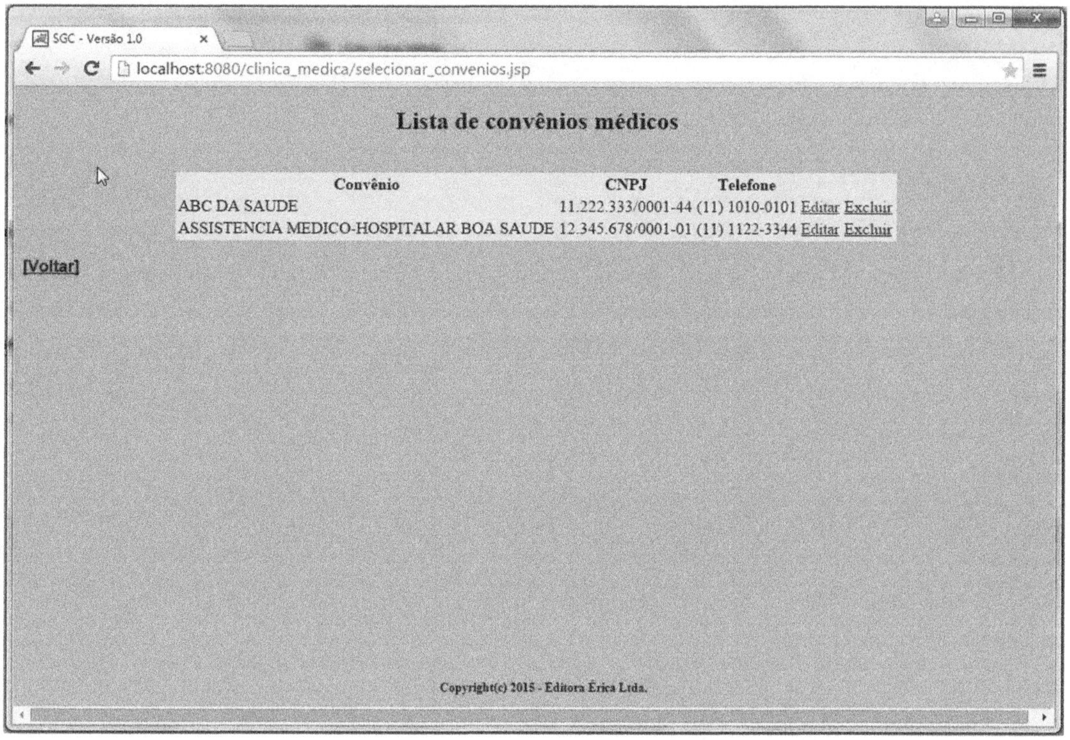

Figura 21.9 – Tela para seleção de convênio a ser editado ou excluído.

A Figura 21.10 mostra a tela de edição. Já a Figura 21.11 exibe a tela de exclusão.

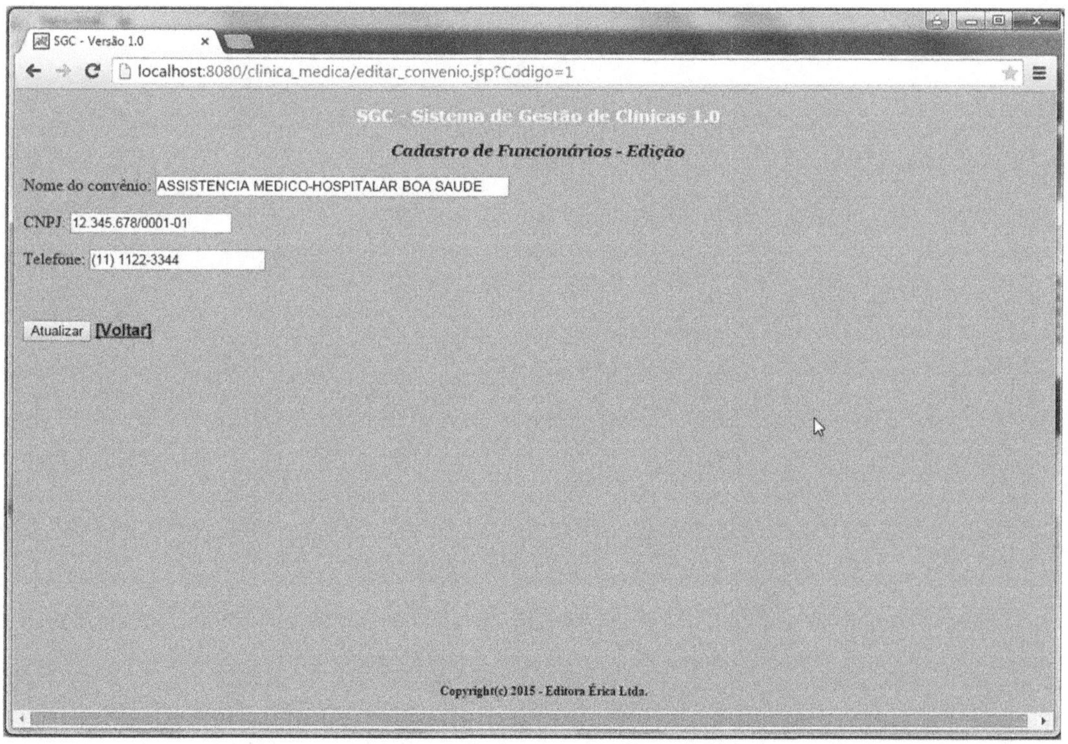

Figura 21.10 – Tela de edição de dados de convênio médico.

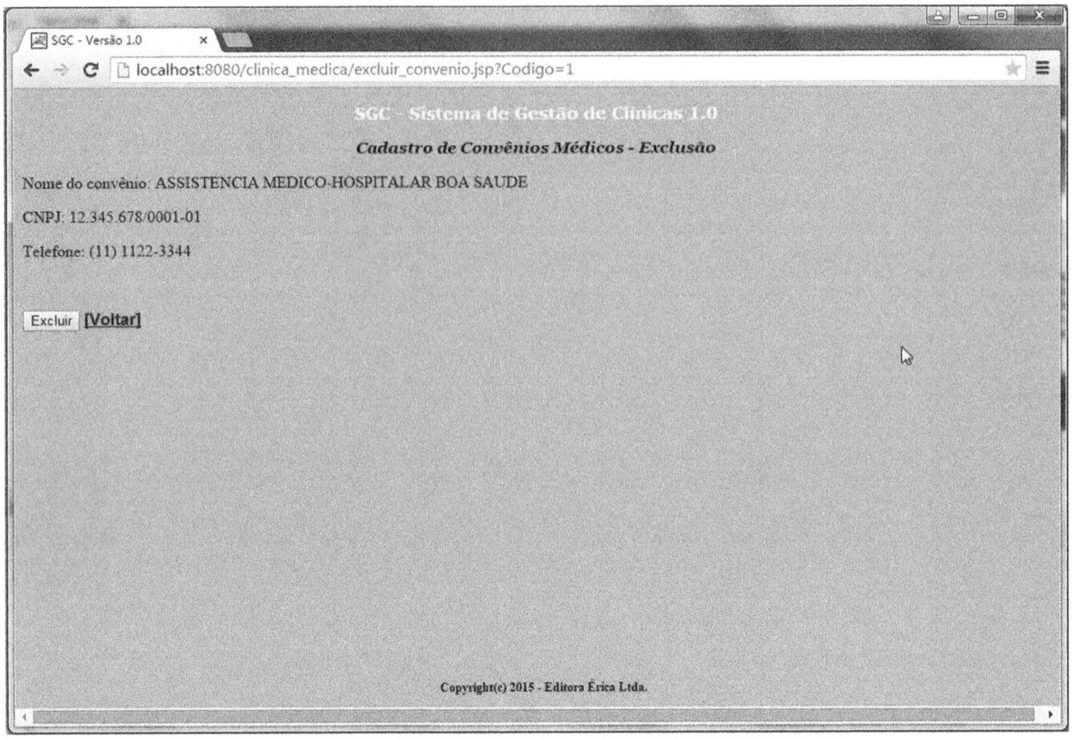

Figura 21.11 – Tela para exclusão de convênio médico.

A Figura 21.12 apresenta a tela aberta quando a opção **Listar** é selecionada.

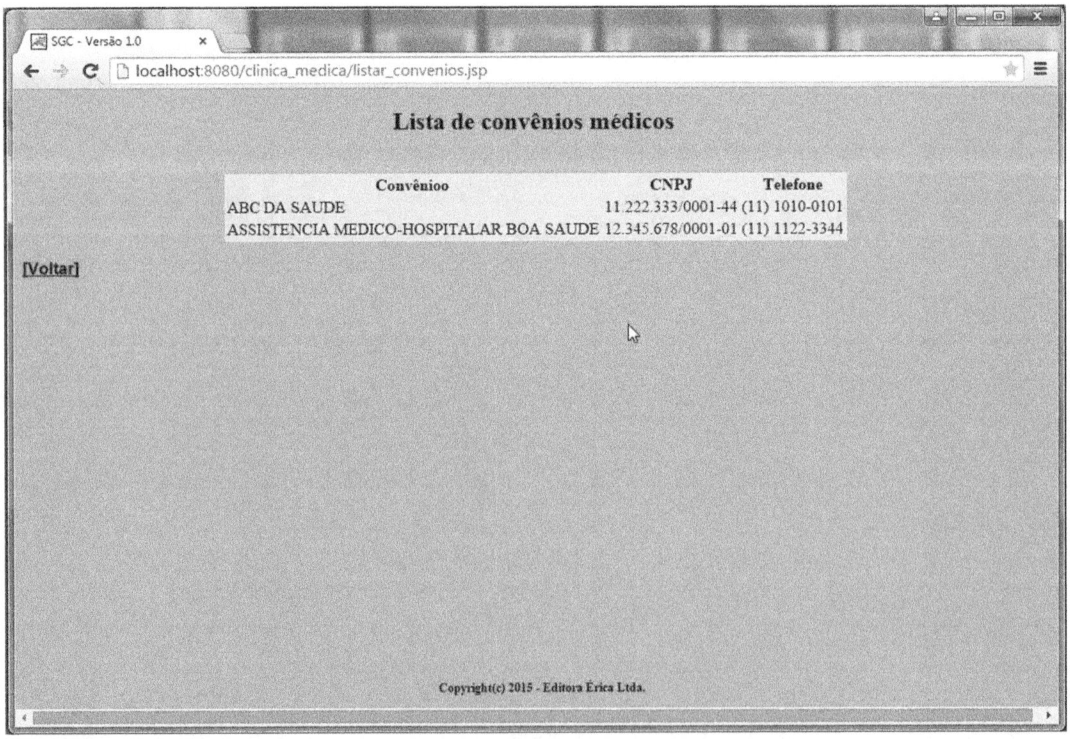

Figura 21.12 – Tela de listagem dos convênios médicos cadastrados.

21.11 Cadastro de médicos

Nosso último módulo de gerenciamento administrativo recai sobre o cadastro dos médicos que atendem na clínica. Primeiramente, vamos criar o menu clicando com o botão direito do mouse sobre o item **Páginas Web** da janela do gerenciador de projetos e escolhendo a opção **Novo → HTML**. Na caixa de diálogo aberta em seguida, digite no campo **Nome do Arquivo HTML** a expressão caractere "menu_medicos" e clique em **Finalizar**. O código HTML para essa página se encontra na listagem exibida a seguir:

```
<!DOCTYPE html>
<html>
    <head>
        <meta http-equiv="Content-Type" content="text/html; charset=utf-8" />
        <title>SGC - Versão 1.0</title>
        <link href="clinica_medica.css" rel="stylesheet" type="text/css" />
    </head>

    <body class="FundoPagina">
        <p class="TituloAplicacao">SGC - Sistema de Gestão de Clínicas 1.0</p>
        <p class="TituloPagina">Cadastro de Convênios Médicos</p>
        <p><center><a href="inserir_convenio.html">Adicionar</a> | <a href="selecionar_convenios.
jsp">Alterar/Excluir</a> | <a href="listar_convenios.jsp">Listar</a></center></p>
        <p class="RodapePagina">Copyright(c) 2015 - Editora Érica Ltda.</p>
    </body>
</html>
```

A seguir, devemos criar duas classes Java, uma para representar os dados e outra para se comunicar com o banco de dados propriamente dito. A classe de modelagem dos dados deve ter o nome **c_medicos** e ser alojada no pacote denominado **model**. O código-fonte dela é apresentado a seguir:

```
package model;

public class c_medicos
{
    private int codigo_medico;
    private String nome_medico;
    private String CRM;
    private int codigo_especialidade;

    public c_medicos()
    {
        codigo_medico = 0;
        nome_medico = "";
        CRM = "";
        codigo_especialidade = 0;
    }

    public c_medicos(String nome_medico,
            String CRM,
            int codigo_especialidade)
    {
        this.nome_medico = nome_medico.toUpperCase();
        this.CRM = CRM;
        this.codigo_especialidade = codigo_especialidade;
    }

    public int getCodigoMedico() {return codigo_medico;}
    public void setCodigoMedico(int codigo_medico) {this.codigo_medico = codigo_medico;}

    public String getNomeMedico() {return nome_medico;}
    public void setNomeMedico(String nome_medico) {this.nome_medico = nome_medico.toUpperCase();}

    public String getCRM() {return CRM;}
    public void setCRM(String CRM) {this.CRM = CRM;}

    public int getCodigoEspecialidade() {return codigo_especialidade;}
    public void setCodigoEspecialidade(int codigo_especialidade) {this.codigo_especialidade =
codigo_especialidade;}
}
```

Para a classe de manipulação do banco de dados, cujo nome deve ser **medicos**, o código é o mostrado a seguir. A classe deve ser incluída no pacote **banco_dados**.

```
package banco_dados;

import java.sql.*;
import model.c_medicos;

public class medicos {
    private Connection conBanco;
    private PreparedStatement psComando;
    private ResultSet rsRegistros;

    public void configurarConexao(Connection conBanco) {this.conBanco = conBanco;}

    public boolean inserirRegistro(c_medicos medico)
    {
        String strComandoSQL;

        try
        {
            strComandoSQL = "INSERT INTO medicos(Nome_Medico,CRM,Codigo_Especialidade)"+
                    " VALUES('"+medico.getNomeMedico()+"',"+
                    "'"+medico.getCRM()+"',"+
                    medico.getCodigoEspecialidade()+")";

            psComando = conBanco.prepareStatement(strComandoSQL);
            psComando.executeUpdate();

            return true;
        }
        catch (Exception erro)
        {
            erro.printStackTrace();
            return false;
        }
    }

    public ResultSet lerRegistro(int intCodigoMedico)
    {
        String strComandoSQL;

        try
        {
            strComandoSQL = "SELECT * FROM medicos WHERE Codigo_Medico = "+intCodigoMedico;

            psComando = conBanco.prepareStatement(strComandoSQL);
            rsRegistros = psComando.executeQuery();
            rsRegistros.next();

            return rsRegistros;
        }
        catch (Exception erro)
        {
            erro.printStackTrace();
            return null;
        }
    }

    public boolean alterarRegistro(c_medicos medico)
    {
        String strComandoSQL;

        try
        {
            strComandoSQL = "UPDATE medicos SET Nome_Medico = '"+medico.getNomeMedico()+"',"+
                    "CRM = '"+medico.getCRM()+"',"+
                    "Codigo_Especialidade = "+medico.getCodigoEspecialidade()+
                    " WHERE Codigo_Medico = "+medico.getCodigoMedico();
            psComando = conBanco.prepareStatement(strComandoSQL);
            psComando.executeUpdate();

            return true;
```

```
        }
        catch (Exception erro)
        {
            erro.printStackTrace();
            return false;
        }
    }

    public boolean excluirRegistro(int intCodigoMedico)
    {
        String strComandoSQL;

        try
        {
            strComandoSQL = "DELETE FROM medicos WHERE Codigo_Medico = "+intCodigoMedico;
            psComando = conBanco.prepareStatement(strComandoSQL);
            psComando.executeUpdate();

            return true;
        }
        catch (Exception erro)
        {
            erro.printStackTrace();
            return false;
        }
    }

    public ResultSet listarRegistros()
    {
        String strComandoSQL;

        try
        {
            strComandoSQL = "SELECT * FROM medicos ORDER BY Nome_Medico";

            psComando = conBanco.prepareStatement(strComandoSQL);
            rsRegistros = psComando.executeQuery();
            return rsRegistros;
        }
        catch (Exception erro)
        {
            erro.printStackTrace();
            return null;
        }
    }

    public ResultSet listarMedicosEspecialidades()
    {
        String strComandoSQL;

        try
        {
            strComandoSQL = "SELECT medicos.Codigo_Medico AS CodigoMedico,"+
                    "medicos.Nome_Medico AS Medico,"+
                    "medicos.Codigo_Especialidade AS MedicoEspecialidade,"+
                    "especialidades.Codigo_Especialidade AS CodigoEspecialidade,"+
                    "especialidades.Descricao_Especialidade AS Especialidade"+
                    " FROM medicos,especialidades"+
                    " WHERE medicos.Codigo_Especialidade = especialidades.Codigo_Especialidade ORDER
BY medicos.Nome_Medico";

            psComando = conBanco.prepareStatement(strComandoSQL);
            rsRegistros = psComando.executeQuery();
            return rsRegistros;
        }
        catch (Exception erro)
        {
            erro.printStackTrace();
            return null;
        }
    }
}
```

Em relação às classes vistas até agora, essa difere delas por conter um novo método denominado **listarMedicosEspecialidades()**. Ele faz uso de uma instrução SQL que permite unir as tabelas **medicos** e **especialidades** para, assim, termos acesso às descrições de especialidades vinculadas aos médicos por meio do código de especialidade. Esse método será útil na montagem da lista de médicos, que veremos mais à frente.

21.12 Inclusão de médicos

A inclusão de médicos no cadastro será efetuada a partir de uma página JSP, e não por meio de um formulário HTML, como havíamos feito nos outros casos. Isso é necessário porque o formulário de entrada precisa ser criado dinamicamente, uma vez que a lista (caixa de combinação) de especialidades é montada a partir dos registros da respectiva tabela do banco de dados.

Crie uma nova página JSP clicando com o botão direito do mouse no item **Páginas Web** e escolhendo a opção **Novo → JSP**. Especifique como nome do arquivo a cadeia de caracteres "inserir_medico". O código dessa página é apresentado na seguinte listagem:

```
<%@page contentType="text/html" pageEncoding="UTF-8"%>
<%@page import="java.sql.ResultSet"%>
<jsp:useBean id="conexao" scope="page" class="banco_dados.conexaoBancoDados"/>
<jsp:useBean id="especialidade" scope="page" class="banco_dados.especialidades"/>
<!DOCTYPE html>
<html>
    <head>
        <meta http-equiv="Content-Type" content="text/html; charset=utf-8" />
        <title>SGC - Versão 1.0</title>
        <link href="clinica_medica.css" rel="stylesheet" type="text/css" />
    </head>

    <body class="FundoPagina">
        <p class="TituloAplicacao">SGC - Sistema de Gestão de Clínicas 1.0</p>
        <p class="TituloPagina">Cadastro de Médicos - Inserção</p>

        <form name="formInsereMedico" method="post" action="inserirMedico" target="_parent">
            <p>Nome do médico:  <input type="text" name="txtNomeMedico" size="50" maxlength="50"
/></p>
            <p>CRM: <input type="text" name="txtCRM" size="20" maxlength="20" /></p>
            <p>Especialidade:
                <select name="lstEspecialidade">
                <%
                    ResultSet rsRegistros;

                    if (conexao.abrirConexao())
                    {
                        especialidade.configurarConexao(conexao.obterConexao());

                        rsRegistros = especialidade.listarRegistros("DESCRIÇÃO");

                        if (rsRegistros != null)
                        {
                            while (rsRegistros.next())
                                out.print("<option value='"+rsRegistros.getString(
"Codigo_Especialidade")+"'>"+rsRegistros.getString("Descricao_Especialidade")+"</option>");
                        }

                        conexao.fecharConexao();
                    }
                %>
                </select>
            </p>
            <br>
            <p><input type="submit" name="btnGravar" value="Gravar" />
                <span class="LinkVoltar"><a href="javascript:history.back()">[Voltar]</a></span>
            </p>
        </form>

        <p class="RodapePagina">Copyright(c) 2015 - Editora Érica Ltda.</p>
    </body>
</html>
```

A parte central do código, responsável por criar os itens da caixa de combinação, merece um pouco mais de atenção. Ela se encontra reproduzida a seguir:

```
                <select name="lstEspecialidade">
                <%
                    ResultSet rsRegistros;

                    if (conexao.abrirConexao())
                    {
                        especialidade.configurarConexao(conexao.obterConexao());

                        rsRegistros = especialidade.listarRegistros("DESCRIÇÃO");

                        if (rsRegistros != null)
                        {
                            while (rsRegistros.next())
                                out.print("<option value='"+rsRegistros.getString(
"Codigo_Especialidade")+"'>"+rsRegistros.getString("Descricao_Especialidade")+"</option>");
                        }

                        conexao.fecharConexao();
                    }
                %>
                </select>
```

Após a declaração da *tag* **<select>**, uma conexão com o banco de dados é aberta e os dados dos registros da tabela de cadastro de especialidade são carregados no objeto **rsRegistros**. Então, por meio de um *loop* **while**, adicionamos os itens da lista utilizando os valores dos campos **Codigo_Especialidade** (para o atributo **value**) e **Descricao_Especialidade** (para o texto da lista).

O formulário, após ser submetido por meio de um clique no seu botão, chama um *Servlet* denominado **inserirMedico**, cujo código é apresentado a seguir, devendo ser adicionado ao pacote **servlets** do projeto:

```
package servlets;

import java.io.IOException;
import java.io.PrintWriter;
import javax.servlet.ServletException;
import javax.servlet.http.*;
import model.c_medicos;
import banco_dados.conexaoBancoDados;
import banco_dados.medicos;

public class inserirMedico extends HttpServlet {
    @Override
    protected void doPost(HttpServletRequest request, HttpServletResponse response)
            throws ServletException, IOException {
        PrintWriter out;
        response.setContentType("text/html;charset=UTF-8");
        out = response.getWriter();

        out.println("<!DOCTYPE html>");
        out.println("<html>");
        out.println("<head>");
        out.println("<meta http-equiv='Content-Type' content='text/html; charset=utf-8' />");
        out.println("<title>SGC - Versão 1.0</title>");
        out.println("<link href='clinica_medica.css' rel='stylesheet' type='text/css' />");
        out.println("</head>");
        out.println("<body class='FundoPagina'>");
        out.println("<p class='TituloAplicacao'>SGC - Sistema de Gestão de Clínicas 1.0</p>");
        out.println("<p class='TituloPagina'>Cadastro de Médicos</p>");

        try
        {
            conexaoBancoDados conexao = new conexaoBancoDados();
            medicos medico = new medicos();
```

```
            c_medicos Medico = new c_medicos(request.getParameter("txtNomeMedico"),
                    request.getParameter("txtCRM"),
                    Integer.parseInt(request.getParameter("lstEspecialidade")));

            if (conexao.abrirConexao())
            {
                medico.configurarConexao(conexao.obterConexao());

                if (medico.inserirRegistro(Medico))
                {
                   out.println("<h2>Médico cadastrado com sucesso!</h2>");
                   out.println("<br><br><br><br>");
                   out.println("<a href='menu_medicos.html'>Voltar</a>");
                }
                else
                    out.println("<h2>Não foi possível cadastrar o médico!</h2>");

                conexao.fecharConexao();
            }
            else
                out.println("<h2>Não foi possível estabelecer conexão com o banco de dados!</h2>");
        }
        catch (Exception erro)
        {
            erro.printStackTrace();
            out.println("<h2>Erro do sistema: processo de cadastro de médico!</h2>");
        }

        out.println("<p class='RodapePagina'>Copyright(c) 2015 - Editora Érica Ltda.</p>");
        out.println("</body>");
        out.println("</html>");
    }
}
```

21.13 Pesquisa, alteração e exclusão de médicos

A edição de dados de médicos ou a exclusão de registro também são efetuadas a partir de um link exibido junto com os dados dos médicos em uma tabela, conforme já visto anteriormente. Crie uma página JSP com o nome **selecionar_medicos**. O código para essa página deve ser o seguinte:

```
<%@page contentType="text/html" pageEncoding="UTF-8"%>
<%@page import="java.sql.ResultSet"%>
<jsp:useBean id="conexao" scope="page" class="banco_dados.conexaoBancoDados"/>
<jsp:useBean id="medico" scope="page" class="banco_dados.medicos"/>
<!DOCTYPE html>
<html>
    <head>
        <meta http-equiv="Content-Type" content="text/html; charset=utf-8" />
        <title>SGC - Versão 1.0</title>
        <link href="clinica_medica.css" rel="stylesheet" type="text/css" />
    </head>
    <body class="FundoPagina">
        <%
            ResultSet rsRegistros;

            if (conexao.abrirConexao())
            {
                medico.configurarConexao(conexao.obterConexao());

                rsRegistros = medico.listarMedicosEspecialidades();

                if (rsRegistros != null)
                {
                    out.println("<h2><center>Lista de médicos</center></h2>");
                    out.println("<br>");
                    out.println("<table align='center' bgcolor='moccasin'>");
                    out.println("<tr><th>Nome do médico</th><th>Especialidade</th><th></th><th></
th></tr>");
```

```
                    while (rsRegistros.next())
                    {
                        out.print("<tr>");
                        out.print("<td>"+rsRegistros.getString("Medico")+"</td>");
                        out.print("<td>"+rsRegistros.getString("Especialidade")+"</td>");
                        out.print("<td><a href='editar_medico.jsp?Codigo="+rsRegistros.
getString("CodigoMedico")+ "'>Editar</a></td>");
                        out.print("<td><a href='excluir_medico.jsp?Codigo="+rsRegistros.
getString("CodigoMedico")+ "'>Excluir</a></td>");
                        out.print("</tr>");
                    }
                    out.println("</table>");
                    out.println("<br>");
                }
                else
                    out.println("<p>Falha na exibição dos registros!</p>");

                conexao.fecharConexao();
            }
            else
                out.println("<p>Falha na conexão com o banco de dados!</p>");
        %>

        <span class="LinkVoltar"><a href="javascript:history.back()">[Voltar]</a></span>
        <p class="RodapePagina">Copyright(c) 2015 - Editora Érica Ltda.</p>
    </body>
</html>
```

Note que o método **listarMedicosEspecialidades()** é chamado e são referenciados os apelidos dos campos definidos dentro da instrução SQL presente nesse método.

Como antes, o código utiliza um *loop* **while** para listar todos os nomes dos médicos e sua respectiva especialidade, acompanhados por dois links que permitem a edição dos dados ou a exclusão do registro.

O link criado para edição chama uma página JSP denominada **editar_medico.jsp**, passando-lhe como parâmetro o código do médico. A listagem a seguir apresenta o código dessa página JSP:

```
<%@page contentType="text/html" pageEncoding="UTF-8"%>
<%@page import="java.sql.ResultSet"%>
<%@page import="model.c_medicos"%>
<jsp:useBean id="conexao" scope="page" class="banco_dados.conexaoBancoDados"/>
<jsp:useBean id="medico" scope="page" class="banco_dados.medicos"/>
<jsp:useBean id="especialidade" scope="page" class="banco_dados.especialidades"/>
<!DOCTYPE html>
<html>
    <head>
        <meta http-equiv="Content-Type" content="text/html; charset=utf-8" />
        <title>SGC - Versão 1.0</title>
        <link href="clinica_medica.css" rel="stylesheet" type="text/css" />
    </head>
    <body class="FundoPagina">
        <%
            ResultSet rsMedicos;
            boolean blnConectado;

            c_medicos Medico = new c_medicos();
            int intCodigoMedico = Integer.parseInt(request.getParameter("Codigo"));
            blnConectado = false;

            if (conexao.abrirConexao())
            {
                medico.configurarConexao(conexao.obterConexao());

                rsMedicos = medico.lerRegistro(intCodigoMedico);

                Medico.setNomeMedico(rsMedicos.getString("Nome_Medico"));
                Medico.setCRM(rsMedicos.getString("CRM"));
                Medico.setCodigoEspecialidade(Integer.parseInt(rsMedicos.
getString("Codigo_Especialidade")));
```

```
                blnConectado = true;
            }
            else
                out.println("<p>Falha na conexão com o banco de dados!</p>");

        %>

        <% if (blnConectado) {%>
        <p class="TituloAplicacao">SGC - Sistema de Gestão de Clínicas 1.0</p>
        <p class="TituloPagina">Cadastro de Médicos - Edição</p>

        <form name="formEditaMedico" method="post" action="atualizarMedico" target="_parent">
              <p>Nome do médico: <input type="text" name="txtNomeMedico" size="50" maxlength="50"
value="<%=Medico.getNomeMedico()%>"/></p>
              <p>CRM: <input type="text" name="txtCRM" size="20" maxlength="20" value="<%=Medico.
getCRM()%>"/></p>
              <p>Especialidade:
              <select name="lstEspecialidade">
              <%
                if (blnConectado)
                {
                    String strItemLista;
                    ResultSet rsEspecialidades;

                    especialidade.configurarConexao(conexao.obterConexao());

                    rsEspecialidades = especialidade.listarRegistros("DESCRIÇÃO");

                    if (rsEspecialidades != null)
                    {
                        while (rsEspecialidades.next())
                        {
                            strItemLista = "<option value='"+rsEspecialidades.getString("Codigo_
Especialidade")+"'";

                            if (Integer.parseInt(rsEspecialidades.getString("Codigo_Especialidade"))
== Medico.getCodigoEspecialidade())
                                strItemLista = strItemLista+" selected='selected'>"+rsEspecialidades.
getString("Descricao_Especialidade")+"</option>";
                            else
                                strItemLista = strItemLista+">"+rsEspecialidades.
getString("Descricao_Especialidade")+"</option>";

                            out.print(strItemLista);
                        }
                    }

                    conexao.fecharConexao();
                }
              %>
              </select>
              </p>

              <p><input type="hidden" name="codigo_medico" value="<%=intCodigoMedico%>"></p>
              <br>
              <p><input type="submit" name="btnAtualizar" value="Atualizar" />
                  <span class="LinkVoltar"><a href="javascript:history.back()">[Voltar]</a></span>
              </p>
        </form>

        <p class="RodapePagina">Copyright(c) 2015 - Editora Érica Ltda.</p>
        <%}%>
    </body>
</html>
```

O formulário, criado dinamicamente pelo código Java da página JSP, executa o *Servlet* **atualizarMedico**, que deve ser adicionado ao pacote **servlets**. Seu código está presente na seguinte listagem:

```
package servlets;

import java.io.IOException;
import java.io.PrintWriter;
import javax.servlet.ServletException;
import javax.servlet.http.*;
import model.c_medicos;
import banco_dados.conexaoBancoDados;
import banco_dados.medicos;

public class atualizarMedico extends HttpServlet {
    @Override
    protected void doPost(HttpServletRequest request, HttpServletResponse response)
          throws ServletException, IOException {
        PrintWriter out;
        response.setContentType("text/html;charset=UTF-8");
        out = response.getWriter();

        out.println("<!DOCTYPE html>");
        out.println("<html>");
        out.println("<head>");
        out.println("<meta http-equiv='Content-Type' content='text/html; charset=utf-8' />");
        out.println("<title>SGC - Versão 1.0</title>");
        out.println("<link href='clinica_medica.css' rel='stylesheet' type='text/css' />");
        out.println("</head>");
        out.println("<body class='FundoPagina'>");
        out.println("<p class='TituloAplicacao'>SGC - Sistema de Gestão de Clínicas 1.0</p>");
        out.println("<p class='TituloPagina'>Cadastro de Médicos</p>");

        try
        {
            conexaoBancoDados conexao = new conexaoBancoDados();
            medicos medico = new medicos();

            c_medicos Medico = new c_medicos(request.getParameter("txtNomeMedico"),
                    request.getParameter("txtCRM"),
                    Integer.parseInt(request.getParameter("lstEspecialidade")));

            Medico.setCodigoMedico(Integer.parseInt(request.getParameter("codigo_medico")));

            if (conexao.abrirConexao())
            {
                medico.configurarConexao(conexao.obterConexao());

                if (medico.alterarRegistro(Medico))
                {
                    out.println("<h2>Dados do médico atualizados com sucesso!</h2>");
                    out.println("<br><br><br><br>");
                    out.println("<a href='menu_medicos.html'>Fechar</a>");
                }
                else
                    out.println("<h2>Não foi possível atualizar os dados do médico!</h2>");

                conexao.fecharConexao();
            }
            else
                out.println("<h2>Não foi possível estabelecer conexão com o banco de dados!</h2>");
        }
        catch (Exception erro)
        {
            erro.printStackTrace();
            out.println("<h2>Erro do sistema: processo de cadastro de médico!</h2>");
        }

        out.println("<p class='RodapePagina'>Copyright(c) 2015 - Editora Érica Ltda.</p>");
        out.println("</body>");
        out.println("</html>");
    }
}
```

Os dados do médico selecionado são armazenados na instância da classe **c_medico** para serem posteriormente passados como parâmetro ao método **alterarRegistro()** do objeto **medicos**.

Se for clicado o link **Excluir** da lista, a página **excluir_medico.jsp** será chamada. Seu código está listado a seguir:

```
<%@page contentType="text/html" pageEncoding="UTF-8"%>
<%@page import="java.sql.ResultSet"%>
<%@page import="model.c_medicos"%>
<jsp:useBean id="conexao" scope="page" class="banco_dados.conexaoBancoDados"/>
<jsp:useBean id="medico" scope="page" class="banco_dados.medicos"/>
<!DOCTYPE html>
<html>
    <head>
        <meta http-equiv="Content-Type" content="text/html; charset=utf-8" />
        <title>SGC - Versão 1.0</title>
        <link href="clinica_medica.css" rel="stylesheet" type="text/css" />
    </head>
    <body class="FundoPagina">
        <%
            ResultSet rsRegistro;
            boolean blnConectado;

            c_medicos Medico = new c_medicos();
            int intCodigoMedico = Integer.parseInt(request.getParameter("Codigo"));
            blnConectado = false;

            if (conexao.abrirConexao())
            {
                medico.configurarConexao(conexao.obterConexao());

                rsRegistro = medico.lerRegistro(intCodigoMedico);

                Medico.setNomeMedico(rsRegistro.getString("Nome_Medico"));
                Medico.setCRM(rsRegistro.getString("CRM"));

                conexao.fecharConexao();

                blnConectado = true;
            }
            else
                out.println("<p>Falha na conexão com o banco de dados!</p>");

        %>

        <% if (blnConectado) {%>
        <p class="TituloAplicacao">SGC - Sistema de Gestão de Clínicas 1.0</p>
        <p class="TituloPagina">Cadastro de Médicos - Exclusão</p>

        <form name="formExcluiMedico" method="post" action="excluirMedico" target="_parent">
              <p>Nome do médico: <%=Medico.getNomeMedico()%></p>
              <p>CRM: <%=Medico.getCRM()%></p>
              <p><input type="hidden" name="codigo_medico" value="<%=intCodigoMedico%>"></p>
              <br>
              <p><input type="submit" name="btnExcluir" value="Excluir" />
                  <span class="LinkVoltar"><a href="javascript:history.back()">[Voltar]</a></span>
              </p>
        </form>

        <p class="RodapePagina">Copyright(c) 2015 - Editora Érica Ltda.</p>
        <%}%>
    </body>
</html>
```

Os dados do médico são exibidos e, quando o usuário clicar no botão **Excluir**, o *Servlet* denominado **excluirMedico** será executado. A listagem a seguir apresenta o código para esse *Servlet*:

```
package servlets;

import java.io.IOException;
import java.io.PrintWriter;
import javax.servlet.ServletException;
import javax.servlet.http.*;
import banco_dados.conexaoBancoDados;
```

```
import banco_dados.medicos;

public class excluirMedico extends HttpServlet {
    @Override
    protected void doPost(HttpServletRequest request, HttpServletResponse response)
            throws ServletException, IOException {
        PrintWriter out;
        response.setContentType("text/html;charset=UTF-8");
        out = response.getWriter();

        out.println("<!DOCTYPE html>");
        out.println("<html>");
        out.println("<head>");
        out.println("<meta http-equiv='Content-Type' content='text/html; charset=utf-8' />");
        out.println("<title>SGC - Versão 1.0</title>");
        out.println("<link href='clinica_medica.css' rel='stylesheet' type='text/css' />");
        out.println("</head>");
        out.println("<body class='FundoPagina'>");
        out.println("<p class='TituloAplicacao'>SGC - Sistema de Gestão de Clínicas 1.0</p>");
        out.println("<p class='TituloPagina'>Cadastro de Médicos</p>");

        try
        {
            conexaoBancoDados conexao = new conexaoBancoDados();
            medicos medico = new medicos();

            if (conexao.abrirConexao())
            {
                medico.configurarConexao(conexao.obterConexao());

                if (medico.excluirRegistro(Integer.parseInt(request.getParameter("codigo_medico"))))
                {
                    out.println("<h2>Registro de médico excluído com sucesso!</h2>");
                    out.println("<br><br><br><br>");
                    out.println("<a href='menu_medicos.html'>Fechar</a>");
                }
                else
                    out.println("<h2>Não foi possível excluir o registro do médico!</h2>");

                conexao.fecharConexao();
            }
            else
                out.println("<h2>Não foi possível estabelecer conexão com o banco de dados!</h2>");
        }
        catch (Exception erro)
        {
            erro.printStackTrace();
            out.println("<h2>Erro do sistema: processo de exclusão de médico!</h2>");
        }

        out.println("<p class='RodapePagina'>Copyright(c) 2015 - Editora Érica Ltda.</p>");
        out.println("</body>");
        out.println("</html>");
    }
}
```

Por meio de uma chamada ao método **excluirRegistro()** da classe **medicos**, o registro é excluído fisicamente da tabela do banco de dados.

21.14 Listagem dos médicos cadastrados

Vamos agora criar uma página que exiba no vídeo todos os médicos já cadastrados no sistema. Adicione ao projeto uma nova página JSP com o nome **listar_medicos**. O código para essa página é apresentado na seguinte listagem:

```
<%@page contentType="text/html" pageEncoding="UTF-8"%>
<%@page import="java.sql.ResultSet"%>
<jsp:useBean id="conexao" scope="page" class="banco_dados.conexaoBancoDados"/>
```

```
<jsp:useBean id="medico" scope="page" class="banco_dados.medicos"/>
<!DOCTYPE html>
<html>
    <head>
        <meta http-equiv="Content-Type" content="text/html; charset=utf-8" />
        <title>SGC - Versão 1.0</title>
        <link href="clinica_medica.css" rel="stylesheet" type="text/css" />
    </head>
    <body class="FundoPagina">
        <%
            ResultSet rsRegistros;

            if (conexao.abrirConexao())
            {
                medico.configurarConexao(conexao.obterConexao());

                rsRegistros = medico.listarMedicosEspecialidades();

                if (rsRegistros != null)
                {
                    out.println("<h2><center>Lista de médicos</center></h2>");
                    out.println("<br>");
                    out.println("<table align='center' bgcolor='moccasin'>");
                    out.println("<tr><th>Nome do médico</th><th>Especialidade</th></tr>");

                    while (rsRegistros.next())
                    {
                        out.print("<tr>");
                        out.print("<td>"+rsRegistros.getString("Medico")+"</td>");
                        out.print("<td>"+rsRegistros.getString("Especialidade")+"</td>");
                        out.print("</tr>");
                    }
                    out.println("</table>");
                    out.println("<br>");
                }
                else
                    out.println("<p>Falha na exibição dos registros!</p>");

                conexao.fecharConexao();
            }
            else
                out.println("<p>Falha na conexão com o banco de dados!</p>");
        %>

        <span class="LinkVoltar"><a href="javascript:history.back()">[Voltar]</a></span>
        <p class="RodapePagina">Copyright(c) 2015 - Editora Érica Ltda.</p>
    </body>
</html>
```

Note que novamente é invocado o método **listarMedicosEspecialidades()** do objeto **medico**, de modo a se poder recuperar do banco de dados tanto os nomes dos médicos quanto suas especialidades. Então, é criada uma tabela HTML com os valores dos campos **Medico** e **Especialidade**.

21.15 Teste de cadastro de médicos

Depois de gravar o projeto clicando no botão **Salvar Tudo** (), execute-o clicando com o botão esquerdo do mouse sobre o arquivo **menu_administracao.html** e escolhendo a opção **Executar Arquivo**. Após surgir a tela de menu principal, clique na opção **Médicos**. Com isso, você verá a tela da Figura 21.13. Clique na opção **Adicionar**, assim a tela da Figura 21.14 surge em seguida.

Você vai perceber que a caixa de combinação das especialidades contém a lista de especialidades médicas já cadastradas no sistema. Isso difere da página de cadastro de funcionários, na qual a lista de estados configura-se fixa dentro do próprio código, o que demanda alteração caso haja mudança na composição das unidades federativas.

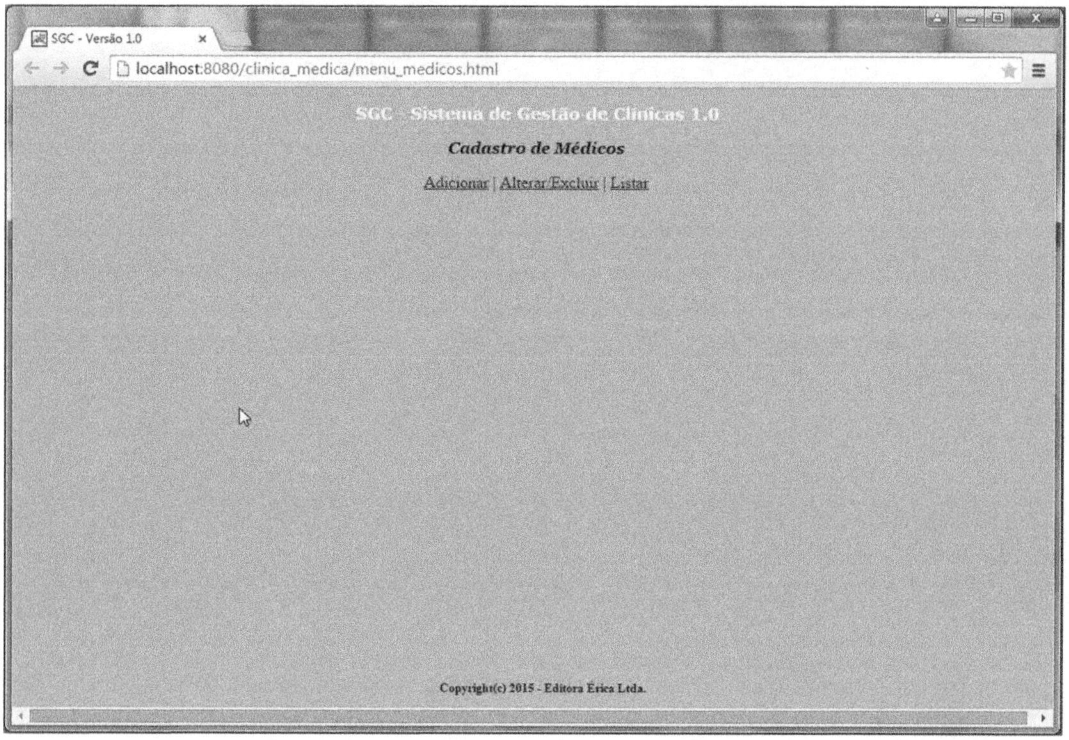

Figura 21.13 – Menu do gerenciamento de médicos.

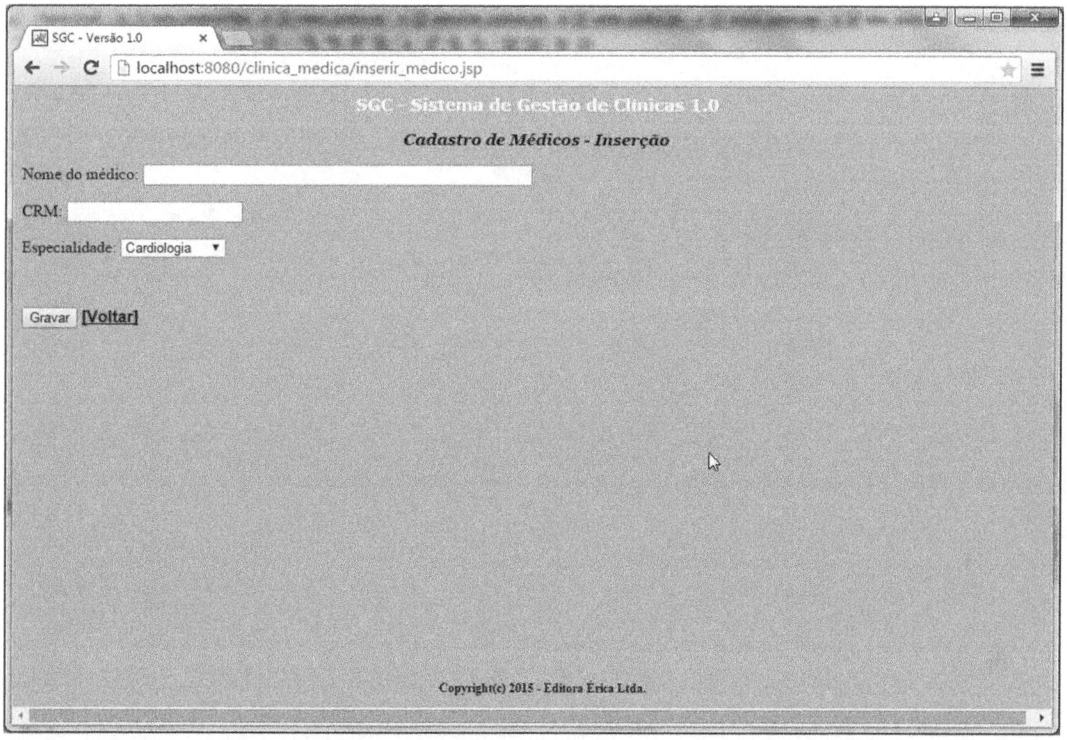

Figura 21.14 – Formulário de cadastro de médicos.

Escolhendo a opção **Editar/Excluir**, você terá uma tela semelhante à da Figura 21.15. Como é possível perceber, ela é similar às telas de edição/exclusão de especialidades médicas e convênios.

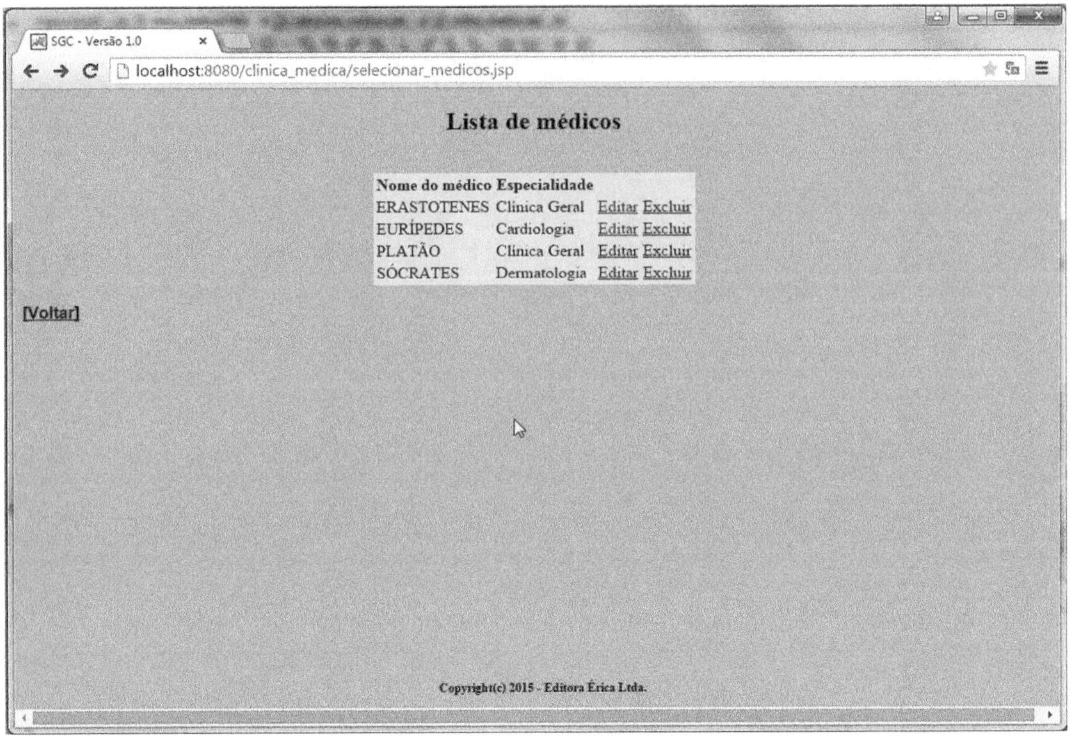

Figura 21.15 – Tela para seleção de médico a ser editado ou excluído.

As Figuras 21.16 e 21.17 mostram, respectivamente, as telas de edição e de exclusão.

A Figura 21.18 apresenta a tela aberta quando a opção **Listar** é selecionada.

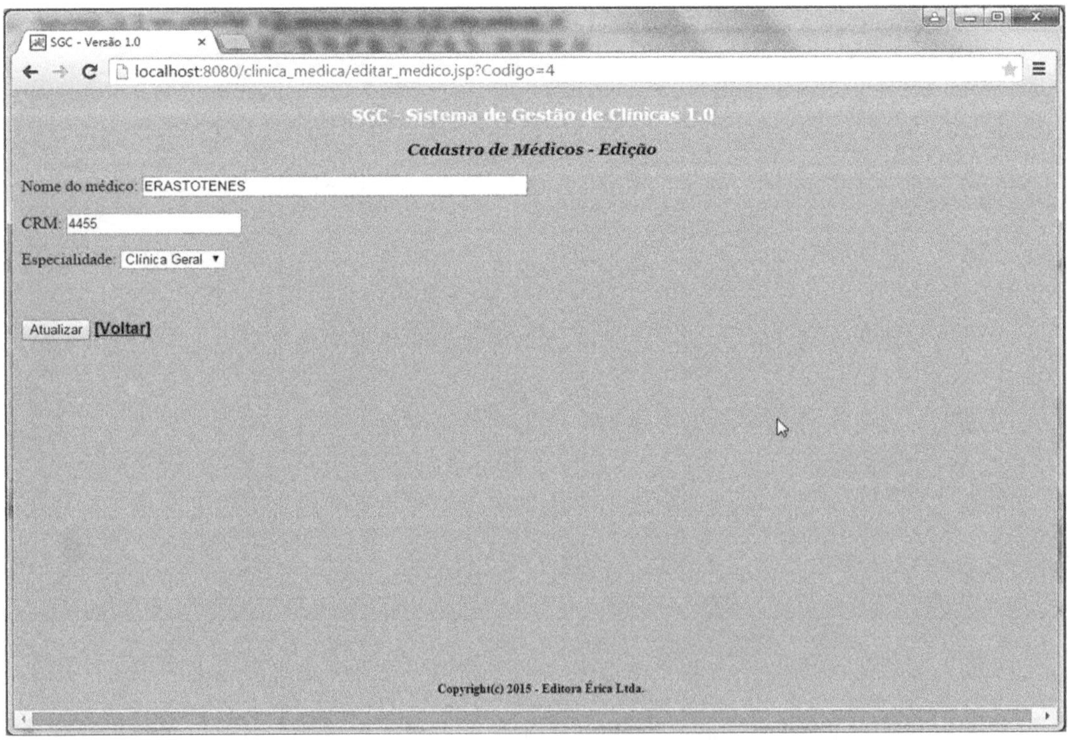

Figura 21.16 – Tela de edição de dados do médico.

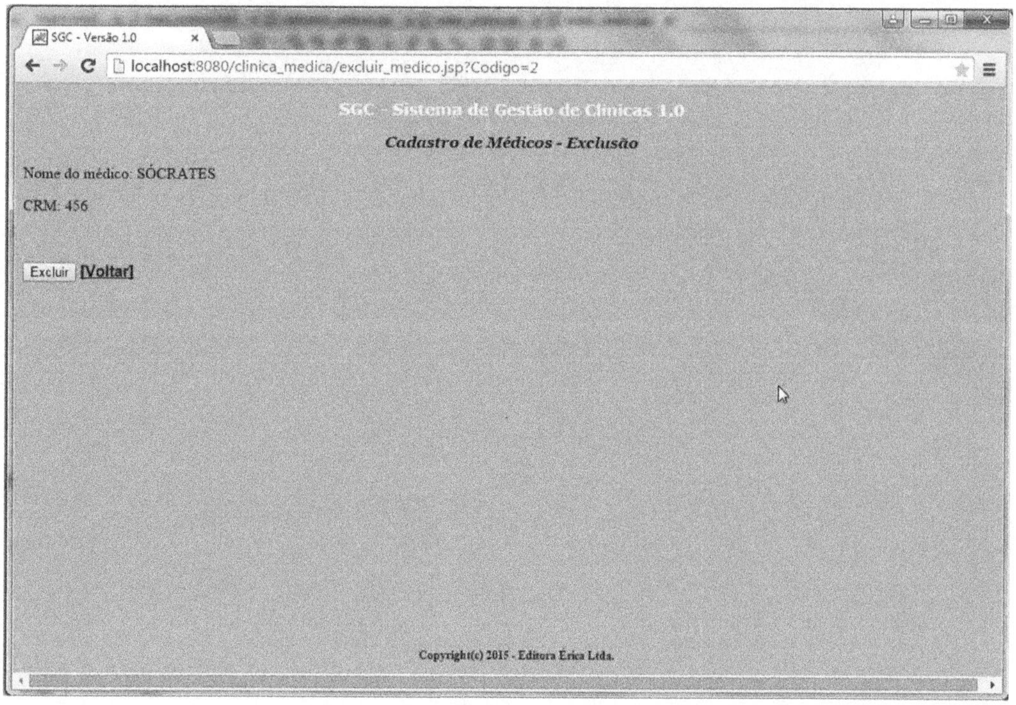

Figura 21.17 – Tela para exclusão de médico.

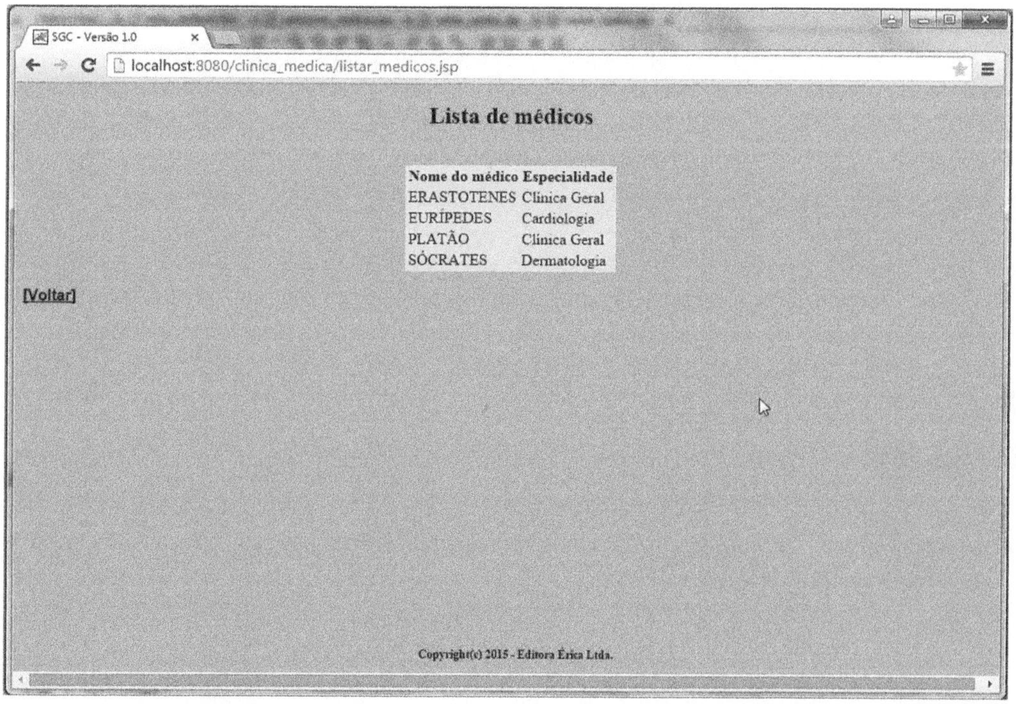

Figura 21.18 – Tela de listagem dos convênios médicos cadastrados.

Recapitulando

Este capítulo mostrou como criar todas as classes Java, formulários HTML, páginas JSP e Servlets *necessários ao gerenciamento de especialidades, convênios e médicos da clínica.*

22

Módulo de Agendamento de Consultas – 1

Novos conhecimentos

Neste capítulo iniciamos a programação do módulo de agendamento de consultas, começando pelo cadastro de pacientes. Abordaremos a criação do menu de agendamento de consultas a partir do cadastro de pacientes, o desenvolvimento de rotinas para a validação de dados do cadastro e a construção de formulários para inclusão, pesquisa e edição de dados de pacientes.

22.1 Criação dos menus

Com este capítulo, iniciamos o desenvolvimento das funcionalidades para gerenciamento do cadastro de pacientes e do agendamento de consultas e retornos. Os formulários, páginas JSP, classes Java e *Servlets* são similares aos que já vimos em capítulos anteriores.

Primeiramente, vamos criar o menu do módulo de agendamento de consultas e o menu de cadastro de pacientes. Clique com o botão direito do mouse sobre o item **Páginas Web** da janela do gerenciador de projetos e escolha a opção **Novo → HTML**. Na caixa de diálogo aberta em seguida, digite no campo **Nome do Arquivo HTML** a expressão caractere "menu_agendamento" e clique em **Finalizar**.
O código HTML para essa página se encontra na listagem exibida a seguir:

```
<!DOCTYPE html>
<html xmlns="http://www.w3.org/1999/xhtml">
    <head>
        <meta http-equiv="Content-Type" content="text/html; charset=utf-8" />
```

```
        <title>SGC - Versão 1.0</title>
        <link href="clinica_medica.css" rel="stylesheet" type="text/css" />
    </head>

    <body class="FundoPagina">
        <p class="TituloAplicacao">SGC - Sistema de Gestão de Clínicas 1.0</p>
        <p class="TituloPagina">Módulo de Agendamento de Consulta</p>
        <p class="BordaMenu"><a href="menu_pacientes.html">[Cadastro de pacientes]</a> <a
href="menu_agendar_consulta.html">[Agendamento de consulta]</a> <a href="menu_agendar_retorno.
html">[Registro de retorno]</a> <a href="menu_cancelar_consulta.html">[Cancelamento de consulta]</
a></p>
        <p class="RodapePagina">Copyright(c) 2015 - Editora Érica Ltda.</p>
    </body>
</html>
```

Para o menu de cadastro de pacientes, denominado menu_pacientes.html, o código HTML deve ser o seguinte:

```
<!DOCTYPE html>
<html>
    <head>
        <meta http-equiv="Content-Type" content="text/html; charset=utf-8" />
        <title>SGC - Versão 1.0</title>
        <link href="clinica_medica.css" rel="stylesheet" type="text/css" />
    </head>

    <body class="FundoPagina">
        <p class="TituloAplicacao">SGC - Sistema de Gestão de Clínicas 1.0</p>
        <p class="TituloPagina">Cadastro de Pacientes</p>
        <p><center><a href="inserir_paciente.jsp">Adicionar</a> | <a href="pesquisar_paciente.
html">Alterar</a> | <a href="listar_pacientes.jsp">Listar</a></center></p>
        <p class="RodapePagina">Copyright(c) 2015 - Editora Érica Ltda.</p>
    </body>
</html>
```

22.2 Definição das classes Java para o cadastro de pacientes

Assim como fizemos para o gerenciamento de funcionários, vamos criar uma classe que representa o modelo de dados dos pacientes. Essa classe herdará atributos e métodos da classe denominada **pessoas**. O código para essa classe, que deve ser adicionada ao pacote **model** com o nome c_pacientes, é apresentado na seguinte listagem:

```
package model;

public class c_pacientes extends c_pessoa
{
    private int codigo_paciente;
    private String tem_convenio;
    private int codigo_convenio;
    private String senha_acesso;

    public c_pacientes()
    {
        super("","","","","","","","","","","","","","","","");
        tem_convenio = "N";
        codigo_convenio = 0;
        senha_acesso = "";
    }

    public c_pacientes(String nome,
            String numero_rg,
            String orgao_emissor,
            String numero_cpf,
            String endereco,
            String numero,
            String complemento,
            String bairro,
            String cidade,
            String estado,
```

```
            String telefone,
            String celular,
            String sexo,
            String dia_nascimento,
            String mes_nascimento,
            String ano_nascimento,
            String tem_convenio,
            int codigo_convenio)
    {
        super(nome,numero_rg,orgao_emissor,numero_cpf,endereco,numero,complemento,bairro,cidade,esta
do,telefone,celular,sexo,dia_nascimento,mes_nascimento,ano_nascimento);
        this.tem_convenio = tem_convenio;
        this.codigo_convenio = codigo_convenio;
    }

    public int getCodigoPaciente() {return codigo_paciente;}
    public void setCodigoPaciente(int codigo_paciente) {this.codigo_paciente = codigo_paciente;}

    public String getTemConvenio() {return tem_convenio;}
    public void setTemConvenio(String tem_convenio) {this.tem_convenio = tem_convenio;}

    public int getCodigoConvenio() {return codigo_convenio;}
    public void setCodigoConvenio(int codigo_convenio) {this.codigo_convenio = codigo_convenio;}

    public String getSenhaAcesso() {return senha_acesso;}
    public void setSenhaAcesso(String senha_acesso) {this.senha_acesso = senha_acesso.
toUpperCase();}
}
```

A próxima classe necessária para o cadastro de pacientes tem como objetivo executar as operações de manipulação do banco de dados. Ela possui métodos para inclusão de registro, localização de registro, leitura de dados, alteração de dados e exibição de todos os registros da tabela. Diferentemente das outras classes já desenvolvidas até agora, não teremos um método para exclusão de registro de paciente.

O código para essa classe, que deve ser inserida no pacote banco_dados com o nome pacientes, se encontra na seguinte listagem:

```
package banco_dados;

import java.sql.*;
import java.util.Date;
import model.c_pacientes;
import util.conversao;

public class pacientes {
    private Connection conBanco;
    private PreparedStatement psComando;
    private ResultSet rsRegistros;

    public void configurarConexao(Connection conBanco) {this.conBanco = conBanco;}

    public boolean inserirRegistro(c_pacientes paciente)
    {
        conversao Converter = new conversao();
        Date dtDataNascimento;
        String strDataInvertida,strComandoSQL;

        try
        {
            dtDataNascimento = Converter.StringToDate(paciente.getDataNascimento());

            if (dtDataNascimento != null)
               strDataInvertida = Converter.DataInvertida(dtDataNascimento);
               else
                   strDataInvertida = "null";

            if (!(strDataInvertida.equals("null")))
                strDataInvertida = "'"+strDataInvertida+"'";
```

```
            strComandoSQL = "INSERT INTO pacientes(Nome,Numero_RG,Orgao_Emissor,Numero_CPF,Endereco,
Numero,Complemento,Bairro,Cidade,Estado,Telefone,Celular,Data_Nascimento,Sexo,Tem_Convenio,
Codigo_Convenio,Senha_Acesso)"+
                    " VALUES('"+paciente.getNomeCompleto()+"',"+
                    "'"+paciente.getNumeroRG()+"',"+
                    "'"+paciente.getOrgaoEmissor()+"',"+
                    "'"+paciente.getNumeroCPF()+"',"+
                    "'"+paciente.getEndereco()+"',"+
                    "'"+paciente.getNumero()+"',"+
                    "'"+paciente.getComplemento()+"',"+
                    "'"+paciente.getBairro()+"',"+
                    "'"+paciente.getCidade()+"',"+
                    "'"+paciente.getEstado()+"',"+
                    "'"+paciente.getTelefone()+"',"+
                    "'"+paciente.getCelular()+"',"+
                    strDataInvertida+","+
                    "'"+paciente.getSexo()+"',"+
                    "'"+paciente.getTemConvenio()+"',"+
                    paciente.getCodigoConvenio()+","+
                    "'"+paciente.getSenhaAcesso()+"')";

            psComando = conBanco.prepareStatement(strComandoSQL);
            psComando.executeUpdate();

            return true;
        }
        catch (Exception erro)
        {
            erro.printStackTrace();
            return false;
        }
    }

    public int localizarRegistro(String strCampo,String strValor)
    {
        int intCodigoPaciente = 0;
        String strComandoSQL;

        try
        {
            if (strCampo.equals("NOME"))
                strComandoSQL = "SELECT Codigo_Paciente FROM pacientes WHERE Nome LIKE '%"+
strValor.toUpperCase()+"%'";
            else if (strCampo.equals("RG"))
                    strComandoSQL = "SELECT Codigo_Paciente FROM pacientes WHERE Numero_RG = '"+
strValor+"'";
            else
                strComandoSQL = "SELECT Codigo_Paciente FROM pacientes WHERE Numero_CPF = '"+
strValor+"'";

            psComando = conBanco.prepareStatement(strComandoSQL);
            rsRegistros = psComando.executeQuery();
            rsRegistros.next();

            intCodigoPaciente = rsRegistros.getInt("Codigo_Paciente");
        }
        catch (Exception erro)
        {
            erro.printStackTrace();
        }

        return intCodigoPaciente;
    }

    public ResultSet lerRegistro(int intCodigoPaciente)
    {
        String strComandoSQL;

        try
        {
            strComandoSQL = "SELECT * FROM pacientes WHERE Codigo_Paciente = "+intCodigoPaciente;
```

```
            psComando = conBanco.prepareStatement(strComandoSQL);
            rsRegistros = psComando.executeQuery();
            rsRegistros.next();

            return rsRegistros;
        }
        catch (Exception erro)
        {
            erro.printStackTrace();
            return null;
        }
    }

    public boolean alterarRegistro(c_pacientes paciente)
    {
        conversao Converter = new conversao();
        Date dtDataNascimento;
        String strDataInvertida,strComandoSQL;

        try
        {
            dtDataNascimento = Converter.StringToDate(paciente.getDataNascimento());

            if (dtDataNascimento != null)
               strDataInvertida = Converter.DataInvertida(dtDataNascimento);
               else
                   strDataInvertida = "null";

            if (!(strDataInvertida.equals("null")))
                strDataInvertida = "'"+strDataInvertida+"'";

            strComandoSQL = "UPDATE pacientes SET Nome = '"+paciente.getNomeCompleto()+"',"+
                    "Numero_RG = '"+paciente.getNumeroRG()+"',"+
                    "Orgao_Emissor = '"+paciente.getOrgaoEmissor()+"',"+
                    "Numero_CPF = '"+paciente.getNumeroCPF()+"',"+
                    "Endereco = '"+paciente.getEndereco()+"',"+
                    "Numero = '"+paciente.getNumero()+"',"+
                    "Complemento = '"+paciente.getComplemento()+"',"+
                    "Bairro = '"+paciente.getBairro()+"',"+
                    "Cidade = '"+paciente.getCidade()+"',"+
                    "Estado = '"+paciente.getEstado()+"',"+
                    "Telefone = '"+paciente.getTelefone()+"',"+
                    "Celular = '"+paciente.getCelular()+"',"+
                    "Data_Nascimento = "+strDataInvertida+","+
                    "Sexo = '"+paciente.getSexo()+"',"+
                    "Tem_Convenio = '"+paciente.getTemConvenio()+"',"+
                    "Codigo_Convenio = "+paciente.getCodigoConvenio()+
                    " WHERE Codigo_Paciente = "+paciente.getCodigoPaciente();

            psComando = conBanco.prepareStatement(strComandoSQL);
            psComando.executeUpdate();

            return true;
        }
        catch (Exception erro)
        {
            erro.printStackTrace();
            return false;
        }
    }

    public ResultSet listarRegistros(String strNome)
    {
        String strComandoSQL;

        try
        {
            if (strNome.equals(""))
                strComandoSQL = "SELECT * FROM pacientes ORDER BY Nome";
            else
                strComandoSQL = "SELECT Codigo_Paciente,Nome,Numero_RG,Numero_CPF FROM pacientes
WHERE Nome LIKE '%"+strNome.toUpperCase()+"%' ORDER BY Nome";
```

```
            psComando = conBanco.prepareStatement(strComandoSQL);
            rsRegistros = psComando.executeQuery();
            return rsRegistros;
        }
        catch (Exception erro)
        {
            erro.printStackTrace();
            return null;
        }
    }
}
```

Além dessas duas classes, já muito familiares, devemos ainda adicionar uma segunda classe ao pacote **util** do nosso projeto. O seu objetivo é abrigar dois métodos, um que permita testar se uma dada variável do tipo *string* possui valor e outro que seja utilizado na verificação da validade de um número de CPF, por meio do cálculo do seu dígito de controle. O código dessa classe, que tem o nome **validacao**, é apresentado pela listagem a seguir:

```
package util;

import util.conversao;

public class validacao {

    public boolean EstaVazio(String strCampo) {
        return ((strCampo.trim().equals("")) || (strCampo.length() == 0));
    }

    public boolean CPFValido(String strParmCPF) {
        boolean blnRetorno = true;
        int intDigito1,intDigito2,intContador,intSoma,intPosicao;
        char chrDigito;
        String strDigito,strCPFNovo;
        boolean blnDigito1Valido,blnDigito2Valido;

        conversao Converter = new conversao();

        String strCPF = Converter.SoDigito(strParmCPF);

        if (!(EstaVazio(strParmCPF)))
        {
            // Cálculo do primeiro dígito
            intSoma = 0;
            intPosicao = 10;

            for (intContador = 0;intContador <= 8;intContador++)
            {
                strDigito = "";
                chrDigito = strCPF.charAt(intContador);
                strDigito += chrDigito;
                intSoma += (Integer.parseInt(strDigito)*intPosicao);
                intPosicao--;
            }

            intDigito1 = 11 - (intSoma % 11);

            if (intDigito1 > 9)
                intDigito1 = 0;

            // Cálculo do segundo dígito
            strCPFNovo = strCPF.substring(0,9)+Integer.toString(intDigito1);
            intSoma = 0;
            intPosicao = 11;

            for (intContador = 0;intContador <= 9;intContador++)
            {
                strDigito = "";
                chrDigito = strCPFNovo.charAt(intContador);
                strDigito += chrDigito;
                intSoma += (Integer.parseInt(strDigito)*intPosicao);
                intPosicao--;
```

```
            }

            intDigito2 = 11 - (intSoma % 11);

            if (intDigito2 > 9)
                intDigito2 = 0;

            // Testa o primeiro dígito
            strDigito = "";
            chrDigito = strCPF.charAt(9);
            strDigito += chrDigito;
            blnDigito1Valido = (intDigito1 == Integer.parseInt(strDigito));

            // Testa o segundo dígito
            strDigito = "";
            chrDigito = strCPF.charAt(10);
            strDigito += chrDigito;
            blnDigito2Valido = (intDigito2 == Integer.parseInt(strDigito));


            if ((!blnDigito1Valido) || (!blnDigito2Valido))
                blnRetorno = false;
        }
        else
            blnRetorno = false;

        return blnRetorno;
    }
}
```

O método **EstaVazio()** verifica se o valor da variável passada como parâmetro é igual a branco ou se o seu tamanho é igual a 0. Em qualquer um desses dois casos, o retorno será **true** (verdadeiro), pois significa que a variável está vazia (sem qualquer valor).

O segundo método é um pouco mais complicado, mas nada que impeça seu entendimento. Ele recebe como parâmetro uma cadeia de caracteres que representa o número do CPF do paciente. Uma vez que esse número pode ser passado com as separações de pontos e traços, como, por exemplo, 123.456.789-10, devemos desprezá-los para trabalhar apenas com os dígitos numéricos. Isso é feito por meio de uma chamada ao método **SoDigito()**, que posteriormente adicionaremos à classe **conversao**.

```
    public boolean CPFValido(String strParmCPF) {
        boolean blnRetorno = true;
        int intDigito1,intDigito2,intContador,intSoma,intPosicao;
        char chrDigito;
        String strDigito,strCPFNovo;
        boolean blnDigito1Valido,blnDigito2Valido;

        conversao Converter = new conversao();

        String strCPF = Converter.SoDigito(strParmCPF);
```

Em seguida, verifica-se se o parâmetro não está vazio, pois, nesse caso, não é possível calcular o dígito de controle. Em caso negativo, procede-se ao cálculo do primeiro dígito. Para o cálculo do segundo dígito, o processo é o mesmo, apenas adicionando-se o primeiro dígito verificador ao número do CPF. O algoritmo para esse cálculo emprega o módulo 11, e pode ser obtido facilmente a partir de consulta na internet.

Depois de calculados os dois dígitos, eles são comparados com os fornecidos. Caso não sejam iguais, o método retorna o valor **false**.

```
        if (!(EstaVazio(strParmCPF)))
        {
            // Cálculo do primeiro dígito
            intSoma = 0;
            intPosicao = 10;

            for (intContador = 0;intContador <= 8;intContador++)
            {
                strDigito = "";
```

```
                chrDigito = strCPF.charAt(intContador);
                strDigito += chrDigito;
                intSoma += (Integer.parseInt(strDigito)*intPosicao);
                intPosicao--;
            }

            intDigito1 = 11 - (intSoma % 11);

            if (intDigito1 > 9)
                intDigito1 = 0;

            // Cálculo do segundo dígito
            strCPFNovo = strCPF.substring(0,9)+Integer.toString(intDigito1);
            intSoma = 0;
            intPosicao = 11;

            for (intContador = 0;intContador <= 9;intContador++)
            {
                strDigito = "";
                chrDigito = strCPFNovo.charAt(intContador);
                strDigito += chrDigito;
                intSoma += (Integer.parseInt(strDigito)*intPosicao);
                intPosicao--;
            }

            intDigito2 = 11 - (intSoma % 11);

            if (intDigito2 > 9)
                intDigito2 = 0;

            // Testa o primeiro dígito
            strDigito = "";
            chrDigito = strCPF.charAt(9);
            strDigito += chrDigito;
            blnDigito1Valido = (intDigito1 == Integer.parseInt(strDigito));

            // Testa o segundo dígito
            strDigito = "";
            chrDigito = strCPF.charAt(10);
            strDigito += chrDigito;
            blnDigito2Valido = (intDigito2 == Integer.parseInt(strDigito));


            if ((!blnDigito1Valido) || (!blnDigito2Valido))
                blnRetorno = false;
        }
        else
            blnRetorno = false;

        return blnRetorno;
```

Vamos agora adicionar o método **SoDigito()** à classe **conversao**. Seu código é apresentado na seguinte listagem:

```
    public String SoDigito(String strValor)
    {
        int intTamanho = strValor.length();
        String strValidacao = "0123456789";
        String strNovoValor = "";
        char chrDigito;
        int intContador;

        for (intContador = 0;intContador < intTamanho;intContador++)
        {
            chrDigito = strValor.charAt(intContador);

            if (strValidacao.indexOf(chrDigito) != -1)
                strNovoValor = strNovoValor + chrDigito;
        }

        return(strNovoValor);
    }
```

Esse método varre toda a cadeia de caracteres passada como parâmetro e compara cada caractere dessa *string* com os presentes na variável **strValidacao**. Essa comparação é efetuada por meio do método **indexOf()** dessa variável.

Se o caractere for um dígito numérico, ele é acrescentado à variável **strNovoValor**, que posteriormente é retornada pelo método.

```
if (strValidacao.indexOf(chrDigito) != -1)
    strNovoValor = strNovoValor + chrDigito;
```

Com tudo isso pronto, vamos partir para a criação dos formulários, páginas JSP e *Servlets* para gerenciamento do cadastro de pacientes.

22.3 Adição de tabela de Estados

O formulário de cadastro de pacientes, que criaremos no próximo tópico, faz uso de uma caixa de combinação para que o usuário selecione um Estado. Isso já foi feito com o cadastro de funcionários, mas, nele, a lista era especificada fixamente no código. Aqui, faremos diferente: ela será montada dinamicamente a partir dos dados de uma tabela.

Essa tabela deverá ser adicionada ao banco de dados, com a seguinte estrutura:

```
CREATE TABLE estados (
  UF char(2) NOT NULL,
  Estado varchar(30) DEFAULT NULL,
  PRIMARY KEY (UF)
) ENGINE=InnoDB DEFAULT CHARSET=latin1 ROW_FORMAT=DYNAMIC;
```

Para inserir os dados dos Estados, execute a seguinte instrução pelo **MySQL Workbench**:

```
INSERT INTO estados(UF,Estado)
VALUES ("AC","Acre"),
("AL","Alagoas"),
("AM","Amazonas"),
("AP","Amapá"),
("BH","Bahia"),
("CE","Ceará"),
("DF","Distrito Federal"),
("ES","Espírito Santo"),
("GO","Goiás"),
("MA","Maranhão"),
("MG","Minas Gerais"),
("MS","Mato Grosso do Sul"),
("MT","Mato Grosso"),
("PA","Pará"),
("PB","Paraíba"),
("PE","Pernambuco"),
("PI","Piauí"),
("PR","Paraná"),
("RJ","Rio de Janeiro"),
("RN","Rio Grande do Norte"),
("RO","Rondônia"),
("RR","Roraima"),
("RS","Rio Grande do Sul"),
("SC","Santa Catarina"),
("SE","Sergipe"),
("SP","São Paulo"),
("TO","Tocantins")
```

22.4 Inclusão de pacientes

Como já feito antes, criaremos um formulário para entrada de dados dos novos pacientes. Esse formulário será similar ao de cadastro de médicos, ou seja, em vez de um formulário HTML, criaremos uma página JSP.

Clique com o botão direito do mouse sobre o item **Páginas Web** e escolha a opção **Novo → JSP**. Especifique como nome do arquivo a cadeia de caracteres "inserir_paciente". O código dessa página é apresentado na seguinte listagem:

```
<%@page contentType="text/html" pageEncoding="UTF-8"%>
<%@page import="java.sql.ResultSet"%>
<jsp:useBean id="conexao" scope="page" class="banco_dados.conexaoBancoDados"/>
<jsp:useBean id="convenio" scope="page" class="banco_dados.convenios"/>
<jsp:useBean id="estado" scope="page" class="banco_dados.estados"/>
<!DOCTYPE html">
<html>
    <head>
        <meta http-equiv="Content-Type" content="text/html; charset=utf-8" />
        <title>SGC - Versão 1.0</title>
        <link href="clinica_medica.css" rel="stylesheet" type="text/css" />
    </head>

    <body class="FundoPagina">
        <p class="TituloAplicacao">SGC - Sistema de Gestão de Clínicas 1.0</p>
        <p class="TituloPagina">Cadastro de Paciente - Inserção</p>

        <form name="formInserePaciente" method="post" action="inserirPaciente" target="_parent">
            <%
              ResultSet rsRegistros;
            %>

            <p>Nome do paciente:  <input type="text" name="txtNomePaciente" size="50" maxlength="50"
/></p>
            <p>Número RG: <input type="text" name="txtRG" size="12" maxlength="12" /> Órgão emissor:
<input type="text" name="txtOrgaoEmissor" size="6" maxlength="6" />
            Número CPF: <input type="text" name="txtCPF" size="14" maxlength="14" /></p>
            <p>Endereço:  <input type="text" name="txtEndereco" size="50" maxlength="50" /> Número:
<input type="text" name="txtNumero" size="15" maxlength="15" /></p>
            <p>Complemento: <input type="text" name="txtComplemento" size="30" maxlength="30" />
Bairro: <input type="text" name="txtBairro" size="40" maxlength="40" /></p>
            <p>Cidade: <input type="text" name="txtCidade" size="40" maxlength="40" />
            Estado:
            <select name="lstEstado">
            <%
                if (conexao.abrirConexao())
                {
                    estado.configurarConexao(conexao.obterConexao());

                    rsRegistros = estado.listarRegistros();

                    if (rsRegistros != null)
                    {
                        while (rsRegistros.next())
                              out.print("<option value='"+rsRegistros.getString("UF")+"'>"+
rsRegistros.getString("Estado")+"</option>");
                    }

                    conexao.fecharConexao();
                }
            %>
            </select>
            </p>

            <p>Telefone: <input type="text" name="txtTelefone" size="20" maxlength="20" /> Celular:
<input type="text" name="txtCelular" size="20" maxlength="20" /></p>
            <p>Data de nascimento (dd/mm/aaaa):
                <input type="text" name="txtDiaNascimento" size="2" maxlength="2" />/
                <input type="text" name="txtMesNascimento" size="2" maxlength="2" />/
                <input type="text" name="txtAnoNascimento" size="4" maxlength="4" />
            Sexo:
                <input type="radio" name="rbSexo" value="M" />Masculino
                <input type="radio" name="rbSexo" value="F" />Feminino
            </p>
            <p><input type="checkbox" name="chkTemConvenio" value="S" />Tem convênio
            Convênio:
```

```
            <select name="lstConvenio">
            <%
                if (conexao.abrirConexao())
                {
                    convenio.configurarConexao(conexao.obterConexao());

                    rsRegistros = convenio.listarRegistros();

                    if (rsRegistros != null)
                    {
                        while (rsRegistros.next())
                            out.print("<option value='"+rsRegistros.getString("Codigo_
Convenio")+"'>"+
rsRegistros.getString("Empresa_Convenio")+"</option>");
                    }

                    conexao.fecharConexao();
                }
            %>
            </select>
            </p>

            <br>
            <p><input type="submit" name="btnGravar" value="Gravar" />
                <span class="LinkVoltar"><a href="javascript:history.back()">[Voltar]</a></span>
            </p>
        </form>

        <p class="RodapePagina">Copyright(c) 2015 - Editora Érica Ltda.</p>
    </body>
</html>
```

Como se vê, a lista de Estados e convênios é criada dinamicamente.

Esse formulário chama um *Servlet* denominado **inserirPaciente**, cujo código consta da seguinte listagem:

```
package servlets;

import java.io.IOException;
import java.io.PrintWriter;
import javax.servlet.ServletException;
import javax.servlet.http.*;
import model.c_pacientes;
import banco_dados.conexaoBancoDados;
import banco_dados.pacientes;
import util.*;

public class inserirPaciente extends HttpServlet {
    @Override
    protected void doPost(HttpServletRequest request, HttpServletResponse response)
            throws ServletException, IOException {
        PrintWriter out;
        response.setContentType("text/html;charset=UTF-8");
        out = response.getWriter();
        validacao Validar = new validacao();
        conversao Converter = new conversao();
        boolean blnProcessar;
        String strTemConvenio = "N";
        String strCPF,strSenha;
        int intCodigoConvenio = 0;

        out.println("<!DOCTYPE html>");
        out.println("<html>");
        out.println("<head>");
        out.println("<meta http-equiv='Content-Type' content='text/html; charset=utf-8' />");
        out.println("<title>SGC - Versão 1.0</title>");
        out.println("<link href='clinica_medica.css' rel='stylesheet' type='text/css' />");
        out.println("</head>");
        out.println("<body class='FundoPagina'>");
        out.println("<p class='TituloAplicacao'>SGC - Sistema de Gestão de Clínicas 1.0</p>");
        out.println("<p class='TituloPagina'>Cadastro de Pacientes</p>");
```

```
try
{
    blnProcessar = true;

    // Se tem convênio
    if (request.getParameter("chkTemConvenio") != null)
    {
       if (request.getParameter("chkTemConvenio").equals("S"))
       {
           strTemConvenio = "S";
           intCodigoConvenio = Integer.parseInt(request.getParameter("lstConvenio"));
       }
    }

    c_pacientes Paciente = new c_pacientes(request.getParameter("txtNomePaciente"),
            request.getParameter("txtRG"),
            request.getParameter("txtOrgaoEmissor"),
            request.getParameter("txtCPF"),
            request.getParameter("txtEndereco"),
            request.getParameter("txtNumero"),
            request.getParameter("txtComplemento"),
            request.getParameter("txtBairro"),
            request.getParameter("txtCidade"),
            request.getParameter("lstEstado"),
            request.getParameter("txtTelefone"),
            request.getParameter("txtCelular"),
            String.valueOf(request.getParameter("rbSexo").charAt(0)),
            request.getParameter("txtDiaNascimento"),
            request.getParameter("txtMesNascimento"),
            request.getParameter("txtAnoNascimento"),
            strTemConvenio,
            intCodigoConvenio);

    // Gera a senha a partir do CPF
    strCPF = Converter.SoDigito(request.getParameter("txtCPF"));

    if (strCPF.trim().equals(""))
        strSenha = "123456";
    else
        strSenha = strCPF.substring(0,6);

    Paciente.setSenhaAcesso(strSenha);

    // Verifica se o CPF é válido, se tiver sido informado
    if (!strCPF.trim().equals(""))
    {
        if (!Validar.CPFValido(request.getParameter("txtCPF")))
        {
            response.sendRedirect("mensagem_alerta.jsp?texto_mensagem='CPF com erro!'");
            blnProcessar = false;
        }
    }

    if (blnProcessar)
    {
        conexaoBancoDados conexao = new conexaoBancoDados();
        pacientes paciente = new pacientes();

        if (conexao.abrirConexao())
        {
            paciente.configurarConexao(conexao.obterConexao());

            if (paciente.inserirRegistro(Paciente))
            {
                out.println("<h2>Paciente cadastrado com sucesso!</h2>");
                out.println("<br><br><br><br>");
                out.println("<a href='menu_pacientes.html'>Voltar</a>");
            }
            else
                out.println("<h2>Não foi possível cadastrar o paciente!</h2>");

            conexao.fecharConexao();
        }
```

```
                else
                    out.println("<h2>Não foi possível estabelecer conexão com o banco de dados!</h2>");
            }
        }
        catch (Exception erro)
        {
            erro.printStackTrace();
            out.println("<h2>Erro do sistema: processo de cadastro de paciente!</h2>");
        }

        out.println("<p class='RodapePagina'>Copyright(c) 2015 - Editora Érica Ltda.</p>");
        out.println("</body>");
        out.println("</html>");
    }
}
```

Esse *Servlet* precisa ser adicionado ao pacote **servlets** do projeto. Existem algumas particularidades nesse *Servlet*, que o diferem dos criados anteriormente e que merecem destaque. Em primeiro lugar, temos uma estrutura condicional **if** que testa se a caixa de seleção **chkTemConvenio** está marcada. Em caso afirmativo, são atribuídos às variáveis **strTemConvenio** e **intCodigoConvenio** o caractere "S" e o código do convênio selecionado na caixa de combinação.

```
// Se tem convênio
if (request.getParameter("chkTemConvenio") != null)
{
   if (request.getParameter("chkTemConvenio").equals("S"))
   {
       strTemConvenio = "S";
       intCodigoConvenio = Integer.parseInt(request.getParameter("lstConvenio"));
   }
}
```

A segunda estrutura **if** verifica se foi digitado um número de CPF e, em caso afirmativo, grava na variável **strSenha** os seis primeiros dígitos do CPF. Se não for fornecido o CPF, essas variáveis recebem, respectivamente, um caractere em branco e a expressão "123456".

```
// Gera a senha a partir do CPF
strCPF = Converter.SoDigito(request.getParameter("txtCPF"));

if (strCPF.trim().equals(""))
    strSenha = "123456";
else
    strSenha = strCPF.substring(0,6);

Paciente.setSenhaAcesso(strSenha);
```

Depois de ter sido declarada uma instância da classe **c_pacientes**, encontramos outra estrutura condicional que efetua uma validação do número do CPF, se ele tiver sido digitado. Se o número for inválido, é invocada uma página JSP que apresenta uma mensagem informando a ocorrência. O processo de inclusão, então, é abortado, pois à variável **blnProcessar** é atribuído o valor **false**.

```
// Verifica se o CPF é válido, se tiver sido informado
if (!strCPF.trim().equals(""))
{
    if (!Validar.CPFValido(request.getParameter("txtCPF")))
    {
        response.sendRedirect("mensagem_alerta.jsp?texto_mensagem='CPF com erro!'");
        blnProcessar = false;
    }
}
```

A chamada da página de mensagem é efetuada por meio do método **sendRedirect** do objeto **response**. A página JSP, denominada **mensagem_alerta.jsp**, recebe como parâmetro o texto a ser exibido.

Estando o CPF válido ou mesmo se não for fornecido, o processo de inclusão é executado com a chamada do método **inserirRegistro** do objeto **paciente**.

O código da página JSP de exibição da mensagem deve ser o seguinte:

```
<%@page contentType="text/html" pageEncoding="UTF-8"%>
<!DOCTYPE html>
<html>
    <head>
        <meta http-equiv="Content-Type" content="text/html; charset=utf-8" />
        <title>SGC - Versão 1.0</title>
        <link href="clinica_medica.css" rel="stylesheet" type="text/css" />
    </head>

    <body class="FundoPagina">
        <p class="TituloAplicacao">SGC - Sistema de Gestão de Clínicas 1.0</p>
        <p class="TituloPagina">Mensagem de alerta</p>
        <%
            String strMensagem = request.getParameter("texto_mensagem");
        %>
        <h2>Mensagem: <%=strMensagem%></h2>
        <span class="LinkVoltar"><a href="javascript:history.back()">[Voltar]</a></span>
        <p class="RodapePagina">Copyright(c) 2015 - Editora Érica Ltda.</p>
    </body>
</html>
```

22.5 Pesquisa e alteração de pacientes

O formulário de pesquisa de pacientes será similar ao que desenvolvemos anteriormente para pesquisar funcionários. Ele terá três botões de rádio, além de caixas de entrada para pesquisa por nome do paciente, pelo número do RG ou pelo número do CPF. O código HTML para esse formulário, que deve ter o nome "pesquisar_paciente.html", é o seguinte:

```
<!DOCTYPE html>
<html>
    <head>
        <meta http-equiv="Content-Type" content="text/html; charset=utf-8" />
        <title>SGC - Versão 1.0</title>
        <link href="clinica_medica.css" rel="stylesheet" type="text/css" />
    </head>

    <body class="FundoPagina">
        <p class="TituloAplicacao">SGC - Sistema de Gestão de Clínicas 1.0</p>
        <p class="TituloPagina">Cadastro de Pacientes - Pesquisa</p>

        <form name="formPesquisaPaciente" method="post" action="pesquisarPaciente" target="_parent">
            <p>
                <input type="radio" name="rbOpcaoPesquisa" value="Nome" checked="checked" />Nome do
paciente:
                <input type="text" name="txtNomePaciente" size="50" maxlength="50" />
            </p>
            <p>
                <input type="radio" name="rbOpcaoPesquisa" value="RG" />Número do RG:
                <input type="text" name="txtRG" size="12" maxlength="12" />
            </p>
            <p>
                <input type="radio" name="rbOpcaoPesquisa" value="CPF" />Número do CPF:
                <input type="text" name="txtCPF" size="14" maxlength="14" />
            </p>
            <p>
                <input type="submit" name="btnConfirmar" value="Confirmar" />
                <span class="LinkVoltar"><a href="javascript:history.back()">[Voltar]</a></span>
            </p>

            <p class="RodapePagina">Copyright(c) 2015 - Editora Érica Ltda.</p>
        </form>
    </body>
</html>
```

Esse formulário invoca um *Servlet* denominado **pesquisarPaciente**, que contém o seguinte código:

```
package servlets;

import java.io.IOException;
import java.io.PrintWriter;
import javax.servlet.ServletException;
import javax.servlet.http.*;
import banco_dados.conexaoBancoDados;
import banco_dados.pacientes;
import java.sql.ResultSet;
import util.*;

public class pesquisarPaciente extends HttpServlet {
    @Override
    protected void doPost(HttpServletRequest request, HttpServletResponse response)
            throws ServletException, IOException {
        ResultSet rsRegistro;
        PrintWriter out;
        String strOpcaoPesquisa,strNome,strRG,strCPF,strCampoPesquisa,strValorPesquisa,
strDataNascimento;
        int intCodigoPaciente;
        boolean blnProcessa = true;
        conversao Converter = new conversao();
        validacao Validar = new validacao();
        conexaoBancoDados conexao = new conexaoBancoDados();
        pacientes paciente = new pacientes();

        strOpcaoPesquisa = request.getParameter("rbOpcaoPesquisa");
        strNome = request.getParameter("txtNomePaciente");
        strRG = request.getParameter("txtRG");
        strCPF = request.getParameter("txtCPF");

        strCampoPesquisa = "";
        strValorPesquisa = "";

        if (strOpcaoPesquisa.equals("RG"))
        {
            strCampoPesquisa = "RG";
            strValorPesquisa = strRG;
        }
        else if (strOpcaoPesquisa.equals("CPF"))
            {
                strCampoPesquisa = "CPF";
                strValorPesquisa = strCPF;

                // Verifica se o CPF é válido
                if (!Validar.CPFValido(strCPF))
                   blnProcessa = false;
            }

        response.setContentType("text/html;charset=UTF-8");
        out = response.getWriter();

        out.println("<!DOCTYPE html>");
        out.println("<html>");
        out.println("<head>");
        out.println("<meta http-equiv='Content-Type' content='text/html; charset=utf-8' />");
        out.println("<title>SGC - Versão 1.0</title>");
        out.println("<link href='clinica_medica.css' rel='stylesheet' type='text/css' />");
        out.println("</head>");
        out.println("<body class='FundoPagina'>");
        out.println("<p class='TituloAplicacao'>SGC - Sistema de Gestão de Clínicas 1.0</p>");
        out.println("<p class='TituloPagina'>Cadastro de Pacientes</p>");

        if (strOpcaoPesquisa.equals("Nome"))
        {
            try
            {
                if (conexao.abrirConexao())
                {
                    paciente.configurarConexao(conexao.obterConexao());

                    rsRegistro = paciente.listarRegistros(strNome);
```

```
                    if (rsRegistro != null)
                    {
                        out.println("<h2><center>Lista de pacientes</center></h2>");
                        out.println("<br>");
                        out.println("<table align='center' bgcolor='moccasin'>");
                        out.println("<tr><th>Nome do paciente</th><th>Número do RG</th><th>Número do
CPF</th><th></th></tr>");

                        while (rsRegistro.next())
                        {
                            out.print("<tr>");
                            out.print("<td>"+rsRegistro.getString("Nome")+"</td>");
                            out.print("<td>"+rsRegistro.getString("Numero_RG")+"</td>");
                            out.print("<td>"+rsRegistro.getString("Numero_CPF")+"</td>");
                            out.print("<td><a href='editar_paciente.jsp?codigo_paciente="+
rsRegistro.getString("Codigo_Paciente")+ "'>Editar</a></td>");
                            out.print("</tr>");
                        }
                        out.println("</table>");
                        out.println("<br>");
                    }
                    else
                        out.println("<p>Falha na exibição dos registros!</p>");

                    conexao.fecharConexao();
                }
                else
                    out.println("<p>Falha na conexão com o banco de dados!</p>");
            }
            catch (Exception erro)
            {
                erro.printStackTrace();
                out.println("<h2>Erro do sistema: processo de cadastro de paciente!</h2>");
            }
        }
        else
        {
            if (blnProcessa)
            {
                try
                {
                    if (conexao.abrirConexao())
                    {
                        paciente.configurarConexao(conexao.obterConexao());

                        intCodigoPaciente = paciente.localizarRegistro(strCampoPesquisa,
strValorPesquisa);

                        if (intCodigoPaciente != 0)
                        {
                            rsRegistro = paciente.lerRegistro(intCodigoPaciente);
                            strDataNascimento = Converter.DateToString(rsRegistro.
getDate("Data_Nascimento"));

                            out.println("Nome do paciente: "+rsRegistro.getString("Nome")+"<br>");
                            out.println("Data de nascimento: "+strDataNascimento+" - Sexo: "+
rsRegistro.getString("Sexo")+"<br>");
                            out.println("RG: "+rsRegistro.getString("Numero_RG")+" - Órgão emissor: "+
rsRegistro.getString("Orgao_Emissor")+"<br>");
                            out.println("CPF: "+rsRegistro.getString("Numero_CPF")+"<br>");
                            out.println("Endereço: "+rsRegistro.getString("Endereco")+", "+
rsRegistro.getString("Numero")+"<br>");
                            out.println("Complemento: "+rsRegistro.getString("Complemento")+"<br>");
                            out.println("Cidade: "+rsRegistro.getString("Cidade")+" - Estado: "+
rsRegistro.getString("Estado")+"<br>");
                            out.println("Telefone: "+rsRegistro.getString("Telefone")+" - Celular: "+
rsRegistro.getString("Celular")+"<br>");
                            out.println("<br><br>");
                            out.println("<a href='editar_paciente.jsp?codigo_paciente="+
intCodigoPaciente+"'>[Editar]</a> ");
                            out.println("<span class='LinkVoltar'><a href='javascript:history.
back()'>
```

```
[Voltar]</a></span>");
                        }
                        else
                        {
                            out.println("<h2>Paciente não encontrado!</h2>");
                            out.println("<br><br><br>");
                            out.println("<p class='LinkVoltar'><a href='javascript:history.back()'>
[Voltar]</a></p>");
                        }

                        conexao.fecharConexao();
                    }
                    else
                        out.println("<h2>Não foi possível estabelecer conexão com o banco de
dados!</h2>");
                }
                catch (Exception erro)
                {
                    erro.printStackTrace();
                    out.println("<h2>Erro do sistema: processo de cadastro de paciente!</h2>");
                }
            }
            else
                response.sendRedirect("mensagem_alerta.jsp?texto_mensagem='CPF com erro!'");
        }

        out.println("<p class='RodapePagina'>Copyright(c) 2015 - Editora Érica Ltda.</p>");
        out.println("</body>");
        out.println("</html>");
    }
}
```

Esse *Servlet* recupera a opção de pesquisa escolhida pelo usuário e os valores dos campos. Se o usuário selecionar a opção de pesquisa pelo nome, é apresentado um formulário contendo uma lista dos nomes de pacientes, em ordem alfabética, que se iniciam com a cadeia de caracteres fornecida. Então, o usuário clica no link **Editar** apresentado à frente do nome ao qual deseja efetuar alterações.

```
        if (strOpcaoPesquisa.equals("Nome"))
        {
            try
            {
                if (conexao.abrirConexao())
                {
                    paciente.configurarConexao(conexao.obterConexao());

                    rsRegistro = paciente.listarRegistros(strNome.toUpperCase());

                    if (rsRegistro != null)
                    {
                        out.println("<h2><center>Lista de pacientes</center></h2>");
                        out.println("<br>");
                        out.println("<table align='center' bgcolor='moccasin'>");
                        out.println("<tr><th>Nome do paciente</th><th>Número do RG</th><th>Número do
CPF</th><th></th></tr>");

                        while (rsRegistro.next())
                        {
                            out.print("<tr>");
                            out.print("<td>"+rsRegistro.getString("Nome")+"</td>");
                            out.print("<td>"+rsRegistro.getString("Numero_RG")+"</td>");
                            out.print("<td>"+rsRegistro.getString("Numero_CPF")+"</td>");
                            out.print("<td><a href='editar_paciente.jsp?codigo_paciente="+
rsRegistro.getString("Codigo_Paciente")+ "'>Editar</a></td>");
                            out.print("</tr>");
                        }
                        out.println("</table>");
                        out.println("<br>");
                    }
                    else
                        out.println("<p>Falha na exibição dos registros!</p>");

                    conexao.fecharConexao();
                }
```

```
            else
                out.println("<p>Falha na conexão com o banco de dados!</p>");
        }
        catch (Exception erro)
        {
            erro.printStackTrace();
            out.println("<h2>Erro do sistema: processo de cadastro de paciente!</h2>");
        }
    }
```

Por outro lado, se forem escolhidas as opções de pesquisa por RG ou por CPF, um formulário contendo os dados do paciente é exibido ao usuário.

```
        if (blnProcessa)
        {
            try
            {
                if (conexao.abrirConexao())
                {
                    paciente.configurarConexao(conexao.obterConexao());

                    intCodigoPaciente = paciente.localizarRegistro(strCampoPesquisa,
strValorPesquisa);

                    if (intCodigoPaciente != 0)
                    {
                        rsRegistro = paciente.lerRegistro(intCodigoPaciente);
                        strDataNascimento = Converter.DateToString(rsRegistro.
getDate("Data_Nascimento"));

                        out.println("Nome do paciente: "+rsRegistro.getString("Nome")+"<br>");
                        out.println("Data de nascimento: "+strDataNascimento+" - Sexo: "+
rsRegistro.getString("Sexo")+"<br>");
                        out.println("RG: "+rsRegistro.getString("Numero_RG")+" - Órgão emissor: "+
rsRegistro.getString("Orgao_Emissor")+"<br>");
                        out.println("CPF: "+rsRegistro.getString("Numero_CPF")+"<br>");
                        out.println("Endereço: "+rsRegistro.getString("Endereco")+", "+
rsRegistro.getString("Numero")+"<br>");
                        out.println("Complemento: "+rsRegistro.getString("Complemento")+"<br>");
                        out.println("Cidade: "+rsRegistro.getString("Cidade")+" - Estado: "+
rsRegistro.getString("Estado")+"<br>");
                        out.println("Telefone: "+rsRegistro.getString("Telefone")+" - Celular: "+
rsRegistro.getString("Celular")+"<br>");
                        out.println("<br><br>");
                        out.println("<a href='editar_paciente.jsp?codigo_paciente="+
intCodigoPaciente+"'>[Editar]</a> ");
                        out.println("<span class='LinkVoltar'><a href='javascript:history.back()'>
[Voltar]</a></span>");
                    }
                    else
                    {
                        out.println("<h2>Paciente não encontrado!</h2>");
                        out.println("<br><br><br>");
                        out.println("<p class='LinkVoltar'><a href='javascript:history.back()'>
[Voltar]</a></p>");
                    }

                    conexao.fecharConexao();
                }
                else
                    out.println("<h2>Não foi possível estabelecer conexão com o banco de
dados!</h2>");
            }
            catch (Exception erro)
            {
                erro.printStackTrace();
                out.println("<h2>Erro do sistema: processo de cadastro de paciente!</h2>");
            }
        }
        else
            response.sendRedirect("mensagem_alerta.jsp?texto_mensagem='CPF com erro!'");
```

É importante destacar ainda que, caso o CPF seja inválido, os dados do paciente não serão apresentados, havendo em seu lugar a exibição de uma mensagem informando a ocorrência.

Independentemente da forma de pesquisa escolhida, a página JSP denominada **editar_paciente.jsp** é chamada em seguida, com o código do paciente sendo passado como parâmetro. Com base nesse código, a página deve recuperar os dados do registro e criar um formulário que os exibe para edição. Note que a data de nascimento é decomposta em três variáveis distintas, uma para o dia, outra para o mês e a terceira para o ano. Isso é necessário porque o formulário contém campos de digitação separados para o dia, o mês e o ano. A listagem a seguir apresenta o código dessa página JSP:

```
<%@page contentType="text/html" pageEncoding="UTF-8"%>
<%@page import="java.sql.ResultSet"%>
<%@page import="java.util.Date"%>
<%@page import="model.c_pacientes"%>
<jsp:useBean id="conexao" scope="page" class="banco_dados.conexaoBancoDados"/>
<jsp:useBean id="convenio" scope="page" class="banco_dados.convenios"/>
<jsp:useBean id="paciente" scope="page" class="banco_dados.pacientes"/>
<jsp:useBean id="estado" scope="page" class="banco_dados.estados"/>
<jsp:useBean id="converter" scope="page" class="util.conversao"/>
<jsp:useBean id="validar" scope="page" class="util.validacao"/>
<!DOCTYPE html>
<html>
    <head>
        <meta http-equiv="Content-Type" content="text/html; charset=utf-8" />
        <title>SGC - Versão 1.0</title>
        <link href="clinica_medica.css" rel="stylesheet" type="text/css" />
    </head>
    <body class="FundoPagina">
        <%
            ResultSet rsRegistro,rsEstados,rsConvenios;
            Date dtDataNascimento;
            int intDia,intMes,intAno;
            boolean blnConectado;
            String strItemLista;

            c_pacientes Paciente = new c_pacientes();
            int intCodigoPaciente = Integer.parseInt(request.getParameter("codigo_paciente"));
            blnConectado = false;

            if (conexao.abrirConexao())
            {
                paciente.configurarConexao(conexao.obterConexao());

                rsRegistro = paciente.lerRegistro(intCodigoPaciente);

                dtDataNascimento = rsRegistro.getDate("Data_Nascimento");

                intDia = converter.DiaData(dtDataNascimento);
                intMes = converter.MesData(dtDataNascimento);
                intAno = converter.AnoData(dtDataNascimento);

                Paciente.setNomeCompleto(rsRegistro.getString("Nome"));
                Paciente.setNumeroRG(rsRegistro.getString("Numero_RG"));
                Paciente.setOrgaoEmissor(rsRegistro.getString("Orgao_Emissor"));
                Paciente.setNumeroCPF(rsRegistro.getString("Numero_CPF"));
                Paciente.setEndereco(rsRegistro.getString("Endereco"));
                Paciente.setNumero(rsRegistro.getString("Numero"));
                Paciente.setComplemento(rsRegistro.getString("Complemento"));
                Paciente.setBairro(rsRegistro.getString("Bairro"));
                Paciente.setCidade(rsRegistro.getString("Cidade"));
                Paciente.setEstado(rsRegistro.getString("Estado"));
                Paciente.setTelefone(rsRegistro.getString("Telefone"));
                Paciente.setCelular(rsRegistro.getString("Celular"));
                Paciente.setDataNascimento(Integer.toString(intDia),Integer.toString(intMes),
Integer.toString(intAno));
                Paciente.setSexo(rsRegistro.getString("Sexo"));
                Paciente.setTemConvenio(rsRegistro.getString("Tem_Convenio"));
                Paciente.setCodigoConvenio(Integer.parseInt(rsRegistro.getString("Codigo_
Convenio")));
```

```
                blnConectado = true;
            }
            else
                out.println("<p>Falha na conexão com o banco de dados!</p>");
        %>

        <% if (blnConectado) {%>
        <p class="TituloAplicacao">SGC - Sistema de Gestão de Clínicas 1.0</p>
        <p class="TituloPagina">Cadastro de Pacientes - Edição</p>

        <form name="formEditaPaciente" method="post" action="atualizarPaciente" target="_parent">
            <p>Nome do paciente: <input type="text" name="txtNomePaciente" size="50"
maxlength="50" value="<%=Paciente.getNomeCompleto()%>"/></p>
            <p>Número do RG: <input type="text" name="txtRG" size="12" maxlength="12"
value="<%=Paciente.getNumeroRG()%>"/>
                - Órgão emissor: <input type="text" name="txtOrgaoEmissor" size="6" maxlength="6"
value="<%=Paciente.getOrgaoEmissor()%>"/>
                - Número do CPF: <input type="text" name="txtCPF" size="14" maxlength="14"
value="<%=Paciente.getNumeroCPF()%>"/>
            </p>
            <p>Endereço/Número: <input type="text" name="txtEndereco"  size="50" maxlength="50"
value="<%=Paciente.getEndereco()%>"/>
                - Número: <input type="text" name="txtNumero" size="15" maxlength="15"
value="<%=Paciente.getNumero()%>"/>
            </p>
            <p>Complemento: <input type="text" name="txtComplemento" size="30" maxlength="30"
value="<%=Paciente.getComplemento()%>"/>
                 - Bairro: <input type="text" name="txtBairro" size="40" maxlength="40"
value="<%=Paciente.getBairro()%>"/>
            </p>
            <p>Cidade: <input type="text" name="txtCidade" size="40" maxlength="40"
value="<%=Paciente.getCidade()%>"/>
                - Estado:
                <select name="lstEstado">
                    <%
                        estado.configurarConexao(conexao.obterConexao());

                        rsEstados = estado.listarRegistros();

                        if (rsEstados != null)
                        {
                            while (rsEstados.next())
                            {
                                strItemLista = "<option value='"+rsEstados.getString("UF")+"'";

                                if (rsEstados.getString("UF").equals(Paciente.getEstado()))
                                    strItemLista = strItemLista+" selected='selected'>"+rsEstados.
getString("Estado")+"</option>";
                                else
                                    strItemLista = strItemLista+">"+rsEstados.getString("Estado")+
"</option>";

                                out.print(strItemLista);
                            }
                        }
                    %>
                </select>
            </p>
            <p>Telefone: <input type="text" name="txtTelefone" size="20" maxlength="20"
value="<%=Paciente.getTelefone()%>"/>
                - Celular: <input type="text" name="txtCelular" size="20" maxlength="20"
value="<%=Paciente.getCelular()%>"/>
            </p>

            <p>Data de nascimento (dd/mm/aaaa):
                 <input type="text" name="txtDiaNascimento" size="2" maxlength="2"
value="<%=Paciente.getDiaNascimento()%>"/>/
                <input type="text" name="txtMesNascimento" size="2" maxlength="2"
value="<%=Paciente.getMesNascimento()%>"/>/
                <input type="text" name="txtAnoNascimento" size="4" maxlength="4"
value="<%=Paciente.getAnoNascimento()%>"/>

            <%
              if(Paciente.getSexo().equals("M"))
```

```
            {
        %>
          - Sexo:
            <input type="radio" name="rbSexo" value="M" checked="checked"/>Masculino
            <input type="radio" name="rbSexo" value="F" />Feminino
        </p>
        <%
          }
          else
          {
        %>
        <p> - Sexo:
            <input type="radio" name="rbSexo" value="M" />Masculino
            <input type="radio" name="rbSexo" value="F" checked="checked"/>Feminino
        </p>
        <% } %>

        <% if(Paciente.getTemConvenio().equals("S")) { %>
        <p><input name="chkTemConvenio" type="checkbox" value="S" checked="checked"/>Tem
convênio</p>
        <%
          }
          else
          {
        %>
        <p><input name="chkTemConvenio" type="checkbox" value="S" />Tem convênio</p>
        <% } %>

        Convênio:
        <select name="lstConvenio">
        <%
          convenio.configurarConexao(conexao.obterConexao());

          rsConvenios = convenio.listarRegistros();

          if (rsConvenios != null)
          {
              while (rsConvenios.next())
              {
                  strItemLista = "<option value='"+rsConvenios.getString("Codigo_
Convenio")+"'";

                  if (Integer.parseInt(rsConvenios.getString("Codigo_Convenio")) == Paciente.
getCodigoConvenio())
                      strItemLista = strItemLista+" selected='selected'>"+rsConvenios.
getString("Empresa_Convenio")+"</option>";
                  else
                      strItemLista = strItemLista+">"+rsConvenios.
getString("Empresa_Convenio")+"</option>";

                  out.print(strItemLista);
              }
          }

          conexao.fecharConexao();
        %>
        </select>

        <p>
            <input type="hidden" name="codigo_paciente" value="<%=intCodigoPaciente%>">
        </p>
        <br><input type="submit" name="btnAtualizar" value="Atualizar" />
            <span class="LinkVoltar"><a href="javascript:history.back()">[Voltar]</a></span>
        </p>
    </form>

    <p class="RodapePagina">Copyright(c) 2015 - Editora Érica Ltda.</p>
    <%}%>
  </body>
</html>
```

Esse formulário criado dinamicamente pela página JSP chama outro *Servlet*, de nome **atualizarPaciente**. Podemos ver o código desse *Servlet* na listagem exibida a seguir:

```
package servlets;

import java.io.IOException;
import java.io.PrintWriter;
import javax.servlet.ServletException;
import javax.servlet.http.*;
import model.c_pacientes;
import banco_dados.conexaoBancoDados;
import banco_dados.pacientes;
import util.*;

public class atualizarPaciente extends HttpServlet {
    @Override
    protected void doPost(HttpServletRequest request, HttpServletResponse response)
            throws ServletException, IOException {
        PrintWriter out;
        response.setContentType("text/html;charset=UTF-8");
        out = response.getWriter();
        validacao Validar = new validacao();
        conversao Converter = new conversao();
        boolean blnProcessar;
        String strTemConvenio = "N";
        String strCPF,strComplemento;
        int intCodigoConvenio = 0;

        out.println("<!DOCTYPE html>");
        out.println("<html>");
        out.println("<head>");
        out.println("<meta http-equiv='Content-Type' content='text/html; charset=utf-8' />");
        out.println("<title>SGC - Versão 1.0</title>");
        out.println("<link href='clinica_medica.css' rel='stylesheet' type='text/css' />");
        out.println("</head>");
        out.println("<body class='FundoPagina'>");
        out.println("<p class='TituloAplicacao'>SGC - Sistema de Gestão de Clínicas 1.0</p>");
        out.println("<p class='TituloPagina'>Cadastro de Pacientes</p>");

        try
        {
            blnProcessar = true;

            // Se tem convênio
            if (request.getParameter("chkTemConvenio") != null)
            {
               if (request.getParameter("chkTemConvenio").equals("S"))
               {
                   strTemConvenio = "S";
                   intCodigoConvenio = Integer.parseInt(request.getParameter("lstConvenio"));
               }
            }

            // Se tem complement do endereço
            if ((request.getParameter("txtComplemento").trim().toUpperCase().equals("NULL")) ||
(request.getParameter("txtComplemento").trim().length() == 0))
                strComplemento = "";
            else
                strComplemento = request.getParameter("txtComplemento").trim();

            c_pacientes Paciente = new c_pacientes(request.getParameter("txtNomePaciente"),
                    request.getParameter("txtRG"),
                    request.getParameter("txtOrgaoEmissor"),
                    request.getParameter("txtCPF"),
                    request.getParameter("txtEndereco"),
                    request.getParameter("txtNumero"),
                    strComplemento,
                    request.getParameter("txtBairro"),
                    request.getParameter("txtCidade"),
                    request.getParameter("lstEstado"),
                    request.getParameter("txtTelefone"),
                    request.getParameter("txtCelular"),
                    String.valueOf(request.getParameter("rbSexo").charAt(0)),
```

```
                    request.getParameter("txtDiaNascimento"),
                    request.getParameter("txtMesNascimento"),
                    request.getParameter("txtAnoNascimento"),
                    strTemConvenio,
                    intCodigoConvenio);

            Paciente.setCodigoPaciente(Integer.parseInt(request.getParameter("codigo_paciente")));

            // Separa somente os dígitos do CPF e verifica se ele é válido, no caso de ter sido
informado
            strCPF = Converter.SoDigito(request.getParameter("txtCPF"));

            if (!strCPF.trim().equals(""))
            {
                if (!Validar.CPFValido(request.getParameter("txtCPF")))
                {
                    response.sendRedirect("mensagem_alerta.jsp?texto_mensagem='CPF com erro!'");
                    blnProcessar = false;
                }
            }

            if (blnProcessar)
            {
                conexaoBancoDados conexao = new conexaoBancoDados();
                pacientes paciente = new pacientes();

                if (conexao.abrirConexao())
                {
                    paciente.configurarConexao(conexao.obterConexao());

                    if (paciente.alterarRegistro(Paciente))
                    {
                        out.println("<h2>Dados do paciente atualizados com sucesso!</h2>");
                        out.println("<br><br><br><br>");
                        out.println("<a href='menu_pacientes.html'>Fechar</a>");
                    }
                    else
                        out.println("<h2>Não foi possível atualizar os dados do paciente!</h2>");

                    conexao.fecharConexao();
                }
                else
                    out.println("<h2>Não foi possível estabelecer conexão com o banco de dados!</
h2>");
            }
        }
        catch (Exception erro)
        {
            erro.printStackTrace();
            out.println("<h2>Erro do sistema: processo de cadastro de paciente!</h2>");
        }

        out.println("<p class='RodapePagina'>Copyright(c) 2015 - Editora Érica Ltda.</p>");
        out.println("</body>");
        out.println("</html>");
    }
}
```

Note que também é efetuada a verificação da validade do CPF digitado pelo usuário, o que possibilita a efetiva gravação, no banco de dados, das atualizações efetuadas.

Essa rotina trabalha de modo similar ao existente para atualização do cadastro de funcionários, ou seja, armazena na instância da classe **c_pacientes** os valores dos campos do formulário e, depois, repassa-os ao método **alterarRegistro()** do objeto **pacientes**, responsável pela atualização dos dados do registro no banco.

22.6 Listagem de pacientes cadastrados

Neste tópico vamos criar um formulário que exibe todos os pacientes já cadastrados no sistema. Não existe uma opção de impressão, mas apenas visualização em tela.

Adicione ao projeto uma nova página JSP com o nome **listar_pacientes** e altere seu código para o apresentado a seguir:

```
<%@page contentType="text/html" pageEncoding="UTF-8"%>
<%@page import="java.sql.ResultSet"%>
<%@page import="java.util.Date"%>
<jsp:useBean id="conexao" scope="page" class="banco_dados.conexaoBancoDados"/>
<jsp:useBean id="paciente" scope="page" class="banco_dados.pacientes"/>
<!DOCTYPE html>
<html>
    <head>
        <meta http-equiv="Content-Type" content="text/html; charset=utf-8" />
        <title>SGC - Versão 1.0</title>
        <link href="clinica_medica.css" rel="stylesheet" type="text/css" />
    </head>
    <body class="FundoPagina">
        <%
            ResultSet rsRegistros;

            if (conexao.abrirConexao())
            {
                paciente.configurarConexao(conexao.obterConexao());

                rsRegistros = paciente.listarRegistros("");

                if (rsRegistros != null)
                {
                    out.println("<h2><center>Lista de pacientes</center></h2>");
                    out.println("<br>");
                    out.println("<table align='center' bgcolor='moccasin'>");
                    out.println("<tr><th>Nome</th><th>RG</th><th>CPF</th><th>Endereço</th></tr>");

                    while (rsRegistros.next())
                    {
                        out.print("<tr>");
                        out.print("<td>"+rsRegistros.getString("Nome")+"</td>");
                        out.print("<td>"+rsRegistros.getString("Numero_RG")+"</td>");
                        out.print("<td>"+rsRegistros.getString("Numero_CPF")+"</td>");
                        out.print("<td>"+rsRegistros.getString("Endereco").trim()+", "+
rsRegistros.getString("Numero").trim()+"</td>");
                        out.print("</tr>");
                    }
                    out.println("</table>");
                    out.println("<br>");
                }
                else
                    out.println("<p>Falha na exibição dos registros!</p>");

                conexao.fecharConexao();
            }
            else
                out.println("<p>Falha na conexão com o banco de dados!</p>");

        %>

        <span class="LinkVoltar"><a href="javascript:history.back()">[Voltar]</a></span>
        <p class="RodapePagina">Copyright(c) 2015 - Editora Érica Ltda.</p>
    </body>
</html>
```

Esse código chama o método **listarRegistros()**, que retorna um objeto do tipo **ResultSet** contendo todos os registros de pacientes. Então, é criada uma tabela com os dados dos campos **Nome**, **Numero_RG**, **Numero_CPF** e **Endereco**.

Para varrer todos os registros do banco de dados, utilizamos um *loop* **while** que analisa o resultado retornado pelo método **next()** do objeto **rsRegistros**. Esse método permite avançar para o próximo registro da tabela de dados – e, quando não for mais possível esse avanço, que ocorre quando o fim da tabela é alcançado, ele retorna um valor falso (false). Isso faz com que o *loop* seja encerrado.

22.7 Teste de cadastro de pacientes

Agora que concluímos todas as etapas de desenvolvimento das rotinas de gerenciamento de funcionários, vamos testar o funcionamento. Clique com o botão esquerdo do mouse sobre o arquivo **menu_agendamento.html** e escolha a opção **Executar Arquivo**. Após surgir a tela de menu do módulo de agendamento de consultas, mostrado na Figura 22.1, clique na opção **Cadastro de pacientes**. Com isso, um novo menu de opções é aberto (Figura 22.2). Clique na opção **Adicionar** e você verá em seguida a tela da Figura 22.3.

Figura 22.1 – Menu do módulo de agendamento de consultas.

Figura 22.2 – Menu de gerenciamento de pacientes.

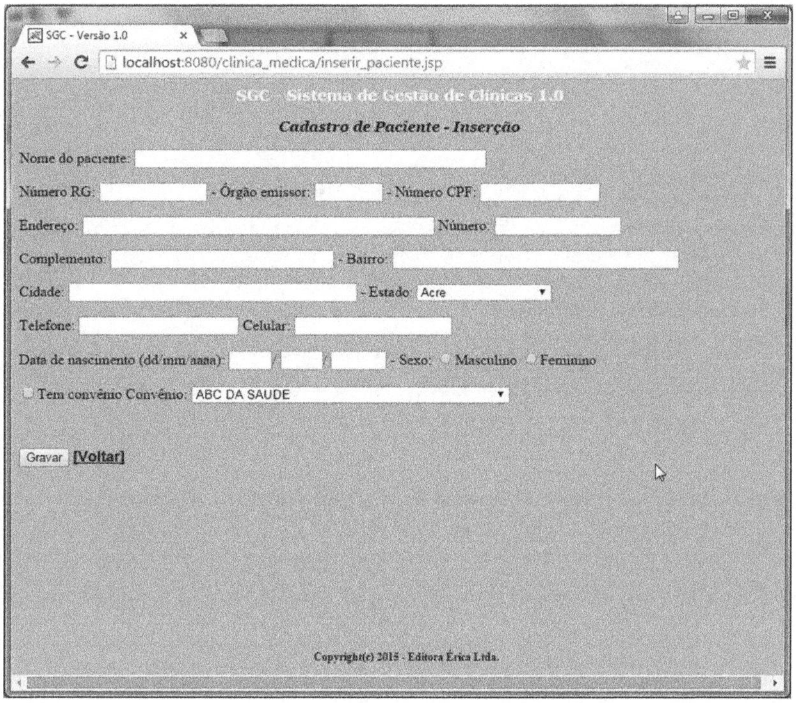

Figura 22.3 – Formulário de cadastro de paciente.

Se o paciente possuir algum convênio médico, a caixa de seleção **Tem convênio** precisa ser marcada. O convênio propriamente dito é selecionado a partir da lista criada dinamicamente (Figura 22.4). Após clicar no botão **Gravar**, se o número do CPF for inválido, a mensagem da Figura 22.5 é exibida.

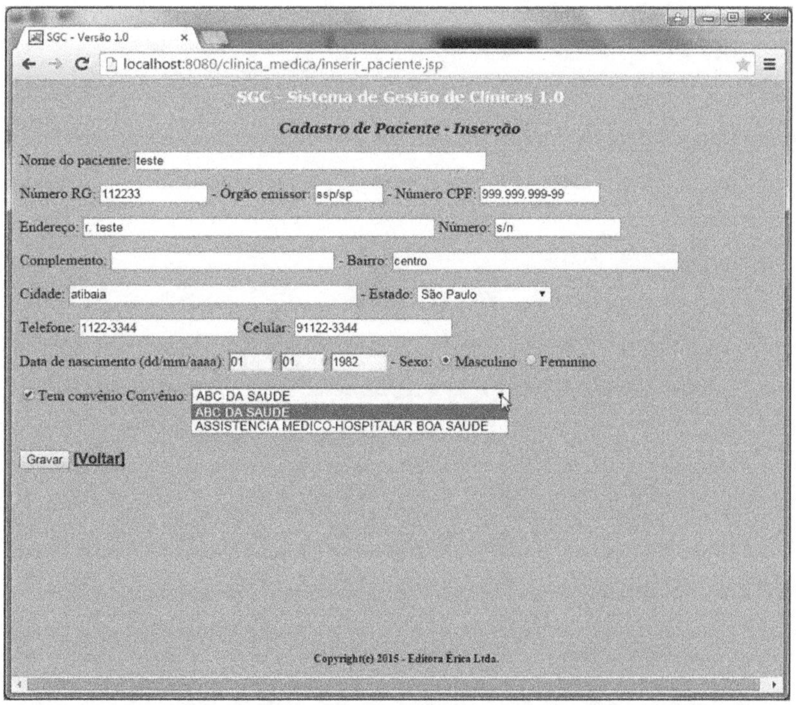

Figura 22.4 – Seleção do convênio, quando o paciente possuir.

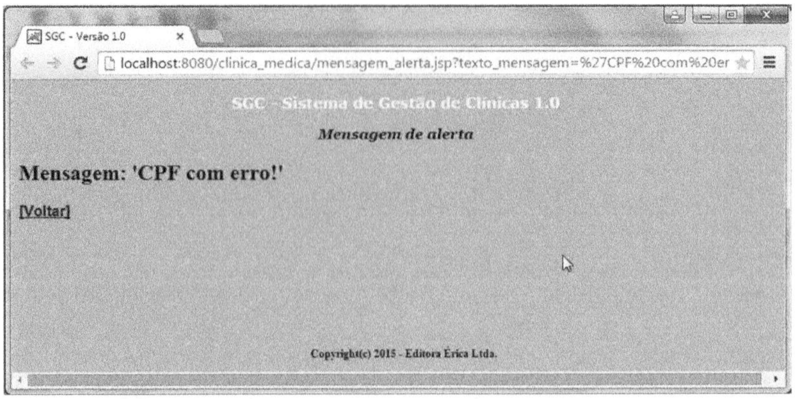

Figura 22.5 – Mensagem de erro se o número de CPF for inválido.

Para alterar os dados cadastrais de um paciente, escolha a opção **Alterar**, selecione a opção de pesquisa e digite o valor desejado (nome, RG ou CPF do paciente) na tela da Figura 22.6. Se tiver sido escolhida a opção de pesquisa por nome, uma tela similar à da Figura 22.7 será apresentada em seguida. Clique no link **Editar** da linha correspondente ao paciente cujos dados devem ser alterados. A Figura 22.8 mostra a tela de edição dos dados.

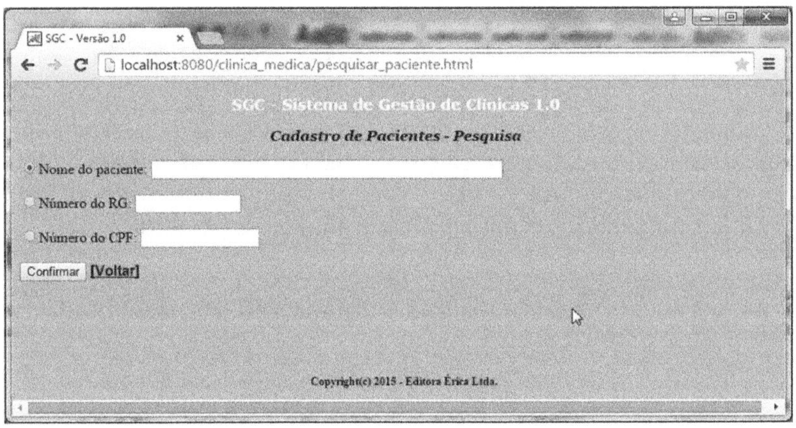

Figura 22.6 – Tela de pesquisa de paciente.

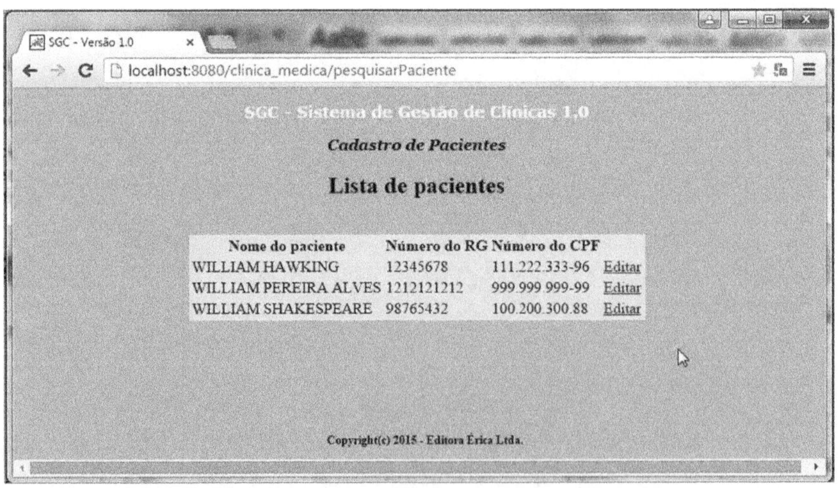

Figura 22.7 – Tela para seleção de paciente pelo nome.

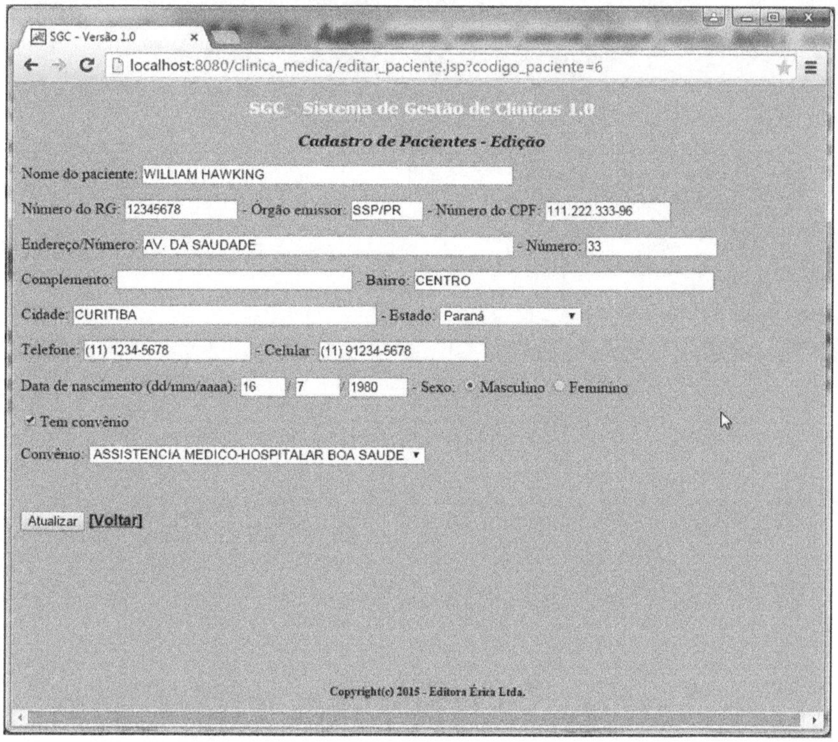

Figura 22.8 – Tela de edição de dados do paciente.

Selecionando-se a opção **Listar** do menu de agendamento de consultas, teremos uma tela similar à da Figura 22.9.

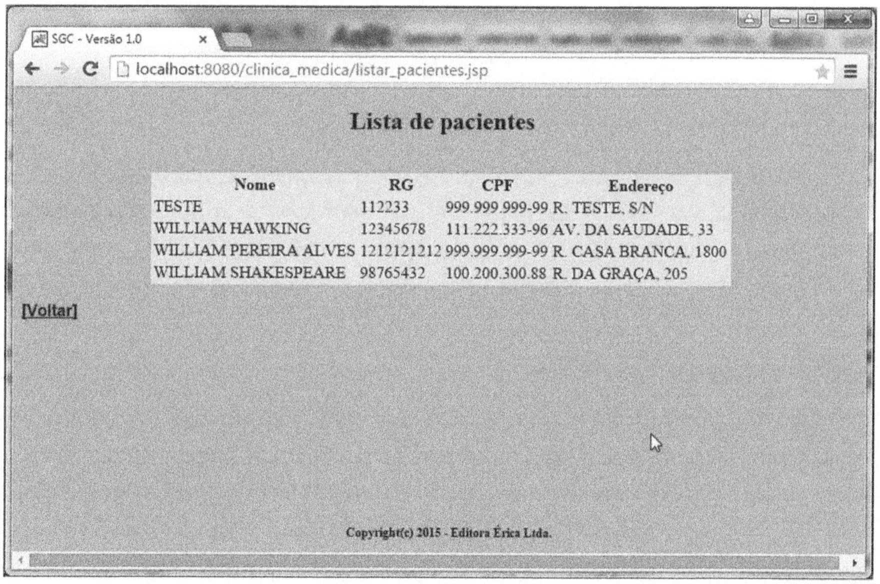

Figura 22.9 – Tela de listagem dos pacientes cadastrados.

Recapitulando

Este capítulo mostrou o desenvolvimento do módulo de cadastro de pacientes da clínica, além da adição de métodos para validação de dados.

23

Módulo de Agendamento de Consultas – 2

Novos conhecimentos

Este capítulo tem por objetivo mostrar a criação das rotinas responsáveis pela execução das operações mais importantes do nosso projeto de aplicação. Nele são apresentadas as funcionalidades para agendamento de consultas médicas e de retorno, além do cancelamento de consulta agendada. Demonstra ainda como listar numa única página HTML os valores de registros de mais de uma tabela ao mesmo tempo.

23.1 Criação das classes

Este capítulo aborda aquela que é, provavelmente, a etapa de desenvolvimento mais complexa do nosso projeto. Devemos criar agora a funcionalidade de agendamento de consultas médicas, e a complexidade dessa tarefa advém do fato de ser necessária a construção de mais formulários HTML, páginas JSP e classes Java do que já vimos até o momento.

Comecemos, então, pela definição das duas classes principais, uma para modelar os dados e outra para manipular o banco. Adicione uma nova classe ao pacote model, nomeando-a como "c_agenda_consultas" e digitando o seguinte código:

```
package model;

public class c_agenda_consultas {
    private int registro;
    private int codigo_paciente;
    private int codigo_medico;
    private String data_consulta;
    private String hora_consulta;
    private String retorno_consulta;
    private String consulta_cancelada;
    private String motivo_cancelamento;

    public c_agenda_consultas()
    {
        registro = 0;
        codigo_paciente = 0;
        codigo_medico = 0;
        data_consulta = "";
        hora_consulta = "";
        retorno_consulta = "";
        consulta_cancelada = "";
        motivo_cancelamento = "";
    }

    public c_agenda_consultas(int codigo_paciente,
            int codigo_medico,
            String data_consulta,
            String hora_consulta,
            String retorno_consulta,
            String consulta_cancelada,
            String motivo_cancelamento)
    {
        this.codigo_paciente = codigo_paciente;
        this.codigo_medico = codigo_medico;
        this.data_consulta = data_consulta;
        this.hora_consulta = hora_consulta;
        this.retorno_consulta = retorno_consulta;
        this.consulta_cancelada = consulta_cancelada;
        this.motivo_cancelamento = motivo_cancelamento;
    }

    public int getRegistro() {return registro;}
    public void setRegistro(int registro) {this.registro = registro;}

    public int getCodigoPaciente() {return codigo_paciente;}
    public void setCodigoPaciente(int codigo_paciente) {this.codigo_paciente = codigo_paciente;}

    public int getCodigoMedico() {return codigo_medico;}
    public void setCodigoMedico(int codigo_medico) {this.codigo_medico = codigo_medico;}

    public String getDataConsulta() {return data_consulta;}
    public void setDataConsulta(String data_consulta) {this.data_consulta = data_consulta;}

    public String getHoraConsulta() {return hora_consulta;}
    public void setHoraConsulta(String hora_consulta) {this.hora_consulta = hora_consulta;}

    public String getRetornoConsulta() {return retorno_consulta;}
    public void setRetornoConsulta(String retorno_consulta) {this.retorno_consulta = retorno_consulta;}

    public String getConsultaCancelada() {return consulta_cancelada;}
    public void setConsultaCancelada(String consulta_cancelada) {this.consulta_cancelada =
consulta_cancelada;}

    public String getMotivoCancelamento() {return motivo_cancelamento;}
    public void setMotivoCancelamento(String motivo_cancelamento) {this.motivo_cancelamento =
motivo_cancelamento;}
}
```

A próxima classe tem como objetivo executar as operações de manipulação do banco de dados. Ela possui métodos para inclusão de novas consultas à agenda, recuperação de dados de uma consulta marcada, alteração de consulta, cancelamento de consulta marcada e exibição de consultas agendadas para uma determinada data. O código para essa classe, que deve ser inserida no pacote banco_dados, se encontra na seguinte listagem:

```
package banco_dados;

import java.sql.*;
import java.util.Date;
import model.c_agenda_consultas;
import util.conversao;

public class agenda_consultas {
    private Connection conBanco;
    private PreparedStatement psComando;
    private ResultSet rsRegistros;

    public void configurarConexao(Connection conBanco) {this.conBanco = conBanco;}

    public boolean inserirRegistro(c_agenda_consultas agenda)
    {
        conversao Converter = new conversao();
        Date dtDataConsulta;
        String strDataInvertida,strComandoSQL;

        try
        {
            dtDataConsulta = Converter.StringToDate(agenda.getDataConsulta());

            if (dtDataConsulta != null)
               strDataInvertida = Converter.DataInvertida(dtDataConsulta);
               else
                   strDataInvertida = "null";

            if (!(strDataInvertida.equals("null")))
                strDataInvertida = "'"+strDataInvertida+"'";

            strComandoSQL = "INSERT INTO agenda_consulta(Codigo_Paciente,Codigo_Medico,Data,Hora,
Retorno,Cancelado,Motivo_Cancelamento)"+
                    " VALUES("+agenda.getCodigoPaciente()+","+
                    agenda.getCodigoMedico()+","+
                    strDataInvertida+","+
                    "'"+agenda.getHoraConsulta()+"',"+
                    "'"+agenda.getRetornoConsulta()+"',"+
                    "'"+agenda.getConsultaCancelada()+"',"+
                    "'"+agenda.getMotivoCancelamento()+"')";

            psComando = conBanco.prepareStatement(strComandoSQL);
            psComando.executeUpdate();

            return true;
        }
        catch (Exception erro)
        {
            erro.printStackTrace();
            return false;
        }
    }

    public ResultSet lerRegistro(int intRegistro)
    {
        String strComandoSQL;

        try
        {
            strComandoSQL = "SELECT * FROM agenda_consulta WHERE Registro_Agenda = "+intRegistro;

            psComando = conBanco.prepareStatement(strComandoSQL);
            rsRegistros = psComando.executeQuery();
            rsRegistros.next();

            return rsRegistros;
        }
        catch (Exception erro)
        {
            erro.printStackTrace();
            return null;
        }
    }

    public boolean alterarRegistro(c_agenda_consultas agenda)
    {
        String strComandoSQL;

        try
```

```
        {
            strComandoSQL = "UPDATE agenda_consulta SET Codigo_Medico="+agenda.getCodigoMedi-
co()+","+
                    "Data='"+agenda.getDataConsulta()+"',"+
                    "Hora='"+agenda.getHoraConsulta()+"'"+
                    " WHERE Registro_Agenda = "+agenda.getRegistro();
            psComando = conBanco.prepareStatement(strComandoSQL);
            psComando.executeUpdate();

            return true;
        }
        catch (Exception erro)
        {
            erro.printStackTrace();
            return false;
        }
    }

    public boolean cancelarRegistro(int intRegistro)
    {
        String strComandoSQL;

        try
        {
            strComandoSQL = "UPDATE agenda_consulta SET Cancelado = 'S' WHERE Registro_Agenda =
"+intRegistro;
            psComando = conBanco.prepareStatement(strComandoSQL);
            psComando.executeUpdate();

            return true;
        }
        catch (Exception erro)
        {
            erro.printStackTrace();
            return false;
        }
    }

    public ResultSet listarAgenda(String strData)
    {
        String strComandoSQL;

        try
        {
            strComandoSQL = "SELECT agenda_consulta.Registro_Agenda AS RegistroAgenda,"+
                    "agenda_consulta.Codigo_Paciente AS CodigoPaciente," +
                    "agenda_consulta.Codigo_Medico AS CodigoMedico," +
                    "agenda_consulta.Data AS DataConsulta," +
                    "agenda_consulta.Hora AS HoraConsulta," +
                    "agenda_consulta.Retorno," +
                    "agenda_consulta.Cancelado," +
                    "pacientes.Nome AS NomePaciente," +
                    "pacientes.Numero_RG AS RGPaciente," +
                    "pacientes.Numero_CPF AS CPFPaciente," +
                    "medicos.Nome_Medico AS Medico" +
                    " FROM agenda_consulta,pacientes,medicos" +
                    " WHERE (agenda_consulta.Codigo_Paciente = pacientes.Codigo_Paciente) AND" +
                    " (agenda_consulta.Codigo_Medico = medicos.Codigo_Medico) AND" +
                    " (agenda_consulta.Cancelado <> 'S') AND" +
                    " (agenda_consulta.Data = '"+strData+"')"+
                    " ORDER BY DataConsulta,HoraConsulta";

            psComando = conBanco.prepareStatement(strComandoSQL);
            rsRegistros = psComando.executeQuery();
            return rsRegistros;
        }
        catch (Exception erro)
        {
            erro.printStackTrace();
            return null;
        }
    }

}
```

23.2 Agendamento de consulta médica

Vamos criar agora um formulário HTML que será o ponto de partida para se efetuar um agendamento de consulta. Nele, o usuário deverá digitar a data solicitada pelo paciente para sua consulta. Então, uma tela é apresentada em seguida, mostrando todas as consultas já agendadas para a data desejada. Com isso, o usuário pode informar ao paciente se existe disponibilidade ou não.

Clique com o botão direito do mouse sobre o item **Páginas Web** e escolha a opção **Novo → HTML**. Especifique como nome do arquivo a cadeia de caracteres "agendar_consulta" e, em seguida, entre com o seguinte código:

```
<!DOCTYPE html>
<html>
    <head>
        <meta http-equiv="Content-Type" content="text/html; charset=utf-8" />
        <title>SGC - Versão 1.0</title>
        <link href="clinica_medica.css" rel="stylesheet" type="text/css" />
    </head>

    <body class="FundoPagina">
        <p class="TituloAplicacao">SGC - Sistema de Gestão de Clínicas 1.0</p>
        <p class="TituloPagina">Agendamento de Consulta Médica</p>

        <form name="formSelecionaData" method="post" action="listar_agenda.jsp?opcao=consulta"
target="_parent">
            <p>Digite a data (dd/mm/aaaa): <input name="txtDia" type="text" size="2" maxlength="2"
/>/
                <input name="txtMes" type="text" size="2" maxlength="2" />/
                <input name="txtAno" type="text" size="4" maxlength="4" />
            </p>
            <p><input name="btnConfirmar" type="submit" value="Confirmar" />
                <span class="LinkVoltar"><a href="javascript:history.back()">[Voltar]</a></span>
            </p>
        </form>

        <p class="RodapePagina">Copyright(c) 2015 - Editora Érica Ltda.</p>
    </body>
</html>
```

O formulário é bastante simples, composto apenas por três campos para digitação do dia, mês e ano. Ele invoca uma página JSP que é responsável por listar as consultas agendadas para o dia especificado. É importante notar que um parâmetro é passado a essa página. Conforme veremos mais adiante neste capítulo, ele é necessário para podermos utilizar a mesma página em mais de uma operação. Adicione mais essa página ao item **Páginas Web**, nomeando-a como "listar_agenda" e alterando seu código para o apresentado na seguinte listagem:

```
<%@page contentType="text/html" pageEncoding="UTF-8"%>
<%@page import="java.sql.ResultSet"%>
<%@page import="java.util.Date"%>
<jsp:useBean id="conexao" scope="page" class="banco_dados.conexaoBancoDados"/>
<jsp:useBean id="agenda" scope="page" class="banco_dados.agenda_consultas"/>
<jsp:useBean id="converter" scope="page" class="util.conversao"/>
<!DOCTYPE html>
<html>
    <head>
        <meta http-equiv="Content-Type" content="text/html; charset=utf-8" />
        <title>SGC - Versão 1.0</title>
        <link href="clinica_medica.css" rel="stylesheet" type="text/css" />
    </head>
    <body class="FundoPagina">
        <%
            ResultSet rsRegistros;

            Date dtDataConsulta;
            String strDia = request.getParameter("txtDia");
            String strMes = request.getParameter("txtMes");
            String strAno = request.getParameter("txtAno");
            String strDataConsulta = strDia+"/"+strMes+"/"+strAno;
            dtDataConsulta = converter.StringToDate(strDataConsulta);
```

```
            String strOpcao = request.getParameter("opcao");

            if (conexao.abrirConexao())
            {
                agenda.configurarConexao(conexao.obterConexao());

                rsRegistros = agenda.listarAgenda(converter.DataInvertida(dtDataConsulta));

                if (rsRegistros != null)
                {
                    if (strOpcao.toUpperCase().equals("RETORNO"))
                       out.println("<h2><center>Agendamento de Retorno de Consulta Médica
</center></h2>");
                    else
                        out.println("<h2><center>Agendamento de Consulta Médica</center></h2>");

                    out.println("<br>");
                    out.println("<table align='center' bgcolor='moccasin'>");
                    out.println("<tr><th>Data</th><th>Hora</th><th>Paciente</th>
<th>Médico</th></tr>");
                    while (rsRegistros.next())
                    {
                        out.print("<tr>");
                        out.print("<td>"+converter.DateToString(rsRegistros.
getDate("DataConsulta"))+
"</td>");
                        out.print("<td>"+rsRegistros.getString("HoraConsulta")+"</td>");
                        out.print("<td>"+rsRegistros.getString("NomePaciente")+"</td>");
                        out.print("<td>"+rsRegistros.getString("Medico")+"</td>");
                        out.print("</tr>");
                    }
                    out.println("</table>");
                    if (strOpcao.toUpperCase().equals("RETORNO"))
                        out.println("<br><br><br><span class='LinkVoltar'><a href=
'selecionar_paciente.jsp?opcao="+strOpcao+"'>[Agendar retorno] </a></span>");
                    else
                        out.println("<br><br><br><span class='LinkVoltar'><a href=
'selecionar_paciente.html'>[Agendar consulta] </a></span>");
                }
                else
                    out.println("<p>Falha na exibição dos registros!</p>");

                conexao.fecharConexao();
            }
            else
                out.println("<p>Falha na conexão com o banco de dados!</p>");
        %>

        <span class="LinkVoltar"><a href="javascript:history.back()">[Voltar]</a></span>
        <p class="RodapePagina">Copyright(c) 2015 - Editora Érica Ltda.</p>
    </body>
</html>
```

Esse código monta a data a partir dos valores dos três campos do formulário. Então, é criada uma tabela HTML contendo todos os registros do banco de dados das consultas agendadas para essa data. Isso é feito por meio da chamada ao método **listarAgenda()** do objeto **agenda**, que é uma instância da classe **agenda_consultas**.

Para que a data seja apresentada corretamente no formato **DD/MM/AAAA**, utilizamos o método **DateToString()** que criamos na classe **conversao**, existente no pacote **util** do projeto.

O parâmetro identificado pelo nome **opcao** permite que saibamos se a página é invocada pelo formulário de agendamento de consulta ou de retorno. Dessa forma, é possível adaptar o título e o link da página que deverá ser aberta.

Se houver disponibilidade de horário para o dia desejado, o usuário deve clicar no link **Agendar consulta**, que abre a página HTML denominada **selecionar_paciente.html**. O código para essa página, que deve ser adicionada ao item **Páginas Web**, é apresentado a seguir:

```
<!DOCTYPE html>
<html>
    <head>
        <meta http-equiv="Content-Type" content="text/html; charset=utf-8" />
        <title>SGC - Versão 1.0</title>
        <link href="clinica_medica.css" rel="stylesheet" type="text/css" />
    </head>

    <body class="FundoPagina">
        <p class="TituloAplicacao">SGC - Sistema de Gestão de Clínicas 1.0</p>
        <p class="TituloPagina">Agendamento de Consulta Médica</p>

        <form name="formSelecionaPaciente" method="post" action="selecionarPaciente" target="_parent">
            <p>
                <input type="radio" name="rbOpcaoPesquisa" value="Nome" checked="checked" />Nome do 
paciente:
                <input type="text" name="txtNomePaciente" size="50" maxlength="50" />
            </p>
            <p>
                <input type="radio" name="rbOpcaoPesquisa" value="RG" />Número do RG:
                <input type="text" name="txtRG" size="12" maxlength="12" />
            </p>
            <p>
                <input type="radio" name="rbOpcaoPesquisa" value="CPF" />Número do CPF:
                <input type="text" name="txtCPF" size="14" maxlength="14" />
            </p>
            <p>
                <input type="submit" name="btnConfirmar" value="Confirmar" />
                <span class="LinkVoltar"><a href="javascript:history.back()">[Voltar]</a></span>
            </p>

            <p class="RodapePagina">Copyright(c) 2015 - Editora Érica Ltda.</p>
        </form>
    </body>
</html>
```

O formulário dessa página é similar ao que criamos anteriormente para a pesquisa de pacientes. Nele, o usuário pode escolher entre pesquisar por nome, pelo número do RG ou pelo número do CPF. No caso de a escolha ser pelo nome, uma lista com os pacientes cujos nomes se iniciam com a cadeia de caracteres especificada deve ser exibida. Essa é a tarefa do *Servlet* denominado **selecionarPaciente**, que criaremos a seguir.

Adicione ao pacote **servlets** do nosso projeto o código Java apresentado pela seguinte listagem:

```
package servlets;

import java.io.IOException;
import java.io.PrintWriter;
import javax.servlet.ServletException;
import javax.servlet.http.*;
import banco_dados.conexaoBancoDados;
import banco_dados.pacientes;
import java.sql.ResultSet;
import util.*;

public class selecionarPaciente extends HttpServlet {
    @Override
    protected void doPost(HttpServletRequest request, HttpServletResponse response)
            throws ServletException, IOException {
        ResultSet rsRegistro;
        PrintWriter out;
        String strOpcaoPesquisa,strNome,strRG,strCPF,strCampoPesquisa,strValorPesquisa,
strDataNascimento,strOpcao;
        int intCodigoPaciente;
        boolean blnProcessa = true;
        conversao Converter = new conversao();
        validacao Validar = new validacao();
        conexaoBancoDados conexao = new conexaoBancoDados();
        pacientes paciente = new pacientes();

        strOpcaoPesquisa = request.getParameter("rbOpcaoPesquisa");
        strNome = request.getParameter("txtNomePaciente");
        strRG = request.getParameter("txtRG");
```

```
        strCPF = request.getParameter("txtCPF");
        strOpcao = request.getParameter("opcao");

        strCampoPesquisa = "";
        strValorPesquisa = "";

        if (strOpcaoPesquisa.equals("RG"))
        {
            strCampoPesquisa = "RG";
            strValorPesquisa = strRG;
        }
        else if (strOpcaoPesquisa.equals("CPF"))
            {
                strCampoPesquisa = "CPF";
                strValorPesquisa = strCPF;

                // Verifica se o CPF é válido
                if (!Validar.CPFValido(strCPF))
                   blnProcessa = false;
            }

        response.setContentType("text/html;charset=UTF-8");
        out = response.getWriter();

        out.println("<!DOCTYPE html>");
        out.println("<html>");
        out.println("<head>");
        out.println("<meta http-equiv='Content-Type' content='text/html; charset=utf-8' />");
        out.println("<title>SGC - Versão 1.0</title>");
        out.println("<link href='clinica_medica.css' rel='stylesheet' type='text/css' />");
        out.println("</head>");
        out.println("<body class='FundoPagina'>");
        out.println("<p class='TituloAplicacao'>SGC - Sistema de Gestão de Clínicas 1.0</p>");
        if (strOpcao.toUpperCase().equals("RETORNO"))
            out.println("<p class='TituloPagina'>Agendamento de Retorno de Consulta Médica</p>");
        else
            out.println("<p class='TituloPagina'>Agendamento de Consulta Médica</p>");

        if (strOpcaoPesquisa.equals("Nome"))
        {
            try
            {
                if (conexao.abrirConexao())
                {
                    paciente.configurarConexao(conexao.obterConexao());

                    rsRegistro = paciente.listarRegistros(strNome);

                    if (rsRegistro != null)
                    {
                        out.println("<h2><center>Lista de pacientes</center></h2>");
                        out.println("<br>");
                        out.println("<table align='center' bgcolor='moccasin'>");
                        out.println("<tr><th>Nome do paciente</th><th>Número do RG</th><th>Número do
CPF</th><th></th></tr>");

                        while (rsRegistro.next())
                        {
                            out.print("<tr>");
                            out.print("<td>"+rsRegistro.getString("Nome")+"</td>");
                            out.print("<td>"+rsRegistro.getString("Numero_RG")+"</td>");
                            out.print("<td>"+rsRegistro.getString("Numero_CPF")+"</td>");
                            if (strOpcao.toUpperCase().equals("RETORNO"))
                                out.print("<td><a href='marcar_retorno.jsp?codigo_paciente="+
rsRegistro.getString("Codigo_Paciente")+"'>Marcar retorno</a></td>");
                            else
                                out.print("<td><a href='marcar_consulta.jsp?codigo_paciente="+
rsRegistro.getString("Codigo_Paciente")+"'>Marcar consulta</a></td>");
                            out.print("</tr>");
                        }
                        out.println("</table>");
                        out.println("<br>");
                    }
                    else
                        out.println("<p>Falha na exibição dos registros!</p>");
```

```
                    conexao.fecharConexao();
                }
                else
                    out.println("<p>Falha na conexão com o banco de dados!</p>");
            }
            catch (Exception erro)
            {
                erro.printStackTrace();
                out.println("<h2>Erro do sistema: processo de cadastro de paciente!</h2>");
            }
        }
        else
        {
            if (blnProcessa)
            {
                try
                {
                    if (conexao.abrirConexao())
                    {
                        paciente.configurarConexao(conexao.obterConexao());

                        intCodigoPaciente = paciente.localizarRegistro(strCampoPesquisa,
strValorPesquisa);

                        if (intCodigoPaciente != 0)
                        {
                            rsRegistro = paciente.lerRegistro(intCodigoPaciente);
                            strDataNascimento = Converter.DateToString(rsRegistro.
getDate("Data_Nascimento"));

                            out.println("Nome do paciente: "+rsRegistro.getString("Nome")+"<br>");
                            out.println("Data de nascimento: "+strDataNascimento+" - Sexo:
"+rsRegistro.getString("Sexo")+"<br>");
                            out.println("RG: "+rsRegistro.getString("Numero_RG")+" - Órgão emissor:
"+rsRegistro.getString("Orgao_Emissor")+"<br>");
                            out.println("CPF: "+rsRegistro.getString("Numero_CPF")+"<br>");
                            out.println("Endereço: "+rsRegistro.getString("Endereco")+",
"+rsRegistro.getString("Numero")+"<br>");
                            out.println("Complemento: "+rsRegistro.getString("Complemento")+"<br>");
                            out.println("Cidade: "+rsRegistro.getString("Cidade")+" - Estado:
"+rsRegistro.getString("Estado")+"<br>");
                            out.println("Telefone: "+rsRegistro.getString("Telefone")+" - Celular:
"+rsRegistro.getString("Celular")+"<br>");
                            out.println("<br><br>");
                            if (strOpcao.toUpperCase().equals("RETORNO"))
                                out.print("<td><a href='marcar_retorno.jsp?codigo_paciente="+
intCodigoPaciente+"'>[Marcar retorno]/a></td>");
                            else
                                out.println("<a href='marcar_consulta.jsp?codigo_paciente="+
intCodigoPaciente+"'>[Marcar consulta]</a> ");
                            out.println("<span class='LinkVoltar'><a href='javascript:history.
back()'>[Voltar]</a></span>");
                        }
                        else
                        {
                            out.println("<h2>Paciente não encontrado!</h2>");
                            out.println("<br><br><br>");
                            out.println("<p class='LinkVoltar'><a href='javascript:history.
back()'>[Voltar]</a></p>");
                        }

                        conexao.fecharConexao();
                    }
                    else
                        out.println("<h2>Não foi possível estabelecer conexão com o banco de
dados!</h2>");
                }
                catch (Exception erro)
                {
                    erro.printStackTrace();
                    out.println("<h2>Erro do sistema: processo de cadastro de paciente!</h2>");
                }
            }
            else
                response.sendRedirect("mensagem_alerta.jsp?texto_mensagem='CPF com erro!'");
        }
```

```
        out.println("<p class='RodapePagina'>Copyright(c) 2015 - Editora Érica Ltda.</p>");
        out.println("</body>");
        out.println("</html>");
    }
}
```

O que esse *Servlet* faz é montar uma página que lista em uma tabela os pacientes cujos nomes se iniciam com os caracteres especificados ou apresenta os dados do paciente após a sua localização pelo número do RG ou do CPF. O usuário, então, clica no link **Marcar consulta** para que seja apresentada outra tela.

Essa nova tela é constituída por uma página JSP, denominada **marcar_consulta**, que deve possuir o seguinte código:

```
<%@page contentType="text/html" pageEncoding="UTF-8"%>
<%@page import="java.sql.ResultSet"%>
<%@page import="java.sql.Date"%>
<jsp:useBean id="conexao" scope="page" class="banco_dados.conexaoBancoDados"/>
<jsp:useBean id="paciente" scope="page" class="banco_dados.pacientes"/>
<jsp:useBean id="medico" scope="page" class="banco_dados.medicos"/>
<!DOCTYPE html">
<html>
    <head>
        <meta http-equiv="Content-Type" content="text/html; charset=utf-8" />
        <title>SGC - Versão 1.0</title>
        <link href="clinica_medica.css" rel="stylesheet" type="text/css" />
    </head>

    <body class="FundoPagina">
        <p class="TituloAplicacao">SGC - Sistema de Gestão de Clínicas 1.0</p>
        <p class="TituloPagina">Agendamento de Consulta Médica</p>
        <%
            ResultSet rsPaciente,rsMedico;
            String strNomePaciente = "";
            boolean blnConectado;

            int intCodigoPaciente = Integer.parseInt(request.getParameter("codigo_paciente"));
            blnConectado = false;

            if (conexao.abrirConexao())
            {
                paciente.configurarConexao(conexao.obterConexao());

                rsPaciente = paciente.lerRegistro(intCodigoPaciente);

                strNomePaciente = rsPaciente.getString("Nome");

                blnConectado = true;
            }
            else
                out.println("<p>Falha na conexão com o banco de dados!</p>");
        %>

        <% if (blnConectado) {%>
        <form name="formMarcaConsulta" method="post" action="marcarConsulta" target="_parent">
            <p>Nome do paciente: <%=strNomePaciente%></p>
              Médico:
              <select name="lstMedico">
              <%
                medico.configurarConexao(conexao.obterConexao());

                rsMedico = medico.listarRegistros();

                if (rsMedico != null)
                {
                    while (rsMedico.next())
                        out.print("<option value='"+rsMedico.getString("Codigo_Medico")+
"'>"+rsMedico.getString("Nome_Medico")+"</option>");
                }
              %>
              </select>
            </p>
```

```
            <p>Data da consulta (dd/mm/aaaa):
                <input type="text" name="txtDia" size="2" maxlength="2" />/
                <input type="text" name="txtMes" size="2" maxlength="2" />/
                <input type="text" name="txtAno" size="4" maxlength="4" />
              Hora da consulta (hh:mm):
                <input type="text" name="txtHora" size="2" maxlength="2" />:
                <input type="text" name="txtMinutos" size="2" maxlength="2" />
            </p>
            <br>
            <p>
                <input type="hidden" name="codigo_paciente" value="<%=intCodigoPaciente%>">
            </p>

            <p><input type="submit" name="btnGravar" value="Gravar" />
                <span class="LinkVoltar"><a href="javascript:history.back()">[Voltar]</a></span>
            </p>
        </form>

        <p class="RodapePagina">Copyright(c) 2015 - Editora Érica Ltda.</p>

        <%
            conexao.fecharConexao();
          }
        %>
    </body>
</html>
```

Como podemos ver, essa página monta um formulário com o nome do paciente e a lista de médicos para seleção. Nele, ainda são adicionados campos para digitação da data e da hora desejada para o agendamento da consulta. Ao se clicar no botão de gravação, um *Servlet* é invocado pelo formulário. Ele é responsável pelo encerramento do processo, e deve ser adicionado ao nosso pacote denominado **servlets** com o nome **marcarConsulta**. O código Java para esse *Servlet* se encontra na listagem apresentada a seguir:

```
package servlets;

import java.io.IOException;
import java.io.PrintWriter;
import javax.servlet.ServletException;
import javax.servlet.http.*;
import model.c_agenda_consultas;
import banco_dados.conexaoBancoDados;
import banco_dados.agenda_consultas;

public class marcarConsulta extends HttpServlet {
    @Override
    protected void doPost(HttpServletRequest request, HttpServletResponse response)
            throws ServletException, IOException {
        String strDataConsulta,strHoraConsulta;
        PrintWriter out;
        response.setContentType("text/html;charset=UTF-8");
        out = response.getWriter();

        out.println("<!DOCTYPE html>");
        out.println("<html>");
        out.println("<head>");
        out.println("<meta http-equiv='Content-Type' content='text/html; charset=utf-8' />");
        out.println("<title>SGC - Versão 1.0</title>");
        out.println("<link href='clinica_medica.css' rel='stylesheet' type='text/css' />");
        out.println("</head>");
        out.println("<body class='FundoPagina'>");
        out.println("<p class='TituloAplicacao'>SGC - Sistema de Gestão de Clínicas 1.0</p>");
        out.println("<p class='TituloPagina'>Agendamento de Consulta Médica</p>");

        try
        {
            strDataConsulta = request.getParameter("txtDia")+"/"+request.getParameter("txtMes")+
"/"+request.getParameter("txtAno");
```

```
            strHoraConsulta = request.getParameter("txtHora")+":"+request.
getParameter("txtMinutos");

            c_agenda_consultas Agenda = new c_agenda_consultas(Integer.parseInt(request.
getParameter("codigo_paciente")),
                    Integer.parseInt(request.getParameter("lstMedico")),
                    strDataConsulta,
                    strHoraConsulta,
                    "N",
                    "N",
                    "");

            conexaoBancoDados conexao = new conexaoBancoDados();
            agenda_consultas agenda = new agenda_consultas();

            if (conexao.abrirConexao())
            {
                agenda.configurarConexao(conexao.obterConexao());

                if (agenda.inserirRegistro(Agenda))
                {
                    out.println("<h2>Consulta agendada com sucesso!</h2>");
                    out.println("<br><br><br><br>");
                    out.println("<a href='menu_agendamento.html'>Voltar</a>");
                }
                else
                    out.println("<h2>Não foi possível agendar a consulta!</h2>");

                conexao.fecharConexao();
            }
            else
                out.println("<h2>Não foi possível estabelecer conexão com o banco de dados!</h2>");
        }
        catch (Exception erro)
        {
            erro.printStackTrace();
            out.println("<h2>Erro do sistema: processo de agendamento de consulta!</h2>");
        }

        out.println("<p class='RodapePagina'>Copyright(c) 2015 - Editora Érica Ltda.</p>");
        out.println("</body>");
        out.println("</html>");
    }
}
```

O código desse *Servlet* define a data e a hora da consulta a partir dos parâmetros recebidos do formulário. Então, é criada uma instância da classe **c_agenda_consultas** que será passada ao método **inserirRegistro()** do objeto **agenda**. E, com isso, encerramos essa etapa de nosso projeto. Agora, resta-nos testar o sistema.

23.3 Teste de agendamento de consultas

A partir do painel do gerenciador de projetos, clique com o botão esquerdo do mouse sobre o arquivo **menu_agendamento.html** e escolha a opção **Executar Arquivo**. Após surgir a tela de menu do módulo de agendamento de consultas, selecione a opção **Agendamento de consulta**. Assim, você terá a tela da Figura 23.1.

Digite uma data e, depois, clique no botão **Confirmar**. Se houver alguma consulta agendada para a data informada, a tela da Figura 23.2 será exibida. Não havendo qualquer consulta, a tela terá a aparência mostrada pela Figura 23.3. Para agendar uma consulta, o usuário deve clicar na opção **Agendar consulta**, apresentada na parte inferior da tela.

Em seguida, é necessário pesquisar o paciente pelo nome, RG ou CPF (Figura 23.4). No caso de pesquisa por nome, uma lista similar à da Figura 23.5 será exibida. Caso se efetue pesquisa pelo RG ou pelo CPF, uma tela contendo os dados do paciente será apresentada (Figura 23.6).

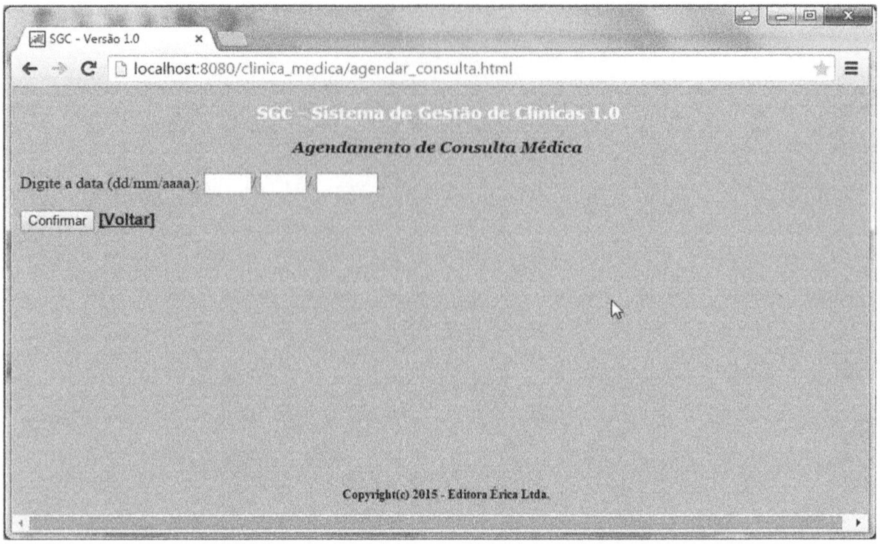

Figura 23.1 – Tela para entrada da data da consulta.

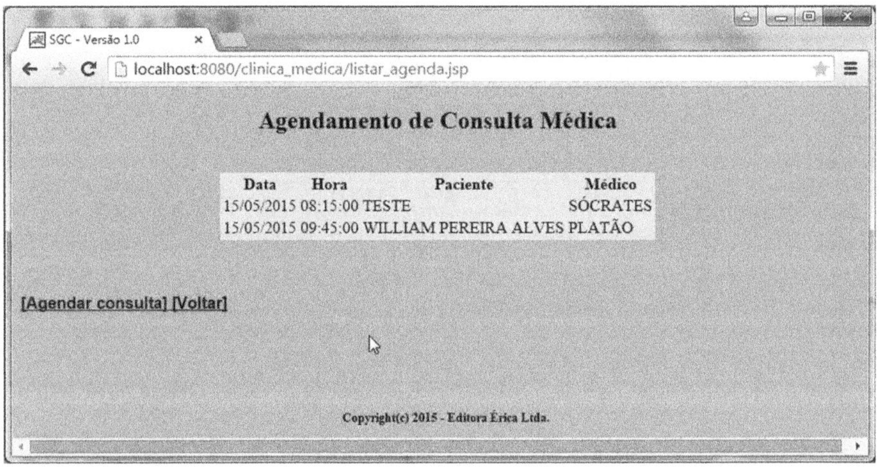

Figura 23.2 – Lista de consultas agendadas para a data especificada.

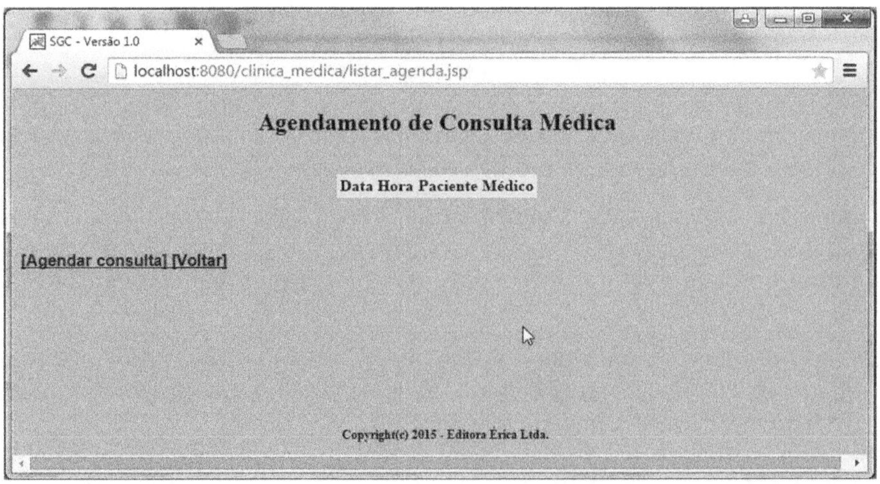

Figura 23.3 – Tela mostrada quando não existe consulta para a data especificada.

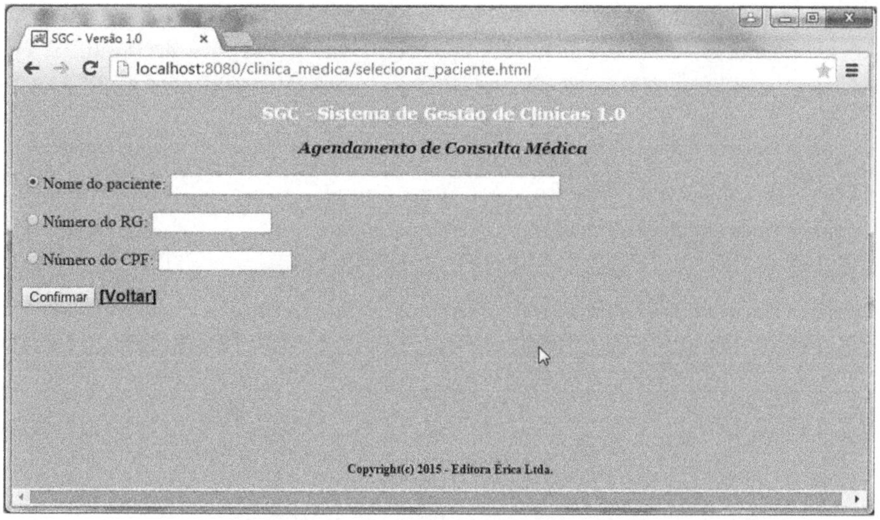

Figura 23.4 – Tela para pesquisa de paciente.

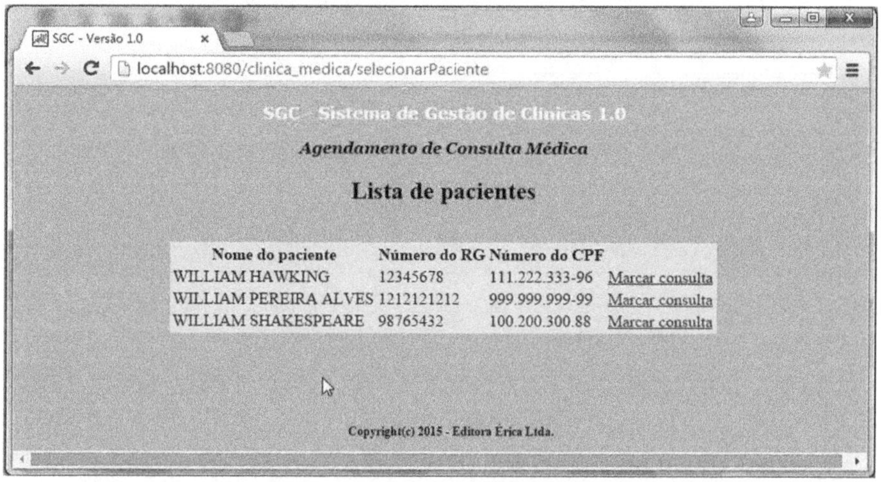

Figura 23.5 – Lista para seleção de paciente.

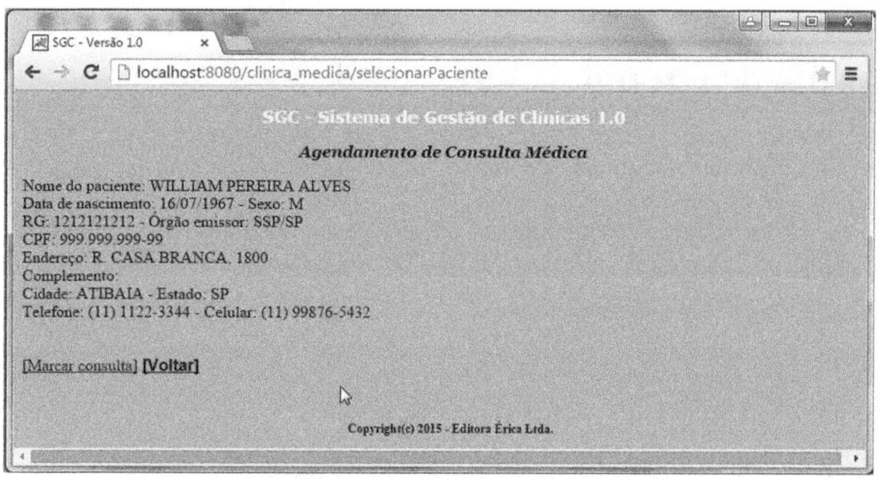

Figura 23.6 – Tela de dados do paciente.

Em qualquer uma dessas duas situações, o usuário deve clicar na opção **Marcar consulta** para ser apresentada a página que permite selecionar o médico e fornecer a data e a hora da consulta (Figura 23.7). Para confirmar o agendamento, basta clicar no botão **Gravar**. Se tudo ocorrer bem, a mensagem da Figura 23.8 surge em seguida.

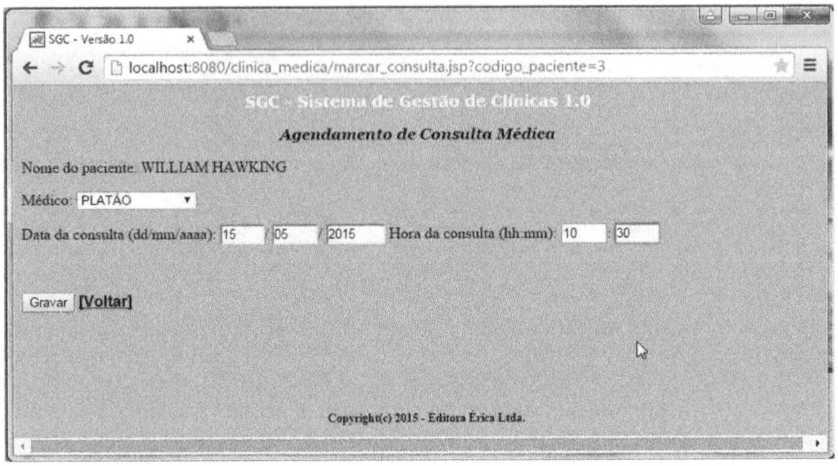

Figura 23.7 – Seleção de médico e entrada de data/hora da consulta.

Figura 23.8 – Tela de finalização da operação de agendamento.

23.4 Agendamento de retorno

Neste tópico desenvolveremos a funcionalidade do sistema que permite agendar um retorno de consulta. Boa parte do que fizemos anteriormente reaproveitaremos aqui, o que significa que construiremos pouca coisa. O primeiro passo é definir um formulário para entrada da data para agendamento do retorno. Para isso, clique com o botão direito do mouse sobre o item **Páginas Web** e escolha a opção **Novo → HTML**. Especifique como nome do arquivo a cadeia de caracteres "agendar_retorno" e, em seguida, entre com o seguinte código:

```
<!DOCTYPE html>
<html>
    <head>
        <meta http-equiv="Content-Type" content="text/html; charset=utf-8" />
        <title>SGC - Versão 1.0</title>
        <link href="clinica_medica.css" rel="stylesheet" type="text/css" />
    </head>
```

```
    <body class="FundoPagina">
        <p class="TituloAplicacao">SGC - Sistema de Gestão de Clínicas 1.0</p>
        <p class="TituloPagina">Agendamento de Retorno de Consulta Médica</p>

        <form name="formSelecionaData" method="post" action="listar_agenda.jsp?opcao=retorno"
target="_parent">
            <p>Digite a data (dd/mm/aaaa): <input name="txtDia" type="text" size="2" maxlength="2"
/>/
                <input name="txtMes" type="text" size="2" maxlength="2" />/
                <input name="txtAno" type="text" size="4" maxlength="4" />
            </p>
            <p><input name="btnConfirmar" type="submit" value="Confirmar" />
                <span class="LinkVoltar"><a href="javascript:history.back()">[Voltar]</a></span>
            </p>
        </form>

        <p class="RodapePagina">Copyright(c) 2015 - Editora Érica Ltda.</p>
    </body>
</html>
```

Caso queira economizar um pouco de trabalho, você pode abrir o arquivo **agendar_consulta.html** e gravá-lo com o nome **agendar_retorno.html**, por meio da opção **Salvar Como** do menu **Arquivo**. Depois, é só alterar o código para que fique conforme o apresentado acima.

Como no caso anterior, o formulário contém três campos para digitação do dia, mês e ano. Ele também invoca a página JSP denominada **listar_agenda**, passando-lhe o parâmetro **opcao** com a cadeia de caracteres "retorno".

Se houver disponibilidade de horário para o dia desejado, o usuário deve clicar no link **Agendar retorno**, que abre a página JSP denominada **selecionar_paciente**. O código para essa página se encontra na seguinte listagem:

```
<%@page contentType="text/html" pageEncoding="UTF-8"%>
<!DOCTYPE html>
<html>
    <head>
        <meta http-equiv="Content-Type" content="text/html; charset=utf-8" />
        <title>SGC - Versão 1.0</title>
        <link href="clinica_medica.css" rel="stylesheet" type="text/css" />
    </head>

    <body class="FundoPagina">
        <%
          String strOpcao = request.getParameter("opcao");
        %>

        <p class="TituloAplicacao">SGC - Sistema de Gestão de Clínicas 1.0</p>
        <% if (strOpcao.toUpperCase().equals("RETORNO")) {%>
          <p class="TituloPagina">Agendamento de Retorno de Consulta Médica</p>
        <%} else {%>
          <p class="TituloPagina">Agendamento de Consulta Médica</p>
        <% } %>

        <form name="formSelecionaPaciente" method="post" action="selecionarPaciente" target="_parent">
            <p>
                <input type="radio" name="rbOpcaoPesquisa" value="Nome" checked="checked" />Nome do
paciente:
                <input type="text" name="txtNomePaciente" size="50" maxlength="50" />
            </p>
            <p>
                <input type="radio" name="rbOpcaoPesquisa" value="RG" />Número do RG:
                <input type="text" name="txtRG" size="12" maxlength="12" />
            </p>
            <p>
                <input type="radio" name="rbOpcaoPesquisa" value="CPF" />Número do CPF:
                <input type="text" name="txtCPF" size="14" maxlength="14" />
            </p>
            <p>
                <input type="submit" name="btnConfirmar" value="Confirmar" />
                <span class="LinkVoltar"><a href="javascript:history.back()">[Voltar]</a></span>
            </p>
```

```
            <p>
                <input type="hidden" name="opcao" value="<%=strOpcao%>">
            </p>

            <p class="RodapePagina">Copyright(c) 2015 - Editora Érica Ltda.</p>
        </form>
    </body>
</html>
```

Esse código cria um formulário para escolha do tipo de pesquisa. No caso de pesquisa por nome, uma lista com os pacientes cujos nomes se iniciam com a cadeia de caracteres especificada é exibida em seguida. Essa é a tarefa do *Servlet* denominado **selecionarPaciente**, já criado anteriormente.

A partir da página criada por esse *Servlet*, o usuário deve clicar no link **Marcar retorno** para que seja apresentada uma nova tela, na qual são informados o médico, a data e a hora da consulta.

Essa nova tela é constituída por uma página JSP, denominada **marcar_retorno**, que deve possuir o seguinte código:

```
<%@page contentType="text/html" pageEncoding="UTF-8"%>
<%@page import="java.sql.ResultSet"%>
<%@page import="java.sql.Date"%>
<jsp:useBean id="conexao" scope="page" class="banco_dados.conexaoBancoDados"/>
<jsp:useBean id="paciente" scope="page" class="banco_dados.pacientes"/>
<jsp:useBean id="medico" scope="page" class="banco_dados.medicos"/>
<!DOCTYPE html">
<html>
    <head>
        <meta http-equiv="Content-Type" content="text/html; charset=utf-8" />
        <title>SGC - Versão 1.0</title>
        <link href="clinica_medica.css" rel="stylesheet" type="text/css" />
    </head>

    <body class="FundoPagina">
        <p class="TituloAplicacao">SGC - Sistema de Gestão de Clínicas 1.0</p>
        <p class="TituloPagina">Agendamento de Retorno de Consulta Médica</p>
        <%
            ResultSet rsPaciente,rsMedico;
            String strNomePaciente = "";
            boolean blnConectado;

            int intCodigoPaciente = Integer.parseInt(request.getParameter("codigo_paciente"));
            blnConectado = false;

            if (conexao.abrirConexao())
            {
                paciente.configurarConexao(conexao.obterConexao());

                rsPaciente = paciente.lerRegistro(intCodigoPaciente);

                strNomePaciente = rsPaciente.getString("Nome");

                blnConectado = true;
            }
            else
                out.println("<p>Falha na conexão com o banco de dados!</p>");
        %>

        <% if (blnConectado) {%>
        <form name="formMarcaRetorno" method="post" action="marcarRetorno" target="_parent">
            <p>Nome do paciente: <%=strNomePaciente%></p>

              Médico:
              <select name="lstMedico">
              <%
                medico.configurarConexao(conexao.obterConexao());

                rsMedico = medico.listarRegistros();

                if (rsMedico != null)
```

```
            {
                while (rsMedico.next())
                    out.print("<option value='"+rsMedico.getString("Codigo_Medico")+"'>"+
rsMedico.getString("Nome_Medico")+"</option>");
            }

            %>
            </select>
        </p>

        <p>Data da consulta (dd/mm/aaaa):
            <input type="text" name="txtDia" size="2" maxlength="2" />/
            <input type="text" name="txtMes" size="2" maxlength="2" />/
            <input type="text" name="txtAno" size="4" maxlength="4" />
          Hora da consulta (hh:mm):
            <input type="text" name="txtHora" size="2" maxlength="2" />:
            <input type="text" name="txtMinutos" size="2" maxlength="2" />
        </p>

        <br>

        <p>
            <input type="hidden" name="codigo_paciente" value="<%=intCodigoPaciente%>">
        </p>

        <p><input type="submit" name="btnGravar" value="Gravar" />
            <span class="LinkVoltar"><a href="javascript:history.back()">[Voltar]</a></span>
        </p>
    </form>

    <p class="RodapePagina">Copyright(c) 2015 - Editora Érica Ltda.</p>

    <%
        conexao.fecharConexao();
      }
    %>
  </body>
</html>
```

Essa página cria um formulário que permite a seleção do médico a partir de uma lista de médicos, além de entrada da data e da hora do retorno da consulta. Ela executa ainda um *Servlet* quando o botão de gravação é clicado. Esse *Servlet*, de nome **marcarRetorno**, deve ter o seguinte código:

```
package servlets;

import java.io.IOException;
import java.io.PrintWriter;
import javax.servlet.ServletException;
import javax.servlet.http.*;
import model.c_agenda_consultas;
import banco_dados.conexaoBancoDados;
import banco_dados.agenda_consultas;

public class marcarRetorno extends HttpServlet {
    @Override
    protected void doPost(HttpServletRequest request, HttpServletResponse response)
            throws ServletException, IOException {
        String strDataConsulta,strHoraConsulta;
        PrintWriter out;
        response.setContentType("text/html;charset=UTF-8");
        out = response.getWriter();

        out.println("<!DOCTYPE html>");
        out.println("<html>");
        out.println("<head>");
        out.println("<meta http-equiv='Content-Type' content='text/html; charset=utf-8' />");
        out.println("<title>SGC - Versão 1.0</title>");
        out.println("<link href='clinica_medica.css' rel='stylesheet' type='text/css' />");
```

```
        out.println("</head>");
        out.println("<body class='FundoPagina'>");
        out.println("<p class='TituloAplicacao'>SGC - Sistema de Gestão de Clínicas 1.0</p>");
        out.println("<p class='TituloPagina'>Agendamento de Retorno de Consulta Médica</p>");

        try
        {
            strDataConsulta = request.getParameter("txtDia")+"/"+request.getParameter("txtMes")+"/"+
request.getParameter("txtAno");
            strHoraConsulta = request.getParameter("txtHora")+":"+request.
getParameter("txtMinutos");

            c_agenda_consultas Agenda = new c_agenda_consultas(Integer.parseInt(request.
getParameter("codigo_paciente")),
                    Integer.parseInt(request.getParameter("lstMedico")),
                    strDataConsulta,
                    strHoraConsulta,
                    "S",
                    "N",
                    "");

            conexaoBancoDados conexao = new conexaoBancoDados();
            agenda_consultas agenda = new agenda_consultas();

            if (conexao.abrirConexao())
            {
                agenda.configurarConexao(conexao.obterConexao());

                if (agenda.inserirRegistro(Agenda))
                {
                    out.println("<h2>Retorno de consulta agendado com sucesso!</h2>");
                    out.println("<br><br><br><br>");
                    out.println("<a href='menu_agendamento.html'>Voltar</a>");
                }
                else
                    out.println("<h2>Não foi possível agendar o retorno de consulta!</h2>");

                conexao.fecharConexao();
            }
            else
                out.println("<h2>Não foi possível estabelecer conexão com o banco de dados!</h2>");
        }
        catch (Exception erro)
        {
            erro.printStackTrace();
            out.println("<h2>Erro do sistema: processo de agendamento de retorno de consulta!</h2>");
        }

        out.println("<p class='RodapePagina'>Copyright(c) 2015 - Editora Érica Ltda.</p>");
        out.println("</body>");
        out.println("</html>");
    }
}
```

Ou seja, muito parecido como o *Servlet* **marcarConsulta**, visto anteriormente.

23.5 Teste de agendamento de retorno

A partir do painel do gerenciador de projetos, clique com o botão esquerdo do mouse sobre o arquivo **menu_agendamento.html** e escolha a opção **Executar Arquivo**. Após surgir a tela de menu do módulo de agendamento de consultas, selecione a opção **Registro de retorno**. Na tela apresentada em seguida, digite uma data e, depois, clique no botão **Confirmar** (Figura 23.9).

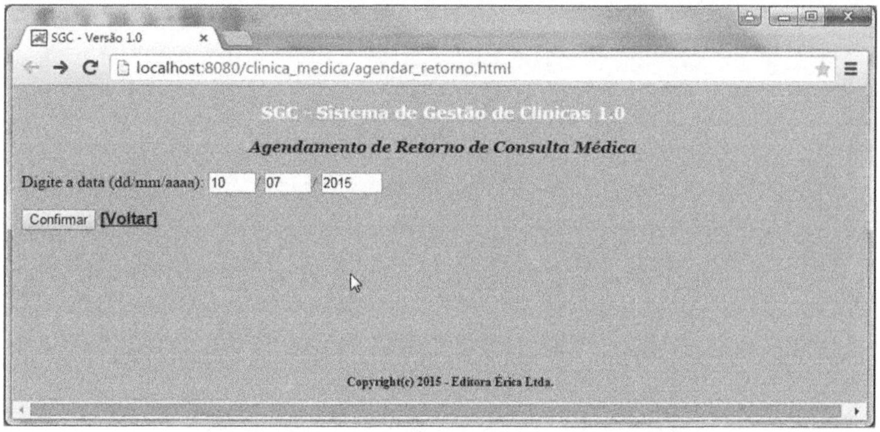

Figura 23.9 – Tela para entrada da data da consulta.

Uma tela será então exibida, com as consultas que já estejam agendadas para a data especificada (Figura 23.10). Não havendo qualquer consulta, a tela aparecerá em branco. Para agendar o retorno, o usuário deve clicar na opção **Agendar retorno**.

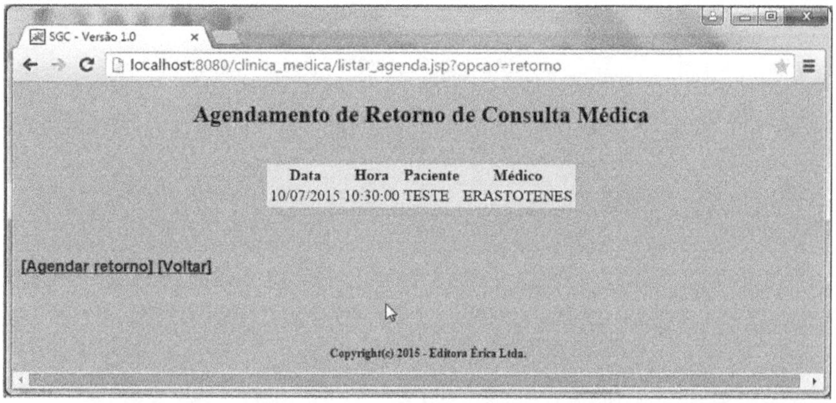

Figura 23.10 – Lista de consultas agendadas para a data especificada.

Em seguida, é necessário pesquisar o paciente pelo nome, RG ou CPF (Figura 23.11). No caso de pesquisa por nome, uma lista similar à da Figura 23.12 será exibida. Se for efetuada pesquisa pelo RG ou pelo CPF, uma tela contendo os dados do paciente será apresentada.

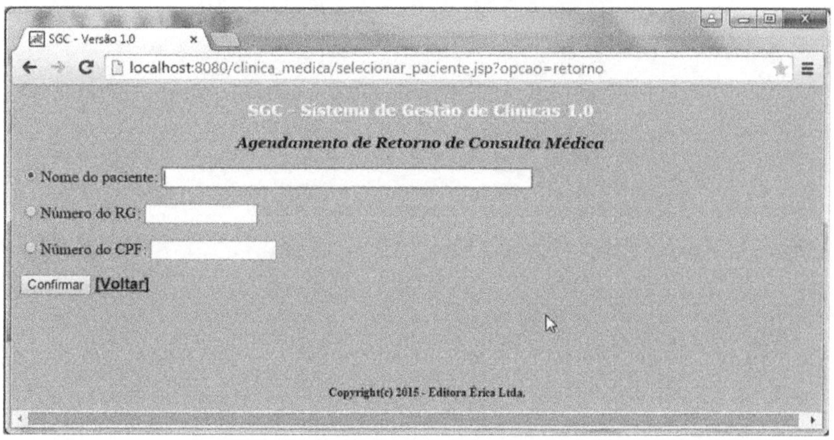

Figura 23.11 – Tela para pesquisa de paciente.

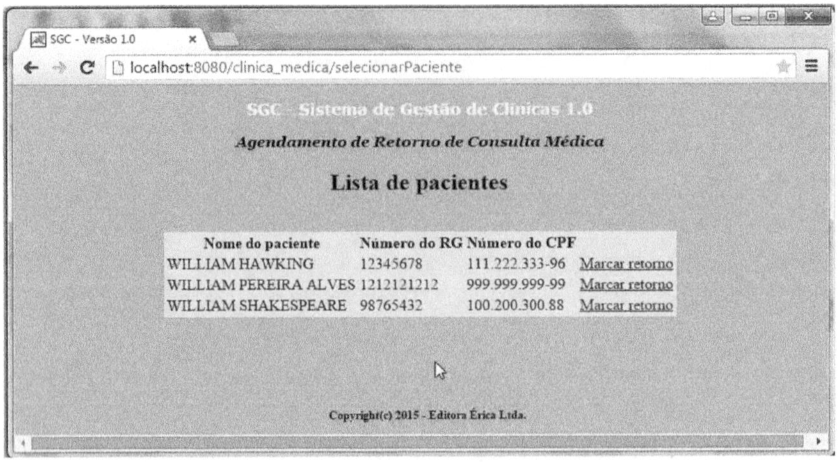

Figura 23.12 – Lista de pacientes para seleção.

Ao se clicar na opção **Marcar retorno**, apresenta-se uma nova página, que permite a seleção do médico e também a entrada da data e da hora da consulta (Figura 23.13). Para confirmar o agendamento do retorno, basta clicar no botão **Gravar**. Caso tudo tenha corrido bem, a mensagem da Figura 23.14 surge em seguida.

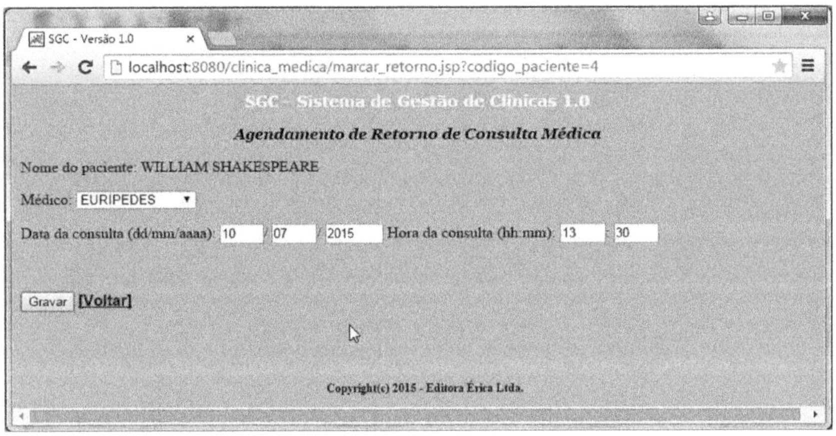

Figura 23.13 – Seleção de médico e entrada de data/hora.

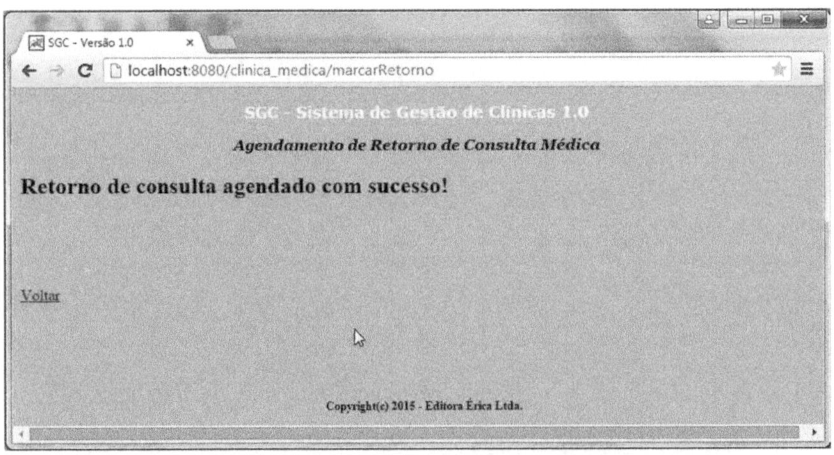

Figura 23.14 – Tela de finalização da operação de agendamento de retorno.

23.6 Cancelamento de consulta

Este último tópico trata do cancelamento de consultas já agendadas. Em primeiro lugar, devemos criar um formulário para entrada da data da consulta a ser cancelada, como já fizemos anteriormente. Sendo assim, clique com o botão direito do mouse sobre o item **Páginas Web** e escolha a opção **Novo → HTML**. Especifique como nome do arquivo a cadeia de caracteres "cancelar_consulta" e, em seguida, entre com o seguinte código:

```
<!DOCTYPE html>
<html>
    <head>
        <meta http-equiv="Content-Type" content="text/html; charset=utf-8" />
        <title>SGC - Versão 1.0</title>
        <link href="clinica_medica.css" rel="stylesheet" type="text/css" />
    </head>

    <body class="FundoPagina">
        <p class="TituloAplicacao">SGC - Sistema de Gestão de Clínicas 1.0</p>
        <p class="TituloPagina">Cancelamento de Consulta Médica</p>

        <form name="formSelecionaData" method="post" action="listar_agenda.jsp?opcao=cancelamento"
target="_parent">
            <p>Digite a data (dd/mm/aaaa): <input name="txtDia" type="text" size="2" maxlength="2"
/>/
                <input name="txtMes" type="text" size="2" maxlength="2" />/
                <input name="txtAno" type="text" size="4" maxlength="4" />
            </p>
            <p><input name="btnConfirmar" type="submit" value="Confirmar" />
                <span class="LinkVoltar"><a href="javascript:history.back()">[Voltar]</a></span>
            </p>
        </form>

        <p class="RodapePagina">Copyright(c) 2015 - Editora Érica Ltda.</p>
    </body>
</html>
```

Caso queira economizar um pouco de trabalho, você pode abrir o arquivo **agendar_consulta.html** e gravá-lo com o nome **cancelar_consulta.html**, por meio da opção **Salvar Como** do menu **Arquivo**. Depois, é só alterar o código para que fique conforme o apresentado acima.

Como nos formulários anteriores, esse possui três campos para digitação do dia, mês e ano. Ele também invoca a página JSP denominada **listar_agenda**, passando a cadeia de caracteres "cancelamento" como parâmetro. O código para essa página deve ter as alterações indicadas em negrito na seguinte listagem:

```
<%@page contentType="text/html" pageEncoding="UTF-8"%>
<%@page import="java.sql.ResultSet"%>
<%@page import="java.util.Date"%>
<jsp:useBean id="conexao" scope="page" class="banco_dados.conexaoBancoDados"/>
<jsp:useBean id="agenda" scope="page" class="banco_dados.agenda_consultas"/>
<jsp:useBean id="converter" scope="page" class="util.conversao"/>
<!DOCTYPE html>
<html>
    <head>
        <meta http-equiv="Content-Type" content="text/html; charset=utf-8" />
        <title>SGC - Versão 1.0</title>
        <link href="clinica_medica.css" rel="stylesheet" type="text/css" />
    </head>
    <body class="FundoPagina">
        <%
            ResultSet rsRegistros;

            Date dtDataConsulta;
            String strDia = request.getParameter("txtDia");
            String strMes = request.getParameter("txtMes");
            String strAno = request.getParameter("txtAno");
            String strDataConsulta = strDia+"/"+strMes+"/"+strAno;
            dtDataConsulta = converter.StringToDate(strDataConsulta);
            String strOpcao = request.getParameter("opcao");
```

```
            if (conexao.abrirConexao())
            {
                agenda.configurarConexao(conexao.obterConexao());

                rsRegistros = agenda.listarAgenda(converter.DataInvertida(dtDataConsulta));

                if (rsRegistros != null)
                {
                    if (strOpcao.toUpperCase().equals("RETORNO"))
                        out.println("<h2><center>Agendamento de Retorno de Consulta Médica</center></
h2>");
                    else if (strOpcao.toUpperCase().equals("CANCELAMENTO"))
                        out.println("<h2><center>Cancelamento de Consulta Médica</center></h2>");
                    else
                        out.println("<h2><center>Agendamento de Consulta Médica</center></h2>");

                    out.println("<br>");
                    out.println("<table align='center' bgcolor='moccasin'>");

                    if (strOpcao.toUpperCase().equals("CANCELAMENTO"))
                        out.println("<tr><th>Data</th><th>Hora</th><th>Paciente</th>
<th>Médico</th><th></th></tr>");
                    else
                        out.println("<tr><th>Data</th><th>Hora</th><th>Paciente</th>
<th>Médico</th></tr>");

                    while (rsRegistros.next())
                    {
                        out.print("<tr>");
                        out.print("<td>"+converter.DateToString(rsRegistros.
getDate("DataConsulta"))+"</td>");
                        out.print("<td>"+rsRegistros.getString("HoraConsulta")+"</td>");
                        out.print("<td>"+rsRegistros.getString("NomePaciente")+"</td>");
                        out.print("<td>"+rsRegistros.getString("Medico")+"</td>");

                        if (strOpcao.toUpperCase().equals("CANCELAMENTO"))
                          out.println("<td><a href='cancelar_consulta.jsp?registro="+rsRegistros.
getString("RegistroAgenda")+"'>Cancelar</a>");

                        out.print("</tr>");
                    }

                    out.println("</table>");

                    if (strOpcao.toUpperCase().equals("RETORNO"))
                        out.println("<br><br><br><span class='LinkVoltar'><a href=
'selecionar_paciente.jsp?opcao="+strOpcao+"'>[Agendar retorno] </a></span>");
                    else if (strOpcao.toUpperCase().equals("CONSULTA"))
                        out.println("<br><br><br><span class='LinkVoltar'><a href=
'selecionar_paciente.html'>[Agendar consulta] </a></span>");
                }
                else
                    out.println("<p>Falha na exibição dos registros!</p>");

                conexao.fecharConexao();
            }
            else
                out.println("<p>Falha na conexão com o banco de dados!</p>");
        %>

        <span class="LinkVoltar"><a href="javascript:history.back()">[Voltar]</a></span>
        <p class="RodapePagina">Copyright(c) 2015 - Editora Érica Ltda.</p>
    </body>
</html>
```

Devemos ressaltar uma das alterações mais importantes, que se refere à inclusão de uma coluna à tabela que contém um link para invocar a página JSP – denominada **cancelar_consulta** – junto com o número do registro da consulta a ser cancelada.

```
                        if (strOpcao.toUpperCase().equals("CANCELAMENTO"))
                          out.println("<td><a href='cancelar_consulta.jsp?registro="+rsRegistros.
getString("RegistroAgenda")+"'>Cancelar</a>");
```

Tendo em vista que essa página JSP chama outra para executar a operação de cancelamento, precisaremos criá-la também. Seu código é exibido pela seguinte listagem:

```
<%@page contentType="text/html" pageEncoding="UTF-8"%>
<%@page import="java.sql.ResultSet"%>
<jsp:useBean id="conexao" scope="page" class="banco_dados.conexaoBancoDados"/>
<jsp:useBean id="agenda" scope="page" class="banco_dados.agenda_consultas"/>
<!DOCTYPE html>
<html>
    <head>
        <meta http-equiv="Content-Type" content="text/html; charset=utf-8" />
        <title>SGC - Versão 1.0</title>
        <link href="clinica_medica.css" rel="stylesheet" type="text/css" />
    </head>
    <body class="FundoPagina">
        <p class="TituloAplicacao">SGC - Sistema de Gestão de Clínicas 1.0</p>
        <p class="TituloPagina">Cancelamento de Consulta Médicao</p>
        <%
            int intRegistro = Integer.parseInt(request.getParameter("registro"));

            if (conexao.abrirConexao()) {
                agenda.configurarConexao(conexao.obterConexao());

                if (agenda.cancelarRegistro(intRegistro))
                   out.println("<h2>Consulta cancelada com sucesso!</h2>");

                conexao.fecharConexao();
            }
            else
                out.println("<p>Falha na conexão com o banco de dados!</p>");
        %>

        <span class="LinkVoltar"><a href="javascript:history.back()">[Voltar]</a></span>
        <p class="RodapePagina">Copyright(c) 2015 - Editora Érica Ltda.</p>
    </body>
</html>
```

Essa página executa o método **cancelarRegistro()** do objeto **agenda** (instância da classe **agenda_consultas**), passando-lhe como parâmetro o número do registro da consulta que desejamos cancelar. Em caso de sucesso no cancelamento, uma mensagem será exibida ao usuário.

23.7 Teste de cancelamento de consulta

A partir do painel do gerenciador de projetos, clique com o botão esquerdo do mouse sobre o arquivo **menu_agendamento.html** e escolha a opção **Executar Arquivo**. Após surgir a tela de menu do módulo de agendamento de consultas, selecione a opção **Cancelamento de consulta**. Na tela apresentada em seguida, digite uma data e, depois, clique no botão **Confirmar** (Figura 23.15).

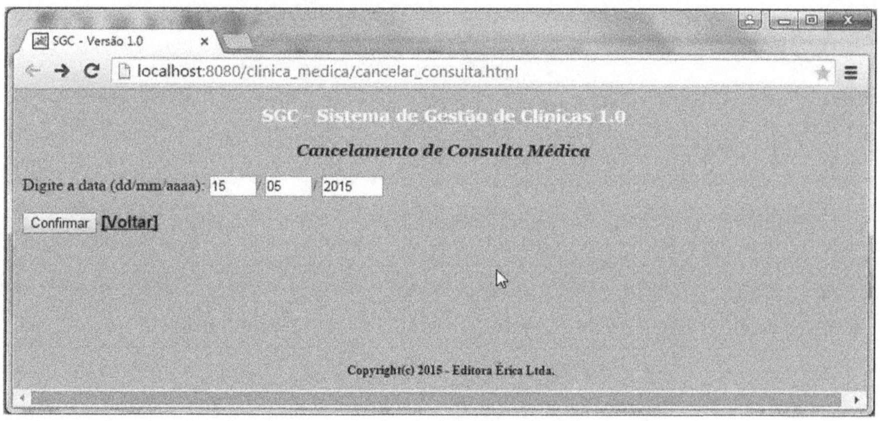

Figura 23.15 – Tela para entrada da data da consulta.

Uma tela será então exibida, com as consultas agendadas para a data informada (Figura 23.16). Não havendo qualquer consulta, a tela aparecerá em branco. Para cancelar uma consulta, basta clicar na opção **Cancelar** da respectiva linha. Uma mensagem será exibida em seguida, confirmando o cancelamento (Figura 23.17).

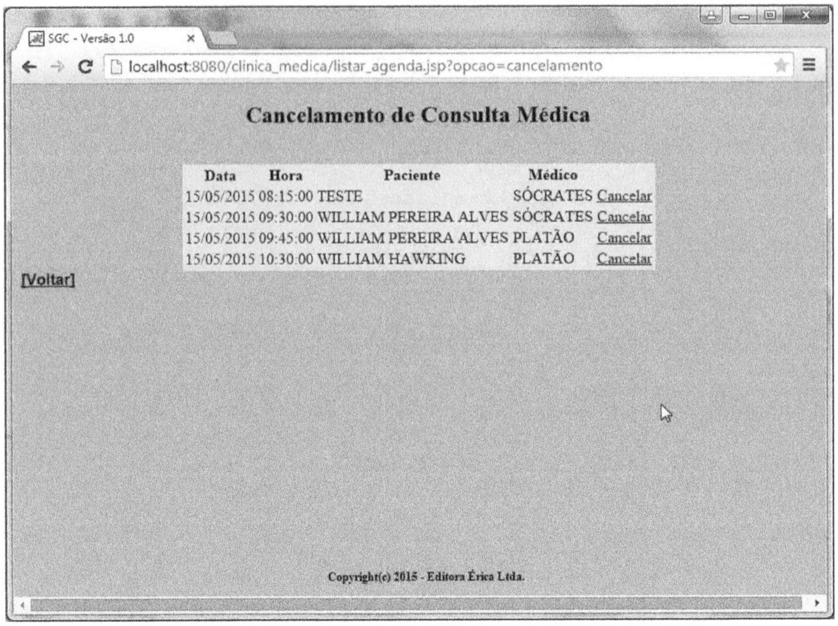

Figura 23.16 – Lista de consultas agendadas para a data especificada.

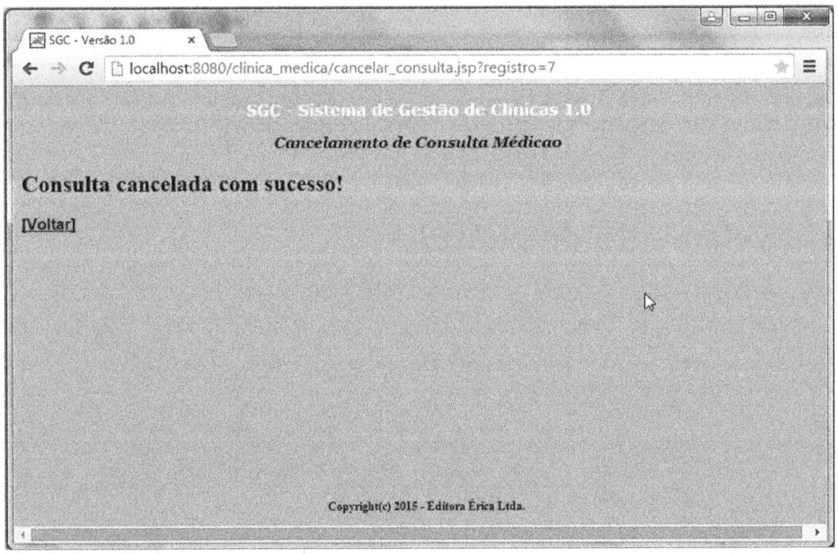

Figura 23.17 – Mensagem de confirmação de cancelamento de consulta.

Recapitulando

Neste capítulo, você estudou a construção das funcionalidades do sistema para gerenciamento de consultas médicas, como agendamento, registro de retorno e cancelamento de consulta.

24

Módulo de Atendimento Médico

Novos conhecimentos

Neste capítulo finalizamos o nosso projeto. Abordaremos as duas últimas funcionalidades do módulo, definindo as classes necessárias ao registro de atendimento da consulta, procedendo ao desenvolvimento do formulário de seleção da consulta para registro do atendimento médico e, por fim, criando as telas de login para acesso aos módulos do sistema.

24.1 Criação das classes

O último módulo do nosso projeto destina-se ao registro do atendimento feito pelo médico. Em virtude de sua função, esse módulo será acessado apenas pelos médicos da clínica.

Comecemos pela construção das classes necessárias ao módulo. Adicione uma nova classe ao pacote **model**, nomeando-a como "c_prontuarios" e digitando o seguinte código:

```
package model;

public class c_prontuarios {
    private int registro_agenda;
    private String historico;
    private String receituario;
    private String exames;
    private int codigo_paciente;
```

```
    public c_prontuarios()
    {
        registro_agenda = 0;
        historico = "";
        receituario = "";
        exames = "";
        codigo_paciente = 0;
    }

    public c_prontuarios(int registro_agenda,
            String historico,
            String receituario,
            String exames,
            int codigo_paciente)
    {
        this.registro_agenda = registro_agenda;
        this.historico = historico;
        this.receituario = receituario;
        this.exames = exames;
        this.codigo_paciente = codigo_paciente;
    }

    public int getRegistroAgenda() {return registro_agenda;}
    public void setRegistroAgenda(int registro_agenda) {this.registro_agenda = registro_agenda;}

    public String getHistorico() {return historico;}
    public void setHistorico(String historico) {this.historico = historico;}

    public String getReceituario() {return receituario;}
    public void setReceiturario(String receituario) {this.receituario = receituario;}

    public String getExames() {return exames;}
    public void setExames(String exames) {this.exames = exames;}

    public int getCodigoPaciente() {return codigo_paciente;}
    public void setCodigoPaciente(int codigo_paciente) {this.codigo_paciente = codigo_paciente;}
}
```

A próxima classe serve para executar operações de manipulação do banco de dados, com métodos para registro do atendimento, exibição das consultas agendadas para o dia corrente e exibição do histórico do paciente. O código para essa classe, que deve ser adicionada ao pacote **banco_dados** com o nome **prontuarios**, se encontra na seguinte listagem:

```
package banco_dados;

import java.sql.*;
import java.util.Date;
import model.c_prontuarios;
import util.conversao;

public class prontuarios {
    private Connection conBanco;
    private PreparedStatement psComando;
    private ResultSet rsRegistros;

    public void configurarConexao(Connection conBanco) {this.conBanco = conBanco;}

    public boolean registrarAtendimento(c_prontuarios prontuario)
    {
        String strComandoSQL;

        try
        {
            strComandoSQL = "INSERT INTO prontuario_paciente(Registro_
Agenda,Historico,Receituario,Exames,Codigo_Paciente)"+
                    " VALUES("+prontuario.getRegistroAgenda()+","+
                    "'"+prontuario.getHistorico()+"',"+
                    "'"+prontuario.getReceituario()+"',"+
                    "'"+prontuario.getExames()+"',"+
```

```
                    prontuario.getCodigoPaciente()+")";

            psComando = conBanco.prepareStatement(strComandoSQL);
            psComando.executeUpdate();

            strComandoSQL = "UPDATE agenda_consulta SET Atendido = 'S' WHERE Registro_Agenda =
"+prontuario.getRegistroAgenda();
            psComando = conBanco.prepareStatement(strComandoSQL);
            psComando.executeUpdate();

            return true;
        }
        catch (Exception erro)
        {
            erro.printStackTrace();
            return false;
        }
    }

    public ResultSet listarAgenda()
    {
        conversao Converter = new conversao();
        Date dtData = new Date(System.currentTimeMillis());

        String strComandoSQL,strData;
        strData = Converter.DataInvertida(dtData);

        try
        {
            strComandoSQL = "SELECT agenda_consulta.Registro_Agenda AS RegistroAgenda,"+
                    "agenda_consulta.Codigo_Paciente AS CodigoPaciente," +
                    "agenda_consulta.Hora AS HoraConsulta," +
                    "agenda_consulta.Cancelado," +
                    "pacientes.Nome AS NomePaciente" +
                    " FROM agenda_consulta,pacientes" +
                    " WHERE (agenda_consulta.Codigo_Paciente = pacientes.Codigo_Paciente) AND" +
                    " (agenda_consulta.Cancelado <> 'S') AND" +
                    " (agenda_consulta.Atendido <> 'S') AND" +
                    " (agenda_consulta.Data = '"+strData+"')"+
                    " ORDER BY HoraConsulta";

            psComando = conBanco.prepareStatement(strComandoSQL);
            rsRegistros = psComando.executeQuery();
            return rsRegistros;
        }
        catch (Exception erro)
        {
            erro.printStackTrace();
            return null;
        }
    }

    public ResultSet listarHistorico(int intCodigoPaciente)
    {
        String strComandoSQL;

        try
        {
            strComandoSQL = "SELECT prontuario_paciente.Codigo_Paciente AS RegistroAgenda,"+
                    "prontuario_paciente.Registro_Agenda AS RegistroAgenda,"+
                    "prontuario_paciente.Historico,"+
                    "prontuario_paciente.Receituario,"+
                    "prontuario_paciente.Exames,"+
                    "agenda_consulta.Data AS DataConsulta"+
                    " FROM prontuario_paciente,agenda_consulta"+
                    " WHERE (prontuario_paciente.Registro_Agenda = agenda_consulta.Registro_Agenda)
AND"+
                    " (prontuario_paciente.Codigo_Paciente = "+intCodigoPaciente+")"+
                    " ORDER BY DataConsulta";

            psComando = conBanco.prepareStatement(strComandoSQL);
```

```
            rsRegistros = psComando.executeQuery();
            return rsRegistros;
        }
        catch (Exception erro)
        {
            erro.printStackTrace();
            return null;
        }
    }
}
```

24.2 Página de atendimento de consultas

Vamos criar agora uma página JSP que permita ao médico selecionar o paciente a ser atendido. Essa página exibe uma tabela contendo as consultas agendadas para o dia e, em cada linha, uma opção que, ao ser clicada, remete a uma nova página para registro do atendimento.

Clique com o botão direito do mouse sobre o item **Páginas Web** e escolha a opção **Novo → JSP**. Especifique como nome do arquivo a cadeia de caracteres "atender_consulta" e, em seguida, entre com o seguinte código:

```
<%@page contentType="text/html" pageEncoding="UTF-8"%>
<%@page import="java.sql.ResultSet"%>
<%@page import="java.util.Date"%>
<jsp:useBean id="conexao" scope="page" class="banco_dados.conexaoBancoDados"/>
<jsp:useBean id="prontuario" scope="page" class="banco_dados.prontuarios"/>
<!DOCTYPE html>
<html>
    <head>
        <meta http-equiv="Content-Type" content="text/html; charset=utf-8" />
        <title>SGC - Versão 1.0</title>
        <link href="clinica_medica.css" rel="stylesheet" type="text/css" />
    </head>
    <body class="FundoPagina">
        <%
            ResultSet rsRegistros;

            if (conexao.abrirConexao())
            {
                prontuario.configurarConexao(conexao.obterConexao());

                rsRegistros = prontuario.listarAgenda();

                if (rsRegistros != null)
                {
                    out.println("<h2><center>Atendimento de Consulta Médica</center></h2>");
                    out.println("<br>");
                    out.println("<table align='center' bgcolor='moccasin'>");
                    out.println("<tr><th>Paciente</th><th></th></tr>");

                    while (rsRegistros.next())
                    {
                        out.print("<tr>");
                        out.print("<td>"+rsRegistros.getString("NomePaciente")+"</td>");
                        out.println("<td><a href='atendimento_medico.jsp?registro="+
rsRegistros.getString("RegistroAgenda")+"&paciente="+rsRegistros.getString("CodigoPaciente")+
"'>Atender</a>");
                        out.print("</tr>");
                    }

                    out.println("</table>");
                }
                else
                    out.println("<p>Falha na exibição dos registros!</p>");

                conexao.fecharConexao();
            }
            else
                out.println("<p>Falha na conexão com o banco de dados!</p>");
```

```
        %>

        <span class="LinkVoltar"><a href="javascript:history.back()">[Voltar]</a></span>
        <p class="RodapePagina">Copyright(c) 2015 - Editora Érica Ltda.</p>
    </body>
</html>
```

Adicione uma nova página JSP ao projeto, com o nome **atendimento_medico** e o código constante na seguinte listagem:

```
<%@page contentType="text/html" pageEncoding="UTF-8"%>
<!DOCTYPE html">
<html>
    <head>
        <meta http-equiv="Content-Type" content="text/html; charset=utf-8" />
        <title>SGC - Versão 1.0</title>
        <link href="clinica_medica.css" rel="stylesheet" type="text/css" />
    </head>

    <body class="FundoPagina">
        <p class="TituloAplicacao">SGC - Sistema de Gestão de Clínicas 1.0</p>
        <p class="TituloPagina">Atendimento de Consulta Médica</p>

        <%
            int intRegistroAgenda = Integer.parseInt(request.getParameter("registro"));
            int intCodigoPaciente = Integer.parseInt(request.getParameter("paciente"));
        %>

        <form name="formAtendimento" method="post" action="marcarAtendimento" target="_parent">
            Histórico:<br>
            <textarea name="txtHistorico"  cols="80" rows="5"></textarea>
            <br><br>
            Receituário:<br>
            <textarea name="txtReceituario" cols="80" rows="5"></textarea>
            <br><br>
            Exames:<br>
            <textarea name="txtExames" cols="80" rows="5"></textarea>

            <p><input type="hidden" name="registro_agenda" value="<%=intRegistroAgenda%>"></p>
            <p><input type="hidden" name="codigo_paciente" value="<%=intCodigoPaciente%>"></p>

            <br><br><span class="LinkVoltar"><a href="historico_paciente.jsp?paciente=
<%=intCodigoPaciente%>">[Histórico]</a></span>

            <p><input type="submit" name="btnGravar" value="Gravar" />
                <span class="LinkVoltar"><a href="javascript:history.back()">[Voltar]</a></span>
            </p>
        </form>

        <p class="RodapePagina">Copyright(c) 2015 - Editora Érica Ltda.</p>
    </body>
</html>
```

O código dessa página recupera o número de registro da consulta e o código do paciente, para uso posterior. Então, monta um formulário que contém três caixas de texto e um link especial, que permite abrir uma tela para exibição do histórico do paciente.

Essa nova tela é constituída por uma página JSP, denominada **histórico_paciente**, que deve possuir o seguinte código:

```
<%@page contentType="text/html" pageEncoding="UTF-8"%>
<%@page import="java.sql.ResultSet"%>
<%@page import="java.util.Date"%>
<jsp:useBean id="conexao" scope="page" class="banco_dados.conexaoBancoDados"/>
<jsp:useBean id="prontuario" scope="page" class="banco_dados.prontuarios"/>
<!DOCTYPE html>
<html>
    <head>
```

```
        <meta http-equiv="Content-Type" content="text/html; charset=utf-8" />
        <title>SGC - Versão 1.0</title>
        <link href="clinica_medica.css" rel="stylesheet" type="text/css" />
    </head>
    <body class="FundoPagina">
        <%
            int intCodigoPaciente = Integer.parseInt(request.getParameter("paciente"));
            ResultSet rsRegistros;

            if (conexao.abrirConexao())
            {
                prontuario.configurarConexao(conexao.obterConexao());

                rsRegistros = prontuario.listarHistorico(intCodigoPaciente);

                if (rsRegistros != null)
                {
                    out.println("<h2><center>Histórico de Consultas Médicas</center></h2>");
                    out.println("<br>");
                    out.println("<table align='center' bgcolor='moccasin' border='1'>");
                    out.println("<tr><th>Data da consulta</th><th>Histórico/Receituário/Exames</th>
</tr>");

                    while (rsRegistros.next())
                    {
                        out.print("<tr>");
                        out.print("<td>"+rsRegistros.getString("DataConsulta")+"</td>");
                        out.print("<td>Histórico:<br>");
                        out.print("<textarea name='txtHistorico' cols='80' rows='5' readonly=
'readonly'>"+rsRegistros.getString("Historico")+"</textarea>");
                        out.print("<br><br>");
                        out.print("Receituário:<br>");
                        out.print("<textarea name='txtReceituario' cols='80' rows='5' readonly=
'readonly'>"+rsRegistros.getString("Receituario")+"</textarea>");
                        out.print("<br><br>");
                        out.print("Exames:<br>");
                        out.print("<textarea name='txtReceituario' cols='80' rows='5' readonly=
'readonly'>"+rsRegistros.getString("Exames")+"</textarea>");
                        out.print("</td>");
                        out.print("</tr>");
                    }

                    out.println("</table>");
                }
                else
                    out.println("<p>Falha na exibição dos registros!</p>");

                conexao.fecharConexao();
            }
            else
                out.println("<p>Falha na conexão com o banco de dados!</p>");

            out.print("<br><br><br>");
        %>

        <span class="LinkVoltar"><a href="javascript:history.back()">[Voltar]</a></span>
    </body>
</html>
```

Nessa página, o método **listarHistorico()** é invocado para recuperar os registros da tabela denominada **prontuario_paciente** do paciente que possua o código passado como parâmetro. Esses dados são apresentados, então, na forma de uma tabela que contém a data da consulta em uma coluna e as informações do histórico/receituário/exames em outra.

Para finalizar, precisamos criar um *Servlet* denominado **marcarAtendimento**, que é invocado quando o médico clicar no botão **Gravar** do formulário. Esse *Servlet* é responsável por efetivamente registrar o atendimento, e seu código deve ser o da seguinte listagem:

```
package servlets;

import java.io.IOException;
import java.io.PrintWriter;
import javax.servlet.ServletException;
import javax.servlet.http.*;
import model.c_prontuarios;
import banco_dados.conexaoBancoDados;
import banco_dados.prontuarios;

public class marcarAtendimento extends HttpServlet {
    @Override
    protected void doPost(HttpServletRequest request, HttpServletResponse response)
            throws ServletException, IOException {
        PrintWriter out;
        String strHistorico = "";
        String strReceituario = "";
        String strExames = "";
        int intRegistroAgenda = Integer.parseInt(request.getParameter("registro_agenda"));
        int intCodigoPaciente = Integer.parseInt(request.getParameter("codigo_paciente"));
        response.setContentType("text/html;charset=UTF-8");
        out = response.getWriter();

        out.println("<!DOCTYPE html>");
        out.println("<html>");
        out.println("<head>");
        out.println("<meta http-equiv='Content-Type' content='text/html; charset=utf-8' />");
        out.println("<title>SGC - Versão 1.0</title>");
        out.println("<link href='clinica_medica.css' rel='stylesheet' type='text/css' />");
        out.println("</head>");
        out.println("<body class='FundoPagina'>");
        out.println("<p class='TituloAplicacao'>SGC - Sistema de Gestão de Clínicas 1.0</p>");
        out.println("<p class='TituloPagina'>Atendimento de Consulta Médica</p>");

        try
        {
            if (request.getParameter("txtHistorico").length() > 0)
               strHistorico = request.getParameter("txtHistorico");

            if (request.getParameter("txtReceituario").length() > 0)
                strReceituario = request.getParameter("txtReceituario");

            if (request.getParameter("txtExames").length() > 0)
                strExames = request.getParameter("txtExames");

            c_prontuarios Prontuario = new c_prontuarios(intRegistroAgenda,strHistorico,
strReceituario,strExames,intCodigoPaciente);

            conexaoBancoDados conexao = new conexaoBancoDados();
            prontuarios prontuario = new prontuarios();

            if (conexao.abrirConexao())
            {
                prontuario.configurarConexao(conexao.obterConexao());

                if (prontuario.registrarAtendimento(Prontuario))
                {
                    out.println("<h2>Atendimento de consulta registrado com sucesso!</h2>");
                    out.println("<br><br><br><br>");
                    out.println("<a href='atender_consulta.jsp'>Voltar</a>");
                }
                else
```

```
                out.println("<h2>Não foi possível registrar o atendimento!</h2>");

            conexao.fecharConexao();
        }
        else
            out.println("<h2>Não foi possível estabelecer conexão com o banco de dados!</h2>");
    }
    catch (Exception erro)
    {
        erro.printStackTrace();
        out.println("<h2>Erro do sistema: processo de atendimento de consulta!</h2>");
    }

    out.println("<p class='RodapePagina'>Copyright(c) 2015 - Editora Érica Ltda.</p>");
    out.println("</body>");
    out.println("</html>");
  }
}
```

Se você voltar ao código do método **registrarAtendimento()** da classe **prontuarios**, que é invocado por esse *Servlet*, verá que ele executa duas tarefas: insere um registro na tabela **prontuario_paciente** e atualiza o campo **Atendido** da tabela **agenda_consulta**:

```
    public boolean registrarAtendimento(c_prontuarios prontuario)
    {
        String strComandoSQL;

        try
        {
            strComandoSQL = "INSERT INTO prontuario_paciente(Registro_Agenda,Historico,Receituario,
Exames,Codigo_Paciente)"+
                    " VALUES("+prontuario.getRegistroAgenda()+","+
                    "'"+prontuario.getHistorico()+"',"+
                    "'"+prontuario.getReceituario()+"',"+
                    "'"+prontuario.getExames()+"',"+
                    prontuario.getCodigoPaciente()+")";

            psComando = conBanco.prepareStatement(strComandoSQL);
            psComando.executeUpdate();

            strComandoSQL = "UPDATE agenda_consulta SET Atendido = 'S' WHERE Registro_Agenda = "+
prontuario.getRegistroAgenda();
            psComando = conBanco.prepareStatement(strComandoSQL);
            psComando.executeUpdate();

            return true;
        }
        catch (Exception erro)
        {
            erro.printStackTrace();
            return false;
        }
    }
```

24.3 Teste de atendimento de consultas

A partir do painel do gerenciador de projetos, clique com o botão esquerdo do mouse sobre o arquivo **atender_consulta.jsp** e escolha a opção **Executar Arquivo**. Uma tela similar à apresentada pela Figura 24.1 surge logo após.

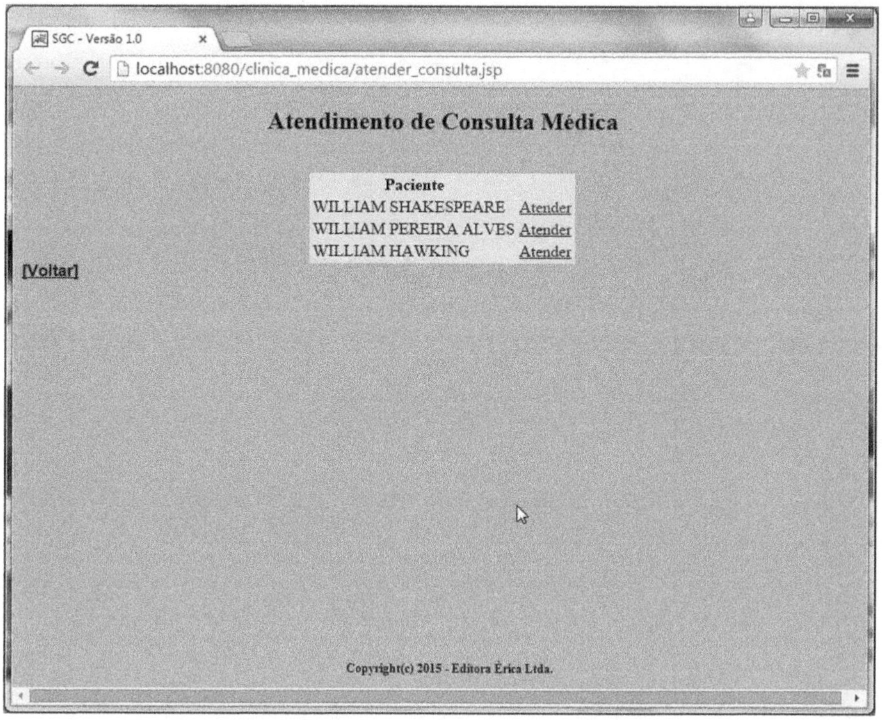

Figura 24.1 – Lista de consultas do dia para atendimento.

Clicando-se no link **Atender**, a respectiva consulta do paciente é selecionada para atendimento pelo médico, com a tela da Figura 24.2 aparecendo em seguida.

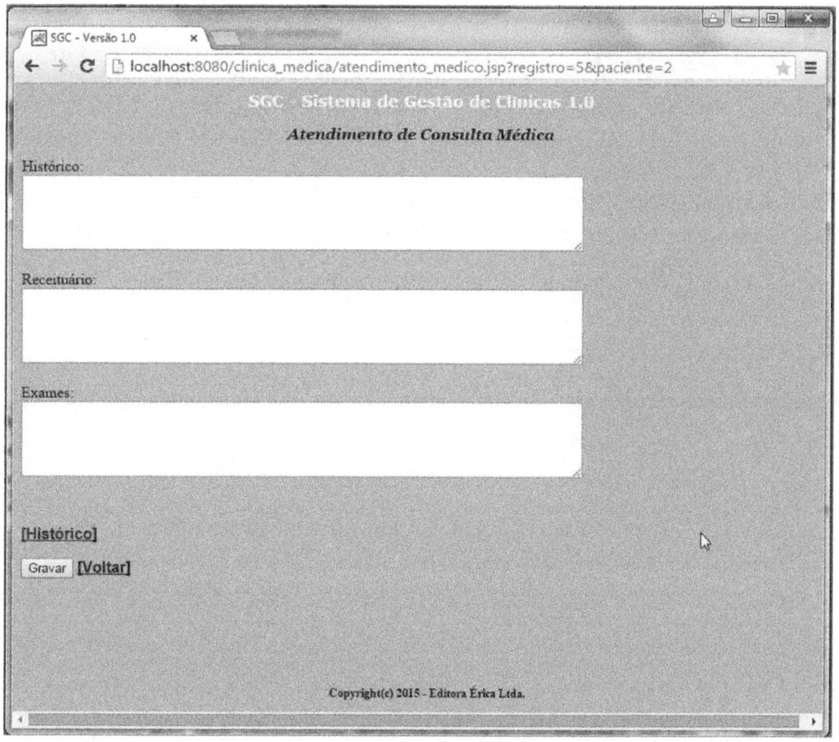

Figura 24.2 – Tela para entrada de dados do atendimento.

Para visualizar o histórico médico do paciente, basta clicar no link **Histórico**, e uma tela similar à da Figura 24.3 será apresentada.

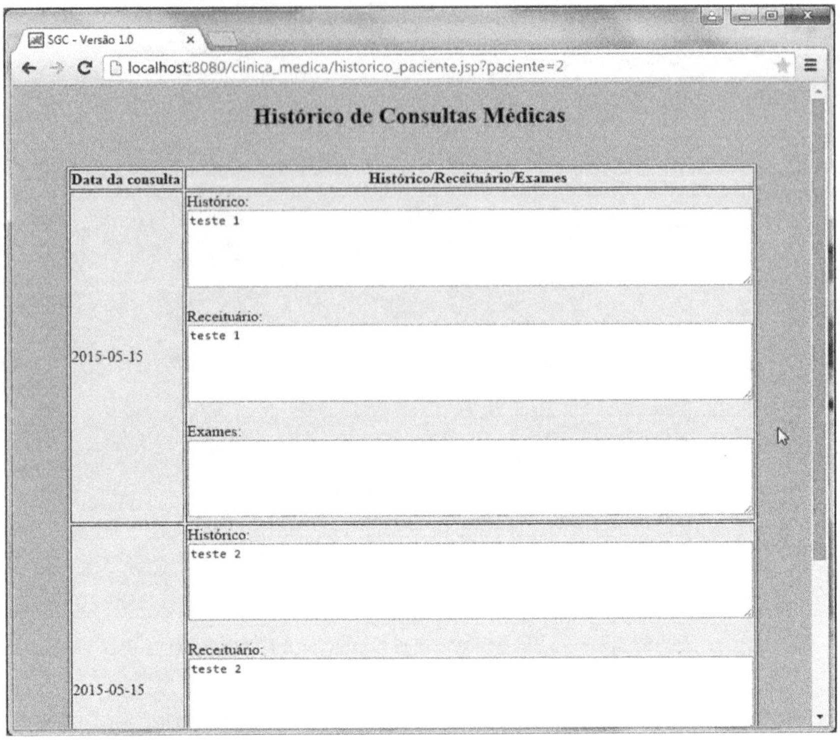

Figura 24.3 – Tela de visualização de histórico de consultas médicas.

24.4 Acesso por tela de login

Para deixar nosso projeto de estudo mais sofisticado, vamos acrescentar um controle de acesso por meio de login de usuário. Com isso, somente os usuários previamente cadastrados poderão utilizar o sistema. Teremos uma tela inicial para o usuário informar sua identificação e senha de acesso. Essas informações terão sua validade verificada a partir dos dados extraídos do próprio banco de dados. Se o usuário não for encontrado ou se a senha não corresponder à que está cadastrada, não haverá permissão de acesso ao respectivo módulo do sistema.

Adicione uma nova página HTML, de nome **login_administracao**, com o seguinte código:

```
<!DOCTYPE html>
<html>
    <head>
        <meta http-equiv="Content-Type" content="text/html; charset=utf-8" />
        <title>SGC - Versão 1.0</title>
        <link href="clinica_medica.css" rel="stylesheet" type="text/css" />
    </head>

    <body class="FundoPagina">
        <p class="TituloAplicacao">SGC - Sistema de Gestão de Clínicas 1.0</p>
        <p class="TituloPagina">Login Módulo Administrativo</p>

        <form name="formLoginAministracao" method="post" action="executarLogin" target="_parent">
            <p>Usuário: <input name="txtUsuario" type="text" size="20" maxlength="20" /></p>
            <p>Senha: <input name="txtSenha" type="password" size="10" maxlength="10" /></p>
            <p><input type="hidden" name="pagina" value="menu_administracao.html" /></p>
            <p><input type="submit" name="btnConfirmar" value="Confirmar" /></p>
        </form>

        <p class="RodapePagina">Copyright(c) 2015 - Editora Érica Ltda.</p>
    </body>
</html>
```

Essa página chama um *Servlet* denominado **executarLogin**, cujo código é exibido a seguir:

```
package servlets;

import java.io.IOException;
import java.io.PrintWriter;
import javax.servlet.ServletException;
import javax.servlet.http.*;
import banco_dados.conexaoBancoDados;
import banco_dados.usuarios;
import java.sql.ResultSet;

public class executarLogin extends HttpServlet {
    @Override
    protected void doPost(HttpServletRequest request, HttpServletResponse response)
            throws ServletException, IOException {
        ResultSet rsRegistro;
        PrintWriter out;
        String strUsuario = request.getParameter("txtUsuario");
        String strSenha = request.getParameter("txtSenha").trim().toUpperCase();
        String strPagina = request.getParameter("pagina");
        int intCodigoUsuario;

        response.setContentType("text/html;charset=UTF-8");
        out = response.getWriter();

        out.println("<!DOCTYPE html>");
        out.println("<html>");
        out.println("<head>");
        out.println("<meta http-equiv='Content-Type' content='text/html; charset=utf-8' />");
        out.println("<title>SGC - Versão 1.0</title>");
        out.println("<link href='clinica_medica.css' rel='stylesheet' type='text/css' />");
        out.println("</head>");
        out.println("<body class='FundoPagina'>");
        out.println("<p class='TituloAplicacao'>SGC - Sistema de Gestão de Clínicas 1.0</p>");
        out.println("<p class='TituloPagina'>Login do Sistema</p>");

        try
        {
            conexaoBancoDados conexao = new conexaoBancoDados();
            usuarios usuario = new usuarios();

            if (conexao.abrirConexao())
            {
                usuario.configurarConexao(conexao.obterConexao());

                intCodigoUsuario = usuario.localizarRegistro(strUsuario);

                if (intCodigoUsuario != 0)
                {
                    rsRegistro = usuario.lerRegistro(intCodigoUsuario);

                    if (rsRegistro.getString("Senha_Acesso").trim().equals(strSenha))
                    {
                        response.sendRedirect(strPagina);
                    }
                    else
                    {
                        out.println("<h2>Senha inválida!</h2>");
                        out.println("<br><br><br>");
                        out.println("<p class='LinkVoltar'><a href='javascript:history.
back()'>[Voltar]</a></p>");
                    }
                }
                else
                {
                    out.println("<h2>Usuário não encontrado!</h2>");
```

```
                    out.println("<br><br><br>");
                    out.println("<p class='LinkVoltar'><a href='javascript:history.
back()'>[Voltar]</a></p>");
                }
                conexao.fecharConexao();
            }
            else
                out.println("<h2>Não foi possível estabelecer conexão com o banco de dados!</h2>");
        }
        catch (Exception erro)
        {
            erro.printStackTrace();
            out.println("<h2>Erro do sistema: processo de login!</h2>");
        }

        out.println("</body>");
        out.println("</html>");
    }
}
```

Esse *Servlet*, que deve ser adicionado ao pacote **servlets** do nosso projeto como o nome **executarLogin**, servirá para as três telas de login que criaremos. A primeira, apresentada antes, é para o módulo de administração; a segunda, para o módulo de agendamento de consultas de pacientes; a terceira, para o módulo de atendimento médico.

Todas têm um código bastante similar, conforme se pode constatar pelas listagens das últimas duas, apresentadas a seguir:

Código da página login_atendimento.html

```
<!DOCTYPE html>
<html>
    <head>
        <meta http-equiv="Content-Type" content="text/html; charset=utf-8" />
        <title>SGC - Versão 1.0</title>
        <link href="clinica_medica.css" rel="stylesheet" type="text/css" />
    </head>

    <body class="FundoPagina">
        <p class="TituloAplicacao">SGC - Sistema de Gestão de Clínicas 1.0</p>
        <p class="TituloPagina">Login Módulo Agendamento de Consulta</p>

        <form name="formLoginAtendimento" method="post" action="executarLogin" target="_parent">
            <p>Usuário: <input name="txtUsuario" type="text" size="20" maxlength="20" /></p>
            <p>Senha: <input name="txtSenha" type="password" size="10" maxlength="10" /></p>
            <p><input type="hidden" name="pagina" value="menu_agendamento.html" /></p>
            <p><input type="submit" name="btnConfirmar" value="Confirmar" /></p>
        </form>

        <p class="RodapePagina">Copyright(c) 2015 - Editora Érica Ltda.</p>
    </body>
</html>
```

Código da página login_medico.html

```
<!DOCTYPE html>
<html>
    <head>
        <meta http-equiv="Content-Type" content="text/html; charset=utf-8" />
        <title>SGC - Versão 1.0</title>
        <link href="clinica_medica.css" rel="stylesheet" type="text/css" />
    </head>
```

```
    <body class="FundoPagina">
        <p class="TituloAplicacao">SGC - Sistema de Gestão de Clínicas 1.0</p>
        <p class="TituloPagina">Login Módulo Atendimento Médico</p>

        <form name="formLoginMedico" method="post" action="executarLogin" target="_parent">
            <p>Usuário: <input name="txtUsuario" type="text" size="20" maxlength="20" /></p>
            <p>Senha: <input name="txtSenha" type="password" size="10" maxlength="10" /></p>
            <p><input type="hidden" name="pagina" value="atender_consulta.jsp" /></p>
            <p><input type="submit" name="btnConfirmar" value="Confirmar" /></p>
        </form>

        <p class="RodapePagina">Copyright(c) 2015 - Editora Érica Ltda.</p>
    </body>
</html>
```

Podemos notar que existe um campo oculto (**hidden**), que recebe o nome do arquivo da página que deve ser acessada quando o login for efetuado com sucesso. O valor desse campo é utilizado pelo *Servlet* para abrir a página adequadamente, utilizando-se para isso o método **sendRedirect()** do objeto **response**.

Vamos agora testar esse controle de acesso. A partir do painel do gerenciador de projetos, clique com o botão esquerdo do mouse sobre o arquivo **login_administracao.html** e escolha a opção **Executar Arquivo**. A tela que solicita a identificação do usuário e sua senha de acesso será então apresentada (Figura 24.4).

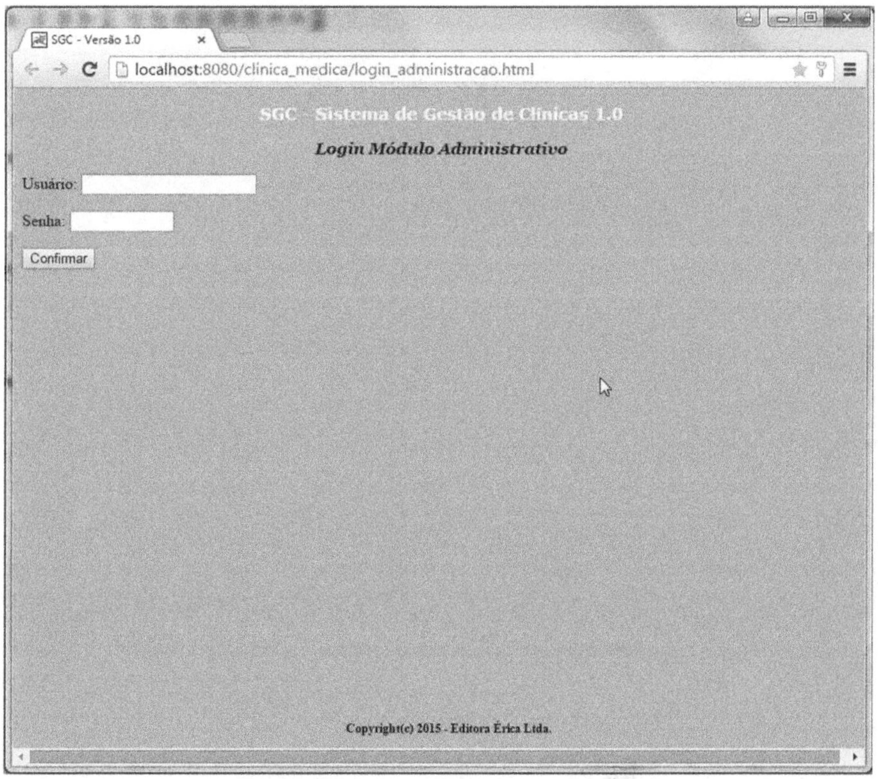

Figura 24.4 – Tela de login do usuário.

Se for informado um usuário que não esteja cadastrado no sistema, a tela de mensagem da Figura 24.5 será exibida após o clique no botão **Confirmar**. Por outro lado, se o usuário for encontrado, mas a senha não corresponder à que está no banco de dados, a mensagem da Figura 24.6 será mostrada.

Sendo válidos o usuário e a senha, o menu do módulo de administração será aberto. O mesmo vale para as demais telas de login.

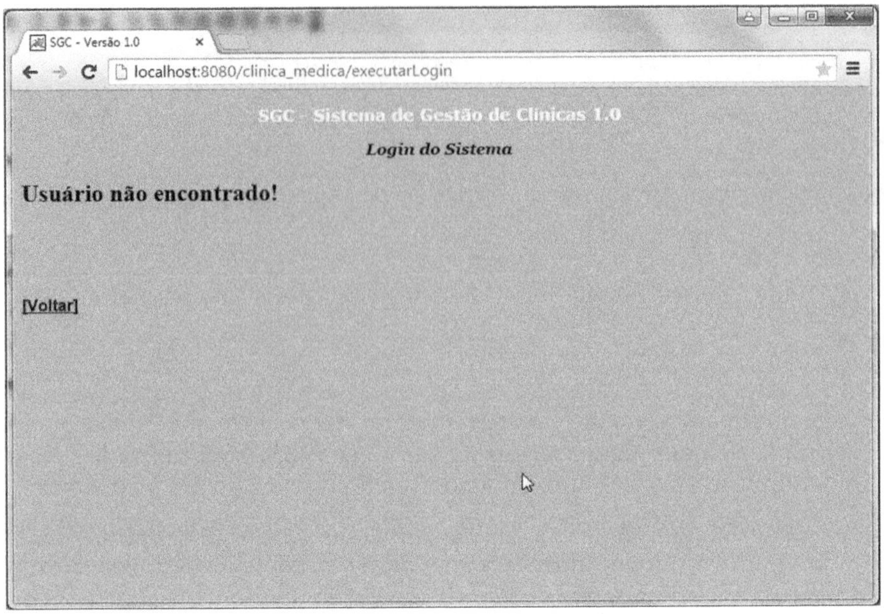

Figura 24.5 – Mensagem de usuário não cadastrado.

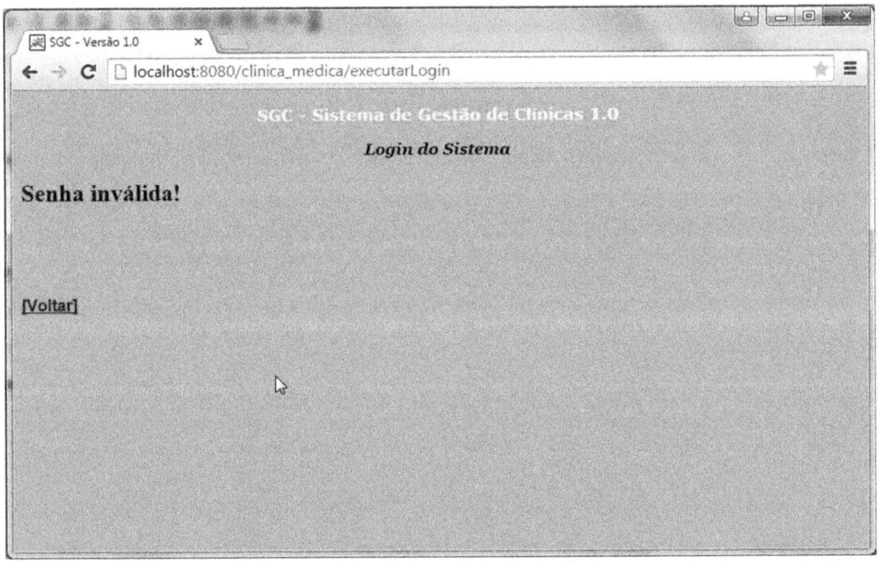

Figura 24.6 – Mensagem de senha inválida.

Recapitulando

Este último capítulo concluiu a criação do módulo de atendimento de consultas, apresentando a criação da tela que contém a lista das consultas agendadas para o dia e dos formulários para entrada de dados do atendimento e visualização de histórico médico.

Com isso, finalizamos nossos estudos sobre desenvolvimento de aplicações web com a linguagem Java. Espero que você, amigo leitor, possa agora desfrutar desses conhecimentos encarando novos desafios e, logicamente, obtendo sucesso em todos eles.

Bibliografia

FURGERI, S. **Java 7:** ensino didático. 2. ed. São Paulo: Érica, 2010.

______. **Java 8:** ensino didático. 1. ed. São Paulo: Érica, 2015.

HALL, M. **More servlets and JavaServer pages**. 1. ed. Palo Alto: Sun Microsystems Press, 2002.

MAGRI, J. A. **Programação web com plataforma Java:** fundamentos e desenvolvimento de aplicações. 1. ed. São Paulo: Érica, 2014.

MANZANO, J. A. N. G.; COSTA JUNIOR, R. A. **Java 8:** programação de computadores – Guia prático de introdução, orientação e desenvolvimento. 1. ed. São Paulo: Érica, 2014.

______. **Programação de computadores com Java**. 1. ed. São Paulo: Érica, 2014.

MOODIE, M. **Pro Apache Tomcat 6**. 1. ed. Berkeley: Apress, 2007.

MURACH, J.; STEELMAN, A. **Java servlets and JSP**. 2. ed. Fresno: Mike Murach & Associates, 2008.

TERUEL, E. C. **HTML 5:** guia prático. 1. ed. São Paulo: Érica, 2011.

ZAMBON, G. **Beginning JSP, JSF and Tomcat:** Java web development. 2. ed. Berkeley: Apress, 2012.

Marcas registradas

Java, JDK (Java Development Kit), JSE (Java Standard Edition), JEE (Java Enterprise Edition) e MySQL são marcas registradas da Oracle Corporation Inc.

NetBeans é marca registrada da NetBeans.Org.

Windows é marca registrada da Microsoft Corporation.

Todos os demais nomes registrados, marcas registradas ou direitos de uso citados neste livro pertencem aos seus respectivos proprietários.

A

Distribuição da Aplicação

Depois de finalizar o desenvolvimento da nossa aplicação com o uso do NetBeans, precisamos gerar um pacote para sua distribuição e instalação em um ambiente de produção, ou seja, em um servidor que será utilizado para execução do sistema.

Com o NetBeans em execução e o projeto da aplicação aberto, selecione a opção **Executar → Criar Projeto**, como mostra a Figura A.1. Isso criará uma pasta dentro da pasta do projeto com o nome **Build**, e todos os arquivos que fazem parte do projeto serão gravados lá.

O que precisamos fazer é copiar todos os arquivos que estão na pasta denominada **web** para a pasta **clinica_medica**, que deve ser criada dentro da pasta **webapps** do Apache Tomcat. Veja as Figuras A.2 e A.3 para melhor compreensão.

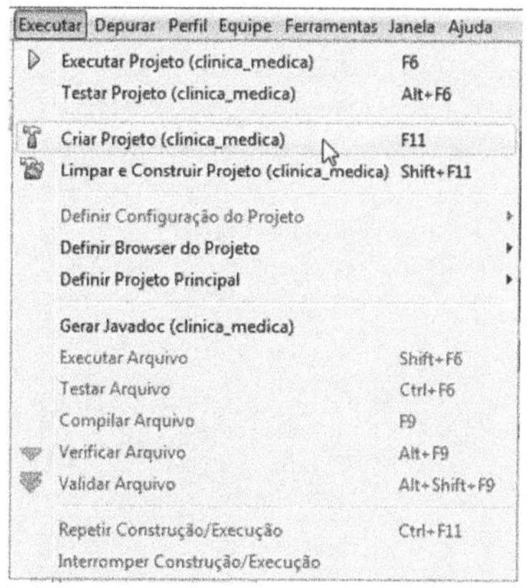

Figura A.1 – Menu de geração do pacote de distribuição da aplicação.

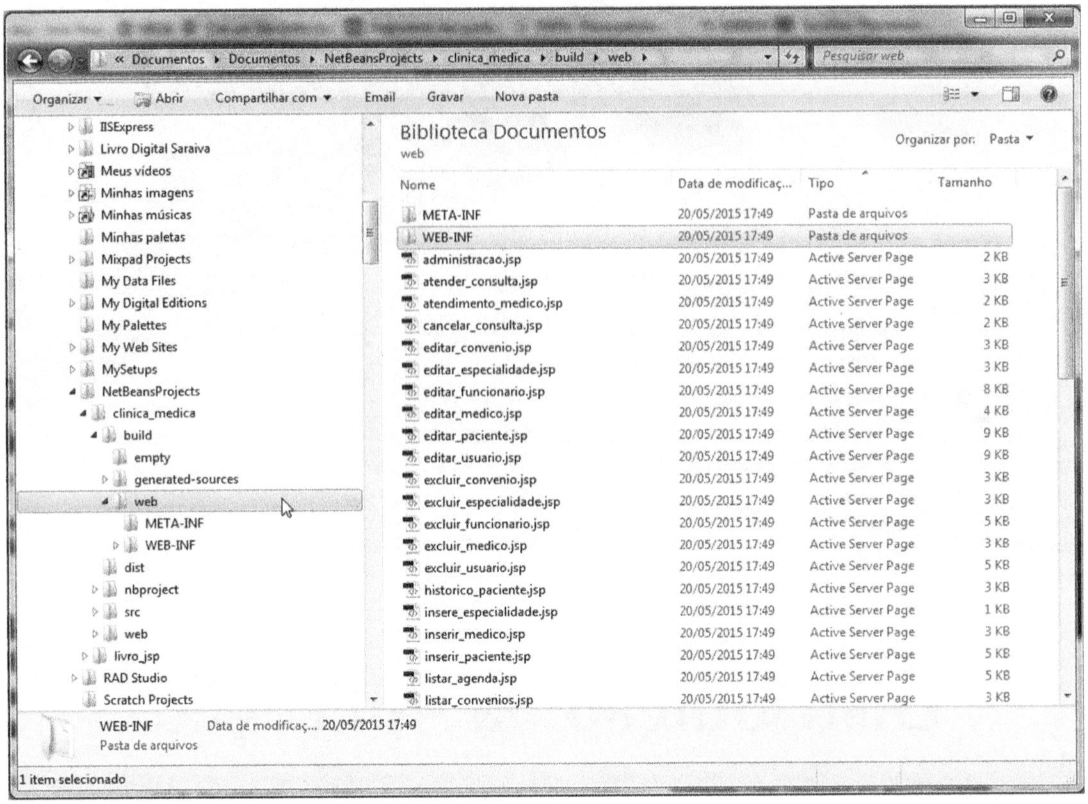

Figura A.2 – Pasta gerada pela criação do pacote de distribuição.

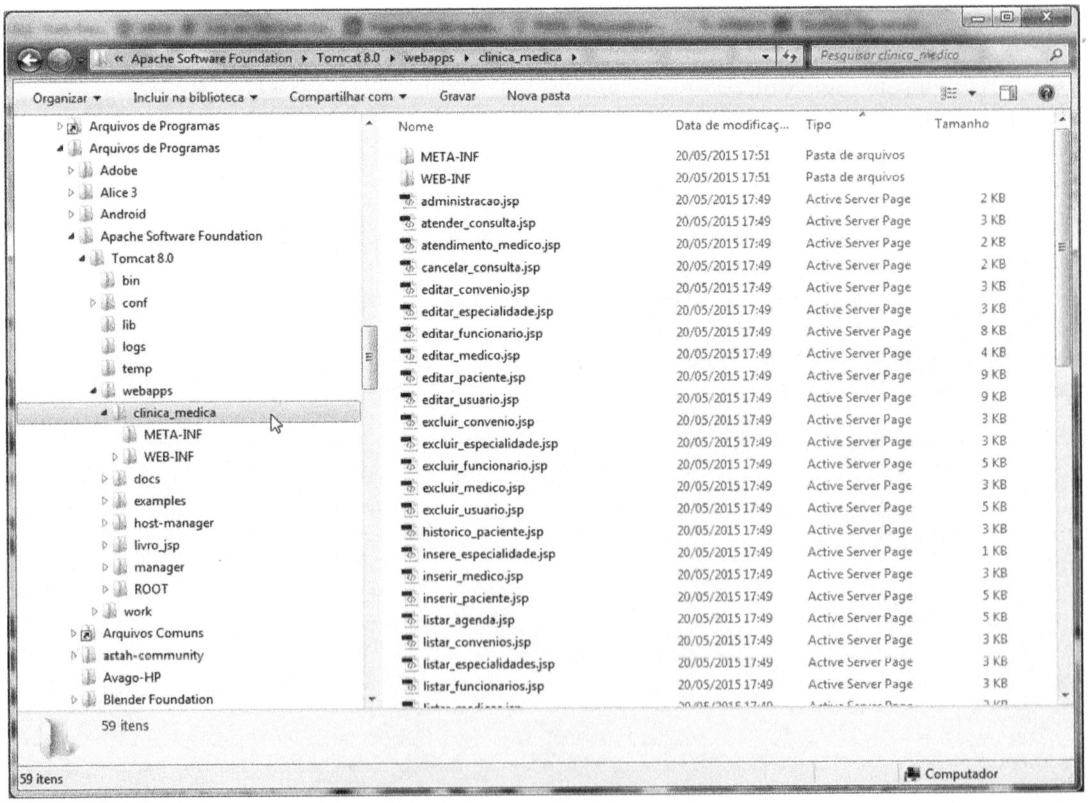

Figura A.3 – Pasta da aplicação criada no diretório de aplicações do Tomcat.